FRIEDRICH HÖLDERLIN
Sämtliche Werke und Briefe

I

# Friedrich
# HÖLDERLIN

## Sämtliche Werke und Briefe

Herausgegeben von Günter Mieth

GEDICHTE

Aufbau-Verlag

Hölderlin, Sämtl. Werke und Briefe 1–4
ISBN 3-351-02338-3

2. Auflage 1995
Alle Rechte an dieser Ausgabe
Aufbau-Verlag GmbH, Berlin
Fotomechanischer Nachdruck der 1. Auflage 1970
Einbandgestaltung Ute Henkel/Torsten Lemme
Druck und Binden Clausen & Bosse, Leck
Printed in Germany

EINLEITUNG

Christoph Theodor Schwab berichtet in der Biographie, die er 1846 der ersten Ausgabe der „Sämtlichen Werke" Hölderlins beigab: „Die Nachricht vom griechischen Freiheitskampf regte ihn für einige Zeit auf, und er hörte mit Begeisterung zu, als man ihm erzählte, daß die Griechen Herrn der Morea seien. Bei einem solchen Aufleben, da sein Geist sich wieder zu öffnen schien für die Interessen, die ihn sonst bewegt hatten, glaubte man sich zu weiteren Hoffnungen berechtigt, allein man fand sich bald getäuscht, nach der augenblicklichen Anspannung kehrte die vorige Apathie und Verwirrung wieder zurück." – Eine erschütternd reale und symbolische Situation zugleich: Die Geisteskräfte des schon über fünfzehn Jahre ohne bewußten Kontakt zur Umwelt im Neckarturm in Tübingen dahinlebenden Dichters scheinen in dem Augenblick wiederzukehren, da er – im Jahre 1822 oder 1823 – vom Befreiungskampf der Griechen gegen die türkische Fremdherrschaft hört. Sein Lebensnerv, das geheimste Zentrum seines Dichtens und Denkens war getroffen worden. Hatte er doch die erste Erhebung der griechischen nationalen Befreiungsbewegung von 1770 in seinem „Hyperion" gestaltet, und eine Neuauflage des Romans gerade im Jahre 1822 war durchaus geeignet, Hölderlin in seinem wahren Wesen erscheinen zu lassen: als einen Dichter, dem es um die großen aktuellen Fragen seiner Zeit und seiner Nation ging. Griechische Antike und deren historische Wiedergewinnung im revolutionären zeitgeschichtlichen Ringen, diese beiden Brennpunkte von Hölderlins geistiger Existenz wurden noch einmal in ihrer dialektischen Einheit sichtbar. Und auch dies: Hölderlin war es zeit seines Lebens nicht vergönnt – im Unterschied zu dem englischen revolutionären Romantiker Byron –, seine dichterische Existenz in die des revolutionären Kämpfers umschlagen zu lassen: zu „tun, was die Künstler träumten". Ihm blieb die Begeisterung, nun allerdings nur noch für einen Augenblick. Aber sie wurde stimuliert von der realhistorischen Tat und erstrebte deren Beförderung. Erst den Wiederentdeckern Hölderlins in spätbürgerlicher Zeit blieb es vorbehalten, ihn zum „Seher", „Künder" und „Rufer des neuen Gottes" zu erheben. Die bürgerliche Klasse, selbst historisch überholt, verstand die eigene Geschichte nicht mehr.

*Der württembergische Klosterschüler*

„Dicke Mauern, enge, traurige, feuchte Zellen für den Sommer, und für den Winter zwo bis drei sogenannte Winterstuben, d. h. zehn Fuß lange und zehn Fuß breite Winkel, wo ihrer zehn bis zwölf aufeinander gepfropft sind. In diesen Mauern, wie in einem Kerker verschlossen, ohn Erlaubnis, freie Luft zu schöpfen oder einen Fuß hinauszuwagen, als etwa eine Stunde des Tags, und im Sommer etwa noch eine Stunde drüber, wovon aber, wie billig, Sonnabend und Sonntag ausgenommen sind, dieser, weil er der christliche, jener weil er der jüdische Sabbath ist." So schilderte der spätere französische Minister Karl Friedrich Reinhard, der zehn Jahre früher dieselben Bildungsstätten wie Hölderlin durchlaufen hatte, das Leben in den württembergischen Klosterschulen. Vom Lehrgegenstand und den Lehrmethoden in den vier Klosterschulen heißt es bei ihm: „Selbst die fleißigsten Zöglinge dieser Anstalten, wenn sie in die Jahre kommen, wo sie ihren Verstand selber gebrauchen können, klagen mit Unwillen, daß man sie ihre kostbare Zeit durch eine zwecklose Art, zwecklose Dinge zu studieren, so elend habe verschleudern lassen. Wer sich ganz im Geist dieser Anstalten bildet, wird ein gelehrter einseitiger Pedant. Aber ein brauchbarer Mann wird er niemals."

Als der am 20. März 1770 in Lauffen am Neckar geborene Johann Christian Friedrich Hölderlin die württembergischen Klosterschulen besuchte (1784–1786 die niedere Klosterschule Denkendorf, 1786–1788 die höhere Klosterschule Maulbronn), hatten sich Inhalt und Methode der theologischen Berufsvorbereitung noch nicht gewandelt. Noch immer waren die 1758 verabschiedeten „Statuten der Alumnorum in den vier besetzten Klöstern des Herzogtums Württemberg" in Kraft, welche die Klosterordnung von 1559 nur unwesentlich revidiert hatten. So konnte der empfindsame und naturverbundene Jüngling die ihn umgebende und auf ihn einwirkende klösterliche Umwelt mit ihrer erstarrten Bildung und strengen Zucht nicht als sein Eigenstes erleben. Aus ihr zog er sich in seine Empfindungs- und Phantasiewelt zurück und verwirklichte sein menschliches Wesen in diesem zunächst noch vornehmlich von pietistischen Vorstellungen ausgefüllten Raum. Stunden der Stille, in denen er allein mit seinen wehmütigen Empfindungen und seiner schwärmerischen Phantasie war, gaben ihm Zufriedenheit. In einer solchen Stunde fiel ihm ein, er wolle nach vollendeten Universitätsjahren Einsiedler werden, und der Gedanke gefiel ihm so wohl, daß er sich in eine solche Existenz hineinphantasierte.

Bestätigt fühlte er sein eigenes Ich auch in der überschwenglichen jugendlichen Beziehung zu seinem „Herzensfreund" Bilfinger, dem Karlsschüler Hiemer und dem Leonberger Schreiber Immanuel Nast. Zentrum der empfindsamen Subjektivität des Maulbronner Klosterschülers jedoch war die Liebe zu Louise Nast, einer Tochter des Klosterverwalters, und zeitweilig erschien ihm als Ziel seines Lebens das berufliche Wirken an ihrer Seite auf einer dörflichen Pfarre. Aber schon früh auch begehrte Hölderlin gegen das „Klosterkreuz" auf: „Hier halt ich's nimmer aus! nein wahrlich! Ich muß fort –", schrieb er an Immanuel Nast im Sommer 1787, und er war sogar bereit, mit seinem Freunde ins Kapregiment des Herzogs Karl Eugen einzutreten. Der Eremit oder der Kämpfer, beschauliche Existenz oder höchst reale Tat – in dieser Antithetik scheint Hölderlins Lebensproblematik vorweggenommen. Noch ist dieser Widerspruch unvermittelt und rein subjektiver Natur, noch ist er nur Ausdruck schwankender Stimmung.

Indessen: Den klösterlichen Gewalten gelang es nicht, die Zöglinge völlig von der sozialen und politischen Realität außerhalb der Mauern abzuschirmen. Obgleich die Vierzehnjährigen von ihr nur ein sehr dürftiges Bild in die Abgeschlossenheit mitgebracht hatten – die beschränkten Lebenserfahrungen kleinbürgerlicher württembergischer Kreise, deren Blick nicht über die Nachbardörfer hinausging – und obgleich sie während des vierjährigen Aufenthaltes nur in den Vakanzen für kurze Zeit in das Elternhaus zurückkehren durften, fanden sie doch ein Mittel, das ihnen den fehlenden Reichtum wirklicher Beziehungen ersetzte: die Lektüre der zeitgenössischen Literatur. Die anachronistischen, feudal bestimmten Klosterstatuten vermochten trotz strengster Strafandrohung nicht, die sich vor allem in der Literatur manifestierende bürgerliche Ideologie von den Eleven fernzuhalten. Im literarischen Reflex wurden sie mit den sozialen und politischen Fragen des Zeitalters bekannt. Die Literatur hatte statt des wirklichen Lebens, statt der tätigen Auseinandersetzung mit der Umwelt zu fungieren. Sie vermittelte neue weltanschauliche Impulse.

Begeistert war Hölderlin vor allem von Klopstock, dem „großen Messias-Sänger", und Ossian, dem „Schlachtenstürmer", vom „feurigen Schiller" und Christian Friedrich Daniel Schubart. Sie weckten sehr früh seinen dichterischen „Vorsatz":

Doch nein! hinan den herrlichen Ehrenpfad!
Hinan! hinan! im glühenden kühnen Traum
  Sie zu erreichen; muß ich einst auch
    Sterbend noch stammeln: Vergeßt mich, Kinder!

Obgleich der nach dichterischer Ehre strebende Klosterschüler allenthalben Anregungen und Leitbilder suchte, die ihm dabei behilflich sein konnten – zu Klopstock traten die Göttinger Friedrich Leopold von Stolberg, Ludwig Christoph Heinrich Hölty und Gottfried August Bürger, zu Ossian Young, zu Schubart und Schiller die gesamte schwäbische Tradition –, blieb dennoch ein einziger der eigentliche Bezugspunkt seiner dichterischen Weltaneignung: Klopstock. Nicht nur die verspätete Wirkung Klopstocks in Württemberg, nicht nur die persönliche Veranlagung und pietistische Erziehung Hölderlins, sondern auch Leben und Geist in den Klosterschulen mußten ihn gerade auf diesen Dichter hinlenken. Mit dessen Oden schwang er sich hinaus aus der drückenden und verstockten Klosteratmosphäre, hinauf zu großen, erhabenen Ideen und Gefühlen. Mit ihm sang er „Die Unsterblichkeit der Seele":

> Oh, dich zu denken, die du aus Gottes Hand
> Erhaben über tausend Geschöpfe gingst,
> In deiner Klarheit dich zu denken,
> Wenn du zu Gott dich erhebst, o Seele!

Aber zu diesem Zeitpunkt war Klopstocks lyrischer Stil bereits historisch überholt. Der Aufschwung zu den höchsten Ideen, der poetische Zweck, „uns über unsere kurzsichtige Art zu denken zu erheben und uns dem Strome zu entreißen, mit dem wir fortgezogen werden" („Von der heiligen Poesie"), war ungeeignet, adäquater künstlerischer Ausdruck einer Klasse zu sein, deren beste Vertreter im praktischen Leben nicht mehr willens waren, sich den feudalen Gewalten zu beugen. Die mächtige Erinnerung daran, „daß wir unsterblich sind und auch schon in diesem Leben viel glücklicher sein könnten", half nicht mehr wesentlich bei der Vorbereitung der wirklichen Befreiung des Bürgertums.

Die Dichtung des jungen Schiller dagegen führte nicht aus der sozialen und politischen Realität heraus, sondern in die konkreten Widersprüche der Zeit und Gesellschaft hinein. „Kabale und Liebe", 1784 erschienen, bezeichnet den Punkt, an dem die bürgerliche Literatur bereits angelangt war, als Hölderlin in die Klosterschule eintrat. Aber erst im letzten Jahr seiner Klosterschulzeit ist eine gewisse Annäherung an Schillers lyrische Substanz bemerkbar. Vielleicht hatte daran die Reise Anteil, die ihn Anfang Juni in die Pfalz führte. Das erste Mal kam Hölderlin aus seiner lokalen und sozialen Begrenztheit heraus und hatte ganz neue Eindrücke von Natur und Gesellschaft. In Bruchsal begegnete er „dummen Pfaffen und steifen Residenzfratzen", er sah Heidelberg mit dem Schloß und der Neckarbrücke, und er erlebte den „majestätischruhigen Rhein". „Ich glaubte neugeboren zu werden über dem Anblick, der sich mir darstellte. Meine Gefühle erweiterten sich, mein Herz schlug mächtiger, mein Geist flog hin ins Unabsehliche – mein Auge staunte – ich wußte gar nimmer, was ich sah, und dastand ich – wie eine Bildsäule", schrieb er in sein Reisetagebuch. In Oggersheim betrat er das Wirtshaus, wo sich Schiller mit Streicher im Herbst 1782 sieben Wochen lang aufgehalten hatte: „Der Ort wurde mir so heilig – und ich hatte genug zu tun, eine Träne im Auge zu verbergen, die mir über der Bewunderung des großen genialischen Dichters ins Auge stieg." Nach all den neuen Eindrücken mußte er die Enge des Klosters um so stärker empfinden. Im gleichen Jahr – noch in Maulbronn – griff er neue Themen in seiner Lyrik auf. Im Sturm-und-Drang-Stil Schillers und der Göttinger verurteilte er „Die Ehrsucht":

> Um wie Könige zu prahlen, schänden
> Kleine Wütriche ihr armes Land;
> Und um feile Ordensbänder wenden
> Räte sich das Ruder aus der Hand.

Das, was Hölderlin auf Grund seiner subjektiven Anlage, der konkreten Lebensumstände und des historischen Augenblicks zur religiösen Poesie Klopstocks geführt hatte, bahnte ihm auch den Weg zur Sozialkritik Schillers, der gleich ihm eine Bildungsstätte hatte durchlaufen müssen, die ihn, statt an die Wirklichkeit heranzuführen, von ihr ferngehalten hatte.

Daß schon in der Klosterschulzeit Hölderlins Lyrik durch gesellschaftskritische Motive ausgezeichnet ist, findet nicht nur in seinem persönlichen Lebensgang seinen Grund. In ganz besonderem Maße hat daran sein Geburtsland teil: das Herzogtum Württemberg. Es gehörte mit seinen knapp 600 000 Einwohnern zu dem äußerst stark zersplitterten deutschen Süden, wo sich von den rund 300 souveränen deutschen Territorien fast drei Viertel befanden. Die fehlende ökonomische und politische Konzentration progressiv-bürgerlicher Tendenzen wirkte sich auch auf das kulturelle Antlitz des Landes aus. Zentren bürgerlicher Kunst und Kultur, Sammelpunkte der Aufklärungsbewegung, wie sie sich in Norddeutschland entwickelt hatten, konnte das Land Karl Eugens nicht aufweisen. Noch um die Jahrhundertmitte war der einzige schwäbische Kopf von nationalem Rang der Staats- und Völkerrechtler Johann Jakob Moser. Aber schon die erste, in den fünfziger Jahren des 18. Jahrhunderts hervortretende schwäbische Dichtergeneration um Johann Ludwig Huber und Eberhard Friedrich von Gemmingen gab der Dichtung einen betont politischen Akzent. Die Ursachen für die politische Sinngebung der Dichtung gerade in Württemberg sind in der besonderen politischen Struktur des Herzogtums zu finden. Hier hatten es die mittelalterlichen Landstände vermocht, ihre Rechte gegenüber dem Landesherrn zu erhalten und immer wieder zu sichern. Ständige Konflikte zwischen den Herzögen, welche die Grenzen ihrer eingeschränkten Macht überschritten, und der „Landschaft", die dagegen anging, hielten das politische Interesse bürgerlicher Kreise wach. Obgleich die Ständevertretung entgegen der weit verbreiteten Meinung, sie verfechte wirkliche Volksfreiheiten, die Interessen des vom bürgerlichen Kaufmann und vom bürgerlichen Unternehmer streng geschiedenen oligarchischen Bürgertums wahrnahm, schärfte ihre Existenz dennoch das politische Bewußtsein und begünstigte die Entwicklung der bürgerlichen Ideologie.

Aus der spezifischen politischen Konstellation in Württemberg resultiert noch eine andere ideologische Besonderheit. Der Kampf um die Erhaltung alter Rechte und Freiheiten lenkte den Blick auf das schwäbische Mittelalter und täuschte die Illusion einer großen Vergangenheit vor. Karl Philipp Conz, Hölderlins Repetent auf dem Tübinger Stift, hatte ein Drama „Conradin von Schwaben" (1782) und eine Abhandlung „Über den Geist und die Geschichte des Ritterwesens älterer Zeit" (1786) verfaßt. Auch Hölderlin rief die „größren, edleren der Schwabensöhne" an, „in welchen noch das Kleinod Freiheit pocht":

Wehe! wehe! so flüstern im Sturme die Geister der Vorzeit,
Ausgetilget aus Suevia redliche biedere Sitte!
Ritterwort, und Rittergruß, und traulicher Handschlag! –
Laßt euch mahnen, Suevias Söhne! Die Trümmer der
    Vorzeit!
Laßt sie euch mahnen ...

Jedoch gerade in der Verherrlichung des schwäbischen Mittelalters zeigt sich, wie eng progressives und regressives Gedankengut miteinander verflochten waren. Die Besinnung auf die eigene Vergangenheit trug zwar dazu bei, das bürgerliche Selbstbewußtsein in der Auseinandersetzung mit den absolutistischen Bestrebungen des Herzogs zu fördern: sie produzierte Tyrannen- und Despotenhaß. Andererseits sicherte die Verteidigung der verbrieften Freiheiten der bürgerlichen Klasse noch nicht die wirkliche Freiheit, die sie zu ihrer Entwicklung nötig hatte: sie produzierte Provinzialismus und verstellte den Blick über die eigenen Grenzen hinweg, über die Schwabens zumal, aber auch über die des „Heiligen Römischen Reiches Deutscher Nation". Im Jahre 1788 „fluchte" Hölderlin noch „dem verderblichen

Ausland", „den verdorbnen Affen des Auslands" („Am Tage der Freundschaftsfeier"). Es bedurfte des welthistorischen Ereignisses der Französischen Revolution, um Hölderlins weltanschauliches Denken wie sein poetisches Schaffen auf die Höhe der Zeit zu heben.

Neben der Tatsache, daß Hölderlins Lyrik schon sehr früh gesellschaftliche Bezüge aufweist, ist auch der Blickwinkel, unter dem er die politische und soziale Wirklichkeit seiner Zeit betrachtet, nicht zufälliger Natur. Genauer besehen, kritisiert er gesellschaftliche Erscheinungen unter moralischem und religiösem Aspekt. Das Gedicht, das die schärfsten Töne anschlägt, heißt „Die Ehrsucht". Sie ist es, die „Millionenherzen" ins Elend lockt: den Eroberer, die kleinren Würiche, die Räte, die Pfaffen, die Nonnen, die grauen Sünder, die Gottesleugner, die Dirne, den Trunkenbold – kurz: die „Toren". Mit dieser Anklage bewegte sich Hölderlin durchaus noch in den Bahnen des württembergischen Pietismus. Johann Albrecht Bengel (1687–1752), neben Oetinger die führende Gestalt dieser Bewegung, von 1713 bis 1749 Präzeptor der niederen Klosterschule Denkendorf, hatte in den „Sechzig erbaulichen Reden" geschrieben: „Doch gibt es deren viel, die die Erde verderben, und es ist, als ob diejenige, die auf der Erde wohnen, absonderlich die Mächtigen, die sonst so uneins sind, nur darin eins werden, die Erde zu verderben. Solches geschieht durch Verfolgung und Gewissenszwang, durch unnötige Kriege..." Und Friedrich Christoph Oetinger (1702–1782) charakterisierte die für ihn unmittelbar bevorstehende „Güldne Zeit" in den „Abhandlungen von den letzten Dingen" so: „... erstlich, daß die Untertanen bei aller Mannigfaltigkeit, die zur Ordnung gehört, bei allem Unterschied des Standes, eine Gleichheit untereinander haben. ... zweitens, daß sie Gemeinschaft der Güter haben und sich nicht deswegen über Güter ergötzen, weil sie ein Eigentum sind. ... drittens, daß sie nichts voneinander als Schuldigkeit fordern. Denn wenn alles im Überfluß da wäre, so brauchte es keiner Herrschaft, Eigentums, keiner gezwungenen und durch Herrschaft abgedrungenen Verbindlichkeit." Die „Güldne Zeit", das ist für ihn eine Zeit sozialer Gleichheit und Freiheit, gemeinschaftlichen Eigentums, gemeinschaftlichen Denkens und Empfindens, eine Zeit des Überflusses und der Gerechtigkeit. An Bengel und Oetinger wird erkennbar, daß der württembergische Pietismus nicht auf Verinnerlichung, auf Demut und Duldung zu reduzieren ist. Wenn er auch nicht die Gläubigen zum aktiven politischen Handeln aufrief, so war er doch mit den demokratischen und revolutionären Zügen im Bilde der Goldenen Zeit auf Kritik und Veränderung der diesseitigen Verhältnisse angelegt. Die Geschichte des Herzogtums Württemberg und dessen eigentümliche kirchenrechtliche Situation – ein evangelisches Land wurde von einem katholischen Herzog regiert – hatten die antiabsolutistische und unorthodoxe Haltung einzelner Theologen so weit gefördert, daß religiöses und politisches, pietistisches und aufklärerisches Denken einander eng berührten und ineinander übergingen. Dies war für Hölderlins geistige Entwicklung von außerordentlicher Bedeutung. Durch das politische und religiöse Klima seines Landes wurde ihm der Übergang von einer sich an das Kirchenlied anschließenden Lyrik, wie sie sich in den Gedichten „M. G." (Meinem Gott) und „Das Erinnern" des Vierzehn- und Fünfzehnjährigen mit ihrer Antithetik von Gott und Mensch, Sünde und Frömmigkeit rein ausprägt, zu einer poetischen Aussage, die aus dem Despoten- und Tyrannenhaß keinen Hehl macht, wesentlich erleichtert. Andererseits wurde durch die gleichen Voraussetzungen der Bruch mit überlieferten religiösen Vorstellungen erschwert und eine außerordentlich widersprüchliche Haltung bewirkt. So wie im württembergischen Pietismus die sozialkritische Wendung nach außen mit der demütigen Wendung nach innen vereinbar ist, so tritt auch in Hölderlins Lyrik neben die Anklage gegen die Schändung des Landes durch die feudalen Gewalten der

Aufruf zur Demut und das Ideal eines auf sie gegründeten Bundes:

> Oh! Demut, Demut! laß uns all dich lieben,
> Du bist's, die uns zu einem Bund vereint,
> In welchem gute Herzen nie sich trüben,
> In welchem nie bedrängte Unschuld weint.

Was wohl weitgehend bereits in Hölderlins Wesen angelegt und psychologisch in einer schwankenden Stimmung greifbar war, wurde durch die geistige Tradition, in der er aufwuchs, gleichsam ideologisch relevant. Und an den Gedichten „Die Stille" und „Am Tage der Freundschaftsfeier", dem elegischen Rückzug in die Einsamkeit und der pathetischen Begeisterung für das Schlachtengetümmel, ist ablesbar, daß der subjektiv und objektiv gegründete Widerspruch von Hölderlins Wesen schon sehr früh die Tendenz hat, sich lyrisch in der Dialektik von Elegie und Hymne zu vergegenständlichen.

*Stiftswirklichkeit und Französische Revolution*

Als Hölderlin im Oktober 1788 in die 1536 gegründete Ausbildungsstätte schwäbischer Pfarrer eintrat, hatte das Stift bereits seine Blütezeit überschritten. Seit den siebziger Jahren des 18. Jahrhunderts waren selbst in der Öffentlichkeit Stimmen laut geworden, welche die inneren und äußeren Unzulänglichkeiten, die Einrichtung und den Geist des Stifts anprangerten. Auch das aus zwei Superattendenten und dem Ephorus bestehende Inspektorat des Stifts erkannte die Notwendigkeit, „das alte, winkelichte und an Bequemlichkeit, Heiterkeit und Reinlichkeit so mangelhafte Stipendien-Gebäude" sowie die „innere Anlage und Verfassung der Anstalt" zu verbessern, wie aus einem Bericht an den Herzog Karl Eugen hervorgeht. Jedoch erst 1792 wurde mit dem Umbau begonnen, und ein Jahr später traten die neuen Statuten in Kraft. Die Kluft zwischen der Stiftswirklichkeit und dem Geist der Stipendiaten war aber schon zu groß geworden, als daß die Reform sie zu schließen in der Lage gewesen wäre. Ein Bericht des Stuttgarter Konsistoriums, dem das Stipendium unterstellt war, nennt im Jahre 1791 folgende Erscheinungen: Verachtung der Theologie, Hang zu Frivolität und Wohlleben, Geringschätzung der Gesetze, Unbotmäßigkeit, falscher Freiheitssinn, Abneigung gegen den geistlichen Stand. Schwätzen, Lachen, Lärmen und Hinausgehen während des Gottesdienstes waren durchaus keine Seltenheiten mehr. Weder eine liberalere Behandlung der Studenten, wie sie der Ephorus Christian Friedrich Schnurrer anstrebte – er war 1770 in Paris mit Rousseau bekannt geworden –, noch die vom Herzog und vom Direktor des Konsistoriums gewünschte strenge Zucht und Ordnung konnten diese Erscheinungen bannen. Als eine der wesentlichsten Ursachen für den immer stärker werdenden Freiheitsdrang der Stiftler erkannten die kirchlichen Behörden selbst den „Geist des Zeitalters", worunter sie offensichtlich zuallererst die Ideen der Französischen Revolution verstanden.

Ein lebendiges Bild über die Wirkung dieses welthistorischen Ereignisses unter der Tübinger Studentenschaft hat der 1768 geborene schwäbische Pfarrer und Publizist Johann Gottfried Pahl in dem Werk „Ulrich Höllriegel. Geschichte eines württembergischen Magisters" entworfen: „Man bewunderte in ihr den herrlichsten Triumph der Vernunft und den höchsten Sieg der Philosophie... Es war nun von keinem theologischen Studium mehr die Rede. Das sei leere Spreu, ... und das höchste Interesse des Verstandes liege in der Wissenschaft, welche die Menschen lehre, frei und gleich zu werden und allen geistlichen und weltlichen Despotismus in die Pfanne zu hauen... Aller Wert und Unwert der Menschen vereinigte sich... unter die beiden Prädikate Aristokrat und Demokrat."

Während Hölderlins Aufenthalt im Stift erfolgte die Auseinandersetzung der Stipendiaten mit der Französischen

Revolution in zwei Etappen. Die erste Etappe, die bis Anfang 1792 reicht, ist gekennzeichnet durch eine abstrakt-theoretische Rezeption der Revolutionsideen, während sich seit Mitte 1792 eine Radikalisierung und Demokratisierung der Anschauungen sowie eine Tendenz zum politischen Handeln zeigte. Der Fortschritt von der ersten zur zweiten Etappe verlief parallel mit der Weiterentwicklung der Französischen Revolution, die im August 1792 in ihre zweite Periode eintrat, und mit der Verschärfung des Klassenkampfes im deutschen Süden nach dem Ausbruch des ersten Koalitionskrieges. Auch der revolutionäre Klub, der sich im Stift bildete, konstituierte sich wahrscheinlich im Sommer 1792.

Im ersten Jahre seines Tübinger Aufenthalts scheint Hölderlin von den Auseinandersetzungen im Stift nicht ergriffen worden zu sein. Die in dieser Zeit entstehende Lyrik schließt sich organisch an die Maulbronner Periode an. Er besingt die „Helden" Kepler und Gustav Adolf. Im November 1789 jedoch klagt er in einem Brief an die Mutter über den „immerwährenden Verdruß, die Einschränkung, die ungesunde Luft, die schlechte Kost", über „Mißhandlungen", „Druck und Verachtung". Durch eine sechsstündige Karzerstrafe war die während Hölderlins gesamter Studienzeit latent vorhandene Krise, deren sichtbarster Ausdruck der Berufskonflikt war, ausgebrochen. Wie schon im Frühjahr 1787 drängte es ihn aus der ihm vorgezeichneten theologischen Laufbahn heraus. Den ehrgeizigen und empfindsamen Jüngling mußte im Jahre der Französischen Revolution die sklavische Behandlung besonders stark demütigen. Sein Haß richtete sich gegen den Herzog Karl Eugen, der sich gerade wieder in die Erziehungspraktiken des Stifts eingemischt und größere Strenge gefordert hatte:

> Halt ein! Tyrann! Es fähret des Würgers Pfeil
> Daher. Halt ein! es nahet der Rache Tag,
>   Daß er, wie Blitz die gift'ge Staude,
>     Nieder den taumelnden Schädel schmettre.

Was in den vor dem November 1789 entstandenen Gedichten weitgehend konventionelle Invektive gegen die Tyrannen war, hat sich hier in eine von subjektivem Erlebnis getragene und von persönlichem Pathos erfüllte Anklage verwandelt. Aber noch immer erwartete Hölderlin der „Rache Tag" in Gestalt des Jüngsten Gerichts und nicht den notwendigen Sturz der Tyrannen durch eine revolutionäre Volksbewegung. Das ermöglichte ihm, dem Drängen seiner Mutter zu folgen und gegen seinen Vorsatz doch wieder „die Knabenschritte, wie ein Gekerkerter die kurzen vorgemeßnen Schritte täglich zu wandeln". Da er sich noch nicht völlig von der kleinbürgerlich-religiösen Vorstellungswelt seiner Mutter gelöst hatte, konnte die Haltung heroischen Aufbegehrens in die der elegischen Entsagung umschlagen. Obgleich das ihm verheißene idyllische Dasein auf einer dörflichen Pfarre mit seinem stürmer-und-drängerischen Aufbegehren gegen die Fesseln im Stift kollidierte, machte er es sich noch einmal als Lebensziel zu eigen. Aber eines blieb: Die Empörung über den Eingriff des Herzogs in seine persönliche Freiheit hatte seinem dichterischen Streben, das schon in den Gedichten „Mein Vorsatz" (1787), „Der Lorbeer" (1788) und „Die heilige Bahn" (1789) lyrisches Motiv gewesen war, eine betont gesellschaftliche Zielrichtung gegeben. Er fühlte sich geweiht, wie Jean-Jacques Rousseau

> Mit Mut zu schwingen im Labyrinth sein Licht,
>   Die Fahne rasch voranzutragen,
>     Wo sich der Dünkel entgegenstemmet.

Die Dichterbünde im Tübinger Stift waren es, die den Stipendiaten das Leben unter „Druck und Verachtung" erträglich machten. Sie gaben ihnen einen Bereich geistiger Freiheit und inniger Herzensgemeinschaft: Asyl und Heimat in der verstockten Stiftsatmosphäre. Christian Ludwig Neuffer und Rudolf Magenau, beide seit dem Herbst 1786 im Stift, hatten schon im Winter 1788/89 Hölderlin in ihren

Freundes- und Dichterbund hineingezogen, jedoch erst im März 1790 erhielt dieser Bund seine rituelle Form: regelmäßige Sitzungen fanden statt, und die Gedichte wurden in das „Bundesbuch" eingetragen. Magenau berichtet in seinem Lebensabriß von einer Zusammenkunft im Garten des Lammwirtes: „Ein niedliches Gartenhäuschen nahm uns da auf, und an Rheinwein gebrach es nicht. Wir sangen alle Lieder der Freude nach der Reihe durch. Auf die Bowle Punsch hatten wir Schillers Lied ‚An die Freude' aufgespart. Ich ging, sie zu holen. Neuffer war eingeschlafen, ... Hölderlin stand in einer Ecke und rauchte. Dampfend stand die Bowle auf dem Tische. Und nun sollte das Lied beginnen, aber Hölderlin begehrte, daß wir erst an der kastalischen Quelle uns von allen unsern Sünden reinigen sollten. Nächst dem Garten floß der sogenannte Philosophenbrunnen, das war Hölderlins kastalischer Quell; wir gingen hin durch den Garten und wuschen das Gesicht und die Hände; feierlich trat Neuffer einher; dies Lied von Schiller, sagte Hölderlin, darf kein Unreiner singen! Nun sangen wir; bei der Strophe ‚dieses Glas dem guten Geist' traten helle, klare Tränen in Hölderlins Augen, voll Glut hob er den Becher zum Fenster hinaus... und brüllte ‚dieses Glas dem guten Geist' ins Freie, daß das ganze Neckartal widerscholl. Wie waren wir so selig!" Dieser Enthusiasmus kontrastiert in auffallender Weise mit den wirklichen Lebensumständen der Stiftler. Die sich in der „platten Misere" nicht heimisch fühlenden Jünglinge flohen in die „überschwengliche Misere" des Dichterbundes, der die reale Lebenslage vergessen machte. Schillers Lied „An die Freude" (1785), das durch den optimistischen Vorgriff in die Zukunft das gegenwärtige Leben in magischem Lichte erstrahlen ließ und die sozialen Trennungen mit der geistigen Macht der Freude überwand, bot sich den Stiftlern in enthusiastisch verklärten Stunden als Ausdrucksträger ihrer erhabensten Gedanken und Gefühle und als Vorbild ihres eigenen poetischen Schaffens an. Weder das negative Erlebnis der Stiftswirklichkeit noch die sich daraus ergebenden subjektiven Konflikte, sondern das die Wirklichkeit transzendierende positive Freundschafts- und Liebeserlebnis – im Herbst 1790 lernte Hölderlin Elise Lebret, die Tochter des Tübinger Theologieprofessors und Kanzlers, kennen – wurde zur Substanz von Hölderlins Lyrik. Der „Sklave", der in der „schwarzen Stätte" geblieben war, wo „Schurkenblick' den deutschen Jüngling nieder zur mönchischen Schlange drücken" (Lesart zu „Einst und Jetzt"), eröffnet das „Lied der Freundschaft" mit den Versen:

> Frei, wie Götter an dem Mahle,
> Singen wir um die Pokale,
> Wo der edle Trank erglüht ...

Die Entscheidung war gefallen: Hölderlin ging nicht den Schritt von Klopstock zu Goethe, sondern von Klopstock zu Schiller. Gleich diesem hätte er schreiben können: „Verhältnissen zu entfliehen, die mir zur Folter waren, schweifte mein Herz in eine Idealenwelt aus – aber unbekannt mit der wirklichen, von welcher mich eiserne Stäbe schieden..."

Befördert wurde Hölderlins Sprung in die „Idealenwelt" durch intensive philosophische Studien. Was zunächst noch Notwendigkeit war – die Vorbereitung auf das Magisterexamen, das den zweijährigen philosophischen Kurs abschloß –, wurde immer mehr zum echten Bedürfnis. Durch die Französische Revolution, die als Sieg der Vernunft und Philosophie begriffen wurde, mächtig angetrieben, erschien das abstrakte Denken als eine positive „Macht, deren Betätigung dem Individuum die Möglichkeit einer momentanen Rettung aus seiner ‚schlechten Welt', eines momentanen Genusses" bot (Marx/Engels). Wie sehr Hölderlin bei der philosophischen Lektüre seine menschlichen Wesenskräfte bestätigt fühlte, so daß die „Region des Abstrakten" zum idealen Aufenthaltsort des „Gekerkerten" werden konnte, beweist die eigene Einschätzung seiner ersten Kant-Lektüre:

„Kann man nur tätig sein, kann man nur über irgendeinem Stoffe sich ermüden, so ist vieles gut. Man stellt sich dadurch doch immer einen Schatten des Vollkommnen vors Auge, und das Auge weidet sich von einem Tage zum andern daran. Mit dieser Stimmung las ich ehmals Kant. Der Geist des Mannes war noch ferne von mir. Das Ganze war mir fremd, wie irgendeinem. Aber jeden Abend hatt ich neue Schwierigkeiten überwunden; das gab mir ein Bewußtsein meiner Freiheit; und das Bewußtsein unserer Freiheit, unserer Tätigkeit, woran sie sich auch äußere, ist recht tief verwandt mit dem Gefühle der höhern, göttlichen Freiheit, das zugleich Gefühl des Höchsten, des Vollkommnen ist."

Kant insbesondere, die um 1790 im Stift zu wirken beginnende „deutsche Theorie der Französischen Revolution" (Karl Marx), konnte zwischen der revolutionären Tat der benachbarten Nation und der Stiftswirklichkeit vermitteln. Das war einerseits möglich, weil die Widersprüchlichkeit der Situation, in der sich die Stiftler befanden, mit der Widersprüchlichkeit der Kantschen Philosophie, vor allem der sich bei dem guten Willen beruhigenden Ethik, korrespondierte, und andererseits, weil sich das Tübinger theologische System, der Supranaturalismus, Kants zur Festigung der eignen Position bediente. Die führenden Vertreter dieser theologischen Richtung, von der wesentliche Züge in Hegels Begriff der „objektiven Religion" eingegangen sind, waren Gottlob Christian Storr, seit 1786 Ordinarius der Theologie und Superattendent, und sein Schüler Johann Friedrich Flatt, seit 1785 Extraordinarius der Philosophie und seit 1792 Professor der Theologie. Diese Theologen hielten mit der Orthodoxie – und im Gegensatz zur natürlichen Religion der Aufklärung – an der übernatürlichen Offenbarung fest, bemühten sich aber gleichzeitig, durch Verwertung bestimmter aufklärerischer Ideen die Dogmatik umzubilden. Um ihre Theologie gegen Kant und die Kantianer zu retten, gingen sie beim vorkritischen und kritischen Kant in die Schule. Die Stiftler aber, besonders Schelling, der schon als Fünfzehnjähriger 1790 das Stift bezogen hatte und gemeinsam mit Hölderlin und Hegel auf einer Stube lag, schritten weiter: Sie benutzten den kritischen Kant in ihrer Auseinandersetzung mit der Theologie und als Stütze für ihr undogmatisches Denken. „Kants Philosophie machte die meisten Köpfe schwindeln, und die Kanzel widertönte von Zeit und Raum und dergleichen", berichtet Rudolf Magenau. Auch Hölderlin mag zu jenen Stipendiaten gehört haben, die gemeinsam mit dem als „Kantischen Enragé" verschrienen Repetenten Diez, für den Kant der verheißene Messias, der Weltbeglücker, Jesus hingegen ein Betrüger war, in den „seligen Gefilden der Befreiung von allem Aberglauben und Phantasterei" gewandelt sind. Wie wenig jedoch Hölderlin in Tübingen Kantianer war, läßt sich deutlich gerade aus der ein Kantisches Motto tragenden „Hymne an die Schönheit" herauslesen.

Die gleiche antiorthodoxe, theologisch-destruktive Wirkung wie Kant hatte Spinoza. Während Kants „Kritik der reinen Vernunft" Hölderlins Überzeugung von der Richtigkeit der rationalen Gottesbeweise erschüttert hatte, mußte Spinoza die Existenz eines extramundanen göttlichen Wesens überhaupt in Frage stellen. Er war, wie Hölderlin im Februar 1791 an die Mutter schrieb, „Gottesleugner nach strengen Begriffen". Hölderlin, der seine Spinoza-Kenntnis wohl vor allem aus dem von ihm exzerpierten Buch Friedrich Heinrich Jacobis „Über die Lehre des Spinoza in Briefen an den Herrn Moses Mendelssohn" (1785) zog, folgte jedoch dem holländischen Philosophen – jetzt und auch später – nicht bis zur rationalistisch-materialistischen Auffassung der Substanz, woraus Jacobi die Gleichsetzung von Spinozismus und Atheismus abgeleitet hatte. Gemäßer war ihm und seinen Freunden Schelling und Hegel die Deutung dieser Philosophie im Sinne der vielleicht von Lessing geprägten Formel „Hen kai pan" (Ein und Alles). Nachdem die im Pietismus propagierte Vereinigung von Mensch und Gott,

Leibniz mit seiner Monadologie und Schillers Liebesphilosophie den christlichen Dualismus abzubauen begonnen hatten, war der Boden für eine pantheistisch-monistische Auffassung der Welt bereitet. Hatte Kants Kritizismus Hölderlins dogmatisches Denken zu erschüttern vermocht und Spinozas Pantheismus ihm einen neuen Orientierungspunkt in der göttlichen Natur gegeben, so war es der französische demokratische Aufklärer Rousseau, der sein Menschenbild und sein politisches Denken auf die Höhe des historischen Augenblicks hob. Daß auch in Württemberg wie im übrigen Deutschland Rousseau als der geistige Wegbereiter der Französischen Revolution begriffen wurde, belegt eindrucksvoll Schubarts „Vaterländische Chronik": „Rousseau, großer guter Mann, freu Dich, Dein Zeitalter bricht an, die Wiedergeburt unserer Nation kommt aus todähnlicher Erschlaffung in diese Lebenstätigkeit, aus Sklavensinn in diese Freiheitsglut." Vielleicht unter dem Einfluß von Hegel, als dessen „Held" Rousseau galt, ließ sich Hölderlin „vom großen Jean-Jacques ein wenig über Menschenrecht belehren", wie er am 28. November 1791 an Neuffer schrieb. Was Hölderlin spontan ergriffen haben mag, war dessen Verteidigung der Rechte des Menschen gegen feudalen Despotismus und die kleinbürgerlichdemokratische Begründung von Freiheit und Gleichheit. Überdies entnahm Hölderlin dem „Contrat social" wohl die Einsicht, daß sich der einzelne nur in der Gesellschaft verwirklichen kann und daß die Vollendung der menschlichen Gesellschaft allein durch den gegen die Tyrannen wie ihre Sklaven gerichteten politischen Kampf ermöglicht wird. Nicht zuletzt war es Rousseaus Rolle im Befreiungskampf der französischen Nation, die Hölderlin überaus stark beeindruckte und seine eigene Vorstellung von der gesellschaftlichen Funktion des Dichters wesentlich mitprägte. Was Gotthold Friedrich Stäudlin (1758–1796), einer der konsequentesten Parteigänger der Französischen Revolution, in dem Gedicht „Galliens Freiheit" den „Unsterblichen" Montesquieu, Voltaire und Rousseau dankt, die mit der „Göttersprache der Weisheit" das erhabene Gefühl der Freiheit und die Ahndung der hohen Menschenwürde geweckt und zur „verzehrenden Flamme entfacht" haben, das mag Hölderlin sich selbst als Aufgabe für die deutsche Nation gestellt haben. Bestärken lassen konnte er sich in seinem Vorsatz von Rousseau selbst; er brauchte nur die Charakteristik des Gesetzgebers im „Contrat social" auf den Dichter zu übertragen.

In den von Ende 1790 an entstandenen Tübinger Hymnen objektiviert sich der angestrengte Versuch Hölderlins, sich auf die geistige Höhe der Zeit zu heben und der historischen Tat im benachbarten Land gerecht zu werden. Ganz im Sinne der Erwartung seines Förderers und Freundes Stäudlin ergriff er den „Geist der Zeiten", wählte den „kühnen Sonnenflug des Adlers" und schuf auf diese Weise „höhere lyrische Poesie". Hölderlin sah auch für Deutschland das „freie kommende Jahrhundert" am Horizont heraufdämmern und verstand seine Hymnen als Mittel, diesen Prozeß zu beschleunigen. Das in ihnen pathetisch verkündete Ideal bedeutete eine radikale Umkehr aller Verhältnisse: Aufhebung der feudalen Ausbeutung, der gesellschaftlichen Ungleichheit und der sozialen Not; Beseitigung der politischen Unterdrückung, Wiederherstellung der ursprünglichen Freiheit des Menschen und Rückkehr des Vaterlands in das Eigentum des souveränen Volkes; Aufhebung der Entfremdung von Mensch und Gott und Zurückführung des Göttlichen in das menschliche Individuum. Dieses gesellschaftliche Ideal komprimiert sich poetisch zu göttlichen Wesen, denen Preis und Dank des Sängers gelten. Scheinbar wird dadurch der Inhalt der Hymnen eine „in Andacht und anbetender Bewunderung vorgetragene Beschreibung der Eigenschaften und Werke des göttlichen Wesens", wie es der Schweizer Ästhetiker Johann Georg Sulzer formulierte. In Wirklichkeit sind die göttlichen Wesen nichts anderes als allegorische Personifikationen, künstlerische Mittel zur Gestaltung von Ideen und Erlebnissen. Ihre poetische Existenz ist nur denkbar auf der Grundlage der aufklärerischen Hochschätzung der Allegorie.

Wie sehr Hölderlin in seiner Tübinger Zeit der auf der Leibniz-Wolffschen Philosophie basierenden Ästhetik eines Johann Georg Sulzer, Johann August Eberhard und Moses Mendelssohn verpflichtet war, geht aus seiner Magisterarbeit „Parallele zwischen Salomons Sprüchwörtern und Hesiods ‚Werken und Tagen'" hervor. Dort fordert er vom Dichter, er müsse „abstrakte Begriffe, die ihrer Natur nach mehr zur Zergliederung, zur Auflösung in deutliche Begriffe reizen, so darstellen, daß sie klare Begriffe oder Totalvorstellungen werden, das ist, er muß sie versinnlichen. Und dies ist das Werk der Personifikation abstrakter Begriffe." Mit Hilfe einer starken Phantasie gelingt es dem Dichter, bedeutende Ideen in Totalvorstellungen zu verwandeln und damit den Zugang zum menschlichen „Empfindungs- und Begehrungsvermögen" zu finden. Das Bemühen, möglichst intensiv Gefühl und Willen anzusprechen, hat den phantastischen und pathetischen Ton der Hymnen zur Folge. Durch den weit ausgreifenden Rhythmus, durch den erhabenen Stil mit seinen kühnen Metaphern, Personifikationen, Allegorien, Anaphern und Parallelismen soll sich die heroische Begeisterung des lyrischen Dichters auf den Leser übertragen und in ihm heftiges Verlangen nach großen Empfindungen und Ideen erzeugen sowie hohen Mut, sich für eine Welt reiner Menschlichkeit einzusetzen. Zum Ausgangspunkt wurde damit für Hölderlins poetisches Schaffen von Anfang an nicht die Welt, wie sie war, sondern die Welt, wie sie sein sollte; nicht die unmittelbare Nachahmung der Wirklichkeit im Sinne eines Abbilds, sondern die Darstellung des Ideals im Sinne eines Vorbilds. Platons Ideenlehre mußte ihm näher liegen als Aristoteles mit seiner Auffassung der Kunst als Mimesis.

## Revolutionäres Zeitgeschehen und griechische Antike

Die Vorrede zur vorletzten Fassung des „Hyperion"-Romans beginnt mit folgendem Geständnis: „Von früher Jugend an lebt ich lieber, als sonstwo, auf den Küsten von Ionien und Attika und den schönen Inseln des Archipelagus, und es gehörte unter meine liebsten Träume, einmal wirklich dahin zu wandern, zum heiligen Grabe der jugendlichen Menschheit. Griechenland war meine erste Liebe und ich weiß nicht, ob ich sagen soll, es werde meine letzte sein." Hölderlins theoretische Beschäftigung mit der griechischen Antike und deren poetische Rezeption setzt im Jahre 1790 mit der „Hymne an den Genius Griechenlands" und der Magisterarbeit „Geschichte der schönen Künste unter den Griechen" ein, führt über die Gedichte „Griechenland" und „An Herkules", über die verschiedenen Fassungen des „Hyperion" und des „Empedokles" sowie über das Hexametergedicht „Der Archipelagus" und die Pindar-Übertragungen, und sie findet ihren weit in die Zukunft weisenden Höhepunkt und Abschluß mit den – erst im Herbst 1803 beendeten – deutenden Übersetzungen der Trauerspiele des Sophokles „Ödipus der Tyrann" und „Antigone". Homer, Pindar und Sophokles, Platon, Heraklit und Empedokles waren es vor allem, an denen sich Hölderlins Geist und Liebe entzündeten. Auch ihm war es wie den anderen Großen seiner Zeit – Winckelmann, Lessing, Herder, Goethe und Schiller – versagt, Griechenland zu betreten. Seit der türkischen Eroberung im 15. Jahrhundert war es vom übrigen Europa isoliert und vom Reiseverkehr abgeriegelt. Im Kontrast zu kulturellem Niedergang und nationaler Unterdrückung in der Gegenwart mußte die einstige Größe und Freiheit um so leuchtender erscheinen und die Frage nach Aufstieg und Verfall geradezu provozieren.

Vor allem aber war es ein echtes historisches Bedürfnis, das den Blick der bürgerlichen Ideologen auf die Antike lenkte. Gerade in den Epochen revolutionärer Krisen beschworen sie die „Geister der Vergangenheit herauf" und entlehnten ihnen „Namen, Schlachtparole, Kostüm" (Karl Marx). Die als Kindheitsstufe der Menschheit betrachtete griechische Antike wurde zum Hauptorientierungspunkt der deutschen Literatur und Kunst im 18. Jahrhundert. Sie lieferte die gesellschaftlichen Ideale, philosophischen Ideen und Kunstformen, deren die bürgerliche Klasse zur Herausbildung ihrer eigenen Nationalkultur bedurfte. Winckelmanns 1764 erschienene „Geschichte der Kunst des Altertums", die Hauptquelle für Hölderlins Magisterarbeit über die schönen Künste bei den Griechen, war gerade deshalb von so folgenreicher Bedeutung, weil sich in ihr die bürgerliche Klasse mit ihrem Kampf um Demokratie und Freiheit historisch bestätigt fühlte und weil Winckelmanns auf Harmonie ausgehendes Ideal des Griechentums durch die Ausklammerung aller grundlegenden Widersprüche den unentwickelten deutschen Klassenverhältnissen in besonderer Weise entsprach. Jedoch als Winckelmann an seiner Kunstgeschichte arbeitete, Goethe seine „Iphigenie auf Tauris" (1779) schrieb, Herder das 13. Buch seiner „Ideen zur Philosophie der Geschichte der Menschheit" (1787) konzipierte und Schiller seine „Götter Griechenlands" (1788) dichtete, stand der französischen Nation der eigentlich heroische Kampf um die Herausbildung der bürgerlichen Gesellschaft noch bevor: die revolutionäre „Aufopferung", der terroristische „Schrecken" und die „Völkerschlachten". Die weltgeschichtliche Rückerinnerung verharrte im rein geistigen Bereich. Hölderlins Hinwendung zur Antike dagegen erfolgte im Angesichte der Französischen Revolution und der Revolutionskriege – in einer Zeit, die als reale Wiedergeburt antiken Wesens begriffen wurde. Karl Philipp Conz, Hölderlins Repetent im Tübinger Stift, vergleicht die Athener mit den Neufranken, und Gotthold Friedrich Stäudlin zieht Parallelen zwischen dem Krieg der französischen Revolutionsheere gegen die feudale Intervention und dem heroischen Kampf der Griechen gegen die persischen Heerscharen. Indessen: Das Weltbild keines anderen deutschen Dichters wird so entscheidend wie das Hölderlins geprägt durch das widerspruchsvolle Verhältnis von Griechenland in der 1. Hälfte des 5. Jahrhunderts v. u. Z. und Frankreich vom Ausbruch der Revolution im Jahre 1789 bis zum Frieden von Lunéville im Jahre 1801. Noch 1802, nachdem Hölderlin an Geist und Körper gebrochen von Frankreich zurückgekehrt ist, bekennt er, daß ihn dort das „Athletische der südlichen Menschen, in den Ruinen des antiken Geistes, ... mit dem eigentlichen Wesen der Griechen bekannter" gemacht habe: „Ich lernte ihre Natur und ihre Weisheit kennen, ihren Körper, die Art, wie sie in ihrem Klima wuchsen, und die Regel, womit sie den übermütigen Genius vor des Elements Gewalt behüteten." Aber es bedurfte eines zehnjährigen Studiums, das bar jedes antiquarischen Interesses die Antike zum historischen Verständnis der Gegenwart anrief, bis Hölderlin zu einer eigenständigen, weit über Winckelmann hinausgehenden Vorstellung von griechischen Menschen und griechischer Kunst kam.

Karl Philipp Conz, der mit seinem Gedicht „Athen" (1782) und den „Schilderungen aus Griechenland" (1785) die Antikerezeption in Württemberg eingeleitet hatte und bei dem Hölderlin im Sommer 1790 eine Euripides-Vorlesung hörte, mag ihn als erster mit den Gedanken Winckelmanns vertraut gemacht haben. Wie bei Winckelmann erscheint in Hölderlins Magisterarbeit „Geschichte der schönen Künste unter den Griechen" die griechische Kunst als absolute Norm und zeitloses Muster, mit ihm betont er den Einfluß der klimatischen Gegebenheiten und der gesellschaftlichen Zustände auf die künstlerische Blüte sowie die große Wirkung, welche die Kunst auf den Nationalgeist der Griechen hatte. Als ihr höchstes ästhetisches Prinzip betrachtet er – ebenfalls wie Winckelmann – die das Sinnliche, Konkrete, Individuelle weitgehend eliminierende idealische Schönheit und deren künstlerische Objektivierung in den Göttergestalten: „Der Grieche dichtete seinen Göttern körperliche Schönheit an, weil sie einer seiner nationellen Vorzüge war:

er gab ihnen fröhliche Laune, gemischt mit männlichem Ernst, weil das sein Eigentum war: er gab ihnen Empfänglichkeit für das Schöne, ließ sie um der Schönheit willen zur Erde niedersteigen, weil er von sich schloß und so alles ganz natürlich fand. So wurden seine Heroen Göttersöhne; und so entstanden die Mythen." Indem der Ursprung des Ideals in die schöne menschliche Natur und die schöpferische Phantasie gesetzt wird, verwandelt sich der Begriff der Götter aus einer religiösen in eine ästhetische Kategorie. Das war für Hölderlins poetische Konzeption und dichterische Praxis von weitreichender Bedeutung.

Brachte zwar das Jahr 1790 ein erstes eindrucksvolles Bekenntnis zum Geist und zur Kunst der griechischen Antike und wirkte sich dies auch in der poetischen Vorprägung durch Schillers Gedicht „Die Götter Griechenlands" auf die Tübinger Hymnen aus, so erfolgte doch die eigentliche Hinwendung Hölderlins zu griechischer Philosophie und Kunst erst zwei Jahre später. Es bedurfte dazu anderer Impulse, die nicht bildungsmäßiger, sondern historischer Natur waren.

Während der letzten eineinhalb Jahre von Hölderlins Theologiestudium wurde die Situation auf dem französischen Schauplatz zunehmend differenzierter und für die revolutionsbegeisterte deutsche Intelligenz schwerer überschaubar. Mußte einerseits die Mitte 1792 beginnende feudale Intervention gegen die französische Nation als eine Gefahr für die revolutionären Errungenschaften angesehen werden, so stimulierte andererseits das vom Nationalkonvent im November 1792 beschlossene Dekret, allen Völkern, die ihre Freiheit wiedererlangen wollen, brüderliche Hilfe zu gewähren, die Hoffnungen der deutschen Revolutionäre auf eine baldige Befreiung vom feudalen Despotismus. Aber auch im Innern Frankreichs, wo die Girondisten um Brissot, Vergniaud und Guadet im Interesse der republikanischen Bourgeoisie herrschten, führte der Krieg zu einem Aufschwung der revolutionären Bewegung und schuf neue Fronten, deren sichtbarste Zeichen sowohl die Volksjustiz in den Pariser Gefängnissen vom September 1792 und die Hinrichtung des Königs im Januar 1793 als auch der konterrevolutionäre Aufstand in der Vendée und die Ermordung Marats im Juli 1793 waren. Allerspätestens Anfang Juni 1793, als die Jakobiner die Herrschaft übernahmen und damit die Macht an die revolutionäre Bourgeoisie überging, war die Illusion von 1789 endgültig geschwunden, das Ergebnis der Revolution könnte die „Allkraft einer gleichgestimmten Nation", der „Sieg der Vernunft gegen das Vorurteil, der Wahrheit über den tausendjährigen Wahn, des armen Verdienstes über das reiche Laster" sein, wie Stäudlin in seiner „Chronik" von 1792 den ersten Eindruck der Revolution unter den Deutschen charakterisierte. Das Entstehen neuer Parteien und Fraktionen und damit neuen Zwiespalts und neuer Uneinigkeit innerhalb des dritten Standes sowie das erneute Aufkommen von Herrschaft, Übeln, Zügellosigkeit, Chaos und Anarchie – so sahen es die deutschen Betrachter – zog zwei grundsätzlich verschiedene Reaktionen der deutschen Ideologen nach sich: die Abwendung von der revolutionären Tat und die Hinwendung zu einer geistigen Evolution, die Propagierung der menschlich-moralischen Emanzipation als Voraussetzung der bürgerlich-politischen Befreiung – der reformerische Weg Schillers, oder die Identifizierung mit den revolutionären Ereignissen trotz der inneren Widersprüche und der Schritt von der Theorie zur Praxis – der revolutionäre Weg Georg Forsters. In Hölderlin, dessen unverwechselbares ideelles Profil sich in den Jahren 1792 bis 1796 herausbildet, kreuzen sich diese beiden Möglichkeiten und führen zu einer spannungsreichen Existenz ohnegleichen.

Gerade in einer Zeit, da Ideal und Wirklichkeit der bürgerlichen Revolution immer mehr auseinanderfielen, erhielten die antifeudalen Kräfte in Deutschland neuen Auftrieb durch den ersten Erfolg der revolutionären Armee bei Valmy am 20. September 1792, den darauffolgenden Rückzug der Preußen und die Besetzung von Mainz im Oktober 1792 sowie durch den entscheidenden Sieg der französischen Truppen über die Österreicher bei Jemappes (westlich von Mons) am 6. November 1792. Die Mainzer Republik wurde gegründet, die erste demokratische Republik auf deutschem Boden. Hölderlin ergriff konsequent Partei für die Franzosen, die „Verfechter der menschlichen Rechte", und schrieb – wohl in Erwartung eines Vorstoßes des Revolutionsheeres nach Süddeutschland – im November 1792 an seine Mutter: „Es ist wahr, es ist keine Unmöglichkeit, daß sich Veränderungen auch bei uns zutragen. Aber gottlob! wir sind nicht unter denen, denen man angemaßte Rechte abnehmen, die man wegen begangner Gewalttätigkeit und Bedrückung strafen könnte. Überall, wohin sich noch in Deutschland der Krieg zog, hat der gute Bürger wenig oder gar nichts verloren und viel, viel gewonnen. Und wenn es sein muß, so ist es auch süß und groß, Gut und Blut seinem Vaterlande zu opfern, und wenn ich Vater wäre von einem der Helden, die in dem großen Siege bei Mons starben, ich würde jeder Träne zürnen, die ich über ihn weinen wollte. Rührend ist's und schön, daß unter der französischen Armee bei Mainz, wie ich gewiß weiß, ganze Reihen stehen von 15- und 16jährigen Buben."

Über die Vorgänge in Frankreich und an den Fronten war Hölderlin nicht nur aus deutschen und französischen Journalen unterrichtet. Abgesehen davon, daß er mit dem Herausgeber der „Chronik", Gotthold Friedrich Stäudlin, befreundet war, führten vom Stift unmittelbare oder über Stuttgart vermittelte Verbindungen nach Mainz, Straßburg und Paris: 1792 trat Louis Kerner in das Stift ein, dessen älterer Bruder Georg Kerner (1770–1812) 1791 zunächst nach Straßburg und dann nach Paris gewandert war, um als unmittelbarer Beobachter und aktiver Teilnehmer den Fortgang der Revolution zu erleben. 1791 hatte auch Christoph Friedrich Cotta (1758–1838), ein älterer Bruder des Stuttgarter Verlegers Johann Friedrich Cotta, sein Geburtsland mit dem „Vaterland" vertauscht und förderte als Mitglied des Jakobinerklubs in Straßburg und Mainz sowie als Publizist leidenschaftlich die Revolution. Direkt angeregt vom Straßburger Klub scheint die revolutionäre Vereinigung zu sein, die die Stiftler wohl 1792 unter Führung August Wetzels gründeten, nachdem dieser vom Mai bis August 1792 das Stift verlassen hatte, um in Straßburg dem Jakobinerklub beizutreten. Hölderlin war vielleicht Mitglied des revolutionären Studentenklubs, stand ihm aber ganz gewiß sehr nahe. Das geht aus seiner engen Verbindung mit den aus der zu Württemberg gehörenden Grafschaft Mömpelgard stammenden Studenten hervor, die als Keimträger der Revolutionsideen im Stift galten und deren Heimat im September 1792 von der französischen Nationalgarde besetzt wurde. Der demokratisch-revolutionäre Charakter der Stimmung unter den Stiftlern wird am gültigsten dadurch belegt, daß sie die Hinrichtung des französischen Königs Ludwig XVI. verteidigten, und findet seinen sichtbarsten Ausdruck in der Errichtung eines Freiheitsbaums wohl am 14. Juli 1793, dem Jahrestag des Sturmes auf die Bastille. Hegel, der für einen „derben Jakobiner" galt, Hölderlin, der auch „dieser Richtung zugetan war", wie Christoph Theodor Schwab feststellte, und Schelling, dem die Übersetzung der Marseillaise, des gegen die konterrevolutionäre Koalition gerichteten Revolutionsliedes zugeschrieben wurde, seien daran beteiligt gewesen.

Die Radikalisierung der politischen Anschauungen, die sich nach dem Beginn der konterrevolutionären Intervention, besonders aber nach den ersten Siegen der Franzosen zeigte, wurde nicht nur von der allgemeinen historischen Bewegung und der Verschärfung des Klassenkampfes im deutschen Süden getragen, sondern in besonderem Maße auch von der spezifischen Stiftssituation gefördert. Von den neuen Stiftsstatuten, deren Verkündigung unmittelbar bevorstand und auf deren Konzeption wesentlich der Herzog Karl Eugen Einfluß genommen hatte, erwarteten die Studenten zu Recht eine Verschärfung des Druckes, so daß sie sich darauf einstellten, durch entsprechende Proteste ihren eigenen Willen durchzusetzen. Hier war die Möglichkeit gegeben, das abstrakte Freiheitspathos in die konkrete politische Tat einmünden zu lassen. Schon Ende Februar oder Anfang März 1792 gestand Hölderlin seiner Schwester, daß es ihm unmöglich sei, sich „widersinnische, zwecklose Gesetze aufdringen zu lassen", und daß er alles anwenden wolle, seine „Ehre" und seine „Kräfte" zu retten: „Wir müssen dem Vaterlande und der Welt ein Beispiel geben, daß wir nicht geschaffen sind, um mit uns nach Willkür spielen zu lassen."

Aber diesem Aufschwung Hölderlins zu einem revolutionären Bewußtsein waren von vornherein Grenzen gesetzt. Im rein subjektiven Bereich wurden sie gezogen durch die Disharmonie seines inneren Wesens. Neben einem übersteigerten Selbstbewußtsein, der optimistischen Wendung zur Gesellschaft, dem ehrgeizigen Ringen um ein Leben im Dienste der Menschheit stand immer noch eine äußerste Empfindsamkeit, der wehmütige Rückzug in die Stille der Einsamkeit, die träumerische Vorstellung einer ruhigen Existenz. Der innere Konflikt wurde verstärkt durch das spannungsreiche Verhältnis zu seiner Mutter. Johanna Christiana geb. Heyn (1748–1828) war eine durch den Verlust von vier Kindern und den Tod ihrer beiden Ehegatten leidgeprüfte Frau: 1772 war Hölderlins Vater, der Klosterhofmeister Heinrich Friedrich Hölderlin, und 1779 sein Stiefvater, der Nürtinger Bürgermeister Gok, gestorben. Der einzige Lebensinhalt der Witwe war die Erziehung der ihr noch verbliebenen drei Kinder: Friedrich Hölderlin, Heinrike (Rike) Hölderlin (1772–1850) und Karl Gok (1776–1849). Da sie selbst sowie auch die an der Erziehung beteiligte Großmutter Johanna Rosina Heyn (1725–1802) einem Pfarrhaus entstammte, war es ganz natürlich, daß der ältere Sohn dazu bestimmt worden war, die Familientradition weiterzuführen. Immer wieder wurde ihm das Leben auf einer dörflichen Pfarre an der Seite einer biederen Frau als erstrebenswertes Ziel vor Augen gehalten. Die Dankbarkeit und tiefe Verehrung, die Hölderlin gegenüber der kleinbürgerlich-beschränkt denkenden Mutter empfand – das vom Bürgertum in seiner Aufstiegsphase ausgeprägte Familienideal hatte im Herzogtum Württemberg unter dem Einfluß des Pietismus besonders tiefe Wurzeln geschlagen –, zog einen „Kampf zwischen kindlicher Liebe und Ehrgefühl" (an die Schwester Ende Februar oder Anfang März 1792) nach sich und wirkte hemmend bei seinem Ringen um geistige Selbständigkeit und Unabhängigkeit.

In ganz besonderem Maße aber war es der widersprüchliche Charakter des historischen Prozesses selbst, der Hölderlin hinderte, zu einem klaren revolutionären Bewußtsein zu gelangen. Diese Schwierigkeit wurde noch verstärkt dadurch, daß den Dichter das Erscheinungsbild der Französischen Revolution von 1792/93 nur in einer spezifischen klassenmäßigen und politischen Brechung erreichte. Höchste Autoritäten bei seiner politischen Urteilsbildung waren die württembergischen Revolutionäre in Frankreich: Reinhard, Kerner und Cotta. Hatten sich diese Männer nach dem Maßstab der deutschen Verhältnisse mit der Annahme der französischen Staatsbürgerschaft denkbar konsequent verhalten, so gehörten sie in Frankreich doch nicht zu der politischen Partei, welche die Revolution bis zu ihrer möglichen Konsequenz trieb. Sie verharrten auf girondistischen Positionen. Für die deutschen Revolutionäre in Paris, die nichts sehnlicher wünschten als die Befreiung ihrer Heimat vom Feudalismus, mußte jene politische Kraft die revolutionäre Idee repräsentieren, die im Innern die Einheit der Nation zu erstreben schien und nach außen den Kreuzzug der allgemeinen Freiheit propagierte. Die Jakobiner dagegen, die als vordringlich die Niederwerfung der inneren konterrevolutionären Kräfte betrachteten und im Krieg eine Gefährdung der revolutionären Errungenschaften sahen, wurden in ihren Augen zu Verrätern an den Idealen von 1789. Da auch Hölderlin in den Girondisten „gute Patrioten", Republikaner sah, in den Jakobinern jedoch „Tyrannen" und „Volksschänder", mußte mit dem Sturz jener der revolutionäre Prozeß seinem Verständnis zu entgleiten beginnen. In dieser Situation wurde ihm Schillers „Don Carlos" zum Ereignis und gab ihm nach dem Illusionsverlust über die Möglichkeiten des gegenwärtigen Menschengeschlechts Halt in seinem Glauben an eine bessere Zukunft. In der ersten Hälfte des September 1793 schrieb er an seinen Bruder: „Meine Liebe ist das Menschengeschlecht, freilich nicht das verdorbene, knechtische, träge, wie wir es nur zu oft finden, auch in der eingeschränktesten Erfahrung. Aber ich liebe die große, schöne Anlage auch in verdorbenen Menschen. Ich liebe das Geschlecht der kommenden Jahrhunderte. Denn dies ist meine seligste Hoffnung, der Glaube, der mich stark erhält und tätig, unsere Enkel werden besser sein als wir, die Freiheit muß einmal kommen, und die Tugend wird besser gedeihen in der Freiheit heiligem erwärmendem Lichte als unter der eiskalten Zone des Despotismus." Obgleich Hölderlin in diesem Brief mit dem Stichwort „Bildung, Besserung des Menschengeschlechts" den reformistischen Humanitätsoptimismus Schillers aufnahm, blieb doch ein grundlegender Unterschied zu dessen Reaktion auf den Fortgang der Französischen Revolution. Nicht die Tugend ist es für Hölderlin, die die Freiheit bedingt, sondern die Freiheit ist es, die die Tugend bewirkt. Das Dilemma von Hölderlins historisch-politischem Denken war perfekt.

Unter diesen objektiven und subjektiven Bedingungen von Hölderlins Existenz während des letzten Tübinger Jahres, das sich in der Komplexität der Widersprüche als Knotenpunkt der geistigen Entwicklung des Dichters darstellt, wird die griechische Antike für ihn zum revolutionären und humanistischen Orientierungspunkt. Sowohl die Hinwendung zu ihr als auch das Bild von ihr sind determiniert von seinem Erlebnis der Französischen Revolution und den dieses Erlebnis kennzeichnenden Spannungen. Schon

Christoph Theodor Schwab betonte diese aktuelle Beziehung: „Hölderlin... verknüpfte überhaupt das Altertum, das lebendig vor seiner Seele stand, gerne bei jeder Gelegenheit mit der Gegenwart." Glaubte Hölderlin einerseits, mit der Französischen Revolution kehre antike Freiheit, menschliche Größe und Schönheit wieder, und sah er in den todesmutigen Kämpfern des französischen Heeres wiederauferstandene antike Heroen – Stäudlin hatte La Fayette, den ersten Befehlshaber der Nationalgarde, mit Leonidas verglichen –, so bot ihm andererseits Athen die Möglichkeit eines Rückzuges vor der unbegreifbaren Gegenwart, die diese heroische Illusion immer wieder zerstörte: die Antike als revolutionäres Ideal für die reale Bewältigung der Gegenwart und die Antike als idealer Zufluchtsort vor der gegenwärtigen Realität. In Hölderlins Antike-Bild erscheint diese Ambivalenz als widerspruchsvolle Einheit des heroischen und sentimentalen Elements. Zunächst existieren diese gegensätzlichen Haltungen noch nebeneinander und objektivieren sich in verschiedenen Gedichten. In der im Sommer 1793 entstandenen Hymne „Dem Genius der Kühnheit" wird der Mensch als Held begriffen, der die Welt in dreifacher Gestalt kämpfend bewältigt: durch die reale Beherrschung der Natur, durch deren geistige Bewältigung in der Poesie und durch die moralisch-politische Beherrschung der menschlichen Gesellschaft. Herakles symbolisiert dieses heroische Ideal, und es findet seine höchste Ausprägung im zeitgenössischen Revolutionär, als dessen beispielhafte Verkörperung Rousseau durchscheint. Der antike Kronzeuge eines solchen Menschenbildes ist Plutarch mit seinen „Parallelen Lebensbeschreibungen", die zur Lieblingslektüre Rousseaus und des jungen Schiller gehörten. Die Bedeutung dieses Schriftstellers für Hölderlin, der spätestens durch „Die Räuber" auf ihn verwiesen wurde und der auf eine seit 1791 erscheinende Plutarch-Ausgabe subskribiert hatte, wird dadurch unterstrichen, daß der Titelheld des „Hyperion" von Adamas in die „Heroenwelt des Plutarch" eingeführt wird und daß Hölderlin später selbst seinen Zögling Henry Gontard mit der römischen Geschichte an Hand dieses Autors bekannt machte.

Das Pendant zur Hymne „Dem Genius der Kühnheit" ist die ebenfalls im Sommer 1793 entstandene Elegie „Griechenland", die lange Zeit das Bild Hölderlins als eines Griechenschwärmers prägte. In gedämpften elegischen Tönen klingt in ihr die Sehnsucht des Dichters nach jener Welt voll Freude, Ruhm und Begeisterung, nach einer Zeit sinnvollen Lebens für das Volk. Zwischen dieser Epoche und der durch „des Lebens dumpfe Schwüle" gekennzeichneten Gegenwart gibt es keine Vermittlung, so daß dem Dichter nur das Gefühl entsagender Trauer bleibt:

> Ach! es sei die letzte meiner Tränen,
> Die dem heil'gen Griechenlande rann,
> Laßt, o Parzen, laßt die Schere tönen!
> Denn mein Herz gehört den Toten an!

Der geistige Träger dieser aus Verzagtheit geborenen Hingabe an eine untergegangene Welt ist Platon, wie Hölderlins Brief vom Juli 1793 an Neuffer bezeugt. Platon, der die geistige Welt des Seins von der realen Welt der Erscheinungen absonderte und das eigentliche Wesen der Welt in die unwandelbaren Ideen legte, war in besonderer Weise geeignet, Hölderlin aus der realen Gegenwart herauszuheben und ihm den Weg zum griechischen Altertum zu ebnen. Der Eros des „Symposion" und die Weltseele des „Timaios" konnten ihm als ideologische Fixpunkte dienen, die er in der widerspruchsvollen Entwicklung der Französischen Revolution vergeblich suchte und die sich mit früheren Bildungselementen – dem Pietismus, Winckelmann, Leibniz und Spinoza – durchaus vertrugen.

Die widerspruchsvolle Einheit der „Dem Genius der Kühnheit" und „Griechenland" zugrunde liegenden weltanschaulichen Positionen, die durch die Namen des kleinbürgerlichen Demokraten Rousseau und des athenischen Aristokraten Platon bezeichnet sind und die ihre lyrische Gestalt einerseits durch den hymnischen Preis des in der heroischen Tat errungenen Selbstbewußtseins und andererseits durch die elegische Hinwendung zur griechischen Antike und zur Natur finden, ist paradigmatisch für Hölderlins dichterische Existenz der Jahre 1792–1796. Der in der Hymne „Dem Genius der Kühnheit" poetisch objektivierte Realitätsbezug liegt auch den Gedichten „Das Schicksal" (1794), „An Herkules" (1796) und „An die klugen Ratgeber" (1796) zugrunde, während die das Gedicht „Griechenland" prägende Grundstruktur des Verhältnisses Dichter–Wirklichkeit in den Gedichten „Der Gott der Jugend" (1794), „An die Natur" (1795) und „Diotima" (1796) verwandelt wiederkehrt. Die Antithetik zwischen dem kühnen Kampf für die Freiheit und der Sehnsucht nach der wandellosen Schönheit, zwischen rousseauistischem Sturm und Drang und dem Klassizismus Winckelmannscher Prägung, zwischen der französischen Bewegung und den deutschen Zuständen sollte wohl von vornherein im „Hyperion", an dem Hölderlin seit dem Sommer 1792 arbeitete, zu einer epischen Synthese geführt werden (vgl. die Entstehungsgeschichte des Romans, Band 2). Dies gelang ihm aber erst nach jahrelangem poetischem Ringen, das immer wieder durch neue biographische, philosophische, ästhetische und historische Impulse stimuliert wurde, in der endgültigen Fassung des Romans.

*Bildungsjahre im Banne Schillers und Fichtes*

Nachdem Hölderlin im September 1793 das Tübinger Stift verlassen und Anfang Dezember in Stuttgart das Konsistorialexamen abgelegt hatte, brach der zu seiner eigenen Bildung über die enge Sphäre seiner Heimat hinausstrebende Dichter gegen Jahresende nach Waltershausen in Thüringen auf, wo ihm durch Schiller und Stäudlin eine Hofmeisterstelle bei Frau von Kalb vermittelt worden war. Diese Tätigkeit bot noch am ehesten die Möglichkeit, ohne die

Einschränkung eines festen bürgerlichen Verhältnisses im allgemeinen und ohne die ideologischen Fesseln eines theologischen Amtes im besonderen die eigene Individualität auszubilden. Die Jahre 1794 und 1795 waren die eigentlichen Bildungsjahre Hölderlins, in denen er von den fortgeschrittensten philosophischen und ästhetischen Ideen Besitz ergriff und sich auf die geistige Höhe der Epoche hob. Es ist die Zeit des großen Übergangs „aus der Jugend in das Wesen des Mannes, vom Affekte zur Vernunft, aus dem Reiche der Phantasie ins Reich der Wahrheit und Freiheit", wie Hölderlin mit autobiographischer Akzentuierung die Thematik seines Romans formulierte. Ähnlich wie schon 1790 bis 1791 und später 1798 bis 1799 drängte sich in gewisser Weise das philosophisch-theoretische Begreifen der Wirklichkeit sowohl vor deren ästhetisch-dichterische Gestaltung als auch vor deren politisch-praktische Bewältigung. Aber die Einheit dieser dreigestaltigen Auseinandersetzung mit der Realität wird auch in dieser Zeit augenscheinlich. So wie im Bewußtsein der drei Stiftler Hölderlin, Hegel und Schelling der allgemeine Zusammenhang zwischen der Revolution und der Philosophie, die als im Dienste der Revolution stehend begriffen wurde, nicht verlorenging, so löste sich für Hölderlin nie völlig die Anstrengung des Begriffs vom schöpferischen Umgang mit dem Wort. Da er kein spontan schaffender Dichter war, sondern den Stoff zu seinen Gedichten nach Magenaus Zeugnis „erst mühsam durchstudierte", war für ihn die theoretische Bestimmung des Weltzustandes sowie der eigenen Position unerläßliche Voraussetzung dichterischer Produktivität.

Subjektives Bildungsstreben und der Fortgang der französischen Ereignisse lenkten im Jahre 1794 seine Aufmerksamkeit besonders auf das Problem der Humanität. Die Lektüre Herders und Schillers, Kants und Fichtes, aber auch Platons trug wesentlich zur Ausformung seines Menschenbildes bei. Herders „Ideen zur Philosophie der Geschichte der Menschheit" (1784–1791) fassen die Entwicklungsgeschichte als einen organisch verlaufenden Prozeß auf, als dessen Ziel die allseitige Ausbildung der menschlichen Persönlichkeit erscheint. Schiller unterscheidet in seiner Abhandlung „Über Anmut und Würde" (1793) die Anmut als Ausdruck einer schönen Seele, in der Sinnlichkeit und Vernunft, Pflicht und Neigung harmonieren, von der Würde als Ausdruck einer erhabenen Gesinnung und sieht in der Vereinigung beider die vollendete Humanität. Platons „Phaidros" preist die läuternde Macht der Schönheit und zeigt, wie der Mensch vom Anblick der irdischen Schönheit zu der bereits in der Präexistenz geschauten Idee der Schönheit aufsteigen kann. Aber das ist gleichsam nur die eine Seite der widersprüchlichen geistigen Einflüsse, die auf Hölderlin wirken. Das Fragment „An Kallias", das vielleicht Ende 1794 entstanden ist, hält den dialektischen Umschlagspunkt in die andere Seite des Widerspruchs fest: Aus dem tatenlosen Hindämmern, das der Existenz der Seelen in Platons „Vorelysium" gleicht, wecken den Briefschreiber die Helden Homers sowie die seiner Gegenwart und rufen in ihm den Drang nach kühnen Taten wach. Kant hatte in seiner Schrift „Die Religion innerhalb der Grenzen der bloßen Vernunft" (1793) die Erlösung als eine sich im Kampfe mit dem Bösen vollziehende sittliche Wiedergeburt begriffen, und Fichtes „Vorlesungen über die Bestimmung des Gelehrten" (1794) vermittelten Hölderlin das Ideal eines kämpferischen Daseins, das sich mit den gegebenen Zuständen nicht abfindet, sondern handelnd auf sie einwirkt. Was sich hier aufbaut, ist ein Humanitätsideal, das weder auf die selbstlose Hingabe an die göttliche Schönheit noch auf die sittliche Selbstbehauptung im heroischen Kampf verzichtet. Die in Frankreich praktizierte revolutionäre Haltung verbindet sich mit der klassischen Harmonie deutscher Prägung.

Bei der Erziehung des Zöglings Fritz von Kalb sollten sich die neu gewonnenen humanistischen Einsichten praktisch bewähren. „Überzeugt, daß alle Humanität, die nicht mit andern Worten Vernunft heißt oder auf diese sich genau bezieht, des Namens nicht wert ist" (an Schiller im März 1794), wendete Hölderlin eine Methode an, die sich sowohl auf die in Rousseaus „Emile" begründete negative Erziehung als auch auf Kants im Begriff der Pflicht gipfelnde Vernunftethik stützt. Aber diese auf einen „engen Wirkungskreis" beschränkte Tätigkeit bedeutete für Hölderlin trotz ihrer ideellen Überhöhung – er wollte damit „der Menschheit Ehre machen" – doch letztlich eine pflichtgemäße Entsagung, die er so lange auf sich zu nehmen bereit war, bis sich ein „größerer Wirkungskreis" auftat. Ihm war die Privaterziehung „noch beinahe das einzige Asyl", wohin er sich „mit seinen Wünschen und Bemühungen für die Bildung des Menschen" flüchten konnte (an Ebel am 2. September 1795).

Es ist nun allerdings für Hölderlin höchst bezeichnend, daß er, von der deutschen Wirklichkeit auf diese Bahn gedrängt, seine in der erzieherischen Praxis gesammelten Erfahrungen für das „Ideal einer Volkserziehung", mit dem er umging, fruchtbar zu machen gedachte. Ganz im Sinne Rousseaus sollte darin die Religion einen bestimmten Platz haben. Hölderlin wußte sich in diesem Bemühen mit Hegel eins, der zur gleichen Zeit in den Fragmenten über „Volksreligion und Christentum" die enge Verflochtenheit zwischen dem Geist des Volkes, seiner Geschichte, seiner Religion und dem Grad der politischen Freiheit untersuchte und in der Volksreligion, die für ihn „Hand in Hand mit der Freiheit" ging, eine mächtige Kraft sah, den Geist der Nation zu veredeln. Das eigentliche Anliegen war selbstredend nicht Christus und der Geist des Christentums, sondern der Citoyen und Rousseaus volonté générale, nicht die Bestätigung der religiösen Entfremdung, sondern die politische und soziale Veränderung der Realität. Auch die Losung „Reich Gottes", mit der die Stiftler Hölderlin, Hegel und Schelling 1793 voneinander geschieden waren und an der sie sich „nach jeder Metamorphose" (Hölderlin an Hegel am 10. Juli 1794) wiederzuerkennen glaubten, zielte trotz der biblischen Herkunft auf eine durchgängige politische, moralische und religiöse Erneuerung des Lebens und konzentrierte die von der Französischen Revolution genährten Hoffnungen zu einem sozial-utopischen Symbol. Noch einmal sei betont: Im Unterschied zu Schiller, dessen Briefe „Über die ästhetische Erziehung des Menschen" 1795 in den „Horen" erschienen, zog sich Hölderlin nicht auf die ästhetisch-moralische Bildung des Individuums als Voraussetzung einer politischen Befreiung der Gesellschaft zurück, sondern hielt an der Einheit von politischer und menschlicher Emanzipation fest. Jedoch gerade durch diese Kompromißlosigkeit des politischen, sozialen und humanistischen Anspruchs, der nicht gewillt war, der gesellschaftlichen Misere Zugeständnisse zu machen, entfernte sich das Ideal nicht nur immer mehr von der politischen Wirklichkeit in Deutschland, sondern überflog die realen Möglichkeiten der bürgerlichen Gesellschaft überhaupt und bekam religiös-chiliastische Züge. Am 9. November 1795 schrieb Hölderlin an Ebel: „Sie wissen, die Geister müssen überall sich mitteilen, wo nur ein lebendiger Othem sich regt, sich vereinigen mit allem, was nicht ausgestoßen werden muß, damit aus dieser Vereinigung, aus dieser unsichtbaren streitenden Kirche das große Kind der Zeit, der Tag aller Tage hervorgehe..." Nur wenn man beachtet, daß Hölderlin durch die radikale Ablehnung der deutschen Zustände immer wieder gezwungen wurde, die Grenzen der politisch-historischen Vorstellungswelt zu überschreiten und auf pietistische Formeln zurückzugreifen, wird man weder sein politisches Anliegen noch die religiösen Denkelemente verkennen. Was Hegel Ende Januar 1795 an Schelling schrieb – und genauso an Hölderlin hätte schreiben können: „Vernunft und Freiheit bleiben unsre Losung und unser Vereinigungspunkt die unsichtbare Kirche" –, legt noch einmal den säkularisierten Inhalt religiöser Begriffe bloß und ist geeignet, den untrennbaren Zusammenhang zwischen Hyperions Hoffnung auf „die Lieblingin der Zeit, die jüngste, schönste Tochter der Zeit, die neue Kirche" und seinem Kampf um einen „Freistaat" für die „heilige Theokratie des Schönen", den „neuen Geisterbund" blitzartig zu erhellen. Immerhin wurde ja die Losung „Reich Gottes" gleichsam interpretiert durch den wohl von Hölderlin selbst formulierten griechischen Schwur, mit dem sich Magenau und Hölderlin vor dessen Abreise nach Waltershausen trennten und der zu deutsch lautet: „Bei den zu Marathon Gefallenen."

Anfang November 1794 hatte Hölderlin mit seinem Zögling Fritz von Kalb die ländlich-dörfliche Abgeschiedenheit von Waltershausen mit jener Stadt vertauscht, die die führende deutsche Universität des ausgehenden 18. Jahrhunderts beherbergte. Das Leben in der mauerumgebenen und von engen mittelalterlichen Gäßchen durchzogenen Kleinstadt Jena stand völlig im Zeichen der Universität, die – an den damaligen Verhältnissen gemessen – die Möglichkeit freier Forschung und Lehre bot. Fichte hatte gerade im Sommer 1794 als Nachfolger Reinholds seine Lehrtätigkeit mit den „Vorlesungen über die Bestimmung des Gelehrten" aufgenommen und war die „Seele" dieser Stadt, wie Hölderlin bald nach der Ankunft an Neuffer schrieb. Schon in Waltershausen hatte Hölderlin von ihm die eben genannten Vorlesungen sowie den 1. und 2. Teil der „Grundlage der gesamten Wissenschaftslehre" gelesen, und nun wurde er ganz in den Bann dieser Persönlichkeit gezogen: „Einen Mann von solcher Tiefe und Energie des Geistes kenn ich sonst nicht. In den entlegensten Gebieten des menschlichen Wissens die Prinzipien dieses Wissens und mit ihnen die des Rechts aufzusuchen und zu bestimmen und mit gleicher Kraft des Geistes die entlegensten, kühnsten Folgerungen aus diesen Prinzipien zu denken und trotz der Gewalt der Finsternis sie zu schreiben und vorzutragen, mit einem Feuer und einer Bestimmtheit, deren Vereinigung mir Armen ohne dies Beispiel vielleicht ein unauflösliches Problem geschienen hätte – dies, lieber Neuffer! ist doch gewiß viel und ist gewiß nicht zu viel gesagt von diesem Manne." (Wohl Mitte November 1794.) Äußerungen anderer Zeitgenossen über die Persönlichkeit dieses Philosophen, in denen dessen trotziger Gang, seine zornige und kampfeslustige Stellung auf dem Katheder, sein strafendes Auge und der einem Gewitter gleichende Vortrag hervorgehoben werden, stimmen durchaus mit Hölderlins Eindruck, den er Hegel vermittelte, überein: ein Titan, der für die Menschheit kämpft und dessen Wirkungskreis gewiß nicht innerhalb der Wände des Auditoriums bleiben werde. Diese Charakteristik erfaßt das prometheisch-kämpferische Wesen von Fichtes Gesinnung, die sich nicht beim erkennenden Ich beruhigt, sondern zur praktischen Tätigkeit hinstrebt: „Wir handeln nicht, weil wir erkennen, sondern wir erkennen, weil wir zu handeln bestimmt sind: die praktische Vernunft ist die Wurzel aller Vernunft." Entspricht die Philosophie Kants dem vorrevolutionären Stadium der bürgerlichen Gesellschaft, so Fichtes Philosophie ihrem revolutionären. Von Kant und Rousseau ausgehend, hatte Fichte in seinen „Beiträgen zur Berichtigung der Urteile des Publikums über die Französische Revolution" das Recht auf Revolution zu einem Zeitpunkt begründet, als die revolutionären kleinbürgerlichen Schichten in Gestalt des Jakobinerstaats die Macht ergriffen, und 1795 ließ er die gleiche Schrift unverändert in zweiter Auflage erscheinen. In ihr gab er eine Antwort auf die Frage nach dem Gebrauch revolutionärer Gewalt: „Beleidigt der Bürger an der Gesellschaft unveräußerliche Menschenrechte (nicht bloße Vertragsrechte), so ist er nicht mehr Bürger, er ist Feind; und die Gesellschaft läßt ihn büßen; sie rächt sich an ihm, d. h. sie behandelt ihn nach dem Gesetze, das er aufstellte." Der aus der Revolution hervorgegangene Staat ist berechtigt, gegen seine Feinde mit Gewaltmaßnahmen bis zur physischen Vernichtung vorzugehen. Robespierre ist näher als Rousseau.

Hölderlin hat den letztlich revolutionär-demokratischen Grundgestus von Fichtes Weltanschauung, der sich vor allem in dessen Aufruf zur wirklichkeitsverändernden Tat sichtbar ausprägte, verstanden und sich zu eigen gemacht. In dem bereits zitierten Brief vom November 1794 an Neuffer heißt es: „Ich habe jetzt den Kopf und das Herz voll von dem, was ich durch Denken und Dichten, auch von dem, was ich pflichtmäßig durch Handeln hinausführen möchte, letzteres natürlich nicht allein... Wenn's sein muß, so zerbrechen wir unsre unglücklichen Saitenspiele und tun, was die Künstler träumten!" Offensichtlich hatte Hölderlin schon zu dieser Zeit Kontakt zu einem Kreis Gleichgesinnter, vielleicht sogar zu der Fichte verpflichteten „Gesellschaft der Freien Männer", die 1795 als ihr Ziel formulierte, „mit vereinten Kräften zur Verbreitung der Wahrheit zu wirken und ihren Gesetzen allgemeine Gültigkeit zu verschaffen".

Während Hölderlin vom Titanismus Fichtes sofort ergriffen wurde, d. h. von jenen Zügen der Fichteschen Weltanschauung, die sich an Rousseaus „Gesellschaftsvertrag" anschlossen, bereitete ihm die „Wissenschaftslehre" große Schwierigkeiten. Für Fichte selbst war sie das „erste System der Freiheit", das den Menschen von den Fesseln der Dinge an sich losreist, so wie ihn die französische Nation von den Ketten losgerissen hat. Der Glaube an die revolutionäre Kraft des Menschen schlug in radikalen, gegen die materialistischen Tendenzen in Kants Philosophie angehenden Idealismus um. Ausgangspunkt der „Wissenschaftslehre" ist das sich selbst setzende, von keinem Objekt determinierte absolute Ich. Dieses Subjekt, die einzige Realität, erzeugt um seiner selbst willen auch das Objekt, und zwar zum Zwecke des Widerstandes für seine eigene unendliche Produktivität. Auf diese Weise war wohl die Trennung von Denken und Handeln, von reiner und praktischer Vernunft aufgehoben, jedoch mit deren Identifikation wurde bereits die theoretische Tätigkeit als Praxis aufgefaßt: Das Ich handelt, wenn es denkt.

Der an Kants Kritizismus geschulte Hölderlin, dem jede dogmatische Setzung verdächtig erschien, vermutete zunächst in diesem System eine wiederauferstandene Metaphysik. Noch in Waltershausen argumentierte er: „Sein absolutes Ich (= Spinozas Substanz) enthält alle Realität; es ist alles, und außer ihm ist nichts; es gibt also für dieses absolute Ich kein Objekt, denn sonst wäre nicht alle Realität in ihm; ein Bewußtsein ohne Objekt ist aber nicht denkbar." (Vgl. den Brief an Hegel vom 26. Januar 1795.) Nur indem Hölderlin Fichte spinozistisch interpretierte und dessen absolutes Ich der Substanz gleichsetzte, so daß schon im Ansatz die Überwindung der subjektiv-idealistischen Position enthalten war, fand er einen Zugang zu ihm. Gestützt wurde diese pantheistische Umdeutung Fichtes durch Hölderlins neuerliches Naturerlebnis, das in den Gedichten „An den Frühling" und „Der Gott der Jugend" seine poetische Gestalt erhielt und das er zwar mit Spinoza, Herder und Platon, jedoch nicht mit Fichtes Naturfeindschaft zusammenbringen konnte. Ein weiteres wichtiges Zeugnis für die Verwandlung des absoluten Ich in die Substanz ist das vermutlich Anfang April 1795 entstandene Fragment „Urteil und Sein". Das von der Identität unterschiedene „Sein schlechthin" ist hier für Hölderlin die unteilbare „Verbindung des Subjekts und Objekts", das vor allem Bewußtsein liegende Absolute: Spinozas Substanz. Da jede Erkenntnis, jedes Urteil die Trennung von Subjekt und Objekt voraussetzt, ist dem „Sein schlechthin" nur die intellektuale Anschauung angemessen.

Den Begriff der intellektualen (oder intellektuellen) Anschauung fand Hölderlin in Kants „Kritik der Urteilskraft", wo er im Sinne eines dem Menschen nicht möglichen anschauenden Verstandes, der die Welt in ihren Einzelheiten und ihrer Gesetzmäßigkeit zugleich intuitiv erfaßt, gebraucht wird, und in Fichtes „Wissenschaftslehre", wo er als Selbstanschauung des absoluten Ich erscheint. Wohl unter dem Eindruck von Spinozas amor Dei intellectualis, der auf Erkenntnis gegründeten Liebe zu Gott (= Substanz), in der rationales Begreifen und sittliches Handeln zusammenfallen, und unabhängig von Schelling, in dessen Schrift „Vom Ich als Prinzip der Philosophie" die intellektuale Anschauung noch subjektiv bestimmt wird, richtete Hölderlin diesen Begriff auf das „Sein schlechthin" aus. Er ist in der Geschichte der deutschen Philosophie der erste, der mit seiner kritischen Wendung gegen Fichte den Schritt vom subjektiven Idealismus zum Pantheismus spinozistischer Prägung geht. Darüber hinaus besteht seine ureigene geistige Leistung, sein Vorgriff darin, daß er die intellektuale Anschauung in den ästhetischen Bereich transponiert. Weder im theoretischen Denken noch im praktischen Handeln sei eine Vereinigung von Subjekt und Objekt möglich, die Kunst allein sei dazu berufen, das „Sein im einzigen Sinne des Wortes" zu erfassen, Subjektivität und Objektivität zu einer untrennbaren Einheit zu verbinden. Der von Schelling formulierte und in Hegels Handschrift überlieferte Entwurf des „Ältesten Systemprogramms des deutschen Idealismus" wurde entscheidend von Hölderlin angeregt: „Zuletzt die Idee, die alle vereinigt, die Idee der Schönheit, das Wort in höherem, platonischem Sinne genommen. Ich bin nun überzeugt, daß der höchste Akt der Vernunft, der, indem sie alle Ideen umfaßt, ein ästhetischer Akt ist, und daß Wahrheit und Güte nur in der Schönheit verschwistert sind... Die Poesie bekömmt dadurch eine höhere Würde, sie wird am Ende wieder, was sie am Anfang war – Lehrerin der Menschheit, denn es gibt keine Philosophie, keine Geschichte mehr, die Dichtkunst allein wird alle übrigen Wissenschaften und Künste überleben." Die hohe Würde der Poesie ist eine logische Folge ihrer einmaligen Leistung. So wie Fichte den Widerspruch zwischen Theorie und Praxis, zwischen Denken und Handeln dadurch aufhob, daß er die theoretische Tätigkeit bereits als Praxis auffaßte, so finden für Hölderlin theoretische und praktische Vernunft in der Poesie zu einer höheren Einheit. Damit waren ungeheure Spannungen gesetzt: War der Widerstreit zwischen Mensch und Natur bereits in der intellektualen Schau der Schönheit aufgehoben, oder war die wiederhergestellte Einheit das Ergebnis tätiger Auseinandersetzung? Konnte sich der Dichter in der ästhetischen Anschauung der Wirklichkeit beruhigen, oder mußte er nicht die höchst reale politische Tat herausfordern? In Hölderlins Verhältnis zu Schiller wurde diese Problematik wesentlich.

Zur letzten Gedichtsendung Hölderlins an Schiller, die am 30. Juni 1790 von Frankfurt abging, gehörte die Kurzode „An unsre großen Dichter". Sie schließt mit folgendem Aufruf:

> O weckt, ihr Dichter! weckt sie vom Schlummer auch,
> Die jetzt noch schlafen, gebt die Gesetze, gebt
> Uns Leben, siegt, Heroen! ihr nur
> Habt der Eroberung Recht, wie Bacchus.

Das etwa gleichzeitig entstandene Gegenstück zu dieser Ode wendet sich „An die jungen Dichter", denen sich Hölderlin zugehörig fühlt. Ihnen weiß er etwas völlig anderes zu sagen:

> Liebt die Götter und denkt freundlich der Sterblichen!
> Haßt den Rausch, wie den Frost! lehrt und
> beschreibet nicht!
> Wenn der Meister euch ängstigt,
> Fragt die große Natur um Rat.

Die großen Dichter und die jungen Dichter, die Meister und die Schüler – nicht nur dies ist es, das Bewußtsein des Generations- und Wertunterschieds, was aus den Strophen spricht, sondern zugleich eine von Schiller grundverschiedene Auffassung des Dichtertums. Weder der Maßstab des dichtenden Heros, der die schlummernden Völker zur Tat erweckt, noch die große Natur als direktes Vorbild dichterischen Wirkens war mit dem Kunstprogramm Goethes und Schillers in Übereinstimmung zu bringen. Hölderlin war in zwei scheinbar gegenläufigen Richtungen über sie hinausgegangen: sowohl in der Bestimmung des Dichters als einer heroischen Existenzform wie in deren religiös getönten Bindung an einen über den Menschen hinausreichenden Bezirk. In langem Ringen hatte Hölderlin seine eigene Position bestimmt. Welche literarhistorische Situation ihm dabei gegenüberstand, schildert eindringlich sein Brief vom 20. Juni 1797 an Schiller, wo er ausführt, „warum es schwerer ist, die Natur zur rechten Äußerung zu bringen in einer Periode, wo schon Meisterwerke nah um einen liegen, als in einer andern, wo der Künstler fast allein ist mit der lebendigen Welt. Von dieser unterscheidet er sich zu wenig, mit dieser ist er zu vertraut, als daß er sich stemmen müßte gegen ihre Autorität oder sich ihr gefangen geben. Aber diese schlimme Alternative ist fast unvermeidlich, wo gewaltiger und verständlicher als die Natur, aber ebendeswegen auch unterjochender und positiver der reife Genius der Meister auf den jüngern Künstler wirkt."

Der Meister und der Schüler: Schiller war es, der durch die Hölderlin ähnliche Grundsubstanz seines dichterischen Wesens zum Vorbild des Jüngeren geworden war. Das Lied „An die Freude", „Die Götter Griechenlands" und „Die Künstler" hatten wesentlichen Anteil am Aufbau der Tübinger Hymnik gehabt; der „Don Carlos" war die „Zauberwolke" gewesen, die ihn einhüllte, damit er „nicht zu frühe das Kleinliche und Barbarische der Welt sah" (Briefentwurf an Schiller vom September 1799). Gleichberechtigt neben Schiller und gemeinsam mit ihm auf die deutsche Nation zu wirken, mag lange Zeit das höchste Ziel von Hölderlins dichterischem Streben gewesen sein. Vielleicht glaubte er sich diesem Ziel nie näher als in den Jenenser Monaten 1795 nach der Auflösung des Hofmeister-Verhältnisses bei Frau von Kalb. Daß sich seine Wünsche nicht erfüllten, ist nicht allein im Generationsunterschied und in Mißverständnissen begründet. Hölderlins plötzlicher Weggang von Jena Ende Mai 1795, durch den das von Anfang an problematische Verhältnis für den Jüngeren tragischen Charakter annahm, entlädt tiefe geistige und historische Spannungen.

Die Wege Hölderlins und Schillers hatten sich bereits getrennt, ehe die beiden Dichter sich begegneten. Schillers Begriff der Revolution, der sich deutlich schon vor 1789 in der „Geschichte des Abfalls der vereinigten Niederlande von der spanischen Regierung" abzeichnet, war wesentlich von der Vorstellung eines Bündnisses des besitzenden Bürgertums mit dem Adel geprägt und schloß alle spontan-plebejischen Elemente aus. Er hielt mit der Entwicklung der Französischen Revolution Schritt, solange die Volksbewegung im großen und ganzen von diesen großbürgerlich-adligen Kräften beherrscht wurde. Hölderlin dagegen – und übrigens auch Fichte – ergriff erst zu einem Zeitpunkt direkt Partei für die französische Sache, da sie demokratischen und kleinbürgerlich-revolutionären Charakter anzunehmen begann. Die rousseauistisch-jakobinischen Züge in Hölderlins Denken sind es, die ihn von vornherein von Schiller unterscheiden. Er blickte gleichsam links an Schiller vorbei. Aber er überholte ihn auch rechts, indem er mit Hilfe Platons Fichte spinozistisch interpretierte, die von Kant der Vernunft gezogenen Grenzen überschritt und – parallel zu Schelling – bei der intellektualen Anschauung ankam. Rousseauismus und Platonismus, Fichteanismus und Spinozismus verschmelzen in seinem Weltbild zu einer nur ihm eigenen Einheit.

Diese Einheit indessen kam erst in Frankfurt zustande. In den Jenaer Monaten beherrschen Hölderlins Weltanschauung noch weitgehend unvermittelte Widersprüche, deren Lösung sich eben erst in Ansätzen abzuzeichnen begann. Die unausgereiften Züge seines Weltbildes, die in Gegenwart des reifen Genius noch durch ängstliche Befangenheit besonders akzentuiert worden sein mögen, mußte Schiller in einer Zeit, da er sich gerade mit Goethe verbunden hatte und sein ganzes Denken auf ihn eingestellt war, besonders stark empfinden und ihn an seine eigene Jugend erinnern. Diese Umstände waren nicht dazu angetan, den Abstand zwischen dem Älteren und dem Jüngeren zu überbrücken, und selbst die Kantische Philosophie, der beide verpflichtet waren, vermochte nicht vermittelnd zu wirken, zumal sich Schiller bereits von Kant abzuwenden begann. Andererseits war es für Hölderlin unabdingbar, damit er seinen eigenen Weg finde, sich von dem übermächtigen Einfluß Schillers frei zu machen, der seine Individualität zu erdrücken drohte. Der überstürzte Aufbruch von Jena nach Nürtingen, welche Gründe dabei auch immer eine Rolle gespielt haben mögen, war für die künstlerische Entwicklung des Dichters von psychologischer Notwendigkeit.

Schiller sah in Hölderlin auch dann noch den Schüler, den er in seine ästhetischen Bahnen lenken könne, als dieser bereits ein eigenes poetisches Prinzip gefunden hatte. Überall dort, wo Schiller Anklänge an seine dichterische Vergangenheit hörte, war er als Kritiker unbarmherzig. An den älteren Bürger wie an den jüngeren Hölderlin legte er apodiktisch seine neugewonnenen Maßstäbe an. Als ihm Hölderlin im September 1795 von Nürtingen die Gedichte „Der Gott der Jugend" und „An die Natur" für den „Musenalmanach" übersandte, veröffentlichte er nur das erste, weil wohl auch ihn wie Wilhelm von Humboldt die Reimelegie „An die Natur" zu sehr an die „Götter Griechenlands" erinnerte. Welche Bedeutung dieses Gedicht für Hölderlin haben mußte, der mit ihm einen wichtigen Schritt zur poetischen Wiedergewinnung der Natur gegangen war, vermochte Schiller ebensowenig zu erkennen wie ein Jahr danach den besonderen Wert der Gedichte „Diotima" und „An die klugen Ratgeber". Während ihm die Reimelegie zu weitschweifig erschien, mag er vielleicht in den an die „klugen Ratgeber" gerichteten Strophen eine Polemik gegen sich selbst gespürt haben. Die Eingangs- und die Schlußverse zumal mußten den Gegensatz zu seiner eigenen weltanschaulichen Haltung geradezu heraufbeschwören. Im Unterschied zu Hölderlin, dem es auf die kämpferische Wiedergewinnung der Schönheit ankam, sonderte Schiller in seiner Bearbeitung des Gedichts den Bereich der schönen Kunst von dem des realen Lebens ab und eliminierte das revolutionäre Element. In der von Hölderlin erreichten neuen Stufe des dichterischen Selbstbewußtseins, das ihn kühn an die Seite des Heroen Herkules treten läßt („An Herkules"), sah Schiller offensichtlich vor allem die subjektivistische Haltung eines neuen Stürmers und Drängers, der mit seiner Leidenschaftlichkeit die durch die Realität gesetzten Grenzen übersteigt.

Schillers ästhetischer Ratschlag im Brief vom 24. November 1796 lautet folgerichtig: „Fliehen Sie, wo möglich, die philosophischen Stoffe, sie sind die undankbarsten, und in fruchtlosem Ringen mit denselben verzehrt sich oft die beste Kraft; bleiben Sie der Sinnenwelt näher, so werden Sie weniger in Gefahr sein, die Nüchternheit in der Begeisterung zu verlieren oder in einen gekünstelten Ausdruck zu verirren." Nachdem Schiller selbst unter dem Eindruck und dem Einfluß Goethes den Weg realistischen Schaffens betreten hatte, verwies er Hölderlin auf die sinnlich-konkreten Stoffe und eine dem Objekt angemessene Behandlungsweise. Voraussetzung jedoch für die Herausbildung der klassisch-realistischen Schaffensmethode war die Anerkennung der Realität als Ausgangspunkt künstlerischer Produktion und damit eine – wenn auch nur relative – Versöhnung mit der deutschen Wirklichkeit des ausgehenden 18. Jahrhunderts. Konträr dazu mußte eine radikale Ablehnung dieser Zustände bei gleichzeitigem Festhalten an deren Veränderbarkeit ein ästhetisches Prinzip nach sich ziehen, das sich am idealen Gegenbild zur Realität orientierte. Ein politischer und humanistischer Anspruch, der die gesellschaftliche Umwelt nur als seine Negation versteht, kann sich nicht in eine Schaffensmethode umsetzen, die in der konkreten Gegenständlichkeit das Allgemeine schaut und im Symbol ihren konzentriertesten Ausdruck findet. Hölderlin begriff Schillers

Ratschlag als Aufforderung zur Beschreibung, zur mechanischen Widerspiegelung. Sein Epigramm „Die beschreibende Poesie" lautet:

> Wißt! Apoll ist der Gott der Zeitungsschreiber geworden
> Und sein Mann ist, wer ihm treulich das Faktum erzählt.

### Der Dichter und die bürgerliche Wirklichkeit

Der historische Brennpunkt von Hölderlins Aufenthalt in Frankfurt, wo er kurz vor Ende des Jahres 1795 ankam und bis September 1798 Hofmeister im Hause Gontard war, ist der Ausgang des ersten Koalitionskrieges. Im Juni 1796 überschritten die französischen Truppen den Rhein und stießen Anfang Juli bis in die Nähe Frankfurts vor. Einige Tage vor der Besetzung der Stadt ging Hölderlin mit der Familie seines Brotgebers – nur Jakob Friedrich Gontard blieb zurück – auf die Flucht über Kassel nach Bad Driburg: in das seit dem Baseler Frieden vom April 1795 neutrale Norddeutschland. Noch ganz und gar mit dem Revolutionsheer sympathisierend, schrieb er Anfang August 1796 an seinen Bruder: „Dir, mein Karl, kann die Nähe eines so ungeheuern Schauspiels, wie die Riesenschritte der Republikaner gewähren, die Seele innigst stärken", und er bat ihn um genauere Informationen über die „großen Begebenheiten". Hölderlin hoffte wohl, daß es durch ein Zusammengehen der süddeutschen Revolutionäre und der französischen Truppen zu einer „Schlacht fürs Vaterland", dem „flammenden, blutenden Morgenrot des Deutschen", komme: zu einer Erhebung gegen die feudalen Unterdrücker. (Vgl. den 1796 entstandenen ersten Entwurf der Ode „Der Tod fürs Vaterland".) Seine Erwartungen wurden enttäuscht. Im Verlaufe des Jahres 1796 begann in der Außenpolitik des bourgeoisen Frankreich das Prinzip der Eroberung über das Prinzip der Befreiung fremder Nationen zu dominieren. Die revolutionären Demokraten Süddeutschlands wurden im Stich gelassen. Sichtbarster Ausdruck der antidemokratischen Seite in der Kriegführung war ein gewandeltes Verhältnis gegenüber der deutschen Bevölkerung. An Stelle der militärischen Tugenden, durch die sich die Jakobinerarmeen ausgezeichnet hatten, war eine sinkende Moral getreten. Die Plünderungen und Ausschreitungen im Kleinen waren die gesetzmäßige Folge einer Eroberungspolitik im Großen. Der historische Fortschritt erschien im Gewande des Bourgeois. Die Einsicht in diesen dialektischen Zusammenhang mußte den Zeitgenossen naturgemäß versagt bleiben. Hölderlins Freund Sinclair, der ausführlich über den Rückzug Jourdans durch Homburg v. d. H. im Jahre 1796 berichtet hat, empfand den Widerspruch zwischen einer bewundernswürdigen Armee, die sich zu einem einzigen Ziel vereinigen lasse, und den von ihr begangenen Verbrechen unfaßlich. Als Hölderlin Ende September 1796 nach Frankfurt zurückkehrte, wurde er mit diesen Erscheinungen unmittelbar konfrontiert. „Ich mag nicht viel über den politischen Jammer sprechen. Ich bin seit einiger Zeit sehr stille über alles, was unter uns vorgeht", schrieb er Mitte Oktober an seinen Bruder.

Zur Enttäuschung über die französische Außenpolitik und über das zügellose Gebaren der französischen Armeen trat die Enttäuschung über die bourgeoise Wirklichkeit im Innern der Republik. Von Johann Gottfried Ebel, der im September 1796 als überzeugter Republikaner nach Paris gegangen war, erhielt Hölderlin Ende Oktober einen Bericht voller Unzufriedenheit und Erschütterung über die dort herrschenden Zustände. Hölderlin wurde im Innersten getroffen. Lange Zeit brauchte er, bis er bekannte: „Ich weiß, es schmerzt unendlich, Abschied zu nehmen von einer Stelle, wo man alle Früchte und Blumen der Menschheit in seinen Hoffnungen wieder aufblühn sah. Aber man hat sich selbst und wenige einzelne, und es ist auch schön, in sich selbst und wenigen einzelnen eine Welt zu finden. Und was das Allgemeine betrifft, so hab ich einen Trost, daß nämlich jede Gärung und Auflösung entweder zur Vernichtung oder zu neuer Organisation notwendig führen muß. Aber Vernichtung gibt's nicht, also muß die Jugend der Welt aus unserer Verwesung wiederkehren." Und dann folgt im Brief eine Aufzählung von „Widersprüchen und Kontrasten", ohne daß sie zu einer dialektischen Synthese geführt würden. Die Wirklichkeit hat den Schein des Chaos angenommen. „Aber so soll es sein! Dieser Charakter des bekannteren Teils des Menschengeschlechts ist gewiß ein Vorbote außerordentlicher Dinge. Ich glaube an eine künftige Revolution der Gesinnungen und Vorstellungsarten, die alles Bisherige schamrot machen wird. Und dazu kann Deutschland vielleicht sehr viel beitragen. Je stiller ein Staat aufwächst, um so herrlicher wird er, wenn er zur Reife kömmt." Was sich in Hölderlins politischem Bewußtsein im Jahre 1796 an widersprüchlichen Elementen zusammendrängte und in diesem Brief zu einer neuen Positionsbestimmung führte, war nichts weniger als das Erlebnis des Umschlags des Jakobinismus in den Thermidor bzw. Nach-Thermidor. Der Endpunkt der Französischen Revolution, von der Historiographie zu Recht in das Jahr 1794 verlegt, war für den mit der Revolution sympathisierenden deutschen Betrachter keine entscheidende Zäsur. Erst jetzt wurde Hölderlin der Gegensatz seines Citoyen-Ideals zur Bourgeois-Realität, seines Heroismus zur gänzlich unheroischen bürgerlichen Wirklichkeit bewußt. Die Enttäuschung über die Zustände im nachrevolutionären Frankreich verwandelte sich in Hoffnung auf eine „künftige Revolution der Gesinnungen und Vorstellungsarten" vor allem in Deutschland; der Zweifel an den aktuellen humanistischen Potenzen eines ganzen Volkes bewirkte den Glauben an einzelne, auserlesene Menschen.

Das Entscheidende ist jedoch nun dies: Was nur in Gestalt vermittelter historischer Erfahrungen von Frankreich zu Hölderlin herüberkam, wurde durch seine unmittelbaren sozialen Erlebnisse der Frankfurter Bürgerwelt gestützt. Frankfurt gehörte als bedeutendstes Messe- und Börsenzentrum Süddeutschlands neben Hamburg und Leipzig zu jenen deutschen Städten, in denen die Entwicklung kapitalistischer Elemente am weitesten fortgeschritten war. Ganz im Unterschied zu Tübingen oder Jena mit ihrem in die Vergangenheit weisenden kleinbürgerlich-kleinstädtischen Charakter erlebte Hölderlin in der bereits mehr als 36 000 Einwohner zählenden Mainmetropole die Welt des sich entwickelnden Bourgeois. Sein Brotgeber, Jakob Friedrich Gontard, war ein typischer großbürgerlicher Unternehmer konservativer Gesinnung. Das Kapital des Bank- und Handelsgeschäftes, dessen Mitbesitzer er war, wurde 1795 auf 500 000 Gulden (etwa 1 Million Goldmark) geschätzt. Nach seinem Besitz, seinem sozialen Habitus und seiner politischen Gesinnung – sein Wahlspruch lautete: „Les affaires avant tout" – gehörte er zu den herrschenden Kreisen der Stadt, die Hölderlin von unten, aus jakobinisch-kleinbürgerlicher Sicht betrachtete. An seine Schwester schrieb er im April 1798: „Dein Glück ist echt; Du lebst in einer Sphäre, wo nicht viele Reichen und nicht viele Edelleute, überhaupt nicht viel Aristokraten sind; und nur in der Gesellschaft, wo die goldne Mittelmäßigkeit zu Hause ist, ist noch Glück und Friede und Herz und reiner Sinn zu finden, wie mir dünkt. Hier z. B. siehst Du, wenig echte Menschen ausgenommen, lauter ungeheure Karikaturen. Bei den meisten wirkt ihr Reichtum wie bei Bauern neuer Wein; denn gerad so läppisch, schwindlig, grob und übermütig sind sie." Seiner gesellschaftlichen Stellung wie seiner politischen Gesinnung nach ein Fremdling im Hause Gontard, wurde Hölderlin immer wieder in demütigender Weise in seine sozialen Schranken gewiesen. Aber gerade von der Position des sich mitten in dieser Gesellschaft bewegenden Außenseiters erfaßte er besonders scharf die frühkapitalistischen Entfremdungserscheinungen: Er sah, „wie die Prunkwelt freudelos und trostlos ist, nicht nur für unsereinen, sondern auch für solche, die drin leben und viel daraus zu machen scheinen, indes geheimer Unmut, den sie selbst nicht recht verstehen, ihnen an der Seele nagt. Je mehr Rosse der Mensch vor sich vorausspannt, je mehr der Zimmer sind, in die er sich verschließt, je mehr der Diener sind, die ihn umgeben, je mehr er sich in Gold und Silber steckt, um so tiefer hat er sich ein Grab gegraben, wo er lebendig-tot liegt, daß die andern ihn nicht mehr vernehmen und er die andern nicht, trotz all des Lärms, den er und andre machen." (An die Schwester im Juli 1798.)

Den denkbar schärfsten Kontrast zur entfremdeten Welt des Reichtums und der freudlos-prunkhaften Geselligkeit bildete die „Welt der Freude", in die Hölderlin mit der Liebe zu Susette Gontard eingetreten war. Seine Betroffenheit von dem Ereignis, das sich poetisch in dem Platonischen Namen Diotima verdichtet, grenzt an das Unsagbare: „Ich bin in einer neuen Welt. Ich konnte wohl sonst glauben, ich wisse, was schön und gut sei, aber seit ich's sehe, möcht ich lachen über all mein Wissen. Lieber Freund! es gibt ein Wesen auf der Welt, woran mein Geist Jahrtausende verweilen kann und wird, und dann noch sehn, wie schülerhaft all unser Denken und Verstehn vor der Natur sich gegenüber findet. Lieblichkeit und Hoheit, und Ruh und Leben, und Geist und Gemüt und Gestalt ist *ein* seliges Eins in diesem Wesen. Du kannst mir glauben, auf mein Wort, daß selten so etwas geahndet und schwerlich wieder gefunden wird in dieser Welt", schrieb er Ende Juni 1796 an Neuffer.

Hölderlins negative gesellschaftliche Erfahrungen waren ein fruchtbarer Boden für die historische und existentielle Überhöhung der Geliebten. Winckelmanns klassisches Menschenbild hatte wirkliche Gestalt angenommen, Goethes Iphigenie lebte in der Gegenwart, Schillers Ideal der schönen Seele war Natur. Ein neuer, außerhalb der chaotischen Zeit liegender Orientierungspunkt hatte sich in Hölderlins Leben gefunden, und es war genau der Punkt, bis zu dem seine theoretischen Studien vorgestoßen waren: Diotima ist die in der Vorrede zur vorletzten Fassung des „Hyperion" gepriesene Schönheit als „Sein im einzigen Sinne des Worts", die „selige Einigkeit", der „Frieden alles Friedens, der höher ist denn alle Vernunft".

Im Bewußtsein der einzigartigen Liebe zu diesem Wesen konzentrierte sich Hölderlins Existenz bis zum Sommer 1797. Die „ewige, fröhliche, heilige Freundschaft" schenkte ihm ein harmonisches Lebensgefühl und versetzte ihn in eine Welt abseits der sozialen und politischen Misere. Seine innere Zerrissenheit und die Entfremdung von der Natur waren überwunden. Der nach einer totalen Erneuerung der Gesellschaft strebende Dichter fand Ruhe und Zufriedenheit in der Liebe zu einem einzelnen Menschen. Der innere Konflikt, der Hölderlins Weltanschauung und Dichtung der Jahre 1792 bis 1796 geprägt und sich genremäßig in Hymne und Elegie objektiviert hatte, der Widerspruch zwischen dem Streben, die gesellschaftlichen Probleme kämpfend zu bewältigen, und der Sehnsucht, sich der Harmonie der Natur hinzugeben – das Jahr 1795 hatte noch einmal die Antithetik Fichte oder Platon gebracht –, schien in der ersten Hälfte des Jahres 1797 endgültig gelöst: Hölderlin war im „unendlichen Sein der schönen Welt" angekommen, in den „Armen der ewig jugendlichen Natur".

Der Komplex historisch-biographischer Ursachen und philosophisch-ästhetischer Gründe, der in seiner widersprüchlichen Einheit zu beschreiben versucht wurde, bewirkte einen für das Werden von Hölderlins poetischer Individualität entscheidenden Neuansatz in der dichterischen Bewältigung der Realität. Drei Gedichte bringen den Wendepunkt der Jahre 1796/97 besonders deutlich zum Ausdruck: „Die Eichbäume", „Der Wanderer" und „An den Äther". Die metrische Form bereits zeigt die Abkehr von Schillers lyrischem Prinzip. An die Stelle der die dichterische Produktion der Jahre 1790–1796 charakterisierenden Reimstrophe treten fortan die antiken Versmaße. Aufschlußreich sind diese drei Gedichte nicht nur deshalb, weil sie neuen realen und ideellen Erfahrungen poetische Gestalt verleihen, sondern weil in ihrer lyrischen Struktur der zu der neuen weltanschaulichen Position führende geistige Prozeß aufgehoben ist. – Das Gedicht „Die Eichbäume" geht von der kultivierten Natur der Gärten im Tale aus, um dann die „Söhne des Berges" als Symbol titanenhafter, auf sich allein gestellter, freiheitlicher Existenz zu preisen:

> Eine Welt ist jeder von euch, wie die Sterne des Himmels
> Lebt ihr, jeder ein Gott, in freiem Bunde zusammen.

Der etwa ein Jahr später, im Jahre 1797 niedergeschriebene Schluß des Hexameter-Gedichts biegt jedoch die dem ersten Entwurf zugrunde liegende Haltung des prometheischen Selbstbewußtseins überraschenderweise ab und bemüht sich um das dialektische Begreifen des Widerspruchs zwischen der Sehnsucht nach heroischer Existenz und knechtischer Gebundenheit an die vorhandene Gesellschaft:

> Könnt ich die Knechtschaft nur erdulden, ich neidete nimmer
> Diesen Wald und schmiegte mich gern ans gesellige Leben.
> Fesselte nur nicht mehr ans gesellige Leben das Herz mich,
> Das von Liebe nicht läßt, wie gern würd ich unter euch wohnen!

In prägnanter Weise erfaßt Hölderlin hier das Dilemma seines Frankfurter Aufenthalts: Die Liebe zu Susette Gontard band ihn an das Leben im Hause des Bankiers und fesselte damit gleichzeitig seinen geheimen Drang nach einem von der Frankfurter „Prunkwelt" unabhängigen Dasein.

Der bedeutungsvollste Vorstoß in poetisches Neuland gelang Hölderlin mit der Hymne „An den Äther". Nicht nur, weil er auch hier vermied, allein die aufgelösten Dissonanzen, allein die idyllische Harmonie eines Lebens in der Natur zu gestalten, und den Leser den geistigen Ausbruch aus der erdgebundenen Gefangenschaft in die ätherische Freiheit und die Sänftigung des strebenden Herzens nacherleben ließ, sondern vor allem, weil er das Naturelement auf eine neue Weise poetisch ins Bild brachte. Die wiedergewonnene Verbundenheit mit der Natur in ihrer realen Existenz schloß ihre Herabwürdigung zu einem bloß allegorischen Mittel aus. Andererseits verbot ihre ideale Daseinsweise, ihre Vorbildhaftigkeit für das menschliche Sein die rein faktische Beschreibung des Wirklichen, „wo man dann am Ende recht gut weiß, daß ein Hase über den Weg lief und kein anderes Tier, aber hiemit sich auch begnügen muß", wie es in der Vorrede zur vorletzten Fassung des „Hyperion" heißt. Der Äther ist zugleich konkrete Naturerscheinung und Verbildlichung freiheitlichen Wesens, ohne daß das Abstrakte über das Konkrete oder das Konkrete über das Abstrakte dominierte. Er ist weder Allegorie noch Symbol. Bild und Sache streben zur Identität und bereiten eine mythische Gestaltung vor.

In Susette Gontard war Hölderlin dieses mit sich selbst absolut identische Sein, die Einheit von Ideal und Wirklichkeit begegnet, und mit ihr gemeinsam hatte er das „schöne Leben" in der Natur gefunden. Als Kontrast zu dieser Harmonie hob sich jedoch um so deutlicher der dissonante historische Prozeß ab: das „Chaos der Zeit", der „tobende Kampf". Dieser Gegensatz verlangte nach einer Aufhebung. Das unvermittelte Nebeneinander von Schönheit und Kampf, von natürlicher Ordnung und gesellschaftlichem Chaos war nur vorübergehend durch den Rückzug in die Schönheit der Natur möglich. In dem Augenblick, da in das Dasein des wirklichkeitsfernen Liebesglücks die Realität einbrach, und das geschah durch ein nicht mehr erschließbares Ereignis im Sommer 1797, mußten die äußeren und inneren Dissonanzen um so schriller klingen. Sollte unter diesen Bedingungen weder der pantheistische noch der revolutionäre Charakter von Hölderlins Weltanschauung preisgegeben werden, dann mußte die „gärende Zeit" und das „schöne Leben" als dialektische Einheit begreifbar sein. Hölderlin gelang dies, indem er die Spannung zwischen Natur und Geschichte in die Natur selbst zurückverlegte.

Die Revolution sowie die mit ihr verbundenen Kriege erschienen nun als Naturnotwendigkeit. Dieser für die späte Lyrik Hölderlins so außerordentlich bedeutsame Schritt ist an den wohl im Jahre 1797 entstandenen Gedichten „Die Muße" und „Die Völker schwiegen, schlummerten..." ablesbar. Das dem menschlichen Begreifen sich immer mehr entziehende historische Geschehen erhält schicksalhafte Züge und wird poetisch nur mehr gestaltbar, indem die diesen Prozeß bewegende Kraft mythisiert wird: „Der unerbittliche, der furchtbare Sohn der Natur, der alte Geist der Unruh", der mit „dem Geiste der Ruh aus einem Schoße geboren" ist, gärt „in der Brust der Erd und der Menschen", und zwar so lange,

Bis der Menschen alte Natur, die ruhige, große,
Aus der gärenden Zeit mächtig und heiter sich hebt,

wie es in dem Gedicht „Diotima" heißt. Jetzt ging Hölderlin in poetischer Darstellung genau den Schritt, den er mit dem Brief vom Januar 1797 an Ebel in theoretischer Hinsicht gegangen war. Trotz tiefster Enttäuschung rang er darum, die Revolution und den sich ihr anschließenden Koalitionskrieg als positives, notwendiges historisches Ereignis in sein Weltbild einzubauen. Jedoch die mythisch-poetische Totalanschauung von Natur und Geschichte konnte Hölderlin noch nicht glücken. All die Gedichte, die dies versuchten, blieben im Entwurfsstadium stecken.

Hölderlins poetische Individualität entwickelte sich zunächst in eine andere Richtung als die der mythischen Gestaltung zeitgeschichtlicher Erlebnisse. Das eigene Schicksal wies ihn im letzten Jahr seines Frankfurter Aufenthalts auf sich selbst zurück. Die Gesellschaft, in der er lebte, und ihre Zerstreuungen, die beständigen „Besuche, Feste und Gott weiß! was", entfernten ihn zu sehr von seinem eigenen Wesen und bedrohten seinen „Charakter" und seine „besseren Kräfte" (an die Mutter im November 1797). Es klingt wie ein Verzweiflungsschrei, was er im November 1797 seinem Bruder gesteht: „Aber wer erhält in schöner Stellung sich, wenn er sich durch ein Gedränge durcharbeitet, wo ihn alles hin und her stößt? Und wer vermag sein Herz in einer schönen Grenze zu halten, wenn die Welt auf ihn mit Fäusten einschlägt? Je angefochtener wir sind vom Nichts, das, wie ein Abgrund, um uns her uns angähnt, oder auch vom tausendfachen Etwas der Gesellschaft und der Tätigkeit der Menschen, das gestaltlos, seel- und lieblos uns verfolgt, zerstreut, um so leidenschaftlicher und heftiger und gewaltsamer muß der Widerstand von unsrer Seite werden. Oder muß er es nicht?"

Die veräußerlichte und entäußerte Existenz der Frankfurter „Prunkwelt", deren negative Wirkung auf Hölderlins innersten Kern durch seine eigenartige Doppelexistenz als Liebender und als Hofmeister nur noch verstärkt werden konnte, brachte auch für ihn die Gefahr der Entfremdung, gegen die er sich mit allen seinen Kräften zur Wehr setzte. All dies, was auf ihn eindrängte und ihn zu zerstören drohte, vermochte er ebensowenig zu erfassen wie den historischen Prozeß: „O Freund! ich schweige und schweige, und so häuft sich eine Last auf mir, die mich am Ende fast erdrücken, die wenigstens den Sinn unwiderstehlich mir verfinstern muß. Und das eben ist mein Unheil, daß mein Auge nimmer klar ist wie sonst. Ich will es Dir gestehen, daß ich glaube, ich sei besonnener gewesen als jetzt, habe richtiger als jetzt geurteilt von andern und mir in meinem 22sten Jahre, da ich noch mit Dir lebte, guter Neuffer! Oh! gib mir meine Jugend wieder! Ich bin zerrissen von Liebe und Haß", schrieb er schon im Juli 1797.

Diese subjektiven Widersprüche, die Hölderlin nicht zuletzt wegen seiner geistigen Konstitution so intensiv erlebte, waren letztlich nichts anderes als der Reflex objektiver Widersprüche der entstehenden bürgerlichen Gesellschaft. Ihre tragische Unlösbarkeit bezeichnete er ähnlich wie sein Freund Hegel, der seit Beginn des Jahres 1797 ebenfalls Hofmeister in Frankfurt war, mit den Begriffen „Schicksal" und „Leben". Mit denselben Kategorien hatte er in den Gedichten „Die Muße" und „Die Völker schwiegen, schlummerten..." das unbegreifbare historische Geschehen auf die es bewegenden Kräfte zurückzuführen versucht. Höchst Allgemeines und höchst Persönliches, Historisches und Individuelles in unlösbarer Verflechtung lassen dem Dichter keinen anderen Raum, als das Schicksal im Unglück zu lieben und zu hoffen, daß es diese Liebe einmal mit Ruhe und Heiterkeit vergelten werde. Das ist der Punkt, an dem das idealistische Denken religiöse Züge annimmt und das Wissen in den Glauben umschlägt. Anfang Januar 1798 schrieb Hölderlin an seine Mutter: „Sie haben auch so viel, besonders in der letzten Zeit, erfahren, um glauben zu können und lebendig innezuwerden, daß, im Einzelnen wie im Ganzen, mitten in Stürmen ein guter, allerhaltender Geist unendlich waltet und lebt, ein Geist des Friedens und der Ordnung, der darum nur in den Kampf einwilliget, in Leiden und Tod, um überall alles durch die Mißtöne des Lebens zu höhern Harmonien zu führen. Das ist auch meines Herzens Glaube..." Aber selbst die schmerzhaftesten Erfahrungen führten bei Hölderlin nicht zu einer absoluten Resignation. Das wäre für ihn mit dem Untergang seiner Persönlichkeit gleichbedeutend gewesen, mit dem Sieg der „Barbaren", der ihn umgebenden „zerstörenden Wirklichkeit". In einem seiner letzten Briefe aus Frankfurt, am 4. Juli 1798, zitiert Hölderlin einen Ausspruch seines Hyperion: „Es bleibt uns überall noch eine Freude. Der echte Schmerz begeistert. Wer auf sein Elend tritt, steht höher. Und das ist herrlich, daß wir erst im Leiden recht der Seele Freiheit fühlen." Die heroische Haltung ist nicht verleugnet, nur zielt sie nicht mehr auf eine grundlegende Veränderung der Gesellschaft, sondern auf die substantielle Bewahrung und den organischen Ausbau der eigenen Subjektivität zum Zwecke dichterischen Schaffens.

Poetischer Ausdruck der Konzentration auf das Ich des Dichters sind die 1797-1798 entstandenen Kurzoden. Während Hölderlin in seiner Tübinger Zeit „nie fruchtbarer zu Gesängen" war „als in jenen Stunden des philosophischen Priestertums", wie Neuffer in seinem Brief vom 3. Juni 1794 an ihn betonte, und deshalb seine erste große dichterische Leistung, die Tübinger Hymnen, mehr dem philosophischen und politischen Zeitgeist als dem eigenen Erleben entsprungen waren, bilden die Kurzoden das direkte Gegenstück dazu. Dem Ausflug des Ich in den Geist der Zeit folgte nun die Rückkehr zu sich selbst, und zwar genau in dem Sinne, wie es aus der Ode „Lebenslauf" hervorgeht:

> Hoch auf strebte mein Geist, aber die Liebe zog
> Schön ihn nieder; das Leid beugt ihn gewaltiger;
> So durchlauf ich des Lebens
> Bogen und kehre, woher ich kam.

Die Kürze der höchstens drei Strophen umfassenden, sich aber mehrfach nur auf eine einzige Strophe beschränkenden Oden hat endgültig die an den Hymnen zu beobachtende Weitschweifigkeit, die „in einer endlosen Ausführung und unter einer Flut von Strophen oft den glücklichsten Gedanken erdrückt", wie Schiller in seinem Brief vom 24. November 1796 bemerkt hatte, abgelöst. Mit den Kurzoden fand Hölderlin einen ganz persönlichen Ton und brachte eine völlig neue Kunstform in die Geschichte der deutschen Lyrik. Tiefste Gefühle werden durch nüchternes Besinnen auf ihr Wesen reduziert und erhalten eine prägnante poetische Form. So wie Hölderlin den reinen Verstand, bar jedes Gefühls, ablehnte, genauso verurteilte er das unkontrollierte, spontane Gefühl. „Ohne Verstand oder ohne ein durch und durch organisiertes Gefühl keine Vortrefflichkeit, kein Leben", notierte er in aphoristischer Weise. Geist und Gefühl, Reflexion und Emotion verband er in den Kurzoden zu einer nur ihm eigenen Synthese: Die Dialektik der Gedankenbewegung vereint sich mit der Metrik der Odenstrophe zu einem Rhythmus des Gefühls. Nie spricht sich in Hölderlins Lyrik unmittelbar das konkrete, subjektive Erlebnis aus.

In jedem einzelnen Gedicht ist gleichsam das ganze persönliche Leben und das ganze Schicksal seiner Zeit anwesend. Heiterkeit und Leid, Hoffnung und Trauer sind zu einer idealischen Empfindung geläutert, und die zu Urteilen verallgemeinerten Aussagen zielen auf die Gesetzmäßigkeit des subjektiven Lebens. Vielleicht glaubte sich Hölderlin mit den Kurzoden auf der Linie Goethes, der ihm im August 1797 in Frankfurt geraten hatte, „kleine Gedichte zu machen und sich zu jedem einen menschlich interessanten Gegenstand zu wählen", und auf der Linie Schillers, der ihm im Brief vom 24. November 1796 „eine weise Sparsamkeit, eine sorgfältige Wahl des Bedeutenden und einen klaren, einfachen Ausdruck desselben" empfohlen hatte. Aber das, was Schiller und Goethe erreichen wollten, nämlich eine endgültige Wendung Hölderlins vom Subjekt zum Objekt, von der subjektiven Stimmung zur konkreten Bestimmtheit des Gegenständlichen, brachten auch diese Oden nicht. Bei allem historisch bedingten Mißverstehen hatte Schiller in seinem Brief vom 17. August 1797 an Goethe recht: Es war die „Opposition der empirischen Welt", in der Hölderlin lebte, gegen seinen „idealischen Hang", aus der seine poetische Individualität hervorging. Es war die bedrohliche Wirkung einer bereits entfremdeten bürgerlichen Welt auf eine höchst sensible Dichterpersönlichkeit, deren Zusammenstoß nicht zur positiven Bestätigung bürgerlicher Realität wie bei Hegel führte, sondern zur heroischen Bewahrung des in vorrevolutionärer und revolutionärer Zeit entwickelten inneren Reichtums der menschlichen Persönlichkeit.

### *„Hyperion oder Der Eremit in Griechenland"*

Nach eigenem Zeugnis ist der Roman ein Teil von ihm selbst. All das, was Hölderlin bis ans Ende seiner Frankfurter Zeit entscheidend geprägt hatte, wirkt auch an der Entwicklung und am Aufbau von Hyperions Persönlichkeit mit. Verschiedenartigste, ja gegensätzliche konkret-persönliche wie geistig-philosophische, individuelle wie zeitgeschichtliche Erlebnisse geben ihm eine bereits im Titel angedeutete geistig-psychische Spannweite, die ihresgleichen in der Romanliteratur des 18. Jahrhunderts sucht. Der Hauptheld ist ein als Eremit lebender Grieche mit dem Namen eines Titanen. Der Eremit Hyperion berichtet in Briefen an seinen deutschen Freund Bellarmin über die enttäuschten Hoffnungen und bewältigt im Prozeß des Erzählens die subjektiven Erfahrungen. Das von den vergangenen Schicksalen erzählende Ich steht noch ganz unter deren Eindruck und gewinnt erst durch die „geistige Wiederholung" der wirklichen Geschehnisse Einsicht in deren notwendigen Gang und in die „Dissonanzen der Welt". Gelang es Hölderlin einerseits durch die Perspektive des über die eigene Vergangenheit reflektierenden Erzählers die Erlebnisse einer lyrischen Unmittelbarkeit zu entrücken, so behält der Roman andererseits trotz der doppelten Ebene von Vergangenheit und Gegenwart, trotz der Trennung des erzählenden vom erlebenden Ich einen stark subjektiven Charakter.

Nicht zuletzt ergab sich wohl die besondere epische Form, mit der Hölderlin ganz bewußt einen Schritt in die „terra incognita im Reiche der Poesie" (an Neuffer im Juli 1793) wagte, aus der Subjektivität des dargestellten Stoffes. Hyperions Haß auf den Zustand seines Vaterlandes im 18. Jahrhundert, seine Liebe zur griechischen Antike und die Suche nach einer Möglichkeit ihrer Erneuerung, das sind zugleich Hölderlins Anliegen. Die Begegnung Hyperions mit Alabanda und Diotima enthält nicht nur autobiographische Elemente, sondern in diesen beiden Figuren objektiviert sich der in Hyperion und in Hölderlin wirkende Widerspruch, der sich in ausgeprägter Form erstmals 1793 in die Gedichte „Dem Genius der Kühnheit" und „Griechenland" auseinandergelegt hat. Alabanda ist gleich Fichte der „feurigstrenge, furchtbare Kläger", der die „Sünden des Jahrhunderts" nennt, die reine Verkörperung eines „jungen Titanen". Als er sein Schicksal erzählt, ist Hyperion, als sähe er „einen jungen Herkules mit der Megära im Kampfe". Gemeinsam verbringen sie ein Leben „voll herrlicher Strenge und Kühnheit". Wie „Boten der Nemesis" durchwandern ihre Gedanken die Erde und „reinigen" sie, bis „keine Spur von allem Fluche" mehr da ist. Ihr revolutionärer Enthusiasmus transzendiert die Realität und deren Bewegungsgesetze. Jedoch in der Art, wie dies geschieht, zeigen sich verschiedene Positionen. Während Alabandas „Heldenstimme" nach einer Fackel ruft, daß er „das Unkraut von der Heide brenne", und nach einer Mine, daß er „die trägen Klötze aus der Erde sprenge", beschwört Hyperion die „Lieblingin der Zeit", die „neue Kirche", ähnlich wie dies Hölderlin in seinem Brief vom 9. November 1795 an Ebel getan hatte. Der entscheidende Differenzpunkt aber zwischen ihnen ist der geheime „Bund der Nemesis", der in den Augen Hyperions den Charakter einer terroristischen Verschwörerorganisation erhält. Ihre Mitglieder, nur noch Fragmente von Menschen, richten ihr ganzes Streben einzig auf die rational berechnete Destruktion der bestehenden Gesellschaft, ohne auf die Unterstützung eines begeisterten Volkes zu hoffen. Es fällt schwer, wie es immer wieder getan worden ist, diesen Bund mit der Jenenser „Gesellschaft der Freien Männer" in engere Verbindung zu bringen. Während diese Gesellschaft durchaus das Ideal einer neuen menschlichen Gemeinschaft verkündete, geht es jenem Bund um den revolutionären Umsturz gleichsam als Selbstzweck, um die reine Negation des Bestehenden. Seine Mitglieder wirken wie verborgene Präzisionsmaschinen und enthüllen gerade dadurch ihre Entfremdung von der Masse des Volkes wie von sich selbst. Der „Schwärmer" Hyperion paßt nicht zu diesen „Betrügern". Er kehrt zurück nach Tina und entsagt allen heroischen Illusionen.

Da wird er nach Kalaurea eingeladen, und er begegnet Diotima. Ganz im Gegensatz zu Alabanda ist sie die mit sich selbst übereinstimmende und mit der Natur harmonisch verbundene Schönheit. Ihre Bedürfnislosigkeit, ihr unbewußtes, göttlich-genügsames Leben überträgt sich auf Hyperion: „Wir waren *eine* Blume, und unsre Seelen lebten ineinander." Damit erreicht er den einen Pol seiner Existenz. In der Liebe Diotimas glaubt er, der „Bürger in den Regionen der Gerechtigkeit und Schönheit", alles gefunden zu haben, was er ersehnte. Doch Diotima weiß, daß es am Ende die ganze Menschheit ist, die er liebt; eine „bessere Zeit", eine „schönere Welt". Die gemeinsame Fahrt nach Athen, der Höhepunkt des zweiten Buches, lenkt ihn auf seine eigentliche, von Diotima formulierte Bestimmung: „Du mußt, wie der Lichtstrahl, herab, wie der allerfrischende Regen, mußt du nieder ins Land der Sterblichkeit, du mußt erleuchten, wie Apoll, erschüttern, beleben, wie Jupiter, sonst bist du deines Himmels nicht wert." Er beschließt zu reisen, um sich zum Erzieher seines Volkes zu bilden.

Die theoretische Begründung für diesen Entschluß wird mit dem bedeutsamen Gespräch über die Bedingungen und das Wesen der „Trefflichkeit des alten Athenervolks" gegeben. Die Geschichte Athens erscheint hier offenbar als bewußte Antithese zur französischen Entwicklung und in Analogie zu den Hoffnungen, die Hölderlin in seinem Brief vom 10. Januar 1797 an Johann Gottfried Ebel auf die deutsche Nation setzte. Hyperion sagt: „Ungestörter in jedem Betracht, von gewaltsamem Einfluß freier, als irgendein Volk der Erde, erwuchs das Volk der Athener. Kein Eroberer schwächt sie, kein Kriegsglück berauscht sie... Kein außerordentlich Schicksal erzeugt den Menschen. Groß und kolossalisch sind die Söhne einer solchen Mutter, aber schöne Wesen, oder, was dasselbe ist, Menschen werden sie nie, oder spät erst, wenn die Kontraste sich zu hart bekämpfen, um nicht endlich Frieden zu machen." Mit der Erwähnung der „wundergroßen Tat des Theseus, der freiwilligen Beschränkung seiner eigenen königlichen Gewalt" wird – in diesem Zusammenhang ganz folgerichtig – der Blick auf die Möglichkeit der Revolution von oben, auf Reformen durch aufgeklärte Monarchen gelenkt. Der konsequente, an

Winckelmann und Herder orientierte Humanismus dieses Antike-Bildes ist am prägnantesten in den Sätzen zusammengefaßt: „Der Mensch ist aber ein Gott, sobald er Mensch ist. Und ist er ein Gott, so ist er schön."

Wie die absolute Identität von Menschlichem und Göttlichem zu verstehen ist, kann am ehesten ein Zitat aus Hegels 1797 in Frankfurt entstandenem Fragment über „Moralität, Liebe, Religion" andeuten: „Wo Subjekt und Objekt – oder Freiheit und Natur so vereinigt gedacht wird, daß Natur Freiheit ist, daß Subjekt und Objekt nicht zu trennen sind, da ist Göttliches – ein solches Ideal ist das Objekt jeder Religion. Eine Gottheit ist Subjekt und Objekt zugleich, man kann nicht von ihr sagen, daß sie Subjekt sei im Gegensatz gegen Objekte oder daß sie Objekte habe... Nur in der Liebe allein ist man eins mit dem Objekt, es beherrscht nicht und wird nicht beherrscht... Jene Vereinigung kann man Vereinigung des Subjekts und Objekts, der Freiheit und Natur, des Wirklichen und Möglichen nennen." Keine Trennung also von Subjektivem und Objektivem, von Natur und Freiheit, von Wirklichkeit und Möglichkeit – das ist das Wesen des Göttlichen (Hegel), des „Seins im einzigen Sinne des Worts" (Hölderlin).

Hölderlin versuchte nun, aus der menschlich-göttlichen Schönheit, aus dem „unendlichen göttlichen Sein", die Bewußtseinsformen Kunst, Religion und Philosophie abzuleiten und ihr wechselseitiges Verhältnis zu bestimmen. Während die aus der „ewigen Schönheit" zunächst entsprungene Kunst dem Menschen seine Schönheit, damit er sich selber fühle, in objektiven Göttergestalten gegenüberstellt, hebt die Religion, die ähnlich wie bei Hegel mit Liebe identifiziert wird, diese Trennung wieder auf. Sie ist „Liebe der Schönheit". „Der Weise liebt sie selbst, die Unendliche, die Allumfassende; das Volk liebt ihre Kinder, die Götter, die in mannigfaltigen Gestalten ihm erscheinen." Die Philosophie schließlich, von Heraklit mit dem dialektischen Prinzip des „Einen in sich selber Unterschiednen" begründet, hat zu ihrem eigentlichen Gegenstande nichts anderes als das Wesen der Schönheit. Auch sie ist eine tief humanistische, menschenbildende Wissenschaft.

Das Verhältnis von Kunst, Religion und Philosophie war für Hölderlin allerdings nicht in erster Linie ein Problem der Theorie, sondern der praktischen Lebensbewältigung. Das dichterische, religiöse und philosophische Volk der Athener war nach seiner Auffassung eben durch Kunst, Religion und Philosophie zur vollendeten Humanität gelangt. Folglich bot sich in einer humanitätsfernen Zeit die Möglichkeit an, über diese Äußerungsformen griechischer Humanität die antike Schönheit auf deutschem Boden wieder zu entfalten. Hyperion will sich deshalb auf eine Wirkung als Erzieher seines Volkes vorbereiten. Statt einer politischen Revolution nach französischem Muster wird hier für Deutschland eine „künftige Revolution der Gesinnungen und Vorstellungsarten" mit dem Ergebnis eines von Grund aus anderen Verhältnisses des Menschen zur Natur in Aussicht gestellt. „Es wird nur eine Schönheit sein; und Menschheit und Natur wird sich vereinen in *eine* allumfassende Gottheit."

Zu Beginn des zweiten Bandes ändert sich die Situation schlagartig. Ein Brief von Alabanda meldet, Rußland habe der Pforte (dem türkischen Sultan) den Krieg erklärt und Griechenland werde frei sein, wenn es sich gegen die Türkei erhebe. Der griechische Aufstand im russisch-türkischen Krieg, der erst etwa fünfundzwanzig Jahre zurücklag, als ihn Hölderlin poetisch gestaltete, eignete sich wegen der historischen Analogien zur deutschen Situation während des ersten Koalitionskrieges im besonderen Maße als Ausdrucksträger für Hölderlins eigene historische Hoffnungen und Enttäuschungen. Der Stoff ermöglichte eine organische Verbindung von Hölderlins Liebe zur griechischen Antike mit der Erwartung einer durch den Vormarsch der französischen Armee angeregten und von ihr geförderten Erhebung des deutschen Volkes gegen die feudalen Unterdrücker. Hyperion verwirft nun ohne Zögern seinen Vorsatz, mit Worten die Welt zu beschwören, und ist zum Kampf um eine Republik, für die „heilige Theokratie des Schönen" bereit. „Knechtsdienst tötet, aber gerechter Krieg macht jede Seele lebendig." Es ist Hölderlin, der so spricht und der sich selbst bedingungslos in die revolutionäre Erhebung seines Volkes eingereiht hätte. Hyperions Verurteilung des Bundes der Nemesis, der übrigens mit diesem Aufstand nichts zu tun hat, galt seiner verschwörerischen, jedes Gefühls baren und vom Volke losgelösten Tätigkeit sowie dem Bewußtsein, Werkzeug einer blindlings wirkenden Rache zu sein. Nicht im Dienste der Nemesis stehend fühlen sich Hyperion und Alabanda bei der Vorbereitung auf den Kampf und im Kampf selbst. Es sind völlig andere Leitbilder, an denen sie sich orientieren und die sie zur Rechtfertigung ihres Unternehmens anrufen: die mythologischen Figuren Prometheus und Herakles, das historische Ereignis der Perserkriege mit den entscheidenden Schlachten von Marathon, den Thermopylen, Salamis und Plataä, den Tyrannenmörder Harmodius und den Befreier Thebens, Pelopidas, sowie die spartanischen Könige Agis und Kleomenes.

Was hier ins Blickfeld rückt, ist ein ganz anderes Bild der Antike, als es das zweite Buch des ersten Bandes vermittelt hatte. Waren dort die Gesprächsteilnehmer von der elegischen Erinnerung an die aus organischem Wachstum hervorgegangene Schönheit des griechischen Menschen erfüllt, so steht hier die hymnische Bejahung des revolutionären Kampfes um ihre Wiedergewinnung im Mittelpunkt. Der Widerspruch zwischen der Hymne „Dem Genius der Kühnheit" und der Elegie „Griechenland" kehrt in der symmetrischen Anordnung dieser beiden Bücher wieder und konzentriert sich in dem Spannungsverhältnis zwischen dem göttlichen Wesen der Athenerin Diotima und dem titanischen Wesen der Römernatur Alabanda, zwischen der Schönheit der Hingabe an die Natur und der Erhabenheit des Kampfes um eine bessere Gesellschaftsordnung. Daß es Hölderlin aber auch hier nicht um einander ausschließende Gegensätze geht, sondern um deren Vermittlung, wird an der Wandlung Diotimas deutlich. Während Hyperion unter ihrem Einfluß „zu müßig, zu friedenslustig, zu himmlisch, zu träg" geworden ist, wird sie durch ihn aus ihrem naiven Dasein herausgerissen und verwandelt sich aus einer schönen Seele in eine erhabene Seele. Nachdem sie zunächst von dem geplanten Schritte abgeraten hatte, sagt sie abschließend: „Das beste ist, du gehst, denn es ist größer. Handle du; ich will es tragen." Deutlicher noch als dieser Ausspruch bezeugt ein Passus aus den handschriftlichen Vorarbeiten zur endgültigen Fassung, daß Hölderlin in Diotima nicht eine prinzipielle Gegnerin des revolutionären Weges gesehen hat: „Drauf fing sie an zu fragen, ob es denn recht sei, das Heil auf gewaltsamem Wege zu suchen, ob es klug sei, ob die langsameilende Natur auch so verfahre, so gleich das Schwert gebrauche? ob nicht die Nemesis des Menschen warte, der zum Äußersten so schnell sei, ob Recht und Klugheit die Gewalt nicht hemme bis zum letzten Augenblicke, wo nichts anders mehr zu tun sei?" Diotima ist gegen einen voreiligen Gebrauch der Gewalt und sieht in ihr nur das letzte und äußerste Mittel. Das ist jenen Interpreten entgegenzuhalten, die in ihr ausschließlich die Verkörperung des Prinzips der ästhetischen Erziehung, der evolutionären Entwicklung sehen.

Die sinnvolle Tat, die Vorbereitung des Bergvolkes auf den Kampf, nimmt Hyperion alle Schwermut. Mit der militärischen Übung, die weitgehend der revolutionären Taktik der französischen Armeen verpflichtet ist, geht die Vergegenwärtigung des hochgesteckten Kampfziels einher. In „lebendiger Arbeit" wird so die Natur „erprüft", und dies ist Hyperion jetzt „doch mehr, als Erd und Himmel und Meer in aller ihrer Glorie zu schaun". Das aktive Ringen des Menschen mit der Natur im Sinne Fichtes steht hier höher als die in der Natur ruhende Selbstvergessenheit des

Ich. In Hyperions Verhältnis zur Natur zeigt sich somit eine ähnliche Dialektik wie in seinem Antikebild. Daß sich Hölderlin auch hier wie in den Gedichten „Die Muße" und „Die Völker schwiegen, schlummerten..." bemühte, den revolutionären Kampf nicht nur als Auseinandersetzung des Menschen mit der Natur zu verstehen, sondern das revolutionäre Element als der Natur immanent zu begreifen, zeigt seine Charakteristik des Bergvolks und die Gleichsetzung des Aufstands mit einem Vulkan. Indem Hölderlin die Erhebung an dem wütenden, rächerischen Wesen der „Wolfsnatur" scheitern läßt, verlegt er auch die Ursache für den negativen Ausgang des anfänglich verheißungsvollen Unternehmens zumindest ansatzweise in die Natur zurück.

Obgleich es Hölderlin versagt sein mußte, die wahren Ursachen sowohl für den Mißerfolg des griechischen Aufstandes als auch – und darauf kam es ihm ja an – für die historischen Ereignisse des Jahres 1796 zu erkennen, erfaßte er doch eine wichtige Besonderheit des ersten Koalitionskrieges. So wie der Koalitionskrieg nach dem Thermidor immer mehr von einem Krieg zur Verteidigung der revolutionären Errungenschaften und zur Befreiung der benachbarten Nationen vom Feudalismus zu einem Eroberungskrieg im Interesse der französischen Bourgeoisie tendierte, so verwandelt sich in den Augen Hyperions der sinnvolle und gerechte Befreiungskampf für die griechische Nation in ein sinnloses chaotisches Ringen, ein „Gedränge von Barbaren". Und genauso wie Hölderlin mit seiner eindeutigen Parteinahme für die „Verfechter der menschlichen Rechte" durch die im Jahre 1796 besonders kraß sichtbare Wandlung in der Außenpolitik des bürgerlichen Frankreichs erschüttert wurde, genauso ist Hyperion nach dem gescheiterten Unternehmen „heimatlos und ohne Ruhestätte", „vaterlandslos". Für ihn gibt es aus dieser tragischen Situation nur einen Ausweg: „O Genius meines Volks! o Seele Griechenlands! Ich muß hinab, ich muß im Totenreiche dich suchen."

Das ist genau der ideologische Punkt, dem – noch vor

Vollendung des Romans – im Sommer 1797 die erste Konzeption zum Trauerspiel „Empedokles" entspringt. Der Frankfurter Plan erwächst im buchstäblichen Sinne aus dem „Hyperion". Das geht nicht nur aus der Erwähnung des „großen Sizilianers" durch Hyperion selbst hervor, sondern auch aus der handschriftlichen Überlieferung des Plans in demselben Heft, in dem sich ein später verworfener Brief Hyperions an Notara findet, der die „Bestialitäten" der „Wolfsnatur" noch krasser als in der Druckfassung schildert.

Das „rachetrunkne, schreckliche Getümmel" der Seeschlacht bei Tschesme, wo die türkische Flotte vernichtend geschlagen wurde, bringt Hyperion nicht den ersehnten Tod, sondern nur eine Verwundung. Alabanda pflegt ihn treulich und zeigt dabei Eigenschaften, die seinem Wesen eine andere Richtung geben. Die „Römernatur" ist friedlich, fromm und häuslich geworden und vermag nun sogar die Natur als heilende Retterin anzurufen. Unter der direkten Einwirkung Hyperions und unter dem indirekten Einfluß Diotimas hat er sich so weit von sich selbst entfernt, daß er in der Illusion von Hyperion scheidet, sein Freund und Diotima könnten sich in einer Liebe beruhigen, die jenseits aller gesellschaftlichen Enttäuschungen angesiedelt ist. Auch Hyperion scheint einen Augenblick daran zu glauben, er könne sich mit Diotima in die Idylle der Gebirgswelt zurückziehen. In Wirklichkeit aber ist seine Geliebte schon bald nach seinem Abschied ihrer eigenen Welt so sehr entwachsen, daß sie „hätte mögen nach Delphi gehn und dem Gott der Begeisterung einen Tempel bauen unter den Felsen des alten Parnaß und, eine neue Pythia, die schlaffen Völker mit Göttersprüchen entzünden". In merkwürdiger Weise haben sich die Positionen Diotimas und Alabandas dialektisch verkehrt. Die ehemals stille, genügsame Seele erinnert sich der „großen Römerin", die stillschweigend starb, „da im Todeskampf ihr Brutus und das Vaterland rang". Das naive Wesen Diotimas hat heroische Züge und das heroische Wesen Alabandas naive Züge angenommen. In beiden Fällen führt jedoch der innere Widerspruch nicht zu einer lebensfähigen Synthese. Sowohl Alabandas als auch Diotimas Untergang ist notwendig. Während Alabanda durch das Scheitern der revolutionären Erhebung jeder Lebenssinn verlorenging, ist es letztlich die Wirkung dieses Ereignisses auf Hyperion, die es Diotima unmöglich macht, weiterzuleben.

Zwischen dem Abschied Alabandas und dem letzten Brief Diotimas steht das Schicksalslied. Dieses Lied zieht genausowenig die Summe von Hyperions Existenz, wie das Parzenlied das Fazit von Iphigenies Götterglauben gibt. Aussage, Funktion und Stellung dieser beiden Lieder sind einander ähnlich. Die extreme Gegenüberstellung von menschlicher und göttlicher Seinsweise deutet die äußerste Möglichkeit einer Schlußfolgerung aus dem zurückliegenden Geschehen an. Nachdem Hyperion während seiner Teilnahme am Befreiungskampf von dem Bewußtsein erfüllt war, das Schicksal zu meistern, also nicht an eine außermenschliche Macht glaubte, fühlt er sich als Gescheiterter vom Schicksal „abgeerntet" und ins Ungewisse hinausgestoßen. Des Schicksalsliedes erinnert er sich kurz vor dem Tief- und Wendepunkt seiner Entwicklung, die am Ende dazu führt, daß er die dialektische Einheit zwischen freiheitlichem menschlichem Handeln und gesellschaftlichen Gesetzmäßigkeiten ahnt. Hyperions Schicksal ist für Hölderlin nicht notwendige Folge menschlicher Existenz im Gegensatz zum göttlichen Sein, sondern resultiert – schon auf den „Empedokles" vorausweisend – aus dem Zusammenstoß eines bestimmten Charakters mit einer bestimmten historischen Situation: „Es ist so selten, daß ein Mensch mit dem ersten Schritt ins Leben so mit *einmal*, so im kleinsten Punkt, so schnell, so tief das ganze Schicksal seiner Zeit empfand und daß es unaustilgbar in ihm haftet, dies Gefühl, weil er nicht rauh genug ist, um es auszustoßen, und nicht schwach genug, es auszuweinen", schreibt Diotima. Das letzte Wort zu diesem Thema ist nicht: „... denn es kann der Mensch nichts ändern, und das Licht des Lebens kommt und scheidet, wie es will", sondern: „daß, wie Nachtigallgesang im Dunkeln, göttlich erst in tiefem Leid das Lebenslied der Welt uns tönt."

Hyperion wird dieses in ihm widertönende Lebenslied als Dichter zur Sprache bringen: Der Roman gestaltet sein Werden zum Künstler. Welchen Charakter die Dichtung haben wird, bleibt – so wie der ganze Roman – weitgehend offen. Die Worte: „So dacht ich. Nächstens mehr", müssen davor warnen, zu glauben, Hyperion habe endgültig allen Hoffnungen auf eine Veränderung der Gesellschaft entsagt und bescheide sich für alle Zeit im eremitenhaft-dichterischen Priestertum der Natur. Die Reflexionen des Erzählers Hyperion, die das vergangene Geschehen begleiten und die innere Verfassung Hyperions nach der Deutschlandreise charakterisieren, zeigen, wie wenig von einer absoluten Auflösung der „Dissonanzen" gesprochen werden kann. Einerseits ahnt Hyperion immer noch in Diotimas Geist „der neuen Gottheit neues Reich" und sieht sich die anderen dahin führen, andererseits ruft er auch jetzt noch ganz in Alabandas Sinn aus: „Ach! gäb es nur noch etwas in der Welt für mich zu tun! Gäb es eine Arbeit, einen Krieg für mich, das sollte mich erquicken!" Diotima und Alabanda leben in ihm weiter, ohne daß eines der beiden durch sie verkörperten philosophisch-politischen Prinzipien das andere vollständig negierte. Das erbärmliche Scheitern der revolutionären Erhebung spricht nicht gegen die Revolution an sich, sondern beweist nur, daß unter bestimmten Bedingungen ein tragischer Verlauf unvermeidlich ist. Der Geschichtsprozeß der neunziger Jahre des 18. Jahrhunderts und die subjektiven Erlebnisse Hölderlins waren es, die keinen anderen Ausgang zuließen als die Flucht dorthin, wo Hyperion sein revolutionäres Ideal bewahrt sah und wo er es in sich selbst bewahren konnte: bis zu dem Zeitpunkt, an dem sich eine neue Möglichkeit seiner Realisierung auftun würde.

Hyperions Rückkehr „in die Arme der Natur, der wandellosen, stillen und schönen", ist jedoch kein einfaches Zurück in den Zustand der seligen Kindheit, der unterschiedslosen Einheit von Mensch und Natur. Schon die Vorrede zum „Fragment von Hyperion" unterscheidet zwei Ideale des menschlichen Daseins: den Zustand der höchsten Einfalt und den Zustand der höchsten Bildung. Dazwischen liegt die „exzentrische Bahn", die sowohl jeder einzelne Mensch als auch die gesamte Menschheit durchlaufen muß. Die Vollendung bewahrt die historischen und kulturellen Erfahrungen der Menschheit, indem sie sie dialektisch negiert und auf diese Weise die Kindheit auf höherer Stufe reproduziert. Was bei Rousseau in gewisser Weise unvermittelt nebeneinanderstand, nämlich die Forderung nach Rückkehr zur Natur und die Forderung nach der Gestaltung eines besseren Gesellschaftszustandes, verband Hölderlin unter Anlehnung an Kant und Schiller zu einer Einheit.

Die Figur des Hyperion wiederholt mit ihren Widersprüchen von subjektiver Innerlichkeit und politischer Kritik, idyllischem Sein in der Natur und aktivem Wirken für die Gesellschaft bestimmte Spannungen des kleinbürgerlichen Demokraten Rousseau, die sich in einem seiner konsequentesten Schüler, nämlich Robespierre, zum politischen Terror einerseits und zum religiösen Kult des höchsten Wesens andererseits verschärft hatten. Nun ist Hyperion selbstredend nicht das poetische Abbild Robespierres, aber doch verkörpert sich in ihm das durch die französischen Jakobiner am eindrucksvollsten repräsentierte Ideal des Citoyen. Auch seine Existenz ist bestimmt von der radikalen Kritik an der bürgerlichen Gesellschaft und von der Suche nach einer Idealform der Demokratie, auch seine Vorstellungen sind geprägt von der Tugend der Vaterlandsliebe und vom Haß auf dessen innere und äußere Feinde, auch er ist bereit zum heroischen Einsatz seines Lebens für eine bessere Gesellschaft, aber auch er abstrahiert vom bürgerlichen Charakter der Revolution, verliert sich in der Utopie einer harmonischen Welt ohne jeden Klassenantagonismus und endet bei einer eigentümlichen Synthese politischer und religiöser Auffassungen.

Der Charakter dieser Synthese wird am augenfälligsten in der durch den Roman vermittelten naturhaften Utopie. Für den Hölderlin der Frankfurter Zeit und für Hyperion existiert in der Natur die harmonische Einheit echter Gemeinschaft im Gegensatz zur Zerrissenheit des einzelnen Menschen und der menschlichen Gesellschaft. „Es gibt in ihr nicht Herren und Knechte", und die vom Ganzen nicht isolierten Elemente „haben alles gemein, Geist, Freude und ewige Jugend". Erst im liebenden Bezug aufeinander entfalten sie ihr eigentliches Leben. Trotz dieses idealen Charakters verflüchtigt sich die Natur nicht wie in den Tübinger Hymnen zur Metapher, sondern erscheint als Realität und Sinnbild zugleich, als Ausgangs- und Zielpunkt menschlicher Existenz. Nur wenn ihre Gesetze in das „Rechtsbuch" der menschlichen Gesellschaft eingeschrieben sein werden und wenn sie selbst, „die göttliche Natur, die in kein Buch geschrieben werden kann, im Herzen der Gemeinde sein wird", dann ist die menschliche Vollendung erreicht. Was Hölderlin hier als erstrebenswerten Zustand darstellt, läßt sich vielleicht am ehesten mit einem Begriff von Karl Marx als „Naturalisierung des Menschen" bezeichnen. Auch Hölderlin geht es um die Aufhebung der Entfremdung und die Rückkehr des Menschen zu sich selbst als eines gesellschaftlichen, d. h. menschlichen Menschen. Was aber bei Marx dialektisch-materialistisch aus der Aufhebung der entfremdeten Arbeit entwickelt wird, so daß als Korrelativbegriff zur „Naturalisierung des Menschen" die „Humanisierung der Natur" tritt, muß bei Hölderlin idealistisch-religiöse Züge annehmen. Er sieht die Vollendung in der Natur bereits als gegeben an und symbolisiert deren humanes Wesen durch die Existenz göttlicher Kräfte. Und doch deutet auch Hölderlin schon im „Hyperion" an, daß die Natur zu ihrer Vollendung des Menschen bedarf: „Du frägst nach Menschen, Natur? Du klagst, wie ein Saitenspiel, worauf des Zufalls Bruder, der Wind, nur spielt, weil der Künstler, der es ordnete, gestorben ist? Sie werden kommen, deine Menschen, Natur! ein verjüngtes Volk wird dich auch wieder verjüngen, und du wirst werden wie seine Braut, und der alte Bund der Geister wird sich erneuen mit dir." Die „künftigen Vaterlandsfeste" werden gleichzeitig „glühende Festtage der Natur" sein. Erst wenn der Mensch seine entfremdete Existenz hinter sich gelassen hat, erscheint das menschliche Wesen der Natur in voller Ausprägung und das natürliche Wesen des Menschen in seiner Totalität. Weil aber Hölderlin den zu diesem Ziel führenden realen Prozeß nicht sehen kann, da er das Wesen des Menschen nicht in die konkret-sinnliche, sondern in die abstrakt-geistige Tätigkeit verlegt, erscheint auch die Auflösung des Widerstreits zwischen Mensch und Natur, Subjekt und Objekt, Tätigkeit und Leiden, Werden und Sein noch nicht als das „aufgelöste Rätsel der Geschichte", das sich als die Lösung weiß. Die Perspektive konnte nur als religiös gefärbte Utopie ins Bild gebracht werden.

### *Entwurf eines poetischen Systems*

Der Anlaß für Hölderlins plötzlichen Weggang vom Hause Gontard Ende September 1798 ist nicht mehr genau zu ermitteln. Die tieferen Ursachen sind im ersten Homburger Brief an die Mutter klar ausgesprochen. Hölderlin war es schlechterdings unmöglich, fernerhin die „beinahe täglichen Kränkungen", denen er ausgesetzt war, den „unhöflichen Stolz, die geflissentliche tägliche Herabwürdigung aller Wissenschaft und Bildung, die Äußerungen, daß Hofmeister auch Bedienten wären", zu ertragen, wenn er seine Individualität nicht erdrücken lassen wollte. Die Übersiedlung nach Homburg zu seinem Freund Isaak von Sinclair und das für eine Zeit bewußt gewählte Einsiedlerleben war zwar eine Flucht vor den zerstörenden Wirkungen bürgerlicher Wirklichkeit, jedoch keine romantische Flucht vor der Gesellschaft. Es war ein notwendiger Rückzug des Dichters auf sich selbst, um die eigene menschliche Substanz zum Zwecke einer positiv-produktiven Wirkung auf die gesellschaftliche Realität zu bewahren.

Während des Aufenthalts in Homburg, der bis zum Frühjahr 1800 währte, gründete Hölderlin endgültig seine Existenz auf den Dichterberuf, baute seine ästhetische Position aus und beschritt seinen eigenen Weg. In den Briefen aus der kleinen Residenzstadt suchte er sich seiner dichterischen Aufgabe zu vergewissern und sie im Zusammenhang mit der Funktionsbestimmung der Kunst genauer zu fixieren. Daß sich die endgültige Ausformung von Hölderlins Welt- und Kunstbewußtsein in der Isolierung von der bürgerlichen Gesellschaft vollzog, deren direkter Konfrontation er nicht gewachsen war, hat nicht nur symbolische, sondern höchst reale Bedeutung.

Ausgangspunkt von Hölderlins Überlegungen über die Rolle der Kunst ist – wie in Schillers Briefen „Über die ästhetische Erziehung des Menschen" – die gegenwärtige Welt mit ihrer Zerstückelung des Menschen und der Isolierung des Einzelnen vom Ganzen: kapitalistische Arbeitsteilung und bürgerlicher Individualismus. Hyperions vernichtende Kritik dieses Zustandes in seinem Brief über die Deutschen bringt Hölderlins Brief vom 1. Januar 1799 auf einen Begriff: „Die gewöhnlichsten Tugenden und Mängel der Deutschen" reduzieren sich „auf eine ziemlich bornierte Häuslichkeit", die nicht zuletzt „Gefühllosigkeit für gemeinschaftliche Ehre und gemeinschaftliches Eigentum" nach sich zieht. Aus diesem Grunde kann die philosophische und politische Lektüre einen heilsamen Einfluß ausüben: Sie weckt den „Allgemeinsinn" und öffnet den „Blick in die Welt". Diese beiden Mittel sind aber nicht hinreichend für die Bildung der Nation. Der Poesie fällt die besondere Aufgabe zu, dem Menschen Sammlung, Ruhe zu geben, „nicht die leere, sondern die lebendige Ruhe, wo alle Kräfte regsam sind und nur wegen ihrer innigen Harmonie nicht als tätig erkannt werden". Sie nähere die Menschen, bringe sie zusammen und vereinige sie „zu einem lebendigen, tausendfach gegliederten, innigen Ganzen". Trotz der grundsätzlichen Differenz zwischen Hölderlin und Schiller in der Darstellung des Verhältnisses von Politik und Kunst – während sich Schiller in den „Ästhetischen Briefen" um eine radikale Trennung dieser beiden Bereiche bemühte, betonte Hölderlin deren gleichgerichtete Tendenz – und trotz der Polemik gegen die Auffassung der Kunst als Spiel steht Hölderlin hier der klassischen Kunstdoktrin Schillers und Goethes außerordentlich nahe.

Es ist höchst aufschlußreich, daß Goethe gerade in einem Brief aus Frankfurt vom 9. August 1797 hervorhob, die Poesie verlange, ja sie gebiete „Sammlung", nachdem er das „prosaische Frankfurt" in folgender Weise charakterisiert hatte: „Sehr merkwürdig ist mir aufgefallen, wie es eigentlich mit dem Publiko einer großen Stadt beschaffen ist. Es lebt in einem beständigen Taumel von Erwerben und Verzehren, und das, was wir Stimmung nennen, läßt sich weder hervorbringen noch mitteilen; alle Vergnügungen, selbst das Theater, sollen nur zerstreuen, und die große Neigung des lesenden Publikums zu Journalen und Romanen entsteht eben daher, weil jene immer und diese meist Zerstreuung in die Zerstreuung bringen." Und im nächsten Brief an Schiller fallen Worte, die Hölderlin geschrieben haben könnte, wenn Goethe bekennt, er fühle recht gut, daß seine „Natur nur nach Sammlung und Stimmung strebt und an allem keinen Genuß hat, was diese hindert". Die Kunstfeindlichkeit einer nur auf „Erwerben und Verzehren" (Goethe), auf „Erwerbnisse und Ererbnisse" (Hölderlin) ausgerichteten Welt – Goethe erlebte das Frankfurt von 1797 als ein die Wirklichkeit beobachtender Reisender, dem „skeptischer Realism" geziemt, wie er betonte. Er konnte, was noch „idealistisch" an ihm war, „in einem Schatullchen wohlverschlossen" mit sich führen.

Hölderlin dagegen, eine durch und durch „idealistische", von Idealen erfüllte Persönlichkeit, war sowohl wegen seiner empfindsamen und verletzlichen Natur als auch wegen seiner sozialen Stellung, durch die er dieser Wirklichkeit unmittelbar ausgeliefert war, einer solchen Haltung nicht fähig. Aber gerade deshalb konnte er sich der Wirkung dieser Gesellschaft, gegen die er sich stemmte, um so weniger entziehen. Klarsichtig diagnostizierte er sein Ich im Brief an Neuffer vom 12. November 1798: „Ach! die Welt hat meinen Geist von früher Jugend an in sich zurückgescheucht, und daran leid ich noch immer. ... ich bin nicht scheu, weil ich mich fürchte, von der Wirklichkeit in meiner Eigensucht gestört zu werden, aber ich bin es, weil ich mich fürchte, von der Wirklichkeit in der innigen Teilnahme gestört zu werden, mit der ich mich gern an etwas anderes schließe; ich fürchte, das warme Leben in mir zu erkälten an der eiskalten Geschichte des Tags, und diese Furcht kommt daher, weil ich alles, was von Jugend auf Zerstörendes mich traf, empfindlicher als andre aufnahm, und diese Empfindlichkeit scheint darin ihren Grund zu haben, daß ich im Verhältnis mit den Erfahrungen, die ich machen mußte, nicht fest und unzerstörbar genug organisiert war."

Eine überraschende Ähnlichkeit mit diesem Selbsturteil hat Schillers durchaus auch auf Hölderlin gemünzte Charakteristik des mit Hölderlin befreundeten jungen Dichters Siegfried Schmid. Sie findet sich nicht zufälligerweise in jenem Brief, mit dem Schiller auf Goethes „nicht tröstliche" Vorstellung antwortete, die dieser ihm „von Frankfurt und großen Städten überhaupt" gegeben hatte: „Herr Schmid, so wie er jetzt ist, ist freilich nur die entgegengesetzte Karikatur von der Frankfurter empirischen Welt, und so wie diese nicht Zeit hat, in sich hineinzugehen, so kann dieser und seinesgleichen gar nicht aus sich selbst herausgehen. Hier, möchte ich sagen, sehen wir Empfindung genug, aber keinen Gegenstand dazu, dort den nackten leeren Gegenstand ohne

Empfindung." Die aus ästhetischen und pädagogischen Gründen gezogene Schlußfolgerung der Weimaraner, die Hölderlin aus der Subjektivität herausführen und an die Realität binden wollten, lautete, er solle der „Sinnenwelt" näher bleiben. Für ihn war aber gerade das geistige Beharren der Deutschen in der sinnlich wahrnehmbaren Umwelt, das Gebundensein an die „Erdscholle", die Beruhigung in einem „ängstlich borniertcn Zustande" der sie kennzeichnende Hauptfehler. Folglich mußte die Poesie durch die Verbildlichung der „höheren Welt", durch die Darstellung des „höheren Lebens" den Menschen aus dem „eigenen engen Lebenskreis" herausheben und ihm den Horizont seiner Bestimmung zeigen.

Philosophie, Kunst und Religion standen jetzt für ihn in einem anderen Verhältnis zur Natur als im „Hyperion". Einem ursprünglichen Trieb des Menschen zur Vervollkommnung der Natur entsprungen, haben sie die Aufgabe, der „reellen Tätigkeit" des Menschen, die „unmittelbar auf die Natur wirkt", die „edle Richtung und Kraft und Freude" zu geben, wie Hölderlin im Brief vom 4. Juni 1799 an den Bruder schrieb. Die Philosophie bringe diesen Trieb zum Bewußtsein und zeige ihm sein unendliches Objekt im Ideal; die Religion lehre ihn die höhere Welt in der Natur wie eine verborgene Anlage ahnden und glauben; die Kunst zeige jenem Trieb sein unendliches Objekt in einem lebendigen Bilde, in einer „dargestellten höhern Welt". Das ist der entscheidende Ansatzpunkt für das Verständnis von Hölderlins Ästhetik: Der humanistische Charakter der Kunst liegt in ihrer antizipatorischen Funktion. Statt Beschreibung des Vorhandenen ist ihr letzter Zweck die Darstellung des Künftigen als Mittel, die reelle Tätigkeit des Menschen zu beeinflussen.

In dem Aufsatz-Fragment, dem die nicht ganz glückliche Überschrift „Über Religion" gegeben worden ist, wird das, was Hölderlin unter „höherer Welt", unter „menschlich höherem Leben" versteht, näher erläutert. In ihm werden zwei einander entgegengesetzte Arten des Zusammenhanges (oder Verhältnisses) zwischen Mensch und Welt unterschieden: intellektuale, moralische, rechtliche Verhältnisse und physische, mechanische, historische Verhältnisse. Während jene Ausdruck des abstrakt-geistigen, logisch-begrifflichen Zusammenhangs sind und deshalb nur in Gedanken (begrifflich) reproduziert werden können, sind diese Ausdruck des konkret-sinnlichen, historisch-wirklichen Zusammenhangs und können nur im Gedächtnis (bildhaft) wiedergegeben werden. Nun gibt es daneben, genauer: darüber, noch einen „höheren" Zusammenhang des Menschen mit der „Sphäre", in der er „wirkt" und die er „erfährt": das menschlich höhere Leben, die religiösen Verhältnisse. Dieser im wirklichen Leben vorhandene höhere Zusammenhang kann weder bloß in Gedanken noch bloß im Gedächtnis, weder bloß begrifflich noch bloß bildhaft wiederholt, d. h. reproduziert werden. Da seine Struktur intellektuell und historisch zugleich ist, kann er nur in einer Weise vorgestellt werden, die diesem im Leben herrschenden Geist entspricht, und Hölderlin findet sie in der mythischen Poesie. Deren eigentlicher Gegenstand wären demnach die über die physische und moralische Notwendigkeit erhabenen „mannigfaltigern und innigeren" Beziehungen, in denen die Menschen „sich selbst und ihre Welt und alles, was sie haben und seien, vereiniget fühlen".

Wie sich Hölderlin diese integrierende Wirkung der Poesie vorstellte, deutete er in seinem Brief vom 1. Januar 1799 an den Bruder an, wo es heißt, die Poesie vereinige die Menschen, „wenn sie echt ist und echt wirkt, mit all dem mannigfachen Leid und Glück und Streben und Hoffen und Fürchten, mit all ihren Meinungen und Fehlern, all ihren Tugenden und Ideen, mit allem Großen und Kleinen, das unter ihnen ist, immer mehr zu einem lebendigen, tausendfach gegliederten, innigen Ganzen". Diese geistige Vereinigung ist kein Lebensersatz, sondern sie gibt der „reellen Tätigkeit" des Menschen „die edle Richtung und Kraft und Freude". Was in „wirklicher Welt" geleistet werden soll, nimmt sie in „bildlicher Darstellung" vorweg und bringt so bereits auf ihre Weise „alles Menschliche an uns und andern in immer freieren und innigern Zusammenhang".

Voraussetzung für eine solche ganzheitsstiftende Wirkung der Poesie ist jedoch, daß sie selbst das „Ideal eines lebendigen Ganzen" darstellt. In ihr muß poetisch das realisiert sein, was in der Wirklichkeit zwar angelegt, aber noch nicht voll entfaltet ist. Letzter Zielpunkt der Poesie ist somit die lebendige Totalität der Welt, die innige Einheit des Alls. Diese existiert für Hölderlin nicht als objektive Realität, sondern sie ist Resultat des Subjektiven und Objektiven, von Mensch und Natur. Das sie durchdringende Prinzip ist die dialektische Wechselwirkung harmonischer Entgegensetzungen. In dem Fragment „Ein Wort über die Iliade" versuchte Hölderlin das Wechselverhältnis von Mensch und Welt auf drei typische Grundkonstellationen zurückzuführen, die sich zu einer dialektischen Trias zusammenschließen. Da gibt es zunächst den natürlichen Menschen, dessen Gemüt und Verstand mit der einfachen, beschränkten Sphäre, in der er lebt, ein harmonisches Ganzes bildet. Ein anderer Typ ist durch Größe, Stärke und Beharrlichkeit seiner Kräfte und Gesinnungen ausgezeichnet, durch Mut und Aufopferungsgabe. Seine Ungenügsamkeit läßt ihn in einen spannungsreichen Widerspruch zur Welt treten. Bei einem dritten Charaktertyp sticht die größere Harmonie seiner inneren Kräfte und der Sinn für den Geist des Ganzen hervor. Diese drei Charaktertypen bzw. modellhaften Relationen Mensch – Welt lassen sich unschwer mit den drei Hauptfiguren des „Hyperion" zusammenbringen: Diotima ist der mit der Wirklichkeit harmonisch verbundene naive Typ, Alabanda der mit der Wirklichkeit kämpfende heroische Typ, Hyperion der sich über die Wirklichkeit erhebende idealische Typ.

Mit der Ableitung der drei Charaktertypen aus den modellhaften Subjekt-Objekt-Relationen ist der logische Ausgangspunkt für Hölderlins so überaus komplizierte Lehre vom Wechsel der Töne gegeben, die hier nur umrißhaft angedeutet werden kann. Sollte das Gedicht als ein idealisches, lebendiges Ganzes die Einheit der Welt aussprechen, so mußten in ihm die drei subjektiven Verhaltensweisen gegenüber der Wirklichkeit aufgehoben sein. Charakterqualitäten waren in ästhetische Qualitäten zu verwandeln.

Dies gelang dadurch, daß die den drei Charaktertypen entsprechenden geistig-seelischen Stimmungen als poetischer Ton erschienen. Hölderlin unterschied den naiven, heroischen und idealischen Ton. War ein einzelnes Gedicht aus allen drei Tönen aufgebaut, so klang in ihm gleichsam das gesamte Leben wider. Nun kam es nur noch darauf an, die Töne so einander zuzuordnen, miteinander „wechseln" zu lassen, daß die Art ihrer Zuordnung mit dem die Wirklichkeit bestimmenden Gesetz identisch ist. Die poetische Struktur sollte die Struktur der Welt widerspiegeln. Daß diese für Hölderlin dialektischer Natur war, stand außer Zweifel. Da jedoch für ihn das Gedicht das „Ideal" eines lebendigen Ganzen darstellen sollte – die Poesie blickt nach vorn auf einen vollendeten natürlich-gesellschaftlichen Zustand –, konnte in ihm nicht der Kampf der Gegensätze strukturbildend sein. Im Gegenteil: die Harmonie der Gegensätze, die harmonische Entgegensetzung war der beabsichtigten ästhetischen Wirkung, den Menschen „lebendige Ruhe" zu geben und sie zu einem „tausendfach gegliederten, innigen Ganzen" zu vereinigen, allein angemessen. Nicht auf der Trennung, sondern auf der Vereinigung, nicht auf dem Kampf, sondern auf der Harmonie lag der Akzent. „Wie der Zwist der Liebenden sind die Dissonanzen der Welt. Versöhnung ist mitten im Streit, und alles Getrennte findet sich wieder." In diesen Worten Hyperions ist das entscheidende ästhetische Prinzip Hölderlins, der harmonisch-dialektische Wechsel der Töne, bereits keimhaft angelegt.

Unter dem Wechsel der Töne wäre nach dem bisherigen Gedankengang der harmonische Wechsel der subjektiven Stimmung des Dichters zu verstehen. Obschon die Töne

Ausdruck für die Gestimmtheit des Subjekts in bezug auf die Realität sind, bliebe auf diese Weise letztlich doch wieder das Gedicht der Subjektivität verhaftet und würde nicht zu einem „Produkt des Subjektiven und Objektiven". Die schöne Empfindung (naiv), das Streben (heroisch) und die intellektuale Anschauung (idealisch) allein können ein Gedicht nicht aufbauen, denn dadurch würde das Gegenteil von dem erreicht, was Hölderlin mit seiner Poesie bewirken wollte. Der Geist bliebe in sich zurückgescheucht, und der zerstörende Charakter der Wirklichkeit würde erhalten. Die Empfindung hätte keinen Gegenstand, und der nackte Gegenstand bliebe unempfunden. Die Trennung von Subjekt und Objekt, Geist und Leben, Ideal und Wirklichkeit würde nicht aufgehoben, sondern konserviert. Worum es Hölderlin aber gerade ging, ist die Vermittlung der Entgegengesetzten im Gedicht. Wie „das stofflose Genie nicht ohne Erfahrung und die seellose Erfahrung nicht ohne Genie bestehen können, sondern... die Notwendigkeit in sich haben, ... sich zusammen zu ordnen zu einem belebten, harmonisch wechselnden Ganzen" (an Schelling im Juli 1799), so kann sich die Stimmung des Dichters nur am welthaltigen Stoff entfalten. Wie dies geschieht, versucht der komplexe Entwurf „Über die Verfahrungsweise des poetischen Geistes" auf den Begriff zu bringen. Nach der dialektischen Trias von naiv-heroisch-idealisch unterschied Hölderlin drei Stoffbereiche: die äußere erfahrbare Welt (physische, mechanische, historische Verhältnisse: Begebenheiten, Anschauungen), die innere psychische Welt (intellektuelle, moralische, rechtliche Verhältnisse: Gedanken, Leidenschaften) und die mythische Welt (religiöse Verhältnisse: Phantasien). Diese drei Stoffbereiche – die naive äußere Welt, die heroische innere Welt und die idealische mythische Welt – verhalten sich zueinander wie die Begriffe Wirklichkeit – Notwendigkeit – Möglichkeit. Immer wieder ist zu spüren, mit welcher Anstrengung Hölderlin darum rang, die gesamte Poetik dialektisch zu begründen.

Dies wird besonders deutlich an der Art, wie er das Verhältnis von Stimmung und Stoff zu erfassen suchte. Nur wenn der Stoff der Stimmung des Dichters entgegengesetzt wird, können Stimmung und Stoff – oder wie es auch heißt: „Grundton" und „Kunstcharakter" – eine in sich selbst harmonisch entgegengesetzte Einheit bilden. Demnach verwirklicht sich die naive Empfindung in einem idealischen Stoff, das heroische Streben in einem naiven Stoff und die idealische intellektuale Anschauung in einem heroischen Stoff. Die Beziehung des Stoffs auf die ihm entgegengesetzte geistige Haltung des Dichters nennt Hölderlin dessen „Begründung". Die Begründung (oder „Bedeutung") vermittelt demnach zwischen dem Stoff, dem Dargestellten, dem Ausdruck, dem eigentlich Ausgesprochenen einerseits und dem Geiste, der idealischen Behandlung andererseits. „Sie ist das Geistigsinnliche, das Formalmaterielle des Gedichts." In der „Bedeutung" des Gedichts finden Geist und Stoff, Innenwelt und Außenwelt, Idealität und Realität, Subjekt und Objekt zu einer harmonischen Einheit. Der „höhere Zusammenhang" des Menschen mit der Welt wird poetische Gestalt.

Damit ist jedoch das ästhetische Anliegen Hölderlins noch nicht vollständig umrissen. Hölderlin wollte nicht nur den gesetzmäßigen Gang der „Verfahrungsweise des poetischen Geistes" aufweisen, sondern darüber hinaus die strukturelle Gleichheit zwischen der poetischen Verfahrungsweise und dem historischen Prozeß der menschlichen Bewußtseinsentwicklung. Die Entwicklung des einzelnen Menschen und der gesamten Menschheit vom Zustand der naiven Hingabe an die objektive Welt über die Trennung von Mensch und Welt, Ideal und Wirklichkeit, Geist und Leben, also über das heroische Streben, zur reifen Humanität, in der Subjekt und Objekt einander harmonisch entgegengesetzt sind, sollte sich in der gesetzmäßigen Verfahrungsweise des poetischen Geistes durch die Art, wie Stimmung und Stoff, Geist und Leben vermittelt werden, wiederholen. Ausgehend davon, daß im Leben und in der Kunst eine durchgehende Gesetzmäßigkeit, ein dialektisch-historisches Prinzip herrscht, tendierte Hölderlins angestrengter Versuch zu nichts Geringerem als zu einem in der Logik und in der Geschichte gegründeten poetischen System. Während in Hegels philosophischem System auf der höchsten Stufe der zu sich gekommene absolute Geist in der Form des Begriffs steht, so hätte in Hölderlins poetischem System die geistige Entwicklung ihre Vollendung im Gedicht, dessen Struktur den Entwicklungsprozeß in sich aufhebt, gefunden.

Wie aus dem Fragment „Über den Unterschied der Dichtarten" hervorgeht, sollte in dieses System auch die Gattungstheorie eingeschlossen werden. Die Besonderheit der einzelnen Dichtart (Gattung) leitete Hölderlin aus dem sie prägenden Verhältnis von Grundstimmung (Grundton, Bedeutung) und Schein (Kunstcharakter) ab. In der Lyrik spreche sich die naive Grundstimmung (Empfindung, Gefühl) in einem idealischen Schein (Phantasie) aus, in der Epik die heroische Grundstimmung (große Bestrebungen, Leidenschaften) in einem naiven Schein (Begebenheiten, Anschauungen), in der Dramatik die idealische Grundstimmung (intellektuelle Anschauung, Phantasie) in einem heroischen Schein (große Bestrebungen, Leidenschaften). Jede dieser drei Dichtarten kann aber nun durch eine bestimmte Abtönung der Grundstimmung drei verschiedene Ausprägungen (Stilarten) annehmen, so daß sich ein logisches System von neun poetischen Formen ergibt: das naivlyrische, das heroischlyrische und das idealischlyrische Gedicht (lyrische Dichtart); das heroischepische, das idealischepische und das naivepische Gedicht (epische Dichtart); das idealischtragische, das naivtragische und das heroischtragische Gedicht (dramatische Dichtart). Wie in diesen Gedichttypen die Töne wechseln, versuchte Hölderlin sich tabellarisch zu verdeutlichen. Da jedoch keiner seiner ästhetischen Versuche vollendet wurde und da sich in den Entwürfen einander widersprechende Äußerungen finden, ist die Anwendung der Lehre vom

Wechsel der Töne auf seine eigene Dichtung ein bis heute von der Forschung noch nicht endgültig und einhellig gelöstes Problem. Wie dem auch sei: Hölderlins Versuch, die Poetik auf eine wissenschaftliche Grundlage zu stellen und sie dialektisch und historisch zu begründen, ist beeindruckend. Daß er der Höhe seines Anspruchs vor dem Erscheinen von Hegels „Phänomenologie des Geistes" (1806) selbst auf idealistische Weise nicht Genüge tun konnte, spricht nicht gegen das wahrhaft heroische geistige Unternehmen.

## „Der Tod des Empedokles"

Der Homburger Aufenthalt bedeutete für Hölderlin nicht nur die Bewahrung seiner Individualität vor der zerstörenden Wirkung bürgerlicher Realität, nicht nur die endgültige und bewußte Einstellung seines Daseins auf das Dichtertum und die Ausarbeitung seiner ästhetischen Konzeption. Das erste Jahr in der Frankfurt benachbarten kleinen Residenzstadt brachte ihm auch eine erneute Hinwendung zu den zeitgeschichtlichen Ereignissen und neue Hoffnungen auf eine gründliche Umgestaltung der deutschen Zustände. Freilich hatte er selbst im letzten Frankfurter Jahr, also nach dem im Oktober 1797 abgeschlossenen Frieden von Campo Formio, der den ersten Koalitionskrieg beendete, seine Aufmerksamkeit nicht gänzlich dem politischen Schauplatz entzogen. So interessierte er sich für den Konflikt zwischen den Landständen und dem Herzog in Württemberg, in den sein Freund Hegel mit der Schrift „Über die neuesten inneren Verhältnisse Württembergs" einzugreifen gedachte. Darin heißt es: „Wie blind sind diejenigen, die glauben mögen, daß Einrichtungen, Verfassungen, Gesetze, die mit den Sitten, den Bedürfnissen, der Meinung der Menschen nicht mehr zusammenstimmen, aus denen der Geist entflohen ist, länger bestehen, daß Formen, an denen Verstand und Empfindung kein Interesse mehr nimmt, mächtig genug seien, länger das Band eines Volkes auszumachen! Alle Versuche,

Verhältnissen, Teilen einer Verfassung, aus welchen der Glauben entwichen ist, durch großsprechende Pfuschereien wieder Zutrauen zu verschaffen, die Totengräber mit schönen Worten zu übertünchen, bedecken nicht nur die sinnreichen Erfinder mit Schande, sondern bereiten einen viel fürchterlichern Ausbruch, in welchem dem Bedürfnisse der Verbesserung sich die Rache beigesellt und die immer getäuschte, unterdrückte Menge an der Unredlichkeit Strafe nimmt." Radikale Reformen als Vorbeugungsmittel gegen eine Revolution – es ist eine konsequente bürgerlich-liberale Position, die Hegel einnimmt. Die geistige Nähe zu einer etwa gleichzeitigen Briefäußerung Hölderlins ist unüberhörbar. Der Dichter tröstete die wegen der Unruhen in Württemberg besorgte Mutter am 7. April 1798 mit den Sätzen: „Es wird auch mit den Unruhen so arg nicht werden. Und wenn die Bauern übermütig werden wollen, und gesetzlos, wie Sie fürchten, so wird man sie schon beim Kopf zu nehmen wissen." Das revolutionär und tugendhaft gesinnte Volk, dessen Stimme für Hölderlin „Gottes Stimme" war, sah er nicht, sondern allenfalls die wilde, rachedurstige „Menge". Selbst ein so radikaler Politiker wie Christian Friedrich Baz, dessen Schrift „Über das Petitionsrecht der württembergischen Landstände" (1797) sich in Hölderlins Nachlaß befand, orientierte sich auf „eine gesetzmäßige, der öffentlichen Ruhe unschädliche Art" der Verbesserung der politischen und sozialen Verhältnisse und betrachtete als das entscheidende Instrument dafür den ständischen Landtag, der 1797 seit mehr als fünfundzwanzig Jahren das erste Mal wieder zusammengetreten war und in breiten Kreisen die Illusion entstehen ließ, es handele sich dabei um eine Nationalversammlung.

Nachdem jedoch der Landtag auf dem Wege der Zusammenarbeit mit dem Herzog nicht die erhoffte grundlegende Reform bewirkt hatte, intensivierten die entschiedenen Reformer ihre Bemühungen um französische Unterstützung und näherten sich den revolutionär-demokratischen

Kräften im eigenen Land. Ein besonders günstiger Ort für die Kontaktaufnahme und für den unmittelbaren Meinungsaustausch war der seit Dezember 1797 tagende Rastatter Kongreß, auf dem die Abtretung der linksrheinischen Gebiete an Frankreich beschlossen und über die Entschädigung der davon betroffenen deutschen Fürsten verhandelt wurde. Kurz nach seiner Übersiedlung nach Homburg begleitete Hölderlin im November 1798 seinen Freund Sinclair zu dem Kongreß und gewann dadurch unmittelbaren Einblick in die politische Problematik des ausgehenden 18. Jahrhunderts.

Nicht nur von Sinclair, sondern auch von seinem Landsmann Jakob Friedrich Gutscher, der in Rastatt zur Abordnung der württembergischen Landstände gehörte und mit dem Hölderlin häufig zusammenkam, mag er über die Politik am Rande des Kongresses informiert worden sein: über die Bestrebungen zur Revolutionierung Süddeutschlands. Gerade um die Jahreswende 1798/99 nämlich erreichten die revolutionär-demokratischen Kräfte im deutschen Süden ihren höchsten Aufschwung. Einer ihrer hervorragenden Köpfe war der mit Sinclair befreundete und 1794 wegen jakobinischer Gesinnung aus hessen-homburgischen Diensten ausgeschiedene Wilhelm Ludwig Kämpf. Noch einmal – wie schon im Jahre 1796 – hofften die deutschen Revolutionäre auf französische Unterstützung. Als sich Ende 1798 die bewaffnete Auseinandersetzung zwischen Frankreich und der zweiten Koalition immer deutlicher abzuzeichnen begann und von der französischen Delegation in Rastatt die Meinung verbreitet wurde, im Kriegsfalle verfolge Frankreich in Süddeutschland revolutionäre Pläne, erhielt ihre Hoffnung neue Nahrung. Die Kriegsvorbereitungen vergrößerten die Sympathie des Volkes für die Franzosen und weckten neue revolutionäre Potenzen.

Auch Hölderlin stellte sich wieder dem „Zeitgeist" und war wie viele deutsche Patrioten zum Kampf gegen jene Mächte bereit, die mit diesem Kriege die Flamme der Freiheit in Europa endgültig auslöschen wollten. Am 1. Januar 1799 schrieb er an seinen Bruder: „... und wenn das Reich der Finsternis mit Gewalt einbrechen will, so werfen wir die Feder unter den Tisch und gehen in Gottes Namen dahin, wo die Not am größten ist und wir am nötigsten sind." Die Französische Revolution war ihm trotz der Enttäuschungen von 1793 und 1796 immer noch die Proklamation der politischen Ordnung für das künftige deutsche Vaterland. Ihre Ergebnisse, so sehr sie in Frankreich selbst in Frage gestellt sein mochten, sah er wie nach dem Ausbruch des ersten Koalitionskrieges durch die feudalen Mächte bedroht. Nur der endgültige Sieg der bürgerlichen Gesellschaftsordnung verbürgte die Gewißheit einer besseren Welt, einer schöneren Zeit. Das sind die historischen Bedingungen, die Hölderlins erneute Parteinahme für die französische Seite determinierten. Freilich waren die Hoffnungen, die er an einen französischen Sieg knüpfte, im Vergleich zu 1796 außerordentlich gedämpft, wenn er kurz nach Ausbruch des Krieges an die Mutter schrieb: „Im Falle, daß die Franzosen glücklich wären, dürfte es vielleicht in unserem Vaterlande Veränderungen geben." Es schien sich eine „Fahne" zu zeigen, nach der Hyperion gerufen hatte, ein „Thermopylä", wo er „mit Ehren sie verbluten könnte, all die einsame Liebe". Die im Jahre 1796 entworfene Ode „Der Tod fürs Vaterland" erhielt erst jetzt ihre endgültige Gestalt. Es ist das werdende Vaterland, für das sich das Opfer lohnt.

Nur in engem Zusammenhang mit Hölderlins erneuter Hinwendung zum Geist der Zeit, nur vor dem Hintergrund der historischen Ereignisse des Jahres 1799 lassen sich die konzeptionellen Wandlungen begreifen, denen Hölderlins poetischer Hauptgegenstand in Homburg, die Tragödie „Der Tod des Empedokles", unterliegt. Auf den ideologischen Ort, an dem der im August 1797 entworfene erste Plan zur Tragödie anzusiedeln ist, war bereits hingewiesen worden. So wie Hyperion, nachdem er durch das brutale Verhalten des aufständischen Volkes radikal enttäuscht worden ist, als

Ausweg nur noch den Tod sieht, der ihn – nach dem Motto zum zweiten Band des Romans – schnellstens dorthin zurückbringen soll, woher er gekommen ist, so zieht sich Empedokles von den Agrigentinern zurück auf den Ätna, um „durch freiwilligen Tod sich mit der unendlichen Natur zu vereinen". Die geistige Konstitution des Empedokles entspricht in wesentlichen Zügen der des gescheiterten Hyperion. Haß auf die arbeitsteilige Existenz der Menschen wie auf deren geschäftiges Treiben und Begeisterung für die lebendige Ganzheit der Natur, der Tod als individuell zwar notwendige, jedoch gesellschaftlich nicht relevante Tat, ja als Negation gesellschaftlichen Zusammenlebens – diese Konzeption entsprach zwar durchaus vorübergehend eigener Position, war jedoch weder stofflich noch ideell eine tragfähige Grundlage für ein fünfaktiges Trauerspiel. Wäre das Stück genau nach dem Frankfurter Plan gestaltet worden, so hätte dies im Vergleich zum „Hyperion", dessen tragisches Schicksal historisch gegründet war, einen Weltanschauungsverlust bedeutet. Die gesellschaftliche Perspektive, die der Roman trotz des Scheiterns seines Haupthelden vermittelt, wäre zurückgenommen worden. Dies konnte nicht Hölderlins eigentliche Intention sein. Da jedoch der Tod des Empedokles im Krater des Ätna als stoffliche Gegebenheit nicht zu verändern war, mußte sich ein Konzeptionswandel vor allem in der Motivierung und Sinngebung des Todes niederschlagen.

Die erste Fassung des Trauerspiels, an der Hölderlin vielleicht schon in Frankfurt, gewiß aber seit seiner Übersiedlung nach Homburg arbeitete und die er wahrscheinlich im Februar oder März 1799 verwarf (vgl. die Entstehungsgeschichte, Band 3), begründet den Todesentschluß mit einer individuellen Schuld des Empedokles, die gesühnt werden muß. Damit bewegte sich Hölderlin noch ganz in den Bahnen der Lessingschen Tragödiendefinition, die sich auf Aristoteles berief: Ein Held erleidet auf Grund eines Fehltrittes sein Schicksal. Empedokles, der Vertraute der Natur und der Liebling der Götter, zerstört den geheimen Bund, indem er sich als Herr über sie dünkt und sich allein als Gott fühlt:

> ... du hast
> Es selbst verschuldet, armer Tantalus,
> Das Heiligtum hast du geschändet, hast
> Mit frechem Stolz den schönen Bund entzwei,
> Elender! Als die Genien der Welt
> Voll Liebe sich in dir vergaßen, dachtst du
> An dich und wähntest, karger Tor, an dich
> Die Gütigen verkauft, daß sie dir,
> Die Himmlischen, wie blöde Knechte dienten!

Gleich dem großen Frevler Tantalus, der von den Göttern in die Unterwelt gestoßen wurde, erleidet Empedokles die Strafe für seinen Übermut: Kraft und Leben entfliehen ihm. Der Priester der Natur, in dem einst die Quellen des Lebens aus den Tiefen der Welt zusammenströmten, ist nun selbst vertrocknet und ausgeschlossen aus dem lebendigen Ganzen. Der Hybris ist die Nemesis gefolgt. Es geht also in dieser Fassung zunächst und in erster Linie um eine weltanschaulich-religiöse Problematik: um das rechte Verhältnis zur Natur und zu den Göttern, zur göttlichen Natur. Schon dem „Hyperion" ist diese Fragestellung immanent. Auch ihn hatte die Nemesis wegen seines revolutionären Übermuts ins Ungewisse gestoßen. Was aber dort im Zentrum steht – Hyperions Teilnahme am Befreiungskampf gegen die türkische Fremdherrschaft –, erscheint im „Empedokles", gleichsam verkürzt und auf den weltanschaulich-religiösen Begriff gebracht, in der Vorfabel. Auf diese Weise läßt sich nochmals über den „Hyperion" die Wahl des Tragödien-Stoffes auf Hölderlins historische Erfahrungen zurückführen. Da nach Hölderlins im „Grund zum Empedokles" formulierter Überzeugung der tragische Dichter „seine Person, seine Subjektivität" und so auch „das ihm gegenwärtige Objekt" ganz verleugnen und sie „in fremde Personalität, in fremde Objektivität", in einen „fremden analogischen Stoff" übertragen muß, sind die ästhetischen Vermittlungen zwischen den Erfahrungen des Dichters und dem tragischen Stoff schwer zu erkennen. Demgegenüber ist der Zusammenhang zwischen der Person des Dichters und dem Geist, dem Gehalt der Tragödie um so inniger; denn „je weniger der sichtbare Stoff des Gedichts dem Stoffe, der zum Grunde liegt, dem Gemüt und der Welt des Dichters gleicht, um so weniger darf sich der Geist, das Göttliche, wie es der Dichter in seiner Welt empfand, in dem künstlichen fremden Stoffe verleugnen". Der Vorsokratiker Empedokles, der letzte unter den großen Naturphilosophen des 5. Jahrhunderts v. u. Z., war in besonderem Maße geeignet, zum Ausdrucksträger von Hölderlins eigenem Bekenntnis zu werden. Es war nicht nur seine Elementenlehre, in der die heraklitische Philosophie des Werdens und die eleatische Philosophie des Seins zu einer Einheit fand, was Hölderlin an dieser Gestalt anziehen mußte. Vor allem war es auch die Einzigartigkeit dieses Menschen, das noch keine arbeitsteilige Existenz führende Genie: Empedokles war Philosoph, Arzt, Priester und Dichter, eine überragende Persönlichkeit, die auf Natur und Gesellschaft gleichermaßen stark einwirkte. Hölderlin mag mit seiner Auffassung, daß der Dichter in einer Stärke wie kein anderer alle Elemente der Menschheit in sich bewahren müsse, Empedokles als den Idealtyp eines Dichters betrachtet haben. Empedokles trägt in sich die menschlichen Möglichkeiten von Diotima und Alabanda, der grenzenlosen Hingabe und der grenzenlosen Überhebung, der religiösen Demut und des revolutionären Kampfes. Theoretisches und praktisches Verhalten zur Wirklichkeit, natürliches und gesellschaftliches Dasein sind in ihm als widerspruchsvolle Einheit aufgehoben. Erstmals gelang es Hölderlin, den in seinem Denken seit 1793 ständig wirkenden Widerspruch in einer dramatischen Figur zu objektivieren, ohne daß es wie im „Hyperion" nötig gewesen wäre, den inneren Widerspruch in Kontrastfiguren auszudrücken.

Zum inneren weltanschaulichen Konflikt trat jedoch schon

in der ersten Fassung ein äußerer politischer Konflikt. Es geht um das Verhältnis des genialen Einzelnen zum Volk. Das war eine Fragestellung, die Hölderlin durch seine eigene Zeit geradezu aufgedrängt wurde. Rousseau – Robespierre – Bonaparte, diese drei großen französischen Persönlichkeiten und ihr Wirken vor, während und nach der Revolution waren geeignet, eine in Hölderlins Lyrik schon sehr früh vorhandene Thematik historisch zu vertiefen. Nun hatte Hölderlin aber am Beispiel Robespierres den Umschlag aus einem Volksrepräsentanten in einen Tyrannen zu erleben geglaubt, und kurz vor der Jahrhundertwende, während Hölderlin schon an der dritten Fassung des „Empedokles" arbeitete, wurde Bonaparte „eine Art von Diktator", wie er an die Mutter am 16. November 1799 schrieb. Auch Empedokles ist nicht nur ein Revolutionär, sondern auch ein potentieller Tyrann. Hermokrates scheint durchaus nicht völlig im Widerspruch zu Hölderlin selbst zu formulieren:

> Verruchter! wähntest du,
> Sie müßten's nachfrohlocken, da du jüngst
> Vor ihnen einen Gott dich selbst genannt?
> Dann hättest du geherrscht in Agrigent,
> Ein einziger allmächtiger Tyrann.
> Und dein gewesen wäre, dein allein
> Das gute Volk und dieses schöne Land.

Indem sich Empedokles vor allem Volke einen Gott nannte, hat er sich nicht nur über die Natur erhoben und von ihr ausgeschlossen. Auch das Volk hat daraufhin von ihm Abstand genommen und ist zur Beute des Priesters Hermokrates geworden. In dessen Gefolgschaft erscheint es als reaktionäre Masse, als Pöbel. Erst in dem Augenblick, da Empedokles wieder zur alten Eintracht mit der Natur zurückfindet und alle egoistischen, despotischen Züge ablegt – Hölderlin sah Egoismus und Despotismus eng miteinander verknüpft –, gewinnt er die Sympathie des Volkes wieder. Aus den „Agrigentinern" werden die „Bürger". Ihrem energischen Vorgehen gegen den Priester gebietet er jedoch Einhalt: Dies ist ihm nicht der Weg zu einer neuen Existenzform. Die gewaltsame Beseitigung der alten Mächte gibt noch nicht die Gewähr für ein völlig anderes, naturgegründetes Dasein.

In seinem Vermächtnis geht Empedokles von dem Herderschen Gedanken der zu bestimmten Zeiten notwendigen Verjüngung des einzelnen Menschen wie der menschlichen Gesellschaft aus. Wenn die überlieferten Formen des gesellschaftlichen und politischen Lebens erstarrt sind, wenn aus ihnen der Geist gewichen ist, hilft nur ein durch die Völker selbst zu vollziehender Akt kühnen Neubeginns:

> So wagt's! was ihr geerbt, was ihr erworben,
> Was euch der Väter Mund erzählt, gelehrt,
> Gesetz und Brauch, der alten Götter Namen,
> Vergeßt es kühn und hebt, wie Neugeborne,
> Die Augen auf zur göttlichen Natur.

Die Verjüngung ist in erster Linie ein geistig-weltanschaulicher Prozeß, eine „Revolution der Gesinnungen und Vorstellungsarten", die Geburt eines neuen Geistes. Aber dieser neue Geist strebt nach seiner Verwirklichung in einem ihm gemäßen Körper, er produziert eine ihm angemessene Lebensordnung. In dem Bemühen, seine Revolutionserfahrung theoretisch zu bewältigen, forderte Hölderlin statt eines rein politischen Machtaktes die radikale Wandlung menschlichen Zusammenlebens als Wirkung einer radikalen Gesinnungsänderung. Nur dadurch schien ihm die Gewähr gegeben, daß die Revolution weder zum sinnlosen Terror ausarte noch neuen Egoismus erzeuge.

Fiel Hölderlin damit einerseits hinter bestimmte politische Einsichten der Jakobiner zurück, so ging er andererseits in der Verkündigung des „Empedokles" über ihre sozialen Auffassungen hinaus und stieß durch seine Ahnung von der negativen Wirkung des Privateigentums auf den Menschen bis an die Grenze utopisch-kommunistischer Ideen vor:

> ... reicht die Hände
> Euch wieder, gebt das Wort und teilt das Gut,
> O dann, ihr Lieben, teilet Tat und Ruhm
> Wie treue Dioskuren; jeder sei
> Wie alle – wie auf schlanken Säulen, ruh
> Auf richt'gen Ordnungen das neue Leben,
> Und euern Bund befest'ge das Gesetz.

Die soziale Wirklichkeit der Frankfurter Kaufleute war es, die Hölderlin immer weiter nach vorn bis an die Grenze bürgerlichen Denkens getrieben hatte. Aber gerade dadurch brach der Widerspruch seines Ideals zur „bornierten Häuslichkeit" der Deutschen, ihrer „Gefühllosigkeit für gemeinschaftliche Ehre und gemeinschaftliches Eigentum" immer stärker auf. Die Folge davon war, daß das Ideal selbst in zunehmendem Maße religiöse Züge erhielt. Die aus der Antike geschöpfte und durch die Jakobiner neugeprägte Einsicht, daß sich ein freies Volk seiner selbst im gemeinschaftlichen Fest bewußt wird, und die auf dem Boden der deutschen Klassik gewachsene Erkenntnis, daß erst die ästhetische Aneignung der Welt die Rückkehr des Menschen zu sich selbst und zur Natur vollendet, verbinden sich bei Hölderlin zur utopischen Vision vom freien Volk, das die „Genien der wandelnden Natur" zu seinen Festen einlädt und die „langentbehrten, die lebendigen, die guten Götter" wieder im dankenden Gesang nennt. Das Thema von Hölderlins vaterländischen Gesängen ist angeschlagen. Der hymnisch in die Zukunft blickende Empedokles hat in Hölderlins geistiger Entwicklung die Position des elegisch sich der Vergangenheit erinnernden Hyperion angenommen. Sein Tod ist Bekräftigung der Botschaft und Beispiel für die rechtzeitige Verjüngung eines ganzen Volkes.

Die klare Abhebung der Figur des Empedokles von der des gescheiterten Hyperion gelang Hölderlin offenbar erst während der Arbeit an der ersten Fassung des Trauerspiels. Historische Erfahrungen waren es wohl in erster Linie, die immer stärker das Verhältnis des Empedokles zum Volk und damit die objektiv-gesellschaftliche Motivierung seines Todes in den Vordergrund treten ließen, so daß letztlich eine Neukonzeption erforderlich wurde. Vielleicht hängt der Beginn der Arbeit an der zweiten Fassung zeitlich und sachlich mit dem Ausbruch des zweiten Koalitionskrieges zusammen. In einer Zeit, da „um der Menschheit große Gegenstände, um Herrschaft und um Freiheit" gerungen wurde, wie es im Prolog zu Schillers „Wallenstein" heißt, konnte die Tragödie nicht mehr vor allem den weltanschaulich-religiösen Konflikt des Helden in den Mittelpunkt des Geschehens rücken. Ein Figurenaufbau, der Empedokles als neuen Tantalus erstehen ließ, war für einen Dichter, der aus dem kriegerischen Ringen neue Hoffnungen für sein Vaterland schöpfte, anachronistisch geworden. Schon die erste Szene der zweiten Fassung setzt neue Akzente. Hermokrates sagt:

> Es tönt sein Wort dem Volk,
> Als käm es vom Olymp;
> Sie danken's ihm,
> Daß er vom Himmel raubt
> Die Lebensflamm und sie
> Verrät den Sterblichen.

Aus einer tantalidischen Figur ist eine prometheische Gestalt geworden. Gleich dem Prometheus hat Empedokles die göttlichen Geheimnisse, die Geheimnisse der göttlichen Natur, an die Menschen verraten, um sie zur Selbstgestaltung ihrer eigenen Lebensverhältnisse zu befähigen. Hermokrates deutet diese Tat in seinem Sinne:

> Verderblicher denn Schwert und Feuer ist
> Der Menschengeist, der götterähnliche,
> Wenn er nicht schweigen kann und sein Geheimnis
> Unaufgedeckt bewahren. Bleibt er still
> In seiner Tiefe ruhn und gibt, was not ist,
> Wohltätig ist er dann, ein fressend Feuer,
> Wenn er aus seiner Fessel bricht.

Empedokles ähnelt nun den in einem Briefentwurf an Susette Gontard beschworenen „großen Männern" in „großen Zeiten", die, „ein heilig Feuer, um sich griffen und alles Tote, Hölzerne, das Stroh der Welt in Flamme verwandelten, die mit ihnen aufflog zum Himmel".

Gleichzeitig mit der Verstärkung der Züge eines heiligen Revolutionärs legt die Neugestaltung größeren Nachdruck auf die der menschlichen Genialität entspringenden Gefahren. Mit seltenen Naturkräften ausgestattet und vom unreifen Volk angebetet, fühlte Empedokles ganz subjektivistisch nur noch seinen eigenen Geist, während ihm Volk und Natur, Menschen und Götter als von ihm zu beseelende und miteinander zu vermittelnde Objekte erschienen. Der Vorsokratiker Empedokles hat sich das Gewand des subjektiven Idealisten Fichte umgelegt, und im Urteil über ihn spricht der Dichter ein Urteil über eine Phase seiner eigenen ideellen Entwicklung. Da diese jedoch eng an den Verlauf der Französischen Revolution gebunden war, konnte er in der dramatischen Gestalt gleichermaßen historisch-politische Erkenntnisse objektivieren, die er aus dem weltgeschichtlichen Ereignis abgeleitet hatte. Subjektivistische Selbstüberhebung – so mochte es ihm scheinen – verwirrt nicht nur den eigenen Sinn und macht ihn blind, sondern reißt auch das Volk in wilden, jeder Orientierung baren Taumel. Die revolutionäre Begeisterung schlägt in ein alles vernichtendes Feuer um. Die von Prometheus geraubte Lebensflamme wird zum furchtbaren Blitz des Zeus. Damit die Revolution nicht nur ihre destruktive Funktion, die Zerstörung des Alten, sondern vor allem auch ihre konstruktive Funktion, die Entfaltung des Neuen, erfülle, muß sie an den „Geist der Natur" gebunden bleiben.

Nachdem sich der geistbeseelte Volksführer und Priester der Natur in ein radikal vereinsamtes Individuum verwandelt hat, gewinnt er Einblick in den nicht durch individualistisches Gebaren von Grund auf zu verändernden „Vollendungsgang der Natur". Unversehens spricht er sich nun allerdings für eine evolutionäre Form der Entwicklung aus. Der Mensch, berufen, die Welt zu bilden, muß den in der Natur verborgenen und von ihm geahnten Geist entfalten und dadurch das Leben fördern. Die Übereinstimmung der letzten Worte des Empedokles, die sich von der zweiten Fassung erhalten haben, mit den in Hölderlins Brief vom 4. Juni 1799 an den Bruder ausgeführten Gedanken ist evident. Philosophie, Kunst und Religion, besonders aber die Religion, bewirken auch dieses, heißt es in dem Brief, „daß sich der Mensch, dem die Natur zum Stoffe seiner Tätigkeit sich hingibt, den sie, als *ein mächtig Triebrad,* in ihrer unendlichen Organisation enthält, daß er sich nicht als Meister und Herr derselben dünke und sich in aller seiner Kunst und Tätigkeit bescheiden und fromm vor dem Geiste der Natur beuge, den er in sich trägt, den er um sich hat und der ihm Stoff und Kräfte gibt; denn die Kunst und Tätigkeit der Menschen, soviel sie schon getan hat und tun kann, kann doch Lebendiges nicht hervorbringen, den Urstoff, den sie umwandelt, bearbeitet, nicht selbst erschaffen, sie kann die schaffende Kraft entwickeln, aber die Kraft selbst ist ewig und nicht der Menschenhände Werk".

Diese Auffassung kollidierte nun allerdings mit Hölderlins Überzeugung von der Notwendigkeit einer revolutionären Umwälzung des Bestehenden. Wäre die Aussage der Tragödie konsequent nach diesem Programm angelegt worden – die Überlieferung gestattet kein Urteil darüber –, so hätte das eine Zurücknahme des revolutionären Moments bedeutet. Empedokles hätte im Sinne Diotimas seinen Schüler Pausanias zum Erzieher des Volkes weihen müssen, obschon er ihm in der ersten Fassung prophezeit hatte, Pausanias werde, „was sterblich ist, in Seel und Flamme wandeln", daß es mit ihm „zum heil'gen Äther" steige. Es scheint die historische Realität gewesen zu sein, die neben dieser widerspruchsvollen ideologisch-ästhetischen Konzeption einen grundlegenden Neuansatz erzwang.

*Der Dichter als heiliger Heros*

Im Jahre 1799 brachen endgültig Hölderlins Hoffnungen auf eine revolutionäre Umwälzung im deutschen Süden zusammen. Die Ereignisse des Jahres 1796, von denen Hölderlins geistiges Profil entscheidend geprägt worden war, schienen sich nach Ausbruch des zweiten Koalitionskrieges zu wiederholen. Die vorrückende französische Armee plünderte und erpreßte die Bevölkerung, statt die revolutionäre Bewegung zu unterstützen. Als sich die französischen Truppen nach den entscheidenden Siegen der Alliierten wieder über den Rhein zurückzogen, war von der ehemals profranzösischen Haltung breiter Bevölkerungskreise nichts mehr zu spüren. Durch die österreichische Vorherrschaft war die Bedingung dafür gegeben, daß die feudale Reaktion die oppositionellen Kräfte zerschlagen konnte. Aber nicht nur am Oberrhein, auch in Italien und in der Schweiz erlitt Frankreich im Sommer 1799 schwere Niederlagen (vgl. Hölderlins Briefentwurf an Susette Gontard von Ende Juni 1799). An diese historische Konstellation knüpft sich nun eine für Hölderlins späte Lyrik höchst bedeutsame Reaktion: Die Hoffnungen, die für ihn bisher an das revolutionär-kriegerische Zeitgeschehen gebunden waren, übertrug er fortan auf den Frieden. Am 4. September 1799 schrieb er an seine Mutter: „Ich hoffe den Frieden von Herzen und halte ihn auch aus den allgemeinsten Gründen für nötig und heilsam und von unabsehlicher Wichtigkeit." Von dieser Änderung führt eine gerade Linie über die im Spätherbst 1799 entstandene Ode „Der Frieden" zu den die Wirklichkeit transzendierenden Erwartungen, die sich in Hölderlins Briefen vor und nach dem Frieden von Lunéville, durch den im Februar 1801 der zweite Koalitionskrieg abgeschlossen wurde, finden, und zu deren eindrucksvollster poetischer Gestaltung in der „Friedensfeier".

Der Enttäuschung über die Außenpolitik des bourgeoisen Frankreich folgte wiederum wie im Jahre 1796 die Enttäuschung über die dort herrschenden inneren Zustände. Wie drei Jahre zuvor erhielt Hölderlin im November 1799 abermals einen Brief von Johann Gottfried Ebel aus Paris, in dem dieser vom „Schmutze der hiesigen wirklichen Menschenwelt" sprach und fortfuhr: „Hier schöpft man bisweilen Lebenshauch in den Sälen der Produkte des Kunstgenies, aber nicht unter den Lebendigen." Hölderlin, für den Frankreich nach wie vor die historische Perspektive verkörperte, fand seine eigenen negativen Erfahrungen bestätigt. In dem Entwurf einer Antwort auf diesen Brief gestand er, sein „Zutrauen zu allem", was ihm „sonst vorzüglich Freude und Hoffnung gab, zum innern Bilde des Menschen und seinem Leben und Wesen" sei „so ziemlich erschüttert". Jetzt wurde ihm bewußt, daß auch die größten Menschen ihre Größe „nicht allein ihrer eigenen Natur, sondern auch der glücklichen Stelle danken, in der sie tätig und lebendig mit der Zeit sich in Beziehung setzen konnten". Die positive Einsicht in den dialektischen Zusammenhang von menschlicher Größe und historischem Augenblick ist jedoch begleitet von dem Nicht-Begreifen-Können, „wie manche große reine Formen im Einzelnen und Ganzen so wenig heilen und helfen, und dies ist's vorzüglich", was ihn „oft so stille und demütig vor der allmächtigen, allesbeherrschenden Natur macht". Stille und Demut vor der schicksalhaften Notwendigkeit scheint das Vertrauen in die geschichtsbildende Kraft des Menschen völlig verdrängt zu haben. An die Stelle des politisch-moralischen Urteils über die menschliche Welt ist ein religiös betontes Gefühl getreten.

Die neugewonnene Einsicht in den Zusammenhang von individueller Freiheit und gesellschaftlich-geschichtlicher Notwendigkeit schlägt sich ganz folgerichtig in einer neuen Auffassung des Tragischen nieder. Tragisch und tödlich endet es dort, wo die „allmächtige, alles beherrschende Not" „entschieden und durchgängig wirksamer" ist „als die Wirksamkeit reiner selbsttätiger Menschen". Tragik entspringt nicht mehr einer individuell-zufälligen Schuld, sondern ist im

Historischen gegründet. In einem wohl für Christian Gottfried Schütz, den Herausgeber der Jenaer „Allgemeinen Literatur-Zeitung", bestimmten Briefentwurf heißt es, das Trauerspiel zeige das „per contrarium" von Gott und Mensch: „Der Gott und Mensch scheint eins, darauf ein Schicksal, das alle Demut und allen Stolz des Menschen erregt und am Ende Verehrung der Himmlischen einerseits und andererseits ein gereinigtes Gemüt als Menscheneigentum zurückläßt." Gott ist hier die ins Religiöse gewendete alles beherrschende Notwendigkeit. Die historischen Erfahrungen entsprungene und auf ihre ästhetische Bewältigung ausgerichtete Tragik-Konzeption erhielt – gleichsam als Korrelat zur menschlichen Ohnmacht – eine religiöse Form. Das ist der Ansatzpunkt zum Verständnis der dritten Fassung des „Empedokles", aber auch der Hölderlinschen Übersetzungen und Deutungen des „Ödipus der Tyrann" und der „Antigone".

Im „Grund zum Empedokles", der theoretischen Vorbesinnung für die dritte Fassung, versicherte sich Hölderlin eines völlig verwandelten Begriffs von dessen Schicksal. In Empedokles sind die „gewaltigen Entgegensetzungen" seiner Zeit und seines Vaterlandes, vor allem der Gegensatz von Natur (aorgisch) und Kunst (organisch), so innig vereint, daß die Extreme in ihr Gegenteil übergehen. Das Schicksal seiner Zeit, die Entfremdung von Mensch und Natur, scheint in ihm vorzeitig aufgehoben zu sein. In ihm hat sich „ihr unbekanntes Bedürfnis und ihre geheime Tendenz sichtbar und erreicht" dargestellt. Da jedoch das Schicksal nicht individuell, d. h. in einem einzelnen Menschen, aufgelöst werden kann, muß „die gefundene Lösung ins Allgemeine übergehen". Die durch konkretes politisches Handeln nicht mehr zu bewältigende Realität erfordert die „idealische Tat" des Opfertodes. Die Bejahung der selbstlosen Hingabe des Individuums im Kampf für das Vaterland verbindet sich sowohl mit der Ahnung vom notwendigen und sinnvollen Tode des zu früh gekommenen Revolutionärs als auch mit dem Schicksal Christi, der für Hölderlin – völlig unchristlich – der letzte der antiken Heroen und ein Bruder von Herakles und Dionysos ist.

Aber auch die dritte Fassung des „Empedokles" wurde nicht vollendet. Während der Arbeit an ihr – so scheint es jedenfalls – verschob sich Hölderlins Aufmerksamkeit vom notwendigen Untergang des einzelnen im Dienste des Vaterlandes zum „Untergang und Übergang des Vaterlandes" selbst. Der historische und dialektische Aspekt des Aufsatzes über den „Grund zum Empedokles" weitete sich in dem Entwurf „Das Werden im Vergehen" zu einer geschichtsphilosophischen Sicht. Dieser hochbedeutsame Entwurf bemüht sich mit äußerster gedanklicher Präzision darum, den Umschlagspunkt in der geschichtlichen Entwicklung, das „Werden im Vergehen" begrifflich zu erfassen. Ausgehend von der Dialektik zwischen Altem und Neuem, grenzt Hölderlin drei Phasen des „Untergangs oder Übergangs des Vaterlandes" voneinander ab: die Phase der Auflösung der alten Welt, die Phase des Umschwungs und die Phase der Herstellung der neuen Welt. Der notwendige Umschwung vermittelt mit seinem eigentümlichen Charakter von Sein und Nichtsein zwischen dem Idealwerden des alten Wirklichen (dem Vergehen) und dem Realwerden des neuen Möglichen (dem Entstehen). Und nun die entscheidende Schlußfolgerung: Die ureigenste Aufgabe der Kunst ist es, das Idealwerden des Wirklichen und das Realwerden des Möglichen zu gestalten. Ihr eigentlicher Gegenstand ist der revolutionäre Wandlungsprozeß der eigenen Nation in seiner Dialektik von idealem altem Leben, notwendiger Auflösung und wirklichem neuem Leben. „Übrigens sind Liebeslieder immer müder Flug...; ein anders ist das hohe und reine Frohlocken vaterländischer Gesänge", schrieb Hölderlin im Dezember 1803 an den Verleger Friedrich Wilmans. Immer noch zielte poetisches Schaffen zwar auf die Totalität der Welt, auf das „Alles in Allem". Dies ist jedoch nicht mehr in der Natur angesiedelt, und den Zugang zu ihm bildet nicht mehr die intellektuale Anschauung. „Denn die Welt aller Welten, das Alles in Allen, welches immer *ist, stellt* sich nur in aller Zeit – oder im Untergange oder im Moment oder genetischer im Werden des Moments und Anfang von Zeit und Welt *dar*, und dieser Untergang und Anfang ist wie die Sprache Ausdruck, Zeichen, Darstellung eines lebendigen, aber besondern Ganzen." Das Wesen der Welt enthüllt sich im revolutionären Zeitumbruch, und der Dichter ist nicht mehr Priester der Natur, sondern dazu berufen, die Zeichen der Zeit zu deuten.

In poetisch prägnanter Weise charakterisierte Hölderlin die historische Funktion des Dichters am Schluß der Ode „Rousseau":

> Und wunderbar, als hätte von Anbeginn
> Des Menschen Geist das Werden und Wirken all,
> Des Lebens Weise schon erfahren,
>
> Kennt er im ersten Zeichen Vollendetes schon,
> Und fliegt, der kühne Geist, wie Adler den
> Gewittern, weissagend seinen
> Kommenden Göttern voraus.

Rousseaus Wirken im Vorfeld der Französischen Revolution lieferte das geschichtliche Exempel für die dichterische Standortbestimmung. „Vor der Zeit! ist Beruf der heiligen Sänger und also / Dienen und wandeln sie großem Geschicke voran", heißt es in einer Variante zur Elegie „Brot und Wein". Der dem Geschichtsgang vorauswandelnde und die Völker vom Schlafe weckende Dichter gleicht dem Bahnbrecher Herakles wie dem Eroberer Dionysos. Seine Kühnheit ist jedoch nicht identisch mit dem prometheischen „Hier sitz ich, forme Menschen nach meinem Bilde", ist keine geniehafte Zentrierung auf das Schöpfertum des eigenen Ich. Die kühne poetische Antizipation ist heiliger Dienst am naturgesetzlichen Verlauf des historischen Prozesses. Im

Dichter ist höchster Mut mit tiefster Demut, äußerste Aktion mit stiller Passion zu einer heroischen Religiosität vereint:

> Doch uns gebührt es, unter Gottes Gewittern,
> Ihr Dichter! mit entblößtem Haupte zu stehen,
> Des Vaters Strahl, ihn selbst, mit eigner Hand
> Zu fassen und dem Volk ins Lied
> Gehüllt die himmlische Gabe zu reichen.

Die sich in den zeitgeschichtlichen Gewittern zur Wiederkunft anschickenden Götter sind bereits im Gesang anwesend. Weil Hölderlin die Vollendung des Menschen in der Geschichte nur durch die mythische Vorstellung von der Wiederkehr der Götter ins poetische Bild bringen konnte, verwandelte sich der historische Standort des Dichters zwischen dem Nichtmehr und dem Nochnicht einer Zeitenwende in die religiös begriffene Mittlerstellung zwischen Menschen und Göttern. Der Dichter wird zum heiligen Heros. Seine Gesänge künden von einem in der Ferne heraufdämmernden Humanismus. Er sang sie einsam und in der Nacht, bis die nächtliche Einsamkeit über ihn hereinbrach. Aber er war ein Dichter des Tages, der Sonne, des freien und schönen Menschen.

# GEDICHTE

1784 – 1789

## [DANKGEDICHT AN DIE LEHRER]

Uns würdigte einst eurer Weisheit Wille,
Der Kirche Dienst auch uns zu weihn,
Wer, Brüder, säumt, daß er die Schuld des Danks erfülle,
Die wir uns solcher Gnade freun?

Froh eilt der Wanderer, durch dunkle Wälder,
Durch Wüsten, die von Hitze glühn,
Erblickt er nur von fern des Lands beglückte Felder,
Wo Ruh und Friede blühn.

So können wir die frohe Bahn durcheilen,
Weil schon das hohe Ziel uns lacht
Und der Bestimmung Sporn, ein Feind von trägen Weilen,
Uns froh und emsig macht.

Ja, dieses Glück, das, große Mäzenaten,
Ihr schenkt, soll nie ein träger Sinn
Bei uns verdunkeln, nein! verehren Fleiß und Taten,
Und Tugend immerhin.

Euch aber kröne Ruhm und hohe Ehre,
Die dem Verdienste stets gebührt,
Und jeder künft'ge Tag erhöhe und vermehre
Den Glanz, der euch schon ziert.

Und was ist wohl für euch die schönste Krone?
Der Kirche und des Staates Wohl,
Stets eurer Sorgen Ziel. Wohlan, der Himmel lohne
Euch stets mit ihrem Wohl.

## M. G.

Herr! was bist du, was Menschenkinder?
Jehova du, wir schwache Sünder,
Und Engel sind's, die, Herr, dir dienen,
Wo ew'ger Lohn, wo Seligkeiten krönen.

Wir aber sind es, die gefallen,
Die sträflich deiner Güte Strahlen
In Grimm verwandelt, Heil verscherzet,
Durch das der Hölle Tod nicht schmerzet.

Und doch, o Herr! erlaubst du Sündern,
Dein Heil zu sehn, wie Väter Kindern,
Erteilst du deine Himmelsgaben,
Die uns, nach Gnade dürstend, laben.

Ruft dein Kind Abba, ruft es Vater,
So bist du Helfer, du Berater,
Wann Tod und Hölle tobend krachen,
So eilst als Vater du zu wachen.


## DIE NACHT

Seid gegrüßt, ihr zufluchtsvolle Schatten,
Ihr Fluren, die ihr einsam um mich ruht;
Du stiller Mond, du hörst, nicht wie Verleumder lauren,
Mein Herz, entzückt von deinem Perlenglanz.

Aus der Welt, wo tolle Toren spotten,
Um leere Schattenbilder sich bemühn,
Flieht der zu euch, der nicht das schimmernde Getümmel
Der eitlen Welt, nein! nur die Tugend liebt.

Nur bei dir empfindt auch hier die Seele,
Wie göttlich sie dereinst wird sein,
Die Freude, deren falschem Schein so viel Altäre,
So viele Opfer hier gewidmet sind.

Weit hinauf, weit über euch, ihr Sterne,
Geht sie entzückt mit heil'gem Seraphsflug;
Sieht über euch herab mit göttlich heil'gem Blicke,
Auf ihre Erd, da wo sie schlummernd ruht ...

Goldner Schlaf, nur dessen Herz zufrieden
Wohltät'ger Tugend wahre Freude kennt,
Nur der fühlt dich. – Hier stellst du dürftig schwache Arme,
Die seine Hülfe suchen, vor ihn hin.

Schnell fühlt er des armen Bruders Leiden;
Der arme weint, er weinet auch mit ihm;
Schon Trost genug! Doch spricht er, gab Gott seine Gaben
Nur mir? nein, auch für andre lebe ich. –

Nicht von Stolz, noch Eitelkeit getrieben,
Kleidet er den Nackten dann, und sättigt den,
Dem blasse Hungersnot sein schwach Gerippe zählet;
Und himmlisch wird sein fühlend Herz entzückt.

So ruht er, allein des Lasters Sklaven
Quält des Gewissens bange Donnerstimm,
Und Todesangst wälzt sie auf ihren weichen Lagern,
Wo Wollust selber sich die Rute hält.

## AN M. B.

O lächle fröhlich unschuldsvolle Freuden,
Ja, muntrer Knabe, freue dich,
Und unbekümmert, gleich dem Lamm auf Frühlingsheiden,
Entwickeln deine Keime sich.

Nicht Sorgen und kein Heer von Leidenschaften
Strömt über deine Seele hin;
Du sahst noch nicht, wie tolle Toren neidisch gafften,
Wann sie die Tugend sehen blühn.

Dich sucht noch nicht des kühnen Lästrers Zunge:
Erst lobt sie, doch ihr Schlangengift
Verwandelt bald das Lob, das sie so glänzend sunge,
In Tadel, welcher tödlich trifft.

Du glaubst mir nicht, daß diese schöne Erde
So viele Unzufriedne trägt,
Daß nicht der Welt, der dich der Schöpfer gab, Beschwerde,
Nur eigner Kummer Seufzen regt.

So folge ihr, du edle gute Seele,
Wohin dich nur die Tugend treibt,
Sprich: Welt! kein leerer Schatten ist's, das ich mir wähle,
Nur Weisheit, die mir ewig bleibt.

DER UNZUFRIEDNE

Horat. Deformis aegrimonia.

„Schicksal! unglücksvolle Leiden
Heißt du Sterblichen die Freuden,
Die die steile Laufbahn hat,
Grausam rauben. Bange Tränen,
Die sich nach der Bahre sehnen,
Zu erzwingen ist dein Rat."

DER NÄCHTLICHE WANDERER

Hu! der Kauz! wie er heult,
Wie sein Furchtgeschrei krächt.
Erwürgen – ha! du hungerst nach erwürgtem Aas,
Du naher Würger, komme, komme.

Sieh! er lauscht, schnaubend Tod –
Ringsum schnarchet der Hauf,
Des Mordes Hauf, er hört's, er hört's, im Traume hört' er's,
Ich irre, Würger, schlafe, schlafe.

### DAS ERINNERN

Viel, viel sind meiner Tage
Durch Sünd entweiht gesunken hinab.
Oh, großer Richter, frage
Nicht wie, o lasse ihr Grab
Erbarmende Vergessenheit,
Laß, Vater der Barmherzigkeit,
Das Blut des Sohns es decken.

Ach wenig sind der Tage
Mit Frömmigkeit gekrönt entflohn,
Sie sind's, mein Engel, trage
Sie vor des Ewigen Thron,
Laß schimmern die geringe Zahl,
Daß einsten mich des Richters Wahl
Zu seinen Frommen zähle.

### [ADRAMELECH]

Adramelechs Grimm erwachte, des Höllenbewohners:
Hölle, sinke tiefer hinab, Adramelech wütet,
Staune, Satan du, verzweifle, König der Hölle,
Nur Adramelech bleibt groß – entdeck ich die großen Entwürfe
Dann und meine Gedanken, die den Olympus beherrschen,
Seinen Rat vereiteln, wie werden die Schwächere gaffen,
Satan wird vom Thron mit neidischem Stolze herabschaun,
Du Jehova sollst bald in deinem richtenden Grimme –
Dieses dein Israel soll dein Rachedonner zerschmettern,
Oder *mein* Geist ist hin – verloren des mächtigsten Kräfte.
So sprach er – und kehrte mit Wut zur Hölle zurücke.

Sein verschlagener Stolz versammelte alle Gestalten,
Alle Schrecken des Tods um sich her, um seines Regenten
Schreckenvolle Pracht an sich den Geistern zu zeigen.
Und so fuhr er ein, die zitternde Geister der Pforte
Öffneten ihre knarrende Tore weit auf, mit Erstaunen
Sahn sie seine schreckbare Wut, mit flammendem Zorne,
Wie nur selten Satan ergrimmt, deckt' er die höllische Ränke ...

### ALEXANDERS REDE AN SEINE SOLDATEN BEI ISSUS

Erhaben glänzend sieht, und wie ein Gott
Auf seine Scharen Alexander hin,
Wo jeder Spieß dem weit zerstreuten Feind
Vereint durch gleichen Mut die Flucht empfiehlt.
Sein scharfer Heldenblick belebt das Heer,
Das jede drohende Gefahr vergißt.
Sein rasches Pferd, das Siegesfreude schnaubt,
Trägt ihn durch ihre Glieder; dann spricht er:
Ihr Mazedonier, ihr deren Mut
Athen einst, das an Tapferkeit euch glich,
Unwissend schwacher Flucht, bezwang:
O tapfre Krieger, die ihr Philipps Thron
Befestigtet, um auch mir treu zu sein!
Es hob sich euer Schwert, ihr wart nicht mehr
Mit dichten Mauren, voll von Tod, umringt.
Erst fiel Böotien; die stärkste Stadt
Daraus (stark war der Mauren Wehr)
Auch sie fiel gänzlich unter euren Fuß. –
Und, Krieger, wie begierig waret ihr,
Weit von dem Hellespont im Orient
Euch Siege zu bereiten; mutig flog
Die Zierde meines Reichs mir zu, um treu
Kein Schwert des Kriegs, und nicht Gefahr zu scheun.
Und nun, ihr tapfre Mazedonier,
Hier ist der Sieg, hier eures Muts Triumph –
Der Sieg, der schon aus euren Augen blickt,
Wird des Tyrannen hartes Sklavenjoch,
Womit er all dies Volk despotisch plagt,

Zerreißen, und ihr, Freunde, werdet sein
Und jedes Name wie einst Herkules.
Seht, wie ein jedes Volk euch Sieger nennt,
Wie es gehorsam euern Arm verehrt,
Der keine Fesseln braucht; ein jeder dient
Euch willig. – Kinder, glaubt's, kein Thrazien,
Kein steinichtes Illyrien wird's sein,
Nein! Baktra, und das schöne Indien,
Des Ganges Fluren sind der Sieger Sitz:
Da ist der Lohn der Sieger Überfluß.
Oh! Helden! seht, wie euer schöner Sieg,
Wie er zu glänzen angefangen hat:
Seht, euer Rücken, nie von Flucht befleckt,
Hat lauter Ruhmstrophäen hinter sich.
Und du, mutvolle Schar von Griechenland,
Du wirst zu deinen Füßen ausgestreckt
Die Schößlinge von Xerxes' Übermut
Und all die grausame Verwüster sehn.
Dein Vaterland, dein Wohnsitz – war er dein?
Wem war die Quelle deines Wanderers,
Wem deine Saat? – war sie des Schweißes Lohn,
Den ihrer Mutter Bau dich kostete? –
Sie sind's, durch ihre Menge fiel dein Volk;
Der Götter Hallen, welche du verehrst,
Und deren Heiligkeit nur sonst der Raub
Zum Schauer anderer antastete,
Die lagen da, verheert, von Blut bespritzt,
Und von der Asche deiner Stadt bedeckt.
Ihr, Söhne Thraziens, ihr deren Hand
Nur tapfre Waffen eures Sieges kennt,
Seht, wie der Feind von Gold belastet ist,
Euch, Brüder, ziert es besser, denen's nicht
Die Weichlichkeit als Sklaven geben wird,
Euch mahnt's an euern Mut, an euren Sieg.
Geht, raubt den Memmen ihre Last, ihr Gold,
Bewohnt, statt eurer nackten Hügel Eis
Und alt bemooste Felsen, eures Feinds
Vergnügenvoller Fluren Fruchtbarkeit.

## DAS MENSCHLICHE LEBEN

Menschen, Menschen! was ist euer Leben,
Eure Welt, die tränenvolle Welt,
Dieser Schauplatz, kann er Freuden geben,
Wo sich Trauern nicht dazu gesellt?
Oh! die Schatten, welche euch umschweben,
Die sind euer Freudenleben.

Tränen, fließt! o fließet, Mitleidstränen,
Taumel, Reue, Tugend, Spott der Welt,
Wiederkehr zu ihr, ein neues Sehnen,
Banges Seufzen, das die Leiden zählt,
Sind der armen Sterblichen Begleiter,
Oh, nur allzu wenig heiter!

Banger Schauer faßt die trübe Seele,
Wenn sie jene Torenfreuden sieht,
Welt, Verführung, manches Guten Hölle,
Flieht von mir, auf ewig immer flieht!
Ja gewiß, schon manche gute Seele hat, betrogen,
Euer tötend Gift gesogen.

Wann der Sünde dann ihr Urteil tönet,
Des Gewissens Schreckensreu sie lehrt,
Wie die Lasterbahn ihr Ende krönet,
Schmerz, der ihr Gebein versehrt!
Dann sieht das verirrte Herz zurücke;
Reue schluchzen seine Blicke.

Und die Tugend bietet ihre Freuden
Gerne Mitleid lächelnd an,
Doch die Welt – bald streut sie ihre Leiden
Auch auf die zufrieden heitre Bahn:
Weil sie dem, der Tugendfreuden kennet,
Sein zufrieden Herz nicht gönnet.

Tausend mißgunstvolle Lästerungen
Sucht sie dann, daß ihr die Tugend gleicht;
Beißend spotten dann des Neides Zungen,
Bis die arme Unschuld ihnen weicht;
Kaum verflossen etlich Freudentage,
Sieh, so sinkt der Tugend Waage.

Etlich Kämpfe – Tugend und Gewissen –
Nur noch schwach bewegen sie das Herz,
Wieder umgefallen! – und es fließen
Neue Tränen, neuer Schmerz!
O du Sünde, Dolch der edlen Seelen,
Muß denn jede dich erwählen?

Schwachheit, nur noch etlich Augenblicke,
So entfliehst du, und dann göttlich schön
Wird der Geist verklärt, ein beßres Glücke
Wird dann glänzender mein Auge sehn;
Bald umgibt dich, unvollkommne Hülle,
Dunkle Nacht, des Grabes Stille.

## DIE MEINIGE

Herr der Welten! der du deinen Menschen
Leuchten läßt so liebevoll dein Angesicht,
Lächle, Herr der Welten! auch des Beters Erdenwünschen,
O du weißt es! sündig sind sie nicht.
Ich will beten für die lieben Meinen,
Wie dein großer Sohn für seine Jünger bat –
O auch Er, er konnte Menschentränen weinen,
Wann er betend für die Menschen vor dich trat –

Ja! in seinem Namen will ich beten,
Und du zürnst des Beters Erdewünschen nicht,
Ja! mit freiem, offnem Herzen will ich vor dich treten,
Sprechen will ich, wie dein Luther spricht. –
Bin ich gleich vor dir ein Wurm, ein Sünder –
Floß ja auch für mich das Blut von Golgatha –
Oh! ich glaube! Guter! Vater deiner Kinder!
Glaubend, glaubend tret ich deinem Throne nah.

Meine Mutter! – o mit Freudentränen
Dank ich, großer Geber, lieber Vater! dir,
Mir o mir, dem glücklichsten von tausend andern Söhnen,
Ach die beste Mutter gabst du mir.
Gott! ich falle nieder mit Entzücken,
Welches ewig keine Menschenlippe spricht,
Tränend kann ich aus dem Staube zu dir blicken –
Nimm es an, das Opfer! mehr vermag ich nicht! –

Ach als einst in unsre stille Hütte,
Furchtbarer! herab dein Todesengel kam,
Und den Jammernden, den Flehenden aus ihrer Mitte,
Ewigteurer Vater! dich uns nahm,
Als am schröcklich stillen Sterbebette
Meine Mutter sinnlos in dem Staube lag –
Wehe! noch erblick ich sie, die Jammerstätte,
Ewig schwebt vor mir der schwarze Sterbetag –

Ach! da warf ich mich zur Mutter nieder,
Heischerschluchzend blickte ich an ihr hinauf;
Plötzlich bebt' ein heil'ger Schauer durch des Knaben Glieder,
Kindlich sprach ich – *Lasten legt er auf,
Aber oh! er hilft ja auch*, der gute –
Hilft ja auch der gute, liebevolle Gott – –
Amen! amen! noch erkenn ich's! deine Rute
Schläget väterlich! du hilfst in aller Not!

Oh! so hilf, so hilf in trüben Tagen,
Guter, wie du bisher noch geholfen hast,
Vater! liebevoller Vater! hilf, o hilf ihr tragen,
Meiner Mutter – jede Lebenslast.
Daß allein sie sorgt die Elternsorgen!
Einsam jede Schritte ihres Sohnes wägt!
Für die Kinder jeden Abend, jeden Morgen –
Ach! und oft ein Tränenopfer vor dich legt!

Daß sie in so manchen trüben Stunden
Über Witwenquäler in der Stille weint!
Und dann wieder aufgerissen bluten alle Wunden,
Jede Traurerinnrung sich vereint!
Daß sie aus den schwarzen Leichenzügen
Oft so schmerzlich hin nach seinem Grabe sieht!
Da zu sein wünscht, wo die Tränen all versiegen,
Wo uns jede Sorge, jede Klage flieht.

O so hilf, so hilf in trüben Tagen,
Guter! wie du bisher noch geholfen hast!
Vater! liebevoller Vater! hilf, o hilf ihr tragen,
Sieh! sie weinet! – jede Lebenslast.
Lohn ihr einst am großen Weltenmorgen
All die Sanftmut, all die treue Sorglichkeit,
All die Kümmernisse, all die Muttersorgen,
All die Tränenopfer ihrer Einsamkeit.

Lohn ihr noch in diesem Erdenleben
Alles, alles, was die Teure für uns tat.
Oh! ich weiß es froh, du kannst, du wirst es geben,
Wirst dereinst erfüllen, was ich bat.
Laß sie einst mit himmlisch hellem Blicke,
Wann um sie die Tochter – Söhne – Enkel stehn,
Himmelan die Hände faltend, groß zurücke
Auf der Jahre schöne Strahlenreihe sehn.

Wann sie dann entflammt im Dankgebete
Mit uns in den Silberlocken vor dir kniet,
Und ein Engelschor herunter auf die heil'ge Stätte
Mit Entzücken in dem Auge sieht,
Gott! wie soll dich dann mein Lied erheben!
Halleluja! Halleluja! jauchz ich dann;
Stürm aus meiner Harfe jubelnd Leben;
Heil dem großen Geber! ruf ich himmelan.

Auch für meine Schwester laß mich flehen,
Gott! du weißt es, wie sie meine Seele liebt,
Gott! du weißt es, kennest ja die Herzen, hast gesehen,
Wie bei ihren Leiden sich mein Blick getrübt. –
Unter Rosen, wie in Dornengängen,
Leite jeden ihrer Tritte himmelan.
Laß die Leiden sie zur frommen Ruhe bringen,
Laß sie weise gehn auf heitrer Lebensbahn.

Laß sie früh das beste Teil erwählen,
Schreib ihr's tief in ihren unbefangnen Sinn,
Tief – wie schön – die Himmelsblume blüht in jungen Seelen,
Christuslieb und Gottesfurcht, wie schön!
Zeig ihr deiner Weisheit reinre Wonne,
Wie sie hehrer deiner Wetter Schauernacht,
Heller deinen Himmel, schöner deine Sonne,
Näher deinem Throne die Gestirne macht,

Wie sie in das Herz des Kämpfers Frieden,
Tränen in des bangen Dulders Auge gibt –
Wie dann keine Stürme mehr das stille Herz ermüden,
Keine Klage mehr die Seele trübt;
Wie sie frei einher geht im Getümmel,
Ihr vor keinem Spötter, keinem Hasser graut,
Wie ihr Auge, helleschimmernd, wie dein Himmel,
Schröckend dem Verführer in das Auge schaut.

Aber Gott! daß unter Frühlingskränzen
Oft das feine Laster seinen Stachel birgt –
Daß so oft die Schlange unter heitern Jugendtänzen
Wirbelt, und so schnell die Unschuld würgt –!
Schwester! Schwester! reine gute Seele!
Gottes Engel walte immer über dir!
Häng dich nicht an diese Schlangenhöhle,
Unsers Bleibens ist – Gott sei's gedankt! nicht hier.

Und mein Karl – – oh! Himmelsaugenblicke! –
O du Stunde stiller, frommer Seligkeit! –
Wohl ist mir! ich denke mich in jene Zeit zurücke –
Gott! es war doch meine schönste Zeit.
(O daß wiederkehrten diese Tage!
O daß noch so unbewölkt des Jünglings Herz,
Noch so harmlos wäre, noch so frei von Klage,
Noch so ungetrübt von ungestümem Schmerz!)

Guter Karl! – in jenen schönen Tagen
Saß ich einst mit dir am Neckarstrand.
Fröhlich sahen wir die Welle an das Ufer schlagen,
Leiteten uns Bächlein durch den Sand.
Endlich sah ich auf. Im Abendschimmer
Stand der Strom. Ein heiliges Gefühl
Bebte mir durchs Herz; und plötzlich scherzt ich nimmer,
Plötzlich stand ich ernster auf vom Knabenspiel.

Bebend lispelt ich: wir wollen beten!
Schüchtern knieten wir in dem Gebüsche hin.
Einfalt, Unschuld war's, was unsre Knabenherzen redten –
Lieber Gott! die Stunde war so schön.
Wie der leise Laut dich Abba! nannte!
Wie die Knaben sich umarmten! himmelwärts
Ihre Hände streckten! wie es brannte –
Im Gelübde, *oft zu beten* – beeder Herz!

Nun, mein Vater! höre, was ich bitte;
Ruf ihm oft ins Herz, vor deinen Thron zu gehn;
Wann der Sturm einst droht, die Woge rauscht um seine Tritte,
O so mahne ihn, zu dir zu flehn.
Wann im Kampf ihm einst die Arme sinken,
Bang nach Rettung seine Blicke um sich sehn,
Die Vernunft verirrte Wünsche lenken,
O so mahne ihn dein Geist, zu dir zu flehn.

Wenn er einst mit unverdorbner Seele
Unter Menschen irret, wo Verderber spähn,
Und ihm süßlich scheint der Pesthauch dieser Schlangenhöhle,
Oh! so mahne ihn, zu dir zu flehn.
Gott! wir gehn auf schwerem, steilem Pfade,
Tausend fallen, wo noch zehen aufrecht stehn, –
Gott! so leite ihn mit deiner Gnade,
Mahn ihn oft durch deinen Geist, zu dir zu flehn.

Oh! und sie im frommen Silberhaare,
Der so heiß der Kinder Freudenträne rinnt,
Die so groß zurückblickt auf so viele schöne Jahre,
Die so gut, so liebevoll mich Enkel nennt,
Die, o lieber Vater! deine Gnade
Führte durch so manches rauhe Distelnfeld,
Durch so manche dunkle Dornenpfade –
Die jetzt froh die Palme hofft, die sie erhält –

Laß, o laß sie lange noch genießen
Ihrer Jahre lohnende Erinnerung,
Laß uns alle jeden Augenblick ihr süßen,
Streben, so wie sie, nach Heiligung.
Ohne diese wird dich niemand sehen,
Ohne diese trifft uns dein Gericht;
Heil'ge mich! sonst muß ich draußen stehen,
Wann die Meinen schaun dein heilig Angesicht.

Ja! uns alle laß einander finden,
Wo mit Freuden ernten, die mit Tränen säen,
Wo wir mit Eloa unser Jubellied verbinden,
Ewig, ewig selig vor dir stehn.
Oh! so ende bald, du Bahn der Leiden!
Rinne eilig, rinne eilig, Pilgerzeit!
Himmel! schon empfind ich sie, die Freuden –
Deine – Wiedersehen froher Ewigkeit!


## AN STELLA

Du gute Stella! wähnest du mich beglückt,
    Wann ich im Tale still und verlassen, und
        Von dir vergessen wandle, wann in
            Flüchtigen Freuden dein Leben hinhüpft?

Schon oft, wenn meine Brüder, die Glückliche,
  So harmlos schliefen, blickt ich hinauf, und fragt
    Im Geiste, ob ich glücklich seie –
      Bin ich ein glücklicher Jüngling, Stella?

Es streut der Schöpfer seliges Lächeln oft
  In meine Tage, gibt mir der heiligen
    Empfindungen, der Freuden, recht zu
      Handeln, so viele, der gute Schöpfer:

Doch gibt es Wünsche, denen der Spötter höhnt –
  O Stella! du nicht! höhne dem Armen nicht! –
    Gibt unerfüllte Wünsche – – Tugend,
      Hehre Gefährtin! du kennst die Wünsche.

Ach laß mich weinen! – nein! ich will heiter sein!
  Ist ja ein Ort, wo nimmer gewünscht wird, wo
    Der Sterbliche sein Schicksal preiset, –
      Dort ist es, wo ich dich wiedersehe.

Und stürb ich erst mit grauem, gebeugtem Haupt
  Nach langem Sehnen, endlich erlöst zu sein,
    Und sähe dich als Pilger nimmer,
      Stella! so seh ich dich jenseits wieder.


AN DIE NACHTIGALL

Dir flüstert's leise – Nachtigall! dir allein,
  Dir, süße Tränenweckerin! sagt es nur
    Die Saite. – Stellas wehmutsvoller
      Seufzer – er raubte mein Herz – dein Kehlchen –

Es klagte – oh! es klagte – wie Stella ist's.
  Starr sah ich hin beim Seufzer, wie, als dein Lied
    Am liebevollsten schlug, am schönsten
      Aus der melodischen Kehle strömte.

Dann sah ich auf, sah bebend, ob Stellas Blick
   Mir lächle – ach! ich suche dich, Nachtigall!
      Und du verbirgst dich. – Wem, o Stella!
      Seufztest du? Sangest du mir, du süße?

Doch nein! doch nein! ich will es ja nicht, dein Lied,
   Von ferne will ich lauschen – oh! singe dann!
      Die Seele schläft – und plötzlich schlägt die
      Brust mir empor zum erhabnen Lorbeer.

O Stella! sag es! sag es! – ich bebe nicht! –
   Es tötete die Wonne, geliebt zu sein,
      Den Schwärmer. – Aber tränend will ich
      Deinen beglückten Geliebten segnen.

## AN MEINEN B.

Freund! wo über das Tal schauerlich Wald und Fels
   Herhängt, wo das Gefild leise die Erms durchschleicht,
      Und das Reh des Gebürges
      Stolz an ihrem Gestade geht –

Wo im Knabengelock heiter und unschuldsvoll
   Wen'ge Stunden mir einst lächelnd vorüberflohn –
      Dort sind Hütten des Segens,
      Freund! – du kennest die Hütten auch;

Dort am schattichten Hain wandelt Amalia.
   Segne, segne mein Lied, kränze die Harfe mir,
      Denn sie nannte den Namen,
      Den, du weißt's, des Getümmels Ohr

Nicht zu kennen verdient. Stille, der Tugend nur
   Und der Freundschaft bekannt, wandelt die Gute dort.
      Liebes Mädchen, es trübe
      Nie dein himmlisches Auge sich.

# GEDICHT,

womit bei der höchstbeglückten Ankunft
Ihro herzoglichen Durchlaucht
der Frau Herzogin von Württemberg
Franziska
in dem Kloster Maulbronn
seine untertänigste und tiefste Devotion
bezeugen
und sich Höchstdero Durchlaucht zu höchster
Huld und Gnaden untertänigst empfehlen wollte

*Joh. Christian Friedrich Hölderlin.*

Lang war's der heiße inniggefühlte Wunsch
  Des Jünglings, lange –! oft der Gedank der Stund,
    Die feurig hinwies zur Vollkommenheit –
      Wie ihm im Busen glühe die Ehrfurcht,

Dir's hinzusagen! Aber der deutscheren
  Gemütseröffnung winkte mit zärtlichem –
    Mit ihrem Mutterblick die Sittsamkeit
      Stille zu stehn – dem strömenden Danke.

Du kommst – jetzt winke gutgemeint immerhin
  Die Sittsamkeit! Die Lippe bebt nimmer mir!
    Franziska ist's, Franziska! Ha, es bebt
      Nimmer die Lippe furchtsames Stammeln!

Weh über dich, du Menschenfeind, grausamer
  Bedrücker du des Schwächeren neben dir!
    Dem's zu alltäglich ist, vom Jammerblick,
      Von dem entblößten Hungergerippe

Erweicht zu werden – Schaue die liebende
  Erhalterin, wie ringsum sie Lächeln streut!
    Schon sank der Pilger dort der Grube zu;
      Wie er so ruhig jetzt auf die Leiden

Zurückblickt! Dann du rettetest ihn, dann du,
Franziska, gossest Balsam ihm in die Wund! – –
Zu weit hab ich den Mund schon aufgetan,
Siehe, die Lippe bebt, ich verstumme. – –

Es sag's der Greis nur, welchem der Lorbeerlohn
Am glänzendsten die Stirne umfließt! Es sei
Franziska ihm der letzte Erdgedank,
Und er entsinke ruhig dem Stabe.

Und Karln die tät'ge Hände zu weihen, sei
Des Mannes erster feurigster Trieb! und dann –
Ist's auch dem Jüngling dann gegönnt, für Karln
Leb er hienieden, leise zu denken?

KLAGEN

*An Stella*

Stella! ach! wir leiden viel! wann nur das Grab –
Komme! komme, kühles Grab! nimm uns beide!
Siehe Stellas Tränen, komme,
Kühles, ruhiges Grab.

O ihr Menschen! o so gerne wollt ich euch
Alle lieben, warm und treu! o ihr Menschen,
Sehet, diese Stella haßt ihr!
Gott vergebe es euch!

Reißt sie nur hinweg von mir! Quäler! ihr!
Ich will schweigen – Gott – Gott wird reden.
Lebe wohl – ich sterbe bald – O
Stella! Stella, vergiß mich.

Viele Wonnenaugenblicke gabst du mir –
Vater, Vater! bebt ich oft auf zum Ew'gen,
Sieh, ich liebe sie so rein, dein Auge,
Vater, sieht ja mein Herz.

Stella! weinen werd ich bis ans Grab um dich,
Weinen, Stella, du um mich – weinen! aber
Am Gerichtstag will ich's sagen
Vorm versammelten Erdkreis:

Diese sind's, die Stella quälten – aber nein!
Gott im Himmel! nein! vergib diesen Quälern.
Laß mich sterben – oder tragen
Diese Leiden – mein Gott.


AN MEINE FREUNDINNEN

Mädchen! die ihr mein Herz, die ihr mein Schicksal kennt,
Und das Auge, das oft Tränen im Tale weint
In den Stunden des Elends –
Dies mein traurendes Auge seht!

In der Stille der Nacht denket an euch mein Lied,
Wo mein ewiger Gram jeglichen Stundenschlag,
Welcher näher mich bringt dem
Trauten Grabe, mit Dank begrüßt.

Aber daß ich mein Herz redlich und treu, und rein
Im Gewirre der Welt, unter den Lästerern
Treu und rein es behielt, ist
Himmelswonne dem Leidenden.

Mädchen! bleibet auch ihr redlich und rein und treu!
Gute Seelen! Vielleicht wartet auf euch ein Los,
Das dem meinigen gleicht. Dann
Stärkt im Leiden auch euch mein Trost.

MEIN VORSATZ

O Freunde! Freunde! die ihr so treu mich liebt!
  Was trübet meine einsame Blicke so?
    Was zwingt mein armes Herz in diese
      Wolkenumnachtete Totenstille?

Ich fliehe euren zärtlichen Händedruck,
  Den seelenvollen, seligen Bruderkuß.
    O zürnt mir nicht, daß ich ihn fliehe!
      Schaut mir ins Innerste! Prüft und richtet! —

Ist's heißer Durst nach Männervollkommenheit?
  Ist's leises Geizen um Hekatombenlohn?
    Ist's schwacher Schwung nach Pindars Flug? ist's
      Kämpfendes Streben nach Klopstocksgröße?

Ach Freunde! welcher Winkel der Erde kann
  Mich decken, daß ich ewig in Nacht gehüllt
    Dort weine? Ich erreich ihn nie, den
      Weltenumeilenden Flug der Großen.

Doch nein! hinan den herrlichen Ehrenpfad!
  Hinan! hinan! im glühenden kühnen Traum
    Sie zu erreichen; muß ich einst auch
      Sterbend noch stammeln: Vergeßt mich, Kinder!


AUF EINER HEIDE GESCHRIEBEN

Wohl mir! daß ich den Schwarm der Toren nimmer erblicke,
Daß jetzt unumwölkter der Blick zu den Lüften emporschaut,
Freier atmet die Brust dann in den Mauren des Elends,
Und den Winkeln des Trugs. Oh! schöne, selige Stunde!

Wie getrennte Geliebte nach langentbehrter Umarmung
In die Arme sich stürzen, so eilt ich herauf auf die Heide,
Mir ein Fest zu bereiten auf meiner einsamen Heide.
Und ich habe sie wieder gefunden, die stille Freuden
Alle wieder gefunden, und meine schattichten Eichen
Stehn noch eben so königlich da, umdämmern die Heide
Noch in alten stattlichen Reihn, die schattichten Eichen.
Jedesmal wandelt an meinen tausendjährigen Eichen
Mit entblößtem Haupt der Jäger vorüber, dann also
Heischet die ländliche Sage; denn unter den stattlichen Reihen
Schlummern schon lange gefallene Helden der eisernen Vorzeit.
Aber horch! was rauschet herauf im schwarzen Gebüsche?
Bleibe ferne! Störer des Sängers! – aber siehe,
Siehe! – wie herrlich! wie groß! ein hochgeweihetes Hirschheer
Wandelt langsam vorüber – hinab nach der Quelle des Tales. –
Oh! jetzt kenn ich mich wieder, der menschenhassende Trübsinn
Ist so ganz, so ganz aus meinem Herzen verschwunden.
Wär ich doch ewig fern von diesen Mauern des Elends,
Diesen Mauern des Trugs! – Es blinken der Riesenpaläste
Schimmernde Dächer herauf, und die Spitzen der alternden Türme
Wo so einzeln stehn die Buchen und Eichen; es tönet
Dumpf vom Tale herauf das höfische Wagengerassel
Und der Huf der prangenden Rosse – – Höflinge! bleibet,
Bleibet immerhin in eurem Wagengerassel,
Bückt euch tief auf den Narrenbühnen der Riesenpaläste,
Bleibet immerhin! – Und ihr, ihr Edlere, kommet!
Edle Greise und Männer, und edle Jünglinge, kommet!
Laßt uns Hütten baun – des echten germanischen Mannsinns
Und der Freundschaft Hütten auf meiner einsamen Heide.

## DIE GRÖSSE DER SEELE

Auf dem Gebirge steh ich, und schau umher,
　Wie alles auflebt, alles empor sich dehnt,
　　Und Hain und Flur, und Tal, und Hügel
　　　Jauchzt im erwärmenden Frühlingsstrahle.

O diese Nacht – da bebtet ihr, Schöpfungen!
　Da weckten nahe Donner die Schlummernde,
　　Da schreckten im Gefilde grause
　　　Zackichte Blitze die stille Schatten.

Und jetzt – und jetzt – so sah ich das Land noch nie –
　O weg mit aller Könige Herrlichkeit!
　　Da ist so sichtbar Gottes Tempel;
　　　Gottes geheiligter, liebster Tempel – –

Denn – o ihr Himmel! Adams Geschlechte sind's,
　Die diese Erd im niedrigen Schoße trägt –
　　O betet an, Geschlechte Adams!
　　　Jauchzet mit Engeln, Geschlechte Adams!

O ihr seid schön, ihr herrliche Schöpfungen!
　Geschmückt mit Perlen blitzet das Blumenfeld;
　　Doch schöner ist des Menschen Seele,
　　　Wenn sie von euch sich zu Gott erhebet.

Oh, dich zu denken, die du aus Gottes Hand
　Erhaben über tausend Geschöpfe gingst,
　　In deiner Klarheit dich zu denken,
　　　Wenn du zu Gott dich erhebst, o Seele!

Ha! diese Eiche – strecket die stolze nicht
  Ihr Haupt empor, als stünde sie ewig so?
  Und nahet nicht Jehovas Donner,
    Niederzuschmettern den hehren Wipfel?

Ha! diese Felsen – blicken die stolze nicht
  Hinab ins Tal, als blieben sie ewig so?
  Jahrhunderte – und an der Stelle
    Malmet der Wandrer zu Staub das Sandkorn.

Und meine Seele – wo ist dein Stachel, Tod?
  Oh, ewig ist, die diesen Gedanken denkt,
  Oh! sie ist ewig, und empfindt in
    Himmelsentzückungen ihre Größe.

Mit grausem Zischen brauset der Sturm daher,
  Ich komme, spricht er, und das Gehölze kracht
  Und Türme wanken, Städte sinken,
    Länder zerschmettern sich, wenn ich komme.

Doch – wandelt nicht in Schweigen der Winde Dräun?
  Macht nicht ein Tag die brausende atemlos?
  Ein Tag, ein Tag, an dem ein andrer
    Sturm der Verwesten Gebeine sammelt.

Dann jauchz ich wieder, wo ist dein Stachel, Tod?
  Ja ewig, ewig, jauchz ich Erweckter dann,
  Ist meine Seele, und empfind in
    Himmelsentzückungen meine Größe.

Zum Himmel schäumt und woget der Ozean
  In seinem Grimm, der Sonnen und Monde Heer
  In seinem Grimm aus ihren Höhen
    Niederzureißen in seine Tiefen.

Was bist du, Erde? hadert der Ozean,
　　Was bist du? streck ich nicht, wie die Fittiche
　　　　Aufs Reh der Adler, meine Arme
　　　　　　Königlich über dich aus? – Was bist du,

Wenn nicht zur Sonne segnend mein Hauch sich hebt,
　　Zu tränken dich mit Regen und Morgentau?
　　　　Und wann er sich erhebt, zu nahn in
　　　　　　Mitternachtswolken, und kracht, und donnert;

Ha! bebst du nicht, Gebrechliche? bebst du nicht? –
　　Doch, sieh, vor jenem Tage verkriechet sich
　　　　Das Meer, und seiner Wogen keine
　　　　　　Tönt in die Jubel der Auferstehung.

Wie herrlich, Sonne! wandelst du nicht daher!
　　Dein Kommen und dein Scheiden ist Widerschein
　　　　Vom Thron des Ewigen; wie göttlich
　　　　　　Blinket dein Schimmer ins Aug der Völker.

Der Wilde gafft mit Staunen der Freude dich,
　　Dich, Strahlende, mit zitternden Wimpern an,
　　　　Blickt wieder nieder, schauet schüchtern
　　　　　　Noch einmal auf – und gerührt und ernstvoll

Beugt er die Knie, senkt zur Erde jetzt
　　Sein Haupt, und schauet schüchterner noch einmal
　　　　Zu dir, o Strahlenheldin, auf und
　　　　　　Nennet dich Gott, und erbaut dir Tempel.

Und doch, o Sonne! endet dereinst dein Lauf,
　　Verlischt an jenem Tage dein hehres Licht.
　　　　Doch wirbelst du an jenem Tage
　　　　　　Rauchend die Himmel hindurch, und schmetterst.

O du Gedanke meiner Unsterblichkeit!
　Laß mich's vollenden! Halte mich! halte mich!
　　Daß ich nicht sinke, in dem Graun der
　　　Großen Vernichtungen nicht versinke.

Wenn dies geschehn wird – fühle dich jetzt, o Mensch!
　Dann kannst du jauchzen: Wo ist dein Stachel, Tod?
　　Dann ewig ist sie – o durchströmt mich,
　　　Wonnen des Himmels! des Menschen Seele.

O Seele! Seele! Funke des Ewigen!
　Wer denkt dich aus? daß, wann du, Unsterbliche,
　　An Gott denkst, mir im Auge blinkt des
　　　Denkens Erhabenheit – daß du, Seele!

Wann auf die Flur das sterbliche Auge blickt,
　So süß, so himmlisch dann dich in mir erhebst –
　　Wer sah, was Geist an Körper bindet, wer
　　　Lauschte die Sprache der Seele mit den

Verwesungen? – O Funke des Ewigen!
　Du bist so herrlich, wann du von Erdentand
　　Und Menschendruck entlediget in
　　　Großen Momenten zu deinem Urstoff

Empor dich schwingst. Wie Schimmer Eloas Haupt
　Umschwebt der Umkreis deiner Gedanken dich,
　　Wie Edens goldne Ströme reihen
　　　Deine Betrachtungen sich zusammen.

Und oh! wie wird's einst werden, wann Erdentand
　Und Menschendruck auf ewig verschwunden ist,
　　Wann ich am Throne meines Gottes
　　　Bin, und die Klarheit des Höchsten schaue.

Und weg ihr Zweifel! quälendes Seelengift!
  Hinweg! der Seele Jubel ist Ewigkeit! –
    Und ist er's nicht, so mag noch heute
      Tod und Verderben des Lebens Schranken

Zu Grunde trümmern, Tausende so zum Scherz
  Der Wütrich würgen – würgt er sein Wild ja auch –
    Und würgt er schnell, so dankt's ihm, Menschen!
      Daß der gewissen Vernichtung Grauen

Nicht Jahre lang euch töten; so mag der Sohn
  In seinem Elend Vater- und Mutterherz
    Durchbohren, mag ums Brot die Armut
      Morden und sengen, mag das Mitleid

Zu Tigern fliehn, zu Schlangen Gerechtigkeit,
  Und Kannibalenrache des Kindes Brust
    Entflammen, und Banditentrug im
      Himmelsgewande der Tugend wohnen.

Doch nein! der Seele Jubel ist Ewigkeit!
  Mein Gott verheißt's, ihr Jubel ist Ewigkeit!
    Ich glaube meinem Gott und schau in
      Himmelsentzückungen meine Größe.

Jehova ist sein Name, von Ewigkeit
  Zu Ewigkeit die Herrschaft des Königes.
    Vernichtung trifft die Seele nicht, dann
      Ewig ist, ewig des Königs Herrschaft.

So jauchzt ihn nach, ihr Menschengeschlechte! nach,
  Myriaden Seelen singet den Jubel nach –
    Ich glaube meinem Gott, und schau in
      Himmelsentzückungen meine Größe.

## DIE UNSTERBLICHKEIT DER SEELE

Da steh ich auf dem Hügel, und schau umher,
Wie alles auflebt, alles empor sich dehnt,
   Und Hain und Flur, und Tal, und Hügel
     Jauchzet im herrlichen Morgenstrahle.

O diese Nacht – da bebtet ihr, Schöpfungen!
   Da weckten nahe Donner die Schlummernde,
     Da schreckten im Gefilde grause
       Zackichte Blitze die stille Schatten.

Jetzt jauchzt die Erde, feiert im Perlenschmuck
   Den Sieg des Tages über das Graun der Nacht –
     Doch freut sich meine Seele schöner;
       Denn sie besiegt der Vernichtung Grauen.

Denn – o ihr Himmel! Adams Geschlechte sind's,
   Die diese Erd im niedrigen Schoße trägt –
     O betet an, Geschlechte Adams!
       Jauchzet mit Engeln, Geschlechte Adams!

O ihr seid schön, ihr herrliche Schöpfungen!
   Geschmückt mit Perlen blitzet das Blumenfeld;
     Doch schöner ist des Menschen Seele,
       Wenn sie von euch sich zu Gott erhebet.

Oh, dich zu denken, die du aus Gottes Hand
   Erhaben über tausend Geschöpfe gingst,
     In deiner Klarheit dich zu denken,
       Wenn du zu Gott dich erhebst, o Seele!

Ha! diese Eiche – strecket die stolze nicht
   Ihr Haupt empor, als stünde sie ewig so?
      Und drohte nicht Jehovas Donner,
         Niederzuschmettern die stolze Eiche?

Ha! diese Felsen – blicken die stolze nicht
   Hinab ins Tal, als blieben sie ewig so?
      Jahrhunderte – und an der Stelle
         Malmet der Wandrer zu Staub das Sandkorn.

Und meine Seele – wo ist dein Stachel, Tod?
   O beugt euch, Felsen! neiget euch ehrfurchtsvoll,
      Ihr stolze Eichen! – hört's und beugt euch!
         Ewig ist, ewig des Menschen Seele.

Mit grausem Zischen brauset der Sturm daher,
   Ich komme, spricht er, und das Gehölze kracht
      Und Türme wanken, Städte sinken,
         Länder zerschmettern, wenn ich ergrimme.

Doch – wandelt nicht in Schweigen der Winde Dräun?
   Macht nicht ein Tag die brausende atemlos?
      Ein Tag, ein Tag, an dem ein andrer
         Sturm der Verwesten Gebeine sammelt.

Zum Himmel schäumt und woget der Ozean
   In seinem Grimm, der Sonnen und Monde Heer
      Herab aus ihren Höhn, die stolze,
         Niederzureißen in seine Tiefen.

Was bist du, Erde? hadert der Ozean,
   Was bist du? streck ich nicht, wie die Fittiche
      Aufs Reh der Adler, meine Arme
         Über die Schwächliche aus? – Was bist du,

Wenn nicht zur Sonne segnend mein Hauch sich hebt,
Zu tränken dich mit Regen und Morgentau?
   Und wann er sich erhebt, zu nahn in
     Mitternachtswolken, zu nahn mit Donnern,

Ha! bebst du nicht, Gebrechliche? bebst du nicht? –
Und doch! vor jenem Tage verkriechet sich
   Das Meer, und seiner Wogen keine
     Tönt in die Jubel der Auferstehung.

Wie herrlich, Sonne! wandelst du nicht daher!
Dein Kommen und dein Scheiden ist Widerschein
   Vom Thron des Ewigen; wie göttlich
     Blickst du herab auf die Menschenkinder.

Der Wilde gafft mit zitternden Wimpern dich,
O Heldin, an, von heiligen Ahndungen
   Durchbebt, verhüllt er schnell sein Haupt und
     Nennet dich Gott, und erbaut dir Tempel.

Und doch, o Sonne! endet dereinst dein Lauf,
Verlischt an jenem Tage dein hehres Licht.
   Doch wirbelt sie an jenem Tage
     Rauchend die Himmel hindurch, und schmettert.

O du Entzücken meiner Unsterblichkeit!
O kehre du Entzücken! du stärkest mich!
   Daß ich nicht sinke, in dem Graun der
     Großen Vernichtungen nicht versinke.

Wenn all dies anhebt – fühle dich ganz, o Mensch!
Da wirst du jauchzen: Wo ist dein Stachel, Tod?
   Dann ewig ist sie – tönt es nach, ihr
     Harfen des Himmels, des Menschen Seele.

O Seele! jetzt schon bist du so wundervoll!
  Wer denkt dich aus? daß, wann du zu Gott dich nahst,
    Erhabne, mir im Auge blinket
      Deine Erhabenheit – daß du, Seele!

Wann auf die Flur das irdische Auge blickt,
  So süß, so himmlisch dann dich in mir erhebst –
    Wer sah, was Geist an Körper bindt, wer
      Lauschte die Sprache der Seele mit den

Verwesungen? – O Seele, schon jetzt bist du
  So groß, so himmlisch, wann du von Erdentand
    Und Menschendruck entlediget in
      Großen Momenten zu deinem Urstoff

Empor dich schwingst. Wie Schimmer Eloas Haupt
  Umschwebt der Umkreis deiner Gedanken dich,
    Wie Edens goldne Ströme reihen
      Deine Betrachtungen sich zusammen.

Und oh! wie wird's einst werden, wann Erdentand
  Und Menschendruck auf ewig verschwunden ist,
    Wann ich an Gottes – Gottes Throne
      Bin, und die Klarheit des Höchsten schaue.

Und weg ihr Zweifel! quälendes Seelengift!
  Hinweg! der Seele Jubel ist Ewigkeit! –
    Und ist er's nicht, so mag noch heute
      Tod und Verderben des Lebens große

Gesetze niedertrümmern, so mag der Sohn
  In seinem Elend Vater- und Mutterherz
    Durchbohren, mag ums Brot die Armut
      Tempel bestehlen, so mag das Mitleid

Zu Tigern fliehn, zu Schlangen Gerechtigkeit,
Und Kannibalenrache des Kindes Brust
Entflammen, und Banditentrug im
Himmelsgewande der Unschuld wohnen.

Doch nein! der Seele Jubel ist Ewigkeit!
Jehova sprach's! ihr Jubel ist Ewigkeit!
Sein Wort ist ewig, wie sein Name,
Ewig ist, ewig des Menschen Seele.

So singt ihn nach, ihr Menschengeschlechte! nach,
Myriaden Seelen singet den Jubel nach –
Ich glaube meinem Gott, und schau in
Himmelsentzückungen meine Größe.


DER LORBEER

Dank dir! aus dem schnadernden Gedränge
Nahmst du mich, Vertraute! Einsamkeit!
Daß ich glühend von dem Lorbeer singe,
Dem so einzig sich mein Herz geweiht.

Euch zu folgen, Große! – Werd ich's können?
Wird's einst stärker, eures Jünglings Lied?
Soll ich in die Bahn, zum Ziel zu rennen,
Dem dies Auge so entgegenglüht?

Wann ein Klopstock in des Tempels Halle
Seinem Gott das Flammenopfer bringt
Und in seiner Psalmen Jubelschalle
Himmelan sich seine Seele schwingt –

Wann mein Young in dunkeln Einsamkeiten
Rings versammelnd seine Tote wacht,
Himmlischer zu stimmen seine Saiten
Für Begeistrungen der Mitternacht – –

Ha! der Wonne! ferne nur zu stehen,
Lauschend ihres Liedes Flammenguß,
Ihres Geistes Schöpfungen zu sehen,
Wahrlich! es ist Himmelsvorgenuß.

Nein! ich wollte nichts auf dieser Erden!
Dulden all der Welt Verfolgungen,
Jedes Drangsal, jegliche Beschwerden,
All des Neiders bittre Schmähungen – –

Lieber Gott! wie oft ich Schwacher dachte,
Wie ich's tröstete, das arme Herz,
Wenn ich Nächte kummervoll durchwachte,
O so oft, so oft in meinem Schmerz,

Wann der Stolz verächtlich niederschaute,
Wann der Eitle meiner spottete,
Dem vor meinen Sittensprüchen graute,
Wenn oft selbst – mich floh – der Edlere;

O vielleicht, daß diese Bitterkeiten –
Dacht ich – stärker bilden deinen Geist!
Daß die Stille höher deine Saiten
Stimmt, zu männlichem Gesang dich reißt!

Aber still! Die goldne Bubenträume
Hört in ihrer Nacht die Zukunft nicht –
Schon so manche Früchte schöner Keime
Logen grausam mir ins Angesicht.

## DIE EHRSUCHT

Großer Name! – Millionen Herzen
Lockt ins Elend der Sirenenton,
Tausend Schwächen wimmern, tausend Schmerzen
Um der Ehrsucht eitlen Flitterthron.

Seine schwarze, blutbefleckte Hände
Dünken dem Erobrer göttlichschön –
Schwache morden scheint ihm keine Sünde,
Und er jauchzt auf seine Trümmer hin.

Um wie Könige zu prahlen, schänden
Kleinre Wütriche ihr armes Land;
Und um feile Ordensbänder wenden
Räte sich das Ruder aus der Hand.

Pfaffen spiegeln um Apostelehre
Ihren Narren schwarze Wunder vor;
Um Mariasehre krächzen Nonnenchöre
Wahnsinn zum Marienbild empor.

Graue Sünder donnern, ihre Blöße
Wegzudonnern, rauh die Unschuld an;
Gott zu leugnen, hält so oft für Größe,
Hält für Größe noch so oft – ein Mann.

Göttin in des Buben Mund zu heißen,
Gibt das Mädchen ihren Reiz zum Sold;
Mitzurasen in Verführerkreisen,
Wird der Bube früh ein Trunkenbold.

Doch es sträubet sich des Jünglings Rechte,
Länger sing ich von den Toren nicht.
Wisse! schwaches, niedriges Geschlechte!
Nahe steht der Narr am Bösewicht.

## DIE DEMUT

Hört, größre, edlere der Schwabensöhne!
Die ihr vor keinem Dominiksgesicht
Euch krümmet, welchen keine Dirnenträne
Das winzige, geschwächte Herzchen bricht.

Hört, größre, edlere der Schwabensöhne!
In welchen noch das Kleinod Freiheit pocht,
Die ihr euch keines reichen Ahnherrn Miene,
Und keiner Fürstenlaune unterjocht.

Geschlecht von oben! Vaterlandeskronen!
Nur euch bewahre Gott vor Übermut!
Oh! Brüder! der Gedanke soll uns lohnen,
In Hermann brauste kein Despotenblut.

Beweinenswürdig ist des Stolzen Ende,
Wann er die Grube seiner Größe gräbt,
Doch fürchterlich sind seine Henkershände,
Wann er sich glücklich über andre hebt.

Viel sind und schön des stillen Mannes Freuden,
Und stürmten auch auf ihn der Leiden viel,
Er blickt gen Himmel unter seinen Leiden,
Beneidet nie des Lachers Possenspiel.

Sein feurigster, sein erster Wunsch auf Erden
Ist, allen, allen Menschen nützlich sein,
Und wann sie froh durch seine Taten werden,
Dann will der edle ihres Danks sich freun.

Oh! Demut, Demut! laß uns all dich lieben,
Du bist's, die uns zu einem Bund vereint,
In welchem gute Herzen nie sich trüben,
In welchem nie bedrängte Unschuld weint.

Drum größre, edlere der Schwabensöhne!
Laßt Demut, Demut euer erstes sein,
Wie sehr das Herz nach Außenglanz sich sehne,
Laßt Demut, Demut euer erstes sein.

Vor allen, welchen Gott ein Herz gegeben,
Das groß und königlich, und feurig ist,
Die in Gefahren nur vor Freude beben,
Für Tugend selbst auf einem Blutgerüst,

Vor allen, allen, solche Schwabensöhne,
O solche, Demut, solche führe du
Aus jeder bäurischstolzen Narrenbühne
Den stillen Reihen jenes Bundes zu.


DIE STILLE

Die du schon mein Knabenherz entzücktest,
Welcher schon die Knabenträne floß,
Die du früh dem Lärm der Toren mich entrücktest,
Besser mich zu bilden, nahmst in Mutterschoß,

Dein, du Sanfte! Freundin aller Lieben!
Dein, du Immertreue! sei mein Lied!
Treu bist du in Sturm und Sonnenschein geblieben,
Bleibst mir treu, wenn einst mich alles, alles flieht.

Jene Ruhe – jene Himmelswonne –
O ich wußte nicht, wie mir geschah,
Wann so oft in stiller Pracht die Abendsonne
Durch den dunklen Wald zu mir heruntersah –

Du, o du nur hattest ausgegossen
Jene Ruhe in des Knaben Sinn,
Jene Himmelswonne ist aus dir geflossen,
Hehre Stille! holde Freudengeberin!

Dein war sie, die Träne, die im Haine
Auf den abgepflückten Erdbeerstrauß
Mir entfiel – mit dir ging ich im Mondenscheine
Dann zurück ins liebe elterliche Haus.

Fernher sah ich schon die Kerzen flimmern,
Schon war's Suppenzeit – ich eilte nicht!
Spähte stillen Lächelns nach des Kirchhofs Wimmern,
Nach dem dreigefüßten Roß am Hochgericht.

War ich endlich staubicht angekommen,
Teilt ich erst den welken Erdbeerstrauß,
Rühmend, wie mit saurer Müh ich ihn bekommen,
Unter meine dankende Geschwister aus,

Nahm dann eilig, was vom Abendessen
An Kartoffeln mir noch übrig war,
Schlich mich in der Stille, wann ich satt gegessen,
Weg von meinem lustigen Geschwisterpaar.

Oh! in meines kleinen Stübchens Stille
War mir dann so über alles wohl,
Wie im Tempel, war mir's in der Nächte Hülle,
Wann so einsam von dem Turm die Glocke scholl.

Alles schwieg, und schlief, ich wacht alleine;
Endlich wiegte mich die Stille ein,
Und von meinem dunklen Erdbeerhaine
Träumt ich, und vom Gang im stillen Mondenschein.

Als ich weggerissen von den Meinen
Aus dem lieben elterlichen Haus
Unter Fremde irrte, wo ich nimmer weinen
Durfte, in das bunte Weltgewirr hinaus,

O wie pflegtest du den armen Jungen,
Teure, so mit Mutterzärtlichkeit,
Wann er sich im Weltgewirre müdgerungen,
In der lieben, wehmutsvollen Einsamkeit.

Als mir nach dem wärmern, vollern Herzen
Feuriger itzt stürzte Jünglingsblut,
Oh! wie schweigtest du oft ungestüme Schmerzen,
Stärktest du den Schwachen oft mit neuem Mut.

Jetzt belausch ich oft in deiner Hütte
Meinen Schlachtenstürmer Ossian,
Schwebe oft in schimmernder Seraphen Mitte
Mit dem Sänger Gottes, Klopstock, himmelan.

Gott! und wann durch stille Schattenhecken
Mir mein Mädchen in die Arme fliegt
Und die Hasel, ihre Liebenden zu decken,
Sorglich ihre grüne Zweige um uns schmiegt –

Wann im ganzen segensvollen Tale
Alles dann so stille, stille ist,
Und die Freudenträne, hell im Abendstrahle,
Schweigend mir mein Mädchen von der Wange
    wischt –

Oder wann in friedlichen Gefilden
Mir mein Herzensfreund zur Seite geht,
Und mich ganz dem edlen Jüngling nachzubilden,
Einzig vor der Seele der Gedanke steht –

Und wir bei den kleinen Kümmernissen
Uns so sorglich in die Augen sehn,
Wann so sparsam öfters, und so abgerissen
Uns die Worte von der ernsten Lippe gehn.

Schön, o schön sind sie! die stille Freuden,
Die der Toren wilder Lärm nicht kennt,
Schöner noch die stille gottergebne Leiden,
Wann die fromme Träne von dem Auge rinnt.

Drum, wenn Stürme einst den Mann umgeben,
Nimmer ihn der Jugendsinn belebt,
Schwarze Unglückswolken drohend ihn umschweben,
Ihm die Sorge Furchen in die Stirne gräbt,

O so reiße ihn aus dem Getümmel,
Hülle ihn in deine Schatten ein,
Oh! in deinen Schatten, Teure! wohnt der Himmel,
Ruhig wird's bei ihnen unter Stürmen sein.

Und wann einst nach tausend trüben Stunden
Sich mein graues Haupt zur Erde neigt
Und das Herz sich mattgekämpft an tausend Wunden
Und des Lebens Last den schwachen Nacken beugt:

O so leite mich mit deinem Stabe –
Harren will ich auf ihn hingebeugt,
Bis in dem willkommnen, ruhevollen Grabe
Aller Sturm, und aller Lärm der Toren schweigt.


## SCHWÄRMEREI

Freunde! Freunde! wenn er heute käme,
Heute mich aus unserm Bunde nähme,
Jener letzte große Augenblick –
Wann der frohe Puls so plötzlich stünde
Und verworren Freundesstimme tönte
Und, ein Nebel, mich umschwebte Erdenglück.

Ha! so plötzlich Lebewohl zu sagen
All den lieben schöndurchlebten Tagen –
Doch – ich glaube – nein! ich bebte nicht!
„Freunde! spräch ich, dort auf jenen Höhen
Werden wir uns alle wiedersehen,
Freunde! wo ein schönrer Tag die Wolken bricht.

Aber Stella! fern ist deine Hütte,
Nahe rauschen schon des Würgers Tritte –
Stella! meine Stella! weine nicht!
Nur noch einmal möcht ich sie umarmen,
Sterben dann in meiner Stella Armen,
Eile, Stella! eile, eh das Auge bricht.

Aber ferne, ferne deine Hütte,
Nahe rauschen schon des Würgers Tritte –
Freunde! bringet meine Lieder ihr.
Lieber Gott! ein großer Mann zu werden,
War so oft mein Wunsch, mein Traum auf Erden,
Aber – Brüder – größre Rollen winken mir.

Traurt ihr, Brüder! daß so weggeschwunden
All der Zukunft schöngeträumte Stunden,
Alle, alle meine Hoffnungen!
Daß die Erde meinen Leichnam decket,
Eh ich mir ein Denkmal aufgestecket,
Und der Enkel nimmer denkt des Schlummernden.

Daß er kalt an meinem Leichensteine
Stehet, und des Modernden Gebeine
Keines Jünglings stiller Segen grüßt,
Daß auf meines Grabes Rosenhecken,
Auf den Lilien, die den Moder decken,
Keines Mädchens herzergoßne Träne fließt.

Daß von Männern, die vorüberwallen,
Nicht die Worte in die Gruft erschallen:
Jüngling! du entschlummertest zu früh!
Daß den Kleinen keine Silbergreise
Sagen an dem Ziel der Lebensreise:
Kinder! mein und jenes Grab vergesset nie!

Daß sie mir so grausam weggeschwunden,
All der Zukunft langersehnte Stunden,
All der frohen Hoffnung Seligkeit,
Daß die schönste Träume dieser Erden
Hin sind, ewig niemals wahr zu werden,
Hin die Träume von Unsterblichkeit.

Aber weg! in diesem toten Herzen
Bluten meiner armen Stella Schmerzen,
Folge! folge mir, Verlassene!
Wie du starr an meinem Grabe stehest
Und um Tod, um Tod zum Himmel flehest!
Stella! komm! es harret dein der Schlummernde.

O an deiner Seite! o so ende,
Jammerstand! vielleicht, daß unsre Hände
Die Verwesung ineinander legt!
Da wo keine schwarze Neider spähen,
Da wo keine Splitterrichter schmähen,
Träumen wir vielleicht, bis die Posaun uns weckt.

Sprechen wird an unserm Leichensteine
Dann der Jüngling: Schlummernde Gebeine!
Liebe Tote! schön war euer Los!
Hand in Hand entfloht ihr eurem Kummer,
Heilig ist der Langverfolgten Schlummer
In der kühlen Erde mütterlichem Schoß.

Und mit Lilien und mit Rosenhecken
Wird das Mädchen unsern Hügel decken,
Ahndungsvoll an unsern Gräbern stehn,
Zu den Schlummernden hinab sich denken,
Mit gefaltnen Händen niedersinken,
Und um dieser Toten Los zum Himmel flehn.

Und von Vätern, die vorüberwallen,
Wird der Segen über uns erschallen:
Ruhet wohl! ihr seid der Ruhe wert!
Gott! wie mag's im Tod den Vätern bangen,
Die ein Kind in Quälerhände zwangen,
Ruhet wohl! ihr habt uns Zärtlichkeit gelehrt."

DER KAMPF DER LEIDENSCHAFT

Ras ich ewig? noch nicht ausgestritten
Ist der heiße Streit der Leidenschaft?
Hab ich Armer nicht genug gelitten?
Sie ist hin – ist hin – des Kämpfers Kraft.
Engelsauge! immer um mich schweben –
O warum? warum? du liebe Grausame!
Schone! schone! sieh! dies schwache Beben!
Weibertränen weint der Überwundene.

Weibertränen weinen? Weibertränen?
Wirklich? wein ich wirklich, Zauberin?
Und dies Klopfen, dieses bange Sehnen,
Ist's um Luzias Umarmungen?
Nein! ich kann nicht! will nicht! diese Tränen
Stieß der Zorn ins Auge, sie vergoß der Grimm;
Oh! mich schmelzen keine Mädchenmienen,
Nur der Freiheit brauste dieses Ungestüm.

Aber wie? dein Stolz hat sich betrogen,
Siehe! Lügen straft die Liebe mich;

Männergröße hat dein Herz gelogen,
Und im schwachen Kampf verkennst du dich.
Stolz verschmähst du alle Mädchenherzen,
Weil dir Luzia ihr großes Herz nicht gibt,
Kindisch heuchelst du verbißne Schmerzen,
Armer Heuchler! weil dich Luzia nicht liebt.

Weh! sie kann, sie kann mich nimmer lieben,
Mir geraubt durch ein tyrannisch Joch,
Nur die Wunde noch ist mir geblieben,
Fühlst du's? Fühlst du's? Weib! die Wunde noch.
Ha! ein Abgrund droht vor meinen Sinnen –
Laß mich! laß mich! todesvolle Leidenschaft!
Höllenflamme? willt du ewig brennen?
Schone! schone! sie ist hin, des Kämpfers Kraft.

HERO

Lange schlummern ruhig all die Meinen,
Stille atmet durch die Mitternacht;
Auf dann! Hero! auf und laß das Weinen!
Dank euch, Götter! Heros Mut erwacht.
Fort ans Meer! ans Meer! es schäume die Welle,
Brause der Sturm mir immer ins Angesicht!
Fort ans Meer! ohn ihn ist alles Hölle –
Liebe ängstet mich Arme – Sturm und Welle nicht.

Ruhig will ich da hinüberlauschen,
Wo sein Hüttchen über Felsen hängt,
Rufen will ich's in der Woge Rauschen,
Wie sein Zaudern seine Hero kränkt.
Ha! da wird er sich mutig von seinem Gestade
Stürzen, Posidaons Kraft ihm Liebe verleihn,
Lieb ihn leiten des Meeres furchtbare Pfade,
Götter! wie wird – wie wird uns wieder sein?
*(Sie kommt ans Meer.)*

Aber Himmel! – wie hoch die Wogen schäumen!
So hätt ich den Sturm mir nicht gedacht.
Weh! wie sie dräuend gegen mein Ufer sich bäumen!
Stärkt mich, Götter, in dieser ernsten Nacht! –
Nein! mir banget nicht um Tod und Leben –
Tod und Leben, wie das Schicksal will!
Liebe besieget die Schrecken, die um mich schweben,
Schlangengezisch, und Skorpionen, und Löwengebrüll.

Jüngling! sieben solcher Schreckennächte
Harr ich deiner, zager Jüngling, schon,
Wenn mein Jüngling meiner Angst gedächte,
Oh! er spräch Orkanen und Wogen Hohn.
Oder hätt er den furchtbaren Eid gebrochen,
Spottet er meiner im Arm der Buhlerin –
Ha! so bin ich so leicht, so schön gerochen,
Leicht und schön gerochen – ich sterbe hier um ihn.

Aber weg von mir! du Donnergedanke!
Weg, das flüsterte mir die Hölle zu,
Daß mein Jüngling, mein Leander, wanke,
Nein! Geliebter! bleibe, bleibe du!
Wann ich dich in diesen Wogen dächte,
Deinen Pfad so schröcklich ungewiß,
Nein! ich will einsam durchirren die Schreckennächte,
Dein zu harren, Geliebter, ist ja schon so süß.

Aber horch! – o Himmel! – diese Töne –
Wahrlich! es waren des Sturmes Töne nicht –
Bist du's? – oder spielt die Narrenszene
Täuschend mit mir ein grausames Traumgesicht?
Götter! da ruft es ja wieder Hero! herüber,
Flüstert ja wieder die Stimme der Liebe mir her –
Auf! zu ihm, zu ihm in die Wogen hinüber,
Wenn er ermattete – auf! dem Geliebten entgegen ins
    Meer.

Sieh! wie im Tanze, stürz ich zu dir vom Gestade,
Liebe soll mir Posidaons Kraft verleihn,
Liebe mich leiten des Meeres furchtbare Pfade –
Götter! Götter! wie wird uns wieder sein!
Kämpfend über den Wogen will ich ihn drücken,
Drücken an Brust und Lippe mit Todesgefahr,
Ha! und sink ich, so träumet mein Entzücken
Noch im Abgrund fort, wie schön die Stunde war.

Aber Götter! was seh ich? meinem Gestade
Schon so nahe? – Gesiegt! mein Held hat gesiegt!
Siehe! er schwebet verachtend die furchtbare Pfade
Mutig einher, vom Meere gefällig gewiegt.
*(Freudig.)* Ha! er soll mich suchen – da will ich lauschen
Hinter diesem Felsen – *(Leise.)* Götter! wie schön!
Wie die weiße Arme durch die Welle rauschen,
Ach! so sehnend, so strebend nach Heros Ufer hin.

Aber Grauen des Orkus! Sterbegewimmer!
Grauen des Orkus! dort dem Felsen zu!
Wie? – so kenn ich diese Totentrümmer!
Wehe! wehe, also siegtest du? –
Aber weg! ihr höllische Schreckengesichte!
Täuschende Furien! weg! er ist es nicht!
So zerschmettern nicht der Götter Gerichte –
*(Sie hält ihre Leuchte über den Toten hin.)*
Aber dieses Lächeln auf dem Totengesicht –

Kennst du's? Hero! kennst du's? – Nimmer, nimmer
Spricht das tote Lächeln Liebe dir – *(Sie weint heftig.)*
Engelsauge! so ist erloschen dein Schimmer –
Blicktest einst so heiße Liebe mir.
Jüngling! erwecken dich nicht der Geliebten Tränen?
Nicht die blutige Umarmungen?
Jüngling! Jüngling! diese Todesmienen –
Wehe! sie töten mich! wehe! diese Zuckungen.

Und er dacht in seiner Todesstunde,
In der Kämpfe furchtbarstem noch dein –
Hero! stammelt' er noch mit sterbendem Munde –
Und so schröcklich muß sein Ende sein?
Ha! und diese Liebe überleben –
Ohne diesen Toten in der Welt –
Weg! vor dem wird Hero nicht erbeben,
Der zu diesem Toten die Einsame gesellt.

Wenig kurze schröckende Sekunden –
Und du sinkst an deines Jünglings Brust,
Und du hast ihn auf ewig wiedergefunden,
Ewig umlächelt von hoher Elysiumslust – –
*(Pause.)*
Ha! ich habe gesiegt! an des Orkus Pforte
Anzuklopfen – nein! ich bin nicht zu schwach!
Hero! Hero! rief er, Götterworte!
Stärkt mich! stärkt durchs Dunkle mich! ich folge nach.


## DIE TECK

Ah! so hab ich noch die Traubenhügel erstiegen,
Ehe der leuchtende Strahl an der güldenen Ferne hinabsinkt.
Und wie wohl ist mir! Ich streck im stolzen Gefühle –
Als umschlänge mein Arm das Unendliche – auf zu den Wolken
Meine gefaltete Hände, zu danken im edlen Gefühle,
Daß er ein Herz mir gab, dem Schaffer der edlen Gefühle.
Mich mit den Frohen zu freuen, zu schauen den herbstlichen Jubel
Wie sie die köstliche Traube mit heiterstaunendem Blicke
Über sich halten, und lange noch zaudern, die glänzende Beere
In des Kelterers Händen zu geben – wie der gerührte
Silberlockichte Greis an der abgeernteten Rebe
Königlich froh zum herbstlichen Mahle sich setzt mit den Kleinen
Oh! und zu ihnen spricht aus der Fülle des dankenden Herzens:
Kinder! am Segen des Herrn ist alles, alles gelegen – –

Mich mit den Frohen zu freuen, zu schauen den herbstlichen Jubel,
War ich herauf von den Hütten der gastlichen Freundschaft gegangen.
Aber siehe! allmächtig reißen mich hin in ernste Bewundrung
Gegenüber die waldichte Riesengebirge. – Laß mich vergessen,
Laß mich deine Lust, du falbichte Rebe, vergessen,
Daß ich mit voller Seele sie schaue, die Riesengebirge!
Ha! wie jenes so königlich über die Brüder emporragt!
Teck ist sein Name. Da klangen einst Harnische, Schwerter ertönten
Zwischen den moosichten Mauren der Fürsten und blinkende Helme.
Eisern waren und groß und bieder seine Bewohner.
Mit dem kommenden Tag stand über den moosichten Mauren
In der ehernen Rüstung der Fürst, sein Gebirge zu schauen.
Mein dies Riesengebirge – so stolz – so königlich herrlich –?
Sprach er mit ernsterer Stirne, mit hohem, denkendem Auge –
Mein die trotzende Felsen? die tausendjährige Eichen?
Ha! und ich? – und ich? – bald wäre mein Harnisch gerostet,
Oh! der Schande! mein Harnisch gerostet in diesem Gebirge.
Aber ich schwör – ich schwör, ich meide mein Riesengebirge,
Fliehe mein Weib, verlasse das blaue redliche Auge,
Bis ich dreimal gesiegt im Kampfe des Bluts und der Ehre.
Trage mich mein Roß zu deutscher stattlicher Fehde
Oder wider der Christenfeinde wütende Säbel –
Bis ich dreimal gesiegt, verlaß ich das stolze Gebirge.
Unerträglich! stärker als ich, die trotzende Felsen,
Ewiger, als mein Name, die tausendjährige Eichen!
Bis ich dreimal gesiegt, verlaß ich das stolze Gebirge.
Und er ging und schlug, der feurige Fürst des Gebirges.
Ja! so erheben die Seele, so reißen sie hin in Bewundrung,
Diese felsichte Mitternachtswälder, so allerschütternd
Ist sie, die Stunde, da ganz es fühlen, dem Herzen vergönnt ist. –
Bringet ihn her, den frechen Spötter der heilsamen Wahrheit,
Oh! und kommet die Stunde, wie wird er staunen, und sprechen:
Wahrlich! ein Gott, ein Gott hat dieses Gebirge geschaffen.
Bringet sie her, des Auslands häßlich gekünstelte Affen,
Bringet sie her, die hirnlos hüpfende Puppen, zu schauen
Dieses Riesengebirge so einfach schön, so erhaben;

O und kommet die Stunde, wie werden die Knaben erröten,
Daß sie Gottes herrlichstes Werk so elend verzerren. –
Bringet sie her, der deutschen Biedersitte Verächter,
Übernachtet mit ihnen, wo Moder und Disteln die graue
Trümmer der fürstlichen Mauern, der stolzen Pforten bedecken,
Wo der Eule Geheul, und des Uhus Totengewimmer
Ihnen entgegenruft aus schwarzen, sumpfichten Höhlen.
Wehe! wehe! so flüstern im Sturme die Geister der Vorzeit,
Ausgetilget aus Suevia redliche biedere Sitte!
Ritterwort, und Rittergruß, und traulicher Handschlag! –
Laßt euch mahnen, Suevias Söhne! Die Trümmer der Vorzeit!
Laßt sie euch mahnen! Einst standen sie hoch, die gefallene
    Trümmer,
Aber ausgetilget ward der trauliche Handschlag,
Ausgetilget das eiserne Wort, da sanken sie gerne,
Gerne hin in den Staub, zu beweinen Suevias Söhne.
Laßt sie euch mahnen, Suevias Söhne! die Trümmer der Vorzeit!
Beben werden sie dann, der Biedersitte Verächter,
Und noch lange sie seufzen, die fallverkündende Worte –
Ausgetilget aus Suevia redliche biedere Sitte!
Aber nein! nicht ausgetilget ist biedere Sitte,
Nicht ganz ausgetilget aus Suevias friedlichen Landen – –
O mein Tal! mein Teck benachbartes Tal! – ich verlasse
Mein Gebirge, zu schauen im Tale die Hütten der Freundschaft.
Wie sie von Linden umkränzt bescheiden die rauchende
    Dächer
Aus den Fluren erheben, die Hütten der biederen Freundschaft.
O ihr, die ihr fern und nahe mich liebet, Geliebte!
Wärt ihr um mich, ich drückte so warm euch die Hände,
    Geliebte!
Jetzt, oh! jetzt über all den Lieblichkeiten des Abends.
Schellend kehren zurück von schattichten Triften die Herden,
Und fürs dritte Gras der Wiesen, im Herbste noch fruchtbar,
Schneidend geklopfet ertönt des Mähers blinkende Sense.
Traulich summen benachbarte Abendglocken zusammen,
Und es spielet der fröhliche Junge dem lauschenden Mädchen

Zwischen den Lippen mit Birnbaumblättern ein scherzendes
  Liedchen.
Hütten der Freundschaft, der Segen des Herrn sei über euch
  allen!
Aber indessen hat mein hehres Riesengebirge
Sein gepriesenes Haupt in nächtliche Nebel verhüllt,
Und ich kehre zurück in die Hütten der biederen
  Freundschaft.

### AM TAGE DER FREUNDSCHAFTSFEIER

Ihr Freunde! mein Wunsch ist, Helden zu singen,
Meiner Harfe erster Laut,
Glaubt es, ihr Freunde!
Durchschleich ich schon so stille mein Tal,
Flammt schon mein Auge nicht feuriger,
Meiner Harfe erster Laut
War Kriegergeschrei und Schlachtengetümmel.

Ich sah, Brüder! ich sah
Im Schlachtengetümmel das Roß
Auf röchelnden Leichnamen stolpern,
Und zucken am sprudelnden Rumpf
Den grausen gespaltenen Schädel,
Und blitzen und treffen das rauchende Schwert,
Und dampfen und schmettern die Donnergeschütze,
Und Reuter hin auf Lanzen gebeugt,
Mit grimmiger Miene Reuter sich stürzen
Und unbeweglich, wie eherne Mauren,
Mit furchtbarer Stille
Und todverhöhnender Ruhe
Den Reutern entgegen sich strecken die Lanzen.

Ich sah, Brüder! ich sah
Des kriegrischen Suezias eiserne Söhne
Geschlagen von Pultawas wütender Schlacht.
Kein Wehe! sprachen die Krieger,
Von den blutiggebißnen Lippen
Ertönte kein Lebewohl –
Verstummet standen sie da,
In wilder Verzweiflung da
Und blickten es an, das rauchende Schwert,
Und schwangen es höher, das rauchende Schwert,
Und zielten – und zielten –
Und stießen es sich bitterlächelnd
In die wilde brausende Brust.

Noch vieles will ich sehen,
Ha! vieles noch! vieles noch!
Noch sehen Gustavs Schwertschlag,
Noch sehen Eugenius' Siegerfaust.

Doch möcht ich, Brüder! zuvor
In euren Armen ausruhn,
Dann schweb ich wieder mutiger auf,
Zu sehen Gustavs Schwertschlag,
Zu sehen Eugenius' Siegerfaust.

Willkommen, du! –
Und du! – Willkommen!
Wir drei sind's?
Nun! so schließet die Halle.
Ihr staunt, mit Rosen bestreut
Die Tische zu sehen, und Weihrauch
Am Fenster dampfend,
Und meine Laren –
Den Schatten meiner Stella,
Und Klopstocks Bild und Wielands, –
Mit Blumen umhängt zu sehen.

Ich wollt in meiner Halle Chöre versammeln
Von singenden rosichten Mädchen
Und kränzetragenden blühenden Knaben,
Und euch empfangen mit Saitenspiel,
Und Flötenklang, und Hörnern, und Hoboen.

Doch – schwur ich nicht, ihr Freunde,
Am Mahle bei unsers Fürsten Fest,
Nur *einen* Tag mit Saitenspiel
Und Flötenklang, und Hörnern und Hoboen,
Mit Chören von singenden rosichten Mädchen,
Und kränzetragenden blühenden Knaben
Nur *einen* Tag zu feiern?

Den Tag, an dem ein Weiser
Und biedere Jünglinge,
Und deutsche Mädchen
Zu meiner Harfe sprächen:
Du tönst uns, Harfe, lieblich ins Ohr,
Und hauchst uns Edelmut,
Und hauchst uns Sanftmut in die Seele.

Aber heute, Brüder!
Oh, kommt in meine Arme!
Wir feiern das Fest
Der Freundschaft heute.

Als jüngst zum erstenmal wieder
Der Mäher des Morgens die Wiese
Entkleidete, und der Heugeruch
Jetzt wieder zum erstenmal
Durchdüftete mein Tal:

Da war es, Brüder!
O da war es!
Da schlossen wir unsern Bund,
Den schönen, seligen, ewigen Bund.

Ihr hörtet so oft mich sprechen,
Wie lang es mir werde,
Bei diesem Geschlechte zu wohnen,
Ihr sahet den Lebensmüden
In den Stunden seiner Klage so oft.

Da stürmt ich hinaus in den Sturm,
Da sah ich aus der vorüberjagenden Wolke
Die Helden der eisernen Tage herunterschaun.
Da rief ich den Namen der Helden
In des hohlen Felsen finstres Geklüft,
Und siehe! der Helden Namen
Rief ernster mir zurück
Des hohlen Felsen finstres Geklüft.

Da stolpert ich hin auf dornichten Trümmern
Und drang durchs Schlehengebüsch in den alternden
    Turm
Und lehnte mich hin an die schwärzliche Wände
Und sprach mit schwärmendem Auge an ihm hinauf:

Ihr Reste der Vorzeit!
Euch hat ein nervichter Arm gebaut,
Sonst hätte der Sturm die Wände gespalten,
Der Winter den moosichten Wipfel gebeugt;
Da sollten Greise um sich
Die Knaben und Mädchen versammlen
Und küssen die moosichte Schwelle,
Und sprechen: Seid wie eure Väter!
Aber an euren steinernen Wänden
Rauschet dorrendes Gras herab,
In euren Wölbungen hangt
Zerrißnes Spinnengewebe –
Warum, ihr Reste der Vorzeit,
Den Fäusten des Sturmes trotzen, den Zähnen des
    Winters.

O Brüder! Brüder!
Da weinte der Schwärmer blutige Tränen,
Auf die Disteln des Turmes,
Daß er vielleicht noch lange
Verweilen müsse unter diesem Geschlechte,
Da sah er all die Schande
Der weichlichen Teutonssöhne,
Und fluchte dem verderblichen Ausland,
Und fluchte den verdorbnen Affen des Auslands,
Und weinte blutige Tränen,
Daß er vielleicht noch lange
Verweilen müsse unter diesem Geschlechte.

Doch siehe, es kam
Der selige Tag –
O Brüder, in meine Arme! –
O Brüder, da schlossen wir unsern Bund,
Den schönen, seligen, ewigen Bund.

Da fand ich Herzen, –
Brüder, in meine Arme! –
Da fand ich eure Herzen.

Jetzt wohn ich gerne
Unter diesem Geschlechte,
Jetzt werde der Toren
Immer mehr! immer mehr!
Ich habe eure Herzen.

Und nun – ich dachte bei mir
An jenem Tage,
Wann zum erstenmal wieder
Des Schnitters Sichel
Durch die goldene Ähren rauscht,
So feir ich ihn, den seligen Tag.

Und nun – es rauschet zum erstenmal wieder
Des Schnitters Sichel durch die goldene Saat,
Jetzt laßt uns feiren,
Laßt uns feiren
In meiner Halle den seligen Tag.

Es warten jetzt in euren Armen
Der Freuden so viel auf mich,
O Brüder! Brüder!
Der edlen Freuden so viel.

Und hab ich dann ausgeruht
In euren Armen,
So schweb ich mutiger auf,
Zu schauen Gustavs Schwertschlag,
Zu schauen Eugenius' Siegerfaust.

### [AN LOUISE NAST]

Laß sie drohen, die Stürme, die Leiden
  Laß trennen – der Trennung Jahre,
    Sie trennen uns nicht!
      Sie trennen uns nicht!
Denn mein bist du! Und über das Grab hinaus
  Soll sie dauren, die unzertrennbare Liebe.

Oh! wenn's einst da ist,
  Das große selige Jenseits,
    Wo die Krone dem leidenden Pilger,
    Die Palme dem Sieger blinkt,
Dann, Freundin – lohnet auch Freundschaft –
  Auch Freundschaft – der Ewige.

## MÄNNERJUBEL

Erhabne Tochter Gottes! Gerechtigkeit,
  Die du den Dreimalheil'gen von Anbeginn
    Umstrahltest, und umstrahlen wirst am
      Tage der ernsten Gerichtsposaune.

Und du, o Freiheit! heiliger Überrest
  Aus Edens Tagen! Perle der Redlichen!
    In deren Halle sich der Völker
      Kronen begrüßen, und Taten schwören.

Und du, der Geisterkräfte gewaltigste!
  Du löwenstolze! Liebe des Vaterlands!
    Die du auf Mordgerüsten lächelst,
      Und in dem Blute gewälzt, noch siegest.

Wer wagt's, zu türmen Riesengebirge sich,
  Zu schaun den Anfang eurer Erhabenheit?
    Wer gründt der Tiefen tiefste aus, nach
      Euch sich zu beugen, vor euch, Erhabne?

Und wir – o tönet, tönet den Jubel nach,
  Ihr ferne Glanzgefilde des Uranus!
    O beugt euch nieder, Orione!
      Beugt euch! wir sind der Erhabnen Söhne.

Es glimmt in uns ein Funke der Göttlichen;
  Und diesen Funken soll aus der Männerbrust
    Der Hölle Macht uns nicht entreißen!
      Hört es, Despotengerichte, hört es!

Ihn senkte, seine Welt zu verherrlichen,
  Der Gott der Götter Adams Geschlecht ins Herz,
    Des preisen wir den Gott der Götter!
      Hört es, ihr Knechte des Lügners, hört es!

Was überwiegt die Wonne, der Herrlichen,
  Der Töchter Gottes würdiger Sohn zu sein?
    Den Stolz, in ihrem Heiligtum zu
      Wandeln, zu dulden um ihretwillen?

Und lärmten gleich dem hadernden Ozean
  Despotenflüche geifernd auf uns herab,
    Vergiftete das Schnauben ihrer
      Rache, wie Syrias Abendlüfte –

Und dräute tausendarmichter Pöbel, uns
  Zu würgen, tausendzüngichte Pfaffenwut
    Mit Bann den Neuerern; es lachen
      Ihrer die Söhne der Töchter Gottes.

Und würden unsre Kinder vom Schwert verfolgt,
  Zu heulen über uns in der Finsternis
    Des Wolfs, und mit dem Löwen seine
      Beute zu teilen, bei Kannibalen

Sich Väter, und im Sande von Afrika
  Das Gastrecht aufzusuchen, sie dulden gern,
    Verlachen eure Blutgerüste,
      Folgen den Vätern zu Schwert und Folter.

Drum tönet, tönet, tönet den Jubel nach,
  Ihr ferne Glanzgefilde des Uranus,
    Drum beugt euch nieder, Orione!
      Beugt euch! wir sind der Erhabnen Söhne.

## DIE BÜCHER DER ZEITEN

Herr! Herr!
  Unterwunden hab ich mich,
    Zu singen dir
      Bebenden Lobgesang.

Dort oben
  In all der Himmel höchstem Himmel,
    Hoch über dem Siriusstern,
      Hoch über Uranus' Scheitel,

Wo von Anbeginn
  Wandelte der heilige Seraph
    Mit feirender, erbebender Anbetung
      Ums Heiligtum des Unnennbaren,

Da steht im Heiligtum ein Buch
  Und im Buche geschrieben
    All die Millionenreihen
      Menschentage –

Da steht geschrieben –
  Länderverwüstung und Völkerverheerung,
  Und feindliches Kriegergemetzel,
  Und würgende Könige –
  Mit Roß und Wagen,
  Und Reuter und Waffen,
  Und Zepter um sich her;
  Und gift'ge Tyrannen,
  Mit grimmigem Stachel,
  Tief in der Unschuld Herz.
  Und schröckliche Fluten
  Verschlingend die Frommen,
  Verschlingend die Sünder,
  Zerreißend die Häuser
  Der Frommen, der Sünder.

Und fressende Feuer –
Paläste und Türme
Mit ehernen Toren,
Gigantischen Mauern
Zernichtend im Augenblick.
Geöffnete Erden
Mit schwefelndem Rachen
Ins rauchende Dunkel
Den Vater, die Kinder,
Die Mutter, den Säugling,
In Wehegeröchel
Und Sterbegewinsel
Hinuntergurgelnd. –

Da steht geschrieben
Vatermord! Brudermord!
Säuglinge blaugewürgt!
Greulich! Greulich!
Um ein Linsengericht
Därmzerfressendes Gift
Dem guten, sicheren Freund gemischt. –
Hohlaugichte Krüppel,
Ihrer Onansschande
Teuflische Opfer –.
Kannibalen
Von Menschenbraten gemästet –
Nagend an Menschengebein,
Aus Menschenschädel saufend
Rauchendes Menschenblut.
Wütendes Schmerzgeschrei
Der Geschlachteten über dem
Bauchzerschlitzenden Messer.
Des Feindes Jauchzen
Über dem Wohlgeruch,
Welcher warm dampft
Aus dem Eingeweid. –

Da steht geschrieben –
 Die Verzweiflung schwarz
 Am Strick um Mitternacht
 Noch im quälenden Lebenskampf
 Die Seel – am höllenahenden Augenblick.

Da steht geschrieben –
 Der Vater verlassend
 Weib und Kind im Hunger,
 Zustürzend im Taumel
 Dem lockenden süßlichen Lasterarm. –
 Im Staub das Verdienst
 Zurück von der Ehre
 Ins Elend gestoßen
 Vom Betrüger –
 Im Lumpengewand
 Einher der Wanderer,
 Bettelnahrung zu suchen
 Dem zerstümmelten Gliederbau.

Da steht geschrieben
 Des heitern, rosigen Mädchens
 Grabenaher Fieberkampf;
 Der Mutter Händeringen,
 Des donnergerührten Jünglings
 Wilde stumme Betäubung.
 *(Eine Pause im Gefühl.)*

Furchtbarer, Furchtbarer!
 Das all, all im Buche geschrieben,
 Furchtbarer, Furchtbarer!

Ha die Greuel des Erdgeschlechts!
 Richter! Richter!
  Warum vertilgt mit dem Flammenschwert
   All die Greuel von der Erde
    Der Todesengel nicht?

Gerechter, sieh, die Gerichte
  Treffen den Frommen, den Sünder,
    Die Fluten, die Feuer,
    Die Erdegerichte all.

Aber sieh, ich schweige –
  Das sei dir Lobgesang!
    Du, der du lenkst
      Mit weiser, weiser Allmachtshand
        Das bunte Zeitengewimmel.
      *(Wieder eine Pause.)*

Halleluja, Halleluja,
  Der da denkt
    Das bunte Zeitengewimmel,
      Ist Liebe!!!
        Hör's Himmel und Erde!
        Unbegreiflich Liebe!

Es steht im Heiligtum ein Buch
  Und im Buche geschrieben
    All die Millionenreihen
      Menschentage –

Da steht geschrieben
  Jesus Christus' Kreuzestod!
  Des Sohnes Gottes Kreuzestod!
  Des Lamms auf dem Throne Kreuzestod!
  Selig zu machen alle Welt,
  Engelswonne zu geben
  Seinen Glaubigen. –
  Der Seraphim, Cherubim
  Staunende Still
  Weit in den Himmelsgefilden umher –
  Des Harfenklangs Verstummen,
  Kaum atmend der Strom ums Heiligtum.

Anbetung – Anbetung –
Über des Sohnes Werk,
Welcher erlöst
Ein gefallen Greuelgeschlecht.

Da steht geschrieben –
  Der gestorben ist,
  Jesus Christus,
  Abschüttelnd im Felsen den Tod!
  Heraus in der Gotteskraft Allgewalt!
  Und lebend – lebend –
  Zu rufen dereinst dem Staub:
  Kommet wieder, Menschenkinder!
  Jetzt tönt die Posaun
  Ins unabsehliche Menschengewimmel
  Zum Richtstuhl hinan! Zum Richtstuhl!
  Zum Lohn, der aufstellt
  Der Gerechtigkeit Gleichgewicht!

    Jammerst du jetzt noch, Frommer?
    Unter der Menschheit Druck?
    Und, Spötter, spottest du
    In tanzenden Freuden
    Noch des furchtbarn Richtstuhls?

Da steht geschrieben –
  Menschliches Riesenwerk,
  Stattlich einherzugehn
  Auf Meerestiefen!
  Ozeanswanderer! Stürmebezwinger!
  Schnell mit der Winde Fron
  Niegesehene Meere
  Ferne von Menschen und Land
  Mit stolzen brausenden Segeln
  Und schaurlichen Masten durchkreuzend.
  Leviathanserleger

Lachend des Eisgebürgs,
Weltenentdecker
Niegedacht von Anbeginn.

Da steht geschrieben –
Völkersegen,
Brots die Fülle,
Lustgefilde
Überall –
Allweit Freude
Niederströmend
Von der guten
Fürstenhand.


[AN DIE VOLLENDUNG]

Vollendung! Vollendung! –
O du der Geister heiliges Ziel!
Wann werd ich siegestrunken
Dich umfahen und ewig ruhn?

Und frei und groß
Entgegenlächeln der Heerschar,
Die zahllos aus den Welten
In den Schoß dir strömt?

Ach ferne, ferne von dir!
Mein göttlichster, schönster Gedanke
War, wie der Welten
Fernstes Ende, ferne von dir!

Und fleugt auf des Sturmes Flügeln
Äonen lang die Liebe dir zu,
Noch schmachtet sie ferne von dir,
Ach! ferne, ferne von dir!

Doch kühner gewaltiger
Unaufhaltbarer immer
Fleugt durch Myriaden Äonen
Dir zu die glühende Liebe.

Voll hoher Einfalt,
Einfältig still und groß
Rangen des Siegs gewiß,
Rangen dir zu die Väter.

Ihre Hülle verschlang die Zeit,
Verwest, zerstreut ist der Staub,
Doch rang des Sieges gewiß
Der Funke Gottes, ihr Geist, dir zu.

Sind sie eingegangen zu dir,
Die da lebten im Anbeginn?
Ruhen, ruhen sie nun,
Die frommen Väter?

Vollendung! Vollendung!
Der Geister heiliges Ziel!
Wann werd ich siegestrunken
Dich umfahen und ewig ruhn?

[DIE HEILIGE BAHN]

Ist also dies die heilige Bahn?
  Herrlicher Blick – o trüge mich nicht!
    Diese geh ich?? schwebend auf des Liedes
    Hoher fliegender Morgenwolke?

Und welch ist jene? künstlich gebaut
  Eben hinaus, mit Marmor beschränkt,
    Prächtig gerad, gleich den Sonnenstrahlen –
    An der Pforte ein hoher Richtstuhl?

Ha! wie den Richtstuhl Purpur umfließt,
Und der Smaragd, wie blendend er glänzt,
Und auf dem Stuhl, mit dem großen Zepter
Aristoteles hinwärts blickend

Mit hellem scharfem Aug auf des Lieds
Feurigen Lauf – und jenes Gebirg
Eilt sie hinweg – mutig in die Täler
Stürzt sie, ungestüm, und ihr Boden

Ist wie des Nordens Flammengewölk,
Wallend vom Tritt des rennenden Gangs –
Waffengeräusch rauschen seine Tritte
Über alternde Wolkenfelsen.

Ha! sie ist heiß, die heilige Bahn –
Ach wie geübt der Große dort rennt,
Um ihn herum – wie da Staunen wimmelt,
Freunde – Vaterland – fernes Ausland.

Und ich um ihn mit Mückengesums
Niedrig – im Staub – Nein, Großer, das nicht.
Mutig hinan! –! – Wann's nun da ist, voll ist...


KEPLER

Unter den Sternen ergehet sich
Mein Geist, die Gefilde des Uranus
Überhin schwebt er und sinnt; einsam ist
Und gewagt, ehernen Tritt heischet die Bahn.

Wandle mit Kraft, wie der Held, einher!
Erhebe die Miene! doch nicht zu stolz,
Denn es naht, siehe es naht, hoch herab
Vom Gefild, wo der Triumph jubelt, der Mann,

Welcher den Denker in Albion,
  Den Späher des Himmels um Mitternacht,
    Ins Gefild tiefern Beschauns leitete,
      Und voran leuchtend sich wagt' ins Labyrinth,

Daß der erhabenen Themse Stolz,
  Im Geiste sich beugend vor seinem Grab,
    Ins Gefild würdigern Lohns nach ihm rief:
      „Du begannst, Suevias Sohn! wo es dem Blick

Aller Jahrtausende schwindelte;
  Und ha! ich vollende, was du begannst,
    Denn voran leuchtetest du, Herrlicher!
      Im Labyrinth, Strahlen beschwurst du in die Nacht.

Möge verzehren des Lebens Mark
  Die Flamm in der Brust – ich ereile dich,
    Ich vollend's! denn sie ist groß, ernst und groß,
      Deine Bahn, höhnet des Golds, lohnet sich selbst."

Wonne Walhallas! und ihn gebar
  Mein Vaterland? ihn, den die Themse pries?
    Der zuerst ins Labyrinth Strahlen schuf,
      Und den Pfad, hin an dem Pol, wies dem Gestirn.

Heklas Gedonner vergäß ich so,
  Und, ging' ich auf Ottern, ich bebte nicht
    In dem Stolz, daß er aus dir, Suevia!
      Sich erhub, unser der Dank Albions ist.

Mutter der Redlichen! Suevia!
  Du stille! dir jauchzen Äonen zu,
    Du erzogst Männer des Lichts ohne Zahl,
      Des Geschlechts Mund, das da kommt, huldiget dir.

## AN THILLS GRAB

Der Leichenreihen wandelte still hinan,
　Und Fackelschimmer schien auf des Teuren Sarg,
　　Und du, geliebte, gute Mutter!
　　　Schautest entseelt aus der Jammerhütte,

Als ich, ein schwacher, stammelnder Knabe noch,
　O Vater! lieber Seliger! dich verlor,
　　Da fühlt ich's nicht, was du mir warst, doch
　　　Mißte dich bald der verlaßne Waise.

So weint ich leisen Knabengefühles schon,
　Der Wehmut Träne über dein traurig Los,
　　Doch jetzt, o Thill! jetzt fühl ich's ernster,
　　　Schmerzender jetzt über deinem Hügel,

Was hier im Grab den Redlichen Suevias
　Verwest, den himmelnahenden Einsamen.
　　Und, o mein Thill! du ließst sie Waisen?
　　　Eiltest so frühe dahin, du Guter?

Ihr stille Schatten seines Holunderbaums!
　Verbergt mich, daß kein Spötter die Tränen sieht
　　Und lacht, wann ich geschmiegt an seinen
　　　Hügel die bebenden Wangen trockne.

O wohl dir! wohl dir, Guter! du schläfst so sanft
　Im stillen Schatten deines Holunderbaums.
　　Dein Monument ist er, und deine
　　　Lieder bewahren des Dorfes Greisen.

O daß auch mich dein Hügel umschattete
　Und Hand in Hand wir schliefen, bis Ernte wird,
　　Da schielten keine Vorurteile,
　　　Lachte kein Affe des stillen Pilgers.

O Thill! Ich zage, denn er ist dornenvoll,
  Und noch so fern, der Pfad zur Vollkommenheit;
    Die Starken beugen ja ihr Haupt, wie
      Mag ihn erkämpfen der schwache Jüngling?

Doch nein! ich wag's! es streitet zur Seite ja
  Ein felsentreuer, mutiger Bruder mir.
    O freut euch, selige Gebeine!
      Über dem Namen! Es ist – mein Neuffer.


## GUSTAV ADOLF

Kommt, ihr Kinder von Teut!
Ihr Kinder von Teut! zum Tale der Schlacht.
Entblößet die Häupter, ihr Kinder von Teut!
Und schauet nieder mit heiligem Blick!
Denn hier – hier starb der Mann,
Des Taten die Lande sahn,
Und ihren Felsen geboten,
Zu beugen die Scheitel den Taten des Manns,
Und ihren Hügeln geboten,
Zu beugen ihr Haupt den Taten des Manns;
Des Taten die Meere sahn,
Und Wogen türmten,
Und Stürme beriefen,
Zu donnern ein Lob den Taten des Manns;
Entblößet die Häupter, ihr Kinder von Teut!
Denn hier – hier starb der Mann,
Des Name, wann einst
Des Ozeans Inseln sich küssen,
Und Kolumbens Welt Lusitanias Küsten umarmt,
Von fernen Völkern gepriesen,
Von fremden Zungen genannt,
Am heiligen Denkmal, im Herzen der Edlen
Noch ewig, wie Gottes Gestirne steht,

Entblößet die Häupter, ihr Kinder von Teut!
Und schauet nieder mit heiligem Blick!
Denn hier – starb – Gustav.

Es lärmt' im Tale die Schlacht,
Die Siege zu krönen, die blutige Schlacht,
Und Heldenknie sanken, und Felsenherzen erbebten
Vor Gustav Adolfs Schwert,
Und Blut der Räuber floß,
Und Blut der Witwenmörder,
Und Blut der Schänder der Freiheit floß,
Und hinan im Blute der Räuber hinan
Stürzt', als ein Racheblitz des Rächers,
Mit seinen Treuen Gustav hinan.
Er gedachte seiner Taten,
Da flammte sein Auge von Götterlust,
Seiner Taten vor Gott,
Und Himmelsruhe verklärte sein Angesicht
Und hinan, in seiner Himmelsruhe
Stürzt' an der Spitze der Treuen Gustav hinan –
Doch wehe! unter den Treuen
Lauscht' ein Verräter;
Er dachte – der Verräter – den Höllengedanken,
Und – Gustav – sank.

Ha! Verräter! Verräter!
Daß in der Todesstunde dein Weib dich verdamme,
Und wehe! über dich rufen deine Söhne,
Und deine Enkel die Tat ins Ohr dir heulen,
Bis deine Blicke erstarren im Grauen des Meuchelmords,
Und deine Seele flieht vor den Schrecken der Ewigkeit.

Wir wollten segnen
In deinem Tale, du Herrlicher!
Und schänden die heilige Stätte mit Fluch?
O Gustav! Gustav! vergib,

Vergib den Eifer der Deinen,
Und neige dich freundlich herab vom Gefilde des Lohns,
Zu den Stimmen des dankenden Lobgesangs.

    Dank dem Retter der Freiheit!
    Dem Richter der Witwenmörder!
    Dank dem Sieger bei Lipsia!
    Dank dem Sieger am Lechus!
    Dank dem Sieger im Todestal!

Dank und Ruhm dem Bruder des Schwachen,
Dem gnadelächelnden Sieger!
Dank und Ruhm dem Erwäger des Rechts,
Dem Feind des Erobrers, dem Hasser des Stolzen,
Dem weichen Weiner an Tillys Grab!
Dank und Ruhm und Heil dem Schützer des Frommen,
Dem Trockner der Märtyrerstränen,
Dem Steurer der Pfaffenwut – –

O Gustav! Gustav!
Es verstummt der Segen der Deinen,
Der Segen des Ewigen lohnet dich nur,
Der donnernde Jubel des Weltgerichts.

[ENDE EINER GEDICHTFOLGE AUF GUSTAV ADOLF]

Erscholl von jeder Heide, jedem Hügel
Das Schreckengelärm gewappneter Wütriche her.
Doch wenig Stunden sann um Mitternacht der Held,
Vollbrachte mit stürmender Hand, was er sann, am geflügelten Tag,
Und ha! wo war er nun, der Fremdlinge Grimm?
Die Racheblicke, wie so bange rollten sie?
Der Rosse Schnauben hatt in Röcheln sich gewandelt,
Zerrissen moderten im Blut des Flüchtlings
Die güldenen Paniere, Raben krächzten
Im leichenvollen Hinterhalt, und Angstgeheul
Erscholl von jeder Heide, jedem Hügel.
Verschlungen hatte sie der größre Strom.

Der Tag des Weltgerichts – auch er! auch er!
Wird zeugen einst im Angesicht der Völker.
So spricht Jehova: Herrlich sei dein Lohn!
Sie schändeten zum blutbefleckten Greul
Die Fahne meines Reichs – die Lehre meines Mundes
Zur Menschenwürgerin, zur Brudermörderin.
Mit Henkersfäusten trieben sie vom Vaterland
Die Kinder meines Luthers, die das Joch des Wahns
Vom Nacken schüttelten, in Todeswüsten hin.
Da trocknet' ihre Tränen Gustav ab,
Der Fromme baute Häuser meinen Irrenden.
Dein Lohn sei herrlich! du Gesegneter!
So spricht Jehova, und die Myriaden
Versammleter erheben ihre Häupter
Und breiten ihre Arme gegen Gustav aus,
Und jubeln: Amen! herrlich ist sein Lohn.

---

O Gustav! Gustav! hast du dein Ohr geneigt
　Den Zeugen deiner Größe – du Herrlicher!
　　Und zürnst du nicht, und lächelst du im
　　　Arme der Helden zu uns herunter?

Verzeih, du Liebling Gottes! ich liebe dich! –
　Wann Donner rollen über mein trautes Tal,
　　So denk ich dein, und wenn der Obstbaum
　　　Freundlich den Apfel herunterreichet,

So nenn ich deinen Namen. Denn ringsum sieht
　Ein Denkmal deiner Taten mein staunend Aug.
　　Und ha! wie wird dies Auge staunen,
　　　Führet mich förder hinauf zum Tempel,

Zum höchsten Tempel seiner Erhabenheit
　Mit wolkenlosem Mut die Begeisterung –
　　Hinauf, wo es dem Tändler schwindelt,
　　　Wo der Gebrechliche nie hinanklimmt!

Umdonnert, Meereswogen! die einsame
  Gewagte Bahn! euch bebet die Saite nicht!
    Ertürmt euch, Felsen! ihr ermüdet
      Nicht den geflügelten Fuß des Sängers.

Nur daß ich nie der ernsten Bewundrung Lied
  Mit Tand entweihe – ferne von Gleisnerslob!
    Und seiner gottgesandten Taten
      Keine vergesse – denn dies ist Lästrung!


[SCHWABENS MÄGDELEIN]

So lieb wie Schwabens Mägdelein
Gibt's keine weit und breit,
Die Engel in dem Himmel freun
Sich ihrer Herzlichkeit.

Mir war noch immer wohl zu Sinn,
Solang ich bei ihr war,
Bei meiner Herzenskönigin
Im blonden Lockenhaar.

Sie blickt des lieben Herrgotts Welt
So traut, so freundlich an
Und geht gerad und unverstellt
Den Lebensweg hinan.

Die Blumen wachsen sichtbarlich,
Wenn sie das Land begießt,
Es beuget Birk und Erle sich,
Wenn sie den Hain begrüßt.

Entgegen hüpft ihr jedes Kind
Und schmiegt sich traulich an,
Die Mütter in dem Dorfe sind
Ihr sonders zugetan.

Es freun sich alle, fern und nah,
Die meine Holdin sehn,
Du lieber Gott! wie sollt ich da
Die süße Minne schmähn.

Nicht minder lob ich alle mir
Die Schwabenmägdelein
Und tracht im Herzen für und für
Mich ihrer Gunst zu freun.

Und zieh ich einst um Ruhmsgewinn
In Helm und Harnisch aus —
Kommt ihr, ihr Lieben, mir in Sinn,
Stracks kehrt der Held nach Haus.

Und trauft mir einst von Honigseim
Das Land Arabia,
So ruft: Herr Schwabe, komm er heim!
Flugs bin ich wieder da.

Wes Herz die Holden nicht verehrt,
Der höre meinen Hohn,
Er ist des Vaterlands nicht wert,
Er ist kein Schwabensohn.

Er schmähe mir die Minne nicht,
Die Minne treu und rein;
Es spricht der Tor: Die Rose sticht,
Laß Rose Rose sein.

## [ZORNIGE SEHNSUCHT]

Ich duld es nimmer! ewig und ewig so
  Die Knabenschritte, wie ein Gekerkerter
    Die kurzen, vorgemeßnen Schritte
      Täglich zu wandeln, ich duld es nimmer!

Ist's Menschenlos – ist's meines? ich trag es nicht,
  Mich reizt der Lorbeer, – Ruhe beglückt mich nicht,
    Gefahren zeugen Männerkräfte,
      Leiden erheben die Brust des Jünglings.

Was bin ich dir, was bin ich, mein Vaterland?
  Ein siecher Säugling, welchen mit tränendem,
    Mit hoffnungslosem Blick die Mutter
      In den geduldigen Armen schaukelt.

Mich tröstete das blinkende Kelchglas nie,
  Mich nie der Blick der lächelnden Tändlerin,
    Soll ewig Trauern mich umwolken?
      Ewig mich töten die zorn'ge Sehnsucht?

Was soll des Freundes traulicher Handschlag mir,
  Was mir des Frühlings freundlicher Morgengruß,
    Was mir der Eiche Schatten? was der
      Blühenden Rebe, der Linde Düfte?

Beim grauen Mana! nimmer genieß ich dein,
  Du Kelch der Freuden, blinkest du noch so schön,
    Bis mir ein Männerwerk gelinget,
      Bis ich ihn hasche, den ersten Lorbeer.

Der Schwur ist groß. Er zeuget im Auge mir
  Die Trän, und wohl mir, wenn ihn Vollendung krönt,
    Dann jauchz auch ich, du Kreis der Frohen,
      Dann, o Natur, ist dein Lächeln Wonne.

## AN DIE RUHE

Vom Gruß des Hahns, vom Sichelgetön erweckt,
Gelobt ich dir, Beglückerin! Lobgesang,
   Und siehe da, am heitern Mittag
      Schläget sie mir, der Begeistrung Stunde.

Erquicklich, wie die heimische Ruhebank
   Im fernen Schlachtgetümmel dem Krieger deucht,
      Wenn die zerfleischten Arme sinken,
         Und der geschmetterte Stahl im Blut liegt –

So bist du, Ruhe! freundliche Trösterin!
   Du schenkest Riesenkraft dem Verachteten;
      Er höhnet Dominiksgesichtern,
         Höhnet der zischenden Natterzunge.

Im Veilchental, vom dämmernden Hain umbraust,
Entschlummert er, von süßen Begeistrungen
   Der Zukunft trunken, von der Unschuld
      Spielen im flatternden Flügelkleide.

Da weiht der Ruhe Zauber den Schlummernden,
   Mit Mut zu schwingen im Labyrinth sein Licht,
      Die Fahne rasch voranzutragen,
         Wo sich der Dünkel entgegenstemmet.

Auf springt er, wandelt ernster den Bach hinab
Nach seiner Hütte. Siehe! das Götterwerk,
   Es keimet in der großen Seele.
      Wieder ein Lenz, – und es ist vollendet.

An jener Stätte bauet der Herrliche
   Dir, gottgesandte Ruhe! den Dankaltar.
      Dort harrt er, wonnelächelnd, wie die
         Scheidende Sonne, des längern Schlummers.

Denn sieh, es wallt der Enkel zu seinem Grab,
Voll hohen Schauers, wie zu des Weisen Grab,
Des Herrlichen, der, von der Pappel
Säuseln umweht, auf der Insel schlummert.

### AN DIE EHRE

Einst war ich ruhig, schlummerte sorgenfrei
Am stillen Moosquell, träumte von Stellas Kuß –
Da riefst du, daß der Waldstrom stille
Stand und erbebte, vom Eichenwipfel –

Auf sprang ich, fühlte taumelnd die Zauberkraft,
Hin flog mein Atem, wo sie den Lieblingen
Die schweißbetraufte Stirn im Haine
Kühlend, die Eich und die Palme spendet.

Umdonnert, Meereswogen, die einsame
Gewagte Bahn! euch höhnet mein kühnes Herz,
Ertürmt euch, Felsen, ihr ermüdet
Nie den geflügelten Fuß des Sängers.

So rief ich – stürzt im Zauber des Aufrufs hin –
Doch ha! der Täuschung – wenige Schritte sind's!
Bemerkbar kaum! und Hohn der Spötter,
Freude der Feigen umzischt den Armen.

Ach! schlummert ich am murmelnden Moosquell noch,
Ach! träumt ich noch von Stellas Umarmungen.
Doch nein! bei Mana nein! auch Streben
Ziert, auch der Schwächeren Schweiß ist edel.

### EINST UND JETZT

Einst, tränend Auge! sahst du so hell empor!
Einst schlugst du mir so ruhig, empörtes Herz!
So, wie die Wallungen des Bächleins,
Wo die Forell am Gestade hinschlüpft.

Einst in des Vaters Schoße – des liebenden,
  Geliebten Vaters – aber der Würger kam,
    Wir weinten, flehten, doch der Würger
      Schnellte den Pfeil; und es sank die Stütze!

Ha! du gerechte Vorsicht! so bald begann
  Der Sturm, so bald? – Doch – straft mich des Undanks nicht,
    Ihr Stunden meiner Knabenfreude,
      Stunden des Spiels und des Ruhelächelns!

Ich seh euch wieder – herrlicher Augenblick!
  Da füttert ich mein Hühnchen, da pflanzt ich Kohl
    Und Nelken – freute so des Frühlings
      Mich und der Ernt, und des Herbstgewimmels.

Da sucht ich Maienblümchen im Walde mir,
  Da wälzt ich mich im duftenden Heu umher,
    Da brockt ich Milch mit Schnittern ein, da
      Schleudert ich Schwärmer am Rebenberge.

Und oh! wie warm, wie hing ich so warm an euch
  Gespielen meiner Einfalt, wie stürmten wir
    In offner Feldschlacht, lehrten uns den
      Strudel durchschwimmen, die Eich ersteigen!

Jetzt wandl ich einsam an dem Gestade hin,
  Ach keine Seele, keine für dieses Herz?
    Ihr frohen Reigen? Aber weh dir,
      Sehnender Jüngling! sie gehn vorüber!

Zurück denn in die Zelle, Verachteter!
  Zurück zur Kummerstätte, wo schlaflos du
    So manche Mitternächte weintest,
      Weintest im Durste nach Lieb und Lorbeer.

Lebt wohl, ihr güldnen Stunden vergangner Zeit,
  Ihr lieben Kinderträume von Größ und Ruhm,
    Lebt wohl, lebt wohl, ihr Spielgenossen,
      Weint um den Jüngling, er ist verachtet!

## DIE WEISHEIT DES TRAURERS

Hinweg, ihr Wünsche! Quäler des Unverstands!
Hinweg von dieser Stätte, Vergänglichkeit!
   Ernst, wie das Grab, sei meine Seele!
      Heilig mein Sang, wie die Totenglocke!

Du, stille Weisheit! öffne dein Heiligtum.
   Laß, wie den Greis am Grabe Cecilias,
      Mich lauschen deinen Göttersprüchen,
         Ehe der Toten Gericht sie donnert.

Da, unbestochne Richterin, richtest du
   Tyrannenfeste, wo sich der Höflinge
      Entmanntes Heer zu Trug begeistert,
         Wo des geschändeten Römers Kehle

Die schweißerrungne Habe des Pflügers stiehlt,
   Wo tolle Lust in güldnen Pokalen schäumt,
      Und ha! des Greuels! an getürmten
         Silbergefäßen des Landes Mark klebt.

Halt ein! Tyrann! Es fähret des Würgers Pfeil
   Daher. Halt ein! es nahet der Rache Tag,
      Daß er, wie Blitz die gift'ge Staude,
         Nieder den taumelnden Schädel schmettre.

Doch ach! am grimmen richtenden Saitenspiel
   Hinunter wankt die zitternde Rechte mir.
      In lichtre Hallen, gute Göttin! –
         Wandle der Sturm sich in Haingeflüster!

Da schlingst du liebevoll um die Jammernde
   Am Grabe des Erwählten den Mutterarm,
      Vor Menschentrost dein Kind zu schützen,
         Schenkest ihr Tränen, und lispelst leise

Vom Wiedersehn, vom seligen Einst ins Herz –
   Da schläft in deiner Halle der Jammermann,
      Dem Priesterhaß das Herz zerfleischet,
         Den ihr Gericht im Gewahrsam foltert,

Der bleiche Jüngling, der in des Herzens Durst
Nach Ehre rastlos klomm auf der Felsenbahn
   Und ach umsonst! wie wandelt er so
      Ruhig umher in der stillen Halle.

Mit Brudersinn zu heitern den Kummerblick,
   Der Kleinen Herz zu leiten am Gängelband,
      Sein Haus zu baun, sein Feld zu pflügen,
         Wird ihm Beruf! und die Wünsche schweigen.

Verzeih der bangen Träne, du Göttliche!
   Auch ich vielleicht! – zwar glühet im Busen mir
      Die Flamme rein und kühn, und ewig –
         Aber zurück aus den Lorbeerhainen

Stieß unerweicht die Ehre den Traurenden,
   Solang, entflohn dem lachenden Knabenspiel,
      Verhöhnend all die Taumelfreuden,
         Treu und ᴗ — ᴗ mein Herz ihr huldigt.

Drum öffne du die Arme dem Traurenden,
   Laß deines Labebechers mich oft und viel
      Und einzig kosten, nenne Sohn mich!
         Gürte mit Stolz mich, und Kraft und Wahrheit!

Denn viel der Stürme harren des Jünglings noch,
   Der falschen Gruben viele des Wanderers,
      Sie alle wird dein Sohn besiegen,
         So du mit stützendem Arm ihn leitest.

[SELBSTQUÄLEREI]

Ich hasse mich! es ist ein ekles Ding
Des Menschen Herz, so kindischschwach, so stolz,
So freundlich, wie Tobias' Hündlein ist,
Und doch so hämisch wieder! weg! ich hasse mich!
So schwärmerisch, wenn es des Dichters Flamme wärmt,
Und ha! wenn sich ein freundeloser Junge
An unsre Seite schmiegt, so stolz, so kalt!
So fromm, wenn uns des Lebens Sturm
Den Nacken beugt, . . .

## BURG TÜBINGEN

Still und öde steht der Väter Feste,
Schwarz und moosbewachsen Pfort und Turm,
Durch der Felsenwände trübe Reste
Saust um Mitternacht der Wintersturm,
Dieser schaurigen Gemache Trümmer
Heischen sich umsonst ein Siegesmal,
Und des Schlachtgerätes Heiligtümer
Schlummern Todesschlaf im Waffensaal.

Hier ertönen keine Festgesänge,
Lobzupreisen Manas Heldenland,
Keine Fahne weht im Siegsgepränge
Hochgehoben in des Kriegers Hand,
Keine Rosse wiehern in den Toren,
Bis die Edeln zum Turniere nahn,
Keine Doggen, treu, und auserkoren,
Schmiegen sich den blanken Panzern an.

Bei des Hiefhorns schallendem Getöne
Zieht kein Fräulein in der Hirsche Tal,
Siegesdürstend gürten keine Söhne
Um die Lenden ihrer Väter Stahl,
Keine Mütter jauchzen von der Zinne
Ob der Knaben stolzer Wiederkehr,
Und den ersten Kuß verschämter Minne
Weihn der Narbe keine Bräute mehr.

Aber schaurige Begeisterungen
Weckt die Riesin in des Enkels Brust,
Sänge, die der Väter Mund gesungen,
Zeugt der Wehmut zauberische Lust,
Ferne von dem törigen Gewühle,
Von dem Stolze der Gefallenen,
Dämmern niegeahndete Gefühle
In der Seele des Begeisterten.

Hier im Schatten grauer Felsenwände,
Von des Städters Blicken unentweiht,
Knüpfe Freundschaft deutsche Biederhände,
Schwöre Liebe für die Ewigkeit,

Hier, wo Heldenschatten niederrauschen,
Traufe Vatersegen auf den Sohn,
Wo den Lieblingen die Geister lauschen,
Spreche Freiheit den Tyrannen Hohn!

Hier verweine die verschloßne Zähre,
Wer umsonst nach Menschenfreude ringt,
Wen die Krone nicht der Bardenehre,
Nicht des Liebchens Schwanenarm umschlingt,
Wer von Zweifeln ohne Rast gequälet,
Von des Irrtums peinigendem Los,
Schlummerlose Mitternächte zählet,
Komme zu genesen in der Ruhe Schoß.

Aber wer des Bruders Fehle rüget
Mit der Schlangenzunge losem Spott,
Wem für Adeltaten Gold genüget,
Sei er Sklave oder Erdengott,
Er entweihe nicht die heil'ge Reste,
Die der Väter stolzer Fuß betrat,
Oder walle zitternd zu der Feste,
Abzuschwören da der Schande Pfad.

Denn der Heldenkinder Herz zu stählen,
Atmet Freiheit hier und Männermut,
In der Halle weilen Väterseelen,
Sich zu freuen ob Thuiskons Blut,
Aber ha! den Spöttern und Tyrannen
Weht Entsetzen ihr Verdammerspruch,
Rache dräuend jagt er sie von dannen,
Des Gewissens fürchterlicher Fluch.

Wohl mir! daß ich süßen Ernstes scheide,
Daß die Harfe schreckenlos ertönt,
Daß ein Herz mir schlägt für Menschenfreude,
Daß die Lippe nicht der Einfalt höhnt.
Süßen Ernstes will ich wiederkehren,
Einzutrinken freien Männermut,
Bis umschimmert von den Geisterheeren
In Walhallas Schoß die Seele ruht.

1790 – 1796

## LIED DER FREUNDSCHAFT
[Erste Fassung]

Frei, wie Götter an dem Mahle,
Singen wir um die Pokale,
Wo der edle Trank erglüht,
Voll von Schauern, ernst und stille,
In des Dunkels heil'ger Hülle
Singen wir der Freundschaft Lied.

Schwebt herab aus kühlen Lüften,
Schwebet aus den Schlummergrüften,
Helden der Vergangenheit!
Kommt in unsern Kreis hernieder,
Staunt und sprecht: Da ist sie wieder,
Unsre deutsche Herzlichkeit.

Singe von ihr Jubellieder,
Von der Wonne deutscher Brüder,
Chronos! in dem ew'gen Lauf;
Singe, Sohn der Afterzeiten!
Sing: Elysens Herrlichkeiten
Wog ein deutscher Handschlag auf.

Ha! der hohen Götterstunden!
Wann der Edle sich gefunden,
Der für unser Herz gehört;
So begeisternd zu den Höhen,
Die um uns, wie Riesen, stehen!
So des deutschen Jünglings wert!

Froher schlägt das Herz, und freier!
Reichet zu des Bundes Feier
Uns der Freund den Becher dar;
Ohne Freuden, ohne Leben
Erntet' er Lyäus' Reben,
Als er ohne Freunde war.

Stärke, wenn Verleumder schreien,
Wahrheit, wenn Despoten dräuen,
Männermut im Mißgeschick,
Duldung, wenn die Schwachen sinken,
Liebe, Duldung, Wärme trinken
Freunde von des Freundes Blick.

Sanfter atmen Frühlingslüfte,
Süßer sind der Linde Düfte,
Kühliger der Eichenhain,
Wenn bekränzt mit jungen Rosen
Freunde bei den Bechern kosen,
Freunde sich des Abends freun.

Brüder! laßt die Toren sinnen,
Wie sie Fürstengunst gewinnen,
Häufen mögen Gut und Gold;
Lächelnd kann's der Edle missen,
Sich geliebt, geliebt zu wissen,
Dies ist seiner Taten Sold.

Schmettert aus der trauten Halle
Auch die Auserwählten alle
In die Ferne das Geschick,
Wandelt er mit Schmerz beladen
Nun auf freundelosen Pfaden,
Schwarzen Gram im bangen Blick,

Wankt er, wenn sich Wolken türmen,
Wankt er nun in Winterstürmen

Ohne Leiter, ohne Stab,
Lauscht er abgebleicht und düster
Bangem Mitternachtsgeflüster
Ahndungsvoll am frischen Grab,

O da kehren all die Stunden,
So in Freundesarm verschwunden,
Unter Schwüren, wahr, und warm,
All umfaßt mit sanftem Sehnen
Seine Seele, süße Tränen
Schaffen Ruhe nach dem Harm.

Rauscht ihm dann des Todes Flügel,
Schläft er ruhig unterm Hügel,
Wo sein Bund den Kranz ihm flicht,
In die Locken seiner Brüder
Säuselt noch sein Geist hernieder,
Lispelt leis: Vergeßt mich nicht!

## LIED DER FREUNDSCHAFT

[Zweite Fassung]

Wie der Held am Siegesmahle
Ruhen wir um die Pokale,
Wo der edle Wein erglüht,
Feurig Arm in Arm geschlungen,
Trunken von Begeisterungen
Singen wir der Freundschaft Lied.

Schwebt herab aus kühlen Lüften,
Schwebet aus den Schlummergrüften,
Helden der Vergangenheit!
Kommt in unsern Kreis hernieder,
Staunt und sprecht: Da ist sie wieder,
Unsre deutsche Herzlichkeit!

Uns ist Wonne, Gut und Leben
Für den Edlen hinzugeben,
Der für unser Herz gehört,
Der zu groß, in stolzen Reigen
Sich vor eitlem Tand zu beugen,
Gott und Vaterland nur ehrt.

Schon erhebt das Herz sich freier,
Wärmer reicht zur frohen Feier
Schon der Freund den Becher dar,
Ohne Freuden, ohne Leben
Kostet' er den Saft der Reben,
Als er ohne Freunde war.

Bruder! schleichen bang und trübe
Deine Tage? beugt der Liebe
Folterpein das Männerherz?
Stürzt im heißen Durst nach Ehre
Dir um Mitternacht die Zähre?
Bruder, segne deinen Schmerz!

Könnten wir aus Götterhänden
Freuden dir und Leiden spenden,
Ferne wärst du da von Harm;
Weiser ist der Gott der Liebe:
Sorgen gibt er bang und trübe,
Freunde gibt er treu und warm.

Stärke, wenn Verleumder schreien,
Wahrheit, wenn Despoten dräuen,
Männermut im Mißgeschick,
Duldung, wenn die Schwachen sinken,
Liebe, Duldung, Wärme trinken
Freunde von des Freundes Blick.

Lieblich, wie der Sommerregen,
Reich, wie er, an Erntesegen,
Wie die Perle klar und hell,
Still, wie Edens Ströme gleiten,
Endlos, wie die Ewigkeiten,
Fleußt der Freundschaft Silberquell.

Drum, so wollen, eh die Freuden
Trennungen und Tode neiden,
Wir im hehren Eichenhain
Oder unter Frühlingsrosen,
Wenn am Becher Weste kosen,
Würdig uns der Freundschaft freun.

Rufet aus der trauten Halle
Auch die Auserwählten alle
In die Ferne das Geschick,
Bleibt, auf freundelosen Pfaden
Hinzugehn, mit Schmerz beladen,
Tränend *einer* nur zurück.

Wankt er nun in Winterstürmen,
Wankt er, wo sich Wolken türmen
Ohne Leiter, ohne Stab,
Lauscht er abgebleicht und düster
Bangem Mitternachtsgeflüster
Ahndungsvoll am frischen Grab,

O da kehren all die Stunden
Lächelnd, wie sie hingeschwunden
Unter Schwüren, wahr und warm,
Still und sanft, wie Blumen sinken,
Ruht er, bis die Väter winken,
Dir, Erinnerung! im Arm.

Rauscht ihm dann des Todes Flügel,
Schläft er ruhig unterm Hügel,
Wo sein Bund den Kranz ihm flicht,
In den Locken seiner Brüder
Säuselt noch sein Geist hernieder,
Lispelt leis: Vergeßt mich nicht!


## LIED DER LIEBE

[Erste Fassung]

Engelfreuden ahndend wallen
Wir hinaus auf Gottes Flur,
Wo die Jubel widerhallen
In dem Tempel der Natur;
Heute soll kein Auge trübe,
Sorge nicht hienieden sein,
Jedes Wesen soll der Liebe
Wonniglich, wie wir, sich freun.

Singt den Jubel, Schwestern! Brüder!
Festgeschlungen! Hand in Hand!
Singt das heiligste der Lieder
*Von dem hohen Wesenband!*
Steigt hinauf am Rebenhügel,
Blickt hinab ins Schattental!
Überall der Liebe Flügel,
Wonnerauschend überall!

Liebe lehrt das Lüftchen kosen
Mit den Blumen auf der Au,
Lockt zu jungen Frühlingsrosen
Aus der Wolke Morgentau,
Liebe ziehet Well an Welle
Freundlichmurmelnd näher hin,
Leitet aus der Kluft die Quelle
Sanft hinab ins Wiesengrün.

Berge knüpft mit ehrner Kette
Liebe an das Firmament,
Donner ruft sie an die Stätte,
Wo der Sand die Pflanze brennt,
Um die hehre Sonne leitet
Sie die treuen Sterne her,
Folgsam ihrem Winke gleitet
Jeder Strom ins weite Meer.

Liebe wallt in Wüsteneien,
Höhnt des Dursts im dürren Sand,
Sieget, wo Tyrannen dräuen,
Steigt hinab ins Totenland;
Liebe trümmert Felsen nieder,
Zaubert Paradiese hin,
Schaffet Erd und Himmel wieder
Göttlich, wie im Anbeginn.

Liebe schwingt den Seraphsflügel,
Wo der Gott der Götter wohnt,
Lohnt den Schweiß am Felsenhügel,
Wann der Richter einst belohnt,
Wann die Königsstühle trümmern,
Hin ist jede Scheidewand,
Adeltaten heller schimmern,
Reiner, denn der Krone Tand.

Mag uns jetzt die Stunde schlagen,
Jetzt der letzte Othem wehn!
Brüder! drüben wird es tagen,
Schwestern! dort ist Wiedersehn;
Jauchzt dem heiligsten der Triebe,
Die der Gott der Götter gab,
Brüder! Schwestern! jauchzt der Liebe!
Sie besieget Zeit und Grab!

## LIED DER LIEBE

[Zweite Fassung]

Engelfreuden ahndend, wallen
Wir hinaus auf Gottes Flur,
Daß von Jubel widerhallen
Höhn und Tiefen der Natur.
Heute soll kein Auge trübe,
Sorge nicht hienieden sein,
Jedes Wesen soll der Liebe
Frei und froh, wie wir, sich weihn!

Singt den Jubel, Schwestern, Brüder,
Fest geschlungen, Hand in Hand!
Hand in Hand das Lied der Lieder,
Selig an der Liebe Band!
Steigt hinauf am Rebenhügel,
Blickt hinab ins Schattental!
Überall der Liebe Flügel,
Hold und herrlich überall!

Liebe lehrt das Lüftchen kosen
Mit den Blumen auf der Au,
Lockt zu jungen Frühlingsrosen
Aus der Wolke Morgentau,
Liebe ziehet Well an Welle
Freundlich murmelnd näher hin,
Leitet aus der Kluft die Quelle
Sanft hinab ins Wiesengrün.

Berge knüpft mit ehrner Kette
Liebe an das Firmament,
Donner ruft sie an die Stätte,
Wo der Sand die Pflanze brennt.

Um die hehre Sonne leitet
Sie die treuen Sterne her,
Folgsam ihrem Winke gleitet
Jeder Strom ins weite Meer.

Liebe wallt durch Ozeane,
Durch der dürren Wüste Sand,
Blutet an der Schlachtenfahne,
Steigt hinab ins Totenland!
Liebe trümmert Felsen nieder,
Zaubert Paradiese hin,
Schaffet Erd und Himmel wieder –
Göttlich, wie im Anbeginn.

Liebe schwingt den Seraphsflügel,
Wo der Gott der Götter thront,
Lohnt die Trän am Felsenhügel,
Wann der Richter einst belohnt,
Wann die Königsstühle trümmern,
Hin ist jede Scheidewand,
Biedre Herzen heller schimmern,
Reiner, denn der Krone Tand.

Laßt die Scheidestunde schlagen,
Laßt des Würgers Flügel wehn!
Brüder, drüben wird es tagen!
Schwestern, dort ist Wiedersehn!
Jauchzt dem heiligsten der Triebe,
Den der Gott der Götter gab,
Brüder, Schwestern, jauchzt der Liebe,
Sie besieget Zeit und Grab!

## AN DIE STILLE

Dort im waldumkränzten Schattentale
Schlürft ich, schlummernd unterm Rosenstrauch,
Trunkenheit aus deiner Götterschale,
Angeweht von deinem Liebeshauch.
Sieh, es brennt an deines Jünglings Wange
Heiß und glühend noch Begeisterung,
Voll ist mir das Herz vom Lobgesange,
Und der Fittich heischet Adlerschwung.

Stieg ich kühnen Sinns zum Hades nieder,
Wo kein Sterblicher dich noch ersah,
Schwänge sich das mutige Gefieder
Zum Orion auf, so wärst du da;
Wie ins weite Meer die Ströme gleiten,
Stürzen dir die Zeiten alle zu,
In dem Schoß der alten Ewigkeiten,
In des Chaos Tiefen wohntest du.

In der Wüste dürrem Schreckgefilde,
Wo der Hungertod des Wallers harrt,
In der Stürme Land, wo schwarz und wilde
Das Gebirg im kalten Panzer starrt,
In der Sommernacht, in Morgenlüften,
In den Hainen weht dein Schwestergruß,
Über schauerlichen Schlummergrüften
Stärkt die Lieblinge dein Götterkuß.

Ruhe fächelst du der Heldenseele
In der Halle, wann die Schlacht beginnt,
Hauchst Begeistrung in der Felsenhöhle,
Wo um Mitternacht der Denker sinnt,
Schlummer träufst du auf die düstre Zelle,
Daß der Dulder seines Grams vergißt,
Lächelst traulich aus der Schattenquelle,
Wo den ersten Kuß das Mädchen küßt.

Ha! dir träuft die wonnetrunkne Zähre
Und Entzückung strömt in mein Gebein,
Millionen bauen dir Altäre,
Zürne nicht! auch dieses Herz ist dein!
Dort im Tale will ich Wonne trinken,
Wiederkehren in die Schattenkluft,
Bis der Göttin Arme trauter winken,
Bis die Braut zum stillen Bunde ruft.

Keine Lauscher nahn der Schlummerstätte,
Kühl und schattig ist's im Leichentuch,
Abgeschüttelt ist die Sklavenkette,
Maigesäusel wird Gewitterfluch;
Schöner rauscht die träge Flut der Zeiten,
Rings umdüstert von der Sorgen Schwarm;
Wie ein Traum verfliegen Ewigkeiten,
Schläft der Jüngling seiner Braut im Arm.

## MEINE GENESUNG

*An Lyda*

Jede Blüte war gefallen
Von dem Stamme; Mut und Kraft,
Fürder meine Bahn zu wallen,
War im Kampfe mir erschlafft;
Weggeschwunden Lust und Leben,
Früher Jahre stolze Ruh;
Meinem Grame hingegeben,
Wankt ich still dem Grabe zu.

Himmel, wie das Herz vergebens
Oft nach edler Liebe rang,
Oft getäuscht des Erdelebens
Träum und Hoffnungen umschlang!

Ach, den Kummer abzuwenden,
Bat ich, freundliche Natur!
Oft von deinen Mutterhänden
Einen Tropfen Freude nur.

Ha, an deinem Göttermahle
Trink ich nun Vergessenheit,
In der vollen Zauberschale
Reichst du Kraft und Süßigkeit.
In Entzückungen verloren
Staun ich die Verwandlung an!
Flur und Hain ist neugeboren,
Göttlich strahlt der Lenz heran. –

Daß ich wieder Kraft gewinne,
Frei wie einst und selig bin,
Dank ich deinem Himmelssinne,
Lyda, süße Retterin!
Labung lächelte dem Müden,
Hohen Mut dein Auge zu,
Hohen Mut, wie du zufrieden,
Gut zu sein und groß wie du.

Stark in meiner Freuden Fülle
Wall ich fürder nun die Bahn,
Reizend in der Wolkenhülle
Flammt das ferne Ziel mich an.
Mag's den Peinigern gelingen!
Mag die bleiche Sorge sich
Um die stille Klause schwingen!
Lyda! Lyda tröstet mich!

## MELODIE

*An Lyda*

Lyda, siehe! zauberisch umwunden
Hält das All der Liebe Schöpferhand,
Erd und Himmel wandeln treu verbunden,
*Laut und Seele knüpft der Liebe Band.*
Lüftchen säuseln, Donner rollen nieder –
Staune, Liebe! staun und freue dich!
Seelen finden sich im Donner wieder,
Seelen kennen in dem Lüftchen sich.

Am Gesträuche lullt in Liebesträume
Süße Trunkenheit das Mädchen ein,
Haucht der Frühling durch die Blütenbäume,
Summen Abendsang die Käferlein;
Helden springen von der Schlummerstätte,
Grüßt sie brüderlich der Nachtorkan;
Hinzuschmettern die Tyrannenkette,
Wallen sie die traute Schreckenbahn.

Wo der Totenkranz am Grabe flüstert,
Wo der Wurm in schwarzen Wunden nagt,
Wo, vom grauen Felsenstrauch umdüstert,
Durch die Heide hin der Rabe klagt,
Wo die Lerch im Tale froher Lieder,
Plätschernd die Forell im Bache tanzt,
Tönt die Seele Sympathien wieder,
Von der Liebe Zauber eingepflanzt.

Wo des Geiers Schrei des Raubs sich freuet,
Wo der Aar dem Felsennest entbraust,
Wo Gemäuer ächzend niederdräuet,
Wo der Wintersturm in Trümmern saust,

Wo die Woge, vom Orkan bezwungen,
Wieder auf zum schwarzen Himmel tost,
Trinkt das Riesenherz Begeisterungen,
Von den Schmeicheltönen liebgekost.

Felsen zwingt zu trauten Mitgefühlen
Tausendstimmiger Naturgesang,
Aber süßer tönt von Saitenspielen
Allgewaltiger ihr Zauberklang;
Rascher pocht im angestammten Triebe,
Bang und süße, wie der jungen Braut,
Jeder Aderschlag, in trunkner Liebe
Findt das Herz den brüderlichen Laut.

Aus des Jammerers erstarrtem Blicke
Locket Labetränen Flötenton,
Im Gedränge schwarzer Mißgeschicke
Schafft die Schlachttrommete Siegeslohn,
Wie der Stürme Macht im Rosenstrauche,
Reißt dahin der Saiten Ungestüm,
Kosend huldiget dem Liebeshauche
Sanfter Melodie der Rache Grimm.

Reizender erglüht der Wangen Rose,
Flammenatem haucht der Purpurmund,
Hingebannt bei lispelndem Gekose
Schwört die Liebe den Vermählungsbund;
Niegesungne königliche Lieder
Sprossen in des Sängers Brust empor,
Stolzer schwebt des Hochgesangs Gefieder,
Rührt der Töne Reigentanz das Ohr,

Wie sie langsam erst am Hügel wallen,
Majestätisch dann wie Siegersgang,
Hochgehoben zu der Freude Hallen,
Liebe singen und Triumphgesang,

Dann durch Labyrinthe hingetragen
Fürder schleichen in dem Todestal,
Bis die Nachtgefilde schöner tagen,
Bis Entzückung jauchzt am Göttermahl.

Ha! und wann mir in des Sanges Tönen
Näher meiner Liebe Seele schwebt,
Hingegossen in Entzückungstränen
Näher ihr des Sängers Seele bebt,
Wähn ich nicht vom Körper losgebunden
Hinzujauchzen in der Geister Land? –
Lyda! Lyda! zauberisch umwunden
Hält das All der Liebe Schöpferhand.

[AN LYDA]

Trunken, wie im hellen Morgenstrahle
Der Pilote seinen Ozean,
Wie die Seligen Elysens Tale
Staunt ich meiner Liebe Freuden an,
Tal' und Haine lachten neugeboren,
Wo ich wallte, trank ich Göttlichkeit,
Ha! von ihr zum Liebling auserkoren,
Höhnt ich stolzen Muts Geschick und Zeit.

Stolzer ward und edler das Verlangen,
Als mein Geist der Liebe Kraft erschwang,
Myriaden wähnt ich zu umfangen,
Wenn ich Liebe, trunken Liebe sang,
Wie der Frühlingshimmel, weit und helle,
Wie die Perle schön und ungetrübt,
Rein und stille wie der Weisheit Quelle
War das Herz von ihr, von ihr geliebt.

Sieh! im Stolze hatt ich oft geschworen,
Unvergänglich dieser Herzverein!
Lyda mir, zum Heile mir geboren,
Lyda mein, wie meine Seele mein,

Aber neidisch trat die Scheidestunde,
Treues Mädchen! zwischen mich und dich,
Nimmer, nimmer auf dem Erdenrunde,
Lyda! nahn die trauten Arme sich.

Stille wallst du nun am Rebenhügel,
Wo ich dich und deinen Himmel fand,
Wo dein Auge, deiner Würde Spiegel,
Mich allmächtig, ewig an dich band!
Schnell ist unser Frühling hingeflogen!
O du Einzige! vergib, vergib!
Deinen Frieden hat sie dir entzogen,
Meine Liebe, tränenvoll und trüb.

Als ich deinem Zauber hingegeben
Erd und Himmel über dir vergaß,
Ach! so selig in der Liebe Leben,
Lyda! meine Lyda! dacht ich das?

HYMNE AN DIE UNSTERBLICHKEIT

Froh, als könnt ich Schöpfungen beglücken,
Stolz, als huldigten die Sterne mir,
Fleugt, ins Strahlenauge dir zu blicken,
Mit der Liebe Kraft mein Geist zu dir.
Schon erglüht dem wonnetrunknen Seher
Deiner Halle goldnes Morgenrot,
Ha, und deinem Götterschoße näher
Höhnt die Siegesfahne Grab und Tod.

Mich umschimmern Orionenheere,
Stolz ertönet der Plejaden Gang.
Ha, sie wähnen, Ewigkeiten währe
Ihrer Pole wilder Donnerklang.
Majestätisch auf dem Flammenwagen
Durchs Gefild der Unermeßlichkeit,
Seit das Chaos kreißte, fortgetragen,
Heischt sich Helios Unsterblichkeit.

Auch die Riesen dort im Gräberlande,
Felsgebirg und Sturm und Ozean,
Wähnen endlos ihrer Schöpfung Bande,
Wurzelnd in dem ew'gen Weltenplan;
Doch es nahen die Vernichtungsstunden,
Wie des Siegers Klinge, schrecklichschön. –
Erd und Himmel ist dahingeschwunden,
Schnell, wie Blitze kommen und vergehn.

Aber kehre, strahlendes Gefieder,
Zu der Halle, wo das Leben wohnt!
Triumphiere, triumphiere wieder,
Siegesfahne, wo die Göttin thront!
Wenn die Pole schmettern, Sonnen sinken
In den Abgrund der Vergangenheit,
Wird die Seele Siegeswonne trinken,
Hocherhaben über Grab und Zeit.

Ach, wie oft in grausen Mitternächten,
Wenn die heiße Jammerträne rann,
Wenn mit Gott und Schicksal schon zu rechten
Der verzweiflungsvolle Mensch begann,
Blicktest du aus trüber Wolkenhülle
Tröstend nieder auf den Schmerzenssohn!
Drüben, riefst du liebevoll und stille,
Drüben harrt des Dulders schöner Lohn.

Müßte nicht der Mensch des Lebens fluchen,
Nicht die Tugend auf der Dornenbahn
Trost im Arme der Vernichtung suchen,
Täuschte sie ein lügenhafter Wahn?
Trümmern möchte der Natur Gesetze
Menschenfreiheit, möcht in blinder Wut,
Wie die Reue die gestohlnen Schätze,
Niederschmettern ihr ererbtes Gut.

Aber nein, so wahr die Seele lebet,
Und ein Gott im Himmel oben ist,
Und ein Richter, dem die Hölle bebet,
Nein, Unsterblichkeit, du bist, du bist!

Mögen Spötter ihrer Schlangenzungen,
Zweifler ihres Flattersinns sich freun,
Der Unsterblichkeit Begeisterungen
Kann die freche Lüge nicht entweihn.

Heil uns, Heil uns, wenn die freie Seele,
Traulich an die Führerin geschmiegt,
Treu dem hohen göttlichen Befehle,
Jede niedre Leidenschaft besiegt!
Wenn mit tiefem Ernst der Denker spähet
Und durch dich sein Wesen erst begreift,
Weil ihm Lebenslust vom Lande wehet,
Wo das Samenkorn zur Ernte reift!

Wenn im Heiligtume alter Eichen
Männer um der Königin Altar
Sich die Bruderhand zum Bunde reichen,
Zu dem Bunde freudiger Gefahr,
Wenn entzückt von ihren Götterküssen
Jeglicher, des schönsten Lorbeers wert,
Lieb und Lorbeer ohne Gram zu missen,
Zu dem Heil des Vaterlandes schwört!

Wenn die Starken den Despoten wecken,
Ihn zu mahnen an das Menschenrecht,
Aus der Lüste Taumel ihn zu schrecken,
Mut zu predigen dem feilen Knecht!
Wenn in todesvollen Schlachtgewittern,
Wo der Freiheit Heldenfahne weht,
Mutig, bis die müden Arme splittern,
Ruhmumstrahlter Sparter Phalanx steht!

Allgewaltig ist im Gräbertale,
Herrscherin, dein segensvoller Lohn!
Aus der Zukunft zauberischer Schale
Trinkt sich stolzen Mut der Erdensohn.
Hoffend endet er sein Erdenleben,
Um an deiner mütterlichen Hand
Siegestrunken einst empor zu schweben
In der Geister hohes Vaterland:

Wo der Tugend königliche Blume
Unbetastet von dem Wurme blüht,
Wo der Denker in dem Heiligtume
Hell und offen alle Tiefen sieht,
Wo auf Trümmern kein Tyrann mehr thronet,
Keine Fessel mehr die Seele bannt,
Wo den Heldentod die Palme lohnet,
Engelkuß den Tod fürs Vaterland.

Harret eine Weile, Orione!
Schweige, Donner der Plejadenbahn!
Hülle, Sonne, deine Strahlenkrone,
Atme leiser, Sturm und Ozean!
Eilt zu feierlichen Huldigungen,
All ihr großen Schöpfungen der Zeit,
Denn, verloren in Begeisterungen,
Denkt der Seher der Unsterblichkeit!

Siehe! da verstummen Menschenlieder,
Wo der Seele Lust unnennbar ist,
Schüchtern sinkt des Lobgesangs Gefieder,
Wo der Endlichkeit der Geist vergißt.
Wann vor Gott sich einst die Geister sammeln,
Aufzujauchzen ob der Seele Sieg,
Mag Entzückungen der Seraph stammeln,
Wo die trunkne Menschenlippe schwieg.

HYMNE AN DEN GENIUS GRIECHENLANDS

Jubel! Jubel
Dir auf der Wolke!
Erstgeborner
Der hohen Natur!
Aus Kronos' Halle
Schwebst du herab,
Zu neuen, geheiligten Schöpfungen
Hold und majestätisch herab.

Ha! bei der Unsterblichen,
Die dich gebar,
Dir gleichet keiner
Unter den Brüdern,
Den Völkerbeherrschern,
Den Angebeteten allen!

Dir sang in der Wiege den Weihgesang
Im blutenden Panzer die ernste Gefahr,
Zu gerechtem Siege reichte den Stahl
Die heilige Freiheit dir.
Von Freude glühten,
Von zaubrischer Liebe deine Schläfe,
Die goldgelockten Schläfe.

Lange säumtest du unter den Göttern
Und dachtest der kommenden Wunder.
Vorüber schwebten wie silbern Gewölk
Am liebenden Auge dir
Die Geschlechter alle!
Die seligen Geschlechter.

Im Angesichte der Götter
Beschloß dein Mund,
Auf Liebe dein Reich zu gründen.
Da staunten die Himmlischen alle.
Zu brüderlicher Umarmung,
Neigte sein königlich Haupt
Der Donnerer nieder zu dir.
Du gründest auf Liebe dein Reich.

Du kommst und Orpheus' Liebe
Schwebet empor zum Auge der Welt
Und Orpheus' Liebe
Wallet nieder zum Acheron.
Du schwingest den Zauberstab,
Und Aphrodites Gürtel ersieht
Der trunkene Mäonide.
Ha! Mäonide! wie du!

So liebte keiner, wie du;
Die Erd und Ozean
Und die Riesengeister, die Helden der Erde
Umfaßte dein Herz!
Und die Himmel und alle die Himmlischen
Umfaßte dein Herz.
Auch die Blumen, die Bien auf der Blume
Umfaßte liebend dein Herz! –

Ach Ilion! Ilion!
Wie jammertest, hohe Gefallene, du
Im Blute der Kinder!
Nun bist du getröstet, dir scholl
Groß und warm wie sein Herz
Des Mäoniden Lied.

Ha! bei der Unsterblichen,
Die dich gebar,
Dich, der du Orpheus' Liebe,
Der du schufest Homeros' Gesang . . .

## HYMNE AN DIE WAHRHEIT

Endlich, endlich mag die Saite künden,
Wie von Liebe mir die Seele glüht,
Unzertrennbarer den Bund zu binden,
Soll ihr huldigen mein Feierlied;
Wie der Riese sich des Sieges freuet,
Will ich dein mich freuen, schönes Ziel!
Aber schmettern, so es dich entweihet,
Schmettern will ich dieses Saitenspiel.

Tausendfältig, wie der Götter Wille,
Weht Begeisterung den Sänger an,
Unerschöpflich ist der Schönheit Fülle,
Grenzenlos der Hoheit Ozean;
Doch vor allem hab ich dich erkoren,
Königin der herrlichen Natur!
Bebend hab ich Liebe dir geschworen,
Glück und Zeit verhöhnt der große Schwur.

Was der Geister stolzestes Verlangen
In den Tiefen und den Höhn erzielt,
Hab ich allzumal in dir empfangen,
Sint dich ahndend meine Seele fühlt.
Dir entschweben Myriaden Wesen,
Als die Strahlen deines Angesichts,
Birgest du dein Angesicht, so beben
Und vergehn sie, und die Welt ist Nichts.

Thronend auf des alten Chaos Wogen,
Majestätisch lächelnd winktest du,
Und die wilden Elemente flogen
Liebend sich auf deine Winke zu.

Froh der zaubrischen Vermählungsstunde
Schlangen Wesen nun um Wesen sich,
In den Himmeln, auf dem Erdenrunde
Sahst du, Meisterin, im Bilde dich.

Ausgegossen ist des Lebens Schale,
Bächlein – Sonnen treten in die Bahn,
Liebetrunken schmiegen junge Tale
Sich den liebetrunknen Hügeln an:
Von der Meere Riesenarm umfangen,
Bebt das Land in niegefühlter Lust,
Schön und stolz wie Riesenkinder hangen
Felsen an der treuen Mutterbrust.

Warm und leise wehen nun die Lüfte,
Liebend sinkt der holde Lenz ins Tal,
Haine sprossen an dem Felsgeklüfte,
Gras und Blumen zeugt der junge Strahl,
Freudetaumelnd winden sich vom Hügel,
Von dem Tale, von des Meeres Schoß,
Prangend mit der Göttin Meistersiegel,
Myriaden liebender Geschöpfe los.

Aus den Hainen wallt ins Lenzgefilde
Nun mit ihr der Herrliche hervor,
Den zum königlichen Ebenbilde
Sie im Anbeginne sich erkor.
Siehe! mit der Liebe Götterblicken,
Die den Staub zum Engel auferziehn,
Die den Endlichen zum Gott entzücken,
Spricht zum Lieblinge die Königin:

„Sohn der liebetrunknen Schöpfungsstunde!
Auserwählter! komm und liebe mich!
Sieh! ein Kuß von deiner Göttin Munde
Hauchte Geist von ihrem Geist in dich!
Diese Welt ist deiner Seele Spiegel,
Deiner Seele Sohn ist Harmonie! –
Freue dich! zum klaren Meistersiegel
Meiner Schöpfungen erschuf ich sie.

Trümmer ist der Wesen schöne Hülle,
Knüpft sie meiner Allmacht Hand nicht an.
Mir entströmt der Schönheit ew'ge Fülle,
Mir der Hoheit weiter Ozean.
Danke mir der zauberischen Liebe,
Mir der Freude stärkenden Genuß,
Deine Tränen – deine schönsten Triebe
Schuf, o Sohn, der schöpferische Kuß.

Herrlicher mein Bild in dir zu finden,
Haucht ich Kräfte dir und Kühnheit ein,
Meines Reichs Gesetze zu ergründen,
Schöpfer meiner Schöpfungen zu sein;
Mühsam wirst du meinen Strahl erspähen,
Aber, liebe, liebe mich, o Sohn!
Drüben wirst du meine Klarheit sehen,
Drüben kosten deiner Liebe Lohn."

Nun, ihr Geister, in der Göttin Namen,
Die da schuf im Anbeginn der Zeit,
All ihr Sprößlinge von ihrem Samen!
All ihr Erben der Unsterblichkeit!
Kommt zu feierlichen Huldigungen
Mit der Seele ganzer Götterkraft!
Mit der höchsten der Begeisterungen
Schwört vor ihr, die schuf und ewig schafft.

Unbezwinglich, wie des Meeres Welle,
Rein, wie Bächlein in Elysium,
Wie der Frühlingshimmel froh, und helle,
Sei der Wahrheit hohes Priestertum! –
Nieder, nieder mit verjährtem Wahne,
Stolzem Spotte Fluch und Untergang,
Ruhm der Weisheit unbefleckter Fahne,
Den Gerechten Ruhm und Siegsgesang! –

Stolze Lehre schleichet tot und trübe,
Süß und kräftig ist der Weisheit Quell;
Geister! Brüder! dieser Quell ist Liebe,
Ruht im Herzen still und spiegelhell;

Von des Erdelebens Tand geläutert,
Ahndet Göttlichkeit der zarte Sinn,
Von der Liebe Labetrunk erheitert,
Schaut der stille Geist die Schöpferin.

Geister! Brüder! unsre Seele glühe
Von der Liebe heiliger Magie,
Ungetrübte, stille Liebe ziehe
Freundlich uns zur ew'gen Harmonie.
Sichtbar adle sie die treuen Söhne!
Unter Sternen auf der Abendflur,
In des Mädchens, in des Mannes Träne
Zeige sie der Wahrheit hohe Spur.

## HYMNE AN DIE GÖTTIN DER HARMONIE

> Urania, die glänzende Jungfrau, hält mit ihrem Zaubergürtel das Weltall in tobendem Entzücken zusammen.
>
> *Ardinghello*

Froh, als könnt ich Schöpfungen beglücken,
Kühn, als huldigten die Geister mir,
Nahet, in dein Heiligtum zu blicken,
Hocherhabne! meine Liebe dir;
Schon erglüht der wonnetrunkne Seher
Von den Ahndungen der Herrlichkeit,
Ha, und deinem Götterschoße näher
Höhnt des Siegers Fahne Grab und Zeit.

Tausendfältig, wie der Götter Wille,
Weht Begeisterung den Sänger an,
Unerschöpflich ist der Schönheit Fülle,
Grenzenlos der Hoheit Ozean.
Doch vor allem hab ich dich erkoren,
Bebend, als ich ferne dich ersah,
Bebend hab ich Liebe dir geschworen,
Königin der Welt! Urania.

Was der Geister stolzestes Verlangen
In den Tiefen und den Höhn erzielt,
Hab ich allzumal in dir empfangen,
Sint dich ahndend meine Seele fühlt.
Dir entsprossen Myriaden Leben,
Als die Strahlen deines Angesichts,
Wendest du dein Angesicht, so beben
Und vergehn sie, und die Welt ist Nichts.

Thronend auf des alten Chaos Wogen,
Majestätisch lächelnd winktest du,
Und die wilden Elemente flogen
Liebend sich auf deine Winke zu.
Froh der seligen Vermählungsstunde
Schlangen Wesen nun um Wesen sich,
In den Himmeln, auf dem Erdenrunde
Sahst du, Meisterin! im Bilde dich. –

Ausgegossen ist des Lebens Schale,
Bächlein, Sonnen treten in die Bahn,
Liebetrunken schmiegen junge Tale
Sich den liebetrunknen Hügeln an:
Schön und stolz wie Göttersöhne hangen
Felsen an der mütterlichen Brust,
Von der Meere wildem Arm umfangen,
Bebt das Land in niegefühlter Lust.

Warm und leise wehen nun die Lüfte,
Liebend sinkt der holde Lenz ins Tal:
Haine sprossen an dem Felsgeklüfte,
Gras und Blumen zeugt der junge Strahl.
Siehe, siehe, vom empörten Meere,
Von den Hügeln, von der Tale Schoß,
Winden sich die ungezählten Heere
Freudetaumelnder Geschöpfe los.

Aus den Hainen wallt ins Lenzgefilde
Himmlischschön der Göttin Sohn hervor,
Den zum königlichen Ebenbilde
Sie im Anbeginne sich erkor:
Sanftbegrüßt von Paradiesesdüften
Steht er wonniglichen Staunens da,
Und der Liebe großen Bund zu stiften,
Singt entgegen ihm Urania:

„Komm, o Sohn! der süßen Schöpfungsstunde
Auserwählter, komm und liebe mich!
Meine Küsse weihten dich zum Bunde,
Hauchten Geist von meinem Geist in dich. –
Meine Welt ist deiner Seele Spiegel,
Meine Welt, o Sohn! ist Harmonie,
Freue dich! Zum offenbaren Siegel
Meiner Liebe schuf ich dich und sie.

Trümmer ist der Wesen schöne Hülle,
Knüpft sie meiner Rechte Kraft nicht an.
Mir entströmt der Schönheit ew'ge Fülle,
Mir der Hoheit weiter Ozean.
Danke mir der zauberischen Liebe,
Mir der Freude stärkenden Genuß,
Deine Tränen, deine schönsten Triebe
Schuf, o Sohn! der schöpferische Kuß.

Herrlicher mein Bild in dir zu finden,
Haucht ich Kräfte dir und Kühnheit ein,
Meines Reichs Gesetze zu ergründen,
Schöpfer meiner Schöpfungen zu sein.
Nur im Schatten wirst du mich erspähen,
Aber liebe, liebe mich, o Sohn!
Drüben wirst du meine Klarheit sehen,
Drüben kosten deiner Liebe Lohn."

Nun, o Geister! in der Göttin Namen,
Die uns schuf im Anbeginn der Zeit,
Uns, die Sprößlinge von ihrem Samen,
Uns, die Erben ihrer Herrlichkeit,
Kommt zu feierlichen Huldigungen
Mit der Seele ganzer Götterkraft,
Mit der höchsten der Begeisterungen
Schwört vor ihr, die schuf und ewig schafft.

Frei und mächtig, wie des Meeres Welle,
Rein wie Bächlein in Elysium,
Sei der Dienst an ihres Tempels Schwelle,
Sei der Wahrheit hohes Priestertum.
Nieder, nieder mit verjährtem Wahne!
Stolzer Lüge Fluch und Untergang,
Ruhm der Weisheit unbefleckter Fahne,
Den Gerechten Ruhm und Siegsgesang!

Ha, der Lüge Quell – wie tot und trübe!
Kräftig ist der Weisheit Quell und süß!
Geister! Brüder! dieser Quell ist Liebe,
Ihn umgrünt der Freuden Paradies.
Von des Erdelebens Tand geläutert,
Ahndet Götterlust der zarte Sinn,
Von der Liebe Labetrunk erheitert,
Naht die Seele sich der Schöpferin.

Geister! Brüder! unser Bund erglühe
Von der Liebe göttlicher Magie.
Unbegrenzte, reine Liebe ziehe
Freundlich uns zur hohen Harmonie.
Sichtbar adle sie die treuen Söhne,
Schaff in ihnen Ruhe, Mut und Tat,
Und der heiligen Entzückung Träne,
Wenn Urania der Seele naht.

Siehe, Stolz und Hader ist vernichtet,
Trug ist nun und blinde Lüge stumm,
Streng ist Licht und Finsternis gesichtet,
Rein der Wahrheit stilles Heiligtum.
Unsrer Wünsche Kampf ist ausgerungen,
Himmelsruh errang der heiße Streit,
Und die priesterlichen Huldigungen
Lohnet göttliche Genügsamkeit.

Stark und selig in der Liebe Leben
Staunen wir des Herzens Himmel an,
Schnell wie Seraphin im Fluge, schweben
Wir zur hohen Harmonie hinan.
Das vermag die Saite nicht zu künden,
Was Urania den Sehern ist,
Wenn von hinnen Nacht und Wolke schwinden,
Und in ihr die Seele sich vergißt.

Kommt den Jubelsang mit uns zu singen,
Denen Liebe gab die Schöpferin!
Millionen, kommt emporzuringen
Im Triumphe zu der Königin!
Erdengötter, werft die Kronen nieder!
Jubelt, Millionen fern und nah!
Und ihr Orione, hallt es wider:
Heilig, heilig ist Urania!

## HYMNE AN DIE MUSE

Schwach zu königlichem Feierliede,
Schloß ich lang genug geheim und stumm
Deine Freuden, hohe Pieride!
In des Herzens stilles Heiligtum;
Endlich, endlich soll die Saite künden,
Wie von Liebe mir die Seele glüht,
Unzertrennbarer den Bund zu binden,
Soll dir huldigen dies Feierlied.

Auf den Höhn, am ernsten Felsenhange,
Wo so gerne mir die Träne rann,
Säuselte die frühe Knabenwange
Schon dein zauberischer Othem an; –
Bin ich, Himmlische, der Göttergnaden,
Königin der Geister, bin ich wert,
Daß mich oft, des Erdetands entladen,
Dein allmächtiges Umarmen ehrt? –

Ha! vermöcht ich nun, dir nachzuringen,
Königin! in deiner Götterkraft
Deines Reiches Grenze zu erschwingen,
Auszusprechen, was dein Zauber schafft! –
Siehe! die geflügelten Äonen
Hält gebieterisch dein Othem an,
Deinem Zauber huldigen Dämonen,
Staub und Äther ist dir untertan.

Wo der Forscher Adlersblicke beben,
Wo der Hoffnung kühner Flügel sinkt,
Keimet aus der Tiefe Lust und Leben,
Wenn die Schöpferin vom Throne winkt;
Seiner Früchte Süßestes bereitet
Ihr der Wahrheit grenzenloses Land;
Und der Liebe schöne Quelle leitet
In der Weisheit Hain der Göttin Hand.

Was vergessen wallt an Lethes Strande,
Was der Enkel eitle Ware deckt,
Strahlt heran im blendenden Gewande,
Freundlich von der Göttin auferweckt;
Was in Hütten und in Heldenstaaten
In der göttergleichen Väter Zeit
Große Seelen duldeten und taten,
Lohnt die Muse mit Unsterblichkeit.

Sieh! am Dornenstrauche keimt die Rose,
So des Lenzes holder Strahl erglüht; –
In der Pieride Mutterschoße
Ist der Menschheit Adel aufgeblüht;
Auf des Wilden krausgelockte Wange
Drückt sie zauberisch den Götterkuß,
Und im ersten glühenden Gesange
Fühlt er staunend geistigen Genuß.

Liebend lächelt nun der Himmel nieder,
Leben atmen alle Schöpfungen,
Und im morgenrötlichen Gefieder
Nahen freundlich die Unsterblichen.
Heilige Begeisterung erbauet
In dem Haine nun ein Heiligtum,
Und im todesvollen Kampfe schauet
Der Heroe nach Elysium.

Öde stehn und dürre die Gefilde,
Wo die Blüten das Gesetz erzwingt;
Aber wo in königlicher Milde
Ihren Zauberstab die Muse schwingt,
Blühen schwelgerisch und kühn die Saaten,
Reifen, wie der Wandelsterne Lauf,
Schnell und herrlich Hoffnungen und Taten
Der Geschlechter zur Vollendung auf.

Laß der Wonne Zähre dir gefallen!
Laß die Seele des Begeisterten
In der Liebe Taumel überwallen!
Laß, o Göttin! laß mich huldigen! –
Siehe! die geflügelten Äonen
Hält gebieterisch dein Othem an,
Deinem Zauber huldigen Dämonen –
Ewig bin auch ich dir untertan.

Mag der Pöbel seinen Götzen zollen,
Mag, aus deinem Heiligtum verbannt,
Deinen Lieblingen das Laster grollen,
Mag, in ihrer Schwäche Schmerz entbrannt,
Stolze Lüge deine Würde schänden,
Und dein Edelstes dem Staube weihn,
Mag sie Blüte mir und Kraft verschwenden,
Meine Liebe! – dieses Herz ist dein!

In der Liebe volle Lust zerflossen,
Höhnt das Herz der Zeiten trägen Lauf,
Stark und rein im Innersten genossen,
Wiegt der Augenblick Äonen auf; –
Wehe! wem des Lebens schöner Morgen
Freude nicht und trunkne Liebe schafft,
Wem am Sklavenbande bleicher Sorgen
Zum Genusse Kraft und Mut erschlafft.

Deine Priester, hohe Pieride!
Schwingen frei und froh den Pilgerstab,
Mit der allgewaltigen Ägide
Lenkst du mütterlich die Sorgen ab;
Schäumend beut die zauberische Schale
Die Natur den Auserkornen dar,
Trunken von der Schönheit Göttermahle
Höhnet Glück und Zeit die frohe Schar.

Frei und mutig, wie im Siegesliede,
Wallen sie der edeln Geister Bahn,
Dein Umarmen, hohe Pieride!
Flammt zu königlichen Taten an; –
Laßt die Mietlinge den Preis erspähen!
Laßt sie seufzend für die Tugenden,
Für den Schweiß am Joche Lohn erflehen!
Mut und Tat ist Lohn den Edleren!

Ha! von ihr, von ihr emporgehoben
Blickt dem Ziele zu der trunkne Sinn –
Hör es, Erd und Himmel! wir geloben,
Ewig Priestertum der Königin!
Kommt zu süßem brüderlichem Bunde,
Denen sie den Adel anerschuf,
Millionen auf dem Erdenrunde!
Kommt zu neuem seligem Beruf!

Ewig sei ergrauter Wahn vergessen!
Was der reinen Geister Aug ermißt,
Hoffe nie die Spanne zu ermessen! –
Betet an, was schön und herrlich ist!
Kostet frei, was die Natur bereitet,
Folgt der Pieride treuen Hand,
Geht, wohin die reine Liebe leitet,
Liebt und sterbt für Freund und Vaterland!

## HYMNE AN DIE FREIHEIT

Wie den Aar im grauen Felsenhange
Wildes Sehnen zu der Sterne Bahn,
Flammt zu majestätischem Gesange
Meiner Freuden Ungestüm mich an;
Ha! das neue niegenoßne Leben
Schaffet neuen glühenden Entschluß!
Über Wahn und Stolz emporzuschweben,
Süßer, unaussprechlicher Genuß!

Sint dem Staube mich ihr Arm entrissen,
Schlägt das Herz so kühn und selig ihr;
Angeflammt von ihren Götterküssen
Glühet noch die heiße Wange mir;

Jeder Laut von ihrem Zaubermunde
Adelt noch den neugeschaffnen Sinn –
Hört, o Geister! meiner Göttin Kunde,
Hört, und huldiget der Herrscherin!

„Als die Liebe noch im Schäferkleide
Mit der Unschuld unter Blumen ging,
Und der Erdensohn in Ruh und Freude
Der Natur am Mutterbusen hing,
Nicht der Übermut auf Richterstühlen
Blind und fürchterlich das Band zerriß,
Tauscht ich gerne mit der Götter Spielen
Meiner Kinder stilles Paradies.

Liebe rief die jugendlichen Triebe
Schöpferisch zu hoher stiller Tat,
Jeden Keim entfaltete der Liebe
Wärm und Licht zu schwelgerischer Saat;
Deine Flügel, hohe Liebe! trugen
Lächelnd nieder die Olympier;
Jubeltöne klangen – Herzen schlugen
An der Götter Busen göttlicher.

Freundlich bot der Freuden süße Fülle
Meinen Lieblingen die Unschuld dar;
Unverkennbar in der schönen Hülle
Wußte Tugend nicht, wie schön sie war;
Friedlich hausten in der Blumenhügel
Kühlem Schatten die Genügsamen –
Ach! des Haders und der Sorge Flügel
Rauschte ferne von den Glücklichen.

Wehe nun! – mein Paradies erbebte!
Fluch verhieß der Elemente Wut!
Und der Nächte schwarzem Schoß entschwebte
Mit des Geiers Blick der Übermut;

Wehe! weinend floh ich mit der Liebe,
Mit der Unschuld in die Himmel hin –
Welke, Blume! rief ich ernst und trübe,
Welke, nimmer, nimmer aufzublühn!

Keck erhub sich des Gesetzes Rute,
Nachzubilden, was die Liebe schuf;
Ach! gegeißelt von dem Übermute
Fühlte keiner göttlichen Beruf;
Vor dem Geist in schwarzen Ungewittern,
Vor dem Racheschwerte des Gerichts
Lernte so der blinde Sklave zittern,
Frönt' und starb im Schrecken seines Nichts.

Kehret nun zu Lieb und Treue wieder –
Ach! es zieht zu langentbehrter Lust
Unbezwinglich mich die Liebe nieder –
Kinder! kehret an die Mutterbrust!
Ewig sei vergessen und vernichtet,
Was ich zürnend vor den Göttern schwur;
Liebe hat den langen Zwist geschlichtet,
Herrschet wieder! Herrscher der Natur!"

Froh und göttlichgroß ist deine Kunde,
Königin! dich preise Kraft und Tat!
Schon beginnt die neue Schöpfungsstunde,
Schon entkeimt die segenschwangre Saat:
Majestätisch, wie die Wandelsterne,
Neuerwacht am offnen Ozean,
Strahlst du uns in königlicher Ferne,
Freies kommendes Jahrhundert! an.

Staunend kennt der große Stamm sich wieder,
Millionen knüpft der Liebe Band;
Glühend stehn, und stolz, die neuen Brüder,
Stehn und dulden für das Vaterland;

Wie der Efeu, treu und sanft umwunden,
Zu der Eiche stolzen Höhn hinauf,
Schwingen, ewig brüderlich verbunden,
Nun am Helden Tausende sich auf.

Nimmer beugt, vom Übermut belogen,
Sich die freie Seele grauem Wahn;
Von der Muse zarter Hand erzogen
Schmiegt sie kühn an Göttlichkeit sich an;
Götter führt in brüderlicher Hülle
Ihr die zauberische Muse zu,
Und gestärkt in reiner Freuden Fülle,
Kostet sie der Götter stolze Ruh!

Froh verhöhnt das königliche Leben
Deine Taumel, niedre feige Lust!
Der Vollendung Ahndungen erheben
Über Glück und Zeit die stolze Brust. –
Ha! getilget ist die alte Schande!
Neuerkauft das angestammte Gut!
In dem Staube modern alle Bande,
Und zur Hölle flieht der Übermut!

Dann am süßen heißerrungnen Ziele,
Wenn der Ernte großer Tag beginnt,
Wenn verödet die Tyrannenstühle,
Die Tyrannenknechte Moder sind,
Wenn im Heldenbunde meiner Brüder
Deutsches Blut und deutsche Liebe glüht,
Dann, o Himmelstochter! sing ich wieder,
Singe sterbend dir das letzte Lied.

## KANTON SCHWEIZ

*An meinen lieben Hiller*

Hier, in ermüdender Ruh, im bittersüßen Verlangen,
Da zu sein, wo mein Herz, und jeder beßre Gedank ist,
Reichet doch Erinnerung mir den zaubrischen Becher
Schäumend und voll, und hoher Genuß der kehrenden Bilder
Weckt die schlummernden Fittiche mir zu trautem Gesange.

Bruder! dir gab ein Gott der Liebe göttlichen Funken,
Zarten geläuterten Sinn, zu erspähn, was herrlich und schön ist;
Stolzer Freiheit glühet dein Herz, und kindlicher Einfalt –
Bruder! komm und koste mit mir des zaubrischen Bechers.

Dort, wo der Abendstrahl die Westgewölke vergüldet,
Dorthin wende den Blick, und weine die Träne der Sehnsucht!
Ach! dort wandelten wir! dort flog und schwelgte das Auge
Unter den Herrlichkeiten umher! – wie dehnte der Busen,
Diesen Himmel zu fassen, sich aus! – wie brannte die Wange
Süß von Morgenlüften gekühlt, als unter Gesängen
*Zürch* den Scheidenden schwand im sanfthingleitenden Boote!
Lieber! wie drücktest du mir die heiße, zitternde Rechte,
Sahst so glühend und ernst mich an im donnernden Rheinsturz!
Aber selig, wie du, o Tag am Quelle der Freiheit!
Festlich, wie du, sank keiner auf uns vom rosigen Himmel.

Ahndung schwellte das Herz. Schon war des feiernden Klosters[1]
Ernste Glocke verhallt. Schon schwanden die friedlichen Hütten
Rund an Blumenhügeln umher, am rollenden Gießbach,
Unter Fichten im Tal, wo dem Ahn in heiliger Urzeit
Füglich deuchte der Grund zum Erbe genügsamer Enkel.
Schaurig und kühl empfing uns die Nacht in ewigen Wäldern,
Und wir klommen hinauf am furchtbarherrlichen *Haken*.
Nächtlicher immer ward's und enger im Riesengebürge.
Jäher herunter hing der Pfad zu den einsamen Wallern.

[1] Marien-Einsiedel.

Dicht zur Rechten donnert hinab der zürnende Waldstrom:
Nur sein Donner berauscht den Sinn. Die schäumenden Wogen
Birgt uns Felsengesträuch, und modernde Tannen am Abhang,
Vom Orkane gestürzt. – Nun tagte die Nacht am Gebirge
Schaurig und wundersam, wie Heldengeister am Lego,
Wälzten sich kämpfende Wolken heran auf schneeiger Heide.
Sturm und Frost entschwebte der Kluft. Vom Sturme getragen
Schrie und stürzte der Aar, die Beut im Tale zu haschen.
Und der Wolken Hülle zerriß, und im ehernen Panzer
Kam die Riesin heran, die majestätische Mythen[1].
Staunend wandelten wir vorüber. – Ihr Väter der Freien!
Heilige Schar! nun schaun wir hinab, hinab, und erfüllt ist,
Was der Ahndungen kühnste versprach; was süße Begeistrung
Einst mich lehrt' im Knabengewande, gedacht ich des hohen
Hirten in Mamres Hain und der schönen Tochter von Laban,
Ach! es kehrt so warm in die Brust; – Arkadiens Friede,
Köstlicher, unerkannter, und du, allheilige Einfalt,
Wie so anders blüht in eurem Strahle die Freude! –
Vor entweihendem Prunk, vor Stolz und knechtischer Sitte
Von den ewigen Wächtern geschirmt, den Riesengebirgen,
Lachte das heilige Tal uns an, die Quelle der Freiheit.
Freundlich winkte der See[2] vom fernen Lager; die Schrecken
Seiner Arme verbarg die schwarze Kluft im Gebirge:
Freundlicher sahn aus der Tiefe herauf, in blühende Zweige
Reizend verhüllt, und kindlichfroh der jauchzenden Herde
Und des tiefen Grases umher, die friedsamen Hütten.
Und wir eilten hinab in Liebe; kosteten lächelnd
Auf dem Pfade des Sauerklees, und erfrischender Ampfer,
Bis der begeisternde Sohn der schwarzen italischen Traube,
Uns mit Lächeln gereicht in der herzerfreuenden Hütte,
Neues Leben in uns gebar, und die schäumenden Gläser
Unter Jubelgesang erklangen, zur Ehre der Freiheit.

1 Ein ungeheurer pyramidalischer Fels auf der Spitze des Hakenbergs.
2 Der Waldstättersee.

Lieber! wie war uns da! – bei solchem Mahle begehret
Nichts auf Erden die Brust, und alle Kräfte gedeihen.

Lieber! er schwand so schnell, der köstliche Tag; in der kühlen
Dämmerung schieden wir; an den Heiligtümern der Freiheit
Wallten wir dann vorbei in frommer seliger Stille,
Faßten sie tief ins Herz, und segneten sie, und schieden!

Lebt dann wohl, ihr Glücklichen dort! im friedsamen Tale
Lebe wohl, du Stätte des Schwurs[1]! dir jauchzten die Sterne,
Als in heiliger Nacht der ernste Bund dich besuchte.
Herrlich Gebirg! wo der bleiche Tyrann den Knechten
          vergebens,
Zahm und schmeichlerisch Mut gebot – zu gewaltig erhub sich
Wider den Trotz die gerechte, die unerbittliche Rache –
Lebe wohl, du herrlich Gebirg[2]. Dich schmückte der Freien
Opferblut – es wehrte der Träne der einsame Vater.
Schlummre sanft, du Heldengebein! o schliefen auch wir dort
Deinen eisernen Schlaf, dem Vaterlande geopfert,
Walters Gesellen und Tells, im schönen Kampfe der Freiheit!

Könnt ich dein vergessen, o Land, der göttlichen Freiheit!
Froher wär ich; zu oft befällt die glühende Scham mich,
Und der Kummer, gedenk ich dein, und der heiligen Kämpfer.
Ach! da lächelt Himmel und Erd in fröhlicher Liebe
Mir umsonst, umsonst der Brüder forschendes Auge.
Doch ich vergesse dich nicht! ich hoff und harre des Tages,
Wo in erfreuende Tat sich Scham und Kummer verwandelt.

[1] Rütli, eine Wiese nah am Waldstättersee, dem Mythenstein gegenüber, wo Walter
Fürst und seine Gesellen schwuren: „Frei zu leben oder zu sterben!"
[2] Morgarten, auf dem Sattelberge.

## HYMNE AN DIE MENSCHHEIT

> Les bornes du possible dans les choses morales sont moins étroites, que nous ne pensons. Ce sont nos foiblesses, nos vices, nos préjugés, qui les rétrécissent. Les âmes basses ne croient point aux grands hommes : de vils esclaves sourient d'un air moqueur à ce mot de liberté.
>
> *J. J. Rousseau*

Die ernste Stunde hat geschlagen;
Mein Herz gebeut; erkoren ist die Bahn!
Die Wolke fleucht, und neue Sterne tagen,
Und Hesperidenwonne lacht mich an!
Vertrocknet ist der Liebe stille Zähre,
Für dich geweint, mein brüderlich Geschlecht!
Ich opfre dir; bei deiner Väter Ehre!
Beim nahen Heil! das Opfer ist gerecht.

Schon wölbt zu reinerem Genusse
Dem Auge sich der Schönheit Heiligtum;
Wir kosten oft, von ihrem Mutterkusse
Geläutert und gestärkt, Elysium;
Des Schaffens süße Lust, wie sie, zu fühlen,
Belauscht sie kühn der zartgewebte Sinn,
Und magisch tönt von unsern Saitenspielen
Die Melodie der ernsten Meisterin.

Schon lernen wir das Band der Sterne,
Der Liebe Stimme männlicher verstehn,
Wir reichen uns die Bruderrechte gerne,
Mit Heereskraft der Geister Bahn zu gehn;
Schon höhnen wir des Stolzes Ungebärde,
Die Scheidewand, von Flittern aufgebaut,
Und an des Pflügers unentweihtem Herde
Wird sich die Menschheit wieder angetraut.

Schon fühlen an der Freiheit Fahnen
Sich Jünglinge, wie Götter, gut und groß,
Und, ha! die stolzen Wüstlinge zu mahnen,
Bricht jede Kraft von Bann und Kette los;
Schon schwingt er kühn und zürnend das Gefieder,
Der Wahrheit unbesiegter Genius,
Schon trägt der Aar des Rächers Blitze nieder,
Und donnert laut, und kündet Siegsgenuß.

So wahr, von Giften unbetastet,
Elysens Blüte zur Vollendung eilt,
Der Heldinnen, der Sonnen keine rastet,
Und Orellana nicht im Sturze weilt!
Was unsre Lieb und Siegeskraft begonnen,
Gedeiht zu üppiger Vollkommenheit;
Der Enkel Heer geneußt der Ernte Wonnen;
Uns lohnt die Palme der Unsterblichkeit.

Hinunter dann mit deinen Taten,
Mit deinen Hoffnungen, o Gegenwart!
Von Schweiß betaut, entkeimten unsre Saaten!
Hinunter dann, wo Ruh der Kämpfer harrt!
Schon geht verherrlichter aus unsern Grüften
Die Glorie der Endlichkeit hervor;
Auf Gräbern hier Elysium zu stiften,
Ringt neue Kraft zu Göttlichem empor.

In Melodie den Geist zu wiegen,
Ertönet nun der Saite Zauber nur;
Der Tugend winkt zu gleichen Meisterzügen
Die Grazie der göttlichen Natur;
In Fülle schweben lesbische Gebilde,
Begeisterung, vom Segenshorne dir!
Und in der Schönheit weitem Lustgefilde
Verhöhnt das Leben knechtische Begier.

Gestärkt von hoher Lieb ermüden
Im Fluge nun die jungen Aare nie,
Zum Himmel führt die neuen Tyndariden
Der Freundschaft allgewaltige Magie;
Veredelt schmiegt an tatenvoller Greise
Begeisterung des Jünglings Flamme sich;
Sein Herz bewahrt der lieben Väter Weise,
Wird kühn, wie sie, und froh und brüderlich.

Er hat sein Element gefunden,
Das Götterglück, sich eigner Kraft zu freun;
Den Räubern ist das Vaterland entwunden,
Ist ewig nun, wie seine Seele, sein!
Kein eitel Ziel entstellt die Göttertriebe,
Ihm winkt umsonst der Wollust Zauberhand;
Sein höchster Stolz und seine wärmste Liebe,
Sein Tod, sein Himmel ist das Vaterland.

Zum Bruder hat er dich erkoren,
Geheiliget von deiner Lippe Kuß
Unwandelbare Liebe dir geschworen,
Der Wahrheit unbesiegter Genius!
Emporgereift in deinem Himmelslichte,
Strahlt furchtbarherrliche Gerechtigkeit,
Und hohe Ruh vom Heldenangesichte –
Zum Herrscher ist der Gott in uns geweiht.

So jubelt, Siegsbegeisterungen!
Die keine Lipp in keiner Wonne sang;
Wir ahndeten – und endlich ist gelungen,
Was in Äonen keiner Kraft gelang –
Vom Grab erstehn der alten Väter Heere,
Der königlichen Enkel sich zu freun;
Die Himmel kündigen des Staubes Ehre,
Und zur Vollendung geht die Menschheit ein.

### HYMNE AN DIE SCHÖNHEIT
[Erste Fassung]

Hab ich vor der Götter Ohren,
Zauberische Muse, dir
Lieb und Treue nicht geschworen?
Sankst du nicht in Lust verloren
Glühend in die Arme mir? –
Ha! so wall ich ohne Zagen,
Durch die Liebe froh und kühn,
Lächelnd zu den Höhen hin,
Wo die letzten Nächte tagen,
Wo der Sonnen letzte schien.

Waltend über Orionen,
Wo der Sterne Klang verhallt,
Lächelt, opfernden Dämonen
Mit der Liebe Blick zu lohnen,
*Schönheit* in der Urgestalt;
Dort dem hohen Götterglanze
Der Gebieterin zu nahn,
Flammet Lieb und Stolz mich an,
Denn mit hellem Siegeskranze
Lohnet sie die kühne Bahn.

Reinere Begeisterungen
Trinkt die freie Seele schon,
Meines Lebens Peinigungen
Hat die neue Lust verschlungen,
Nacht und Wolke sind entflohn;

Wann im schreckenden Gerichte
Schnell der Welten Achse bricht,
Hier erbebt die Liebe nicht,
Wo von *ihrem* Angesichte
Lieb und Göttergröße spricht.

Stiegst du so zur Erde nieder,
Hohe süße Zauberin!
Ha! der Staub erwachte wieder
Und des Kummers morsche Glieder
Hüpften üppig vor dir hin;
Von der Liebe Blick betroffen
Bebt' und küßte brüderlich
Groll und wilder Hader sich,
Wie der Himmel, hell und offen
Grüßten Wahn und Irre dich.

Schon im grünen Erdenrunde
Schmeckt ich hohen Vorgenuß,
Bebend dir am Göttermunde
Trank ich früh der Weihestunde
Süßen mütterlichen Kuß;
Fremde meinem Kindersinne
Folgte mir zu Wies und Wald
Die arkadische Gestalt.
Ha! und staunend ward ich inne
Ihres Zaubers Allgewalt.

In den Tiefen und den Höhen
Der erfreuenden Natur
Fand ich, Wonne zu erspähen
Von der Holdin ausersehen,
Liebetrunken ihre Spur;
Wo das Tal der Blumenhügel
Freundlich in die Arme schloß,
Wo die Quelle niederfloß
In den klaren Wasserspiegel,
Fand ich Spuren, hold und groß!

Glühend an der Purpurwange
Sanft berührt vom Lockenhaar,
Von der Lippe, süß und bange
Bebend in dem Liebesdrange,
Vom geschloßnen Augenpaar, –
In der hohen Meisterzüge
Wonniglicher Harmonie,
In der Stimme Melodie
Fand, verraten ihrem Siege,
Fand die trunkne Seele *sie*.


HYMNE AN DIE SCHÖNHEIT

[Zweite Fassung]

Die Natur in ihren schönen Formen spricht figürlich zu uns, und die Auslegungsgabe ihrer Chiffernschrift ist uns im moralischen Gefühl verliehen.
*Kant*

Hat vor aller Götter Ohren,
Zauberische Muse! dir
Treue bis zu Orkus Toren
Meine Seele nicht geschworen?
Lachte nicht dein Auge mir?
Ha! so wall ich ohne Beben,
Zu den ernsten Höhen hin,
Wo in ewig jungem Leben
Kränze für den Sänger blühn.

Durch die Liebe froh und kühn,
Waltend über Orionen,
Wo der Pole Klang verhallt,
Lacht, vollendeter Dämonen
Priesterlichen Dienst zu lohnen,
Schönheit in der Urgestalt;

Dort im Glanze mich zu sonnen,
Dort der Schöpferin zu nahn,
Flammet stolzer Wunsch mich an,
Denn mit hohen Siegeswonnen
Lohnet sie die kühne Bahn.

Reinere Begeisterungen
Trinkt die freie Seele schon;
Meines Lebens Peinigungen
Hat die neue Lust verschlungen,
Nacht und Wolke sind entflohn;
Wenn im schreckenden Gerichte
Schnell der Welten Achse bricht –
Hier erbleicht die Freude nicht,
Wo von ihrem Angesichte
Lieb und stille Größe spricht.

Stiegst du so zur Erde nieder,
Königin im Lichtgewand!
Ha! der Staub erwachte wieder,
Und des Kummers morsch Gefieder
Schwänge sich ins Jubelland;
Durch der Liebe Blick genesen
Freut' und küßte brüderlich
Groll und wilder Hader sich;
Jubelnd fühlten alle Wesen
Auf erhöhter Stufe dich.

Schon im grünen Erdenrunde
Schmeckt ich hohen Vorgenuß;
Bebend dir am Göttermunde,
Trank ich früh der Weihestunde
Süßen mütterlichen Kuß;
Fremde meinem Kindersinne
Folgte mir zu Wies und Wald
Die arkadische Gestalt –

Ha! und staunend ward ich inne
Ihres Zaubers Allgewalt.

In den Tiefen und den Höhen
Ihrer Tochter, der Natur,
Fand ich, Wonne zu erspähen
Von der Holdin ausersehen,
Rein und trunken ihre Spur;
Wo das Tal der Tannenhügel
Freundlich in die Arme schloß,
Wo die Quelle niederfloß
In dem blauen Wasserspiegel,
Fühlt ich selig mich und groß. –

Lächle, Grazie der Wange!
Götterauge, rein und mild!
Leihe, daß er leb und prange,
Deinen Adel dem Gesange,
Meiner Antiphile Bild. –
Mutter! dich erspäht der Söhne
Kühne Liebe fern und nah;
Schon im holden Schleier sah,
Schon in Antiphilens Schöne
Kannt ich dich, Urania!

Siehe! mild, wie du, erlaben
Sinn und Herz dem Endlichen,
Über Preis und Lohn erhaben,
Deiner Priester Wundergaben,
Deiner Söhne Schöpfungen;
Ha! mit tausend Huldigungen
Glühend, wie sich Jachus freut,
Kost ich eurer Göttlichkeit,
Söhne der Begeisterungen!
Kost und jauchze Trunkenheit.

Schar, zu kühnem Ziel erkoren!
Still und mächtig Priestertum!
Lieblinge! von euch beschworen,
Blüht im Kreise güldner Horen,
Wo ihr wallt, Elysium; –
Oh! so lindert, ihr Geweihten!
Der gedrückten Brüder Last!
Seid der Tyrannei verhaßt!
Kostet *eurer* Seligkeiten!
Darbet, wo der Schmeichler praßt!

Ha! die schönsten Keim entfalten
In der Priester Dienste sich; –
Freuden, welche nie veralten,
Lächeln, wo die Götter walten –
Diese Freuden ahndet ich!
Hier im Glanze mich zu sonnen,
Hier der Schöpferin zu nahn,
Flammte stolzer Wunsch mich an,
Und mit hohen Siegeswonnen
Lohnet sie die kühne Bahn.

Feiert, wie an Hochaltären
Dieser Geister lichte Schar,
Brüder! bringt der Liebe Zähren,
Bringt, die Göttliche zu ehren,
Mut und Tat zum Opfer dar!
Huldiget! von diesem Throne
Donnert ewig kein Gericht,
Ihres Reiches süße Pflicht
Kündet sie im Muttertone –
Hört! die Götterstimme spricht:

„Mahnt im seligen Genieße,
Mahnet nicht, am Innern sie
Nachzubilden, jede süße
Stelle meiner Paradiese,
Jede Weltenharmonie?
Mein ist, wem des Bildes Adel
Zauberisch das Herz verschönt,
Daß er niedre Gier verhöhnt,
Und im Leben ohne Tadel
Reine Götterlust ersehnt.

Was im eisernen Gebiete
Mühsam das Gesetz erzwingt,
Reift, wie Hesperidenblüte,
Schnell zu wandelloser Güte,
So mein Strahl ans Innre dringt;
Knechte, vom Gesetz gedungen,
Heischen ihrer Mühe Lohn;
Meiner Gottheit großen Sohn
Lohnt der treuen Huldigungen,
Lohnt der Liebe Wonne schon.

Rein, wie diese Sterne klingen,
Wie melodisch himmelwärts
Auf der kühnen Freude Schwingen
Süße Preisgesänge dringen,
Naht sich mir des Sohnes Herz:
Schöner blüht der Liebe Rose!
Ewig ist die Klage stumm!
Aus des Geistes Heiligtum,
Und, Natur! in deinem Schoße
Lächelt ihm Elysium."

## HYMNE AN DIE FREIHEIT

Wonne säng ich an des Orkus Toren,
Und die Schatten lehrt ich Trunkenheit,
Denn ich sah, vor Tausenden erkoren,
Meiner Göttin ganze Göttlichkeit;
Wie nach dumpfer Nacht im Purpurscheine
Der Pilote seinen Ozean,
Wie die Seligen Elysens Haine,
Staun ich dich, geliebtes Wunder! an.

Ehrerbietig senkten ihre Flügel,
Ihres Raubs vergessen, Falk und Aar,
Und getreu dem diamantnen Zügel
Schritt vor ihr ein trotzig Löwenpaar;
Jugendliche wilde Ströme standen,
Wie mein Herz, vor banger Wonne stumm;
Selbst die kühnen Boreasse schwanden,
Und die Erde ward zum Heiligtum.

Ha! zum Lohne treuer Huldigungen
Bot die Königin die Rechte mir,
Und von zauberischer Kraft durchdrungen
Jauchzte Sinn und Herz verschönert ihr;
Was sie sprach, die Richterin der Kronen,
Ewig tönt's in dieser Seele nach,
Ewig in der Schöpfung Regionen –
Hört, o Geister, was die Mutter sprach!

„Taumelnd in des alten Chaos Wogen,
Froh und wild, wie Evans Priesterin,
Von der Jugend kühner Lust betrogen,
Nannt ich mich der Freiheit Königin;
Doch es winkte der Vernichtungsstunde
Zügelloser Elemente Streit;
Da berief zu brüderlichem Bunde
Mein Gesetz die Unermeßlichkeit.

Mein Gesetz, es tötet zartes Leben,
Kühnen Mut, und bunte Freude nicht,
Jedem ward der Liebe Recht gegeben,
Jedes übt der Liebe süße Pflicht;
Froh und stolz im ungestörten Gange
Wandelt Riesenkraft die weite Bahn,
Sicher schmiegt in süßem Liebesdrange
Schwächeres der großen Welt sich an.

Kann ein Riese meinen Aar entmannen?
Hält ein Gott die stolzen Donner auf?
Kann Tyrannenspruch die Meere bannen?
Hemmt Tyrannenspruch der Sterne Lauf? –
Unentweiht von selbsterwählten Götzen,
Unzerbrüchlich ihrem Bunde treu,
Treu der Liebe seligen Gesetzen,
Lebt die Welt ihr heilig Leben frei.

Mit gerechter Herrlichkeit zufrieden
Flammt *Orions* helle Rüstung nie
Auf die brüderlichen *Tyndariden*,
Selbst der *Löwe* grüßt in Liebe sie;
Froh des Götterloses, zu erfreuen,
Lächelt Helios in süßer Ruh
Junges Leben, üppiges Gedeihen
Dem geliebten Erdenrunde zu.

Unentweiht von selbsterwählten Götzen,
Unzerbrüchlich ihrem Bunde treu,
Treu der Liebe seligen Gesetzen,
Lebt die Welt ihr heilig Leben frei;
Einer, einer nur ist abgefallen,
Ist gezeichnet mit der Hölle Schmach;
Stark genug, die schönste Bahn zu wallen,
Kriecht der Mensch am trägen Joche nach.

Ach! er war das göttlichste der Wesen,
Zürn ihm nicht, getreuere Natur!
Wunderbar und herrlich zu genesen,
Trägt er noch der Heldenstärke Spur; –
Eil, o eile, neue Schöpfungsstunde,
Lächle nieder, süße güldne Zeit!
Und im schönern, unverletzten Bunde
Feire dich die Unermeßlichkeit."

Nun, o Brüder! wird die Stunde säumen?
Brüder! um der tausend Jammernden,
Um der Enkel, die der Schande keimen,
Um der königlichen Hoffnungen,
Um der Güter, so die Seele füllen,
Um der angestammten Göttermacht,
Brüder ach! um unsrer Liebe willen,
Könige der Endlichkeit, erwacht! –

Gott der Zeiten! in der Schwüle fächeln
Kühlend deine Tröstungen uns an;
Süße, rosige Gesichte lächeln
Uns so gern auf öder Dornenbahn;
Wenn der Schatten väterlicher Ehre,
Wenn der Freiheit letzter Rest zerfällt,
Weint mein Herz der Trennung bittre Zähre
Und entflieht in seine schönre Welt.

Was zum Raube sich die Zeit erkoren,
Morgen steht's in neuer Blüte da;
Aus Zerstörung wird der Lenz geboren,
Aus den Fluten stieg Urania;
Wenn ihr Haupt die bleichen Sterne neigen,
Strahlt Hyperion im Heldenlauf –
Modert, Knechte! freie Tage steigen
Lächelnd über euern Gräbern auf.

Lange war zu Minos' ernsten Hallen
Weinend die Gerechtigkeit entflohn –
Sieh! in mütterlichem Wohlgefallen
Küßt sie nun den treuen Erdensohn;
Ha! der göttlichen Catone Manen
Triumphieren in Elysium,
Zahllos wehn der Tugend stolze Fahnen,
Heere lohnt des Ruhmes Heiligtum.

Aus der guten Götter Schoße regnet
Trägem Stolze nimmermehr Gewinn,
Ceres' heilige Gefilde segnet
Freundlicher die braune Schnitterin,
Lauter tönt am heißen Rebenhügel,
Mutiger des Winzers Jubelruf,
Unentheiligt von der Sorge Flügel
Blüht und lächelt, was die Freude schuf.

Aus den Himmeln steigt die Liebe nieder,
Männermut, und hoher Sinn gedeiht,
Und du bringst die Göttertage wieder,
Kind der Einfalt! süße Traulichkeit!
Treue gilt! und Freundesretter fallen,
Majestätisch, wie die Zeder fällt,
Und des Vaterlandes Rächer wallen
Im Triumphe nach der bessern Welt.

Lange schon vom engen Haus umschlossen,
Schlummre dann im Frieden mein Gebein! –
Hab ich doch der Hoffnung Kelch genossen,
Mich gelabt am holden Dämmerschein!
Ha! und dort in wolkenloser Ferne
Winkt auch mir der Freiheit heilig Ziel!
Dort, mit euch, ihr königlichen Sterne,
Klinge festlicher mein Saitenspiel!

## HYMNE AN DIE FREUNDSCHAFT

*An Neuffer und Magenau*

Rings in schwesterlicher Stille
Lauscht die blühende Natur;
Aus des kühnen Herzens Fülle
Tönt des Bundes Stimme nur;
Leise rauscht's im Eichenhaine,
Nie gefühlte Lüfte wehn,
Wo in höhrem Sternenscheine
Wir das ernste Fest begehn.

Ha! in süßem Wohlgefallen
Säuselt hier der Väter Schar,
Abgeschiedne Freunde wallen
Lächelnd um den Moosaltar;
Und der hellen Tyndariden
Brüderliches Auge lacht
Froh wie wir in deinem Frieden,
Schöne feierliche Nacht!

Heiliger und reiner tönte
Dieser Herzen Jubel nie,
Unter Schwur und Kuß verschönte,
Freundschaft! deine Milde sie;
Zürne nicht der Wonne Zähren!
Laß, o laß uns huldigen,
Schönste von Olympos' Heeren,
Krone der Unsterblichen!

Als der Geister Wunsch gelungen,
Und gereift die Stunde war,
Da, von Ares' Arm umschlungen,
Cytherea dich gebar,

Als die Heldin ohne Tadel
Nun der Erde Sohn so nah
Staunend in des Vaters Adel,
In der Mutter Gürtel sah,

Da begann zu Sonnenhöhen
Nie versuchten Adlerflug,
Was von Göttern ausersehen
Kraft und Lieb im Busen trug;
Stolzer hub des Sieges Flügel,
Rosiger der Friede sich;
Jauchzend um die Blumenhügel
Grüßte Gram und Sorge dich.

Blutend trug die Siegesfahne,
In der Stürme Donner schwamm
Durch die wilden Ozeane,
Wer aus deinem Schoße kam;
Deiner Riesen Wehre klangen
Bis hinab zur alten Nacht –
Ha! des Orkus Tore sprangen,
Zitternd deiner Zaubermacht!

Trunken, wie von Hebes Schale,
Kos'ten sie in süßer Rast
Am ersehnten Opfermahle
Nach der schwülen Tage Last;
Göttern glich der Freunde Rächer,
Wenn die stolze Zähre sank
In den vollen Labebecher,
Den er seinem Siege trank.

Liebend stieg die Muse nieder,
Als sie in Arkadia
Dich im göttlichen Gefieder
Schwebend um die Schäfer sah;

Mutter! Herz und Lippe brannten,
Feierten im Liede dich,
Und am süßen Laute kannten
Jubelnd deine Söhne sich. –

Ha! in deinem Schoße schwindet
Jede Sorg und fremde Lust;
Nur in deinem Himmel findet
Sättigung die wilde Brust;
Frommen Kindersinnes wiegen
Sich im Schoße der Natur –
Über Stolz und Lüge siegen
Deine Auserwählten nur. –

Dank, o milde Segensrechte!
Für die Wonn und Heiligkeit,
Für der hohen Bundesnächte
Süße kühne Trunkenheit;
Für des Trostes Melodien,
Für der Hoffnung Labetrank,
Für die tausend Liebesmühen
Weinenden entflammten Dank!

Siehe, Frücht und Äste fallen,
Felsen stürzt der Zeitenfluß;
Freundlich winkt zu Minos' Hallen
Bald der stille Genius;
Doch es lebe, was hienieden
Schönes, Göttliches verblüht,
Hier, o Brüder! Tyndariden!
Wo die reine Flamme glüht. –

Ha! die frohen Geister ringen
Zur Unendlichkeit hinan,
Tiefer ahndungsvoller dringen
Wir in diesen Ozean!

Hin zu deiner Wonne schweben
Wir aus Sturm und Dämmerung,
Du, der Myriaden Leben
Heilig Ziel! Vereinigung!

Wo in seiner Siegesfeier
Götterlust der Geist genießt,
Süßer, heiliger und freier
Seel in Seele sich ergießt,
Wo ins Meer die Ströme rinnen,
Singen bei der Pole Klang
Wir der Geisterköniginnen
Schönster einst Triumphgesang.

## HYMNE AN DIE LIEBE

Froh der süßen Augenweide
Wallen wir auf grüner Flur;
Unser Priestertum ist Freude,
Unser Tempel die Natur; –
Heute soll kein Auge trübe,
Sorge nicht hienieden sein!
Jedes Wesen soll der Liebe,
Frei und froh, wie wir, sich freun!

Höhnt im Stolze, Schwestern, Brüder!
Höhnt der scheuen Knechte Tand!
Jubelt kühn das Lied der Lieder,
Festgeschlungen Hand in Hand!
Steigt hinauf am Rebenhügel,
Blickt hinab ins weite Tal!
Überall der Liebe Flügel,
Hold und herrlich überall!

Liebe bringt zu jungen Rosen
Morgentau von hoher Luft,
Lehrt die warmen Lüfte kosen
In der Maienblume Duft;
Um die Orione leitet
Sie die treuen Erden her,
Folgsam ihrem Winke, gleitet
Jeder Strom ins weite Meer;

An die wilden Berge reihet
Sie die sanften Täler an,
Die entbrannte Sonn erfreuet
Sie im stillen Ozean;
Siehe! mit der Erde gattet
Sich des Himmels heil'ge Lust,
Von den Wettern überschattet
Bebt entzückt der Mutter Brust.

Liebe wallt durch Ozeane,
Höhnt der dürren Wüste Sand,
Blutet an der Siegesfahne
Jauchzend für das Vaterland;
Liebe trümmert Felsen nieder,
Zaubert Paradiese hin –
Lächelnd kehrt die Unschuld wieder,
Göttlichere Lenze blühn.

Mächtig durch die Liebe, winden
Von der Fessel wir uns los,
Und die trunknen Geister schwinden
Zu den Sternen, frei und groß!
Unter Schwur und Kuß vergessen
Wir die träge Flut der Zeit,
Und die Seele naht vermessen
Deiner Lust, Unendlichkeit!

## HYMNE AN DEN GENIUS DER JUGEND

Heil! das schlummernde Gefieder
Ist zu neuem Flug erwacht,
Triumphierend fühl ich wieder
Lieb und stolze Geistesmacht;
Siehe! deiner Himmelsflamme,
Deiner Freud und Stärke voll,
Herrscher in der Götter Stamme!
Sei der kühnen Liebe Zoll.

Ha! der brüderlichen Milde,
So von deiner Stirne spricht!
Solch harmonisches Gebilde
Weidete kein Auge nicht;
Wie um ihn die Aare schweben,
Wie die Lock im Fluge weht! –
Wo im ungemeßnen Leben
Lebt so süße Majestät?

Lächelnd sah der Holde nieder
Auf die winterliche Flur,
Und sie lebt und liebet wieder,
Die entschlummerte Natur;
Um die Hügel und die Tale
Jauchz ich nun im Vollgenuß,
Über deinem Freudenmahle,
Königlicher Genius!

Ha! wie diese Götteraue
Wieder lächelt und gedeiht!
Alles, was ich fühl und schaue,
*Eine* Lieb und Seligkeit!
Felsen hat der Falk erschwungen,
Sich, wie dieses Herz, zu freun,
Und, von gleicher Kraft durchdrungen,
Strebt und rauscht der Eichenhain.

Unter liebendem Gekose
Schmieget Well an Welle sich;
Liebend fühlt die süße Rose,
Fühlt die heil'ge Myrte dich;
Tausend frohe Leben winden
Schüchtern sich um Tellus' Brust,
Und dem blauen Äther künden
Tausend Jubel deine Lust.

Doch des Herzens schöne Flamme,
Die mir deine Huld verlieh,
Herrscher in der Götter Stamme!
Süßer, stolzer fühl ich sie;
Deine Frühlinge verblühten,
Manch Geliebtes welkte dir; –
Wie vor Jahren sie erglühten,
Glühen Herz und Stirne mir.

Oh! du lohnst die stille Bitte
Noch mit innigem Genuß,
Leitest noch des Pilgers Tritte
Zu der Freude Götterkuß;
Mit der Balsamtropfe kühlen
Hoffnungen die Wunde doch,
Süße Täuschungen umspielen
Doch die dürren Pfade noch.

Jedem Adel hingegeben,
Jeder lesbischen Gestalt,
Huldiget das trunkne Leben
Noch der Schönheit Allgewalt;
Törig hab ich oft gerungen,
Dennoch herrscht zu höchster Lust,
Herrscht zu süßen Peinigungen
Liebe noch, in dieser Brust.

An der alten Taten Heere
Weidet noch das Auge sich.
Ha! der großen Väter Ehre
Spornet noch zum Ziele mich;
Rastlos, bis in Plutons Hallen
Meiner Sorgen schönste ruht,
Die erkorne Bahn zu wallen,
Fühl ich Stärke noch und Mut.

Wo die Nektarkelche glühen,
Seiner Siege Zeus genießt,
Und sein Aar, von Melodien
Süß berauscht, das Auge schließt,
Wo, mit heil'gem Laub umwunden,
Der Heroen Schar sich freut,
Fühlt noch oft, von dir entbunden,
Meine Seele Göttlichkeit.

Preis, o Schönster der Dämonen!
Preis dir, Herrscher der Natur!
Auch der Götter Regionen
Blühn durch deine Milde nur;
Trübte sich in heil'gem Zorne
Je dein strahlend Angesicht –
Ha! sie tränken aus dem Borne
Ew'ger Lust und Schöne nicht!

Eos, glühend vom Genusse,
Durch die Liebe schön und groß,
Wände sich von Tithons Kusse
Alternd und verkümmert los;
Der in königlicher Eile
Lächelnd durch den Äther wallt,
Phöbus trauert' um die Pfeile,
Um die Kühnheit und Gestalt.

Träg zu lieben, und zu hassen,
Ganz, von ihrer Siegeslust,
Ihrer wilden Kraft verlassen,
Schlummert' Ares' stolze Brust;
Ha! den Todesbecher tränke
Selbst des Donnergottes Macht! –
Erd und Firmament versänke
Wimmernd in des Chaos Nacht.

Doch in namenlosen Wonnen
Feiern ewig Welten dich,
In der Jugend Strahlen sonnen
Ewig alle Geister sich; –
Mag des Herzens Glut erkalten,
Mag im langen Kampfe mir
Jede süße Kraft veralten,
Neuverschönt erwacht sie dir!

[EINLADUNG AN NEUFFER]

Dein Morgen, Bruder, ging so schön hervor,
So herrlich schimmerte dein Morgenrot –
Und doch – und doch besiegt ein schwarzer Sturm
Das hehre Licht – und wälzet schreckenvoll
Den grimmen Donner auf dein sichres Haupt!
O Bruder! Bruder! daß dein Bild so wahr,
So schrecklich wahr des Lebens Wechsel deutet!
Daß Disteln hinter Blumengängen lauern –
Und Jammer auf die Rosenwange schielt!
Und bleicher Tod in Jünglingsadern schleicht,
Und bange Trennung treuer Freunde Los
Und edler Herzen Schicksal Druck und Kummer ist!
Da baun wir Plane, träumen so entzückt
Vom nahen Ziel – und plötzlich, plötzlich zuckt
Ein Blitz herab, und öffnet uns die Augen!
Du frägst, warum dies all? – aus heller Laune.
Ich sah im Geist sich deine Stirne wölken,
In deiner Eingezogenheit – da ging
Ich trüben Blicks hinab zu meinem Neckar
Und sah in seine Wogen, bis mir schwindelte –
Und kehrte still und voll der dunklen Zukunft,
Und voll des Schicksals, welches unsrer wartet,
Zurück – und setzte mich, und also ward
Die – freilich nicht erbauliche – Tirade
Vom ungewissen Wechsel unsers Lebens.
Doch – komme du – du scherze mir Tiraden
Und Ahndungen der Zukunft von der Stirne weg,
O komm – es harret dein ein *eigen Deckelglas* –
Stiefmütterlich soll wahrlich nicht mein Fäßchen sein.
Und findst du schon kein Städtermahl, so würzet es
Doch meine Freundschaft, und der Meinen guter Wille.

## AN EINE ROSE

Ewig trägt im Mutterschoße,
Süße Königin der Flur!
Dich und mich die stille, große,
Allbelebende Natur;
Röschen! unser Schmuck veraltet,
Stürm entblättern dich und mich,
Doch der ew'ge Keim entfaltet
Bald zu neuer Blüte sich.


## AN HILLER

*Du lebtest, Freund!* – Wer nicht die köstliche
Reliquie des Paradieses, nicht
Der Liebe goldne königliche Frucht,
Wie du, auf seinem Lebenswege brach,
Wem nie im Kreise freier Jünglinge
In süßem Ernst der Freundschaft trunkne Zähre
Hinab ins Blut der heil'gen Rebe rann,
Wer nicht, wie du, aus dem begeisternden,
Dem ewigvollen Becher der Natur
Sich Mut und Kraft, und Lieb und Freude trank,
Der lebte nie, und wenn sich ein Jahrhundert,
Wie eine Last, auf seiner Schulter häuft. –
*Du lebtest, Freund!* es blüht nur wenigen
Des Lebens Morgen, wie er dir geblüht;
Du fandest Herzen, dir an Einfalt, dir
An edlem Stolze gleich; es sproßten dir
Viel schöne Blüten der Geselligkeit;
Auch adelte die innigere Lust,
Die Tochter weiser Einsamkeit, dein Herz;
Für jeden Reiz der Hügel und der Tale,
Für jede Grazien des Frühlings ward
Ein offnes unumwölktes Auge dir.

Dich, Glücklicher, umfing die Riesentochter
Der schaffenden Natur, Helvetia;
Wo frei und stark der alte, stolze Rhein
Vom Fels hinunter donnert, standest du
Und jubeltest ins herrliche Getümmel.
Wo Fels und Wald ein holdes zauberisches
Arkadien umschließt, wo himmelhoch Gebirg,
Des tausendjähr'gen Scheitel ew'ger Schnee,
Wie Silberhaar des Greisen Stirne, kränzt,
Umschwebt von Wetterwolken und von Adlern,
Sich unabsehbar in die Ferne dehnt,
Wo *Tells* und *Walters* heiliges Gebein
Der unentweihten freundlichen Natur
Im Schoße schläft, und manches Helden Staub,
Vom leisen Abendwind emporgeweht,
Des Sennen sorgenfreies Dach umwallt,
Dort fühltest du, was groß und göttlich ist,
Von seligen Entwürfen glühte dir,
Von tausend goldnen Träumen deine Brust;
Und als du nun vom lieben heil'gen Lande
Der Einfalt und der freien Künste schiedst,
Da wölkte freilich sich die Stirne dir,
Doch schuf dir bald mit ihrem Zauberstabe
Manch selig Stündchen die Erinnerung.

Wohl ernster schlägt sie nun, die Scheidestunde;
Denn ach! sie mahnt, die unerbittliche,
Daß unser Liebstes welkt, daß ew'ge Jugend
Nur drüben im Elysium gedeiht;
Sie wirft uns auseinander, Herzensfreund!
Wie Mast und Segel vom zerrißnen Schiffe
Im wilden Ozean der Sturm zerstreut.
Vielleicht indes uns andre nah und ferne
Der unerforschten Pepromene Wink
Durch Steppen oder Paradiese führt,
Fliegst du der jungen seligeren Welt

Auf deiner Philadelphier Gestaden
Voll frohen Muts im fernen Meere zu;
Vielleicht, daß auch ein süßes Zauberband
Ans abgelebte feste Land dich fesselt!
Denn traun! ein Rätsel ist des Menschen Herz!
Oft flammt der Wunsch, unendlich fortzuwandern,
Unwiderstehlich herrlich in uns auf;
Oft deucht uns auch im engbeschränkten Kreise
Ein Freund, ein Hüttchen, und ein liebes Weib
Zu aller Wünsche Sättigung genug. –
Doch werfe, wie sie will, die Scheidestunde
Die Herzen, die sich lieben, auseinander!
Es scheuet ja der Freundschaft heil'ger Fels
Die träge Zeit, und auch die Ferne nicht.
Wir kennen uns, du Teurer! – Lebe wohl!


DEM GENIUS DER KÜHNHEIT
*Eine Hymne*

Wer bist du? wie zur Beute, breitet
Das Unermeßliche vor dir sich aus,
Du Herrlicher! mein Saitenspiel geleitet
Dich auch hinab in Plutons dunkles Haus;
So flogen auf Ortygias Gestaden,
Indes der Lieder Sturm die Wolken brach,
Dem Rebengott die taumelnden Mänaden
In wilder Lust durch Hain und Klüfte nach.

Einst war, wie mir, der stille Funken
Zu freier heitrer Flamme dir erwacht,
Du braustest so, von junger Freude trunken,
Voll Übermuts durch deiner Wälder Nacht,

Als von der Meisterin, der Not, geleitet,
Dein ungewohnter Arm die Keule schwang,
Und drohend sich, vom ersten Feind erbeutet,
Die Löwenhaut um deine Schulter schlang. –

Wie nun in jugendlichem Kriege
Heroenkraft mit der Natur sich maß!
Ach! wie der Geist, vom wunderbaren Siege
Berauscht, der armen Sterblichkeit vergaß!
Die stolzen Jünglinge! die kühnen!
Sie legten froh dem Tiger Fesseln an,
Sie bändigten, von staunenden Delphinen
Umtanzt, den königlichen Ozean.

Oft hör ich deine Wehre rauschen,
Du Genius der Kühnen! und die Lust,
Den Wundern deines Heldenvolks zu lauschen,
Sie stärkt mir oft die lebensmüde Brust;
Doch weilst du freundlicher um stille Laren,
Wo eine Welt der Künstler kühn belebt,
Wo um die Majestät des Unsichtbaren
Ein edler Geist der Dichtung Schleier webt.

Den Geist des Alls, und seine Fülle
Begrüßte Mäons Sohn auf heil'ger Spur,
Sie stand vor ihm, mit abgelegter Hülle,
Voll Ernstes da, die ewige Natur;
Er rief sie kühn vom dunklen Geisterlande,
Und lächelnd trat, in aller Freuden Chor,
Entzückender im menschlichen Gewande
Die namenlose Königin hervor.

Er sah die dämmernden Gebiete,
Wohin das Herz in banger Lust begehrt,
Er streuete der Hoffnung süße Blüte
Ins Labyrinth, wo keiner wiederkehrt,
Dort glänzte nun in mildem Rosenlichte
Der Lieb und Ruh ein lächelnd Heiligtum,
Er pflanzte dort der Hesperiden Früchte,
Dort stillt die Sorgen nun Elysium.

Doch schrecklich war, du Gott der Kühnen!
Dein heilig Wort, wenn unter Nacht und Schlaf
Verkündiger des ew'gen Lichts erschienen,
Und den Betrug der Wahrheit Flamme traf;
Wie seinen Blitz aus hohen Wetternächten
Der Donnerer auf bange Tale streut,
So zeigtest du entarteten Geschlechten
Der Riesen Sturz, der Völker Sterblichkeit.

Du wogst mit strenggerechter Schale,
Wenn mit der Toge du das Schwert vertauscht,
Du sprachst, sie wankten, die Sardanapale,
Vom Taumelkelche deines Zorns berauscht;
Es schröckt' umsonst mit ihrem Tigergrimme
Dein Tribunal die alte Finsternis,
Du hörtest ernst der Unschuld leise Stimme,
Und opfertest der heil'gen Nemesis.

Verlaß mit deinem Götterschilde,
Verlaß, o du der Kühnen Genius!
Die Unschuld nie. Gewinne dir und bilde
Das Herz der Jünglinge mit Siegsgenuß!
O säume nicht! ermahne, strafe, siege!
Und sichre stets der Wahrheit Majestät,
Bis aus der Zeit geheimnisvoller Wiege
Des Himmels Kind, der ew'ge Friede geht.

## GRIECHENLAND

*An Gotthold Stäudlin*

[Erste Fassung]

Hätt ich dich im Schatten der Platanen,
Wo durch Blumen der Ilissus rann,
Wo die Jünglinge sich Ruhm ersannen,
Wo die Herzen Sokrates gewann,
Wo Aspasia durch Myrten wallte,
Wo der brüderlichen Freude Ruf
Aus der lärmenden Agora schallte,
Wo mein Plato Paradiese schuf,

Wo den Frühling Festgesänge würzten,
Wo die Fluten der Begeisterung
Von Minervens heil'gem Berge stürzten –
Der Beschützerin zur Huldigung –
Wo in tausend süßen Dichterstunden,
Wie ein Göttertraum, das Alter schwand,
Hätt ich da, Geliebter, dich gefunden,
Wie vor Jahren dieses Herz dich fand!

Ach! wie anders hätt ich dich umschlungen! –
Marathons Heroen sängst du mir,
Und die schönste der Begeisterungen
Lächelte vom trunknen Auge dir;
Deine Brust verjüngten Siegsgefühle,
Und dein Haupt, vom Lorbeerzweig umspielt,
Fühlte nicht des Lebens dumpfe Schwüle,
Die so karg der Hauch der Freude kühlt.

Ist der Stern der Liebe dir verschwunden,
Und der Jugend holdes Rosenlicht?
Ach! umtanzt von Hellas' goldnen Stunden,
Fühltest du die Flucht der Jahre nicht;

Ewig, wie der Vesta Flamme, glühte
Mut und Liebe dort in jeder Brust,
Wie die Frucht der Hesperiden, blühte
Ewig dort der Jugend süße Lust.

Hätte doch von diesen goldnen Jahren
Einen Teil das Schicksal dir beschert;
Diese reizenden Athener waren
Deines glühenden Gesangs so wert;
Hingelehnt am frohen Saitenspiele
Bei der süßen Chiertraube Blut,
Hättest du vom stürmischen Gewühle
Der Agora glühend ausgeruht.

Ach! es hätt in jenen bessern Tagen
Nicht umsonst so brüderlich und groß
Für ein Volk dein liebend Herz geschlagen,
Dem so gern des Dankes Zähre floß; –
Harre nun! sie kommt gewiß, die Stunde,
Die das Göttliche vom Staube trennt!
Stirb! du suchst auf diesem Erdenrunde,
Edler Geist! umsonst dein Element!

Attika, die Riesin, ist gefallen,
Wo die alten Göttersöhne ruhn,
Im Ruin gestürzter Marmorhallen
Brütet ew'ge Todesstille nun;
Lächelnd steigt der süße Frühling nieder,
Doch er findet seine Brüder nie
In Ilissus' heil'gem Tale wieder,
Ewig deckt die bange Wüste sie.

Mich verlangt ins beßre Land hinüber
Nach Alcäus und Anakreon,
Und ich schlief' im engen Hause lieber,
Bei den Heiligen in Marathon!

Ach, es sei die letzte meiner Tränen,
Die dem heil'gen Griechenlande rann,
Laßt, o Parzen, laßt die Schere tönen!
Denn mein Herz gehört den Toten an.


GRIECHENLAND

[Zweite Fassung]

Hätt ich dich im Schatten der Platanen,
Wo durch Blumen der Cephissus rann,
Wo die Jünglinge sich Ruhm ersannen,
Wo die Herzen Sokrates gewann,
Wo Aspasia durch Myrten wallte,
Wo der brüderlichen Freude Ruf
Aus der lärmenden Agora schallte,
Wo mein Plato Paradiese schuf,

Wo den Frühling Festgesänge würzten,
Wo die Ströme der Begeisterung
Von Minervens heil'gem Berge stürzten –
Der Beschützerin zur Huldigung –
Wo in hundert süßen Dichterstunden,
Wie ein Göttertraum, das Alter schwand,
Hätt ich da, Geliebter! dich gefunden,
Wie vor Jahren dieses Herz dich fand!

Ach! wie anders hätt ich dich umschlungen.
Marathons Heroen sängst du mir,
Und die schönste der Begeisterungen
Lächelte vom trunknen Auge dir,
Deine Brust verjüngten Siegsgefühle,
Deinen Geist, vom Lorbeerzweig umspielt,
Drückte nicht des Lebens dumpfe Schwüle,
Die so karg der Hauch der Freude kühlt.

Ist der Stern der Liebe dir verschwunden
Und der Jugend holdes Rosenlicht?
Ach! umtanzt von Hellas' goldnen Stunden,
Fühltest du die Flucht der Jahre nicht,
Frühe wie der Vesta Flammen glühte
Mut und Liebe da aus jeder Brust,
Wie die Frucht der Hesperiden, blühte
Ewig dort der Jugend stolze Lust.

Ach! es hätt in jenen goldnen Tagen
Nicht umsonst so brüderlich und groß
Für das Volk dein liebend Herz geschlagen,
Dem so gern der Freude Zähre floß.
Harre nur, sie kommt gewiß, die Stunde,
Die das Göttliche vom Kerker trennt.
Stirb, du suchest auf dem Erdenrunde,
Edler Geist, umsonst dein Element.

Attika, die Heldin, ist gefallen,
Wo die alten Göttersöhne ruhn,
Im Ruin der schönen Marmorhallen
Steht der Kranich einsam traurend nun;
Lächelnd kehrt der holde Frühling nieder,
Doch er findet seine Brüder nie
In Ilissus' heil'gem Tale wieder,
Unter Schutt und Dornen schlummern sie.

Mich verlangt ins ferne Land hinüber
Nach Alcäus und Anakreon,
Und ich schlief' im engen Hause lieber,
Bei den Seligen in Marathon.
Ach, es sei die letzte meiner Tränen,
Die dem lieben Griechenlande rann,
Laß, o Parze, laß die Schere tönen,
Denn mein Herz gehört den Toten an!

## GRIECHENLAND
*An St.*

[Dritte Fassung]

Hätt ich dich im Schatten der Platanen,
Wo durch Blumen der Cephissus rann,
Wo die Jünglinge sich Ruhm ersannen,
Wo die Herzen Sokrates gewann,
Wo Aspasia durch Myrten wallte,
Wo der brüderlichen Freude Ruf
Aus der lärmenden Agora schallte,
Wo mein Plato Paradiese schuf,

Wo den Frühling Festgesänge würzten,
Wo die Ströme der Begeisterung
Von Minervens heil'gem Berge stürzten –
Der Beschützerin zur Huldigung –
Wo in tausend süßen Dichterstunden,
Wie ein Göttertraum, das Alter schwand,
Hätt ich da, Geliebter! dich gefunden,
Wie vor Jahren dieses Herz dich fand,

Ach! wie anders hätt ich dich umschlungen! –
Marathons Heroen sängst du mir,
Und die schönste der Begeisterungen
Lächelte vom trunknen Auge dir,
Deine Brust verjüngten Siegsgefühle,
Deinen Geist, vom Lorbeerzweig umspielt,
Drückte nicht des Lebens stumpfe Schwüle,
Die so karg der Hauch der Freude kühlt.

Ist der Stern der Liebe dir verschwunden?
Und der Jugend holdes Rosenlicht?
Ach! umtanzt von Hellas' goldnen Stunden,
Fühltest du die Flucht der Jahre nicht,

Ewig, wie der Vesta Flamme, glühte
Mut und Liebe dort in jeder Brust,
Wie die Frucht der Hesperiden, blühte
Ewig dort der Jugend stolze Lust.

Ach! es hätt in jenen bessern Tagen
Nicht umsonst so brüderlich und groß
Für das Volk dein liebend Herz geschlagen,
Dem so gern der Freude Zähre floß! –
Harre nun! sie kömmt gewiß, die Stunde,
Die das Göttliche vom Kerker trennt –
Stirb! du suchst auf diesem Erdenrunde,
Edler Geist! umsonst dein Element.

Attika, die Heldin, ist gefallen;
Wo die alten Göttersöhne ruhn,
Im Ruin der schönen Marmorhallen
Steht der Kranich einsam trauernd nun;
Lächelnd kehrt der holde Frühling nieder,
Doch er findet seine Brüder nie
In Ilissus' heil'gem Tale wieder –
Unter Schutt und Dornen schlummern sie.

Mich verlangt ins ferne Land hinüber
Nach Alcäus und Anakreon,
Und ich schlief' im engen Hause lieber,
Bei den Heiligen in Marathon;
Ach! es sei die letzte meiner Tränen,
Die dem lieben Griechenlande rann,
Laßt, o Parzen, laßt die Schere tönen,
Denn mein Herz gehört den Toten an!

## DAS SCHICKSAL

*Προσκυνουντες την ειμαρμενην, σοφοι.*
                                                *Äschylus*

Als von des Friedens heil'gen Talen,
Wo sich die Liebe Kränze wand,
Hinüber zu den Göttermahlen
Des goldnen Alters Zauber schwand,
Als nun des Schicksals ehrne Rechte,
Die große Meisterin, die Not,
Dem übermächtigen Geschlechte
Den langen, bittern Kampf gebot,

Da sprang er aus der Mutter Wiege,
Da fand er sie, die schöne Spur
Zu seiner Tugend schwerem Siege,
Der Sohn der heiligen Natur;
Der hohen Geister höchste Gabe,
Der Tugend Löwenkraft begann
Im Siege, den ein Götterknabe
Den Ungeheuern abgewann.

Es kann die Lust der goldnen Ernte
Im Sonnenbrande nur gedeihn;
Und nur in seinem Blute lernte
Der Kämpfer, frei und stolz zu sein;
Triumph! die Paradiese schwanden,
Wie Flammen aus der Wolke Schoß,
Wie Sonnen aus dem Chaos, wanden
Aus Stürmen sich Heroen los.

Der Not ist jede Lust entsprossen,
Und unter Schmerzen nur gedeiht
Das Liebste, was mein Herz genossen,
Der holde Reiz der Menschlichkeit;
So stieg, in tiefer Flut erzogen,
Wohin kein sterblich Auge sah,
Stillächelnd aus den schwarzen Wogen
In stolzer Blüte Cypria.

Durch Not vereiniget, beschwuren
Vom Jugendtraume süß berauscht
Den Todesbund die Dioskuren,
Und Schwert und Lanze ward getauscht;
In ihres Herzens Jubel eilten
Sie, wie ein Adlerpaar, zum Streit,
Wie Löwen ihre Beute, teilten
Die Liebenden Unsterblichkeit. –

Die Klagen lehrt die Not verachten,
Beschämt und ruhmlos läßt sie nicht
Die Kraft der Jünglinge verschmachten,
Gibt Mut der Brust, dem Geiste Licht;
Der Greise Faust verjüngt sie wieder;
Sie kömmt, wie Gottes Blitz, heran,
Und trümmert Felsenberge nieder,
Und wallt auf Riesen ihre Bahn.

Mit ihrem heil'gen Wetterschlage,
Mit Unerbittlichkeit vollbringt
Die Not an *einem* großen Tage,
Was kaum Jahrhunderten gelingt;
Und wenn in ihren Ungewittern
Selbst ein Elysium vergeht,
Und Welten ihrem Donner zittern –
Was groß und göttlich ist, besteht. –

O du, Gespielin der Kolossen,
O weise, zürnende Natur,
Was je ein Riesenherz beschlossen,
Es keimt' in deiner Schule nur.
Wohl ist Arkadien entflohen;
Des Lebens beßre Frucht gedeiht
Durch sie, die Mutter der Heroen,
Die eherne Notwendigkeit. –

Für meines Lebens goldnen Morgen
Sei Dank, o Pepromene, dir!
Ein Saitenspiel und süße Sorgen
Und Träum und Tränen gabst du mir;
Die Flammen und die Stürme schonten
Mein jugendlich Elysium,
Und Ruh und stille Liebe thronten
In meines Herzens Heiligtum.

Es reife von des Mittags Flamme,
Es reife nun vom Kampf und Schmerz
Die Blüt am grenzenlosen Stamme,
Wie Sprosse Gottes, dieses Herz!
Beflügelt von dem Sturm, erschwinge
Mein Geist des Lebens höchste Lust,
Der Tugend Siegeslust verjünge
Bei kargem Glücke mir die Brust!

Im heiligsten der Stürme falle
Zusammen meine Kerkerwand,
Und herrlicher und freier walle
Mein Geist ins unbekannte Land!
Hier blutet oft der Adler Schwinge;
Auch drüben warte Kampf und Schmerz!
Bis an der Sonnen letzte ringe,
Genährt vom Siege, dieses Herz.

## AN DEN FRÜHLING

Wangen sah ich verblühn, und die Kraft der Arme veralten ...

Du mein Herz! noch alterst du nicht; wie Luna den Liebling
Weckte des Himmels Kind, die Freude, vom Schlafe dich wieder;
Denn *sie* erwacht mit mir zu neuer, glühender Jugend,
Meine Schwester, die süße Natur, und meine geliebten
Tale lächeln mich an, und meine geliebteren Haine,
Voll erfreulichen Vogelgesangs, und scherzender Lüfte,
Jauchzen in wilder Lust der Freundlichen Gruß mir entgegen.
Der du Herzen verjüngst, und Fluren, heiliger Frühling,
Heil dir! Erstgeborner der Zeit! erquickender Frühling,
Erstgeborner im Schoße der Zeit! Gewaltiger! Heil dir,
Heil! die Fessel zerriß; und tönt dir Feiergesänge,
Daß die Gestad erbeben, der Strom, wir Jünglinge taumeln,
Jauchzen hinaus, wo der Strom dich preist, wir enthüllen, du Holder,
Deinem Liebeshauche die glühende Brust, und stürzen hinunter
In den Strom, und jauchzen mit ihm, und nennen dich Bruder.

Bruder! wie tanzt so schön, mit tausendfältiger Freude,
Ach! und tausendfältiger Lieb im lächelnden Äther
Deine Erde dahin, seit aus Elysiums Talen
Du mit dem Zauberstab ihr nahtest, himmlischer Jüngling!
Sahn wir nicht, wie sie freundlicher nun den stolzen Geliebten
Grüßt', den heiligen Tag, wenn er kühn vom Siege der Schatten
Über die Berge flammt! wie sie sanfterrötend im Schleier
Silberner Düfte verhüllt, in süßen Erwartungen aufblickt,
Bis sie glühet von ihm, und ihre friedlichen Kinder
Alle, Blumen und Hain', und Saaten und sprossende Reben, ...


Schlummre, schlummre nun, mit deinen friedlichen Kindern,
Mutter Erde! denn Helios hat die glühenden Rosse
Längst zur Ruhe gelenkt, und die freundlichen Helden des Himmels,
Perseus dort, und Herkules dort, sie wallen in stiller
Liebe vorbei, und leise durchstreift der flüsternde Nachthauch
Deine fröhliche Saat, und die fernher tönenden Bäche
Lispeln Schlummergesänge darein, ...

## AN NEUFFER

*Im März 1794*

Noch kehrt in mich der süße Frühling wieder,
Noch altert nicht mein kindischfröhlich Herz,
Noch rinnt vom Auge mir der Tau der Liebe nieder,
Noch lebt in mir der Hoffnung Lust und Schmerz.

Noch tröstet mich mit süßer Augenweide
Der blaue Himmel und die grüne Flur,
Mir reicht die Göttliche den Taumelkelch der Freude,
Die jugendliche freundliche Natur.

Getrost! es ist der Schmerzen wert, dies Leben,
Solang uns Armen Gottes Sonne scheint,
Und Bilder beßrer Zeit um unsre Seele schweben,
Und ach! mit uns ein freundlich Auge weint.

## FREUNDESWUNSCH

*An Rosine St.*

Wenn vom Frühling rund umschlungen,
Von des Morgens Hauch umweht,
Trunken nach Erinnerungen
Meine wache Seele späht,
Wenn, wie einst am fernen Herde,
Mir so süß die Sonne blinkt,
Und ihr Strahl ins Herz der Erde,
Und der Erdenkinder dringt,

Wenn umdämmert von der Weide,
Wo der Bach vorüberrinnt,
Tief bewegt von Leid und Freude
Meine Seele träumt, und sinnt,

Wenn im Haine Geister säuseln,
Wenn im Mondenschimmer sich
Kaum die stillen Teiche kräuseln,
Schau ich oft und grüße dich.

Edles Herz, du bist der Sterne
Und der schönen Erde wert,
Bist des wert, so viel die ferne
Nahe Mutter dir beschert.
Sieh, mit deiner Liebe lieben
Schöner die Erwählten nur;
Denn du bist ihr treu geblieben,
Deiner Mutter, der Natur!

Der Gesang der Haine schalle
Froh, wie du, um deinen Pfad;
Sanft bewegt vom Weste, walle,
Wie dein friedlich Herz, die Saat.
Deine liebste Blüte regne,
Wo du wandelst, auf die Flur,
Wo dein Auge weilt, begegne
Dir das Lächeln der Natur.

Oft im stillen Tannenhaine
Webe dir ums Angesicht
Seine zauberische reine
Glorie das Abendlicht!
Deines Herzens Sorge wiege
Drauf die Nacht in süße Ruh,
Und die freie Seele fliege
Liebend den Gestirnen zu.

## DER GOTT DER JUGEND

### [Entwurf]

Ist dir in goldnen Stunden
Noch oft, als bebtest du,
Vom Staube losgewunden,
Dem stillen Haine zu,
Wo, von der Erd entflohen,
Manch himmlische Gestalt
Mit seligen Heroen
Im Rosenlichte wallt;

Entfalten dir die Keime
Der Lieb im Lenze sich,
Umwallen goldne Träume,
Wie Morgenwölkchen, dich,
Fühlst du mit trunknem Ahnen
Der Schönheit tiefsten Sinn,
Das Lächeln und das Mahnen
Der hohen Zauberin;

Gehn oft im Dämmerlichte,
Wenn in der Frühlingsnacht
Für friedliche Gesichte
Dein liebend Auge wacht,
Vor dir der Freunde Manen
Und, wie der Sterne Chor,
Die Geister der Titanen
Des Altertums empor;

Wird oft, wo sich im Schönen
Das Heilige verhüllt,
Das ewig rege Sehnen
Der Freude dir gestillt,
. . .

So such im stillsten Tale
Den blütereichsten Hain
Und gieß aus goldner Schale
Den frohen Opferwein!

Manch liebend Herz veraltet,
Noch schlägt es heilig dir,
Der Gott der Jugend waltet
Noch über dir und mir.

Ihn feiert nah und ferne,
Auf goldgeblümter Flur,
Im stillen Raum der Sterne
Die selige Natur;
Noch schwand von ihrem Bilde
Der Jugend Blüte nicht,
So wahr ihr Freud und Milde
Aus jedem Zuge spricht.

. . .
Noch kehrt des Friedens Bogen,
Und heute, wie zuvor,
Flammt aus den Meereswogen
Das Morgenrot empor.

Noch wie in Platons Hallen
Ist von des Winters Nacht
Mit ihren Blüten allen
Zu süßem Spiel erwacht,
Mit allen Seligkeiten
Der holden Cypria,
Die Glorie der Zeiten,
Die Zeit der Liebe da.

Drum such im stillsten Tale
Den düftereichsten Hain,
Und gieß aus goldner Schale
Den frohen Opferwein,
Noch lächelt unveraltet
Des Frühlings Wonne dir,
Der Gott der Jugend waltet
Noch über dir und mir.

## DER GOTT DER JUGEND

[Endgültige Fassung]

Gehn dir im Dämmerlichte,
Wenn in der Sommernacht
Für selige Gesichte
Dein liebend Auge wacht,
Noch oft der Freunde Manen
Und, wie der Sterne Chor,
Die Geister der Titanen
Des Altertums empor,

Wird da, wo sich im Schönen
Das Göttliche verhüllt,
Noch oft das tiefe Sehnen
Der Liebe dir gestillt,
Belohnt des Herzens Mühen
Der Ruhe Vorgefühl,
Und tönt von Melodien
Der Seele Saitenspiel,

So such im stillsten Tale
Den blütenreichsten Hain,
Und gieß aus goldner Schale
Den frohen Opferwein!
Noch lächelt unveraltet
Des Herzens Frühling dir,
Der Gott der Jugend waltet
Noch über dir und mir.

Wie unter Tiburs Bäumen,
Wenn da der Dichter saß,
Und unter Götterträumen
Der Jahre Flucht vergaß,

Wenn ihn die Ulme kühlte,
Und wenn sie stolz und froh
Um Silberblüten spielte,
Die Flut des Anio,

Und wie um Platons Hallen,
Wenn durch der Haine Grün,
Begrüßt von Nachtigallen,
Der Stern der Liebe schien,
Wenn alle Lüfte schliefen,
Und, sanft bewegt vom Schwan,
Cephissus durch Oliven
Und Myrtensträuche rann,

So schön ist's noch hienieden!
Auch unser Herz erfuhr
Das Leben und den Frieden
Der freundlichen Natur;
Noch blüht des Himmels Schöne,
Noch mischen brüderlich
In unsers Herzens Töne
Des Frühlings Laute sich.

Drum such im stillsten Tale
Den düftereichsten Hain,
Und gieß aus goldner Schale
Den frohen Opferwein,
Noch lächelt unveraltet
Das Bild der Erde dir,
Der Gott der Jugend waltet
Noch über dir und mir.

## AN DIE NATUR

Da ich noch um deinen Schleier spielte,
Noch an dir, wie eine Blüte, hing,
Noch dein Herz in jedem Laute fühlte,
Der mein zärtlichbebend Herz umfing,
Da ich noch mit Glauben und mit Sehnen
Reich, wie du, vor deinem Bilde stand,
Eine Stelle noch für meine Tränen,
Eine Welt für meine Liebe fand,

Da zur Sonne noch mein Herz sich wandte,
Als vernähme seine Töne sie,
Und die Sterne seine Brüder nannte
Und den Frühling Gottes Melodie,
Da im Hauche, der den Hain bewegte,
Noch dein Geist, dein Geist der Freude sich
In des Herzens stiller Welle regte,
Da umfingen goldne Tage mich.

Wenn im Tale, wo der Quell mich kühlte,
Wo der jugendlichen Sträuche Grün
Um die stillen Felsenwände spielte
Und der Äther durch die Zweige schien,
Wenn ich da, von Blüten übergossen,
Still und trunken ihren Othem trank
Und zu mir, von Licht und Glanz umflossen,
Aus den Höhn die goldne Wolke sank –

Wenn ich fern auf nackter Heide wallte,
Wo aus dämmernder Geklüfte Schoß
Der Titanensang der Ströme schallte
Und die Nacht der Wolken mich umschloß,
Wenn der Sturm mit seinen Wetterwogen
Mir vorüber durch die Berge fuhr
Und des Himmels Flammen mich umflogen,
Da erschienst du, Seele der Natur!

Oft verlor ich da mit trunknen Tränen
Liebend, wie nach langer Irre sich
In den Ozean die Ströme sehnen,
Schöne Welt! in deiner Fülle mich;
Ach! da stürzt ich mit den Wesen allen
Freudig aus der Einsamkeit der Zeit,
Wie ein Pilger in des Vaters Hallen,
In die Arme der Unendlichkeit. –

Seid gesegnet, goldne Kinderträume,
Ihr verbargt des Lebens Armut mir,
Ihr erzogt des Herzens gute Keime,
Was ich nie erringe, schenktet ihr!
O Natur! an deiner Schönheit Lichte,
Ohne Müh und Zwang entfalteten
Sich der Liebe königliche Früchte,
Wie die Ernten in Arkadien.

Tot ist nun, die mich erzog und stillte,
Tot ist nun die jugendliche Welt,
Diese Brust, die einst ein Himmel füllte,
Tot und dürftig, wie ein Stoppelfeld;
Ach! es singt der Frühling meinen Sorgen
Noch, wie einst, ein freundlich tröstend Lied,
Aber hin ist meines Lebens Morgen,
Meines Herzens Frühling ist verblüht.

Ewig muß die liebste Liebe darben,
Was wir lieben, ist ein Schatten nur,
Da der Jugend goldne Träume starben,
Starb für mich die freundliche Natur;
Das erfuhrst du nicht in frohen Tagen,
Daß so ferne dir die Heimat liegt,
Armes Herz, du wirst sie nie erfragen,
Wenn dir nicht ein Traum von ihr genügt.

## AN DIE UNERKANNTE

Kennst du sie, die selig, wie die Sterne,
Von des Lebens dunkler Woge ferne
Wandellos in stiller Schöne lebt,
Die des Herzens löwenkühne Siege,
Des Gedankens fesselfreie Flüge,
Wie der Tag den Adler, überschwebt?

Die uns trifft mit ihren Mittagsstrahlen,
Uns entflammt mit ihren Idealen,
Wie vom Himmel, uns Gebote schickt,
Die die Weisen nach dem Wege fragen,
Stumm und ernst, wie von dem Sturm verschlagen
Nach dem Orient der Schiffer blickt?

Die das Beste gibt aus schöner Fülle,
Wenn aus ihr die Riesenkraft der Wille
Und der Geist sein stilles Urteil nimmt,
Die dem Lebensliede seine Weise,
Die das Maß der Ruhe, wie dem Fleiße
Durch den Mittler, unsern Geist, bestimmt?

Die, wenn uns des Lebens Leere tötet,
Magisch uns die welken Schläfe rötet,
Uns mit Hoffnungen das Herz verjüngt,
Die den Dulder, den der Sturm zertrümmert,
Den sein fernes Ithaka bekümmert,
In Alcinous' Gefilde bringt?

Kennst du sie, die uns mit Lorbeerkronen,
Mit der Freude beßrer Regionen,
Ehe wir zu Grabe gehn, vergilt,
Die der Liebe göttlichstes Verlangen,
Die das Schönste, was wir angefangen,
Mühelos im Augenblick erfüllt?

Die der Kindheit Wiederkehr beschleunigt,
Die den Halbgott, unsern Geist, vereinigt
Mit den Göttern, die er kühn verstößt,

Die des Schicksals ehrne Schlüsse mildert,
Und im Kampfe, wenn das Herz verwildert,
Uns besänftigend den Harnisch löst?

Die das Eine, das im Raum der Sterne,
Das du suchst in aller Zeiten Ferne
Unter Stürmen, auf verwegner Fahrt,
Das kein sterblicher Verstand ersonnen,
Keine, keine Tugend noch gewonnen,
Die des Friedens goldne Frucht bewahrt?


[AN HERKULES]

In der Kindheit Schlaf begraben
Lag ich, wie das Erz im Schacht;
Dank, mein Herkules! den Knaben
Hast zum Manne du gemacht,
Reif bin ich zum Königssitze
Und mir brechen stark und groß
Taten, wie Kronions Blitze,
Aus der Jugend Wolke los.

Wie der Adler seine Jungen,
Wenn der Funk im Auge klimmt,
Auf die kühnen Wanderungen
In den frohen Äther nimmt,
Nimmst du aus der Kinderwiege,
Von der Mutter Tisch und Haus
In die Flamme deiner Kriege,
Hoher Halbgott, mich hinaus.

Wähntest du, dein Kämpferwagen
Rolle mir umsonst ins Ohr?
Jede Last, die du getragen,
Hub die Seele mir empor,
Zwar der Schüler mußte zahlen;
Schmerzlich brannten, stolzes Licht,
Mir im Busen deine Strahlen,
Aber sie verzehrten nicht.

Wenn für deines Schicksals Wogen
Hohe Götterkräfte dich,
Kühner Schwimmer! auferzogen,
Was erzog dem Siege mich?
Was berief den Vaterlosen,
Der in dunkler Halle saß,
Zu dem Göttlichen und Großen,
Daß er kühn an dir sich maß?

Was ergriff und zog vom Schwarme
Der Gespielen mich hervor?
Was bewog des Bäumchens Arme
Nach des Äthers Tag empor?
Freundlich nahm des jungen Lebens
Keines Gärtners Hand sich an,
Aber kraft des eignen Strebens
Blickt und wuchs ich himmelan.

Sohn Kronions! an die Seite
Tret ich nun errötend dir,
Der Olymp ist deine Beute;
Komm und teile sie mit mir!
Sterblich bin ich zwar geboren,
Dennoch hat Unsterblichkeit
Meine Seele sich geschworen,
Und sie hält, was sie gebeut.


DIOTIMA

[Bruchstücke einer älteren Fassung]

Lange tot und tiefverschlossen,
Grüßt mein Herz die schöne Welt,
Seine Zweige blühn und sprossen,
Neu von Lebenskraft geschwellt;
Oh! ich kehre noch ins Leben,
Wie heraus in Luft und Licht
Meiner Blumen selig Streben
Aus der dürren Hülse bricht.

Die ihr meine Klage kanntet,
Die ihr liebezürnend oft
Meines Sinnes Fehle nanntet
Und geduldet und gehofft,
Eure Not ist aus, ihr Lieben!
Und das Dornenbett ist leer,
Und ihr kennt den immertrüben
Kranken Weinenden nicht mehr.

Wie so anders ist's geworden!
Alles was ich haßt und mied,
Stimmt in freundlichen Akkorden
Nun in meines Lebens Lied,
Und mit jedem Stundenschlage
Werd ich wunderbar gemahnt
An der Kindheit goldne Tage,
Seit ich dieses Eine fand.

Diotima! selig Wesen!
Herrliche, durch die mein Geist,
Von des Lebens Angst genesen,
Götterjugend sich verheißt!
Unser Himmel wird bestehen,
Unergründlich sich verwandt
Hat, noch eh wir uns gesehen,
Unser Wesen sich gekannt.

Da ich noch in Kinderträumen,
Friedlich wie der blaue Tag,
Unter meines Gartens Bäumen
Auf der warmen Erde lag,
Da mein erst Gefühl sich regte,
Da zum erstenmale sich
Göttliches in mir bewegte,
Säuselte dein Geist um mich.

Ach und da mein schöner Friede,
Wie ein Saitenspiel, zerriß,
Da von Haß und Liebe müde
Mich mein guter Geist verließ,
Kamst du, wie vom Himmel nieder
Und es gab mein einzig Glück,
Meines Sinnes Wohllaut wieder
Mir ein Traum von dir zurück.

Da ich flehend mich vergebens
An der Wesen kleinstes hing,
Durch den Sonnenschein des Lebens
Einsam, wie ein Blinder, ging,
Oft vor treuem Angesichte
Stand und keine Deutung fand,
Darbend vor des Himmels Lichte,
Vor der Mutter Erde stand,

Lieblich Bild, mit deinem Strahle
Drangst du da in meine Nacht!
Neu an meinem Ideale,
Neu und stark war ich erwacht;
Dich zu finden, warf ich wieder,
Warf ich meinen trägen Kahn
Von dem toten Porte nieder
In den blauen Ozean. –

Nun, ich habe dich gefunden!
Schöner, als ich ahndend sah
In der Liebe Feierstunden,
Hohe Gute! bist du da;
O der armen Phantasien!
Dieses Eine bildest nur
Du, in deinen Harmonien
Frohvollendete Natur!

Wie auf schwanker Halme Bogen
Sich die trunkne Biene wiegt,
Hin und wieder angezogen,
Taumelnd hin und wieder fliegt,
Wankt und weilt vor diesem Bilde
. . .

. . .

Hab, ins tiefste Herz getroffen,
Oft um Schonung sie gefleht,
Wenn so klar und heilig offen
Mir ihr eigner Himmel steht,
Wenn die Schlacken, die mich kümmern,
Dieses Engelsauge sieht,
Wenn vor meines Friedens Trümmern
Dieser Unschuld Blume blüht;

Habe, wenn in reicher Stille,
Wenn in einem Blick und Laut
Seine Ruhe, seine Fülle
Mir ihr Genius vertraut,
Wenn ihr Geist, der mich begeistert,
An der hohen Stirne tagt,
Von Bewundrung übermeistert,
Zürnend ihr mein Nichts geklagt.

Aber, wie, in zarten Zweigen,
Liebend oft von mir belauscht,
Traulich durch der Haine Schweigen
Mir ein Gott vorüberrauscht,
So umfängt ihr himmlisch Wesen
Auch im Kinderspiele mich,
Und in süßem Zauber lösen
Freudig meine Bande sich.

## DIOTIMA

[Mittlere Fassung]

Lange tot und tiefverschlossen,
Grüßt mein Herz die schöne Welt;
Seine Zweige blühn und sprossen,
Neu von Lebenskraft geschwellt;
Oh! ich kehre noch ins Leben,
Wie heraus in Luft und Licht
Meiner Blumen selig Streben
Aus der dürren Hülse bricht.

Wie so anders ist's geworden!
Alles, was ich haßt und mied,
Stimmt in freundlichen Akkorden
Nun in meines Lebens Lied,
Und mit jedem Stundenschlage
Werd ich wunderbar gemahnt
An der Kindheit goldne Tage,
Seit ich dieses Eine fand.

Diotima! selig Wesen!
Herrliche, durch die mein Geist,
Von des Lebens Angst genesen,
Götterjugend sich verheißt!
Unser Himmel wird bestehen,
Unergründlich sich verwandt,
Hat sich, eh wir uns gesehen,
Unser Innerstes gekannt.

Da ich noch in Kinderträumen,
Friedlich, wie der blaue Tag,
Unter meines Gartens Bäumen
Auf der warmen Erde lag,
Und in leiser Lust und Schöne
Meines Herzens Mai begann,
Säuselte, wie Zephirstöne,
Diotimas Geist mich an.

Ach! und da, wie eine Sage,
Mir des Lebens Schöne schwand,
Da ich vor des Himmels Tage
Darbend, wie ein Blinder, stand,
Da die Last der Zeit mich beugte,
Und mein Leben, kalt und bleich,
Sehnend schon hinab sich neigte
In der Schatten stummes Reich;

Da, da kam vom Ideale,
Wie vom Himmel, Mut und Macht,
Du erscheinst mit deinem Strahle,
Götterbild! in meiner Nacht;
Dich zu finden, warf ich wieder,
Warf ich den entschlafnen Kahn
Von dem toten Porte nieder
In den blauen Ozean. –

Nun! ich habe dich gefunden,
Schöner, als ich ahndend sah
In der Liebe Feierstunden,
Hohe! Gute! bist du da;
O der armen Phantasien!
Dieses Eine bildest nur
Du, in ew'gen Harmonien
Frohvollendete Natur!

Wie die Seligen dort oben,
Wo hinauf die Freude flieht,
Wo, des Daseins überhoben,
Wandellose Schöne blüht,
Wie melodisch bei des alten
Chaos Zwist Urania,
Steht sie, göttlich rein erhalten,
Im Ruin der Zeiten da.

Unter tausend Huldigungen
Hat mein Geist, beschämt, besiegt,
Sie zu fassen schon gerungen,
Die sein Kühnstes überfliegt.
Sonnenglut und Frühlingsmilde,
Streit und Frieden wechselt hier
Vor dem schönen Engelsbilde
In des Busens Tiefe mir.

Viel der heil'gen Herzenstränen
Hab ich schon vor ihr geweint,
Hab in allen Lebenstönen
Mit der Holden mich vereint,
Hab, ins tiefste Herz getroffen,
Oft um Schonung sie gefleht,
Wenn so klar und heilig offen
Mir ihr eigner Himmel steht;

Habe, wenn in reicher Stille,
Wenn in einem Blick und Laut
Seine Ruhe, seine Fülle
Mir ihr Genius vertraut,
Wenn der Gott, der mich begeistert,
Mir an ihrer Stirne tagt,
Von Bewundrung übermeistert,
Zürnend ihr mein Nichts geklagt;

Dann umfängt ihr himmlisch Wesen
Süß im Kinderspiele mich,
Und in ihrem Zauber lösen
Freudig meine Bande sich;
Hin ist dann mein dürftig Streben,
Hin des Kampfes letzte Spur,
Und ins volle Götterleben
Tritt die sterbliche Natur.

Ha! wo keine Macht auf Erden,
Keines Gottes Wink uns trennt,
Wo wir Eins und Alles werden,
Da ist nur mein Element;
Wo wir Not und Zeit vergessen,
Und den kärglichen Gewinn
Nimmer mit der Spanne messen,
Da, da sag ich, daß ich bin.

Wie der Stern der Tyndariden,
Der in leichter Majestät
Seine Bahn, wie wir, zufrieden
Dort in dunkler Höhe geht,
Nun in heitre Meereswogen,
Wo die schöne Ruhe winkt,
Von des Himmels steilem Bogen
Klar und groß hinuntersinkt:

O Begeisterung! so finden
Wir in dir ein selig Grab,
Tief in deine Woge schwinden
Stillfrohlockend wir hinab,
Bis der Hore Ruf wir hören,
Und mit neuem Stolz erwacht,
Wie die Sterne, wiederkehren
In des Lebens kurze Nacht.


### DIOTIMA
[Jüngere Fassung]

Leuchtest du wie vormals nieder,
Goldner Tag! und sprossen mir
Des Gesanges Blumen wieder
Lebenatmend auf zu dir?

Wie so anders ist's geworden!
Manches, was ich trauernd mied,
Stimmt in freundlichen Akkorden
Nun in meiner Freude Lied,
Und mit jedem Stundenschlage
Werd ich wunderbar gemahnt
An der Kindheit stille Tage,
Seit ich Sie, die Eine, fand.

Diotima! edles Leben!
Schwester, heilig mir verwandt!
Eh ich dir die Hand gegeben,
Hab ich ferne dich gekannt.
Damals schon, da ich in Träumen,
Mir entlockt vom heitern Tag,
Unter meines Gartens Bäumen,
Ein zufriedner Knabe, lag,
Da in leiser Lust und Schöne
Meiner Seele Mai begann,
Säuselte, wie Zephirstöne,
Göttliche! dein Geist mich an.

Ach! und da, wie eine Sage,
Jeder frohe Gott mir schwand,
Da ich vor des Himmels Tage
Darbend, wie ein Blinder, stand,
Da die Last der Zeit mich beugte,
Und mein Leben, kalt und bleich,
Sehnend schon hinab sich neigte
In der Toten stummes Reich:
Wünscht ich öfters noch, dem blinden
Wanderer, dies Eine mir,
Meines Herzens Bild zu finden
Bei den Schatten oder hier.

Nun! ich habe dich gefunden!
Schöner, als ich ahndend sah,
Hoffend in den Feierstunden,
Holde Muse! bist du da;
Von den Himmlischen dort oben,
Wo hinauf die Freude flieht,
Wo, des Alterns überhoben,
Immerheitre Schöne blüht,
Scheinst du mir herabgestiegen,
Götterbotin! weiltest du
Nun in gütigem Genügen
Bei dem Sänger immerzu.

Sommerglut und Frühlingsmilde,
Streit und Frieden wechselt hier
Vor dem stillen Götterbilde
Wunderbar im Busen mir;
Zürnend unter Huldigungen
Hab ich oft, beschämt, besiegt,
Sie zu fassen, schon gerungen,
Die mein Kühnstes überfliegt;
Unzufrieden im Gewinne,
Hab ich stolz darob geweint,
Daß zu herrlich meinem Sinne
Und zu mächtig sie erscheint.

Ach! an deine stille Schöne,
Selig holdes Angesicht!
Herz! an deine Himmelstöne
Ist gewohnt das meine nicht;
Aber deine Melodien
Heitern mählich mir den Sinn,
Daß die trüben Träume fliehen,
Und ich selbst ein andrer bin;
Bin ich dazu denn erkoren?
Ich zu deiner hohen Ruh,

So zu Licht und Lust geboren,
Göttlichglückliche! wie du? –

Wie dein Vater und der meine,
Der in heitrer Majestät
Über seinem Eichenhaine
Dort in lichter Höhe geht,
Wie er in die Meereswogen,
Wo die kühle Tiefe blaut,
Steigend von des Himmels Bogen,
Klar und still herunterschaut:
So will ich aus Götterhöhen,
Neu geweiht in schönrem Glück,
Froh zu singen und zu sehen,
Nun zu Sterblichen zurück.

## AN DIE KLUGEN RATGEBER

Ich sollte nicht im Lebensfelde ringen,
Solang mein Herz nach höchster Schöne strebt,
Ich soll mein Schwanenlied am Grabe singen,
Wo ihr so gern lebendig uns begräbt?
Oh! schonet mein und laßt das rege Streben,
Bis seine Flut ins fernste Meer sich stürzt,
Laßt immerhin, ihr Ärzte, laßt mich leben,
Solang die Parze nicht die Bahn verkürzt.

Des Weins Gewächs verschmäht die kühlen Tale,
Hesperiens beglückter Garten bringt
Die goldnen Früchte nur im heißen Strahle,
Der, wie ein Pfeil, ins Herz der Erde dringt;
Was warnt ihr dann, wenn stolz und ungeschändet
Des Menschen Herz von kühnem Zorn entbrennt,
Was nimmt ihr ihm, der nur im Kampf vollendet,
Ihr Weichlinge, sein glühend Element?

Er hat das Schwert zum Spiele nicht genommen,
Der Richter, der die alte Nacht verdammt,
Er ist zum Schlafe nicht herabgekommen,
Der reine Geist, der aus dem Äther stammt;
Er strahlt heran, er schröckt, wie Meteore,
Befreit und bändigt, ohne Ruh und Sold,
Bis, wiederkehrend durch des Himmels Tore,
Sein Kämpferwagen im Triumphe rollt.

Und ihr, ihr wollt des Rächers Arme lähmen,
Dem Geiste, der mit Götterrecht gebeut,
Bedeutet ihr, sich knechtisch zu bequemen,
Nach eures Pöbels Unerbittlichkeit?
Das Irrhaus wählt ihr euch zum Tribunale,
Dem soll der Herrliche sich unterziehn,
Den Gott in uns, den macht ihr zum Skandale,
Und setzt den Wurm zum König über ihn. –

Sonst ward der Schwärmer doch ans Kreuz geschlagen,
Und oft in edlem Löwengrimme rang
Der Mensch an donnernden Entscheidungstagen,
Bis Glück und Wut das kühne Recht bezwang;
Ach! wie die Sonne, sank zur Ruhe nieder,
Wer unter Kampf ein herrlich Werk begann,
Er sank und morgenrötlich hub er wieder
In seinen Lieblingen zu leuchten an.

Jetzt blüht die neue Kunst, das Herz zu morden,
Zum Todesdolch in meuchlerischer Hand
Ist nun der Rat des klugen Manns geworden,
Und furchtbar, wie ein Scherge, der Verstand;
Bekehrt von euch zu feiger Ruhe, findet
Der Geist der Jünglinge sein schmählich Grab,
Ach! ruhmlos in die Nebelnächte schwindet
Aus heitrer Luft manch schöner Stern hinab.

Umsonst, wenn auch der Geister Erste fallen,
Die starken Tugenden, wie Wachs, vergehn,
Das Schöne muß aus diesen Kämpfen allen,
Aus dieser Nacht der Tage Tag entstehn;
Begräbt sie nur, ihr Toten, eure Toten!
Indes ihr noch die Leichenfackel hält,
Geschiehet schon, wie unser Herz geboten,
Bricht schon herein die neue beßre Welt.

## DER JÜNGLING AN DIE KLUGEN RATGEBER

Ich sollte ruhn? Ich soll die Liebe zwingen,
Die feurigfroh nach hoher Schöne strebt?
Ich soll mein Schwanenlied am Grabe singen,
Wo ihr so gern lebendig uns begräbt?
O schonet mein! Allmächtig fortgezogen,
Muß immerhin des Lebens frische Flut
Mit Ungeduld im engen Bette wogen,
Bis sie im heimatlichen Meere ruht.

Des Weins Gewächs verschmäht die kühlen Tale,
Hesperiens beglückter Garten bringt
Die goldnen Früchte nur im heißen Strahle,
Der, wie ein Pfeil, ins Herz der Erde dringt.
Was sänftiget ihr dann, wenn in den Ketten
Der ehrnen Zeit die Seele mir entbrennt,
Was nimmt ihr mir, den nur die Kämpfe retten,
Ihr Weichlinge! mein glühend Element?

Das Leben ist zum Tode nicht erkoren,
Zum Schlafe nicht der Gott, der uns entflammt,
Zum Joch ist nicht der Herrliche geboren,
Der Genius, der aus dem Äther stammt;

Er kommt herab; er taucht sich, wie zum Bade,
In des Jahrhunderts Strom und glücklich raubt
Auf eine Zeit den Schwimmer die Najade,
Doch hebt er heitrer bald sein leuchtend Haupt.

Drum laßt die Lust, das Große zu verderben,
Und geht und sprecht von eurem Glücke nicht!
Pflanzt keinen Zedernbaum in eure Scherben!
Nimmt keinen Geist in eure Söldnerspflicht!
Versucht es nicht, das Sonnenroß zu lähmen!
Laßt immerhin den Sternen ihre Bahn!
Und mir, mir ratet nicht, mich zu bequemen,
Und macht mich nicht den Knechten untertan.

Und könnt ihr ja das Schöne nicht ertragen,
So führt den Krieg mit offner Kraft und Tat!
Sonst ward der Schwärmer doch ans Kreuz geschlagen,
Jetzt mordet ihn der sanfte kluge Rat;
Wie manchen habt ihr herrlich zubereitet
Fürs Reich der Not! wie oft auf euern Sand
Den hoffnungsfrohen Steuermann verleitet
Auf kühner Fahrt ins warme Morgenland!

Umsonst! mich hält die dürre Zeit vergebens,
Und mein Jahrhundert ist mir Züchtigung;
Ich sehne mich ins grüne Feld des Lebens
Und in den Himmel der Begeisterung;
Begrabt sie nur, ihr Toten, eure Toten,
Und preist das Menschenwerk und scheltet nur!
Doch reift in mir, so wie mein Herz geboten,
Die schöne, die lebendige Natur.

1796 – 1799

GUTER RAT

Hast du Verstand und ein Herz, so zeige nur eines von beiden,
  Beides verdammen sie dir, zeigest du beides zugleich.

ADVOCATUS DIABOLI

Tief im Herzen haß ich den Troß der Despoten und Pfaffen,
  Aber noch mehr das Genie, macht es gemein sich damit.

[DIE VORTREFFLICHEN]

Lieben Brüder! versucht es nur nicht, vortrefflich zu werden,
  Ehrt das Schicksal und tragt's, Stümper auf Erden zu sein;
Denn ist einmal der Kopf voran, so folget der Schweif auch
  Und die klassische Zeit deutscher Poeten ist aus.

DIE BESCHREIBENDE POESIE

Wißt! Apoll ist der Gott der Zeitungsschreiber geworden
  Und sein Mann ist, wer ihm treulich das Faktum erzählt.

FALSCHE POPULARITÄT

O der Menschenkenner! er stellt sich kindisch mit Kindern;
  Aber der Baum und das Kind suchet, was über ihm ist.

## SÖMMERRINGS SEELENORGAN
## UND DAS PUBLIKUM

Gerne durchschaun sie mit ihm das herrliche Körpergebäude,
Doch zur Zinne hinauf werden die Treppen zu steil.

## SÖMMERRINGS SEELENORGAN
## UND DIE DEUTSCHEN

Viele gesellten sich ihm, da der Priester wandelt' im Vorhof,
Aber ins Heiligtum wagten sich wenige nach.

## DIE EICHBÄUME

Aus den Gärten komm ich zu euch, ihr Söhne des Berges!
Aus den Gärten, da lebt die Natur geduldig und häuslich,
Pflegend und wieder gepflegt mit dem fleißigen Menschen
    zusammen.
Aber ihr, ihr Herrlichen! steht, wie ein Volk von Titanen
In der zahmeren Welt und gehört nur euch und dem Himmel,
Der euch nährt' und erzog, und der Erde, die euch geboren.
Keiner von euch ist noch in die Schule der Menschen gegangen,
Und ihr drängt euch fröhlich und frei, aus der kräftigen Wurze
Untereinander herauf und ergreift, wie der Adler die Beute,
Mit gewaltigem Arme den Raum, und gegen die Wolken
Ist euch heiter und groß die sonnige Krone gerichtet.
Eine Welt ist jeder von euch, wie die Sterne des Himmels
Lebt ihr, jeder ein Gott, in freiem Bunde zusammen.
Könnt ich die Knechtschaft nur erdulden, ich neidete nimmer
Diesen Wald und schmiegte mich gern ans gesellige Leben.
Fesselte nur nicht mehr ans gesellige Leben das Herz mich,
Das von Liebe nicht läßt, wie gern würd ich unter euch wohnen

## AN DEN ÄTHER
### [Entwurf]

Der du mich auferzogst und überall noch geleitest,
Hoher Gespiele des Gottes in uns, des mächtigen Geistes,
Stolz und Freude der fröhlichen Welt, unsterblicher Äther...
Sieh! es ruht, wie ein Kind, in deinem Schoße die Erde,
Süßbelebend hauchst du sie an, mit schmeichelnden, zarten
Melodien umsäuselst du sie, mit Strahlen der Sonne
Tränkest du sie, mit Regen und Tau aus goldener Wolke.
Und es gedeiht vor dir ihr tausendfältiges Leben,
Leicht und üppig breiten vor dir, wie die knospenden Rosen,
Ihre verschloßnen Kräfte sich aus, und ringen und streben
Alle nach dir empor in unaufhaltsamem Wachstum.

Liebender! sucht nicht dich mit ihren Augen die Pflanze,
Streckt nach dir die schüchternen Arme der knospende Strauch nicht?
Daß er dich finde, zerbricht der gefangene Same die Hülse,
Daß er, belebt von dir, in deiner Woge sich bade,
Schüttelt der Wald den Schnee, wie ein überlästig Gewand ab.
Auch die Fische kommen herauf und hüpfen verlangend
Über die glänzende Fläche des Stroms, als begehrten auch sie dich,
Göttlichrein Element! und den edeln Tieren der Erde
Wird zum Fluge der Schritt, wenn oft das gewaltige Sehnen,
Die geheime Liebe zu dir sie ergreift, sie hinaufzieht. –

Sieh! es verachtet den Boden das Roß, wie gebogener Stahl strebt
In die Höhe sein Hals, mit der Hufe berührt es den Sand kaum.
Aber des Äthers Lieblinge, sie, die glücklichen Vögel,
Wohnen und spielen vergnügt in der ewigen Halle des Vaters.
Raums genug ist für alle. Der Pfad ist keinem bezeichnet.
Und es regen sich frei in der Höhe die Großen und Kleinen.
Über dem Haupte frohlocken sie mir und es sehnt sich auch mein Herz
Wunderbar zu ihnen hinauf – und die Gipfel des Atlas
Möcht ich suchen und rufen von da dem flüchtigen Adler,
Daß er, wie einst in die Arme des Zeus den seligen Knaben,
Aus der Gefangenschaft in den heiligen Äther mich trage.

Zwar, wie Götterhallen, umwölben uns groß die erwachsnen
Wälder der Erd, und uns gehört das unendliche Meer an.
Dennoch wohnen wir arm. Die seligen hohen Gestirne,
Die zufrieden und frei in des Äthers Halle sich regen,
Wohnen herrlich allein. Es gehört uns der [ – ᴗ ᴗ – ᴗ]
Ozean, aber was ist der Ozean gegen den Äther?
Wandelnde Städte trägt, wie leichte Blätter, die Meersflut
Auf dem Rücken und bringt ein Indien uns zum Genusse,
Aber der Äther trägt die unendliche Wettergewölke
Wie ein Gefäß umher und gießt in Flammen und Wassern
Leben ins Herz der Welt aus der unerschöpflichen Urne.
Reich mit Inseln geschmückt ist das Meer; die Inseln des Äthers
Sind die Sonn und der Mond. O glücklich, wer an die goldnen
Küsten das weltumwandelnde Schiff zu treiben vermöchte. –

Aber indes ich hinauf in die dämmernde Ferne mich sehnte,
Wo du die fremden Ufer umfängst mit der bläulichen Woge,
Kamst du säuselnd herab von des Fruchtbaums blühenden Wipfeln
Vater Äther, und tränktest mich mit verjüngendem Othem,
Und der Othem erwarmt in mir und ward zum Gesange.
Blumendüfte bringt die Erd, und Strahlen die Sonne,
Aber die Lerche des Morgens und ich, wir bringen ein Lied dir.

AN DEN ÄTHER

[Vorfassung]

Zärtlichpflegend erzogst vor allen Göttern und Menschen
Du, o Vater Äther, mich auf; selbst ehe die Mutter
In die Arme mich nahm und ihre Brüste mich tränkten,
Faßtest du zärtlich mich an, und gossest himmlische Kost,
Gossest den heiligen Othem mir in den keimenden Busen.
Nicht von irdischer Kost gedeihet einzig das Leben,
Aber du nährst sie all mit deinem Nektar, o Vater!
Und es dringt sich und rinnt aus deiner ewigen Fülle
Die beseelende Luft durch alle Röhren des Lebens.
Darum lieben die Wesen dich all und ringen und streben
Unaufhörlich hinauf nach dir in freudigem Wachstum.

Wie zum Scherze, berührt der Fuß der Hirsche den Grashalm,
Hüpft hinüber über den Bach, wo er reißend hinabschäumt,
Hüpft herüber und schweift, wie ein Zephir, durch die Gesträuche.
Rastlos werfen wir uns umher, wie die irrende Rebe,
Wenn ihr der Stab gebricht, woran zum Himmel sie aufwächst,
Breiten wir über dem Boden uns aus, und wandern und suchen
Durch die Zonen der Erd, und suchen die Ruhe vergebens,
Denn es treibt uns die Lust, in des Äthers Gärten zu wandeln.
In den Ozean werfen wir uns, in den freieren Ebnen
Uns zu sättigen, und es umrauscht die gewaltige Woge
Unsern Kiel, und hinab sinkt dämmernd jedes Gestade,
Dennoch genügt ihm nie, denn der alte Ozean reizt uns,
Wo die leichtere Woge sich regt, durch den der Planet schifft,
Der die Sonnen der Welt, die ewig blühenden Inseln,
wie die Perle das Gold, umfaßt – o wer an die lichten
Ufer das weltumwandelnde Schiff zu treiben vermöchte.

## AN DEN ÄTHER

[Endgültige Fassung]

Treu und freundlich, wie du, erzog der Götter und Menschen
Keiner, o Vater Äther! mich auf; noch ehe die Mutter
In die Arme mich nahm und ihre Brüste mich tränkten,
Faßtest du zärtlich mich an und gossest himmlischen Trank mir,
Mir den heiligen Othem zuerst in den keimenden Busen.

Nicht von irdischer Kost gedeihen einzig die Wesen,
Aber du nährst sie all mit deinem Nektar, o Vater!
Und es drängt sich und rinnt aus deiner ewigen Fülle
Die beseelende Luft durch alle Röhren des Lebens.
Darum lieben die Wesen dich auch und ringen und streben
Unaufhörlich hinauf nach dir in freudigem Wachstum.

Himmlischer! sucht nicht dich mit ihren Augen die Pflanze,
Streckt nach dir die schüchternen Arme der niedrige Strauch
    nicht?
Daß er dich finde, zerbricht der gefangene Same die Hülse,
Daß er belebt von dir in deiner Welle sich bade,
Schüttelt der Wald den Schnee wie ein überlästig Gewand ab.
Auch die Fische kommen herauf und hüpfen verlangend
Über die glänzende Fläche des Stroms, als begehrten auch diese
Aus der Wiege zu dir; auch den edeln Tieren der Erde
Wird zum Fluge der Schritt, wenn oft das gewaltige Sehnen,
Die geheime Liebe zu dir, sie ergreift, sie hinaufzieht.

Stolz verachtet den Boden das Roß, wie gebogener Stahl strebt
In die Höhe sein Hals, mit der Hufe berührt es den Sand
    kaum.
Wie zum Scherze, berührt der Fuß der Hirsche den Grashalm,
Hüpft, wie ein Zephir, über den Bach, der reißend hinabschäumt
Hin und wieder und schweift kaum sichtbar durch die Gebüsche.

Aber des Äthers Lieblinge, sie, die glücklichen Vögel,
Wohnen und spielen vergnügt in der ewigen Halle des Vaters!
Raums genug ist für alle. Der Pfad ist keinem bezeichnet,
Und es regen sich frei im Hause die Großen und Kleinen.
Über dem Haupte frohlocken sie mir und es sehnt sich auch
    mein Herz
Wunderbar zu ihnen hinauf; wie die freundliche Heimat
Winkt es von oben herab und auf die Gipfel der Alpen
Möcht ich wandern und rufen von da dem eilenden Adler,
Daß er, wie einst in die Arme des Zeus den seligen Knaben,
Aus der Gefangenschaft in des Äthers Halle mich trage.

Töricht treiben wir uns umher; wie die irrende Rebe,
Wenn ihr der Stab gebricht, woran zum Himmel sie aufwächst,
Breiten wir über dem Boden uns aus und suchen und wandern
Durch die Zonen der Erd, o Vater Äther! vergebens,
Denn es treibt uns die Lust, in deinen Gärten zu wohnen.

In die Meersflut werfen wir uns, in den freieren Ebnen
Uns zu sättigen, und es umspielt die unendliche Woge
Unsern Kiel, es freut sich das Herz an den Kräften des
 Meergotts.
Dennoch genügt ihm nicht; denn der tiefere Ozean reizt uns,
Wo die leichtere Welle sich regt – o wer dort an jene
Goldnen Küsten das wandernde Schiff zu treiben vermöchte!

Aber indes ich hinauf in die dämmernde Ferne mich sehne,
Wo du fremde Gestad umfängst mit der bläulichen Woge,
Kömmst du säuselnd herab von des Fruchtbaums blühenden
 Wipfeln,
Vater Äther! und sänftigest selbst das strebende Herz mir,
Und ich lebe nun gern, wie zuvor, mit den Blumen der Erde.

DER WANDERER
[Entwurf]

Süd und Nord ist in mir. Mich erhitzt der ägyptische Sommer.
 Und der Winter des Pols tötet das Leben in mir.
Und ich hört aus der Tiefe herauf das Seufzen der Erde,
 Und ihr Angesicht barg unter die Wolke sie gern,
Nicht wie der Liebesgott mit lieblich schmerzlichem Pfeile,
 Hart, wie ein Zepterschlag, traf sie der brennende Strahl.
Fernhin schlich das hagre Gebirg, wie ein wandelnder Nachtgeist,
 Hohl und einsam und kahl blickt' aus der Höhe sein Haupt.
Ach! hier sprang, wie sprudelnder Quell, der unendliche Wald nicht
 In die tönende Luft üppig und herrlich empor.
Hier frohlockten die Jünglinge nicht, die stürzenden Bäche,
 Ins jungfräuliche Tal hoffend und liebend hinab,
Freundlich blickte kein Dach aus der Blüte geselliger Bäume,
 Wie aus silbernem zartem Gewölke der Mond.
Keiner Herde verging am plätschernden Brunnen der Mittag,
 Und dem Hirten entlief nirgend das lustige Roß.
Unter dem Strauche saß der scheue Vogel gesanglos,
 Ängstig und eilig flohn wandernde Störche vorbei.
Nicht um Wasser rief ich dich an, Natur! in der Wüste,
 Wasser fand ich im Bauch meiner Kamele zur Not.

Um der Haine Gesang, um Gestalten und Farben des Lebens
    Bat ich, vom freundlichen Vaterlandsboden verwöhnt;
Schönheit wollt ich, du gabst mir wilde Scherze zur Antwort,
    Schönheit – aber du gabst kaltes Entsetzen dafür.
Affen und Tiger sandtest du mir, da schied ich und schiffte,
    Bis in des äußersten Nords frierendes Dunkel hinauf.
Tot in der Hülse von Schnee schlief hier das gefesselte Leben,
    Und der eiserne Schlaf harrte des Tages umsonst.
Ach! hier schlang um die Erde den wärmenden Arm der Olymp nicht
    Wie Pygmalions Arm um die Geliebte sich schlang.
Hier bewegt' er ihr nicht mit dem Sonnenblicke den Busen,
    Und in Regen und Tau sprach er nicht freundlich zu ihr.
Mutter Erde! rief ich, du bist zur Witwe geworden,
    Dürftig und kinderlos lebst du in langsamer Zeit.
Sonstwo neidetest du das herrliche Licht des Olymps nicht,
    Dem der gewaltige Geist nimmer im Winter entschläft.
Nichts zu erzeugen und nichts zu pflegen in sorgender Liebe,
    Alternd im Kinde sich nicht wiederzusehn, ist der Tod.
Aber vielleicht erwärmst du dereinst am Strahle des Himmels,
    Und es erweckt vom Schlaf zärtlich sein Othem dich auf.
Und wie ein Samenkorn durchbrichst du die eherne Hülse,
    Und es blicken aus dir schüchterne Knospen hervor.
Und die gesparte Kraft flammt auf in üppigem Frühling,
    Rosen glühen und Wein sprudelt im kärglichen Nord.
Aber es schwieg der Nord zur Freude, so ich verheißen,
    Und vergebens gesagt war das belebende Wort.
Nach Ausonien kehr ich zurück, in die freundliche Heimat,
    Und es wehen, wie einst, mildere Lüfte mich an.
Und das glühende Herz besänftigen mir die vertrauten
    Friedlichen Bäume, die einst mich in den Armen gewiegt,
Und das heilige Grün, der Zeuge des ewigen, schönen
    Lebens der Welt, es erfrischt, wandelt zum Jüngling mich um.
Alt bin ich geworden indes, mich verbrannte der Sommer Ägypter
    Und der Winter des Pols hauchte versteinernd mich an.
Doch, wie Aurora den Tithon, umfängst du in lächelnder Blüte
    Lieblich und fröhlich, wie einst, Vaterlandserde, den Sohn.
Seliges Land! kein Hügel in dir ist dürftig gelassen,
    Nieder ins üppige Gras regnet im Garten das Obst.

Fröhlich baden im Strome den Fuß die fruchtbaren Berge,
  Kränze von Zweigen und Moos kühlen ihr heiliges Haupt.
Und wie die Kinder hinauf zur Schulter des scherzenden Ahnherrn,
  Steigen am grünen Gebirg Hirten und Herden hinauf.
Friedsam geht aus dem Walde der Hirsch ans freundliche Tagslicht,
  Hoch in der heiligen Luft siehet der Falke sich um.
Aber unten im Tal, wo die Blume sich nährt von der Quelle,
  Streckt das Dörfchen vergnügt über die Wiese sich aus.
Still ist's hier: kaum rauschet von fern die geschäftige Mühle,
  Und vom Berge herab knarrt das gefesselte Rad.
Lieblich tönt die gehämmerte Sens und die Stimme des Landmanns,
  Wenn er am Pfluge dem Stier lenkend die Schritte gebeut,
Und der Mutter Gesang, die im Grase sitzt mit dem Söhnlein,
  Das die Sonne des Mais schmeichelt in lächlenden Schlaf. –
Ach! und drüben am Bach, wo die Ulmen das alternde Hoftor
  Übergrünen und den Zaun wilder Holunder umblüht,
Da empfängt mich das Haus und des Gartens freundliches Dunkel,
  Wo mit den Pflanzen mich einst liebend mein Vater erzog,
Wo ich froh, wie das Eichhorn, spielt auf den lockenden Ästen,
  Wo ich ins duftende Heu träumend die Locken verbarg.
Heimatliche Natur! wie bist du treu mir geblieben.
  Zärtlichpflegend, wie einst, nimmst du den Flüchtling noch auf.
Mandeln blühn und Pfirsiche noch, noch wachsen gefällig
  Mir ans Fenster, wie sonst, köstliche Trauben herauf.
Lockend röten sich noch die süßen Früchte des Kirschbaums,
  Und der pflückenden Hand reichen die Zweige sich selbst.
Schmeichelnd zieht mich, wie sonst, in des Walds unendliche Laube
  Aus dem Garten der Pfad, oder hinab an den Bach,
Wo ich umschirmt vom Gebüsch, in der Stille des Mittags
  Von Otahitis Gestad, oder von Tinian las.
Mild erwärmt mich, wie sonst, die alte Vaterlandssonne,
  Aus dem Kelche des Lichts trink ich Begeisterung mir.
Leben strömt mir und Geist aus deiner ewigen Fülle,
  Schläfrig lässest du nicht werden mein alterndes Haupt.
Du, die einst mir die Brust erweckte vom Schlafe der Kindheit,
  Die mit sanfter Gewalt höher und weiter mich trieb,
Mildere Sonne! zu dir kehr ich getreuer und froher,
  Friedlich zu werden und froh unter den Blumen zu ruhn.

## DER WANDERER

[Vorfassung]

Einsam stand ich und sah in die afrikanischen dürren
    Ebnen hinaus; vom Olymp regnete Feuer herab.
Fernhin schlich das hagre Gebirg, wie ein wandernd Gerippe,
    Hohl und einsam und kahl blickt' aus der Höhe sein Haupt.
Ach! hier sprang, wie ein sprudelnder Quell, der unendliche Wald nich
    In die tönende Luft üppig und herrlich empor,
Hier frohlockten die Jünglinge nicht, die stürzenden Bäche
    Ins jungfräuliche Tal hoffend und liebend herab.
Freundlich blickte kein Dach aus der Blüte geselliger Bäume,
    So, wie aus lieblichem Silbergewölke der Mond.
Keiner Herde verging am plätschernden Brunnen der Mittag,
    Und dem Hirten entlief nirgend das lustige Roß.
Unter dem Strauche saß ein scheuer Vogel gesanglos,
    Ängstig eilte das Chor wandernder Störche vorbei.
Nicht um Wasser rief ich dich an, Natur! in der Wüste,
    Wasser bewahrte mir treulich das fromme Kamel.
Um der Haine Gesang, um Gestalten und Farben des Lebens
    Bat ich, vom heiligen Vaterlandsboden verwöhnt!
Schönheit wollt ich; es gab die Natur mir Scherze zur Antwort,
    Schönheit – aber sie gab fast mir Entsetzen dafür. –
Auch den Eispol hab ich besucht; da türmten, chaotisch
    Untereinandergewälzt, schröcklich die Gletscher sich auf.
Tot in der Hülse von Schnee schlief hier das gefesselte Leben,
    Und der eiserne Schlaf harrte des Tages umsonst.
Ach! hier schlang um die Erde den wärmenden Arm der Olymp nich
    Wie Pygmalions Arm um die Geliebte sich schlang.
Hier bewegt' er ihr nicht mit dem Sonnenblicke den Busen,
    Und in Regen und Tau sprach er nicht freundlich zu ihr.
Mutter Erde! rief ich, du bist zur Witwe geworden,
    Dürftig und kinderlos lebst du in langsamer Zeit.
Nichts zu erzeugen und nichts zu pflegen in sorgender Liebe,
    Alternd im Kinde sich nicht wiederzusehn, ist der Tod.
Aber vielleicht erwarmst du dereinst am Strahle des Himmels,
    Aus dem dürftigen Schlaf schmeichelt sein Othem dich auf.
Und, wie ein Samenkorn, durchbrichst du die eherne Hülse,
    Und die knospende Welt windet sich schüchtern heraus.

Deine gesparte Kraft flammt auf in üppigem Frühling,
  Rosen glühen und Wein sprudelt im kärglichen Nord.
Aber die Erde schwieg zur Freude, so ich verheißen,
  Und vergebens gesagt war das belebende Wort.
Darum kehr ich zurück an den Rhein, in die glückliche Heimat,
  Und es wehen, wie einst, zärtliche Lüfte mich an.
Und das strebende Herz besänftigen mir die vertrauten,
  Friedlichen Bäume, die einst mich in den Armen gewiegt,
Und das heilige Grün, der Zeuge des ewigen schönen
  Lebens der Welt, es erfrischt, wandelt zum Jüngling mich um.
Alt bin ich geworden indes, mich bleichte der Eispol,
  Und im Feuer des Süds fielen die Locken mir aus.
Doch, wie Aurora den Tithon, umfängst du in lächelnder Blüte
  Warm und fröhlich, wie einst, Vaterlandserde, den Sohn.
Seliges Land! kein Hügel in dir wächst ohne den Weinstock,
  Nieder ins schwellende Gras regnet im Herbste das Obst.
Fröhlich baden im Strome den Fuß die glühenden Berge,
  Kränze von Zweigen und Moos kühlen ihr sonniges Haupt.
Und, wie die Kinder hinauf zur Schulter des herrlichen Ahnherrn,
  Steigen am dunkeln Gebirg Festen und Hütten hinauf.
Friedsam geht aus dem Walde der Hirsch ans freundliche
    Tagslicht,
  Hoch in heiterer Luft siehet der Falke sich um.
Aber unten im Tal, wo die Blume sich nährt von der Quelle,
  Streckt das Dörfchen vergnügt über die Wiese sich aus.
Still ist's hier: kaum rauschet von fern die geschäftige Mühle,
  Und vom Berge herab knarrt das gefesselte Rad.
Lieblich tönt die gehämmerte Sens und die Stimme des Landmanns,
  Der am Pfluge dem Stier lenkend die Schritte gebeut,
Lieblich der Mutter Gesang, die im Grase sitzt mit dem Söhnlein,
  Das die Sonne des Mais schmeichelt in seligen Schlaf.
Aber drüben am See, wo die Ulme das alternde Hoftor
  Übergrünt und den Zaun wilder Holunder umblüht,
Da empfängt mich das Haus und des Gartens heimliches Dunkel,
  Wo mit den Pflanzen mich einst liebend mein Vater erzog,
Wo ich froh, wie das Eichhorn spielt auf den lockenden Ästen,
  Oder ins duftende Heu träumend die Stirne begrub.
Heimatliche Natur! wie bist du treu mir geblieben!
  Zärtlichpflegend, wie einst, nimmst du den Flüchtling noch auf.

Noch gedeihn die Pfirsiche mir, noch wachsen gefällig
  Mir ans Fenster, wie sonst, köstliche Trauben herauf.
Lockend röten sich noch die süßen Früchte des Kirschbaums,
  Und der pflückenden Hand reichen die Zweige sich selbst.
Schmeichelnd zieht mich, wie sonst, in des Walds unendliche Laube
  Aus dem Garten der Pfad, oder hinab an den Bach,
Wo ich einst im kühlen Gebüsch, in der Stille des Mittags
  Von Otahitis Gestad oder von Tinian las.
Und die Pfade rötest du mir, es wärmt mich und spielt mir
  Um das Auge, wie sonst, Vaterlandssonne, dein Licht.
Feuer trink ich und Geist aus deinem freudigen Kelche,
  Schläfrig lässest du nicht werden mein alterndes Haupt.
Oh, die einst mir die Brust erweckte vom Schlafe der Kindheit,
  Und mit sanfter Gewalt höher und weiter mich trieb,
Mildere Sonne! zu dir kehr ich getreuer und weiser,
  Friedlich zu werden und froh unter den Blumen zu ruhn.

## DER WANDERER

[Erste Fassung]

Einsam stand ich und sah in die afrikanischen dürren
  Ebnen hinaus; vom Olymp regnete Feuer herab.
Fernhin schlich das hagre Gebirg, wie ein wandelnd Gerippe,
  Hohl und einsam und kahl blickt' aus der Höhe sein
     Haupt.
Ach! nicht sprang, mit erfrischendem Grün, der schattende
     Wald hier
  In die säuselnde Luft üppig und herrlich empor,
Bäche stürzten hier nicht in melodischem Fall vom Gebirge,
  Durch das blühende Tal schlingend den silbernen Strom,
Keiner Herde verging am plätschernden Brunnen der Mittag,
  Freundlich aus Bäumen hervor blickte kein wirtliches Dach.
Unter dem Strauche saß ein ernster Vogel gesanglos,
  Ängstig und eilend flohn wandernde Störche vorbei.
Nicht um Wasser rief ich dich an, Natur! in der Wüste,
  Wasser bewahrte mir treulich das fromme Kamel.

Um der Haine Gesang, um Gestalten und Farben des Lebens
  Bat ich, vom lieblichen Glanz heimischer Fluren verwöhnt.
Aber ich bat umsonst; du erschienst mir feurig und herrlich,
  Aber ich hatte dich einst göttlicher, schöner gesehn.

Auch den Eispol hab ich besucht; wie ein starrendes Chaos
  Türmte das Meer sich da schröcklich zum Himmel empor.
Tot in der Hülse von Schnee schlief hier das gefesselte Leben,
  Und der eiserne Schlaf harrte des Tages umsonst.
Ach! nicht schlang um die Erde den wärmenden Arm der
  Olymp hier,
Wie Pygmalions Arm um die Geliebte sich schlang.
Hier bewegt' er ihr nicht mit dem Sonnenblicke den Busen,
  Und in Regen und Tau sprach er nicht freundlich zu ihr.
Mutter Erde! rief ich, du bist zur Witwe geworden,
  Dürftig und kinderlos lebst du in langsamer Zeit.
Nichts zu erzeugen und nichts zu pflegen in sorgender Liebe,
  Alternd im Kinde sich nicht wiederzusehn, ist der Tod.
Aber vielleicht erwarmst du dereinst am Strahle des Himmels,
  Aus dem dürftigen Schlaf schmeichelt sein Othem dich auf;
Und, wie ein Samenkorn, durchbrichst du die eherne Hülse,
  Und die knospende Welt windet sich schüchtern heraus.
Deine gesparte Kraft flammt auf in üppigem Frühling,
  Rosen glühen und Wein sprudelt im kärglichen Nord.

Aber jetzt kehr ich zurück an den Rhein, in die glückliche
  Heimat,
Und es wehen, wie einst, zärtliche Lüfte mich an.
Und das strebende Herz besänftigen mir die vertrauten
  Friedlichen Bäume, die einst mich in den Armen gewiegt,
Und das heilige Grün, der Zeuge des ewigen, schönen
  Lebens der Welt, es erfrischt, wandelt zum Jüngling mich um.
Alt bin ich geworden indes, mich bleichte der Eispol,
  Und im Feuer des Süds fielen die Locken mir aus.
Doch, wie Aurora den Tithon, umfängst du in lächelnder Blüte
  Warm und fröhlich, wie einst, Vaterlandserde, den Sohn.

Seliges Land! kein Hügel in dir wächst ohne den Weinstock,
  Nieder ins schwellende Gras regnet im Herbste das Obst.
Fröhlich baden im Strome den Fuß die glühenden Berge,
  Kränze von Zweigen und Moos kühlen ihr sonniges Haupt.
Und, wie die Kinder hinauf zur Schulter des herrlichen
    Ahnherrn,
  Steigen am dunkeln Gebirg Festen und Hütten hinauf.
Friedsam geht aus dem Walde der Hirsch ans freundliche
    Tagslicht;
  Hoch in heiterer Luft siehet der Falke sich um.
Aber unten im Tal, wo die Blume sich nährt von der Quelle,
  Streckt das Dörfchen vergnügt über die Wiese sich aus.
Still ist's hier: kaum rauschet von fern die geschäftige Mühle,
  Und vom Berge herab knarrt das gefesselte Rad.
Lieblich tönt die gehämmerte Sens und die Stimme des
    Landmanns,
  Der am Pfluge dem Stier lenkend die Schritte gebeut,
Lieblich der Mutter Gesang, die im Grase sitzt mit dem
    Söhnlein,
  Das die Sonne des Mais schmeichelt in lächelnden Schlaf.
Aber drüben am See, wo die Ulme das alternde Hoftor
  Übergrünt und den Zaun wilder Holunder umblüht,
Da empfängt mich das Haus und des Gartens heimliches Dunkel
  Wo mit den Pflanzen mich einst liebend mein Vater erzog,
Wo ich froh, wie das Eichhorn, spielt auf den lispelnden Ästen
  Oder ins duftende Heu träumend die Stirne verbarg.
Heimatliche Natur! wie bist du treu mir geblieben!
  Zärtlichpflegend, wie einst, nimmst du den Flüchtling noch a
Noch gedeihn die Pfirsiche mir, noch wachsen gefällig
  Mir ans Fenster, wie sonst, köstliche Trauben herauf.
Lockend röten sich noch die süßen Früchte des Kirschbaums,
  Und der pflückenden Hand reichen die Zweige sich selbst.
Schmeichelnd zieht mich, wie sonst, in des Walds unendliche
    Laube
  Aus dem Garten der Pfad, oder hinab an den Bach,

Und die Pfade rötest du mir, es wärmt mich und spielt mir
  Um das Auge, wie sonst, Vaterlandssonne! dein Licht;
Feuer trink ich und Geist aus deinem freudigen Kelche,
  Schläfrig lässest du nicht werden mein alterndes Haupt.
Die du einst mir die Brust erwecktest vom Schlafe der Kindheit
  Und mit sanfter Gewalt höher und weiter mich triebst,
Mildere Sonne! zu dir kehr ich getreuer und weiser,
  Friedlich zu werden und froh unter den Blumen zu ruhn.

[AN EINEN BAUM]

... und die ewigen Bahnen
  Lächelnd über uns hin zögen die Herrscher der Welt,
Sonne und Mond und Sterne, und auch die Blitze der Wolken
  Spielten, des Augenblicks feurige Kinder, um uns,
Aber in unsrem Innern, ein Bild der Fürsten des Himmels,
  Wandelte neidlos der Gott unserer Liebe dahin,
Und er mischte den Duft, die reine, heilige Seele,
  Die, von des Frühlinges silberner Stunde genährt,
Oft überströmte, hinaus ins glänzende Meer des Tages,
  Und in das Abendrot und in die Wogen der Nacht,
Ach! wir lebten so frei im innig unendlichen Leben,
  Unbekümmert und still, selber ein seliger Traum,
Jetzt uns selber genug und jetzt ins Weite verfliegend,
  Aber im Innersten doch immer lebendig und eins.
Glücklicher Baum! wie lange, wie lange könnt ich noch singen
  Und vergehen im Blick auf dein erbebendes Haupt,
Aber siehe! dort regt sich's, es wandeln in Schleiern die Jungfraun
  Und wer weiß es, vielleicht wäre mein Mädchen dabei;
Laß mich, laß mich, ich muß – leb wohl! es reißt mich ins Leben,
  Daß ich im kindischen Gang folge der lieblichen Spur,
Aber du Guter, dich will, dich will ich nimmer vergessen,
  Ewig bist du und bleibst meiner Geliebtesten Bild.
Und käm einmal ein Tag, wo sie die meinige wäre,
  Oh! dann ruht ich mit ihr, unter dir, Freundlicher, aus
Und du zürnetest nicht, du gössest Schatten und Düfte
  Und ein rauschendes Lied über die Glücklichen aus.

## AN DIOTIMA

Komm und siehe die Freude um uns; in kühlenden Lüften
    Fliegen die Zweige des Hains,
Wie die Locken im Tanz; und wie auf tönender Leier
    Ein erfreulicher Geist,
Spielt mit Regen und Sonnenschein auf der Erde der Himmel;
    Wie in liebendem Streit
Über dem Saitenspiel ein tausendfältig Gewimmel
    Flüchtiger Töne sich regt,
Wandelt Schatten und Licht in süßmelodischem Wechsel
    Über die Berge dahin.
Leise berührte der Himmel zuvor mit der silbernen Tropfe
    Seinen Bruder, den Strom,
Nah ist er nun, nun schüttet er ganz die köstliche Fülle,
    Die er am Herzen trug,
Über den Hain und den Strom, und . . .
    . . .
Und das Grünen des Hains, und des Himmels Bild in dem Strome
    Dämmert und schwindet vor uns
Und des einsamen Berges Haupt mit den Hütten und Felsen,
    Die er im Schoße verbirgt,
Und die Hügel, die um ihn her, wie Lämmer, gelagert
    Und in blühend Gesträuch
Wie in zarte Wolle gehüllt, sich nähren von klaren
    Kühlenden Quellen des Bergs,
Und das dampfende Tal mit seinen Saaten und Blumen,
    Und der Garten vor uns,
Nah und Fernes entweicht, verliert sich in froher Verwirrung
    Und die Sonne verlischt.
Aber vorübergerauscht sind nun die Fluten des Himmels
    Und geläutert, verjüngt
Geht mit den seligen Kindern hervor die Erd aus dem Bade.
    Froher lebendiger
Glänzt im Haine das Grün, und goldner funkeln die Blumen,
    . . .
Weiß, wie die Herde, die in den Strom der Schäfer geworfen,
    . . .

EINLADUNG

*Seinem Freund Neuffer*

Dein Morgen, Bruder, ging so schön hervor,
Ein heitres Frührot glänzte dir entgegen,
Den wonnevollsten Lebenstag verheißend.
Die Musen weihten dich zu ihrem Priester,
Die Liebe kränzte dir das Haupt mit Rosen,
Und goß die reinsten Freuden in dein Herz.
Wer war wie du beglückt? Das Schicksal hat
Es anders nun gemacht; ein schwarzer Sturm
Verschlang des Tages Licht; der Donner rollte
Und traf dein sichres Haupt; im Grabe liegt,
Was du geliebt; dein Eden ist vernichtet.

O Bruder, Bruder, daß dein Schicksal mir
So schrecklichwahr des Lebens Wechsel deutet!
Daß Disteln hinter Blumengängen lauern,
Daß gift'ger Tod in Jugendadern schleicht,
Daß bittre Trennung selbst den Freunden oft
Den armen Trost versagt, den Schmerz zu teilen!
Da baun wir Plane, träumen so entzückt
Vom nahen Ziel, und plötzlich, plötzlich zuckt
Ein Blitz herab, und öffnet uns das Grab.
Ich sah im Geist dein Leiden all. Da ging
Ich trüben Blicks hinab am Maingestade,
Sah in die Wogen, bis mir schwindelte,
Und kehrte still und voll der dunkeln Zukunft,
Und voll des Schicksals, welches unser wartet,
Beim Untergang der Sonn in meine Klause.

O Bruder, komm nach jahrelanger Trennung
An meine Brust! Vielleicht gelingt es uns,
Noch einen jener schönen Abende,
Die wir so oft am Herzen der Natur
Mit reinem Sinn und mit Gesang gefeiert,
Zurück zu zaubern, und noch einmal froh
Hinein zu schauen in das Leben! Komm,
Es wartet dein ein eigen Deckelglas,

Stiefmütterlich soll nicht mein Fäßchen fließen.
Es wartet dein ein freundliches Gemach,
Wo unsre Herzen liebend sich ergießen!
Komm, eh der Herbst der Gärten Schmuck verderbt,
Bevor die schönen Tage von uns eilen,
Und laß durch Freundschaft uns des Herzens Wunden heilen.


### AN DIOTIMA

Schönes Leben! du lebst, wie die zarten Blüten im Winter,
    In der gealterten Welt blühst du verschlossen, allein.
Liebend strebst du hinaus, dich zu sonnen am Lichte des Frühlings,
    Zu erwarmen an ihr, suchst du die Jugend der Welt.
Deine Sonne, die schönere Zeit, ist untergegangen
    Und in frostiger Nacht zanken Orkane sich nun.


### DIOTIMA

Komm und besänftige mir, die du einst Elemente versöhntest,
    Wonne der himmlischen Muse, das Chaos der Zeit,
Ordne den tobenden Kampf mit Friedenstönen des Himmels,
    Bis in der sterblichen Brust sich das Entzweite vereint,
Bis der Menschen alte Natur, die ruhige, große,
    Aus der gärenden Zeit mächtig und heiter sich hebt.
Kehr in die dürftigen Herzen des Volks, lebendige Schönheit!
    Kehr an den gastlichen Tisch, kehr in die Tempel zurück!
Denn Diotima lebt, wie die zarten Blüten im Winter,
    Reich an eigenem Geist, sucht sie die Sonne doch auch.
Aber die Sonne des Geists, die schönere Welt, ist hinunter
    Und in frostiger Nacht zanken Orkane sich nur.


### AN NEUFFER

Brüderlich Herz! ich komme zu dir, wie der tauende Morgen,
    Schließe du, wie der Kelch zärtlicher Blumen, dich auf;
Einen Himmel empfängst du, der Freude goldene Wolke
    Rieselt in eilenden freundlichen Tönen herab.

Freund! ich kenne mich nicht, ich kenne nimmer den Menschen,
  Und es schämet der Geist aller Gedanken sich nun.
Fassen wollt er auch sie, wie er faßt die Dinge der Erde,
  Fassen ...
Aber ein Schwindel ergriff ihn süß, und die ewige Feste
  Seiner Gedanken stürzt' ...

GEBET FÜR DIE UNHEILBAREN

Eil, o zaudernde Zeit, sie ans Ungereimte zu führen,
  Anders belehrest du sie nie, wie verständig sie sind.
Eile, verderbe sie ganz, und führ ans furchtbare Nichts sie,
  Anders glauben sie dir nie, wie verdorben sie sind.
Diese Toren bekehren sich nie, wenn ihnen nicht schwindelt,
  Diese ... sich nie, wenn sie Verwesung nicht sehn.

DIE MUSSE

Sorglos schlummert die Brust und es ruhn die strengen Gedanken.
Auf die Wiese geh ich hinaus, wo das Gras aus der Wurzel
Frisch, wie die Quelle, mir keimt, wo die liebliche Lippe der Blume
Mir sich öffnet und stumm mit süßem Othem mich anhaucht,
Und an tausend Zweigen des Hains, wie an brennenden Kerzen
Mir das Flämmchen des Lebens glänzt, die rötliche Blüte,
Wo im sonnigen Quell die zufriednen Fische sich regen,
Wo die Schwalbe das Nest mit den törigen Jungen umflattert,
Und die Schmetterlinge sich freun und die Bienen, da wandl ich
Mitten in ihrer Lust; ich steh im friedlichen Felde
Wie ein liebender Ulmbaum da, und wie Reben und Trauben
Schlingen sich rund um mich die süßen Spiele des Lebens.

Oder schau ich hinauf zum Berge, der mit Gewölken
Sich die Scheitel umkränzt und die düstern Locken im Winde
Schüttelt, und wenn er mich trägt auf seiner kräftigen Schulter,
Wenn die leichtere Luft mir alle Sinne bezaubert
Und das unendliche Tal, wie eine farbige Wolke,
Unter mir liegt, da werd ich zum Adler, und ledig des Bodens

Wechselt mein Leben im All der Natur wie Nomaden den Wohnort.
Und nun führt mich der Pfad zurück ins Leben der Menschen,
Fernher dämmert die Stadt, wie eine eherne Rüstung
Gegen die Macht des Gewittergotts und der Menschen geschmiedet,
Majestätisch herauf, und ringsum ruhen die Dörfchen;
Und die Dächer umhüllt, vom Abendlichte gerötet,
Freundlich der häusliche Rauch; es ruhn die sorglich umzäunten
Gärten, es schlummert der Pflug auf den gesonderten Feldern.

Aber ins Mondlicht steigen herauf die zerbrochenen Säulen
Und die Tempeltore, die einst der Furchtbare traf, der geheime
Geist der Unruh, der in der Brust der Erd und der Menschen
Zürnet und gärt, der Unbezwungne, der alte Eroberer,
Der die Städte, wie Lämmer, zerreißt, der einst den Olympus
Stürmte, der in den Bergen sich regt, und Flammen herauswirft,
Der die Wälder entwurzelt und durch den Ozean hinfährt
Und die Schiffe zerschlägt und doch in der ewigen Ordnung
Niemals irre dich macht, auf der Tafel deiner Gesetze
Keine Silbe verwischt, der auch dein Sohn, o Natur, ist,
Mit dem Geiste der Ruh aus *einem* Schoße geboren. –

Hab ich zu Hause dann, wo die Bäume das Fenster umsäuseln
Und die Luft mit dem Lichte mir spielt, von menschlichem Leben
Ein erzählendes Blatt zu gutem Ende gelesen:
Leben! Leben der Welt! du liegst wie ein heiliger Wald da,
Sprech ich dann, und es nehme die Axt, wer will, dich zu ebnen,
Glücklich wohn ich in dir.

[DIE VÖLKER SCHWIEGEN, SCHLUMMERTEN...]

Die Völker schwiegen, schlummerten, da sahe
Das Schicksal, daß sie nicht entschliefen, und es kam
Der unerbittliche, der furchtbare
Sohn der Natur, der alte Geist der Unruh.
Der regte sich, wie Feuer, das im Herzen
Der Erde gärt, das wie den reifen Obstbaum
Die alten Städte schüttelt, das die Berge
Zerreißt, und die Eichen hinabschlingt und die Felsen.

Und Heere tobten, wie die kochende See.
Und wie ein Meergott, herrsch' und waltete
Manch großer Geist im kochenden Getümmel.
Manch feurig Blut zerrann im Todesfeld
Und jeder Wunsch und jede Menschenkraft
Vertobt auf *einer* da, auf ungeheurer Walstatt,
Wo von dem blauen Rheine bis zur Tiber
Die unaufhaltsame, die jahrelange Schlacht
In wilder Ordnung sich umherbewegte.
Es spielt' ein kühnes Spiel in dieser Zeit
Mit allen Sterblichen das mächt'ge Schicksal.

. . .
Und blinken goldne Früchte wieder dir,
Wie heitre holde Sterne, durch die kühle Nacht
Der Pomeranzenwälder in Italien.

### BUONAPARTE

Heilige Gefäße sind die Dichter,
   Worin des Lebens Wein, der Geist
     Der Helden, sich aufbewahrt,

Aber der Geist dieses Jünglings,
   Der schnelle, müßt er es nicht zersprengen,
     Wo es ihn fassen wollte, das Gefäß?

Der Dichter laß ihn unberührt wie den Geist der Natur,
   An solchem Stoffe wird zum Knaben der Meister.

Er kann im Gedichte nicht leben und bleiben,
   Er lebt und bleibt in der Welt.

## DEM ALLBEKANNTEN

Frei, wie die Schwalben, ist der Gesang, sie fliegen und wandern
Fröhlich von Land zu Land, und ferne suchet den Sommer
Sich das heil'ge Geschlecht, denn heilig war es den Vätern.
Und nun sing ich den Fremdling, ihn,

Dies neide mir keiner der andern, gleichst du dem Ernsten
Oder gleichst du ihm nicht, laß jetzt in Ruhe mich sprechen,
Denn der Herrliche selbst, er gönnet gerne mein Spiel mir.
Fragen möcht ich, woher er ist; am Rheine der Deutschen
Wuchs er nicht auf, wenn schon nicht arm an Männern das Land ist,
Das bescheidene, und an allernährender Sonne
Schön auch da der Genius reift,

## AN DIE PARZEN

Nur *einen* Sommer gönnt, ihr Gewaltigen!
  Und einen Herbst zu reifem Gesange mir,
    Daß williger mein Herz, vom süßen
      Spiele gesättiget, dann mir sterbe.

Die Seele, der im Leben ihr göttlich Recht
  Nicht ward, sie ruht auch drunten im Orkus nicht;
    Doch ist mir einst das Heil'ge, das am
      Herzen mir liegt, das Gedicht, gelungen,

Willkommen dann, o Stille der Schattenwelt!
  Zufrieden bin ich, wenn auch mein Saitenspiel
    Mich nicht hinab geleitet; *einmal*
      Lebt ich, wie Götter, und mehr bedarf's nicht.


## DIOTIMA

Du schweigst und duldest, und sie verstehn dich nicht,
  Du heilig Leben! welkest hinweg und schweigst,
    Denn ach, vergebens bei Barbaren
      Suchst du die Deinen im Sonnenlichte,

Die zärtlichgroßen Seelen, die nimmer sind!
  Doch eilt die Zeit. Noch siehet mein sterblich Lied
    Den Tag, der, Diotima! nächst den
      Göttern mit Helden dich nennt, und dir gleicht.

## AN IHREN GENIUS

Send ihr Blumen und Frücht aus nieversiegender Fülle,
  Send ihr, freundlicher Geist, ewige Jugend herab!
Hüll in deine Wonnen sie ein und laß sie die Zeit nicht
  Sehn, wo einsam und fremd sie, die Athenerin, lebt,
Bis sie im Lande der Seligen einst die fröhlichen Schwestern,
  Die zu Phidias' Zeit herrschten und liebten, umfängt.


## ABBITTE

Heilig Wesen! gestört hab ich die goldene
  Götterruhe dir oft, und der geheimeren,
    Tiefern Schmerzen des Lebens
      Hast du manche gelernt von mir.

O vergiß es, vergib! gleich dem Gewölke dort
  Vor dem friedlichen Mond, geh ich dahin, und du
    Ruhst und glänzest in deiner
      Schöne wieder, du süßes Licht!


## STIMME DES VOLKS

Du seiest Gottes Stimme, so ahndet ich
  In heil'ger Jugend; ja, und ich sag es noch. –
    Um meine Weisheit unbekümmert
      Rauschen die Wasser doch auch, und dennoch

Hör ich sie gern, und öfters bewegen sie
  Und stärken mir das Herz, die gewaltigen;
    Und meine Bahn nicht, aber richtig
      Wandeln ins Meer sie die Bahn hinunter.

## EHMALS UND JETZT

In jüngern Tagen war ich des Morgens froh,
  Des Abends weint ich; jetzt, da ich älter bin,
    Beginn ich zweifelnd meinen Tag, doch
      Heilig und heiter ist mir sein Ende.

## LEBENSLAUF

Hoch auf strebte mein Geist, aber die Liebe zog
  Schön ihn nieder; das Leid beugt ihn gewaltiger;
    So durchlauf ich des Lebens
      Bogen und kehre, woher ich kam.

## DIE KÜRZE

„Warum bist du so kurz? liebst du, wie vormals, denn
  Nun nicht mehr den Gesang? fandst du, als Jüngling, doch,
    In den Tagen der Hoffnung,
      Wenn du sangest, das Ende nie!"

Wie mein Glück, ist mein Lied. – Willst du im Abendrot
  Froh dich baden? hinweg ist's! und die Erd ist kalt,
    Und der Vogel der Nacht schwirrt
      Unbequem vor das Auge dir.

## DIE LIEBENDEN

Trennen wollten wir uns, wähnten es gut und klug;
  Da wir's taten, warum schröckt' uns, wie Mord, die Tat?
    Ach! wir kennen uns wenig,
      Denn es waltet ein Gott in uns.

## MENSCHENBEIFALL

Ist nicht heilig mein Herz, schöneren Lebens voll,
 Seit ich liebe? warum achtetet ihr mich mehr,
  Da ich stolzer und wilder,
   Wortereicher und leerer war?

Ach! der Menge gefällt, was auf den Marktplatz taugt,
 Und es ehret der Knecht nur den Gewaltsamen;
  An das Göttliche glauben
   Die allein, die es selber sind.

## DIE HEIMAT

Froh kehrt der Schiffer heim an den stillen Strom
 Von fernen Inseln, wo er geerntet hat;
  Wohl möcht auch ich zur Heimat wieder;
   Aber was hab ich, wie Leid, geerntet? –

Ihr holden Ufer, die ihr mich auferzogt,
 Stillt ihr der Liebe Leiden? ach! gebt ihr mir,
  Ihr Wälder meiner Kindheit, wann ich
   Komme, die Ruhe noch einmal wieder?

## DER GUTE GLAUBE

Schönes Leben! du liegst krank, und das Herz ist mir
 Müd vom Weinen und schon dämmert die Furcht in mi
  Doch, doch kann ich nicht glauben,
   Daß du sterbest, solang du liebst.

## IHRE GENESUNG

Deine Freundin, Natur! leidet und schläft und du,
   Allbelebende, säumst? ach! und ihr heilt sie nicht,
      Mächt'ge Lüfte des Äthers,
         Nicht ihr Quellen des Sonnenlichts?

Alle Blumen der Erd, alle die fröhlichen,
   Schönen Früchte des Hains, heitern sie alle nicht
      Dieses Leben, ihr Götter!
         Das ihr selber in Lieb erzogt? –

Ach! schon atmet und tönt heilige Lebenslust
   Ihr im reizenden Wort wieder wie sonst und schon
      Glänzt das Auge des Lieblings
         Freundlichoffen, Natur! dich an.


## DAS UNVERZEIHLICHE

Wenn ihr Freunde vergeßt, wenn ihr den Künstler höhnt,
   Und den tieferen Geist klein und gemein versteht,
      Gott vergibt es, doch stört nur
         Nie den Frieden der Liebenden.


## AN DIE JUNGEN DICHTER

Lieben Brüder! es reift unsere Kunst vielleicht,
   Da, dem Jünglinge gleich, lange sie schon gegärt,
      Bald zur Stille der Schönheit;
         Seid nur fromm, wie der Grieche war!

Liebt die Götter und denkt freundlich der Sterblichen!
   Haßt den Rausch, wie den Frost! lehrt und beschreibet nicht!
      Wenn der Meister euch ängstigt,
         Fragt die große Natur um Rat.

## AN DIE DEUTSCHEN

Spottet ja nicht des Kinds, wenn es mit Peitsch und Sporn
Auf dem Rosse von Holz mutig und groß sich dünkt,
    Denn, ihr Deutschen, auch ihr seid
        Tatenarm und gedankenvoll.

Oder kömmt, wie der Strahl aus dem Gewölke kömmt,
Aus Gedanken die Tat? Leben die Bücher bald?
    O ihr Lieben, so nimmt mich,
        Daß ich büße die Lästerung.

## DIE SCHEINHEILIGEN DICHTER

Ihr kalten Heuchler, sprecht von den Göttern nicht!
Ihr habt Verstand! ihr glaubt nicht an Helios,
    Noch an den Donnerer und Meergott;
        Tot ist die Erde, wer mag ihr danken? –

Getrost ihr Götter! zieret ihr doch das Lied,
    Wenn schon aus euren Namen die Seele schwand,
    Und ist ein großes Wort vonnöten,
        Mutter Natur! so gedenkt man deiner.

## SONNENUNTERGANG

Wo bist du? trunken dämmert die Seele mir
Von aller deiner Wonne; denn eben ist's,
    Daß ich gelauscht, wie, goldner Töne
        Voll, der entzückende Sonnenjüngling

Sein Abendlied auf himmlischer Leier spielt';
    Es tönten rings die Wälder und Hügel nach.
    Doch fern ist er zu frommen Völkern,
        Die ihn noch ehren, hinweggegangen.

## DEM SONNENGOTT

Wo bist du? trunken dämmert die Seele mir
　Von aller deiner Wonne; denn eben ist's,
　　Daß ich gesehn, wie, müde seiner
　　　Fahrt, der entzückende Götterjüngling

Die jungen Locken badet' im Goldgewölk;
　Und jetzt noch blickt mein Auge von selbst nach ihm;
　　Doch fern ist er zu frommen Völkern,
　　　Die ihn noch ehren, hinweggegangen.

Dich lieb ich, Erde! trauerst du doch mit mir!
　Und unsre Trauer wandelt, wie Kinderschmerz,
　　In Schlummer sich, und wie die Winde
　　　Flattern und flüstern im Saitenspiele,

Bis ihm des Meisters Finger den schönern Ton
　Entlockt, so spielen Nebel und Träum um uns,
　　Bis der Geliebte wiederkömmt und
　　　Leben und Geist sich in uns entzündet.

## DER MENSCH

Kaum sproßten aus den Wassern, o Erde, dir
　Der jungen Berge Gipfel und dufteten
　　Lustatmend, immergrüner Haine
　　　Voll, in des Ozeans grauer Wildnis

Die ersten holden Inseln; und freudig sah
　Des Sonnengottes Auge die Neulinge,
　　Die Pflanzen, seiner ew'gen Jugend
　　　Lächelnde Kinder, aus dir geboren.

Da auf der Inseln schönster, wo immerhin
  Den Hain in zarter Ruhe die Luft umfloß,
    Lag unter Trauben einst, nach lauer
      Nacht, in der dämmernden Morgenstunde

Geboren, Mutter Erde! dein schönstes Kind; –
  Und auf zum Vater Helios sieht bekannt
    Der Knab, und wacht und wählt, die süßen
      Beere versuchend, die heil'ge Rebe

Zur Amme sich; und bald ist er groß; ihn scheun
  Die Tiere, denn ein anderer ist, wie sie,
    Der Mensch; nicht dir und nicht dem Vater
      Gleicht er, denn kühn ist in ihm und einzig

Des Vaters hohe Seele mit deiner Lust,
  O Erd! und deiner Trauer von je vereint;
    Der Göttermutter, der Natur, der
      Allesumfassenden möcht er gleichen!

Ach! darum treibt ihn, Erde! vom Herzen dir
  Sein Übermut, und deine Geschenke sind
    Umsonst und deine zarten Bande;
      Sucht er ein Besseres doch, der Wilde!

Von seines Ufers duftender Wiese muß
  Ins blütenlose Wasser hinaus der Mensch,
    Und glänzt auch, wie die Sternenacht, von
      Goldenen Früchten sein Hain, doch gräbt er

Sich Höhlen in den Bergen und späht im Schacht,
  Von seines Vaters heiterem Lichte fern,
    Dem Sonnengott auch ungetreu, der
      Knechte nicht liebt und der Sorge spottet.

Denn freier atmen Vögel des Walds, wenn schon
  Des Menschen Brust sich herrlicher hebt, und der
    Die dunkle Zukunft sieht, er muß auch
      Sehen den Tod und allein ihn fürchten.

Und Waffen wider alle, die atmen, trägt
  In ewigbangem Stolze der Mensch; im Zwist
    Verzehrt er sich und seines Friedens
      Blume, die zärtliche, blüht nicht lange.

Ist er von allen Lebensgenossen nicht
  Der seligste? Doch tiefer und reißender
    Ergreift das Schicksal, allausgleichend,
      Auch die entzündbare Brust dem Starken.

### SOKRATES UND ALCIBIADES

„Warum huldigest du, heiliger Sokrates,
  Diesem Jünglinge stets? kennest du Größers nicht?
    Warum siehet mit Liebe,
      Wie auf Götter, dein Aug auf ihn?"

Wer das Tiefste gedacht, liebt das Lebendigste,
  Hohe Jugend versteht, wer in die Welt geblickt,
    Und es neigen die Weisen
      Oft am Ende zu Schönem sich.

### VANINI

Den Gottverächter schalten sie dich? mit Fluch
  Beschwerten sie dein Herz dir und banden dich
    Und übergaben dich den Flammen,
      Heiliger Mann! o warum nicht kamst du

Vom Himmel her in Flammen zurück, das Haupt
Der Lästerer zu treffen und riefst dem Sturm;
    Daß er die Asche der Barbaren
        Fort aus der Erd, aus der Heimat werfe!

Doch die du lebend liebtest, die dich empfing,
Den Sterbenden, die heil'ge Natur vergißt
    Der Menschen Tun und deine Feinde
        Kehrten, wie du, in den alten Frieden.


## AN UNSRE GROSSEN DICHTER

Des Ganges Ufer hörten des Freudengotts
Triumph, als alleroberend vom Indus her
    Der junge Bacchus kam, mit heil'gem
        Weine vom Schlafe die Völker weckend.

O weckt, ihr Dichter! weckt sie vom Schlummer auch,
Die jetzt noch schlafen, gebt die Gesetze, gebt
    Uns Leben, siegt, Heroen! ihr nur
        Habt der Eroberung Recht, wie Bacchus.

[HYPERIONS SCHICKSALSLIED]

Ihr wandelt droben im Licht
  Auf weichem Boden, selige Genien!
    Glänzende Götterlüfte
     Rühren euch leicht,
      Wie die Finger der Künstlerin
      Heilige Saiten.

Schicksallos, wie der schlafende
  Säugling, atmen die Himmlischen;
   Keusch bewahrt
    In bescheidener Knospe,
     Blühet ewig
      Ihnen der Geist,
       Und die seligen Augen
       Blicken in stiller
        Ewiger Klarheit.

Doch uns ist gegeben,
  Auf keiner Stätte zu ruhn,
  Es schwinden, es fallen
   Die leidenden Menschen
    Blindlings von einer
    Stunde zur andern,
     Wie Wasser von Klippe
     Zu Klippe geworfen,
      Jahr lang ins Ungewisse hinab.

[DA ICH EIN KNABE WAR...]

Da ich ein Knabe war,
   Rettet' ein Gott mich oft
      Vom Geschrei und der Rute der Menschen,
      Da spielt ich sicher und gut
         Mit den Blumen des Hains,
            Und die Lüftchen des Himmels
         Spielten mit mir.

Und wie du das Herz
Der Pflanzen erfreust,
Wenn sie entgegen dir
Die zarten Arme strecken,

So hast du mein Herz erfreut,
Vater Helios! und, wie Endymion,
War ich dein Liebling,
Heilige Luna!

O all ihr treuen
Freundlichen Götter!
Daß ihr wüßtet,
Wie euch meine Seele geliebt!

Zwar damals rief ich noch nicht
Euch mit Namen, auch ihr
Nanntet mich nie, wie die Menschen sich nennen,
Als kennten sie sich.

Doch kannt ich euch besser,
Als ich je die Menschen gekannt,
Ich verstand die Stille des Äthers,
Der Menschen Worte verstand ich nie.

Mich erzog der Wohllaut
Des säuselnden Hains
Und lieben lernt ich
Unter den Blumen.

Im Arme der Götter wuchs ich groß.

## MEINER VEREHRUNGSWÜRDIGEN GROSSMUTTER
### *zu ihrem 72. Geburtstag*

Vieles hast du erlebt, du teure Mutter! und ruhst nun
 Glücklich, von Fernen und Nahn liebend beim Namen
  genannt,
Mir auch herzlich geehrt in des Alters silberner Krone
 Unter den Kindern, die dir reifen und wachsen und blühn.
Langes Leben hat dir die sanfte Seele gewonnen
 Und die Hoffnung, die dich freundlich in Leiden geführt.
Denn zufrieden bist du und fromm, wie die Mutter, die
  einst den
 Besten der Menschen, den Freund unserer Erde, gebar. –
Ach! sie wissen es nicht, wie der Hohe wandelt' im Volke,
 Und vergessen ist fast, was der Lebendige war.
Wenige kennen ihn doch und oft erscheinet erheiternd
 Mitten in stürmischer Zeit ihnen das himmlische Bild.
Allversöhnend und still mit den armen Sterblichen ging er,
 Dieser einzige Mann, göttlich im Geiste, dahin.
Keines der Lebenden war aus seiner Seele geschlossen
 Und die Leiden der Welt trug er an liebender Brust.
Mit dem Tode befreundet' er sich, im Namen der andern
 Ging er aus Schmerzen und Müh siegend zum Vater zurück.
Und du kennest ihn auch, du teure Mutter! und wandelst
 Glaubend und duldend und still ihm, dem Erhabenen,
  nach.
Sieh! es haben mich selbst verjüngt die kindlichen Worte,
 Und es rinnen, wie einst, Tränen vom Auge mir noch;
Und ich denke zurück an längst vergangene Tage,
 Und die Heimat erfreut wieder mein einsam Gemüt,
Und das Haus, wo ich einst bei deinen Segnungen aufwuchs,
 Wo, von Liebe genährt, schneller der Knabe gedieh.
Ach! wie dacht ich dann oft, du solltest meiner dich freuen,
 Wann ich ferne mich sah wirkend in offener Welt.
Manches hab ich versucht und geträumt und habe die Brust mir
 Wund gerungen indes, aber ihr heilet sie mir,

O ihr Lieben! und lange, wie du, o Mutter! zu leben
Will ich lernen; es ist ruhig das Alter und fromm.
Kommen will ich zu dir; dann segne den Enkel noch einmal,
Daß dir halte der Mann, was er, als Knabe, gelobt.

ACHILL

Herrlicher Göttersohn! da du die Geliebte verloren,
   Gingst du ans Meergestad, weintest hinaus in die Flut,
Weheklagend hinab verlangt' in den heiligen Abgrund,
   In die Stille dein Herz, wo, von der Schiffe Gelärm
Fern, tief unter den Wogen, in friedlicher Grotte die blaue
   Thetis wohnte, die dich schützte, die Göttin des Meers.
Mutter war dem Jünglinge sie, die mächtige Göttin,
   Hatte den Knaben einst liebend, am Felsengestad
Seiner Insel, gesäugt, mit dem kräftigen Liede der Welle
   Und im stärkenden Bad ihn zum Heroen genährt.
Und die Mutter vernahm die Weheklage des Jünglings,
   Stieg vom Grunde der See, trauernd, wie Wölkchen, herauf,
Stillte mit zärtlichem Umfangen die Schmerzen des Lieblings,
   Und er hörte, wie sie schmeichelnd zu helfen versprach.

Göttersohn! o wär ich, wie du, so könnt ich vertraulich
   Einem der Himmlischen klagen mein heimliches Leid.
Sehen soll ich es nicht, soll tragen die Schmach, als gehört ich
   Nimmer zu ihr, die doch meiner mit Tränen gedenkt.
Gute Götter! doch hört ihr jegliches Flehen des Menschen,
   Ach! und innig und fromm liebt ich dich heiliges Licht,
Seit ich lebe, dich Erd und deine Quellen und Wälder,
   Vater Äther, und dich fühlte zu sehnend und rein
Dieses Herz – o sänftiget mir, ihr Guten, mein Leiden,
   Daß die Seele mir nicht allzu frühe verstummt,
Daß ich lebe und euch, ihr hohen himmlischen Mächte,
   Noch am fliehenden Tag danke mit frommem Gesang,
Danke für voriges Gut, für Freuden vergangener Jugend,
   Und dann nehmet zu euch gütig den Einsamen auf.

[GÖTTER WANDELTEN EINST...]

Götter wandelten einst bei Menschen, die herrlichen Musen
    Und der Jüngling, Apoll, heilend, begeisternd wie du.
Und du bist mir, wie sie, als hätte der Seligen einer
    Mich ins Leben gesandt, geh ich, es wandelt das Bild
Meiner Heldin mit mir, wo ich duld und bilde, mit Liebe
    Bis in den Tod, denn dies lernt ich und hab ich von ihr.

Laß uns leben, o du, mit der ich leide, mit der ich
    Innig und glaubig und treu ringe nach schönerer Zeit.
Sind doch wir's! und wüßten sie noch in kommenden Jahren
    Von uns beiden, wenn einst wieder der Genius gilt,
Sprächen sie: es schufen sich einst die Einsamen liebend
    Nur von Göttern gekannt ihre geheimere Welt.
Denn die Sterbliches nur besorgt, es empfängt sie die Erde,
    Aber näher zum Licht wandern, zum Äther hinauf
Sie, die inniger Liebe treu, und göttlichem Geiste
    Hoffend und duldend und still über das Schicksal gesiegt.


[HÖRT ICH DIE WARNENDEN ITZT...]

Hört ich die Warnenden itzt, sie lächelten meiner und dächten,
    Früher anheim uns fiel, weil er uns scheute, der Tor.
Und sie achteten's keinen Gewinn, ...
    ...
Singt, o singet mir nur, unglückweissagend, ihr Furchtbarn,
    Schicksalsgötter, das Lied immer und immer ums Ohr.
Euer bin ich zuletzt, ich weiß es, doch will zuvor ich
    Mir gehören und mir Leben erbeuten und Ruhm.


DIE LAUNISCHEN

Hör ich ferne nur her, wenn ich für mich geklagt,
    Saitenspiel und Gesang, schweigt mir das Herz doch gleich;
        Bald auch bin ich verwandelt,
            Blinkst du, purpurner Wein! mich an

Unter Schatten des Walds, wo die gewaltige
  Mittagssonne mir sanft über dem Laube glänzt;
    Ruhig sitz ich daselbst, wenn
      Zürnend schwerer Beleidigung

Ich im Felde geirrt – Zürnen zu gerne doch
  Deine Dichter, Natur! trauern und weinen leicht,
    Die Beglückten; wie Kinder,
      Die zu zärtlich die Mutter hält,

Sind sie mürrisch und voll herrischen Eigensinns;
  Wandeln still sie des Wegs, irret Geringes doch
    Bald sie wieder; sie reißen
      Aus dem Gleise sich sträubend dir.

Doch du rührest sie kaum, Liebende! freundlich an,
  Sind sie friedlich und fromm; fröhlich gehorchen sie;
    Du lenkst, Meisterin! sie mit
      Weichem Zügel, wohin du willst.


### DIE SCHLACHT

O Morgenrot der Deutschen, o Schlacht! Du kömmst,
  Flammst heute blutend über den Völkern auf,
    Denn länger dulden sie nicht mehr, sind
      Länger die Kinder nicht mehr, die Deutschen.

Du kömmst, o Schlacht! schon wogen die Jünglinge
  Hinab von ihren Hügeln, hinab ins Tal,
    Wo keck herauf die Knechte dringen,
      Sicher der Kunst und des Arms! doch schröcklich

Kömmt über sie die Seele der Jünglinge,
  Denn ha! die Knaben schlagen wie Zauberer,
    Und ihre Vaterlandsgesänge
      Lähmen die Kniee dem Unterdrücker.

O nimmt mich, nimmt mich mit in die Reihen auf,
  Damit ich einst nicht sterbe gemeinen Tods!
    Umsonst zu sterben, lieb ich nicht, doch
      Lieb ich zu fallen am Opferhügel,

Fürs Vaterland! zu bluten des Herzens Blut
  Fürs Vaterland, und schon ist's geschehn! Das war's,
    Was ich zuvor gefühlt, als Knabe,
      Da ich zuerst vom Heroentode

Mit wollustvollen Schauern das Wort vernahm,
  Nun aber geh ich nieder ins Schattenreich,
    Hinunter zu den Göttermenschen,
      Die mich zu sterben gelehrt, hinunter.

Ach! oft im Leben dürstet ich euch zu schaun,
  Ihr Helden und Dichter aus alter Zeit!
    Gastfreundlich grüßt ihr den geringen
      Fremdling und brüderlich ist's hier unten;

Und Siegesboten kommen herab; die Schlacht
  Ist unser; und nun freue der Jugend dich,
    Mein herrlich Vaterland, denn heute
      Hubst du sie an, und sie wird einst reifen.


## DER TOD FÜRS VATERLAND

Du kömmst, o Schlacht! schon wogen die Jünglinge
  Hinab von ihren Hügeln, hinab ins Tal,
    Wo keck herauf die Würger dringen,
      Sicher der Kunst und des Arms, doch sichrer

Kömmt über sie die Seele der Jünglinge,
  Denn die Gerechten schlagen, wie Zauberer,
    Und ihre Vaterlandsgesänge
      Lähmen die Kniee den Ehrelosen.

O nimmt mich, nimmt mich mit in die Reihen auf,
   Damit ich einst nicht sterbe gemeinen Tods!
      Umsonst zu sterben, lieb ich nicht, doch
         Lieb ich, zu fallen am Opferhügel

Fürs Vaterland, zu bluten des Herzens Blut
   Fürs Vaterland – und bald ist's geschehn! Zu euch,
      Ihr Teuern! komm ich, die mich leben
         Lehrten und sterben, zu euch hinunter!

Wie oft im Lichte dürstet ich euch zu sehn,
   Ihr Helden und ihr Dichter aus alter Zeit!
      Nun grüßt ihr freundlich den geringen
         Fremdling und brüderlich ist's hier unten;

Und Siegesboten kommen herab: Die Schlacht
   Ist unser! Lebe droben, o Vaterland,
      Und zähle nicht die Toten! Dir ist,
         Liebes! nicht einer zu viel gefallen.


### DER ZEITGEIST

Zu lang schon waltest über dem Haupte mir,
   Du in der dunkeln Wolke, du Gott der Zeit!
      Zu wild, zu bang ist's ringsum, und es
         Trümmert und wankt ja, wohin ich blicke.

Ach! wie ein Knabe, seh ich zu Boden oft,
   Such in der Höhle Rettung von dir, und möcht,
      Ich Blöder, eine Stelle finden,
         Allerschüttrer! wo du nicht wärest.

Laß endlich, Vater! offenen Augs mich dir
  Begegnen! hast denn du nicht zuerst den Geist
    Mit deinem Strahl aus mir geweckt? mich
      Herrlich ans Leben gebracht, o Vater! –

Wohl keimt aus jungen Reben uns heil'ge Kraft;
  In milder Luft begegnet den Sterblichen,
    Und wenn sie still im Haine wandeln,
      Heiternd ein Gott; doch allmächt'ger weckst du

Die reine Seele Jünglingen auf, und lehrst
  Die Alten weise Künste; der Schlimme nur
    Wird schlimmer, daß er bälder ende,
      Wenn du, Erschütterer! ihn ergreifest.

## ABENDPHANTASIE

Vor seiner Hütte ruhig im Schatten sitzt
  Der Pflüger, dem Genügsamen raucht sein Herd.
    Gastfreundlich tönt dem Wanderer im
      Friedlichen Dorfe die Abendglocke.

Wohl kehren itzt die Schiffer zum Hafen auch,
  In fernen Städten, fröhlich verrauscht des Markts
    Geschäft'ger Lärm; in stiller Laube
      Glänzt das gesellige Mahl den Freunden.

Wohin denn ich? Es leben die Sterblichen
  Von Lohn und Arbeit; wechselnd in Müh und Ruh
    Ist alles freudig; warum schläft denn
      Nimmer nur mir in der Brust der Stachel?

Am Abendhimmel blühet ein Frühling auf;
   Unzählig blühn die Rosen und ruhig scheint
      Die goldne Welt; o dorthin nimmt mich,
         Purpurne Wolken! und möge droben

In Licht und Luft zerrinnen mir Lieb und Leid! –
   Doch, wie verscheucht von töriger Bitte, flieht
      Der Zauber; dunkel wird's und einsam
         Unter dem Himmel, wie immer, bin ich –

Komm du nun, sanfter Schlummer! zu viel begehrt
   Das Herz; doch endlich, Jugend! verglühst du ja,
      Du ruhelose, träumerische!
         Friedlich und heiter ist dann das Alter.


DES MORGENS

Vom Taue glänzt der Rasen; beweglicher
   Eilt schon die wache Quelle; die Buche neigt
      Ihr schwankes Haupt und im Geblätter
         Rauscht es und schimmert; und um die grauen

Gewölke streifen rötliche Flammen dort,
   Verkündende, sie wallen geräuschlos auf;
      Wie Fluten am Gestade, wogen
         Höher und höher die Wandelbaren.

Komm nun, o komm, und eile mir nicht zu schnell,
   Du goldner Tag, zum Gipfel des Himmels fort!
      Denn offner fliegt, vertrauter dir mein
         Auge, du Freudiger! zu, solang du

In deiner Schöne jugendlich blickst und noch
　Zu herrlich nicht, zu stolz mir geworden bist;
　　Du möchtest immer eilen, könnt ich,
　　　Göttlicher Wandrer, mit dir! – doch lächelst

Des frohen Übermütigen du, daß er
　Dir gleichen möchte; segne mir lieber dann
　　Mein sterblich Tun und heitre wieder
　　　Gütiger! heute den stillen Pfad mir.


### DER MAIN

Wohl manches Land der lebenden Erde möcht
　Ich sehn, und öfters über die Berg enteilt
　　Das Herz mir, und die Wünsche wandern
　　　Über das Meer, zu den Ufern, die mir

Vor andern, so ich kenne, gepriesen sind;
　Doch lieb ist in der Ferne nicht eines mir,
　　Wie jenes, wo die Göttersöhne
　　　Schlafen, das trauernde Land der Griechen.

Ach! einmal dort an Suniums Küste möcht
　Ich landen, deine Säulen, Olympion!
　　Erfragen, dort, noch eh der Nordsturm
　　　Hin in den Schutt der Athenertempel

Und ihrer Götterbilder auch dich begräbt;
　Denn lang schon einsam stehst du, o Stolz der Welt,
　　Die nicht mehr ist! – und o ihr schönen
　　　Inseln Ioniens, wo die Lüfte

Vom Meere kühl an warme Gestade wehn,
 Wenn unter kräft'ger Sonne die Traube reift,
  Ach! wo ein goldner Herbst dem armen
   Volk in Gesänge die Seufzer wandelt,

Wenn die Betrübten itzt ihr Limonenwald
 Und ihr Granatbaum, purpurner Äpfel voll,
  Und süßer Wein und Pauk und Zithar
   Zum labyrinthischen Tanze ladet –

Zu euch vielleicht, ihr Inseln! gerät noch einst
 Ein heimatloser Sänger; denn wandern muß
  Von Fremden er zu Fremden, und die
   Erde, die freie, sie muß ja, leider!

Statt *Vaterlands* ihm dienen, solang er lebt,
 Und wenn er stirbt – doch nimmer vergeß ich dich,
  So fern ich wandre, schöner Main! und
   Deine Gestade, die vielbeglückten.

Gastfreundlich nahmst du, Stolzer! bei dir mich auf
 Und heitertest das Auge dem Fremdlinge,
  Und still hingleitende Gesänge
   Lehrtest du mich und geräuschlos Leben.

O ruhig mit den Sternen, du Glücklicher!
 Wallst du von deinem Morgen zum Abend fort,
  Dem Bruder zu, dem Rhein, und dann mit
   Ihm in den Ozean freudig nieder!


### *ΠΡΟΣ ΕΑΥΤΟΝ*

Lern im Leben die Kunst, im Kunstwerk lerne das Leben,
 Siehst du das eine recht, siehst du das andere auch.

### SOPHOKLES

Viele versuchten umsonst das Freudigste freudig zu sagen,
  Hier spricht endlich es mir, hier in der Trauer sich aus.

### [DER ZÜRNENDE DICHTER]

Fürchtet den Dichter nicht, wenn er edel zürnet, sein Buchstab
  Tötet, aber es macht Geister lebendig der Geist.

### [DIE SCHERZHAFTEN]

Immer spielt ihr und scherzt? ihr *müßt*! o Freunde! mir geht dies
  In die Seele, denn dies müssen Verzweifelte nur.

### WURZEL ALLES ÜBELS

Einig zu sein, ist göttlich und gut; woher ist die Sucht denn
  Unter den Menschen, daß nur einer und eines nur sei?

1799 – 1803

MEIN EIGENTUM

In seiner Fülle ruhet der Herbsttag nun,
  Geläutert ist die Traub und der Hain ist rot
    Vom Obst, wenn schon der holden Blüten
      Manche der Erde zum Danke fielen.

Und rings im Felde, wo ich den Pfad hinaus,
  Den stillen, wandle, ist den Zufriedenen
    Ihr Gut gereift und viel der frohen
      Mühe gewähret der Reichtum ihnen.

Vom Himmel blicket zu den Geschäftigen
  Durch ihre Bäume milde das Licht herab,
    Die Freude teilend, denn es wuchs durch
      Hände der Menschen allein die Frucht nicht.

Und leuchtest du, o Goldnes, auch mir, und wehst
  Auch du mir wieder, Lüftchen, als segnetest
    Du eine Freude mir, wie einst, und
      Irrst, wie um Glückliche, mir am Busen?

Einst war ich's, doch wie Rosen, vergänglich war
  Das fromme Leben, ach! und es mahnen noch,
    Die blühend mir geblieben sind, die
      Holden Gestirne zu oft mich dessen.

Beglückt, wer, ruhig liebend ein frommes Weib,
  Am eignen Herd in rühmlicher Heimat lebt,
    Es leuchtet über festem Boden
      Schöner dem sicheren Mann sein Himmel.

Denn, wie die Pflanze, wurzelt auf eignem Grund
Sie nicht, verglüht die Seele des Sterblichen,
   Der mit dem Tageslichte nur, ein
      Armer, auf heiliger Erde wandelt.

Zu mächtig, ach! ihr himmlischen Höhen, zieht
Ihr mich empor, bei Stürmen, am heitern Tag
   Fühl ich verzehrend euch im Busen
      Wechseln, ihr wandelnden Götterkräfte.

Doch heute laß mich stille den trauten Pfad
Zum Haine gehn, dem golden die Wipfel schmückt
   Sein sterbend Laub, und kränzt auch mir die
      Stirne, ihr holden Erinnerungen!

Und daß mir auch, zu retten mein sterblich Herz,
   Wie andern eine bleibende Stätte sei,
      Und heimatlos die Seele mir nicht
         Über das Leben hinweg sich sehne,

Sei du, Gesang, mein freundlich Asyl! sei du,
Beglückender! mit sorgender Liebe mir
   Gepflegt, der Garten, wo ich, wandelnd
      Unter den Blüten, den immerjungen,

In sichrer Einfalt wohne, wenn draußen mir
   Mit ihren Wellen allen die mächt'ge Zeit,
      Die Wandelbare, fern rauscht und die
         Stillere Sonne mein Wirken fördert.

Ihr segnet gütig über den Sterblichen,
   Ihr Himmelskräfte! jedem sein Eigentum,
      O segnet meines auch, und daß zu
         Frühe die Parze den Traum nicht ende.

PALINODIE

Was dämmert um mich, Erde! dein freundlich Grün?
 Was wehst du wieder, Lüftchen, wie einst, mich an?
  In allen Wipfeln rauscht's, . . .
   . . .

Was weckt ihr mir die Seele? was regt ihr mir
 Vergangnes auf, ihr Guten! o schonet mein
  Und laßt sie ruhn, die Asche meiner
   Freuden, ihr spottetet nur! o wandelt,

Ihr schicksallosen Götter, vorbei und blüht
 In eurer Jugend über den Alternden
  Und wollt ihr zu den Sterblichen euch
   Gerne gesellen, so blühn der Jungfraun

Euch viel, der jungen Helden, und schöner spielt
 Der Morgen um die Wange der Glücklichen
  Denn um ein trübes Aug und lieblich
   Tönen die Sänge der Mühelosen.

Ach! vormals rauschte leicht des Gesanges Quell
 Auch mir vom Busen, da noch die Freude mir,
  Die himmlische, vom Auge glänzte
   . . .

Versöhnung, o Versöhnung, ihr gütigen,
 Ihr immergleichen Götter, und haltet ein,
  Weil ihr die reinen Quellen liebt . . .


GESANG DES DEUTSCHEN

O heilig Herz der Völker, o Vaterland!
 Allduldend, gleich der schweigenden Mutter Erd,
  Und allverkannt, wenn schon aus deiner
   Tiefe die Fremden ihr Bestes haben!

Sie ernten den Gedanken, den Geist von dir,
  Sie pflücken gern die Traube, doch höhnen sie
    Dich, ungestalte Rebe! daß du
      Schwankend den Boden und wild umirrest.

Du Land des hohen ernsteren Genius!
  Du Land der Liebe! bin ich der deine schon,
    Oft zürnt ich weinend, daß du immer
      Blöde die eigene Seele leugnest.

Doch magst du manches Schöne nicht bergen mir;
  Oft stand ich überschauend das holde Grün,
    Den weiten Garten hoch in deinen
      Lüften auf hellem Gebirg und sah dich.

An deinen Strömen ging ich und dachte dich,
  Indes die Töne schüchtern die Nachtigall
    Auf schwanker Weide sang, und still auf
      Dämmerndem Grunde die Welle weilte.

Und an den Ufern sah ich die Städte blühn,
  Die Edlen, wo der Fleiß in der Werkstatt schweigt,
    Die Wissenschaft, wo deine Sonne
      Milde dem Künstler zum Ernste leuchtet.

Kennst du Minervas Kinder? sie wählten sich
  Den Ölbaum früh zum Lieblinge; kennst du sie?
    Noch lebt, noch waltet der Athener
      Seele, die sinnende, still bei Menschen,

Wenn Platons frommer Garten auch schon nicht mehr
  Am alten Strome grünt und der dürft'ge Mann
    Die Heldenasche pflügt, und scheu der
      Vogel der Nacht auf der Säule trauert.

O heil'ger Wald! o Attika! traf Er doch
  Mit seinem furchtbarn Strahle dich auch, so bald,
    Und eilten sie, die dich belebt, die
      Flammen entbunden zum Äther über?

Doch, wie der Frühling, wandelt der Genius
  Von Land zu Land. Und wir? ist denn *einer* auch
    Von unsern Jünglingen, der nicht ein
      Ahnden, ein Rätsel der Brust, verschwiege?

Den deutschen Frauen danket! sie haben uns
  Der Götterbilder freundlichen Geist bewahrt,
    Und täglich sühnt der holde klare
      Friede das böse Gewirre wieder.

Wo sind jetzt Dichter, denen der Gott es gab,
  Wie unsern Alten, freudig und fromm zu sein,
    Wo Weise, wie die unsre sind? die
      Kalten und Kühnen, die Unbestechbarn!

Nun! sei gegrüßt in deinem Adel, mein Vaterland,
  Mit neuem Namen, reifeste Frucht der Zeit!
    Du letzte und du erste aller
      Musen, Urania, sei gegrüßt mir!

Noch säumst und schweigst du, sinnest ein freudig Werk,
  Das von dir zeuge, sinnest ein neu Gebild,
    Das einzig, wie du selber, das aus
      Liebe geboren und gut, wie du, sei –

Wo ist dein Delos, wo dein Olympia,
  Daß wir uns alle finden am höchsten Fest? –
    Doch wie errät der Sohn, was du den
      Deinen, Unsterbliche, längst bereitest?

## DER PRINZESSIN AUGUSTE VON HOMBURG

*Den 28. Nov. 1799*

Noch freundlichzögernd scheidet vom Auge dir
  Das Jahr, und in hesperischer Milde glänzt
    Der Winterhimmel über deinen
      Gärten, den dichtrischen, immergrünen.

Und da ich deines Festes gedacht und sann,
  Was ich dir dankend reichte, da weilten noch
    Am Pfade Blumen, daß sie dir zur
      Blühenden Krone, du Edle, würden.

Doch andres beut dir, Größeres, hoher Geist!
  Die festlichere Zeit, denn es hallt hinab
    Am Berge das Gewitter, sieh! und
      Klar, wie die ruhigen Sterne, gehen

Aus langem Zweifel reine Gestalten auf;
  So dünkt es mir; und einsam, o Fürstin! ist
    Das Herz der Freigebornen wohl nicht
      Länger im eigenen Glück; denn würdig

Gesellt im Lorbeer ihm der Heroe sich,
  Der schöngereifte, echte; die Weisen auch,
    Die Unsern, sind es wert; sie blicken
      Still aus der Höhe des Lebens, die ernsten Alten.

Geringe dünkt der träumende Sänger sich,
  Und Kindern gleich am müßigen Saitenspiel,
    Wenn ihn der Edlen Glück, wenn ihn die
      Tat und der Ernst der Gewalt'gen aufweckt.

Doch herrlicht mir dein Name das Lied; dein Fest
  Augusta! durft ich feiern; Beruf ist mir's,
    Zu rühmen Höhers, darum gab die
      Sprache der Gott und den Dank ins Herz mir.

O daß von diesem freudigen Tage mir
    Auch meine Zeit beginne, daß endlich auch
    Mir ein Gesang in deinen Hainen,
        Edle! gedeihe, der deiner wert sei.

DER FRIEDEN

Wie wenn die alten Wasser, die
                in andern Zorn,
    In schröcklichern verwandelt wieder
        Kämen, zu reinigen, da es not war,

So gählt' und wuchs und wogte von Jahr zu Jahr
    Rastlos und überschwemmte das bange Land
    Die unerhörte Schlacht, daß weit hüllt
        Dunkel und Blässe das Haupt der Menschen.

Die Heldenkräfte flogen, wie Wellen, auf
    Und schwanden weg, du kürztest, o Rächerin!
    Den Dienern oft die Arbeit schnell und
        Brachtest in Ruhe sie heim, die Streiter.

O du, die unerbittlich und unbesiegt
    Den Feigern und den Übergewalt'gen trifft,
    Daß bis ins letzte Glied hinab vom
        Schlage sein armes Geschlecht erzittert,

Die du geheim den Stachel und Zügel hältst,
    Zu hemmen und zu fördern, o Nemesis,
    Strafst du die Toten noch, es schliefen
        Unter Italiens Lorbeergärten

Sonst ungestört die alten Eroberer.
    Und schonst du auch des müßigen Hirten nicht,
    Und haben endlich wohl genug den
        Üppigen Schlummer gebüßt die Völker?

Komm du nun, du der heiligen Musen all,
  Und der Gestirne Liebling, verjüngender
    Ersehnter Friede, komm mit deinen
      Freundlichen und [∪∪ – ∪ – ∪]

Mit deinem stillen Ruhme, genügsamer!
  Mit deinen ungeschriebnen Gesetzen auch,
    Mit deiner Liebe komm und gib ein
      Bleiben im Leben, ein Herz uns wieder.

Unschuldiger! sind klüger die Kinder doch
  Beinahe, denn wir Alten; es irrt der Zwist
    Den Guten nicht den Sinn, und klar und
      Freudig ist ihnen ihr Auge blieben.

Wer hub es an? wer brachte den Fluch? von heut
  Ist's nicht und nicht von gestern, und die zuerst
    Das Maß verloren, unsre Väter
      Wußten es nicht, und es trieb ihr Geist sie.

Zu lang, zu lang schon treten die Sterblichen
  Sich gern aufs Haupt, und zanken um Herrschaft sich,
    Den Nachbar fürchtend, und es hat auf
      Eigenem Boden der Mann nicht Segen.

Und unstet wehn und irren, dem Chaos gleich,
  Dem gärenden Geschlechte die Wünsche noch
    Umher und wild ist und verzagt und kalt von
      Sorgen das Leben der Armen immer.

Du aber wandelst ruhig die sichre Bahn,
  O Mutter Erd, im Lichte. Dein Frühling blüht,
    Melodischwechselnd gehn dir hin die
      Wachsenden Zeiten, du Lebensreiche!

Und wie mit andern Schauenden lächelnd ernst
  Der Richter auf der Jünglinge Rennbahn sieht,
    Wo glühend sich die Kämpfer und die
      Wagen in stäubende Wolken treiben,

So steht und lächelt Helios über uns
　　Und einsam ist der Göttliche, Frohe nie,
　　　　Denn ewig wohnen sie, des Äthers
　　　　　　Blühende Sterne, die Heiligfreien.

[AN EINE FÜRSTIN VON DESSAU]

Aus stillem Hause senden die Götter oft
　　Auf kurze Zeit zu Fremden die Lieblinge,
　　　　Damit, erinnert, sich am edlen
　　　　　　Bilde der Sterblichen Herz erfreue.

So kommst du aus Luisiums Hainen auch,
　　Aus heil'ger Schwelle dort, wo geräuschlos rings
　　　　Die Lüfte sind und friedlich um dein
　　　　　　Dach die geselligen Bäume spielen,

Aus deines Tempels Freuden, o Priesterin!
　　Zu uns, wenn schon die Wolke das Haupt uns beugt
　　　　Und längst ein göttlich Ungewitter
　　　　　　. . . über dem Haupt uns wandelt.

O teuer warst du, Priesterin! da du dort
　　Im Stillen göttlich Feuer behütetest,
　　　　Doch teurer heute, da du Zeiten
　　　　　　Unter den Zeitlichen segnend feierst.

Denn wo die Reinen wandeln, vernehmlicher
　　Ist da der Geist, und offen und heiter blühn
　　　　Des Lebens dämmernde Gestalten
　　　　　　Da, wo ein sicheres Licht erscheinet.

Und wie auf dunkler Wolke der schweigende,
　　Der schöne Bogen blühet, ein Zeichen ist
　　　　Er künft'ger Zeit, ein Angedenken
　　　　　　Seliger Tage, die einst gewesen,

So ist dein Leben, heilige Fremdlingin!
　　Wenn du Vergangnes über Italiens
　　　　Zerbrochnen Säulen, wenn du neues
　　　　　　Grünen aus stürmischer Zeit betrachtest.

## [WIE WENN AM FEIERTAGE...]

Wie wenn am Feiertage, das Feld zu sehn,
Ein Landmann geht, des Morgens, wenn
Aus heißer Nacht die kühlenden Blitze fielen
Die ganze Zeit und fern noch tönet der Donner,
In sein Gestade wieder tritt der Strom,
Und frisch der Boden grünt
Und von des Himmels erfreuendem Regen
Der Weinstock trauft und glänzend
In stiller Sonne stehn die Bäume des Haines:

So stehn sie unter günstiger Witterung,
Sie, die kein Meister allein, die wunderbar
Allgegenwärtig erzieht in leichtem Umfangen
Die mächtige, die göttlichschöne Natur.
Drum wenn zu schlafen sie scheint zu Zeiten des Jahrs
Am Himmel oder unter den Pflanzen oder den Völkern,
So trauert der Dichter Angesicht auch,
Sie scheinen allein zu sein, doch ahnen sie immer.
Denn ahnend ruhet sie selbst auch.

Jetzt aber tagt's! Ich harrt und sah es kommen,
Und was ich sah, das Heilige sei mein Wort.
Denn sie, sie selbst, die älter denn die Zeiten
Und über die Götter des Abends und Orients ist,
Die Natur ist jetzt mit Waffenklang erwacht,
Und hoch vom Äther bis zum Abgrund nieder
Nach festem Gesetze, wie einst, aus heiligem Chaos gezeugt,
Fühlt neu die Begeisterung sich,
Die Allerschaffende, wieder.

Und wie im Aug ein Feuer dem Manne glänzt,
Wenn Hohes er entwarf, so ist
Von neuem an den Zeichen, den Taten der Welt jetzt
Ein Feuer angezündet in Seelen der Dichter.
Und was zuvor geschah, doch kaum gefühlt,
Ist offenbar erst jetzt,
Und die uns lächelnd den Acker gebauet,
In Knechtsgestalt, sie sind erkannt,
Die Allebendigen, die Kräfte der Götter.

Erfrägst du sie? im Liede wehet ihr Geist,
Wenn es der Sonne des Tags und warmer Erd
Entwächst, und Wettern, die in der Luft, und andern,
Die vorbereiteter in Tiefen der Zeit,
Und deutungsvoller, und vernehmlicher uns
Hinwandeln zwischen Himmel und Erd und unter den Völkern.
Des gemeinsamen Geistes Gedanken sind,
Still endend, in der Seele des Dichters,

Daß schnellbetroffen sie, Unendlichem
Bekannt seit langer Zeit, von Erinnerung
Erbebt, und ihr, von heil'gem Strahl entzündet,
Die Frucht in Liebe geboren, der Götter und Menschen Werk,
Der Gesang, damit er beiden zeuge, glückt.
So fiel, wie Dichter sagen, da sie sichtbar
Den Gott zu sehen begehrte, sein Blitz auf Semeles Haus
Und die Göttlichgetroffne gebar
Die Frucht des Gewitters, den heiligen Bacchus.

Und daher trinken himmlisches Feuer jetzt
Die Erdensöhne ohne Gefahr.
Doch uns gebührt es, unter Gottes Gewittern,
Ihr Dichter! mit entblößtem Haupte zu stehen,
Des Vaters Strahl, ihn selbst, mit eigner Hand
Zu fassen und dem Volk ins Lied
Gehüllt die himmlische Gabe zu reichen.
Denn sind nur reinen Herzens,
Wie Kinder, wir, sind schuldlos unsere Hände,

Des Vaters Strahl, der reine, versengt es nicht
Und tieferschüttert, die Leiden des Stärkeren
Mitleidend, bleibt in den hochherstürzenden Stürmen
Des Gottes, wenn er nahet, das Herz doch fest.
Doch weh mir! wenn von

Weh mir!

Und sag ich gleich,

Ich sei genaht, die Himmlischen zu schauen,
Sie selbst, sie werfen mich tief unter die Lebenden,
Den falschen Priester, ins Dunkel, daß ich
Das warnende Lied den Gelehrigen singe.
Dort


AN DIE DEUTSCHEN

Spottet nimmer des Kinds, wenn noch das alberne
    Auf dem Rosse von Holz herrlich und viel sich dünkt,
        O ihr Guten! auch wir sind
           Tatenarm und gedankenvoll!

Aber kommt, wie der Strahl aus dem Gewölke kommt,
    Aus Gedanken vielleicht, geistig und reif die Tat?
        Folgt die Frucht, wie des Haines
           Dunklem Blatte, der stillen Schrift?

Und das Schweigen im Volk, ist es die Feier schon
    Vor dem Feste? die Furcht, welche den Gott ansagt?
        O dann nimmt mich, ihr Lieben!
           Daß ich büße die Lästerung.

Schon zu lange, zu lang irr ich, dem Laien gleich,
    In des bildenden Geists werdender Werkstatt hier,
        Nur was blühet, erkenn ich,
           Was er sinnet, erkenn ich nicht.

Und zu ahnen ist süß, aber ein Leiden auch,
    Und schon Jahre genug leb ich in sterblicher
        Unverständiger Liebe
           Zweifelnd, immer bewegt vor ihm,

Der das stetige Werk immer aus liebender
    Seele näher mir bringt, lächelnd dem Sterblichen,
        Wo ich zage, des Lebens
            Reine Tiefe zu Reife bringt.

Schöpferischer, o wann, Genius unsers Volks,
    Wann erscheinest du ganz, Seele des Vaterlands,
        Daß ich tiefer mich beuge,
            Daß die leiseste Saite selbst

Mir verstumme vor dir, daß ich beschämt [⌣ –],
    Eine Blume der Nacht, himmlischer Tag, vor dir
        Enden möge mit Freuden,
            Wenn sie alle, mit denen ich

Vormals trauerte, wenn unsere Städte nun
    Hell und offen und wach, reineren Feuers voll
        Und die Berge des deutschen
            Landes Berge der Musen sind,

Wie die herrlichen einst, Pindos und Helikon,
    Und Parnassos, und rings unter des Vaterlands
        Goldnem Himmel die freie,
            Klare, geistige Freude glänzt.

Wohl ist enge begrenzt unsere Lebenszeit,
    Unserer Jahre Zahl sehen und zählen wir,
        Doch die Jahre der Völker,
            Sah ein sterbliches Auge sie?

Wenn die Seele dir auch über die eigne Zeit
    Sich, die sehnende, schwingt, trauernd verweilest du
        Dann am kalten Gestade
            Bei den Deinen und kennst sie nie,

Und die Künftigen auch, sie, die Verheißenen,
    Wo, wo siehest du sie, daß du an Freundeshand
        Einmal wieder erwarmest,
            Einer Seele vernehmlich seist?

Klanglos,           ist's in der Halle längst,
   Armer Seher! bei dir, sehnend verlischt dein Aug
      Und du schlummerst hinunter
         Ohne Namen und unbeweint.


   ROUSSEAU

Wie eng begrenzt ist unsere Tageszeit.
   Du warst und sahst und stauntest, schon Abend ist's,
      Nun schlafe, wo unendlich ferne
         Ziehen vorüber der Völker Jahre.

Und mancher siehet über die eigne Zeit,
   Ihm zeigt ein Gott ins Freie, doch sehnend stehst
      Am Ufer du, ein Ärgernis den
         Deinen, ein Schatten, und liebst sie nimmer,

Und jene, die du nennst, die Verheißenen,
   Wo sind die Neuen, daß du an Freundeshand
      Erwarmst, wo nahn sie, daß du einmal,
         Einsame Rede, vernehmlich seiest?

Klanglos ist's, armer Mann, in der Halle dir,
   Und gleich den Unbegrabenen, irrest du
      Unstet und suchest Ruh und niemand
         Weiß den beschiedenen Weg zu weisen.

Sei denn zufrieden!          der Baum entwächst
   Dem heimatlichen Boden, aber es sinken ihm
      Die liebenden, die jugendlichen
         Arme, und trauernd neigt er sein Haupt.

Des Lebens Überfluß, das Unendliche,
   Das um ihn           und dämmert, er faßt es nie.
      Doch lebt's in ihm und gegenwärtig,
         Wärmend und wirkend, die Frucht entquillt ihm.

Du hast gelebt! auch dir, auch dir
  Erfreuet die ferne Sonne dein Haupt,
    Und Strahlen aus der schönern Zeit. Es
      Haben die Boten dein Herz gefunden.

Vernommen hast du sie, verstanden die Sprache der Fremdlinge,
  Gedeutet ihre Seele! Dem Sehnenden war
    Der Wink genug, und Winke sind
      Von alters her die Sprache der Götter.

Und wunderbar, als hätte von Anbeginn
  Des Menschen Geist das Werden und Wirken all,
    Des Lebens Weise schon erfahren,

Kennt er im ersten Zeichen Vollendetes schon,
  Und fliegt, der kühne Geist, wie Adler den
    Gewittern, weissagend seinen
      Kommenden Göttern voraus,

[WOHL GEH ICH TÄGLICH...]

Wohl geh ich täglich andere Pfade, bald
  Ins grüne Laub im Walde, zur Quelle bald,
    Zum Felsen, wo die Rosen blühen,
      Blicke vom Hügel ins Land, doch nirgend,

Du Holde, nirgend find ich im Lichte dich
  Und in die Lüfte schwinden die Worte mir,
    Die frommen, die bei dir ich ehmals
      . . .

Ja, ferne bist du, seliges Angesicht!
  Und deines Lebens Wohllaut verhallt, von mir
    Nicht mehr belauscht, und ach! wo seid ihr
      Zaubergesänge, die einst das Herz mir

Besänftiget mit Ruhe der Himmlischen?
   Wie lang ist's! o wie lange! der Jüngling ist
      Gealtert, selbst die Erde, die mir
         Damals gelächelt, ist anders worden.

Leb immer wohl! es scheidet und kehrt zu dir
   Die Seele jeden Tag, und es weint um dich
      Das Auge, daß es helle wieder
         Dort wo du säumest, hinüberblicke.


[GEH UNTER, SCHÖNE SONNE...]

Geh unter, schöne Sonne, sie achteten
   Nur wenig dein, sie kannten dich, Heil'ge, nicht,
      Denn mühelos und stille bist du
         Über den Mühsamen aufgegangen.

Mir gehst du freundlich unter und auf, o Licht!
   Und wohl erkennt mein Auge dich, Herrliches!
      Denn göttlich stille ehren lernt ich,
         Da Diotima den Sinn mir heilte.

O du des Himmels Botin! wie lauscht ich dir!
   Dir, Diotima! Liebe! wie sah von dir
      Zum goldnen Tage dieses Auge
         Glänzend und dankend empor. Da rauschten

Lebendiger die Quellen, es atmeten
   Der dunkeln Erde Blüten mich liebend an,
      Und lächelnd über Silberwolken
         Neigte sich segnend herab der Äther.


ABSCHIED

Wenn ich sterbe mit Schmach, wenn an den Frechen nicht
   Meine Seele sich rächt, wenn ich hinunter bin,
      Von des Genius Feinden
         Überwunden, ins feige Grab,

Dann vergiß mich, o dann rette vom Untergang
  Meinen Namen auch du, gütiges Herz! nicht mehr,
    Dann erröte, die du mir
      Hold gewesen, doch eher nicht!

Aber weiß ich es nicht? Wehe! du liebender
  Schutzgeist! ferne von dir spielen zerreißend bald
    Auf den Saiten des Herzens
      Alle Geister des Todes mir.

O so bleiche dich denn, Locke der mutigen
  Jugend! heute noch, du, lieber als morgen mir,

      . . . hier, wo am einsamen
    Scheidewege der Schmerz mich,
      Mich der Tötende niederwirft.

## ELEGIE

Täglich geh ich heraus und such ein Anderes immer,
  Habe längst sie befragt, alle die Pfade des Lands;
Droben die kühlenden Höhn, die Schatten alle besuch ich,
  Und die Quellen; hinauf irret der Geist und hinab,
Ruh erbittend; so flieht das getroffene Wild in die Wälder,
  Wo es um Mittag sonst sicher im Dunkel geruht;
Aber nimmer erquickt sein grünes Lager das Herz ihm
  Wieder und schlummerlos treibt es der Stachel umher.
Nicht die Wärme des Lichts und nicht die Kühle der Nacht hilft
  Und in Wogen des Stroms taucht es die Wunden umsonst.
Ihm bereitet umsonst die Erd ihr stärkendes Heilkraut
  Und sein schäumendes Blut stillen die Lüftchen umsonst.

Wehe! so ist's auch, so, ihr Todesgötter! vergebens,
  Wenn ihr ihn haltet und fest habt den bezwungenen Mann,
Wenn ihr einmal hinab in eure Nacht ihn gerissen,
  Dann zu suchen, zu flehn, oder zu zürnen mit euch,
Oder geduldig auch wohl in euren Banden zu wohnen
  Und mit Lächeln von euch hören das furchtbare Lied.
Denn bestehn, wie anderes, muß in seinem Gesetze,
  Immer altern und nie enden das schaurige Reich.
Aber noch immer nicht, o meine Seele! noch kannst du's
  Nicht gewohnen und träumst mitten im eisernen Schlaf.

Tag der Liebe! scheinest du auch den Toten, du goldner!
  Bilder aus hellerer Zeit, leuchtet ihr mir in die Nacht?
Liebliche Gärten, seid, ihr abendrötlichen Berge,
  Seid willkommen, und ihr, schweigende Pfade des Hains.

Zeugen himmlischen Glücks! und ihr, allschauende Sterne,
  Die mir damals oft segnende Blicke gegönnt!
Euch, ihr Liebenden, auch, ihr schönen Kinder des Frühlings,
  Stille Rosen und euch, Lilien! nenn ich noch oft, –
Ihr Vertrauten! ihr Lebenden all, einst nahe dem Herzen,
  Einst wahrhaftiger, einst heller und schöner gesehn!
Tage kommen und gehn, ein Jahr verdränget das andre,
  Wechselnd und streitend; so tost furchtbar vorüber die Zeit
Über sterblichem Haupt, doch nicht vor seligen Augen,
  Und den Liebenden ist anderes Leben gewährt.
Denn sie alle, die Tag und Stunden und Jahre der Sterne
  Und der Menschen, zur Lust anders und anders bekränzt,
Fröhlicher, ernster, sie all, als echte Kinder des Äthers,
  Lebten, in Wonne vereint, innig und ewig um uns.
Aber wir, unschädlich gesellt, wie die friedlichen Schwäne,
  Wenn sie ruhen am See, oder, auf Wellen gewiegt,
Niedersehn in die Wasser, wo silberne Wolken sich spiegeln,
  Und das himmlische Blau unter den Schiffenden wallt,
So auf Erden wandelten wir. Und drohte der Nord auch,
  Er, der Liebenden Feind, sorgenbereitend, und fiel
Von den Ästen das Laub und flog im Winde der Regen,
  Lächelten ruhig wir, fühlten den Gott und das Herz
Unter trautem Gespräch, im hellen Seelengesange,
  So im Frieden mit uns kindlich und selig allein.

Ach! wo bist du, Liebende, nun? Sie haben mein Auge
  Mir genommen, mein Herz hab ich verloren mit ihr.
Darum irr ich umher, und wohl, wie die Schatten, so muß ich
  Leben und sinnlos dünkt lange das Übrige mir.
Danken möcht ich, aber wofür? verzehret das Letzte
  Selbst die Erinnerung nicht? nimmt von der Lippe denn
    nicht
Bessere Rede mir der Schmerz, und lähmet ein Fluch nicht
  Mir die Sehnen und wirft, wo ich beginne, mich weg?
Daß ich fühllos sitze den Tag und stumm, wie die Kinder,
  Nur vom Auge mir kalt öfters die Tropfe noch schleicht,

Und in schaudernder Brust die allerwärmende Sonne
  Kühl und fruchtlos mir dämmert, wie Strahlen der Nacht,
Sonst mir anders bekannt! O Jugend! und bringen Gebete
  Dich nicht wieder, dich nie? führet kein Pfad mich zurück?
Soll es werden auch mir, wie den Tausenden, die in den
    Tagen
  Ihres Frühlings doch auch ahndend und liebend gelebt,
Aber am trunkenen Tag von den rächenden Parzen ergriffen,
  Ohne Klag und Gesang heimlich hinuntergeführt,
Dort im allzunüchternen Reich, dort büßen im Dunkeln,
  Wo bei trügrischem Schein irres Gewimmel sich treibt,
Wo die langsame Zeit bei Frost und Dürre sie zählen,
  Nur in Seufzern der Mensch noch die Unsterblichen preist?

Aber o du, die noch am Scheidewege mir damals,
  Da ich versank vor dir, tröstend ein Schöneres wies,
Du, die Großes zu sehn und die schweigenden Götter zu
    singen,
  Selber schweigend mich einst stillebegeisternd gelehrt,
Götterkind! erscheinest du mir und grüßest, wie einst, mich,
  Redest wieder, wie einst, Leben und Frieden mir zu?
Siehe! weinen vor dir und klagen muß ich, wenn schon noch
  Denkend der edleren Zeit, dessen die Seele sich schämt.
Denn zu lange, zu lang auf matten Pfaden der Erde
  Bin ich, deiner gewohnt, einsam gegangen indes,
O mein Schutzgeist! denn wie der Nord die Wolke des
    Herbsttags
Scheuchten von Ort zu Ort feindliche Geister mich fort.
So zerrann mein Leben, ach! so ist's anders geworden,
  Seit, o Liebe, wir einst gingen am ruhigen Strom.
Aber dich, dich erhielt dein Licht, o Heldin! im Lichte,
  Und dein Dulden erhielt liebend, o Himmlische! dich.
Und sie selbst, die Natur, und ihre melodischen Musen
  Sangen aus heimischen Höhn Wiegengesänge dir zu.
Noch, noch ist sie es ganz! noch schwebt vom Haupte zur Sohle,
  Stillhinwandelnd, wie sonst, mir die Athenerin vor.

Selig, selig ist sie! denn es scheut die Kinder des Himmels
  Selbst der Orkus, es rinnt, gleich den Unsterblichen selbst,
Ihnen der milde Geist von heitersinnender Stirne,
  Wo sie auch wandeln und sind, segnend und sicher
    herab.

Darum möcht, ihr Himmlischen! euch ich danken und endlich
  Tönet aus leichter Brust wieder des Sängers Gebet.
Und, wie wenn ich mit ihr, auf Bergeshöhen mit ihr stand,
  Wehet belebend auch mich, göttlicher Othem mich an.
Leben will ich denn auch! schon grünen die Pfade der Erde
  Schöner und schöner schließt wieder die Sonne sich auf.
Komm! es war, wie ein Traum! die blutenden Fittiche sind ja
  Schon genesen, verjüngt wachen die Hoffnungen all.
Dien im Orkus, wem es gefällt! wir, welche die stille
  Liebe bildete, wir suchen zu Göttern die Bahn.
Und geleitet ihr uns, ihr Weihestunden! ihr ernsten,
  Jugendlichen! o bleibt, heilige Ahnungen, ihr,
Fromme Bitten, und ihr Begeisterungen, und all ihr
  Schönen Genien, die gerne bei Liebenden sind,
Bleibet, bleibet mit uns, bis wir auf seligen Inseln,
  Wo die Unsern vielleicht, Dichter der Liebe, mit uns,
Oder auch, wo die Adler sind, in Lüften des Vaters,
  Dort, wo die Musen, woher all die Unsterblichen sind,
Dort uns staunend und fremd und bekannt uns wieder
    begegnen,
  Und von neuem ein Jahr unserer Liebe beginnt.


## MENONS KLAGEN UM DIOTIMA

### I

Täglich geh ich heraus, und such ein Anderes immer,
  Habe längst sie befragt, alle die Pfade des Lands;
Droben die kühlenden Höhn, die Schatten alle besuch ich,
  Und die Quellen; hinauf irret der Geist und hinab,

Ruh erbittend; so flieht das getroffene Wild in die Wälder,
 Wo es um Mittag sonst sicher im Dunkel geruht;
Aber nimmer erquickt sein grünes Lager das Herz ihm,
 Jammernd und schlummerlos treibt es der Stachel umher.
Nicht die Wärme des Lichts, und nicht die Kühle der Nacht hilft
 Und in Wogen des Stroms taucht es die Wunden umsonst.
Und wie ihm vergebens die Erd ihr fröhliches Heilkraut
 Reicht, und das gärende Blut keiner der Zephire stillt,
So, ihr Lieben! auch mir, so will es scheinen, und niemand
 Kann von der Stirne mir nehmen den traurigen Traum?

2

Ja! es frommet auch nicht, ihr Todesgötter! wenn einmal
 Ihr ihn haltet, und fest habt den bezwungenen Mann,
Wenn ihr Bösen hinab in die schaurige Nacht ihn genommen,
 Dann zu suchen, zu flehn, oder zu zürnen mit euch,
Oder geduldig auch wohl im furchtsamen Banne zu wohnen,
 Und mit Lächeln von euch hören das nüchterne Lied.
Soll es sein, so vergiß dein Heil, und schlummere klanglos!
 Aber doch quillt ein Laut hoffend im Busen dir auf,
Immer kannst du noch nicht, o meine Seele! noch kannst du's
 Nicht gewohnen, und träumst mitten im eisernen Schlaf!
Festzeit hab ich nicht, doch möcht ich die Locke bekränzen;
 Bin ich allein denn nicht? aber ein Freundliches muß
Fernher nahe mir sein, und lächeln muß ich und staunen,
 Wie so selig doch auch mitten im Leide mir ist.

3

Licht der Liebe! scheinest du denn auch Toten, du goldnes!
 Bilder aus hellerer Zeit, leuchtet ihr mir in die Nacht?
Liebliche Gärten seid, ihr abendrötlichen Berge,
 Seid willkommen und ihr, schweigende Pfade des Hains,
Zeugen himmlischen Glücks, und ihr, hochschauende Sterne,
 Die mir damals so oft segnende Blicke gegönnt!

Euch, ihr Liebenden auch, ihr schönen Kinder des Maitags,
  Stille Rosen und euch, Lilien, nenn ich noch oft!
Wohl gehn Frühlinge fort, ein Jahr verdränget das andre,
  Wechselnd und streitend, so tost droben vorüber die Zeit
Über sterblichem Haupt, doch nicht vor seligen Augen,
  Und den Liebenden ist anderes Leben geschenkt.
Denn sie alle, die Tag und Jahre der Sterne, sie waren
  Diotima! um uns innig und ewig vereint;

### 4

Aber wir, zufrieden gesellt, wie die liebenden Schwäne,
  Wenn sie ruhen am See, oder, auf Wellen gewiegt,
Niedersehn in die Wasser, wo silberne Wolken sich spiegeln,
  Und ätherisches Blau unter den Schiffenden wallt,
So auf Erden wandelten wir. Und drohte der Nord auch,
  Er, der Liebenden Feind, klagenbereitend, und fiel
Von den Ästen das Laub, und flog im Winde der Regen,
  Ruhig lächelten wir, fühlten den eigenen Gott
Unter trautem Gespräch; in *einem* Seelengesange,
  Ganz in Frieden mit uns kindlich und freudig allein.
Aber das Haus ist öde mir nun, und sie haben mein Auge
  Mir genommen, auch mich hab ich verloren mit ihr.
Darum irr ich umher, und wohl, wie die Schatten, so
    muß ich
  Leben, und sinnlos dünkt lange das übrige mir.

### 5

Feiern möcht ich; aber wofür? und singen mit andern,
  Aber so einsam fehlt jegliches Göttliche mir.
Dies ist's, dies mein Gebrechen, ich weiß, es lähmet ein
    Fluch mir
  Darum die Sehnen, und wirft, wo ich beginne, mich hin,
Daß ich fühllos sitze den Tag, und stumm wie die Kinder,
  Nur vom Auge mir kalt öfters die Träne noch schleicht,

Und die Pflanze des Felds, und der Vögel Singen mich trüb
    macht,
Weil mit Freuden auch sie Boten des Himmlischen sind,
Aber mir in schaudernder Brust die beseelende Sonne,
    Kühl und fruchtlos mir dämmert, wie Strahlen der Nacht,
Ach! und nichtig und leer, wie Gefängniswände, der Himmel
Eine beugende Last über dem Haupte mir hängt!

6

Sonst mir anders bekannt! o Jugend, und bringen Gebete
    Dich nicht wieder, dich nie? führet kein Pfad mich zurück?
Soll es werden auch mir, wie den Götterlosen, die vormals
    Glänzenden Auges doch auch saßen an seligem Tisch,
Aber übersättiget bald, die schwärmenden Gäste,
    Nun verstummet, und nun, unter der Lüfte Gesang,
Unter blühender Erd entschlafen sind, bis dereinst sie
    Eines Wunders Gewalt, sie, die Versunkenen, zwingt,
Wiederzukehren, und neu auf grünendem Boden zu
    wandeln. –
Heiliger Othem durchströmt göttlich die lichte Gestalt,
Wenn das Fest sich beseelt, und Fluten der Liebe sich regen,
    Und vom Himmel getränkt, rauscht der lebendige Strom,
Wenn es drunten ertönt, und ihre Schätze die Nacht zollt,
    Und aus Bächen herauf glänzt das begrabene Gold. –

7

Aber o du, die schon am Scheidewege mir damals,
    Da ich versank vor dir, tröstend ein Schöneres wies,
Du, die Großes zu sehn, und froher die Götter zu singen,
    Schweigend, wie sie, mich einst stille begeisternd gelehrt;
Götterkind! erscheinest du mir, und grüßest, wie einst, mich,
    Redest wieder, wie einst, höhere Dinge mir zu?
Siehe! weinen vor dir, und klagen muß ich, wenn schon noch,
    Denkend edlerer Zeit, dessen die Seele sich schämt.

Denn so lange, so lang auf matten Pfaden der Erde
  Hab ich, deiner gewohnt, dich in der Irre gesucht,
Freudiger Schutzgeist! aber umsonst, und Jahre zerrannen,
  Seit wir ahnend um uns glänzen die Abende sahn.

8

Dich nur, dich erhält dein Licht, o Heldin! im Lichte,
  Und dein Dulden erhält liebend, o Gütige, dich;
Und nicht einmal bist du allein; Gespielen genug sind,
  Wo du blühest und ruhst unter den Rosen des Jahrs;
Und der Vater, er selbst, durch sanftumatmende Musen
  Sendet die zärtlichen Wiegengesänge dir zu.
Ja! noch ist sie es ganz! noch schwebt vom Haupte zur Sohle,
  Stillherwandelnd, wie sonst, mir die Athenerin vor.
Und wie, freundlicher Geist! von heitersinnender Stirne
  Segnend und sicher dein Strahl unter die Sterblichen fällt,
So bezeugest du mir's, und sagst mir's, daß ich es andern
  Wiedersage, denn auch andere glauben es nicht,
Daß unsterblicher doch, denn Sorg und Zürnen, die Freude
  Und ein goldener Tag täglich am Ende noch ist.

9

So will ich, ihr Himmlischen! denn auch danken, und endlich
  Atmet aus leichter Brust wieder des Sängers Gebet.
Und wie, wenn ich mit ihr, auf sonniger Höhe mit ihr stand,
  Spricht belebend ein Gott innen vom Tempel mich an.
Leben will ich denn auch! schon grünt's! wie von heiliger Leier
  Ruft es von silbernen Bergen Apollons voran!
Komm! es war wie ein Traum! Die blutenden Fittiche sind ja
  Schon genesen, verjüngt leben die Hoffnungen all.
Großes zu finden, ist viel, ist viel noch übrig, und wer so
  Liebte, gehet, er muß, gehet zu Göttern die Bahn.
Und geleitet ihr uns, ihr Weihestunden! ihr ernsten,
  Jugendlichen! o bleibt, heilige Ahnungen, ihr

Fromme Bitten! und ihr Begeisterungen und all ihr
  Guten Genien, die gerne bei Liebenden sind;
Bleibt so lange mit uns, bis wir auf gemeinsamem Boden
  Dort, wo die Seligen all niederzukehren bereit,
Dort, wo die Adler sind, die Gestirne, die Boten des Vaters,
  Dort, wo die Musen, woher Helden und Liebende sind,
Dort uns, oder auch hier, auf tauender Insel begegnen,
  Wo die Unsrigen erst, blühend in Gärten gesellt,
Wo die Gesänge wahr, und länger die Frühlinge schön sind,
  Und von neuem ein Jahr unserer Seele beginnt.


DER ARCHIPELAGUS

Kehren die Kraniche wieder zu dir, und suchen zu deinen
Ufern wieder die Schiffe den Lauf? umatmen erwünschte
Lüfte dir die beruhigte Flut, und sonnet der Delphin,
Aus der Tiefe gelockt, am neuen Lichte den Rücken?
Blüht Ionien? ist's die Zeit? denn immer im Frühling,
Wenn den Lebenden sich das Herz erneut und die erste
Liebe den Menschen erwacht und goldner Zeiten Erinnrung,
Komm ich zu dir und grüß in deiner Stille dich, Alter!

Immer, Gewaltiger! lebst du noch und ruhest im Schatten
Deiner Berge, wie sonst; mit Jünglingsarmen umfängst du
Noch dein liebliches Land, und deiner Töchter, o Vater!
Deiner Inseln ist noch, der blühenden, keine verloren.
Kreta steht und Salamis grünt, umdämmert von Lorbeern,
Rings von Strahlen umblüht, erhebt zur Stunde des Aufgangs
Delos ihr begeistertes Haupt, und Tenos und Chios
Haben der purpurnen Früchte genug, von trunkenen Hügeln
Quillt der Cypriertrank, und von Kalauria fallen
Silberne Bäche, wie einst, in die alten Wasser des Vaters.
Alle leben sie noch, die Heroenmütter, die Inseln,
Blühend von Jahr zu Jahr, und wenn zu Zeiten, vom Abgrund
Losgelassen, die Flamme der Nacht, das untre Gewitter,

Eine der holden ergriff, und die Sterbende dir in den Schoß
    sank,
Göttlicher! du, du dauertest aus, denn über den dunkeln
Tiefen ist manches schon dir auf- und untergegangen.

Auch die Himmlischen, sie, die Kräfte der Höhe, die stillen,
Die den heiteren Tag und süßen Schlummer und Ahnung
Fernher bringen über das Haupt der fühlenden Menschen
Aus der Fülle der Macht, auch sie, die alten Gespielen,
Wohnen, wie einst, mit dir, und oft am dämmernden Abend,
Wenn von Asiens Bergen herein das heilige Mondlicht
Kömmt und die Sterne sich in deiner Woge begegnen,
Leuchtest du von himmlischem Glanz, und so, wie sie wandeln,
Wechseln die Wasser dir, es tönt die Weise der Brüder
Droben, ihr Nachtgesang, im liebenden Busen dir wieder.
Wenn die allverklärende dann, die Sonne des Tages,
Sie, des Orients Kind, die Wundertätige, da ist,
Dann die Lebenden all im goldenen Traume beginnen,
Den die Dichtende stets des Morgens ihnen bereitet,
Dir, dem trauernden Gott, dir sendet sie froheren Zauber,
Und ihr eigen freundliches Licht ist selber so schön nicht
Denn das Liebeszeichen, der Kranz, den immer, wie vormals,
Deiner gedenk, doch sie um die graue Locke dir windet.
Und umfängt der Äther dich nicht, und kehren die Wolken,
Deine Boten, von ihm mit dem Göttergeschenke, dem Strahle
Aus der Höhe dir nicht? dann sendest du über das Land sie,
Daß am heißen Gestad die gewittertrunkenen Wälder
Rauschen und wogen mit dir, daß bald, dem wandernden
    Sohn gleich,
Wenn der Vater ihn ruft, mit den tausend Bächen Mäander
Seinen Irren enteilt und aus der Ebne Kayster
Dir entgegenfrohlockt, und der Erstgeborne, der Alte,
Der zu lange sich barg, dein majestätischer Nil itzt
Hochherschreitend aus fernem Gebirg, wie im Klange der
    Waffen,
Siegreich kömmt, und die offenen Arme der Sehnende reichet.

Dennoch einsam dünkest du dir; in schweigender Nacht hört
Deine Weheklage der Fels, und öfters entflieht dir
Zürnend von Sterblichen weg die geflügelte Woge zum
    Himmel.
Denn es leben mit dir die edlen Lieblinge nimmer,
Die dich geehrt, die einst mit den schönen Tempeln und
    Städten
Deine Gestade bekränzt, und immer suchen und missen,
Immer bedürfen ja, wie Heroen den Kranz, die geweihten
Elemente zum Ruhme das Herz der fühlenden Menschen.

Sage, wo ist Athen? ist über den Urnen der Meister
Deine Stadt, die geliebteste dir, an den heiligen Ufern,
Trauernder Gott! dir ganz in Asche zusammengesunken,
Oder ist noch ein Zeichen von ihr, daß etwa der Schiffer,
Wenn er vorüberkommt, sie nenn und ihrer gedenke?
Stiegen dort die Säulen empor und leuchteten dort nicht
Sonst vom Dache der Burg herab die Göttergestalten?
Rauschte dort die Stimme des Volks, die stürmischbewegte,
Aus der Agora nicht her, und eilten aus freudigen Pforten
Dort die Gassen dir nicht zu gesegnetem Hafen herunter?
Siehe! da löste sein Schiff der fernhinsinnende Kaufmann,
Froh, denn es wehet' auch ihm die beflügelnde Luft und die
    Götter
Liebten so, wie den Dichter, auch ihn, dieweil er die guten
Gaben der Erd ausglich und Fernes Nahem vereinte.
Fern nach Cypros ziehet er hin und ferne nach Tyros,
Strebt nach Kolchis hinauf und hinab zum alten Ägyptos,
Daß er Purpur und Wein und Korn und Vließe gewinne
Für die eigene Stadt, und öfters über des kühnen
Herkules Säulen hinaus, zu neuen seligen Inseln
Tragen die Hoffnungen ihn und des Schiffes Flügel, indessen
Anders bewegt, am Gestade der Stadt ein einsamer Jüngling
Weilt und die Woge belauscht, und Großes ahndet der Ernste,
Wenn er zu Füßen so des erderschütternden Meisters
Lauschet und sitzt, und nicht umsonst erzog ihn der Meergott.

Denn des Genius Feind, der vielgebietende Perse,
Jahrlang zählt' er sie schon, der Waffen Menge, der Knechte,
Spottend des griechischen Lands und seiner wenigen Inseln,
Und sie deuchten dem Herrscher ein Spiel, und noch, wie ein Traum, war
Ihm das innige Volk, vom Göttergeiste gerüstet.
Leicht aus spricht er das Wort und schnell, wie der flammende Bergquell,
Wenn er, furchtbar umher vom gärenden Ätna gegossen,
Städte begräbt in der purpurnen Flut und blühende Gärten,
Bis der brennende Strom im heiligen Meere sich kühlet,
So mit dem Könige nun, versengend, städteverwüstend,
Stürzt von Ekbatana daher sein prächtig Getümmel;
Weh! und Athene, die herrliche, fällt; wohl schauen und ringen
Vom Gebirg, wo das Wild ihr Geschrei hört, fliehende Greise
Nach den Wohnungen dort zurück und den rauchenden Tempeln;
Aber es weckt der Söhne Gebet die heilige Asche
Nun nicht mehr, im Tal ist der Tod, und die Wolke des Brandes
Schwindet am Himmel dahin, und weiter im Lande zu ernten,
Zieht, vom Frevel erhitzt, mit der Beute der Perse vorüber.

Aber an Salamis' Ufern, o Tag an Salamis' Ufern!
Harrend des Endes stehn die Athenerinnen, die Jungfraun,
Stehn die Mütter, wiegend im Arm das gerettete Söhnlein,
Aber den Horchenden schallt von Tiefen die Stimme des Meergotts
Heilweissagend herauf, es schauen die Götter des Himmels
Wägend und richtend herab, denn dort an den bebenden Ufern
Wankt seit Tagesbeginn, wie langsamwandelnd Gewitter,
Dort auf schäumenden Wassern die Schlacht, und es glühet der Mittag,
Unbemerket im Zorn, schon über dem Haupte den Kämpfern.

Aber die Männer des Volks, die Heroenenkel, sie walten
Helleren Auges jetzt, die Götterlieblinge denken
Des beschiedenen Glücks, es zähmen die Kinder Athenes
Ihren Genius, ihn, den todverachtenden, jetzt nicht.
Denn wie aus rauchendem Blut das Wild der Wüste noch
    einmal
Sich zuletzt verwandelt erhebt, der edleren Kraft gleich,
Und den Jäger erschröckt, kehrt jetzt im Glanze der Waffen,
Bei der Herrscher Gebot, furchtbargesammelt den Wilden,
Mitten im Untergang, die ermattete Seele noch einmal.
Und entbrannter beginnt's; wie Paare ringender Männer
Fassen die Schiffe sich an, in die Woge taumelt das Steuer,
Unter den Streitern bricht der Boden, und Schiffer und
    Schiff sinkt.

Aber in schwindelnden Traum vom Liede des Tages gesungen,
Rollt der König den Blick; irrlächelnd über den Ausgang
Droht er, und fleht, und frohlockt, und sendet, wie Blitze, die
    Boten.
Doch er sendet umsonst, es kehret keiner ihm wieder.
Blutige Boten, Erschlagne des Heers, und berstende Schiffe,
Wirft die Rächerin ihm zahllos, die donnernde Woge,
Vor den Thron, wo er sitzt am bebenden Ufer, der Arme,
Schauend die Flucht, und fort in die fliehende Menge gerissen,
Eilt er, ihn treibt der Gott, es treibt sein irrend Geschwader
Über die Fluten der Gott, der spottend sein eitel Geschmeid
    ihm
Endlich zerschlug und den Schwachen erreicht' in der
    drohenden Rüstung.

Aber liebend zurück zum einsamharrenden Strome
Kommt der Athener Volk und von den Bergen der Heimat
Wogen, freudig gemischt, die glänzenden Scharen herunter
Ins verlassene Tal, ach! gleich der gealterten Mutter,
Wenn nach Jahren das Kind, das verlorengeachtete, wieder
Lebend ihr an die Brüste kehrt, ein erwachsener Jüngling,

Aber im Gram ist ihr die Seele gewelkt und die Freude
Kommt der hoffnungsmüden zu spät und mühsam vernimmt sie,
Was der liebende Sohn in seinem Danke geredet:
So erscheint den Kommenden dort der Boden der Heimat.
Denn es fragen umsonst nach ihren Hainen die Frommen,
Und die Sieger empfängt die freundliche Pforte nicht wieder,
Wie den Wanderer sonst sie empfing, wenn er froh von den
  Inseln
Wiederkehrt' und die selige Burg der Mutter Athene
Über sehnendem Haupt ihm fernherglänzend heraufging.
Aber wohl sind ihnen bekannt die verödeten Gassen
Und die trauernden Gärten umher und auf der Agora,
Wo des Portikus Säulen gestürzt und die göttlichen Bilder
Liegen, da reicht in der Seele bewegt, und der Treue sich
  freuend,
Jetzt das liebende Volk zum Bunde die Hände sich wieder.
Bald auch suchet und sieht den Ort des eigenen Hauses
Unter dem Schutt der Mann; ihm weint am Halse, der trauten
Schlummerstätte gedenk, sein Weib, es fragen die Kindlein
Nach dem Tische, wo sonst in lieblicher Reihe sie saßen,
Von den Vätern gesehn, den lächelnden Göttern des Hauses.
Aber Gezelte bauet das Volk, es schließen die alten
Nachbarn wieder sich an, und nach des Herzens Gewohnheit
Ordnen die luftigen Wohnungen sich umher an den Hügeln.
So indessen wohnen sie nun, wie die Freien, die Alten,
Die, der Stärke gewiß und dem kommenden Tage vertrauend,
Wandernden Vögeln gleich, mit Gesange von Berge zu Berg
  einst
Zogen, die Fürsten des Forsts und des weitumirrenden
  Stromes.
Doch umfängt noch, wie sonst, die Muttererde, die treue,
Wieder ihr edel Volk, und unter heiligem Himmel
Ruhen sie sanft, wenn milde, wie sonst, die Lüfte der Jugend
Um die Schlafenden wehn, und aus Platanen Ilissus
Ihnen herüberrauscht, und neue Tage verkündend,
Lockend zu neuen Taten, bei Nacht die Woge des Meergotts

Fernher tönt und fröhliche Träume den Lieblingen sendet.
Schon auch sprossen und blühn die Blumen mählich, die
    goldnen,
Auf zertretenem Feld, von frommen Händen gewartet,
Grünet der Ölbaum auf, und auf Kolonos' Gefilden
Nähren friedlich, wie sonst, die Athenischen Rosse sich wieder.

Aber der Muttererd und dem Gott der Woge zu Ehren
Blühet die Stadt itzt auf, ein herrlich Gebild, dem Gestirn
    gleich
Sichergegründet, des Genius Werk, denn Fesseln der Liebe
Schafft er gerne sich so, so hält in großen Gestalten,
Die er selbst sich erbaut, der immerrege sich bleibend.
Sieh! und dem Schaffenden dienet der Wald, ihm reicht mit
    den andern
Bergen nahe zur Hand der Pentele Marmor und Erze,
Aber lebend, wie er, und froh und herrlich entquillt es
Seinen Händen, und leicht, wie der Sonne, gedeiht das
    Geschäft ihm.
Brunnen steigen empor und über die Hügel in reinen
Bahnen gelenkt, ereilt der Quell das glänzende Becken;
Und umher an ihnen erglänzt, gleich festlichen Helden
Am gemeinsamen Kelch, die Reihe der Wohnungen, hoch ragt
Der Prytanen Gemach, es stehn Gymnasien offen,
Göttertempel entstehn, ein heiligkühner Gedanke
Steigt, Unsterblichen nah, das Olympion auf in den Äther
Aus dem seligen Hain; noch manche der himmlischen Hallen!
Mutter Athene, dir auch, dir wuchs dein herrlicher Hügel
Stolzer aus der Trauer empor und blühte noch lange,
Gott der Wogen und dir, und deine Lieblinge sangen
Frohversammelt noch oft am Vorgebirge den Dank dir.

O die Kinder des Glücks, die frommen! wandeln sie fern nun
Bei den Vätern daheim, und der Schicksalstage vergessen,
Drüben am Lethestrom, und bringt kein Sehnen sie wieder?
Sieht mein Auge sie nie? ach! findet über den tausend

Pfaden der grünenden Erd, ihr göttergleichen Gestalten!
Euch das Suchende nie, und vernahm ich darum die
    Sprache,
Darum die Sage von euch, daß immertrauernd die Seele
Vor der Zeit mir hinab zu euern Schatten entfliehe?
Aber näher zu euch, wo eure Haine noch wachsen,
Wo sein einsames Haupt in Wolken der heilige Berg hüllt,
Zum Parnassos will ich, und wenn im Dunkel der Eiche
Schimmernd, mir Irrenden dort Kastalias Quelle begegnet,
Will ich, mit Tränen gemischt, aus blütenumdufteter Schale
Dort, auf keimendes Grün, das Wasser gießen, damit doch,
O ihr Schlafenden all! ein Totenopfer euch werde.
Dort im schweigenden Tal, an Tempes hangenden Felsen,
Will ich wohnen mit euch, dort oft, ihr herrlichen Namen!
Her euch rufen bei Nacht, und wenn ihr zürnend erscheinet,
Weil der Pflug die Gräber entweiht, mit der Stimme des
    Herzens
Will ich, mit frommem Gesang euch sühnen, heilige Schatten!
Bis zu leben mit euch, sich ganz die Seele gewöhnet.
Fragen wird der Geweihtere dann euch manches, ihr Toten!
Euch, ihr Lebenden auch, ihr hohen Kräfte des Himmels,
Wenn ihr über dem Schutt mit euren Jahren vorbeigeht,
Ihr in der sicheren Bahn! denn oft ergreifet das Irrsal
Unter den Sternen mir, wie schaurige Lüfte, den Busen,
Daß ich spähe nach Rat, und lang schon reden sie nimmer
Trost den Bedürftigen zu, die prophetischen Haine Dodonas,
Stumm ist der delphische Gott, und einsam liegen und öde
Längst die Pfade, wo einst, von Hoffnungen leise geleitet,
Fragend der Mann zur Stadt des redlichen Sehers heraufstieg.
Aber droben das Licht, es spricht noch heute zu Menschen,
Schöner Deutungen voll und des großen Donnerers Stimme
Ruft es: Denket ihr mein? und die trauernde Woge des
    Meergotts
Hallt es wider: Gedenkt ihr nimmer meiner, wie vormals?
Denn es ruhn die Himmlischen gern am fühlenden Herzen;
Immer, wie sonst, geleiten sie noch, die begeisternden Kräfte,

Gerne den strebenden Mann und über Bergen der Heimat
Ruht und waltet und lebt allgegenwärtig der Äther,
Daß ein liebendes Volk in des Vaters Armen gesammelt,
Menschlich freudig, wie sonst, und *ein* Geist allen gemein sei.
Aber weh! es wandelt in Nacht, es wohnt, wie im Orkus,
Ohne Göttliches unser Geschlecht. Ans eigene Treiben
Sind sie geschmiedet allein, und sich in der tosenden
    Werkstatt
Höret jeglicher nur und viel arbeiten die Wilden
Mit gewaltigem Arm, rastlos, doch immer und immer
Unfruchtbar, wie die Furien, bleibt die Mühe der Armen.
Bis, erwacht vom ängstigen Traum, die Seele den Menschen
Aufgeht, jugendlich froh, und der Liebe segnender Othem
Wieder, wie vormals oft, bei Hellas' blühenden Kindern,
Wehet in neuer Zeit und über freierer Stirne
Uns der Geist der Natur, der fernherwandelnde, wieder
Stilleweilend der Gott in goldnen Wolken erscheinet.
Ach! und säumest du noch? und jene, die Göttlichgebornen,
Wohnen immer, o Tag! noch als in Tiefen der Erde
Einsam unten, indes ein immerlebender Frühling
Unbesungen über dem Haupt den Schlafenden dämmert?
Aber länger nicht mehr! schon hör ich ferne des Festtags
Chorgesang auf grünem Gebirg und das Echo der Haine,
Wo der Jünglinge Brust sich hebt, wo die Seele des Volks sich
Stillvereint im freieren Lied, zur Ehre des Gottes,
Dem die Höhe gebührt, doch auch die Tale sind heilig;
Denn, wo fröhlich der Strom in wachsender Jugend
    hinauseilt,
Unter Blumen des Lands, und wo auf sonnigen Ebnen
Edles Korn und der Obstwald reift, da kränzen am Feste
Gerne die Frommen sich auch, und auf dem Hügel der
    Stadt glänzt,
Menschlicher Wohnung gleich, die himmlische Halle der
    Freude.
Denn voll göttlichen Sinns ist alles Leben geworden,
Und vollendend, wie sonst, erscheinst du wieder den Kindern

Überall, o Natur! und, wie vom Quellengebirg, rinnt
Segen von da und dort in die keimende Seele dem Volke.
Dann, dann, o ihr Freuden Athens! ihr Taten in Sparta!
Köstliche Frühlingszeit im Griechenlande! wenn unser
Herbst kömmt, wenn ihr gereift, ihr Geister alle der Vorwelt!
Wiederkehret und siehe! des Jahrs Vollendung ist nahe!
Dann erhalte das Fest auch euch, vergangene Tage!
Hin nach Hellas schaue das Volk, und weinend und dankend
Sänftige sich in Erinnerungen der stolze Triumphtag!

Aber blühet indes, bis unsre Früchte beginnen,
Blüht, ihr Gärten Ioniens! nur, und die an Athens Schutt
Grünen, ihr Holden! verbergt dem schauenden Tage die
    Trauer!
Kränzt mit ewigem Laub, ihr Lorbeerwälder! die Hügel
Eurer Toten umher, bei Marathon dort, wo die Knaben
Siegend starben, ach! dort auf Chäroneas Gefilden,
Wo mit den Waffen ins Blut die letzten Athener enteilten,
Fliehend vor dem Tage der Schmach, dort, dort von den
    Bergen
Klagt ins Schlachttal täglich herab, dort singet von Ötas
Gipfeln das Schicksalslied, ihr wandelnden Wasser,
    herunter!
Aber du, unsterblich, wenn auch der Griechengesang schon
Dich nicht feiert, wie sonst, aus deinen Wogen, o Meergott!
Töne mir in die Seele noch oft, daß über den Wassern
Furchtlosrege der Geist, dem Schwimmer gleich, in der
    Starken
Frischem Glücke sich üb, und die Göttersprache, das
    Wechseln
Und das Werden versteh, und wenn die reißende Zeit mir
Zu gewaltig das Haupt ergreift und die Not und das Irrsal
Unter Sterblichen mir mein sterblich Leben erschüttert,
Laß der Stille mich dann in deiner Tiefe gedenken.

## EMPEDOKLES

Das Leben suchst du, suchst, und es quillt und glänzt
  Ein göttlich Feuer tief aus der Erde dir,
    Und du in schauderndem Verlangen
      Wirfst dich hinab, in des Ätna Flammen.

So schmelzt' im Weine Perlen der Übermut
  Der Königin; und mochte sie doch! hättst du
    Nur deinen Reichtum nicht, o Dichter,
      Hin in den gärenden Kelch geopfert!

Doch heilig bist du mir, wie der Erde Macht,
  Die dich hinwegnahm, kühner Getöteter!
    Und folgen möcht ich in die Tiefe,
      Hielte die Liebe mich nicht, dem Helden.

## HEIDELBERG

Lange lieb ich dich schon, möchte dich, mir zur Lust,
  Mutter nennen, und dir schenken ein kunstlos Lied,
    Du, der Vaterlandsstädte
      Ländlichschönste, so viel ich sah.

Wie der Vogel des Walds über die Gipfel fliegt,
  Schwingt sich über den Strom, wo er vorbei dir glän
    Leicht und kräftig die Brücke,
      Die von Wagen und Menschen tönt.

Wie von Göttern gesandt, fesselt' ein Zauber einst
  Auf die Brücke mich an, da ich vorüberging,
    Und herein in die Berge
      Mir die reizende Ferne schien,

Und der Jüngling, der Strom, fort in die Ebne zog,
  Traurigfroh, wie das Herz, wenn es, sich selbst zu schön,
    Liebend unterzugehen,
      In die Fluten der Zeit sich wirft.

Quellen hattest du ihm, hattest dem Flüchtigen
  Kühle Schatten geschenkt, und die Gestade sahn
    All ihm nach, und es bebte
      Aus den Wellen ihr lieblich Bild.

Aber schwer in das Tal hing die gigantische,
  Schicksalskundige Burg nieder bis auf den Grund,
    Von den Wettern zerrissen;
      Doch die ewige Sonne goß

Ihr verjüngendes Licht über das alternde
  Riesenbild, und umher grünte lebendiger
    Efeu; freundliche Wälder
      Rauschten über die Burg herab.

Sträuche blühten herab, bis wo im heitern Tal,
  An den Hügel gelehnt, oder dem Ufer hold,
    Deine fröhlichen Gassen
      Unter duftenden Gärten ruhn.

## DIE GÖTTER

Du stiller Äther! immer bewahrst du schön
  Die Seele mir im Schmerz, und es adelt sich
    Zur Tapferkeit vor deinen Strahlen,
      Helios! oft die empörte Brust mir.

Ihr guten Götter! arm ist, wer euch nicht kennt,
Im rohen Busen ruhet der Zwist ihm nie,
    Und Nacht ist ihm die Welt und keine
        Freude gedeihet und kein Gesang ihm.

Nur ihr, mit eurer ewigen Jugend, nährt
In Herzen, die euch lieben, den Kindersinn,
    Und laßt in Sorgen und in Irren
        Nimmer den Genius sich vertrauern.


## DER NECKAR

In deinen Tälern wachte mein Herz mir auf
Zum Leben, deine Wellen umspielten mich,
    Und all der holden Hügel, die dich
        Wanderer! kennen, ist keiner fremd mir.

Auf ihren Gipfeln löste des Himmels Luft
    Mir oft der Knechtschaft Schmerzen; und aus dem T
    Wie Leben aus dem Freudebecher,
        Glänzte die bläuliche Silberwelle.

Der Berge Quellen eilten hinab zu dir,
    Mit ihnen auch mein Herz und du nahmst uns mit,
    Zum stillerhabnen Rhein, zu seinen
        Städten hinunter und lust'gen Inseln.

Noch dünkt die Welt mir schön, und das Aug entflieht
    Verlangend nach den Reizen der Erde mir,
    Zum goldenen Paktol, zu Smyrnas
        Ufer, zu Ilions Wald. Auch möcht ich

Bei Sunium oft landen, den stummen Pfad
Nach deinen Säulen fragen, Olympion!
    Noch eh der Sturmwind und das Alter
        Hin in den Schutt der Athenertempel

Und ihrer Gottesbilder auch dich begräbt,
 Denn lang schon einsam stehst du, o Stolz der Welt,
  Die nicht mehr ist. Und o ihr schönen
   Inseln Ioniens! wo die Meerluft

Die heißen Ufer kühlt und den Lorbeerwald
 Durchsäuselt, wenn die Sonne den Weinstock wärmt,
  Ach! wo ein goldner Herbst dem armen
   Volk in Gesänge die Seufzer wandelt,

Wenn sein Granatbaum reift, wenn aus grüner Nacht
 Die Pomeranze blinkt, und der Mastixbaum
  Von Harze träuft und Pauk und Cymbel
   Zum labyrinthischen Tanze klingen.

Zu euch, ihr Inseln! bringt mich vielleicht, zu euch
 Mein Schutzgott einst; doch weicht mir aus treuem Sinn
  Auch da mein Neckar nicht mit seinen
   Lieblichen Wiesen und Uferweiden.

## DIE HEIMAT

Froh kehrt der Schiffer heim an den stillen Strom,
 Von Inseln fernher, wenn er geerntet hat;
  So käm auch ich zur Heimat, hätt ich
   Güter so viele, wie Leid, geerntet.

Ihr teuern Ufer, die mich erzogen einst,
 Stillt ihr der Liebe Leiden, versprecht ihr mir,
  Ihr Wälder meiner Jugend, wenn ich
   Komme, die Ruhe noch einmal wieder?

Am kühlen Bache, wo ich der Wellen Spiel,
 Am Strome, wo ich gleiten die Schiffe sah,
  Dort bin ich bald; euch traute Berge,
   Die mich behüteten einst, der Heimat

Verehrte sichre Grenzen, der Mutter Haus
Und liebender Geschwister Umarmungen
    Begrüß ich bald und ihr umschließt mich,
        Daß, wie in Banden, das Herz mir heile,

Ihr treugebliebnen! aber ich weiß, ich weiß,
    Der Liebe Leid, dies heilet so bald mir nicht,
        Dies singt kein Wiegensang, den tröstend
            Sterbliche singen, mir aus dem Busen.

Denn sie, die uns das himmlische Feuer leihn,
    Die Götter schenken heiliges Leid uns auch,
        Drum bleibe dies. Ein Sohn der Erde
            Schein ich; zu lieben gemacht, zu leiden.

## DIE LIEBE

Wenn ihr Freunde vergeßt, wenn ihr die Euern all,
    O ihr Dankbaren, sie, euere Dichter schmäht,
        Gott vergeb es, doch ehret
            Nur die Seele der Liebenden.

Denn o saget, wo lebt menschliches Leben sonst,
    Da die knechtische jetzt alles, die Sorge, zwingt?
        Darum wandelt der Gott auch
            Sorglos über dem Haupt uns längst.

Doch, wie immer das Jahr kalt und gesanglos ist
    Zur beschiedenen Zeit, aber aus weißem Feld
        Grüne Halme doch sprossen,
            Oft ein einsamer Vogel singt,

Wen sich mählich der Wald dehnet, der Strom sich regt,
    Schon die mildere Luft leise von Mittag weht
        Zur erlesenen Stunde,
            So ein Zeichen der schönern Zeit,

Die wir glauben, erwächst einziggenügsam noch,
　Einzig edel und fromm über dem ehernen,
　　Wilden Boden die Liebe,
　　　Gottes Tochter, von ihm allein.

Sei gesegnet, o sei, himmlische Pflanze, mir
　Mit Gesange gepflegt, wenn des ätherischen
　　Nektars Kräfte dich nähren,
　　　Und der schöpfrische Strahl dich reift.

Wachs und werde zum Wald! eine beseeltere,
　Vollentblühende Welt! Sprache der Liebenden
　　Sei die Sprache des Landes,
　　　Ihre Seele der Laut des Volks!


LEBENSLAUF

Größers wolltest auch du, aber die Liebe zwingt
　All uns nieder, das Leid beuget gewaltiger,
　　Doch es kehret umsonst nicht
　　　Unser Bogen, woher er kommt.

Aufwärts oder hinab! herrschet in heil'ger Nacht,
　Wo die stumme Natur werdende Tage sinnt,
　　Herrscht im schiefesten Orkus
　　　Nicht ein Grades, ein Recht noch auch?

Dies erfuhr ich. Denn nie, sterblichen Meistern gleich,
　Habt ihr Himmlischen, ihr Alleserhaltenden,
　　Daß ich wüßte, mit Vorsicht
　　　Mich des ebenen Pfads geführt.

Alles prüfe der Mensch, sagen die Himmlischen,
　Daß er, kräftig genährt, danken für alles lern,
　　Und verstehe die Freiheit,
　　　Aufzubrechen, wohin er will.

## IHRE GENESUNG

Sieh! dein Liebstes, Natur, leidet und schläft und du,
　Alllesheilende, säumst? oder ihr seid's nicht mehr,
　　Zarte Lüfte des Äthers,
　　　Und ihr Quellen des Morgenlichts?

Alle Blumen der Erd, alle die goldenen
　Frohen Früchte des Hains, alle sie heilen nicht
　　Dieses Leben, ihr Götter,
　　　Das ihr selber doch euch erzogt?

Ach! schon atmet und tönt heilige Lebenslust
　Ihr im reizenden Wort wieder, wie sonst und schon
　　Glänzt in zärtlicher Jugend
　　　Deine Blume, wie sonst, dich an,

Heil'ge Natur, o du, welche zu oft, zu oft,
　Wenn ich trauernd versank, lächelnd das zweifelnde
　　Haupt mit Gaben umkränzte,
　　　Jugendliche, nun auch, wie sonst!

Wenn ich altre dereinst, siehe, so geb ich dir,
　Die mich täglich verjüngt, Allesverwandelnde,
　　Deiner Flamme die Schlacken,
　　　Und ein anderer leb ich auf.


## DER ABSCHIED

[Erste Fassung]

Trennen wollten wir uns, wähnten es gut und klug,
　Da wir's taten, warum schröckte, wie Mord, die Tat?
　　Ach wir kennen uns wenig,
　　　Denn es waltet ein Gott in uns.

Den verraten? ach ihn, welcher uns alles erst,
　Sinn und Leben erschuf, ihn, den beseelenden
　　Schutzgott unserer Liebe,
　　　Dies, dies *eine* vermag ich nicht.

Andere Sünde doch denket der Menschen Sinn,
　　Andern ehernen Dienst übt er und andres Recht,
　　　Und es fodert die Seele
　　　　Tag für Tag der Gebrauch uns ab.

Wohl! ich wußt es zuvor. Seit der gewurzelte
　　Allentzweiende Haß Götter und Menschen trennt,
　　　Muß, mit Blut sie zu sühnen,
　　　　Muß der Liebenden Herz vergehn.

Laß mich schweigen! o laß nimmer von nun an mich
　　Dieses Tödliche sehn! daß ich in Frieden doch
　　　Hin ins Einsame wandre,
　　　　Und noch unser der Abschied sei!

Reich die Schale mir selbst! daß ich des rettenden
　　Heil'gen Giftes genug, daß ich des Lethetranks
　　　Mit dir trinke, daß alles,
　　　　Haß und Liebe, vergessen sei.

Hingehn will ich. Vielleicht seh ich in langer Zeit,
　　Diotima, dich einst. Friedlich und fremde gehn
　　　Wie Elysiums Schatten
　　　　Wir im alternden Haine dann.

Und uns führet der Pfad unter Gesprächen fort,
　　Bald mit liebender Kraft fesselt die Träumenden
　　　Hier die Stelle des Abschieds,
　　　　Und es dämmert das Herz in uns;

Staunend seh ich dich an, Stimmen und süßen Sang,
　　Wie aus voriger Zeit, hör ich und Saitenspiel,
　　　Und es schimmert noch einmal
　　　　Uns im Auge die Jugend auf.

## DER ABSCHIED
[Zweite Fassung]

Trennen wollten wir uns? wähnten es gut und klug?
　Da wir's taten, warum schröckte, wie Mord, die Tat?
　　Ach! wir kennen uns wenig,
　　　Denn es waltet ein Gott in uns.

Den verraten? ach ihn, welcher uns alles erst,
　Sinn und Leben erschuf, ihn, den beseelenden
　　Schutzgott unserer Liebe,
　　　Dies, dies *eine* vermag ich nicht.

Aber anderen Fehl denket der Menschen Sinn,
　Andern ehernen Dienst übt er und anders Recht,
　　Und es fodert die Seele
　　　Tag für Tag der Gebrauch uns ab.

Wohl! ich wußt es zuvor. Seit der gewurzelte
　Allentzweiende Haß Götter und Menschen trennt,
　　Muß, mit Blut sie zu sühnen,
　　　Muß der Liebenden Herz vergehn.

Laß mich schweigen! o laß nimmer von nun an mich
　Dieses Tödliche sehn, daß ich im Frieden doch
　　Hin ins Einsame ziehe,
　　　Und noch unser der Abschied sei!

Reich die Schale mir selbst, daß ich des rettenden
　Heil'gen Giftes genug, daß ich des Lethetranks
　　Mit dir trinke, daß alles,
　　　Haß und Liebe, vergessen sei!

Hingehn will ich. Vielleicht seh ich in langer Zeit
    Diotima! dich hier. Aber verblutet ist
        Dann das Wünschen und friedlich
            Gleich den Seligen, fremd sind wir,

Und ein ruhig Gespräch führet uns auf und ab,
    Sinnend, zögernd, doch itzt faßt die Vergessenen
        Hier die Stelle des Abschieds,
            Es erwarmet ein Herz in uns,

Staunend seh ich dich an, Stimmen und süßen Sang,
    Wie aus voriger Zeit, hör ich und Saitenspiel,
        Und befreiet, in Lüfte
            Fliegt in Flammen der Geist uns auf.

DER ABSCHIED

[Dritte Fassung]

Trennen wollten wir uns? wähnten es gut und klug?
    Da wir's taten, warum schröckte, wie Mord, die Tat?
        Ach! wir kennen uns wenig,
            Denn es waltet ein Gott in uns.

Den verraten? ach ihn, welcher uns alles erst,
    Sinn und Leben erschuf, ihn, den beseelenden
        Schutzgott unserer Liebe,
            Dies, dies *eine* vermag ich nicht.

Aber anderen Fehl denket der Weltsinn sich,
    Andern ehernen Dienst übt er und anders Recht,
        Und es listet die Seele
            Tag für Tag der Gebrauch uns ab.

Wohl! ich wußt es zuvor. Seit die gewurzelte
   Ungestalte, die Furcht Götter und Menschen trennt,
     Muß, mit Blut sie zu sühnen,
        Muß der Liebenden Herz vergehn.

Laß mich schweigen! o laß nimmer von nun an mich
   Dieses Tödliche sehn, daß ich im Frieden doch
     Hin ins Einsame ziehe,
        Und noch unser der Abschied sei!

Reich die Schale mir selbst, daß ich des rettenden
   Heil'gen Giftes genug, daß ich des Lethetranks
     Mit dir trinke, daß alles,
        Haß und Liebe, vergessen sei!

Hingehn will ich. Vielleicht seh ich in langer Zeit
   Diotima! dich hier. Aber verblutet ist
     Dann das Wünschen und friedlich
        Gleich den Seligen, fremde gehn

Wir umher, ein Gespräch führet uns ab und auf,
   Sinnend, zögernd, doch itzt mahnt die Vergessenen
     Hier die Stelle des Abschieds,
        Es erwarmet ein Herz in uns,

Staunend seh ich dich an, Stimmen und süßen Sang,
   Wie aus voriger Zeit, hör ich und Saitenspiel,
     Und die Lilie duftet
        Golden über dem Bach uns auf.


## DIOTIMA

Du schweigst und duldest, denn sie verstehn dich nicht,
   Du edles Leben! siehest zur Erd und schweigst
     Am schönen Tag, denn ach! umsonst nur
        Suchst du die Deinen im Sonnenlichte,

Die Königlichen, welche, wie Brüder doch,
  Wie eines Hains gesellige Gipfel sonst
    Der Lieb und Heimat sich und ihres
      Immerumfangenden Himmels freuten,

Des Ursprungs noch in tönender Brust gedenk;
  Die Dankbarn, sie, sie mein ich, die einzigtreu
    Bis in den Tartarus hinab die Freude
      Brachten, die Freien, die Göttermenschen,

Die zärtlichgroßen Seelen, die nimmer sind;
  Denn sie beweint, so lange das Trauerjahr
    Schon dauert, von den vor'gen Sternen
      Täglich gemahnet, das Herz noch immer

Und diese Totenklage, sie ruht nicht aus.
  Die Zeit doch heilt. Die Himmlischen sind jetzt stark,
    Sind schnell. Nimmt denn nicht schon ihr altes
      Freudiges Recht die Natur sich wieder?

Sieh! eh noch unser Hügel, o Liebe, sinkt,
  Geschieht's, und ja! noch siehet mein sterblich Lied
    Den Tag, der, Diotima! nächst den
      Göttern mit Helden dich nennt, und dir gleicht.

### RÜCKKEHR IN DIE HEIMAT

Ihr milden Lüfte! Boten Italiens!
  Und du mit deinen Pappeln, geliebter Strom!
    Ihr wogenden Gebirg! o all ihr
      Sonnigen Gipfel, so seid ihr's wieder?

Du stiller Ort! in Träumen erschienst du fern
  Nach hoffnungslosem Tage dem Sehnenden,
    Und du mein Haus, und ihr Gespielen,
      Bäume des Hügels, ihr wohlbekannten!

Wie lang ist's, o wie lange! des Kindes Ruh
  Ist hin, und hin ist Jugend und Lieb und Lust;
    Doch du, mein Vaterland! du heilig-
      Duldendes! siehe, du bist geblieben.

Und darum, daß sie dulden mit dir, mit dir
  Sich freun, erziehst du, teures! die Deinen auch
    Und mahnst in Träumen, wenn sie ferne
      Schweifen und irren, die Ungetreuen.

Und wenn im heißen Busen dem Jünglinge
  Die eigenmächt'gen Wünsche besänftiget
    Und stille vor dem Schicksal sind, dann
      Gibt der Geläuterte dir sich lieber.

Lebt wohl dann, Jugendtage, du Rosenpfad
  Der Lieb, und all ihr Pfade des Wanderers,
    Lebt wohl! und nimm und segne du mein
      Leben, o Himmel der Heimat, wieder!

DER WANDERER

[Zweite Fassung]

Einsam stand ich und sah in die afrikanischen dürren
   Ebnen hinaus; vom Olymp regnete Feuer herab,
Reißendes! milder kaum, wie damals, da das Gebirg hier
   Spaltend mit Strahlen der Gott Höhen und Tiefen gebaut.
Aber auf denen springt kein frischaufgrünender Wald nicht
   In die tönende Luft üppig und herrlich empor.
Unbekränzt ist die Stirne des Bergs und beredsame Bäche
   Kennet er kaum, es erreicht selten die Quelle das Tal.
Keiner Herde vergeht am plätschernden Brunnen der Mittag,
   Freundlich aus Bäumen hervor blickte kein gastliches Dach.
Unter dem Strauche saß ein ernster Vogel gesanglos,
   Aber die Wanderer flohn eilend, die Störche, vorbei.
Da bat ich um Wasser dich nicht, Natur! in der Wüste,
   Wasser bewahrte mir treulich das fromme Kamel.
Um der Haine Gesang, ach! um die Gärten des Vaters
   Bat ich vom wandernden Vogel der Heimat gemahnt.
Aber du sprachst zu mir: Auch hier sind Götter und walten,
   Groß ist ihr Maß, doch es mißt gern mit der Spanne der Mensch.

Und es trieb die Rede mich an, noch andres zu suchen,
   Fern zum nördlichen Pol kam ich in Schiffen herauf.
Still in der Hülse von Schnee schlief da das gefesselte Leben,
   Und der eiserne Schlaf harrte seit Jahren des Tags.
Denn zu lang nicht schlang um die Erde den Arm der Olymp hier,
   Wie Pygmalions Arm um die Geliebte sich schlang.

Hier bewegt' er ihr nicht mit dem Sonnenblicke den Busen,
   Und in Regen und Tau sprach er nicht freundlich zu ihr;
Und mich wunderte des und töricht sprach ich: O Mutter
   Erde, verlierst du denn immer, als Witwe, die Zeit?
Nichts zu erzeugen ist ja und nichts zu pflegen in Liebe,
   Alternd im Kinde sich nicht wieder zu sehn, wie der Tod.
Aber vielleicht erwarmst du dereinst am Strahle des Himmels,
   Aus dem dürftigen Schlaf schmeichelt sein Othem dich auf;
Daß, wie ein Samkorn, du die eherne Schale zersprengest,
   Los sich reißt und das Licht grüßt die entbundene Welt,
All die gesammelte Kraft aufflammt in üppigem Frühling,
   Rosen glühen und Wein sprudelt im kärglichen Nord.

Also sagt ich und jetzt kehr ich an den Rhein, in die Heimat,
   Zärtlich, wie vormals, wehn Lüfte der Jugend mich an;
Und das strebende Herz besänftigen mir die vertrauten
   Offnen Bäume, die einst mich in den Armen gewiegt,
Und das heilige Grün, der Zeuge des seligen, tiefen
   Lebens der Welt, es erfrischt, wandelt zum Jüngling mich
      um.
Alt bin ich geworden indes, mich bleichte der Eispol,
   Und im Feuer des Süds fielen die Locken mir aus.
Aber wenn einer auch am letzten der sterblichen Tage,
   Fernher kommend und müd bis in die Seele noch jetzt
Wiedersähe dies Land, noch einmal müßte die Wang ihm
   Blühn, und erloschen fast glänzte sein Auge noch auf.
Seliges Tal des Rheins! kein Hügel ist ohne den Weinstock,
   Und mit der Traube Laub Mauer und Garten bekränzt,
Und des heiligen Tranks sind voll im Strome die Schiffe,
   Städt und Inseln, sie sind trunken von Weinen und Obst.
Aber lächelnd und ernst ruht droben der Alte, der Taunus,
   Und mit Eichen bekränzt neiget der Freie das Haupt.

Und jetzt kommt vom Walde der Hirsch, aus Wolken das
      Tagslicht,
   Hoch in heiterer Luft siehet der Falke sich um.

Aber unten im Tal, wo die Blume sich nähret von Quellen,
  Streckt das Dörfchen bequem über die Wiese sich aus.
Still ist's hier. Fern rauscht die immer geschäftige Mühle,
  Aber das Neigen des Tags künden die Glocken mir an.
Lieblich tönt die gehämmerte Sens und die Stimme des
    Landmanns,
  Der heimkehrend dem Stier gerne die Schritte gebeut,
Lieblich der Mutter Gesang, die im Grase sitzt mit dem
    Söhnlein;
  Satt vom Sehen entschlief's; aber die Wolken sind rot,
Und am glänzenden See, wo der Hain das offene Hoftor
  Übergrünt und das Licht golden die Fenster umspielt,
Dort empfängt mich das Haus und des Gartens heimliches
    Dunkel,
  Wo mit den Pflanzen mich einst liebend der Vater erzog;
Wo ich frei, wie Geflügelte, spielt auf luftigen Ästen,
  Oder ins treue Blau blickte vom Gipfel des Hains.
Treu auch bist du von je, treu auch dem Flüchtlinge blieben,
  Freundlich nimmst du, wie einst, Himmel der Heimat,
    mich auf.

Noch gedeihn die Pfirsiche mir, mich wundern die Blüten,
  Fast, wie die Bäume, steht herrlich mit Rosen der Strauch.
Schwer ist worden indes von Früchten dunkel mein
    Kirschbaum,
  Und der pflückenden Hand reichen die Zweige sich selbst.
Auch zum Walde zieht mich, wie sonst, in die freiere Laube
  Aus dem Garten der Pfad oder hinab an den Bach,
Wo ich lag, und den Mut erfreut am Ruhme der Männer,
  Ahnender Schiffer; und das konnten die Sagen von euch,
Daß in die Meer ich fort, in die Wüsten mußt, ihr
    Gewalt'gen!
  Ach! indes mich umsonst Vater und Mutter gesucht.
Aber wo sind sie? du schweigst? du zögerst? Hüter des
    Hauses!
  Hab ich gezögert doch auch! habe die Schritte gezählt,

Da ich nahet, und bin, gleich Pilgern, stille gestanden.
Aber gehe hinein, melde den Fremden, den Sohn,
Daß sich öffnen die Arm und mir ihr Segen begegne,
 Daß ich geweiht und gegönnt wieder die Schwelle mir sei!
Aber ich ahn es schon, in heilige Fremde dahin sind
 Nun auch sie mir, und nie kehret ihr Lieben zurück.

Vater und Mutter? und wenn noch Freunde leben, sie haben
 Andres gewonnen, sie sind nimmer die Meinigen mehr.
Kommen werd ich, wie sonst, und die alten, die Namen der Liebe
 Nennen, beschwören das Herz, ob es noch schlage, wie sonst,
Aber stille werden sie sein. So bindet und scheidet
 Manches die Zeit. Ich dünk ihnen gestorben, sie mir.
Und so bin ich allein. Du aber, über den Wolken,
 Vater des Vaterlands! mächtiger Äther! und du
Erd und Licht! ihr einigen drei, die walten und lieben,
 Ewige Götter! mit euch brechen die Bande mir nie.
Ausgegangen von euch, mit euch auch bin ich gewandert,
 Euch, ihr Freudigen, euch bring ich erfahrner zurück.
Darum reiche mir nun, bis obenan von des Rheines
 Warmen Bergen mit Wein reiche den Becher gefüllt!
Daß ich den Göttern zuerst und das Angedenken der Helden
 Trinke, der Schiffer, und dann eures, ihr Trautesten! auch,
Eltern und Freund'! und der Mühn und aller Leiden vergesse
 Heut und morgen und schnell unter den Heimischen sei.

### DER GANG AUFS LAND

*An Landauer*

Komm! ins Offene, Freund! zwar glänzt ein weniges heute
 Nur herunter und eng schließet der Himmel uns ein.
Weder die Berge sind noch aufgegangen des Waldes
 Gipfel nach Wunsch und leer ruht von Gesange die Luft.
Trüb ist's heut, es schlummern die Gäng und die Gassen und fast will
 Mir es scheinen, es sei, als in der bleiernen Zeit.

Dennoch gelinget der Wunsch, Rechtgläubige zweifeln an *einer*
  Stunde nicht und der Lust bleibe geweihet der Tag.
Denn nicht wenig erfreut, was wir vom Himmel gewonnen,
  Wenn er's weigert und doch gönnet den Kindern zuletzt.
Nur daß solcher Reden und auch der Schritt' und der Mühe
  Wert der Gewinn und ganz wahr das Ergötzliche sei.
Darum hoff ich sogar, es werde, wenn das Gewünschte
  Wir beginnen und erst unsere Zunge gelöst,
Und gefunden das Wort, und aufgegangen das Herz ist,
  Und von trunkener Stirn höher Besinnen entspringt,
Mit der unsern zugleich des Himmels Blüte beginnen,
  Und dem offenen Blick offen der Leuchtende sein.

Denn nicht Mächtiges ist's, zum Leben aber gehört es,
  Was wir wollen, und scheint schicklich und freudig zugleich.
Aber kommen doch auch der segenbringenden Schwalben
  Immer einige noch, ehe der Sommer, ins Land.
Nämlich droben zu weihn bei guter Rede den Boden,
  Wo den Gästen das Haus baut der verständige Wirt;
Daß sie kosten und schaun das Schönste, die Fülle des Landes,
  Daß, wie das Herz es wünscht, offen, dem Geiste gemäß
Mahl und Tanz und Gesang und Stuttgarts Freude gekrönt sei,
  Deshalb wollen wir heut wünschend den Hügel hinauf.
Mög ein Besseres noch das menschenfreundliche Mailicht
  Drüber sprechen, von selbst bildsamen Gästen erklärt,
Oder, wie sonst, wenn's andern gefällt, denn alt ist die Sitte,
  Und es schauen so oft lächelnd die Götter auf uns,
Möge der Zimmermann vom Gipfel des Daches den Spruch tun,
  Wir, so gut es gelang, haben das Unsre getan.

Aber schön ist der Ort, wenn in Feiertagen des Frühlings
  Aufgegangen das Tal, wenn mit dem Neckar herab
Weiden grünend und Wald und all die grünenden Bäume
  Zahllos, blühend weiß, wallen in wiegender Luft,
Aber mit Wölkchen bedeckt an Bergen herunter der Weinstock
  Dämmert und wächst und erwarmt unter dem sonnigen Duft.

## DIE ENTSCHLAFENEN

Einen vergänglichen Tag lebt ich und wuchs mit den Meinen,
Eins ums andere schon schläft mir und fliehet dahin.
Doch ihr Schlafenden wacht am Herzen mir, in verwandter
Seele ruhet von euch mir das entfliehende Bild.
Und lebendiger lebt ihr dort, wo des göttlichen Geistes
Freude die Alternden all, alle die Toten verjüngt.

## DAS AHNENBILD

*Ne virtus ulla pereat!*

Alter Vater! Du blickst immer, wie ehmals, noch,
 Da du gerne gelebt unter den Sterblichen,
  Aber ruhiger nur, und
   Wie die Seligen, heiterer

In die Wohnung, wo dich, Vater! das Söhnlein nennt,
 Wo es lächelnd vor dir spielt und den Mutwill übt,
  Wie die Lämmer im Feld, auf
   Grünem Teppiche, den zur Lust

Ihm die Mutter gegönnt. Ferne sich haltend, sieht
 Ihm die Liebende zu, wundert der Sprache sich
  Und des jungen Verstandes
   Und des blühenden Auges schon.

Und an andere Zeit mahnt sie der Mann, dein Sohn;
  An die Lüfte des Mais, da er geseufzt um sie,
    An die Bräutigamstage,
      Da der Stolze die Demut lernt'.

Doch es wandte sich bald: Sicherer, denn er war,
  Ist er, herrlicher ist unter den Seinigen
    Nun der Zweifachgeliebte,
      Und ihm gehet sein Tagewerk.

Stiller Vater! auch du lebtest und liebtest so;
  Darum wohnest du nun, als ein Unsterblicher,
    Bei den Kindern, und Leben,
      Wie vom schweigenden Äther, kommt

Öfters über das Haus, ruhiger Mann! von dir,
  Und es mehrt sich, es reift, edler von Jahr zu Jahr,
    In bescheidenem Glücke,
      Was mit Hoffnungen du gepflanzt.

Die du liebend erzogst, siehe! sie grünen dir,
  Deine Bäume, wie sonst, breiten ums Haus den Arm,
    Voll von dankenden Gaben;
      Sichrer stehen die Stämme schon;

Und am Hügel hinab, wo du den sonnigen
  Boden ihnen gebaut, neigen und schwingen sich
    Deine freudigen Reben,
      Trunken, purpurner Trauben voll.

Aber unten im Haus ruhet, besorgt von dir,
  Der gekelterte Wein. Teuer ist der dem Sohn,
    Und er sparet zum Fest das
      Alte, lautere Feuer sich.

Dann beim nächtlichen Mahl, wenn er, in Lust und Ernst,
Von Vergangenem viel, vieles von Künftigem
  Mit den Freunden gesprochen,
    Und der letzte Gesang noch hallt,

Hält er höher den Kelch, siehet dein Bild und spricht:
Deiner denken wir nun, dein, und so werd und bleib
  Ihre Ehre des Hauses
    Guten Genien, hier und sonst!

Und es tönen zum Dank hell die Kristalle dir;
Und die Mutter, sie reicht, heute zum erstenmal,
  Daß es wisse vom Feste,
    Auch dem Kinde von deinem Trank.


[AN LANDAUER]

Sei froh! Du hast das gute Los erkoren,
Denn tief und treu ward eine Seele dir;
Der Freunde Freund zu sein, bist du geboren,
Dies zeugen dir am Feste wir.

Und selig, wer im eignen Hause Frieden,
Wie du, und Lieb und Fülle sieht und Ruh;
Manch Leben ist, wie Licht und Nacht, verschieden,
In goldner Mitte wohnest du.

Dir glänzt die Sonn in wohlgebauter Halle,
Am Berge reift die Sonne dir den Wein,
Und immer glücklich führt die Güter alle
Der kluge Gott dir aus und ein.

Und Kind gedeiht, und Mutter um den Gatten,
Und wie den Wald die goldne Wolke krönt,
So seid auch ihr um ihn, geliebte Schatten!
Ihr Seligen, an ihn gewöhnt!

O seid mit ihm! denn Wolk und Winde ziehen
Unruhig öfters über Land und Haus,
Doch ruht das Herz bei allen Lebensmühen
Im heil'gen Angedenken aus.

Und sieh! aus Freude sagen wir von Sorgen;
Wie dunkler Wein, erfreut auch ernster Sang;
Das Fest verhallt, und jedes gehet morgen
Auf schmaler Erde seinen Gang.

### [AN EINE VERLOBTE]

Des Wiedersehens Tränen, des Wiedersehns
   Umfangen, und dein Auge bei seinem Gruß, –
     Weissagend möcht ich dies und all der
      Zaubrischen Liebe Geschick dir singen.

Zwar jetzt auch, junger Genius! bist du schön,
   Auch einsam, und es freuet sich in sich selbst,
     Es blüht von eignem Geist und liebem
      Herzensgesange die Musentochter.

Doch anders ist's in seliger Gegenwart,
   Wenn an des Neugefundnen Blicke dein Geist sich kennt,
     Wenn friedlich du vor seinem Anschaun
      Wieder in goldener Wolke wandelst.

Indessen denk, ihm leuchte das Sonnenlicht,
   Ihn tröst und mahne, wenn er im Felde schläft,
     Der Liebe Stern, und heitre Tage
      Spare zum Ende das Herz sich immer.

Und wenn er da ist, und die geflügelten,
 Die Liebesstunden schneller und schneller sind,
  Dann sich dein Brauttag neigt und trunkner
   Schon die beglückenden Sterne leuchten —

Nein, ihr Geliebten! nein, ich beneid euch nicht!
 Unschädlich, wie vom Lichte die Blume lebt,
  So leben, gern vom schönen Bilde
   Träumend, und selig und arm, die Dichter.


### DER MUTTER ERDE

*Gesang der Brüder Ottmar, Hom, Tello*

#### Ottmar

Statt offner Gemeine sing ich Gesang.
So spielt, von erfreulichen Händen
Wie zum Versuche berühret, eine Saite
Von Anfang. Aber freudig ernster neigt
Bald über die Harfe
Der Meister das Haupt und die Töne
Bereiten sich ihm, und werden geflügelt,
So viele sie sind, und zusammen tönt es unter dem Schlage
Des Weckenden und voll, wie aus Meeren, schwingt
Unendlich sich in die Lüfte die Wolke des Wohllauts.

Doch wird ein anderes noch
Wie der Harfe Klang
Der Gesang sein,
Der Chor des Volks.
Denn wenn er schon der Zeichen genug
Und Fluten in seiner Macht und Wetterflammen
Wie Gedanken hat, der heilige Vater,
 unaussprechlich wär er wohl
Und nirgend fänd er wahr sich unter den Lebenden wieder,
Wenn zum Gesange nicht hätt ein Herz die Gemeinde.

Noch aber

Doch wie der Fels erst ward,
Und geschmiedet wurden in schattiger Werkstatt,
      die ehernen Festen der Erde,
Noch ehe Bäche rauschten von den Bergen
Und Hain' und Städte blüheten an den Strömen,
So hat er donnernd schon
Geschaffen ein reines Gesetz,
Und reine Laute gegründet.


        *Hom*

Indessen schon', o Mächtiger, des,
Der einsam singt, und gib uns Lieder genug,
Bis ausgesprochen ist, wie wir
Es meinen, unserer Seele Geheimnis.
Denn öfters hört ich
Des alten Priesters Gesänge


      und so
Zu danken bereite die Seele mir auch.

Doch wandeln im Waffensaale
Mit gebundener Hand in müßigen Zeiten
Die Männer und schauen die Rüstungen an,
Voll Ernstes stehen sie und einer erzählt,
Wie die Väter sonst den Bogen gespannet
Fernhin des Zieles gewiß,
Und alle glauben es ihm,
Doch keiner darf es versuchen
Wie ein Gott      sinken die Arme
Der Menschen,
Auch ziemt ein Feiergewand an jedem Tage sich nicht.

Die Tempelsäulen stehn
Verlassen in Tagen der Not,
Wohl tönet des Nordsturms Echo
      tief in den Hallen,
Und der Regen machet sie rein,
Und Moos wächst und es kehren die Schwalben,

In Tagen des Frühlings, namlos aber ist
In ihnen der Gott, und die Schale des Danks
Und Opfergefäß und alle Heiligtümer
Begraben dem Feind in verschwiegener Erde.

### Tello

Wer will auch danken, eh er empfängt,
Und Antwort geben, eh er gehört hat?
Ni          indes ein Höherer spricht,
Zu fallen in die tönende Rede.
Viel hat er zu sagen und anders Recht,
Und *einer* ist, der endet in Stunden nicht,
Und die Zeiten des Schaffenden sind,
Wie Gebirg,
Das hochaufwogend von Meer zu Meer
Hinziehet über die Erde,

Es sagen der Wanderer viele davon,
Und das Wild irrt in den Klüften,
Und die Horde schweifet über die Höhen,
In heiligem Schatten aber,
Am grünen Abhang wohnet
Der Hirt und schauet die Gipfel.
So

## STUTTGART

*An Siegfried Schmid*

1

Wieder ein Glück ist erlebt. Die gefährliche Dürre geneset,
  Und die Schärfe des Lichts senget die Blüte nicht mehr.
Offen steht jetzt wieder ein Saal, und gesund ist der Garten,
  Und von Regen erfrischt rauschet das glänzende Tal,
Hoch von Gewächsen, es schwellen die Bäch und alle gebundnen
  Fittiche wagen sich wieder ins Reich des Gesangs.
Voll ist die Luft von Fröhlichen jetzt und die Stadt und der Hain ist
  Rings von zufriedenen Kindern des Himmels erfüllt.
Gerne begegnen sie sich, und irren untereinander,
  Sorgenlos, und es scheint keines zu wenig, zu viel.
Denn so ordnet das Herz es an, und zu atmen die Anmut,
  Sie, die geschickliche, schenkt ihnen ein göttlicher Geist.
Aber die Wanderer auch sind wohlgeleitet und haben
  Kränze genug und Gesang, haben den heiligen Stab
Vollgeschmückt mit Trauben und Laub bei sich und der Fichte
  Schatten; von Dorfe zu Dorf jauchzt es, von Tage zu Tag,
Und wie Wagen, bespannt mit freiem Wilde, so ziehn die
  Berge voran und so träget und eilet der Pfad.

2

Aber meinest du nun, es haben die Tore vergebens
  Aufgetan und den Weg freudig die Götter gemacht?
Und es schenken umsonst zu des Gastmahls Fülle die Guten
  Nebst dem Weine noch auch Beeren und Honig und Obst?

Schenken das purpurne Licht zu Festgesängen und kühl und
   Ruhig zu tieferem Freundesgespräche die Nacht?
Hält ein Ernsteres dich, so spar's dem Winter und willst du
   Freien, habe Geduld, Freier beglücket der Mai.
Jetzt ist anderes not, jetzt komm und feire des Herbstes
   Alte Sitte, noch jetzt blühet die Edle mit uns.
Eins nur gilt für den Tag, das Vaterland, und des Opfers
   Festlicher Flamme wirft jeder sein Eigenes zu.
Darum kränzt der gemeinsame Gott umsäuselnd das Haar uns,
   Und den eigenen Sinn schmelzet, wie Perlen, der Wein.
Dies bedeutet der Tisch, der geehrte, wenn, wie die Bienen,
   Rund um den Eichbaum, wir sitzen und singen um ihn,
Dies der Pokale Klang, und darum zwinget die wilden
   Seelen der streitenden Männer zusammen der Chor.

3

Aber damit uns nicht, gleich Allzuklugen, entfliehe
   Diese neigende Zeit, komm ich entgegen sogleich,
Bis an die Grenze des Lands, wo mir den lieben Geburtsort
   Und die Insel des Stroms blaues Gewässer umfließt.
Heilig ist mir der Ort, an beiden Ufern, der Fels auch,
   Der mit Garten und Haus grün aus den Wellen sich hebt.
Dort begegnen wir uns; o gütiges Licht! wo zuerst mich
   Deiner gefühlteren Strahlen mich einer betraf.
Dort begann und beginnt das liebe Leben von neuem;
   Aber des Vaters Grab seh ich und weine dir schon?
Wein und halt und habe den Freund und höre das Wort,
      das
Einst mir in himmlischer Kunst Leiden der Liebe geheilt.
Andres erwacht! ich muß die Landesheroen ihm nennen,
   Barbarossa! dich auch, gütiger Christoph, und dich,
Konradin! wie du fielst, so fallen Starke, der Efeu
   Grünt am Fels und die Burg deckt das bacchantische Laub,
Doch Vergangenes ist, wie Künftiges, heilig den Sängern,
   Und in Tagen des Herbsts sühnen die Schatten wir uns.

4

So der Gewalt'gen gedenk und des herzerhebenden Schicksals,
　　Tatlos selber, und leicht, aber vom Äther doch auch
Angeschauet und fromm, wie die Alten, die göttlicherzognen
　　Freudigen Dichter ziehn freudig das Land wir hinauf.
Groß ist das Werden umher. Dort von den äußersten Bergen
　　Stammen der Jünglinge viel, steigen die Hügel herab.
Quellen rauschen von dort und hundert geschäftige Bäche,
　　Kommen bei Tag und Nacht nieder und bauen das
　　　　Land.
Aber der Meister pflügt die Mitte des Landes, die Furchen
　　Ziehet der Neckarstrom, ziehet den Segen herab.
Und es kommen mit ihm Italiens Lüfte, die See schickt
　　Ihre Wolken, sie schickt prächtige Sonnen mit ihm.
Darum wächset uns auch fast über das Haupt die gewalt'ge
　　Fülle, denn hieher ward, hier in die Ebne das Gut
Reicher den Lieben gebracht, den Landesleuten, doch neidet
　　Keiner an Bergen dort ihnen die Gärten, den Wein
Oder das üppige Gras und das Korn und die glühenden
　　Bäume,
　　Die am Wege gereiht über den Wanderern stehn.

5

Aber indes wir schaun und die mächtige Freude durchwandeln,
　　Fliehet der Weg und der Tag uns, wie den Trunkenen, hin.
Denn mit heiligem Laub umkränzt erhebet die Stadt schon,
　　Die gepriesene, dort leuchtend ihr priesterlich Haupt.
Herrlich steht sie und hält den Rebenstab und die Tanne
　　Hoch in die seligen purpurnen Wolken empor.
Sei uns hold! dem Gast und dem Sohn, o Fürstin der Heimat!
　　Glückliches Stuttgart, nimm freundlich den Fremdling
　　　　mir auf!
Immer hast du Gesang mit Flöten und Saiten gebilligt,
　　Wie ich glaub, und des Lieds kindlich Geschwätz und der
　　　　Mühn

Süße Vergessenheit bei gegenwärtigem Geiste,
   Drum erfreuest du auch gerne den Sängern das Herz.
Aber ihr, ihr Größeren auch, ihr Frohen, die allzeit
   Leben und walten, erkannt, oder gewaltiger auch,
Wenn ihr wirket und schafft in heiliger Nacht und allein herrscht
   Und allmächtig empor ziehet ein ahnendes Volk,
Bis die Jünglinge sich der Väter droben erinnern,
   Mündig und hell vor euch steht der besonnene Mensch –

6

Engel des Vaterlands! o ihr, vor denen das Auge,
   Sei's auch stark, und das Knie bricht dem vereinzelten Mann,
Daß er halten sich muß an die Freund und bitten die Teuern,
   Daß sie tragen mit ihm all die beglückende Last,
Habt, o Gütige, Dank für den und alle die andern,
   Die mein Leben, mein Gut unter den Sterblichen sind.
Aber die Nacht kommt! laß uns eilen, zu feiern das Herbstfest
   Heut noch! voll ist das Herz, aber das Leben ist kurz,
Und was uns der himmlische Tag zu sagen geboten,
   Das zu nennen, mein Schmid! reichen wir beide nicht aus.
Treffliche bring ich dir und das Freudenfeuer wird hoch auf
   Schlagen und heiliger soll sprechen das kühnere Wort.
Siehe! da ist es rein! und des Gottes freundliche Gaben,
   Die wir teilen, sie sind zwischen den Liebenden nur.
Anderes nicht – o kommt! o macht es wahr! denn allein ja
   Bin ich und niemand nimmt mir von der Stirne den Traum?
Kommt und reicht, ihr Lieben, die Hand! das möge genug sein,
   Aber die größere Lust sparen dem Enkel wir auf.

## BROT UND WEIN
*An Heinse*

### 1

Ringsum ruhet die Stadt; still wird die erleuchtete Gasse,
    Und, mit Fackeln geschmückt, rauschen die Wagen hinweg.
Satt gehn heim von Freuden des Tags zu ruhen die Menschen,
    Und Gewinn und Verlust wäget ein sinniges Haupt
Wohlzufrieden zu Haus; leer steht von Trauben und Blumen,
    Und von Werken der Hand ruht der geschäftige Markt.
Aber das Saitenspiel tönt fern aus Gärten; vielleicht, daß
    Dort ein Liebendes spielt oder ein einsamer Mann
Ferner Freunde gedenkt und der Jugendzeit; und die Brunnen
    Immerquillend und frisch rauschen an duftendem Beet.
Still in dämmriger Luft ertönen geläutete Glocken,
    Und der Stunden gedenk rufet ein Wächter die Zahl.
Jetzt auch kommet ein Wehn und regt die Gipfel des Hains auf,
    Sieh! und das Schattenbild unserer Erde, der Mond,
Kommet geheim nun auch; die Schwärmerische, die Nacht kommt,
    Voll mit Sternen und wohl wenig bekümmert um uns,
Glänzt die Erstaunende dort, die Fremdlingin unter den Menschen,
    Über Gebirgeshöhn traurig und prächtig herauf.

### 2

Wunderbar ist die Gunst der Hocherhabnen und niemand
    Weiß, von wannen und was einem geschiehet von ihr.
So bewegt sie die Welt und die hoffende Seele der Menschen,
    Selbst kein Weiser versteht, was sie bereitet, denn so
Will es der oberste Gott, der sehr dich liebet, und darum
    Ist noch lieber, wie sie, dir der besonnene Tag.

Aber zuweilen liebt auch klares Auge den Schatten
  Und versuchet zu Lust, eh es die Not ist, den Schlaf,
Oder es blickt auch gern ein treuer Mann in die Nacht hin,
  Ja, es ziemet sich, ihr Kränze zu weihn und Gesang,
Weil den Irrenden sie geheiliget ist und den Toten,
  Selber aber besteht, ewig, in freiestem Geist.
Aber sie muß uns auch, daß in der zaudernden Weile,
  Daß im Finstern für uns einiges Haltbare sei,
Uns die Vergessenheit und das Heiligtrunkene gönnen,
  Gönnen das strömende Wort, das, wie die Liebenden, sei,
Schlummerlos, und vollern Pokal und kühneres Leben,
  Heilig Gedächtnis auch, wachend zu bleiben bei Nacht.

3

Auch verbergen umsonst das Herz im Busen, umsonst nur
  Halten den Mut noch wir, Meister und Knaben, denn wer
Möcht es hindern und wer möcht uns die Freude verbieten?
  Göttliches Feuer auch treibet, bei Tag und bei Nacht,
Aufzubrechen. So komm! daß wir das Offene schauen,
  Daß ein Eigenes wir suchen, so weit es auch ist.
Fest bleibt eins; es sei um Mittag oder es gehe
  Bis in die Mitternacht, immer bestehet ein Maß,
Allen gemein, doch jeglichem auch ist eignes beschieden,
  Dahin gehet und kommt jeder, wohin er es kann.
Drum! und spotten des Spotts mag gern frohlockender
    Wahnsinn,
  Wenn er in heiliger Nacht plötzlich die Sänger ergreift.
Drum an den Isthmos komm! dorthin, wo das offene Meer
    rauscht
  Am Parnaß und der Schnee delphische Felsen umglänzt,
Dort ins Land des Olymps, dort auf die Höhe Kithärons,
  Unter die Fichten dort, unter die Trauben, von wo
Thebe drunten und Ismenos rauscht im Lande des Kadmos,
  Dorther kommt und zurück deutet der kommende Gott.

4

Seliges Griechenland! du Haus der Himmlischen alle,
  Also ist wahr, was einst wir in der Jugend gehört?
Festlicher Saal! der Boden ist Meer! und Tische die Berge,
  Wahrlich zu einzigem Brauche vor alters gebaut!
Aber die Thronen, wo? die Tempel, und wo die Gefäße,
  Wo mit Nektar gefüllt, Göttern zu Lust der Gesang?
Wo, wo leuchten sie denn, die fernhintreffenden Sprüche?
  Delphi schlummert und wo tönet das große Geschick?
Wo ist das schnelle? wo bricht's, allgegenwärtigen Glücks voll
  Donnernd aus heiterer Luft über die Augen herein?
Vater Äther! so rief's und flog von Zunge zu Zunge
  Tausendfach, es ertrug keiner das Leben allein;
Ausgeteilet erfreut solch Gut und getauschet, mit Fremden,
  Wird's ein Jubel, es wächst schlafend des Wortes Gewalt:
Vater! heiter! und hallt, so weit es gehet, das uralt
  Zeichen, von Eltern geerbt, treffend und schaffend hinab.
Denn so kehren die Himmlischen ein, tiefschütternd gelangt so
  Aus den Schatten herab unter die Menschen ihr Tag.


5

Unempfunden kommen sie erst, es streben entgegen
  Ihnen die Kinder, zu hell kommet, zu blendend das Glück,
Und es scheut sie der Mensch, kaum weiß zu sagen ein
    Halbgott,
  Wer mit Namen sie sind, die mit den Gaben ihm nahn.
Aber der Mut von ihnen ist groß, es füllen das Herz ihm
  Ihre Freuden und kaum weiß er zu brauchen das Gut,
Schafft, verschwendet und fast ward ihm Unheiliges heilig,
  Das er mit segnender Hand törig und gütig berührt.
Möglichst dulden die Himmlischen dies; dann aber in
    Wahrheit
  Kommen sie selbst und gewohnt werden die Menschen
    des Glücks

Und des Tags und zu schaun die Offenbaren, das Antlitz
  Derer, welche, schon längst Eines und Alles genannt,
Tief die verschwiegene Brust mit freier Genüge gefüllet,
  Und zuerst und allein alles Verlangen beglückt;
So ist der Mensch; wenn da ist das Gut, und es sorget mit Gaben
  Selber ein Gott für ihn, kennet und sieht er es nicht.
Tragen muß er, zuvor; nun aber nennt er sein Liebstes,
  Nun, nun müssen dafür Worte, wie Blumen, entstehn.

6

Und nun denkt er zu ehren in Ernst die seligen Götter,
  Wirklich und wahrhaft muß alles verkünden ihr Lob.
Nichts darf schauen das Licht, was nicht den Hohen gefället,
  Vor den Äther gebührt Müßigversuchendes nicht.
Drum in der Gegenwart der Himmlischen würdig zu stehen,
  Richten in herrlichen Ordnungen Völker sich auf
Untereinander und baun die schönen Tempel und Städte
  Fest und edel, sie gehn über Gestaden empor –
Aber wo sind sie? wo blühn die Bekannten, die Kronen des Festes?
  Thebe welkt und Athen; rauschen die Waffen nicht mehr
In Olympia, nicht die goldnen Wagen des Kampfspiels,
  Und bekränzen sich denn nimmer die Schiffe Korinths?
Warum schweigen auch sie, die alten heil'gen Theater?
  Warum freuet sich denn nicht der geweihete Tanz?
Warum zeichnet, wie sonst, die Stirne des Mannes ein Gott nicht,
  Drückt den Stempel, wie sonst, nicht dem Getroffenen auf?
Oder er kam auch selbst und nahm des Menschen Gestalt an
  Und vollendet' und schloß tröstend das himmlische Fest.

7

Aber Freund! wir kommen zu spät. Zwar leben die Götter,
  Aber über dem Haupt droben in anderer Welt.
Endlos wirken sie da und scheinen's wenig zu achten,
  Ob wir leben, so sehr schonen die Himmlischen uns.
Denn nicht immer vermag ein schwaches Gefäß sie zu fassen,
  Nur zuzeiten erträgt göttliche Fülle der Mensch.
Traum von ihnen ist drauf das Leben. Aber das Irrsal
  Hilft, wie Schlummer, und stark machet die Not und die Nacht,
Bis daß Helden genug in der ehernen Wiege gewachsen,
  Herzen an Kraft, wie sonst, ähnlich den Himmlischen sind.
Donnernd kommen sie drauf. Indessen dünket mir öfters
  Besser zu schlafen, wie so ohne Genossen zu sein,
So zu harren, und was zu tun indes und zu sagen,
  Weiß ich nicht, und wozu Dichter in dürftiger Zeit.
Aber sie sind, sagst du, wie des Weingotts heilige Priester,
  Welche von Lande zu Land zogen in heiliger Nacht.

8

Nämlich, als vor einiger Zeit, uns dünket sie lange,
  Aufwärts stiegen sie all, welche das Leben beglückt,
Als der Vater gewandt sein Angesicht von den Menschen,
  Und das Trauern mit Recht über der Erde begann,
Als erschienen zuletzt ein stiller Genius, himmlisch
  Tröstend, welcher des Tags Ende verkündet' und schwand,
Ließ zum Zeichen, daß einst er da gewesen und wieder
  Käme, der himmlische Chor einige Gaben zurück,
Derer menschlich, wie sonst, wir uns zu freuen vermöchten,
  Denn zur Freude, mit Geist, wurde das Größre zu groß
Unter den Menschen und noch, noch fehlen die Starken zu höchsten
  Freuden, aber es lebt stille noch einiger Dank.
Brot ist der Erde Frucht, doch ist's vom Lichte gesegnet,
  Und vom donnernden Gott kommet die Freude des Weins.

Darum denken wir auch dabei der Himmlischen, die sonst
Da gewesen und die kehren in richtiger Zeit,
Darum singen sie auch mit Ernst, die Sänger, den Weingott
Und nicht eitel erdacht tönet dem Alten das Lob.

9

Ja! sie sagen mit Recht, er söhne den Tag mit der Nacht aus,
Führe des Himmels Gestirn ewig hinunter, hinauf,
Allzeit froh, wie das Laub der immergrünenden Fichte,
Das er liebt, und der Kranz, den er von Efeu gewählt,
Weil er bleibet und selbst die Spur der entflohenen Götter
Götterlosen hinab unter das Finstere bringt.
Was der Alten Gesang von Kindern Gottes geweissagt,
Siehe! wir sind es, wir; Frucht von Hesperien ist's!
Wunderbar und genau ist's als an Menschen erfüllet,
Glaube, wer es geprüft! aber so vieles geschieht,
Keines wirket, denn wir sind herzlos, Schatten, bis unser
Vater Äther erkannt jeden und allen gehört.
Aber indessen kommt als Fackelschwinger des Höchsten
Sohn, der Syrier, unter die Schatten herab.
Selige Weise sehn's; ein Lächeln aus der gefangnen
Seele leuchtet, dem Licht tauet ihr Auge noch auf.
Sanfter träumet und schläft in Armen der Erde der Titan,
Selbst der neidische, selbst Cerberus trinket und schläft.

# HEIMKUNFT

*An die Verwandten*

1

Drin in den Alpen ist's noch helle Nacht und die Wolke,
Freudiges dichtend, sie deckt drinnen das gähnende Tal.
Dahin, dorthin toset und stürzt die scherzende Bergluft,
Schroff durch Tannen herab glänzet und schwindet ein Strahl

Langsam eilt und kämpft das freudigschauernde Chaos,
 Jung an Gestalt, doch stark, feiert es liebenden Streit
Unter den Felsen, es gärt und wankt in den ewigen Schranken,
 Denn bacchantischer zieht drinnen der Morgen herauf.
Denn es wächst unendlicher dort das Jahr und die heil'gen
 Stunden, die Tage, sie sind kühner geordnet, gemischt.
Dennoch merket die Zeit der Gewittervogel und zwischen
 Bergen, hoch in der Luft weilt er und rufet den Tag.
Jetzt auch wachet und schaut in der Tiefe drinnen das
  Dörflein
 Furchtlos, Hohem vertraut, unter den Gipfeln hinauf.
Wachstum ahnend, denn schon, wie Blitze, fallen die alten
 Wasserquellen, der Grund unter den Stürzenden dampft,
Echo tönet umher, und die unermeßliche Werkstatt
 Reget bei Tag und Nacht, Gaben versendend, den Arm.

2

Ruhig glänzen indes die silbernen Höhen darüber,
 Voll mit Rosen ist schon droben der leuchtende Schnee.
Und noch höher hinauf wohnt über dem Lichte der reine
 Selige Gott vom Spiel heiliger Strahlen erfreut.
Stille wohnt er allein und hell erscheinet sein Antlitz,
 Der ätherische scheint Leben zu geben geneigt,
Freude zu schaffen, mit uns, wie oft, wenn, kundig des Maßes,
 Kundig der Atmenden auch zögernd und schonend der Gott
Wohlgediegenes Glück den Städten und Häusern und milde
 Regen, zu öffnen das Land, brütende Wolken, und euch,
Trauteste Lüfte dann, euch, sanfte Frühlinge, sendet,
 Und mit langsamer Hand Traurige wieder erfreut,
Wenn er die Zeiten erneut, der Schöpferische, die stillen
 Herzen der alternden Menschen erfrischt und ergreift,
Und hinab in die Tiefe wirkt, und öffnet und aufhellt,
 Wie er's liebet, und jetzt wieder ein Leben beginnt,
Anmut blühet, wie einst, und gegenwärtiger Geist kömmt,
 Und ein freudiger Mut wieder die Fittiche schwellt.

3

Vieles sprach ich zu ihm, denn, was auch Dichtende sinnen
  Oder singen, es gilt meistens den Engeln und ihm;
Vieles bat ich, zulieb dem Vaterlande, damit nicht
  Ungebeten uns einst plötzlich befiele der Geist;
Vieles für euch auch, die im Vaterlande besorgt sind,
  Denen der heilige Dank lächelnd die Flüchtlinge bringt,
Landesleute! für euch, indessen wiegte der See mich,
  Und der Ruderer saß ruhig und lobte die Fahrt.
Weit in des Sees Ebene war's *ein* freudiges Wallen
  Unter den Segeln und jetzt blühet und hellet die Stadt
Dort in der Frühe sich auf, wohl her von schattigen Alpen
  Kommt geleitet und ruht nun in dem Hafen das Schiff.
Warm ist das Ufer hier und freundlich offene Tale,
  Schön von Pfaden erhellt, grünen und schimmern mich an.
Gärten stehen gesellt und die glänzende Knospe beginnt schon,
  Und des Vogels Gesang ladet den Wanderer ein.
Alles scheinet vertraut, der vorübereilende Gruß auch
  Scheint von Freunden, es scheint jegliche Miene verwandt.


4

Freilich wohl! das Geburtsland ist's, der Boden der Heimat,
  Was du suchest, es ist nahe, begegnet dir schon.
Und umsonst nicht steht, wie ein Sohn, am wellenumrauschten
  Tor und siehet und sucht liebende Namen für dich,
Mit Gesang, ein wandernder Mann, glückseliges Lindau!
  Eine der gastlichen Pforten des Landes ist dies,
Reizend hinauszugehn in die vielversprechende Ferne,
  Dort, wo die Wunder sind, dort, wo das göttliche Wild
Hoch in die Ebnen herab der Rhein die verwegene Bahn
    bricht,
  Und aus Felsen hervor ziehet das jauchzende Tal,
Dort hinein, durchs helle Gebirg, nach Como zu wandern,
  Oder hinab, wie der Tag wandelt, den offenen See;

Aber reizender mir bist du, geweihete Pforte!
  Heimzugehn, wo bekannt blühende Wege mir sind,
Dort zu besuchen das Land und die schönen Tale des
    Neckars,
  Und die Wälder, das Grün heiliger Bäume, wo gern
Sich die Eiche gesellt mit stillen Birken und Buchen,
  Und in Bergen ein Ort freundlich gefangen mich nimmt.

5

Dort empfangen sie mich. O Stimme der Stadt, der Mutter!
  O du triffest, du regst Langegelerntes mir auf!
Dennoch sind sie es noch! noch blühet die Sonn und die
    Freud euch,
  O ihr Liebsten! und fast heller im Auge, wie sonst.
Ja! das Alte noch ist's! Es gedeihet und reifet, doch keines,
  Was da lebet und liebt, lässet die Treue zurück.
Aber das Beste, der Fund, der unter des heiligen Friedens
  Bogen lieget, er ist Jungen und Alten gespart.
Törig red ich. Es ist die Freude. Doch morgen und künftig,
  Wenn wir gehen und schaun draußen das lebende Feld
Unter den Blüten des Baums, in den Feiertagen des Frühlings
  Red und hoff ich mit euch vieles, ihr Lieben! davon.
Vieles hab ich gehört vom großen Vater und habe
  Lange geschwiegen von ihm, welcher die wandernde Zeit
Droben in Höhen erfrischt, und waltet über Gebirgen,
  Der gewähret uns bald himmlische Gaben und ruft
Hellern Gesang und schickt viel gute Geister. O säumt nicht,
  Kommt, Erhaltenden ihr! Engel des Jahres! und ihr,

6

Engel des Hauses, kommt! in die Adern alle des Lebens,
  Alle freuend zugleich, teile das Himmlische sich!
Adle! verjünge! damit nichts Menschlichgutes, damit nicht
  Eine Stunde des Tags ohne die Frohen und auch

Solche Freude, wie jetzt, wenn Liebende wieder sich finden,
  Wie es gehört für sie, schicklich geheiliget sei.
Wenn wir segnen das Mahl, wen darf ich nennen, und wenn
    wir
  Ruhn vom Leben des Tags, saget, wie bring ich den Dank?
Nenn ich den Hohen dabei? Unschickliches liebet ein Gott
    nicht,
  Ihn zu fassen, ist fast unsere Freude zu klein.
Schweigen müssen wir oft; es fehlen heilige Namen,
  Herzen schlagen und doch bleibet die Rede zurück?
Aber ein Saitenspiel leiht jeder Stunde die Töne,
  Und erfreuet vielleicht Himmlische, welche sich nahn.
Das bereitet und so ist auch beinahe die Sorge
  Schon befriediget, die unter das Freudige kam.
Sorgen, wir diese, muß, gern oder nicht, in der Seele
  Tragen ein Sänger und oft, aber die anderen nicht.

ERMUNTERUNG

[Erste Fassung]

Echo des Himmels! heiliges Herz! warum,
 Warum verstummst du unter den Sterblichen?
  Und schlummerst, von den Götterlosen
   Täglich hinab in die Nacht verwiesen?

Blüht denn, wie sonst, die Mutter, die Erde dir,
 Blühn denn am hellen Äther die Sterne nicht?
  Und übt das Recht nicht überall der
   Geist und die Liebe, nicht jetzt und immer?

Nur du nicht mehr! doch mahnen die Himmlischen,
 Und stillebildend wallt, wie um kahl Gefild,
  Der Othem der Natur um uns, der
   Alleserheiternde, seelenvolle.

O Hoffnung! bald, bald singen die Haine nicht
 Der Götter Lob allein, denn es kommt die Zeit,
  Daß aus der Menschen Munde sich die
   Seele, die göttliche, neuverkündet.

Daß unsre Tage wieder, wie Blumen, sind,
 Wo, ausgeteilt im Wechsel, ihr Ebenbild
  Des Himmels stille Sonne sieht und
   Froh in den Frohen das Licht sich kennet,

Daß liebender, im Bunde mit Sterblichen
  Das Element dann lebet und dann erst reich,
    Bei frommer Kinder Dank, der Erde
      Kraft, die unendliche, sich entfaltet,

Und er, der sprachlos waltet, und unbekannt
  Zukünftiges bereitet, der Gott, der Geist
    Im Menschenwort, am schönen Tage
      Wieder mit Namen, wie einst, sich nennet.


## ERMUNTERUNG

### [Zweite Fassung]

Echo des Himmels! heiliges Herz! warum,
  Warum verstummst du unter den Lebenden,
    Schläfst, freies! von den Götterlosen
      Ewig hinab in die Nacht verwiesen?

Wacht denn, wie vormals, nimmer des Äthers Licht?
  Und blüht die alte Mutter, die Erde nicht?
    Und übt der Geist nicht da und dort, nicht
      Lächelnd die Liebe das Recht noch immer?

Nur du nicht mehr! doch mahnen die Himmlischen,
  Und stillebildend weht, wie ein kahl Gefild,
    Der Othem der Natur dich an, der
      Alleserheiternde, seelenvolle.

O Hoffnung! bald, bald singen die Haine nicht
  Des Lebens Lob allein, denn es ist die Zeit,
    Daß aus der Menschen Munde sie, die
      Schönere Seele, sich neuverkündet,

Dann liebender im Bunde mit Sterblichen
　Das Element sich bildet, und dann erst reich,
　　Bei frommer Kinder Dank, der Erde
　　　Brust, die unendliche, sich entfaltet

Und unsre Tage wieder, wie Blumen, sind,
　Wo sie, des Himmels Sonne, sich ausgeteilt
　　Im stillen Wechsel sieht und wieder
　　　Froh in den Frohen das Licht sich findet,

Und er, der sprachlos waltet und unbekannt
　Zukünftiges bereitet, der Gott, der Geist
　　Im Menschenwort, am schönen Tage
　　　Kommenden Jahren, wie einst, sich ausspricht.

### BITTE

O Hoffnung! holde! gütiggeschäftige,
　Die du das Haus der Trauernden nicht verschmähst,
　　Und gerne dienend, Edle, zwischen
　　　Sterblichen waltest und Himmelsmächten,

Wo bist du? wenig lebt ich, doch atmet kalt
　Mein Abend schon, und stille, den Schatten gleich,
　　Bin ich schon hier, und schon gesanglos
　　　Schlummert das schaudernde Herz im Busen.

Im grünen Tale, dort wo der frische Quell
　Vom Berge täglich rauscht und die liebliche
　　Zeitlose mir am Herbstlicht aufblüht,
　　　Dort in der Stille, du Holde! will ich

Dich suchen; oder wenn in der Mitternacht
　Das unsichtbare Leben im Haine wallt,
　　Und über mir die immerfrohen
　　　Blumen, die sicheren Sterne glänzen,

O du, des Äthers Tochter, erscheine dann
Aus deines Vaters Gärten, und darfst du nicht
   Mir sterblich Glück verheißen, schröck o
     Schröcke mit anderem nur das Herz mir!


## AN EDUARD
[Erste Fassung]

Euch alten Freunde droben, unsterbliches
Gestirn! euch frag ich, Helden! woher es ist,
   Daß ich so untertan ihm bin, und
     So der Gewaltige sein mich nennet.

Denn wenig kann ich bieten, nur weniges
Kann ich verlieren, aber ein liebes Glück,
   Ein einziges, zum Angedenken
     Reicherer Tage zurückgeblieben;

Und so er mir's geböte, dies eine noch,
Mein Saitenspiel, ich wagt es, wohin er wollt,
   Und mit Gesange folgt ich, selbst ins
     Ende der Tapferen, ihm hinunter.

„Die Wolke", säng ich, „tränket mit Regen dich,
Du Mutterboden! aber mit Blut der Mensch;
   So ruht, so kühlt die Liebe sich, die
     Droben und drunten nicht Gleiches findet.

Wo ist am Tag ihr Zeichen? wo spricht das Herz
Sich aus? und wann im Leben, wann ist es frei,
   Was unser Wort nicht nennt, wann wird, was
     Trauert, gebannt in die Nacht, sein Wunsch ihm? –

Jetzt, wann die Opfer fallen, ihr Freunde! jetzt!
Schon tritt hinzu der festliche Zug, schon blinkt
   Der Stahl, die Wolke dampft, sie fallen, und es
     Hallt in der Luft, und die Erde rühmt es!"

Wenn ich so singend fiele, dann rächtest du
  Mich, mein Achill! und sprächest: „Er lebte doch
    Treu bis zuletzt!" Das ernste Wort, das
      Spräche mein Feind, und der Totenrichter!

Doch weilen wir in Ruhe, du Lieber, noch;
  Uns birgt der Wald, es hält das Gebirge dort,
    Das mütterliche, noch die beiden
      Brüder in sicherem Arm gefangen.

Uns ist die Weisheit Wiegengesang; sie webt
  Ums Aug ihr heilig Dunkel; doch öfters kömmt
    Aus fernetönendem Gewölk die
      Mahnende Flamme des Zeitengottes.

Es regt sein Sturm die Schwingen dir auf, dich ruft,
  Dich nimmt der mächt'ge Vater hinauf; o nimm
    Mich du, und trage deine leichte
      Beute dem lächelnden Gott entgegen!


## AN EDUARD

[Zweite Fassung]

Euch alten Freunde droben, unsterbliches
  Gestirn, euch frag ich, Helden! woher es ist,
    Daß ich so untertan ihm bin, und
      So der Gewaltige sein mich nennet.

Nicht vieles kann ich bieten, nur weniges
  Kann ich verlieren, aber ein liebes Glück,
    Ein einziges, zum Angedenken
      Reicherer Tage zurückgeblieben,

Und dies, so er's geböte, dies eine noch,
  Mein Saitenspiel, ich wagt es, wohin er wollt,
    Und mit Gesange folgt ich, selbst ins
      Ende der Tapfern, hinab dem Teuern.

„Mit Wolken", säng ich, „tränkt das Gewitter dich,
　Du dunkler Boden, aber mit Blut der Mensch;
　　So schweigt, so ruht er, der sein Gleiches
　　　Droben und drunten umsonst erfragte.

Wo ist der Liebe Zeichen am Tag? wo spricht
　Sich aus das Herz? wo ruhet es endlich? wo
　　Wird's wahr, was uns, bei Nacht und Tag, zu
　　　Lange der glühende Traum verkündet?

Hier, wo die Opfer fallen, ihr Lieben, hier!
　Und schon tritt hin der festliche Zug! schon blinkt
　　Der Stahl! die Wolke dampft! sie fallen und es
　　　Hallt in der Luft und die Erde rühmt es!"

Wenn ich so singend fiele, dann rächtest du
　Mich, mein Achill! und sprächest: „Er lebte doch
　　Treu bis zuletzt!" Das ernste Wort, das
　　　Richtet mein Feind und der Totenrichter!

Zwar hab ich dich in Ruhe noch itzt; dich birgt
　Der ernste Wald, es hält das Gebirge dich,
　　Das mütterliche, noch den edlen
　　　Zögling in sicherem Arm, die Weisheit

Singt dir den alten Wiegengesang, sie webt
　Ums Aug ihr heilig Dunkel, doch sieh! es flammt
　　Aus fernetönendem Gewölk die
　　　Mahnende Flamme des Zeitengottes.

Es regt sein Sturm die Schwingen dir auf, dich ruft,
　Dich nimmt der Herr der Helden hinauf; o nimm
　　Mich du! mit dir! und bringe sie dem
　　　Lächelnden Gotte, die leichte Beute!

## NATUR UND KUNST oder SATURN UND JUPITER

Du waltest hoch am Tag und es blühet dein
   Gesetz, du hältst die Waage, Saturnus' Sohn!
      Und teilst die Los' und ruhest froh im
         Ruhm der unsterblichen Herrscherkünste.

Doch in den Abgrund, sagen die Sänger sich,
   Habst du den heil'gen Vater, den eignen, einst
      Verwiesen und es jammre drunten,
         Da, wo die Wilden vor dir mit Recht sind,

Schuldlos der Gott der goldenen Zeit schon längst:
   Einst mühelos, und größer, wie du, wenn schon
      Er kein Gebot aussprach und ihn der
         Sterblichen keiner mit Namen nannte.

Herab denn! oder schäme des Danks dich nicht!
   Und willst du bleiben, diene dem Älteren,
      Und gönn es ihm, daß ihn vor allen,
         Göttern und Menschen, der Sänger nenne!

Denn, wie aus dem Gewölke dein Blitz, so kömmt
   Von ihm, was dein ist, siehe! so zeugt von ihm,
      Was du gebeutst, und aus Saturnus'
         Frieden ist jegliche Macht erwachsen.

Und hab ich erst am Herzen Lebendiges
   Gefühlt und dämmert, was du gestaltetest,
      Und war in ihrer Wiege mir in
         Wonne die wechselnde Zeit entschlummert:

Dann kenn ich dich, Kronion! dann hör ich dich,
   Den weisen Meister, welcher, wie wir, ein Sohn
      Der Zeit, Gesetze gibt und, was die
         Heilige Dämmerung birgt, verkündet.

## DICHTERMUT
[Erste Fassung]

Sind denn dir nicht verwandt alle Lebendigen?
    Nährt zum Dienste denn nicht selber die Parze dich?
        Drum! so wandle nur wehrlos
            Fort durchs Leben und sorge nicht!

Was geschiehet, es sei alles gesegnet dir,
    Sei zur Freude gewandt! oder was könnte denn
        Dich beleidigen, Herz! was
            Da begegnen, wohin du sollst?

Denn, wie still am Gestad, oder in silberner
    Fernhintönender Flut, oder auf schweigenden
        Wassertiefen der leichte
            Schwimmer wandelt, so sind auch wir,

Wir, die Dichter des Volks, gerne, wo Lebendes
    Um uns atmet und wallt, freudig, und jedem hold,
        Jedem trauend; wie sängen
            Sonst wir jedem den eignen Gott?

Wenn die Woge denn auch einen der Mutigen,
    Wo er treulich getraut, schmeichlend hinunterzieht,
        Und die Stimme des Sängers
            Nun in blauender Halle schweigt,

Freudig starb er und noch klagen die Einsamen,
    Seine Haine, den Fall ihres Geliebtesten;
        Öfters tönet der Jungfrau
            Vom Gezweige sein freundlich Lied.

Wenn des Abends vorbei einer der Unsern kömmt,
    Wo der Bruder ihm sank, denket er manches wohl
        An der warnenden Stelle,
            Schweigt und gehet gerüsteter.

## DICHTERMUT

[Zweite Fassung]

Sind denn dir nicht verwandt alle Lebendigen,
  Nährt die Parze denn nicht selber im Dienste dich?
    Drum, so wandle nur wehrlos
      Fort durchs Leben, und fürchte nichts!

Was geschiehet, es sei alles gesegnet dir,
  Sei zur Freude gewandt! oder was könnte denn
    Dich beleidigen, Herz! was
      Da begegnen, wohin du sollst?

Denn, seitdem der Gesang sterblichen Lippen sich
  Friedenatmend entwand, frommend in Leid und Glück
    Unsre Weise der Menschen
      Herz erfreute, so waren auch

Wir, die Sänger des Volks, gerne bei Lebenden,
  Wo sich vieles gesellt, freudig und jedem hold,
    Jedem offen; so ist ja
      Unser Ahne, der Sonnengott,

Der den fröhlichen Tag Armen und Reichen gönnt,
  Der in flüchtiger Zeit uns, die Vergänglichen,
    Aufgerichtet an goldnen
      Gängelbanden, wie Kinder, hält.

Ihn erwartet, auch ihn nimmt, wo die Stunde kömmt,
  Seine purpurne Flut; sieh! und das edle Licht
    Gehet, kundig des Wandels,
      Gleichgesinnet hinab den Pfad.

So vergehe denn auch, wenn es die Zeit einst ist
  Und dem Geiste sein Recht nirgend gebricht, so sterb
    Einst im Ernste des Lebens
      Unsre Freude, doch schönen Tod!

## DER GEFESSELTE STROM

Was schläfst und träumst du, Jüngling, gehüllt in dich,
Und säumst am kalten Ufer, Geduldiger,
    Und achtest nicht des Ursprungs, du, des
      Ozeans Sohn, des Titanenfreundes!

Die Liebesboten, welche der Vater schickt,
    Kennst du die lebenatmenden Lüfte nicht?
      Und trifft das Wort dich nicht, das hell von
        Oben der wachende Gott dir sendet?

Schon tönt, schon tönt es ihm in der Brust, es quillt,
    Wie, da er noch im Schoße der Felsen spielt',
      Ihm auf, und nun gedenkt er seiner
        Kraft, der Gewaltige, nun, nun eilt er,

Der Zauderer, er spottet der Fesseln nun,
    Und nimmt und bricht und wirft die Zerbrochenen
      Im Zorne, spielend, da und dort zum
        Schallenden Ufer und an der Stimme

Des Göttersohns erwachen die Berge rings,
    Es regen sich die Wälder, es hört die Kluft
      Den Herold fern und schaudernd regt im
        Busen der Erde sich Freude wieder.

Der Frühling kommt; es dämmert das neue Grün;
    Er aber wandelt hin zu Unsterblichen;
      Denn nirgend darf er bleiben, als wo
        Ihn in die Arme der Vater aufnimmt.

## DER BLINDE SÄNGER

*Ελυσεν αινον αχος απ' ομματων Αρης*
*Sophokles*

Wo bist du, Jugendliches! das immer mich
  Zur Stunde weckt des Morgens, wo bist du, Licht!
    Das Herz ist wach, doch bannt und hält in
      Heiligem Zauber die Nacht mich immer.

Sonst lauscht ich um die Dämmerung gern, sonst harrt
  Ich gerne dein am Hügel, und nie umsonst!
    Nie täuschten mich, du Holdes, deine
      Boten, die Lüfte, denn immer kamst du,

Kamst allbeseligend den gewohnten Pfad
  Herein in deiner Schöne, wo bist du, Licht!
    Das Herz ist wieder wach, doch bannt und
      Hemmt die unendliche Nacht mich immer.

Mir grünten sonst die Lauben; es leuchteten
  Die Blumen, wie die eigenen Augen, mir;
    Nicht ferne war das Angesicht der
      Meinen und leuchtete mir und droben

Und um die Wälder sah ich die Fittiche
  Des Himmels wandern, da ich ein Jüngling war;
    Nun sitz ich still allein, von einer
      Stunde zur anderen, und Gestalten

Aus Lieb und Leid der helleren Tage schafft
  Zur eignen Freude nun mein Gedanke sich,
    Und ferne lausch ich hin, ob nicht ein
      Freundlicher Retter vielleicht mir komme.

Dann hör ich oft die Stimme des Donnerers
  Am Mittag, wenn der eherne nahe kommt,
    Wenn ihm das Haus bebt und der Boden
      Unter ihm dröhnt und der Berg es nachhallt.

Den Retter hör ich dann in der Nacht, ich hör
  Ihn tötend, den Befreier, belebend ihn,
    Den Donnerer vom Untergang zum
      Orient eilen und ihm nach tönt ihr,

Ihm nach, ihr meine Saiten! es lebt mit ihm
  Mein Lied und wie die Quelle dem Strome folgt,
    Wohin er denkt, so muß ich fort und
      Folge dem Sicheren auf der Irrbahn.

Wohin? wohin? ich höre dich da und dort,
  Du Herrlicher! und rings um die Erde tönt's.
    Wo endest du? und was, was ist es
      Über den Wolken und o wie wird mir?

Tag! Tag! du über stürzenden Wolken! sei
  Willkommen mir! es blühet mein Auge dir.
    O Jugendlicht! o Glück! das alte
      Wieder! doch geistiger rinnst du nieder,

Du goldner Quell aus heiligem Kelch! und du,
  Du grüner Boden, friedliche Wieg! und du,
    Haus meiner Väter! und ihr Lieben,
      Die mir begegneten einst, o nahet,

O kommt, daß euer, euer die Freude sei,
  Ihr alle, daß euch segne der Sehende!
    O nimmt, daß ich's ertrage, mir das
      Leben, das Göttliche mir vom Herzen.

UNTER DEN ALPEN GESUNGEN

Heilige Unschuld, du der Menschen und der
Götter liebste vertrauteste! du magst im
Hause oder draußen ihnen zu Füßen
        Sitzen, den Alten,

Immerzufriedner Weisheit voll; denn manches
Gute kennet der Mann, doch staunet er, dem
Wild gleich, oft zum Himmel, aber wie rein ist,
        Reine, dir alles!

Siehe! das rauhe Tier des Feldes, gerne
Dient und trauet es dir, der stumme Wald spricht
Wie vor alters, seine Sprüche zu dir, es
        Lehren die Berge

Heil'ge Gesetze dich, und was noch jetzt uns
Vielerfahrenen offenbar der große
Vater werden heißt, du darfst es allein uns
        Helle verkünden.

So mit den Himmlischen allein zu sein, und
Geht vorüber das Licht, und Strom und Wind, und
Zeit eilt hin zum Ort, vor ihnen ein stetes
        Auge zu haben,

Seliger weiß und wünsch ich nichts, solange
Nicht auch mich, wie die Weide, fort die Flut nimmt,
Daß wohl aufgehoben, schlafend dahin ich
        Muß in den Wogen;

Aber es bleibt daheim gern, wer in treuem
Busen Göttliches hält, und frei will ich, so
Lang ich darf, euch all, ihr Sprachen des Himmels!
        Deuten und singen.

## DICHTERBERUF

Des Ganges Ufer hörten des Freudengotts
　Triumph, als alleroberend vom Indus her
　　Der junge Bacchus kam, mit heil'gem
　　　Weine vom Schlafe die Völker weckend.

Und du, des Tages Engel! erweckst sie nicht,
　Die jetzt noch schlafen? gib die Gesetze, gib
　　Uns Leben, siege, Meister, du nur
　　　Hast der Eroberung Recht, wie Bacchus.

Nicht, was wohl sonst des Menschen Geschick und Sorg
　Im Haus und unter offenem Himmel ist,
　　Wenn edler, denn das Wild, der Mann sich
　　　Wehret und nährt! denn es gilt ein anders,

Zu Sorg und Dienst den Dichtenden anvertraut!
　Der Höchste, der ist's, dem wir geeignet sind,
　　Daß näher, immerneu besungen
　　　Ihn die befreundete Brust vernehme.

Und dennoch, o ihr Himmlischen all, und all
　Ihr Quellen und ihr Ufer und Hain' und Höhn,
　　Wo wunderbar zuerst, als du die
　　　Locken ergriffen, und unvergeßlich

Der unverhoffte Genius über uns
　Der schöpferische, göttliche kam, daß stumm
　　Der Sinn uns ward und, wie vom
　　　Strahle gerührt, das Gebein erbebte,

Ihr ruhelosen Taten in weiter Welt!
　Ihr Schicksalstag', ihr reißenden, wenn der Gott
　　Stillsinnend lenkt, wohin zorntrunken
　　　Ihn die gigantischen Rosse bringen,

Euch sollten wir verschweigen, und wenn in uns
    Vom stetigstillen Jahre der Wohllaut tönt,
        So sollt es klingen, gleich als hätte
            Mutig und müßig ein Kind des Meisters

Geweihte, reine Saiten im Scherz gerührt?
    Und darum hast du, Dichter! des Orients
        Propheten und den Griechensang und
            Neulich die Donner gehört, damit du

Den Geist zu Diensten brauchst und die Gegenwart
    Des Guten übereilest, in Spott, und den Albernen
        Verleugnest, herzlos, und zum Spiele
            Feil, wie gefangenes Wild, ihn treibest?

Bis aufgereizt vom Stachel im Grimme der
    Des Ursprungs sich erinnert und ruft, daß selbst
        Der Meister kommt, dann unter heißen
            Todesgeschossen entseelt dich lässet.

Zu lang ist alles Göttliche dienstbar schon
    Und alle Himmelskräfte verscherzt, verbraucht
        Die Gütigen, zur Lust, danklos, ein
            Schlaues Geschlecht und zu kennen wähnt es,

Wenn ihnen der Erhabne den Acker baut,
    Das Tagslicht und den Donnerer, und es späht
        Das Sehrohr wohl sie all und zählt und
            Nennet mit Namen des Himmels Sterne.

Der Vater aber decket mit heil'ger Nacht,
    Damit wir bleiben mögen, die Augen zu.
        Nicht liebt er Wildes! Doch es zwinget
            Nimmer die weite Gewalt den Himmel.

Noch ist's auch gut, zu weise zu sein. Ihn kennt
Der Dank. Doch nicht behält er es leicht allein,
  Und gern gesellt, damit verstehn sie
    Helfen, zu anderen sich ein Dichter.

Furchtlos bleibt aber, so er es muß, der Mann
Einsam vor Gott, es schützet die Einfalt ihn,
  Und keiner Waffen braucht's und keiner
    Listen, so lange, bis Gottes Fehl hilft.

### STIMME DES VOLKS

[Erste Fassung]

Du seiest Gottes Stimme, so glaubt ich sonst,
  In heil'ger Jugend; ja und ich sag es noch!
    Um unsre Weisheit unbekümmert
      Rauschen die Ströme doch auch, und dennoch,

Wer liebt sie nicht? und immer bewegen sie
  Das Herz mir, hör ich ferne die Schwindenden,
    Die Ahnungsvollen, meine Bahn nicht,
      Aber gewisser ins Meer hin eilen.

Denn selbstvergessen, allzubereit, den Wunsch
  Der Götter zu erfüllen, ergreift zu gern,
    Was sterblich ist und einmal offnen
      Auges auf eigenem Pfade wandelt,

Ins All zurück die kürzeste Bahn, so stürzt
  Der Strom hinab, er suchet die Ruh, es reißt,
    Es ziehet wider Willen ihn von
      Klippe zu Klippe, den Steuerlosen,

Das wunderbare Sehnen dem Abgrund zu,
  Und kaum der Erd entstiegen, desselben Tags
    Kehrt weinend zum Geburtort schon aus
      Purpurner Höhe die Wolke wieder.

Und Völker auch ergreifet die Todeslust,
 Und Heldenstädte sinken; die Erde grünt
  Und stille vor den Sternen liegt, den
   Betenden gleich, in den Staub geworfen,

Freiwillig überwunden die lange Kunst
 Vor jenen Unnachahmbaren da; er selbst,
  Der Mensch, mit eigner Hand zerbrach, die
   Hohen zu ehren, sein Werk, der Künstler.

Doch minder nicht sind jene den Menschen hold,
 Sie lieben wieder, so, wie geliebt sie sind,
  Und hemmen öfters, daß er lang im
   Lichte sich freue, die Bahn des Menschen.

Und wie des Adlers Jungen, er wirft sie selbst,
 Der Vater, aus dem Neste, damit sie sich
  Im Felde Beute suchen, so auch
   Treiben uns lächelnd hinaus die Götter.

Wohl allen, die zur Ruhe gegangen sind
 Und vor der Zeit gefallen, auch sie, auch sie
  Geopfert gleich den Erstlingen der
   Ernte, sie haben ihr Teil gewonnen!

Nicht, o ihr Teuern, ohne die Wonnen all
 Des Lebens gingt ihr unter, ein Festtag ward
  Noch einer euch zuvor, und dem gleich
   Haben die anderen keins gefunden.

Doch sichrer ist's und größer und ihrer mehr,
 Die allen alles ist, der Mutter wert,
  In Eile zögernd, mit des Adlers
   Lust die geschwungnere Bahn zu wandeln.

Drum weil sie fromm ist, ehr ich den Himmlischen
 Zulieb des Volkes Stimme, die ruhige,
  Doch um der Götter und der Menschen
   Willen, sie ruhe zu gern nicht immer!

## STIMME DES VOLKS

[Zweite Fassung]

Du seiest Gottes Stimme, so glaubt ich sonst
  In heil'ger Jugend; ja, und ich sag es noch!
    Um unsre Weisheit unbekümmert
      Rauschen die Ströme doch auch, und dennoch,

Wer liebt sie nicht? und immer bewegen sie
  Das Herz mir, hör ich ferne die Schwindenden,
    Die Ahnungsvollen meine Bahn nicht,
      Aber gewisser ins Meer hin eilen.

Denn selbstvergessen, allzubereit, den Wunsch
  Der Götter zu erfüllen, ergreift zu gern,
    Was sterblich ist, wenn offnen Augs auf
      Eigenen Pfaden es einmal wandelt,

Ins All zurück die kürzeste Bahn; so stürzt
  Der Strom hinab, er suchet die Ruh, es reißt,
    Es ziehet wider Willen ihn, von
      Klippe zu Klippe, den Steuerlosen,

Das wunderbare Sehnen dem Abgrund zu;
  Das Ungebundne reizet und Völker auch
    Ergreift die Todeslust und kühne
      Städte, nachdem sie versucht das Beste,

Von Jahr zu Jahr forttreibend das Werk, sie hat
  Ein heilig Ende troffen; die Erde grünt
    Und stille vor den Sternen liegt, den
      Betenden gleich, in den Sand geworfen,

Freiwillig überwunden die lange Kunst
  Vor jenen Unnachahmbaren da; er selbst,
    Der Mensch, mit eigner Hand zerbrach, die
      Hohen zu ehren, sein Werk, der Künstler.

Doch minder nicht sind jene den Menschen hold,
  Sie lieben wieder, so wie geliebt sie sind,
    Und hemmen öfters, daß er lang im
      Lichte sich freue, die Bahn des Menschen.

Und, nicht des Adlers Jungen allein, sie wirft
  Der Vater aus dem Neste, damit sie nicht
    Zu lang ihm bleiben, uns auch treibt mit
      Richtigem Stachel hinaus der Herrscher.

Wohl jenen, die zur Ruhe gegangen sind,
  Und vor der Zeit gefallen, auch die, auch die
    Geopfert, gleich den Erstlingen der
      Ernte, sie haben ein Teil gefunden.

Am Xanthos lag, in griechischer Zeit, die Stadt,
  Jetzt aber, gleich den größeren, die dort ruhn,
    Ist durch ein Schicksal sie dem heil'gen
      Lichte des Tages hinweggekommen.

Sie kamen aber, nicht in der offnen Schlacht,
  Durch eigne Hand um. Fürchterlich ist davon,
    Was dort geschehn, die wunderbare
      Sage von Osten zu uns gelanget.

Es reizte sie die Güte von Brutus. Denn
  Als Feuer ausgegangen, so bot er sich,
    Zu helfen ihnen, ob er gleich, als Feldherr,
      Stand in Belagerung vor den Toren.

Doch von den Mauern warfen die Diener sie,
  Die er gesandt. Lebendiger ward darauf
    Das Feuer und sie freuten sich und ihnen
      Strecket' entgegen die Hände Brutus

Und alle waren außer sich selbst. Geschrei
    Entstand und Jauchzen. Drauf in die Flamme war
  Sich Mann und Weib, von Knaben stürzt' auch
    Der von dem Dach, in der Väter Schwert der

Nicht rätlich ist es, Helden zu trotzen. Längst
  War's aber vorbereitet. Die Väter auch,
    Da sie ergriffen waren, einst, und
      Heftig die persischen Feinde drängten,

Entzündeten, ergreifend des Stromes Rohr,
  Daß sie das Freie fänden, die Stadt. Und Haus
    Und Tempel nahm, zum heil'gen Äther
      Fliegend, und Menschen hinweg die Flamme.

So hatten es die Kinder gehört, und wohl
  Sind gut die Sagen, denn ein Gedächtnis sind
    Dem Höchsten sie, doch auch bedarf es
      Eines, die heiligen auszulegen.

## CHIRON

Wo bist du, Nachdenkliches! das immer muß
  Zur Seite gehn, zu Zeiten, wo bist du, Licht?
    Wohl ist das Herz wach, doch mir zürnt, mich
      Hemmt die erstaunende Nacht nun immer.

Sonst nämlich folgt ich Kräutern des Walds und lauscht
  Ein weiches Wild am Hügel; und nie umsonst.
    Nie täuschten, auch nicht einmal deine
      Vögel; denn allzubereit fast kamst du,

So Füllen oder Garten dir labend ward,
  Ratschlagend, Herzens wegen; wo bist du, Licht?
    Das Herz ist wieder wach, doch herzlos
      Zieht die gewaltige Nacht mich immer.

Ich war's wohl. Und von Krokus und Thymian
  Und Korn gab mir die Erde den ersten Strauß.
    Und bei der Sterne Kühle lernt ich,
      Aber das Nennbare nur. Und bei mir

Das wilde Feld entzaubernd, das traur'ge, zog
  Der Halbgott, Zeus' Knecht, ein, der gerade Mann;
    Nun sitz ich still allein, von einer
      Stunde zur anderen, und Gestalten

Aus frischer Erd und Wolken der Liebe schafft,
  Weil Gift ist zwischen uns, mein Gedanke nun;
    Und ferne lausch ich hin, ob nicht ein
      Freundlicher Retter vielleicht mir komme.

Dann hör ich oft den Wagen des Donnerers
　　Am Mittag, wenn er naht, der bekannteste,
　　　　Wenn ihm das Haus bebt und der Boden
　　　　　　Reiniget sich, und die Qual Echo wird.

Den Retter hör ich dann in der Nacht, ich hör
　　Ihn tötend, den Befreier, und drunten voll
　　　　Von üpp'gem Kraut, als in Gesichten,
　　　　　　Schau ich die Erd, ein gewaltig Feuer;

Die Tage aber wechseln, wenn einer dann
　　Zusiehet denen, lieblich und bös, ein Schmerz,
　　　　Wenn einer zweigestalt ist, und es
　　　　　　Kennet kein einziger nicht das Beste;

Das aber ist der Stachel des Gottes; nie
　　Kann einer lieben göttliches Unrecht sonst.
　　　　Einheimisch aber ist der Gott dann
　　　　　　Angesichts da, und die Erd ist anders.

Tag! Tag! Nun wieder atmet ihr recht; nun trinkt,
　　Ihr meiner Bäche Weiden! ein Augenlicht,
　　　　Und rechte Stapfen gehn, und als ein
　　　　　　Herrscher, mit Sporen, und bei dir selber

Örtlich, Irrstern des Tages, erscheinest du,
　　Du auch, o Erde, friedliche Wieg, und du,
　　　　Haus meiner Väter, die unstädtisch
　　　　　　Sind, in den Wolken des Wilds, gegangen.

Nimm nun ein Roß, und harnische dich und nimm
　　Den leichten Speer, o Knabe! Die Wahrsagung
　　　　Zerreißt nicht, und umsonst nicht wartet,
　　　　　　Bis sie erscheinet, Herakles' Rückkehr.

## TRÄNEN

Himmlische Liebe! zärtliche! wenn ich dein
 Vergäße, wenn ich, o ihr geschicklichen,
  Ihr feur'gen, die voll Asche sind und
   Wüst und vereinsamet ohnedies schon,

Ihr lieben Inseln, Augen der Wunderwelt!
 Ihr nämlich geht nun einzig allein mich an,
  Ihr Ufer, wo die abgöttische
   Büßet, doch Himmlischen nur, die Liebe.

Denn allzudankbar haben die Heiligen
 Gedienet dort in Tagen der Schönheit und
  Die zorn'gen Helden; und viel Bäume
   Sind, und die Städte daselbst gestanden,

Sichtbar, gleich einem sinnigen Mann; itzt sind
 Die Helden tot, die Inseln der Liebe sind
  Entstellt fast. So muß übervorteilt,
   Albern doch überall sein die Liebe.

Ihr weichen Tränen, löschet das Augenlicht
 Mir aber nicht ganz aus; ein Gedächtnis doch,
  Damit ich edel sterbe, laßt ihr
   Trügrischen, Diebischen, mir nachleben.

## AN DIE HOFFNUNG

O Hoffnung! holde! gütiggeschäftige!
 Die du das Haus der Trauernden nicht verschmähst,
  Und gerne dienend, Edle! zwischen
   Sterblichen waltest und Himmelsmächten,

Wo bist du? wenig lebt ich; doch atmet kalt
  Mein Abend schon. Und stille, den Schatten gleich,
    Bin ich schon hier; und schon gesanglos
      Schlummert das schaudernde Herz im Busen.

Im grünen Tale, dort, wo der frische Quell
  Vom Berge täglich rauscht, und die liebliche
    Zeitlose mir am Herbsttag aufblüht,
      Dort, in der Stille, du Holde, will ich

Dich suchen, oder wenn in der Mitternacht
  Das unsichtbare Leben im Haine wallt,
    Und über mir die immerfrohen
      Blumen, die blühenden Sterne, glänzen,

O du des Äthers Tochter! erscheine dann
  Aus deines Vaters Gärten, und darfst du nicht,
    Ein Geist der Erde, kommen, schröck, o
      Schröcke mit anderem nur das Herz mir.

VULKAN

Jetzt komm und hülle, freundlicher Feuergeist,
  Den zarten Sinn der Frauen in Wolken ein,
    In goldne Träum und schütze sie, die
      Blühende Ruhe der Immerguten.

Dem Manne laß sein Sinnen, und sein Geschäft,
  Und seiner Kerze Schein, und den künft'gen Tag
    Gefallen, laß des Unmuts ihm, der
      Häßlichen Sorge zu viel nicht werden,

Wenn jetzt der immerzürnende Boreas,
  Mein Erbfeind, über Nacht mit dem Frost das Land
    Befällt, und spät, zur Schlummerstunde,
      Spottend der Menschen, sein schröcklich Lied singt,

Und unsrer Städte Mauern und unsern Zaun,
 Den fleißig wir gesetzt, und den stillen Hain
  Zerreißt, und selber im Gesang die
   Seele mir störet, der Allverderber,

Und rastlos tobend über den sanften Strom
 Sein schwarz Gewölk ausschüttet, daß weit umher
  Das Tal gärt, und, wie fallend Laub, vom
   Berstenden Hügel herab der Fels fällt.

Wohl frömmer ist, denn andre Lebendige,
 Der Mensch; doch zürnt es draußen, gehöret der
  Auch eigner sich, und sinnt und ruht in
   Sicherer Hütte, der Freigeborne.

Und immer wohnt der freundlichen Genien
 Noch einer gerne segnend mit ihm, und wenn
  Sie zürnten all, die ungelehr'gen
   Geniuskräfte, doch liebt die Liebe.


BLÖDIGKEIT

Sind denn dir nicht bekannt viele Lebendigen?
 Geht auf Wahrem dein Fuß nicht, wie auf Teppichen?
  Drum, mein Genius! tritt nur
   Bar ins Leben, und sorge nicht!

Was geschiehet, es sei alles gelegen dir!
 Sei zur Freude gereimt, oder was könnte denn
  Dich beleidigen, Herz, was
   Da begegnen, wohin du sollst?

Denn, seit Himmlischen gleich Menschen, ein einsam Wild,
 Und die Himmlischen selbst führet, der Einkehr zu,
  Der Gesang und der Fürsten
   Chor, nach Arten, so waren auch

Wir, die Zungen des Volks, gerne bei Lebenden,
　Wo sich vieles gesellt, freudig und jedem gleich,
　　Jedem offen, so ist ja
　　　Unser Vater, des Himmels Gott,

Der den denkenden Tag Armen und Reichen gönnt,
　Der, zur Wende der Zeit, uns die Entschlafenden
　　Aufgerichtet an goldnen
　　　Gängelbanden, wie Kinder, hält.

Gut auch sind und geschickt einem zu etwas wir,
　Wenn wir kommen, mit Kunst, und von den Himmlischen
　　Einen bringen. Doch selber
　　　Bringen schickliche Hände wir.


## GANYMED

Was schläfst du, Bergsohn, liegest in Unmut, schief,
　Und frierst am kahlen Ufer, Geduldiger!
　　Denkst nicht der Gnade du, wenn's an den
　　　Tischen die Himmlischen sonst gedürstet?

Kennst drunten du vom Vater die Boten nicht,
　Nicht in der Kluft der Lüfte geschärfter Spiel?
　　Trifft nicht das Wort dich, das voll alten
　　　Geists ein gewanderter Mann dir sendet?

Schon tönt's aber ihm in der Brust. Tief quillt's,
　Wie damals, als hoch oben im Fels er schlief,
　　Ihm auf. Im Zorne reinigt aber
　　　Sich der Gefesselte nun, nun eilt er,

Der Linkische; der spottet der Schlacken nun,
　Und nimmt und bricht und wirft die Zerbrochenen
　　Zorntrunken, spielend, dort und da zum
　　　Schauenden Ufer und bei des Fremdlings

Besondrer Stimme stehen die Herden auf,
　Es regen sich die Wälder, es hört tief Land
　　Den Stromgeist fern, und schaudernd regt im
　　　Nabel der Erde der Geist sich wieder.

Der Frühling kömmt. Und jedes, in seiner Art,
　Blüht. Der ist aber ferne; nicht mehr dabei.
　　Irr ging er nun; denn allzugut sind
　　　Genien; himmlisch Gespräch ist sein nun.

### HÄLFTE DES LEBENS

Mit gelben Birnen hänget
Und voll mit wilden Rosen
Das Land in den See,
Ihr holden Schwäne,
Und trunken von Küssen
Tunkt ihr das Haupt
Ins heilignüchterne Wasser.

Weh mir, wo nehm ich, wenn
Es Winter ist, die Blumen, und wo
Den Sonnenschein,
Und Schatten der Erde?
Die Mauern stehn
Sprachlos und kalt, im Winde
Klirren die Fahnen.

LEBENSALTER

Ihr Städte des Euphrats!
Ihr Gassen von Palmyra!
Ihr Säulenwälder in der Ebne der Wüste,
Was seid ihr?
Euch hat die Kronen,
Dieweil ihr über die Grenze
Der Othmenden seid gegangen,
Von Himmlischen der Rauchdampf und
Hinweg das Feuer genommen;
Jetzt aber sitz ich unter Wolken (deren
Ein jedes eine Ruh hat eigen) unter
Wohleingerichteten Eichen, auf
Der Heide des Rehs, und fremd
Erscheinen und gestorben mir
Der Seligen Geister.


DER WINKEL VON HARDT

Hinunter sinket der Wald,
Und Knospen ähnlich, hängen
Einwärts die Blätter, denen
Blüht unten auf ein Grund,
Nicht gar unmündig.
Da nämlich ist Ulrich
Gegangen; oft sinnt, über den Fußtritt,
Ein groß Schicksal
Bereit, an übrigem Orte.

DEUTSCHER GESANG

Wenn der Morgen trunken begeisternd heraufgeht
Und der Vogel sein Lied beginnt,
Und Strahlen der Strom wirft, und rascher hinab
Die rauhe Bahn geht über den Fels,
Weil ihn die Sonne gewärmet.

Und der
Verlangend in anders Land
Die Jünglinge

Und das Tor erwacht und der Marktplatz,
Und von heiligen Flammen des Herds
Der rötliche Duft steigt, dann schweigt er allein,
Dann hält er still im Busen das Herz,
Und sinnt in einsamer Halle.

Doch wenn

     dann sitzt im tiefen Schatten,
Wenn über dem Haupt die Ulme säuselt,
Am kühlatmenden Bache der deutsche Dichter
Und singt, wenn er des heiligen nüchternen Wassers
Genug getrunken, fernhin lauschend in die Stille,
Den Seelengesang.
Und noch, noch ist er des Geistes zu voll,
Und die reine Seele

Bis zürnend er

Und es glühet ihm die Wange vor Scham,
Unheilig jeder Laut des Gesangs.

Doch lächeln über des Mannes Einfalt
Die Gestirne, wenn vom Orient her
Weissagend über den Bergen unseres Volks
Sie verweilen
Und wie des Vaters Hand ihm über den Locken geruht,
In Tagen der Kindheit,
So krönet, daß er schaudernd es fühlt,
Ein Segen das Haupt des Sängers,
Wenn dich, der du
Um deiner Schöne willen, bis heute,
Namlos geblieben, o göttlichster!
O guter Geist des Vaterlands,
Sein Wort im Liede dich nennet.


AM QUELL DER DONAU

. . .

Denn, wie wenn hoch von der herrlichgestimmten, der Orgel
Im heiligen Saal,
Reinquillend aus den unerschöpflichen Röhren,
Das Vorspiel, weckend, des Morgens beginnt
Und weitumher, von Halle zu Halle,
Der erfrischende nun, der melodische Strom rinnt,
Bis in den kalten Schatten das Haus
Von Begeisterungen erfüllt,
Nun aber erwacht ist, nun, aufsteigend ihr,
Der Sonne des Fests, antwortet
Der Chor der Gemeinde: so kam
Das Wort aus Osten zu uns,
Und an Parnassos' Felsen und am Kithäron hör ich,
O Asia, das Echo von dir und es bricht sich


Am Kapitol und jählings herab von den Alpen
Kommt eine Fremdlingin sie
Zu uns, die Erweckerin,
Die menschenbildende Stimme.

Da faßt' ein Staunen die Seele
Der Getroffenen all und Nacht
War über den Augen der Besten.
Denn vieles vermag
Und die Flut und den Fels und Feuersgewalt auch
Bezwinget mit Kunst der Mensch
Und achtet, der Hochgesinnte, das Schwert
Nicht, aber es steht
Vor Göttlichem der Starke niedergeschlagen,

Und gleichet dem Wild fast; das,
Von süßer Jugend getrieben,
Schweift rastlos über die Berg
Und fühlet die eigene Kraft
In der Mittagshitze. Wenn aber
Herabgeführt, in spielenden Lüften,
Das heilige Licht, und mit dem kühleren Strahl
Der freudige Geist kommt zu
Der seligen Erde, dann erliegt es, ungewohnt
Des Schönsten, und schlummert wachenden Schlaf,
Noch ehe Gestirn naht. So auch wir. Denn manchen erlosch
Das Augenlicht schon vor den göttlichgesendeten Gaben,

Den freundlichen, die aus Ionien uns,
Auch aus Arabia kamen, und froh ward
Der teuern Lehr und auch der holden Gesänge
Die Seele jener Entschlafenen nie,
Doch einige wachten. Und sie wandelten oft
Zufrieden unter euch, ihr Bürger schöner Städte,
Beim Kampfspiel, wo sonst unsichtbar der Heros
Geheim bei Dichtern saß, die Ringer schaut' und lächelnd
Pries, der gepriesene, die müßigernsten Kinder.
Ein unaufhörlich Lieben war's und ist's.
Und wohlgeschieden, aber darum denken
Wir aneinander doch, ihr Fröhlichen am Isthmos,
Und am Cephiß und am Taygetos,
Auch eurer denken wir, ihr Tale des Kaukasos,
So alt ihr seid, ihr Paradiese dort,
Und deiner Patriarchen und deiner Propheten,

O Asia, deiner Starken, o Mutter!
Die furchtlos vor den Zeichen der Welt,
Und den Himmel auf Schultern und alles Schicksal,
Taglang auf Bergen gewurzelt,
Zuerst es verstanden,
Allein zu reden
Zu Gott. Die ruhn nun. Aber wenn ihr,
Und dies ist zu sagen,
Ihr Alten all, nicht sagtet, woher
Wir nennen dich: heiliggenötiget, nennen,
Natur! dich wir, und neu, wie dem Bad entsteigt
Dir alles Göttlichgeborne.

Zwar gehn wir fast, wie die Waisen;
Wohl ist's, wie sonst, nur jene Pflege nicht wieder;
Doch Jünglinge, der Kindheit gedenk,
Im Hause sind auch diese nicht fremde.
Sie leben dreifach, eben wie auch
Die ersten Söhne des Himmels.
Und nicht umsonst ward uns
In die Seele die Treue gegeben.
Nicht uns, auch eures bewahrt sie,
Und bei den Heiligtümern, den Waffen des Worts,
Die scheidend ihr den Ungeschickteren uns,
Ihr Schicksalssöhne, zurückgelassen,

Ihr guten Geister, da seid ihr auch,
Oftmals, wenn einen dann die heilige Wolk umschwebt,
Da staunen wir und wissen's nicht zu deuten.
Ihr aber würzt mit Nektar uns den Othem
Und dann frohlocken wir oft oder es befällt uns
Ein Sinnen, wenn ihr aber einen zu sehr liebt,
Er ruht nicht, bis er euer einer geworden.
Darum, ihr Gütigen! umgebet mich leicht,
Damit ich bleiben möge, denn noch ist manches zu singen,
Jetzt aber endiget, seligweinend,
Wie eine Sage der Liebe,
Mir der Gesang, und so auch ist er
Mir, mit Erröten, Erblassen,
Von Anfang her gegangen. Doch alles geht so.

## DIE WANDERUNG

Glückselig Suevien, meine Mutter,
Auch du, der glänzenderen, der Schwester
Lombarda drüben gleich,
Von hundert Bächen durchflossen!
Und Bäume genug, weißblühend und rötlich,
Und dunklere, wild, tiefgrünenden Laubs voll,
Und Alpengebirg der Schweiz auch überschattet
Benachbartes dich; denn nah dem Herde des Hauses
Wohnst du, und hörst, wie drinnen
Aus silbernen Opferschalen
Der Quell rauscht, ausgeschüttet
Von reinen Händen, wenn berührt

Von warmen Strahlen
Kristallenes Eis und umgestürzt
Vom leichtanregenden Lichte
Der schneeige Gipfel übergießt die Erde
Mit reinestem Wasser. Darum ist
Dir angeboren die Treue. Schwer verläßt,
Was nahe dem Ursprung wohnet, den Ort.
Und deine Kinder, die Städte,
Am weithindämmernden See,
An Neckars Weiden, am Rheine,
Sie alle meinen, es wäre
Sonst nirgend besser zu wohnen.

Ich aber will dem Kaukasos zu!
Denn sagen hört ich
Noch heut in den Lüften:
Frei sei'n, wie Schwalben, die Dichter.
Auch hat mir ohnedies
In jüngeren Tagen eines vertraut,
Es seien vor alter Zeit
Die Eltern einst, das deutsche Geschlecht,
Still fortgezogen von Wellen der Donau,

Am Sommertage, da diese
Sich Schatten suchten, zusammen
Mit Kindern der Sonn
Am Schwarzen Meere gekommen;
Und nicht umsonst sei dies
Das gastfreundliche genennet.

Denn, als sie erst sich angesehen,
Da nahten die anderen erst; dann satzten auch
Die Unseren sich neugierig unter den Ölbaum.
Doch als sich ihre Gewande berührt,
Und keiner vernehmen konnte
Die eigene Rede des andern, wäre wohl
Entstanden ein Zwist, wenn nicht aus Zweigen herunter
Gekommen wäre die Kühlung,
Die Lächeln über das Angesicht
Der Streitenden öfters breitet, und eine Weile
Sahn still sie auf, dann reichten sie sich
Die Hände liebend einander. Und bald

Vertauschten sie Waffen und all
Die lieben Güter des Hauses,
Vertauschten das Wort auch und es wünschten
Die freundlichen Väter umsonst nichts
Beim Hochzeitjubel den Kindern.
Denn aus den Heiligvermählten
Wuchs schöner, denn alles,
Was vor und nach
Von Menschen sich nannt, ein Geschlecht auf. Wo,
Wo aber wohnt ihr, liebe Verwandten,
Daß wir das Bündnis wiederbegehn
Und der teuern Ahnen gedenken?

Dort an den Ufern, unter den Bäumen
Ionias, in Ebenen des Kaysters,

Wo Kraniche, des Äthers froh,
Umschlossen sind von fernhindämmernden Bergen,
Dort wart auch ihr, ihr Schönsten! oder pfleget
Der Inseln, die mit Wein bekränzt,
Voll tönten von Gesang; noch andere wohnten
Am Tayget, am vielgepriesnen Hymettos,
Die blühten zuletzt; doch von
Parnassos' Quell bis zu des Tmolos
Goldglänzenden Bächen erklang
Ein ewiges Lied; so rauschten
Damals die Wälder und all
Die Saitenspiele zusamt
Von himmlischer Milde gerühret.


O Land des Homer!
Am purpurnen Kirschbaum oder wenn
Von dir gesandt im Weinberg mir
Die jungen Pfirsiche grünen,
Und die Schwalbe fernher kommt und vieles erzählend
An meinen Wänden ihr Haus baut, in
Den Tagen des Mais, auch unter den Sternen
Gedenk ich, o Ionia, dein! doch Menschen
Ist Gegenwärtiges lieb. Drum bin ich
Gekommen, euch, ihr Inseln, zu sehn, und euch,
Ihr Mündungen der Ströme, o ihr Hallen der Thetis,
Ihr Wälder, euch, und euch, ihr Wolken des Ida!

Doch nicht zu bleiben gedenk ich.
Unfreundlich ist und schwer zu gewinnen
Die Verschlossene, der ich entkommen, die Mutter.
Von ihren Söhnen einer, der Rhein,
Mit Gewalt wollt er ans Herz ihr stürzen und schwand
Der Zurückgestoßene, niemand weiß, wohin, in die Ferne.
Doch so nicht wünscht ich gegangen zu sein,
Von ihr, und nur, euch einzuladen,

Bin ich zu euch, ihr Grazien Griechenlands,
Ihr Himmelstöchter, gegangen,
Daß, wenn die Reise zu weit nicht ist,
Zu uns ihr kommet, ihr Holden!

Wenn milder atmen die Lüfte,
Und liebende Pfeile der Morgen
Uns Allzugeduldigen schickt,
Und leichte Gewölke blühn
Uns über den schüchternen Augen,
Dann werden wir sagen, wie kommt
Ihr, Charitinnen, zu Wilden?
Die Dienerinnen des Himmels
Sind aber wunderbar,
Wie alles Göttlichgeborne.
Zum Traume wird's ihm, will es einer
Beschleichen und straft den, der
Ihm gleichen will mit Gewalt;
Oft überraschet es einen,
Der eben kaum es gedacht hat.


### DER RHEIN

*An Isaak von Sinclair*

Im dunkeln Efeu saß ich, an der Pforte
Des Waldes, eben, da der goldene Mittag,
Den Quell besuchend, herunterkam
Von Treppen des Alpengebirgs,
Das mir die göttlichgebaute,
Die Burg der Himmlischen heißt
Nach alter Meinung, wo aber
Geheim noch manches entschieden
Zu Menschen gelanget; von da
Vernahm ich ohne Vermuten
Ein Schicksal, denn noch kaum

War mir im warmen Schatten
Sich manches beredend, die Seele
Italia zu geschweift
Und fernhin an die Küsten Moreas.

Jetzt aber, drin im Gebirg,
Tief unter den silbernen Gipfeln
Und unter fröhlichem Grün,
Wo die Wälder schauernd zu ihm,
Und der Felsen Häupter übereinander
Hinabschaun, taglang, dort
Im kältesten Abgrund hört
Ich um Erlösung jammern
Den Jüngling, es hörten ihn, wie er tobt',
Und die Mutter Erd anklagt',
Und den Donnerer, der ihn gezeuget,
Erbarmend die Eltern, doch
Die Sterblichen flohn von dem Ort,
Denn furchtbar war, da lichtlos er
In den Fesseln sich wälzte,
Das Rasen des Halbgotts.

Die Stimme war's des edelsten der Ströme,
Des freigeborenen Rheins,
Und anderes hoffte der, als droben von den Brüdern,
Dem Tessin und dem Rhodanus,
Er schied und wandern wollt, und ungeduldig ihn
Nach Asia trieb die königliche Seele.
Doch unverständig ist
Das Wünschen vor dem Schicksal.
Die Blindesten aber
Sind Göttersöhne. Denn es kennet der Mensch
Sein Haus und dem Tier ward, wo
Es bauen solle, doch jenen ist
Der Fehl, daß sie nicht wissen wohin,
In die unerfahrne Seele gegeben.

Ein Rätsel ist Reinentsprungenes. Auch
Der Gesang kaum darf es enthüllen. Denn
Wie du anfingst, wirst du bleiben,
Soviel auch wirket die Not,
Und die Zucht, das meiste nämlich
Vermag die Geburt,
Und der Lichtstrahl, der
Dem Neugebornen begegnet.
Wo aber ist einer,
Um frei zu bleiben
Sein Leben lang, und des Herzens Wunsch
Allein zu erfüllen, so
Aus günstigen Höhn, wie der Rhein,
Und so aus heiligem Schoße
Glücklich geboren, wie jener?

Drum ist ein Jauchzen sein Wort.
Nicht liebt er, wie andere Kinder,
In Wickelbanden zu weinen;
Denn wo die Ufer zuerst
An die Seit ihm schleichen, die krummen,
Und durstig umwindend ihn,
Den Unbedachten, zu ziehn
Und wohl zu behüten begehren
Im eigenen Zahne, lachend
Zerreißt er die Schlangen und stürzt
Mit der Beut und wenn in der Eil
Ein Größerer ihn nicht zähmt,
Ihn wachsen läßt, wie der Blitz, muß er
Die Erde spalten, und wie Bezauberte fliehn
Die Wälder ihm nach und zusammensinkend die Berg

Ein Gott will aber sparen den Söhnen
Das eilende Leben und lächelt,
Wenn unenthaltsam, aber gehemmt

Von heiligen Alpen, ihm
In der Tiefe, wie jener, zürnen die Ströme.
In solcher Esse wird dann
Auch alles Lautre geschmiedet,
Und schön ist's, wie er drauf,
Nachdem er die Berge verlassen,
Stillwandelnd sich im deutschen Lande
Begnüget und das Sehnen stillt
Im guten Geschäfte, wenn er das Land baut,
Der Vater Rhein, und liebe Kinder nährt
In Städten, die er gegründet.

Doch nimmer, nimmer vergißt er's.
Denn eher muß die Wohnung vergehn,
Und die Satzung und zum Unbild werden
Der Tag der Menschen, ehe vergessen
Ein solcher dürfte den Ursprung
Und die reine Stimme der Jugend.
Wer war es, der zuerst
Die Liebesbande verderbt
Und Stricke von ihnen gemacht hat?
Dann haben des eigenen Rechts
Und gewiß des himmlischen Feuers
Gespottet die Trotzigen, dann erst
Die sterblichen Pfade verachtend
Verwegnes erwählt
Und den Göttern gleich zu werden getrachtet.

Es haben aber an eigner
Unsterblichkeit die Götter genug, und bedürfen
Die Himmlischen eines Dings,
So sind's Heroen und Menschen
Und Sterbliche sonst. Denn weil
Die Seligsten nichts fühlen von selbst,

Muß wohl, wenn solches zu sagen
Erlaubt ist, in der Götter Namen
Teilnehmend fühlen ein andrer,
Den brauchen sie; jedoch ihr Gericht
Ist, daß sein eigenes Haus
Zerbreche der und das Liebste
Wie den Feind schelt und sich Vater und Kind
Begrabe unter den Trümmern,
Wenn einer, wie sie, sein will und nicht
Ungleiches dulden, der Schwärmer.

Drum wohl ihm, welcher fand
Ein wohlbeschiedenes Schicksal,
Wo noch der Wanderungen
Und süß der Leiden Erinnerung
Aufrauscht am sichern Gestade,
Daß da- und dorthin gern
Er sehn mag bis an die Grenzen,
Die bei der Geburt ihm Gott
Zum Aufenthalte gezeichnet.
Dann ruht er, seligbescheiden,
Denn alles, was er gewollt,
Das Himmlische, von selber umfängt
Es unbezwungen, lächelnd
Jetzt, da er ruhet, den Kühnen.


Halbgötter denk ich jetzt
Und kennen muß ich die Teuern,
Weil oft ihr Leben so
Die sehnende Brust mir beweget.
Wem aber, wie, Rousseau, dir,
Unüberwindlich die Seele,
Die starkausdauernde, ward,
Und sicherer Sinn
Und süße Gabe zu hören,

Zu reden so, daß er aus heiliger Fülle
Wie der Weingott, törig göttlich
Und gesetzlos sie, die Sprache der Reinesten, gibt
Verständlich den Guten, aber mit Recht
Die Achtungslosen mit Blindheit schlägt,
Die entweihenden Knechte, wie nenn ich den
    Fremden?

Die Söhne der Erde sind, wie die Mutter,
Alliebend, so empfangen sie auch
Mühlos, die Glücklichen, alles.
Drum überraschet es auch
Und schröckt den sterblichen Mann,
Wenn er den Himmel, den
Er mit den liebenden Armen
Sich auf die Schultern gehäuft,
Und die Last der Freude bedenket;
Dann scheint ihm oft das Beste,
Fast ganz vergessen da,
Wo der Strahl nicht brennt,
Im Schatten des Walds
Am Bielersee in frischer Grüne zu sein,
Und sorglosarm an Tönen,
Anfängern gleich, bei Nachtigallen zu lernen.

Und herrlich ist's, aus heiligem Schlafe dann
Erstehen und, aus Waldes Kühle
Erwachend, abends nun
Dem milderen Licht entgegenzugehn,
Wenn, der die Berge gebaut
Und den Pfad der Ströme gezeichnet,
Nachdem er lächelnd auch
Der Menschen geschäftiges Leben,
Das othemarme, wie Segel
Mit seinen Lüften gelenkt hat,
Auch ruht und zu der Schülerin jetzt,

Der Bildner, Gutes mehr
Denn Böses findend,
Zur heutigen Erde der Tag sich neiget. –


Dann feiern das Brautfest Menschen und Götter,
Es feiern die Lebenden all,
Und ausgeglichen
Ist eine Weile das Schicksal.
Und die Flüchtlinge suchen die Herberg,
Und süßen Schlummer die Tapfern,
Die Liebenden aber
Sind, was sie waren, sie sind
Zu Hause, wo die Blume sich freuet
Unschädlicher Glut und die finsteren Bäume
Der Geist umsäuselt, aber die Unversöhnten
Sind umgewandelt und eilen
Die Hände sich ehe zu reichen,
Bevor das freundliche Licht
Hinuntergeht und die Nacht kommt.

Doch einigen eilt
Dies schnell vorüber, andere
Behalten es länger.
Die ewigen Götter sind
Voll Lebens allzeit; bis in den Tod
Kann aber ein Mensch auch
Im Gedächtnis doch das Beste behalten,
Und dann erlebt er das Höchste.
Nur hat ein jeder sein Maß.
Denn schwer ist zu tragen
Das Unglück, aber schwerer das Glück.
Ein Weiser aber vermocht es
Vom Mittag bis in die Mitternacht,
Und bis der Morgen erglänzte,
Beim Gastmahl helle zu bleiben.

Dir mag auf heißem Pfade unter Tannen oder
Im Dunkel des Eichwalds gehüllt
In Stahl, mein Sinclair! Gott erscheinen oder
In Wolken, du kennst ihn, da du kennest, jugendlich,
Des Guten Kraft, und nimmer ist dir
Verborgen das Lächeln des Herrschers
Bei Tage, wenn
Es fieberhaft und angekettet das
Lebendige scheinet oder auch
Bei Nacht, wenn alles gemischt
Ist ordnungslos und wiederkehrt
Uralte Verwirrung.


### GERMANIEN

Nicht sie, die Seligen, die erschienen sind,
Die Götterbilder in dem alten Lande,
Sie darf ich ja nicht rufen mehr, wenn aber,
Ihr heimatlichen Wasser! jetzt mit euch
Des Herzens Liebe klagt, was will es anders,
Das heiligtrauernde? Denn voll Erwartung liegt
Das Land und als in heißen Tagen
Herabgesenkt, umschattet heut,
Ihr Sehnenden! uns ahnungsvoll ein Himmel.
Voll ist er von Verheißungen und scheint
Mir drohend auch, doch will ich bei ihm bleiben,
Und rückwärts soll die Seele mir nicht fliehn
Zu euch, Vergangene! die zu lieb mir sind.
Denn euer schönes Angesicht zu sehn,
Als wär's, wie sonst, ich fürcht es, tödlich ist's,
Und kaum erlaubt, Gestorbene zu wecken.

Entflohene Götter! auch ihr, ihr gegenwärtigen, damals
Wahrhaftiger, ihr hattet eure Zeiten!
Nichts leugnen will ich hier und nichts erbitten.

Denn wenn es aus ist, und der Tag erloschen,
Wohl trifft's den Priester erst, doch liebend folgt
Der Tempel und das Bild ihm auch und seine Sitte
Zum dunkeln Land und keines mag noch scheinen.
Nur als von Grabesflammen, ziehet dann
Ein goldner Rauch, die Sage, drob hinüber,
Und dämmert jetzt uns Zweifelnden um das Haupt,
Und keiner weiß, wie ihm geschieht. Er fühlt
Die Schatten derer, so gewesen sind,
Die Alten, so die Erde neubesuchen.
Denn die da kommen sollen, drängen uns,
Und länger säumt von Göttermenschen
Die heilige Schar nicht mehr im blauen Himmel.

Schon grünet ja, im Vorspiel rauherer Zeit
Für sie erzogen, das Feld, bereitet ist die Gabe
Zum Opfermahl und Tal und Ströme sind
Weitoffen um prophetische Berge,
Daß schauen mag bis in den Orient
Der Mann und ihn von dort der Wandlungen viele bewegen
Vom Äther aber fällt
Das treue Bild und Göttersprüche regnen
Unzählbare von ihm, und es tönt im innersten Haine.
Und der Adler, der vom Indus kömmt,
Und über des Parnassos
Beschneite Gipfel fliegt, hoch über den Opferhügeln
Italias, und frohe Beute sucht
Dem Vater, nicht wie sonst, geübter im Fluge
Der Alte, jauchzend überschwingt er
Zuletzt die Alpen und sieht die vielgearteten Länder.

Die Priesterin, die stillste Tochter Gottes,
Sie, die zu gern in tiefer Einfalt schweigt,
Sie suchet er, die offnen Auges schaute,

Als wüßte sie es nicht, jüngst, da ein Sturm
Toddrohend über ihrem Haupt ertönte;
Es ahnete das Kind ein Besseres,
Und endlich ward ein Staunen weit im Himmel,
Weil *eines* groß an Glauben, wie sie selbst,
Die segnende, die Macht der Höhe sei;
Drum sandten sie den Boten, der, sie schnell erkennend,
Denkt lächelnd so: Dich, Unzerbrechliche, muß
Ein ander Wort erprüfen und ruft es laut,
Der Jugendliche, nach Germania schauend:
„Du bist es, auserwählt,
Alliebend und ein schweres Glück
Bist du zu tragen stark geworden,

Seit damals, da im Walde versteckt und blühendem Mohn
Voll süßen Schlummers, Trunkene, meiner du
Nicht achtetest, lang, ehe noch auch Geringere fühlten
Der Jungfrau Stolz und staunten, wes du wärst und woher,
Doch du es selbst nicht wußtest. Ich mißkannte dich nicht,
Und heimlich, da du träumtest, ließ ich
Am Mittag scheidend dir ein Freundeszeichen,
Die Blume des Mundes zurück und du redetest einsam.
Doch Fülle der goldenen Worte sandtest du auch,
Glückselige! mit den Strömen und sie quillen unerschöpflich
In die Gegenden all. Denn fast, wie der heiligen,
Die Mutter ist von allem,
Die Verborgene sonst genannt von Menschen,
So ist von Lieben und Leiden
Und voll von Ahnungen dir
Und voll von Frieden der Busen.

O trinke Morgenlüfte,
Bis daß du offen bist,
Und nenne, was vor Augen dir ist,

Nicht länger darf Geheimnis mehr
Das Ungesprochene bleiben,
Nachdem es lange verhüllt ist;
Denn Sterblichen geziemet die Scham,
Und so zu reden die meiste Zeit,
Ist weise auch, von Göttern.
Wo aber überflüssiger, denn lautere Quellen,
Das Gold und ernst geworden ist der Zorn an dem
      Himmel,
Muß zwischen Tag und Nacht
Einsmals ein Wahres erscheinen.
Dreifach umschreibe du es,
Doch ungesprochen auch, wie es da ist,
Unschuldige, muß es bleiben.

O nenne, Tochter du der heiligen Erd,
Einmal die Mutter. Es rauschen die Wasser am Fels
Und Wetter im Wald und bei dem Namen derselben
Tönt auf aus alter Zeit Vergangengöttliches wieder.
Wie anders ist's! und rechthin glänzt und spricht
Zukünftiges auch erfreulich aus den Fernen.
Doch in der Mitte der Zeit
Lebt ruhig mit geweihter
Jungfräulicher Erde der Äther
Und gerne, zur Erinnerung, sind,
Die Unbedürftigen, sie
Gastfreundlich bei den unbedürft'gen,
Bei deinen Feiertagen,
Germania, wo du Priesterin bist
Und wehrlos Rat gibst rings
Den Königen und den Völkern."

## FRIEDENSFEIER

*Ich bitte, dieses Blatt nur gutmütig zu lesen. So wird es sicher nicht unfaßlich, noch weniger anstößig sein. Sollten aber dennoch einige eine solche Sprache zu wenig konventionell finden, so muß ich ihnen gestehen: ich kann nicht anders. An einem schönen Tage läßt sich ja fast jede Sangart hören, und die Natur, wovon es her ist, nimmt's auch wieder.*

*Der Verfasser gedenkt dem Publikum eine ganze Sammlung von dergleichen Blättern vorzulegen, und dieses soll irgend eine Probe sein davon.*

Der himmlischen, still widerklingenden,
Der ruhigwandelnden Töne voll,
Und gelüftet ist der altgebaute,
Seliggewohnte Saal; um grüne Teppiche duftet
Die Freudenwolk und weithinglänzend stehn,
Gereiftester Früchte voll und goldbekränzter Kelche,
Wohlangeordnet, eine prächtige Reihe,
Zur Seite da und dort aufsteigend über dem
Geebneten Boden die Tische.
Denn ferne kommend haben
Hieher, zur Abendstunde,
Sich liebende Gäste beschieden.

Und dämmernden Auges denk ich schon,
Vom ernsten Tagwerk lächelnd,
Ihn selbst zu sehn, den Fürsten des Fests.
Doch wenn du schon dein Ausland gern verleugnest,
Und als vom langen Heldenzuge müd,
Dein Auge senkst, vergessen, leichtbeschattet,
Und Freundesgestalt annimmst, du Allbekannter, doch
Beugt fast die Knie das Hohe. Nichts vor dir,

Nur eines weiß ich, Sterbliches bist du nicht.
Ein Weiser mag mir manches erhellen; wo aber
Ein Gott noch auch erscheint,
Da ist doch andere Klarheit.

Von heute aber nicht, nicht unverkündet ist er;
Und einer, der nicht Flut noch Flamme gescheuet,
Erstaunet, da es stille worden, umsonst nicht, jetzt,
Da Herrschaft nirgend ist zu sehn bei Geistern und
    Menschen.
Das ist, sie hören das Werk,
Längst vorbereitend, von Morgen nach Abend, jetzt erst,
Denn unermeßlich braust, in der Tiefe verhallend,
Des Donnerers Echo, das tausendjährige Wetter,
Zu schlafen, übertönt von Friedenslauten, hinunter.
Ihr aber, teuergewordne, o ihr Tage der Unschuld,
Ihr bringt auch heute das Fest, ihr Lieben! und es blüht
Rings abendlich der Geist in dieser Stille;
Und raten muß ich, und wäre silbergrau
Die Locke, o ihr Freunde!
Für Kränze zu sorgen und Mahl, jetzt ewigen Jünglingen
    ähnlich.


Und manchen möcht ich laden, aber o du,
Der freundlichernst den Menschen zugetan,
Dort unter syrischer Palme,
Wo nahe lag die Stadt, am Brunnen gerne war;
Das Kornfeld rauschte rings, still atmete die Kühlung
Vom Schatten des geweiheten Gebirges,
Und die lieben Freunde, das treue Gewölk,
Umschatteten dich auch, damit der heiligkühne
Durch Wildnis mild dein Strahl zu Menschen kam, o
    Jüngling!

Ach! aber dunkler umschattete, mitten im Wort, dich
Furchtbarentscheidend ein tödlich Verhängnis. So ist schnell
Vergänglich alles Himmlische; aber umsonst nicht;

Denn schonend rührt des Maßes allzeit kundig
Nur einen Augenblick die Wohnungen der Menschen
Ein Gott an, unversehn, und keiner weiß es, wenn?
Auch darf alsdann das Freche drüber gehn,
Und kommen muß zum heil'gen Ort das Wilde
Von Enden fern, übt rauhbetastend den Wahn,
Und trifft daran ein Schicksal, aber Dank,
Nie folgt der gleich hernach dem gottgegebnen Geschenke;
Tiefprüfend ist es zu fassen.
Auch wär uns, sparte der Gebende nicht,
Schon längst vom Segen des Herds
Uns Gipfel und Boden entzündet.

Des Göttlichen aber empfingen wir
Doch viel. Es ward die Flamm uns
In die Hände gegeben, und Ufer und Meersflut.
Viel mehr, denn menschlicher Weise
Sind jene mit uns, die fremden Kräfte, vertrauet.
Und es lehret Gestirn dich, das
Vor Augen dir ist, doch nimmer kannst du ihm gleichen.
Vom Allebendigen aber, von dem
Viel Freuden sind und Gesänge,
Ist einer ein Sohn, ein Ruhigmächtiger ist er,
Und nun erkennen wir ihn,
Nun, da wir kennen den Vater
Und Feiertage zu halten
Der hohe, der Geist
Der Welt sich zu Menschen geneigt hat.

Denn längst war der zum Herrn der Zeit zu groß
Und weit aus reichte sein Feld, wann hat's ihn aber
    erschöpfet?
Einmal mag aber ein Gott auch Tagewerk erwählen,
Gleich Sterblichen und teilen alles Schicksal.
Schicksalgesetz ist dies, daß alle sich erfahren,
Daß, wenn die Stille kehrt, auch eine Sprache sei.
Wo aber wirkt der Geist, sind wir auch mit, und streiten,
Was wohl das Beste sei. So dünkt mir jetzt das Beste,
Wenn nun vollendet sein Bild und fertig ist der Meister,
Und selbst verklärt davon aus seiner Werkstatt tritt,
Der stille Gott der Zeit und nur der Liebe Gesetz,
Das schönausgleichende gilt von hier an bis zum Himmel.

Viel hat von Morgen an,
Seit ein Gespräch wir sind und hören voneinander,
Erfahren der Mensch; bald sind wir aber Gesang.
Und das Zeitbild, das der große Geist entfaltet,
Ein Zeichen liegt's vor uns, daß zwischen ihm und andern
Ein Bündnis zwischen ihm und andern Mächten ist.
Nicht er allein, die Unerzeugten, Ew'gen
Sind kennbar alle daran, gleichwie auch an den Pflanzen
Die Mutter Erde sich und Licht und Luft sich kennet.
Zuletzt ist aber doch, ihr heiligen Mächte, für euch
Das Liebeszeichen, das Zeugnis
Daß ihr's noch seiet, der Festtag,

Der Allversammelnde, wo Himmlische nicht
Im Wunder offenbar, noch ungesehn im Wetter,
Wo aber bei Gesang gastfreundlich untereinander
In Chören gegenwärtig, eine heilige Zahl
Die Seligen in jeglicher Weise
Beisammen sind, und ihr Geliebtestes auch,
An dem sie hängen, nicht fehlt; denn darum rief ich
Zum Gastmahl, das bereitet ist,
Dich, Unvergeßlicher, dich, zum Abend der Zeit,

O Jüngling, dich zum Fürsten des Festes; und eher legt
Sich schlafen unser Geschlecht nicht,
Bis ihr Verheißenen all,
All ihr Unsterblichen, uns
Von eurem Himmel zu sagen,
Da seid in unserem Hause.


Leichtatmende Lüfte
Verkünden euch schon,
Euch kündet das rauchende Tal
Und der Boden, der vom Wetter noch dröhnet,
Doch Hoffnung rötet die Wangen,
Und vor der Türe des Hauses
Sitzt Mutter und Kind,
Und schauet den Frieden
Und wenige scheinen zu sterben,
Es hält ein Ahnen die Seele,
Vom goldnen Lichte gesendet,
Hält ein Versprechen die Ältesten auf.

Wohl sind die Würze des Lebens,
Von oben bereitet und auch
Hinausgeführet, die Mühen.
Denn alles gefällt jetzt,
Einfältiges aber
Am meisten, denn die langgesuchte,
Die goldne Frucht,
Uraltem Stamm
In schütternden Stürmen entfallen,
Dann aber, als liebstes Gut, vom heiligen Schicksal selbst,
Mit zärtlichen Waffen umschützt,
Die Gestalt der Himmlischen ist es.

Wie die Löwin, hast du geklagt,
O Mutter, da du sie,

Natur, die Kinder verloren.
Denn es stahl sie, Allzuliebende, dir
Dein Feind, da du ihn fast
Wie die eigenen Söhne genommen,
Und Satyren die Götter gesellt hast.
So hast du manches gebaut,
Und manches begraben,
Denn es haßt dich, was
Du, vor der Zeit
Allkräftige, zum Lichte gezogen.
Nun kennest, nun lässest du dies;
Denn gerne fühllos ruht,
Bis daß es reift, Furchtsamgeschäftiges drunten.

DER EINZIGE

[Erste Fassung]

Was ist es, das
An die alten seligen Küsten
Mich fesselt, daß ich mehr noch
Sie liebe, als mein Vaterland?
Denn wie in himmlische
Gefangenschaft verkauft
Dort bin ich, wo Apollo ging
In Königsgestalt,
Und zu unschuldigen Jünglingen sich
Herabließ Zeus und Söhn in heiliger Art
Und Töchter zeugte
Der Hohe unter den Menschen.

Der hohen Gedanken
Sind nämlich viel
Entsprungen des Vaters Haupt
Und große Seelen
Von ihm zu Menschen gekommen.
Gehöret hab ich
Von Elis und Olympia, bin
Gestanden oben auf dem Parnaß,

Und über Bergen des Isthmus,
Und drüben auch
Bei Smyrna und hinab
Bei Ephesos bin ich gegangen;

Viel hab ich Schönes gesehn,
Und gesungen Gottes Bild
Hab ich, das lebet unter
Den Menschen, aber dennoch,
Ihr alten Götter und all
Ihr tapfern Söhne der Götter,
Noch *einen* such ich, den
Ich liebe unter euch,
Wo ihr den letzten eures Geschlechts,
Des Hauses Kleinod mir
Dem fremden Gaste verberget.

Mein Meister und Herr!
O du, mein Lehrer!
Was bist du ferne
Geblieben? und da
Ich fragte unter den Alten,
Die Helden und
Die Götter, warum bliebest
Du aus? Und jetzt ist voll
Von Trauern meine Seele,
Als eifertet, ihr Himmlischen, selbst,
Daß, dien ich einem, mir
Das andere fehlet.

Ich weiß es aber, eigene Schuld
Ist's! Denn zu sehr,
O Christus! häng ich an dir,
Wiewohl Herakles' Bruder
Und kühn bekenn ich, du
Bist Bruder auch des Euiers, der
An den Wagen spannte
Die Tiger und hinab
Bis an den Indus

Gebietend freudigen Dienst
Den Weinberg stiftet' und
Den Grimm bezähmte der Völker.

Es hindert aber eine Scham
Mich, dir zu vergleichen
Die weltlichen Männer. Und freilich weiß
Ich, der dich zeugte, dein Vater,
Derselbe der,


Denn nimmer herrscht er allein.


Es hänget aber an *einem*
Die Liebe. Diesesmal
Ist nämlich vom eigenen Herzen
Zu sehr gegangen der Gesang,
Gut machen will ich den Fehl,
Wenn ich noch andere singe.
Nie treff ich, wie ich wünsche,
Das Maß. Ein Gott weiß aber,
Wenn kommet, was ich wünsche, das Beste.
Denn wie der Meister
Gewandelt auf Erden,
Ein gefangener Aar,

Und viele, die
Ihn sahen, fürchteten sich,
Dieweil sein Äußerstes tat
Der Vater und sein Bestes unter
Den Menschen wirkete wirklich,
Und sehr betrübt war auch
Der Sohn so lange, bis er
Gen Himmel fuhr in den Lüften,
Dem gleich ist gefangen die Seele der Helden.
Die Dichter müssen auch
Die geistigen weltlich sein.

DER EINZIGE

[Zweite Fassung]

Was ist es, das
An die alten seligen Küsten
Mich fesselt, daß ich mehr noch
Sie liebe, als mein Vaterland?
Denn wie in himmlischer
Gefangenschaft gebückt, in flammender Luft
Dort bin ich, wo, wie Steine sagen, Apollo ging
In Königsgestalt,
Und zu unschuldigen Jünglingen sich
Herabließ Zeus und Söhn in heiliger Art
Und Töchter zeugte
Der Hohe unter den Menschen.

Der hohen Gedanken
Sind nämlich viel
Entsprungen des Vaters Haupt
Und große Seelen
Von ihm zu Menschen gekommen.
Gehöret hab ich
Von Elis und Olympia, bin
Gestanden oben auf dem Parnaß,
Und über Bergen des Isthmus,
Und drüben auch
Bei Smyrna und hinab
Bei Ephesos bin ich gegangen;

Viel hab ich Schönes gesehn,
Und gesungen Gottes Bild
Hab ich, das lebet unter
Den Menschen, denn sehr dem Raum gleich ist
Das Himmlische reichlich in
Der Jugend zählbar, aber dennoch,
O du der Sterne Leben und all
Ihr tapfern Söhne des Lebens,

Noch *einen* such ich, den
Ich liebe unter euch,
Wo ihr den letzten eures Geschlechts,
Des Hauses Kleinod mir
Dem fremden Gaste verberget.

Mein Meister und Herr!
O du, mein Lehrer!
Was bist du ferne
Geblieben? und da
Ich fragte unter den Alten,
Die Helden und
Die Götter, warum bliebest
Du aus? Und jetzt ist voll
Von Trauern meine Seele,
Als eifertet, ihr Himmlischen, selbst,
Daß, dien ich einem, mir
Das andere fehlet.

Ich weiß es aber, eigene Schuld ist's! Denn zu sehr,
O Christus! häng ich an dir, wiewohl Herakles' Bruder
Und kühn bekenn ich, du bist Bruder auch des Euiers, der
Die Todeslust der Völker aufhält und zerreißet den Fallstrick,
Fein sehen die Menschen, daß sie
Nicht gehn den Weg des Todes und hüten das Maß, daß einer
Etwas für sich ist, den Augenblick,
Das Geschick der großen Zeit auch,
Ihr Feuer fürchtend, treffen sie, und wo
Des Wegs ein anderes geht, da sehen sie
Auch, wo ein Geschick sei, machen aber
Das sicher, Menschen gleichend oder Gesetzen.

Es entbrennet aber sein Zorn; daß nämlich
Das Zeichen die Erde berührt, allmählich
Aus Augen gekommen, als an einer Leiter.
Diesmal. Eigenwillig sonst, unmäßig
Grenzlos, daß der Menschen Hand

Ansicht das Lebende, mehr auch, als sich schicket
Für einen Halbgott, Heiliggesetztes übergeht
Der Entwurf. Seit nämlich böser Geist sich
Bemächtiget des glücklichen Altertums, unendlich,
Langher währt eines, gesangsfeind, klanglos, das
In Maßen vergeht, des Sinnes Gewaltsames. Ungebundenes aber
Hasset Gott. Fürbittend aber

Hält ihn der Tag von dieser Zeit, stillschaffend,
Des Weges gehend, die Blüte der Jahre.
Und Kriegsgetön, und Geschichte der Helden unterhält,
    hartnäckig Geschick,
Die Sonne Christi, Gärten der Büßenden, und
Der Pilgrime Wandern und der Völker ihn, und des Wächters
Gesang und die Schrift
Des Barden oder Afrikaners. Ruhmloser auch
Geschick hält ihn, die an den Tag
Jetzt erst recht kommen, das sind väterliche Fürsten. Denn
    viel ist der Stand
Gottgleicher, denn sonst. Denn Männern mehr
Gehöret das Licht. Nicht Jünglingen.
Das Vaterland auch. Nämlich frisch

Noch unerschöpfet und voll mit Locken.
Der Vater der Erde freuet nämlich sich des
Auch, daß Kinder sind, so bleibet eine Gewißheit
Des Guten. So auch freuet
Das ihn, daß eines bleibet.
Auch einige sind, gerettet, als
Auf schönen Inseln. Gelehrt sind die.
Versuchungen sind nämlich
Grenzlos an die gegangen.
Zahllose gefallen. Also ging es, als
Der Erde Vater bereitet Ständiges
In Stürmen der Zeit. Ist aber geendet.

DER EINZIGE

[Dritte Fassung]

Was ist es, das
An die alten seligen Küsten
Mich fesselt, daß ich mehr noch
Sie liebe, als mein Vaterland?
Denn wie in himmlischer
Gefangenschaft gebückt, dem Tag nach sprechend
Dort bin ich, wo, wie Steine sagen, Apollo ging,
In Königsgestalt,
Und zu unschuldigen Jünglingen sich
Herabließ Zeus, und Söhn in heiliger Art
Und Töchter zeugte
Stumm weilend unter den Menschen.

Der hohen Gedanken aber
Sind dennoch viele
Gekommen aus des Vaters Haupt
Und große Seelen
Von ihm zu Menschen gekommen.
Und gehöret hab ich
Von Elis und Olympia, bin
Gestanden immerdar, an Quellen, auf dem Parnaß
Und über Bergen des Isthmus
Und drüben auch
Bei Smyrna und hinab
Bei Ephesos bin ich gegangen.

Viel hab ich Schönes gesehn
Und gesungen Gottes Bild
Hab ich, das lebet unter
Den Menschen. Denn sehr, dem Raum gleich, ist
Das Himmlische reichlich in
Der Jugend zählbar, aber dennoch,
Ihr alten Götter und all
Ihr tapfern Söhne der Götter,
Noch einen such ich, den
Ich liebe unter euch,

Wo ihr den letzten eures Geschlechts,
Des Hauses Kleinod mir
Dem fremden Gaste bewahret.

Mein Meister und Herr!
O du, mein Lehrer!
Was bist du ferne
Geblieben? und da
Ich sahe, mitten, unter den Geistern, den Alten
Die Helden und
Die Götter, warum bliebest
Du aus? Und jetzt ist voll
Von Trauern meine Seele
Als eifertet, ihr Himmlischen, selbst,
Daß, dien ich einem, mir
Das andere fehlet.

Ich weiß es aber, eigene Schuld
Ist's, denn zu sehr,
O Christus! häng ich an dir,
Wiewohl Herakles' Bruder
Und kühn bekenn ich, du
Bist Bruder auch des Euiers, der einsichtlich, vor alters
Die verdrossene Irre gerichtet,
Der Erde Gott, und beschieden
Die Seele dem Tier, das lebend
Vom eigenen Hunger schweift' und der Erde nach ging,
Aber rechte Wege gebot er mit einem Mal und Orte,
Die Sachen auch bestellt er von jedem.

Es hindert aber eine Scham
Mich, dir zu vergleichen
Die weltlichen Männer. Und freilich weiß
Ich, der dich zeugte, dein Vater ist
Derselbe. Nämlich Christus ist ja auch allein
Gestanden unter sichtbarem Himmel und Gestirn, sichtbar
Freiwaltendem über das Eingesetzte, mit Erlaubnis von Gott,
Und die Sünden der Welt, die Unverständlichkeit

Der Kenntnisse nämlich, wenn Beständiges das Geschäftige
 überwächst
Der Menschen, und der Mut des Gestirns war ob ihm. Nämlich immer
 jauchzet die Welt
Hinweg von dieser Erde, daß sie die
Entblößet; wo das Menschliche sie nicht hält. Es bleibet aber eine Spur
Doch eines Wortes; die ein Mann erhaschet. Der Ort war aber

Die Wüste. So sind jene sich gleich. Voll Freuden, reichlich. Herrlich
 grünet
Ein Kleeblatt. Ungestalt wär, um des Geistes willen, dieses, dürfte
 von solchen
Nicht sagen, gelehrt im Wissen einer schlechten Gebets, daß sie
Wie Feldherrn mir, Heroen sind. Des dürfen die Sterblichen wegen
 dem, weil
Ohne Halt verstandlos Gott ist. Aber wie auf Wagen
Demütige                          mit Gewalt
Des Tages oder
Mit Stimmen erscheinet Gott als
Natur von außen. Mittelbar
In heiligen Schriften. Himmlische sind
Und Menschen auf Erden beieinander die ganze Zeit. Ein großer
 Mann und ähnlich eine große Seele
Wenn gleich im Himmel

Begehrt zu einem auf Erden. Immerdar
Bleibt dies, daß immergekettet alltag ganz ist
Die Welt. Oft aber scheint
Ein Großer nicht zusammenzutaugen
Zu Großem. Alle Tage stehn die aber, als an einem Abgrund einer
Neben dem andern. Jene drei sind aber
Das, daß sie unter der Sonne
Wie Jäger der Jagd sind oder
Ein Ackersmann, der atmend von der Arbeit
Sein Haupt entblößet, oder Bettler. Schön
Und lieblich ist es zu vergleichen. Wohl tut
Die Erde. Zu kühlen. Immer aber

## PATMOS

*Dem Landgrafen von Homburg*

Nah ist
Und schwer zu fassen der Gott.
Wo aber Gefahr ist, wächst
Das Rettende auch.
Im Finstern wohnen
Die Adler und furchtlos gehn
Die Söhne der Alpen über den Abgrund weg
Auf leichtgebaueten Brücken.
Drum, da gehäuft sind rings
Die Gipfel der Zeit, und die Liebsten
Nah wohnen, ermattend auf
Getrenntesten Bergen,
So gib unschuldig Wasser,
O Fittiche gib uns, treuesten Sinns
Hinüberzugehn und wiederzukehren.

So sprach ich, da entführte
Mich schneller, denn ich vermutet,
Und weit, wohin ich nimmer
Zu kommen gedacht, ein Genius mich
Vom eigenen Haus. Es dämmerten
Im Zwielicht, da ich ging,
Der schattige Wald
Und die sehnsüchtigen Bäche
Der Heimat; nimmer kannt ich die Länder;
Doch bald, in frischem Glanze,
Geheimnisvoll
Im goldenen Rauche, blühte
Schnellaufgewachsen,
Mit Schritten der Sonne,
Mit tausend Gipfeln duftend,

Mir Asia auf, und geblendet sucht
Ich eines, das ich kennete, denn ungewohnt
War ich der breiten Gassen, wo herab
Vom Tmolus fährt
Der goldgeschmückte Paktol
Und Taurus stehet und Messogis,
Und voll von Blumen der Garten,
Ein stilles Feuer, aber im Lichte
Blüht hoch der silberne Schnee,
Und Zeug unsterblichen Lebens
An unzugangbaren Wänden
Uralt der Efeu wächst und getragen sind
Von lebenden Säulen, Zedern und Lorbeern,
Die feierlichen,
Die göttlichgebauten Paläste.


Es rauschen aber um Asias Tore
Hinziehend da und dort
In ungewisser Meeresebene
Der schattenlosen Straßen genug,
Doch kennt die Inseln der Schiffer.
Und da ich hörte,
Der nahegelegenen eine
Sei Patmos,
Verlangte mich sehr,
Dort einzukehren und dort
Der dunkeln Grotte zu nahn.
Denn nicht, wie Cypros,
Die quellenreiche, oder
Der anderen eine
Wohnt herrlich Patmos,

Gastfreundlich aber ist
Im ärmeren Hause
Sie dennoch

Und wenn vom Schiffbruch oder klagend
Um die Heimat oder
Den abgeschiedenen Freund
Ihr nahet einer
Der Fremden, hört sie es gern, und ihre Kinder,
Die Stimmen des heißen Hains,
Und wo der Sand fällt, und sich spaltet
Des Feldes Fläche, die Laute,
Sie hören ihn und liebend tönt
Es wider von den Klagen des Manns. So pflegte
Sie einst des gottgeliebten,
Des Sehers, der in seliger Jugend war

Gegangen mit
Dem Sohne des Höchsten, unzertrennlich, denn
Es liebte der Gewittertragende die Einfalt
Des Jüngers und es sahe der achtsame Mann
Das Angesicht des Gottes genau,
Da, beim Geheimnisse des Weinstocks, sie
Zusammensaßen, zu der Stunde des Gastmahls,
Und in der großen Seele, ruhigahnend, den Tod
Aussprach der Herr und die letzte Liebe, denn nie
    genug
Hatt er von Güte zu sagen
Der Worte, damals, und zu erheitern, da
Er's sahe, das Zürnen der Welt.
Denn alles ist gut. Drauf starb er. Vieles wäre
Zu sagen davon. Und es sahn ihn, wie er siegend blickte,
Den Freudigsten die Freunde noch zuletzt,


Doch trauerten sie, da nun
Es Abend worden, erstaunt,
Denn Großentschiedenes hatten in der Seele
Die Männer, aber sie liebten unter der Sonne
Das Leben und lassen wollten sie nicht

Vom Angesichte des Herrn
Und der Heimat. Eingetrieben war,
Wie Feuer im Eisen, das, und ihnen ging
Zur Seite der Schatte des Lieben.
Drum sandt er ihnen
Den Geist, und freilich bebte
Das Haus und die Wetter Gottes rollten
Ferndonnernd über
Die ahnenden Häupter, da, schwersinnend,
Versammelt waren die Todeshelden,

Itzt, da er scheidend
Noch einmal ihnen erschien.
Denn itzt erlosch der Sonne Tag,
Der Königliche, und zerbrach
Den geradestrahlenden,
Den Zepter, göttlichleidend, von selbst,
Denn wiederkommen sollt es,
Zu rechter Zeit. Nicht wär es gut
Gewesen, später, und schroffabbrechend, untreu,
Der Menschen Werk, und Freude war es
Von nun an,
Zu wohnen in liebender Nacht, und bewahren
In einfältigen Augen, unverwandt
Abgründe der Weisheit. Und es grünen
Tief an den Bergen auch lebendige Bilder,

Doch furchtbar ist, wie da und dort
Unendlich hin zerstreut das Lebende Gott.
Denn schon das Angesicht
Der teuern Freunde zu lassen
Und fernhin über die Berge zu gehn
Allein, wo zweifach
Erkannt, einstimmig
War himmlischer Geist; und nicht geweissagt war es,
    sondern

Die Locken ergriff es, gegenwärtig,
Wenn ihnen plötzlich
Ferneilend zurück blickte
Der Gott und schwörend,
Damit er halte, wie an Seilen golden
Gebunden hinfort
Das Böse nennend, sie die Hände sich reichten –


Wenn aber stirbt alsdenn,
An dem am meisten
Die Schönheit hing, daß an der Gestalt
Ein Wunder war und die Himmlischen gedeutet
Auf ihn, und wenn, ein Rätsel ewig füreinander,
Sie sich nicht fassen können
Einander, die zusammenlebten
Im Gedächtnis, und nicht den Sand nur oder
Die Weiden es hinwegnimmt und die Tempel
Ergreift, wenn die Ehre
Des Halbgotts und der Seinen
Verweht und selber sein Angesicht
Der Höchste wendet
Darob, daß nirgend ein
Unsterbliches mehr am Himmel zu sehn ist oder
Auf grüner Erde, was ist dies?

Es ist der Wurf des Säemanns, wenn er faßt
Mit der Schaufel den Weizen,
Und wirft, dem Klaren zu, ihn schwingend über die
    Tenne.
Ihm fällt die Schale vor den Füßen, aber
Ans Ende kommet das Korn,
Und nicht ein Übel ist's, wenn einiges
Verloren gehet und von der Rede
Verhallet der lebendige Laut,
Denn göttliches Werk auch gleichet dem unsern,

Nicht alles will der Höchste zumal.
Zwar Eisen träget der Schacht,
Und glühende Harze der Ätna,
So hätt ich Reichtum,
Ein Bild zu bilden, und ähnlich
Zu schaun, wie er gewesen, den Christ,

Wenn aber einer spornte sich selbst,
Und traurig redend, unterweges, da ich wehrlos wäre,
Mich überfiele, daß ich staunt und von dem Gotte
Das Bild nachahmen möcht ein Knecht –
Im Zorne sichtbar sah ich einmal
Des Himmels Herrn, nicht, daß ich sein sollt etwas, sondern
Zu lernen. Gütig sind sie, ihr Verhaßtestes aber ist,
Solange sie herrschen, das Falsche, und es gilt
Dann Menschliches unter Menschen nicht mehr.
Denn sie nicht walten, es waltet aber
Unsterblicher Schicksal und es wandelt ihr Werk
Von selbst, und eilend geht es zu Ende.
Wenn nämlich höher gehet himmlischer
Triumphgang, wird genennet, der Sonne gleich,
Von Starken der frohlockende Sohn des Höchsten,


Ein Losungszeichen, und hier ist der Stab
Des Gesanges, niederwinkend,
Denn nichts ist gemein. Die Toten wecket
Er auf, die noch gefangen nicht
Vom Rohen sind. Es warten aber
Der scheuen Augen viele,
Zu schauen das Licht. Nicht wollen
Am scharfen Strahle sie blühn,
Wiewohl den Mut der goldene Zaum hält.
Wenn aber, als
Von schwellenden Augenbraunen,

Der Welt vergessen
Stilleuchtende Kraft aus heiliger Schrift fällt, mögen,
Der Gnade sich freuend, sie
Am stillen Blicke sich üben.

Und wenn die Himmlischen jetzt
So, wie ich glaube, mich lieben,
Wie viel mehr Dich,
Denn eines weiß ich,
Daß nämlich der Wille
Des ewigen Vaters viel
Dir gilt. Still ist sein Zeichen
Am donnernden Himmel. Und *einer* stehet darunter
Sein Leben lang. Denn noch lebt Christus.
Es sind aber die Helden, seine Söhne,
Gekommen all und heilige Schriften
Von ihm und den Blitz erklären
Die Taten der Erde bis itzt,
Ein Wettlauf unaufhaltsam. Er ist aber dabei. Denn seine
Ihm alle bewußt von jeher.            [Werke sind

Zu lang, zu lang schon ist
Die Ehre der Himmlischen unsichtbar.
Denn fast die Finger müssen sie
Uns führen und schmählich
Entreißt das Herz uns eine Gewalt.
Denn Opfer will der Himmlischen jedes,
Wenn aber eines versäumt ward,
Nie hat es Gutes gebracht.
Wir haben gedienet der Mutter Erd
Und haben jüngst dem Sonnenlichte gedient,
Unwissend, der Vater aber liebt,
Der über allen waltet,
Am meisten, daß gepfleget werde
Der feste Buchstab, und Bestehendes gut
Gedeutet. Dem folgt deutscher Gesang.

PATMOS

*Dem Landgrafen von Homburg*

[Bruchstücke der späteren Fassung]

Voll Güt ist; keiner aber fasset
Allein Gott.
Wo aber Gefahr ist, wächst
Das Rettende auch.
Im Finstern wohnen
Die Adler, und furchtlos gehn
Die Söhne der Alpen über den Abgrund weg
Auf leichtgebaueten Brücken.
Drum, da gehäuft sind rings, um Klarheit,
Die Gipfel der Zeit,
Und die Liebsten nahe wohnen, ermattend auf
Getrenntesten Bergen,
So gib unschuldig Wasser,
O Fittiche gib uns, treuesten Sinns
Hinüberzugehn und wiederzukehren.

So sprach ich, da entführte
Mich künstlicher, denn ich vermutet,
Und weit, wohin ich nimmer
Zu kommen gedacht, ein Genius mich
Vom eigenen Haus. Es kleideten sich
Im Zwielicht, Menschen ähnlich, da ich ging,
Der schattige Wald
Und die sehnsüchtigen Bäche
Der Heimat; nimmer kannt ich die Länder.
Viel aber mitgelitten haben wir, viel Male. So
In frischem Glanze, geheimnisvoll,
In goldenem Rauche blühte
Schnellaufgewachsen,
Mit Schritten der Sonne,
Von tausend Tischen duftend, jetzt,

Mir Asia auf und geblendet ganz
Sucht eins ich, das ich kennete, denn ungewohnt
War ich der breiten Gassen, wo herab

Vom Tmolus fährt
Der goldgeschmückte Paktol
Und Taurus stehet und Messogis,
Und schläfrig fast von Blumen der Garten,




Vom Jordan und von Nazareth
Und fern vom See, an Capernaum,
Und Galiläa die Lüfte, und von Cana.
Eine Weile bleib ich, sprach er. Also mit Tropfen
Stillt er das Seufzen des Lichts, das durstigem Wild
War ähnlich in den Tagen, als um Syrien
Jammert der getöteten Kindlein heimatliche
Anmut im Sterben, und das Haupt
Des Täufers, gepflückt, war unverwelklicher Schrift gleich
Sichtbar auf weilender Schüssel. Wie Feuer
Sind Stimmen Gottes. Schwer ist's aber,
Im Großen zu behalten das Große.
Nicht eine Weide. Daß einer
Bleibet im Anfang. Jetzt aber
Geht dieses wieder, wie sonst.

Johannes. Christus. Diesen möcht
Ich singen, gleich dem Herkules, oder
Der Insel, welche festgehalten und gerettet, erfrischend,
Die benachbarte mit kühlen Meereswassern aus der Wüste
Der Flut, der weiten, Peleus. Das geht aber
Nicht. Anders ist's ein Schicksal. Wundervoller.
Reicher, zu singen. Unabsehlich
Seit jenem die Fabel. Und jetzt
Möcht ich die Fahrt der Edelleute nach
Jerusalem, und das Leiden irrend in Canossa,

Und den Heinrich singen. Daß aber
Der Mut nicht selber mich aussetze. Begreifen müssen
Dies wir zuvor. Wie Morgenluft sind nämlich die Namen
Seit Christus. Werden Träume. Fallen, wie Irrtum,
Auf das Herz und tötend, wenn nicht einer

Erwäget, was sie sind, und begreift.
Es sah aber der achtsame Mann
Das Angesicht des Gottes,
Damals, da, beim Geheimnisse des Weinstocks, sie
Zusammensaßen, zu der Stunde des Gastmahls,
Und in der großen Seele, wohlauswählend, den Tod
Aussprach der Herr, und die letzte Liebe, denn nie genug
Hatt er, von Güte, zu sagen
Der Worte, damals, und zu bejahn Bejahendes. Aber sein Licht
    war
Tod. Denn karg ist das Zürnen der Welt.
Das aber erkannt er. Alles ist gut. Drauf starb er.
Es sahen aber, gebückt, desungeachtet, vor Gott die Gestalt
Des Verleugnenden, wie wenn
Ein Jahrhundert sich biegt, nachdenklich, in der Freude der
    Wahrheit
Noch zuletzt die Freunde,

Doch trauerten sie, da nun
Es Abend worden. Nämlich rein
Zu sein, ist Geschick, ein Leben, das ein Herz hat,
Vor solchem Angesicht, und dauert über die Hälfte.
Zu meiden aber ist viel. Zu viel aber
Der Liebe, wo Anbetung ist,
Ist gefahrreich, triffet am meisten. Jene wollten aber
Vom Angesichte des Herrn
Nicht lassen und der Heimat. Eingeboren
Wie Feuer war in dem Eisen das, und ihnen
Zur Seite ging, wie eine Seuche, der Schatte des Lieben.
Drum sandt er ihnen
Den Geist, und freilich bebte
Das Haus und die Wetter Gottes rollten
Ferndonnernd, Männer schaffend, wie wenn Drachenzähne,
                  prächtigen Schicksals, ...

## ANDENKEN

Der Nordost wehet,
Der liebste unter den Winden
Mir, weil er feurigen Geist
Und gute Fahrt verheißet den Schiffern.
Geh aber nun und grüße
Die schöne Garonne,
Und die Gärten von Bourdeaux
Dort, wo am scharfen Ufer
Hingehet der Steg und in den Strom
Tief fällt der Bach, darüber aber
Hinschauet ein edel Paar
Von Eichen und Silberpappeln;

Noch denket das mir wohl und wie
Die breiten Gipfel neiget
Der Ulmwald, über die Mühl,
Im Hofe aber wächset ein Feigenbaum.
An Feiertagen gehn
Die braunen Frauen daselbst
Auf seidnen Boden,
Zur Märzenzeit,
Wenn gleich ist Nacht und Tag,
Und über langsamen Stegen,
Von goldenen Träumen schwer,
Einwiegende Lüfte ziehen.

Es reiche aber,
Des dunkeln Lichtes voll,
Mir einer den duftenden Becher,
Damit ich ruhen möge; denn süß
Wär unter Schatten der Schlummer.
Nicht ist es gut,

Seellos von sterblichen
Gedanken zu sein. Doch gut
Ist ein Gespräch und zu sagen
Des Herzens Meinung, zu hören viel
Von Tagen der Lieb,
Und Taten, welche geschehen.

Wo aber sind die Freunde? Bellarmin
Mit dem Gefährten? Mancher
Trägt Scheue, an die Quelle zu gehn;
Es beginnet nämlich der Reichtum
Im Meere. Sie,
Wie Maler, bringen zusammen
Das Schöne der Erd und verschmähn
Den geflügelten Krieg nicht, und
Zu wohnen einsam, jahrlang, unter
Dem entlaubten Mast, wo nicht die Nacht durchglänze
Die Feiertage der Stadt,
Und Saitenspiel und eingeborener Tanz nicht.

Nun aber sind zu Indiern
Die Männer gegangen,
Dort an der luftigen Spitz
An Traubenbergen, wo herab
Die Dordogne kommt,
Und zusammen mit der prächt'gen
Garonne meerbreit
Ausgehet der Strom. Es nehmet aber
Und gibt Gedächtnis die See,
Und die Lieb auch heftet fleißig die Augen,
Was bleibet aber, stiften die Dichter.

## [DER ISTER]

Jetzt komme, Feuer!
Begierig sind wir,
Zu schauen den Tag,
Und wenn die Prüfung
Ist durch die Knie gegangen,
Mag einer spüren das Waldgeschrei.
Wir singen aber vom Indus her
Fernangekommen und
Vom Alpheus, lange haben
Das Schickliche wir gesucht,
Nicht ohne Schwingen mag
Zum Nächsten einer greifen
Geradezu
Und kommen auf die andere Seite.
Hier aber wollen wir bauen.
Denn Ströme machen urbar
Das Land. Wenn nämlich Kräuter wachsen
Und an denselben gehn
Im Sommer zu trinken die Tiere,
So gehn auch Menschen daran.

Man nennet aber diesen den Ister.
Schön wohnt er. Es brennet der Säulen Laub,
Und reget sich. Wild stehn
Sie aufgerichtet, untereinander; darob
Ein zweites Maß, springt vor
Von Felsen das Dach. So wundert
Mich nicht, daß er
Den Herkules zu Gaste geladen,
Fernglänzend, am Olympos drunten,
Da der, sich Schatten zu suchen
Vom heißen Isthmos kam,
Denn voll des Mutes waren
Daselbst sie, es bedarf aber, der Geister wegen,
Der Kühlung auch. Darum zog jener lieber
An die Wasserquellen hieher und gelben Ufer,

Hoch duftend oben, und schwarz
Vom Fichtenwald, wo in den Tiefen
Ein Jäger gern lustwandelt
Mittags, und Wachstum hörbar ist
An harzigen Bäumen des Isters,
Der scheinet aber fast
Rückwärts zu gehen und
Ich mein, er müsse kommen
Von Osten.
Vieles wäre
Zu sagen davon. Und warum hängt er
An den Bergen gerad? Der andre,
Der Rhein, ist seitwärts
Hinweggegangen. Umsonst nicht gehn
Im Trocknen die Ströme. Aber wie? Ein Zeichen braucht es,
Nichts anderes, schlecht und recht, damit es Sonn
Und Mond trag im Gemüt, untrennbar,
Und fortgeh, Tag und Nacht auch, und
Die Himmlischen warm sich fühlen aneinander.
Darum sind jene auch
Die Freude des Höchsten. Denn wie käm er
Herunter? Und wie Hertha grün,
Sind sie die Kinder des Himmels. Aber allzugeduldig
Scheint der mir, nicht
Freier, und fast zu spotten. Nämlich wenn

Angehen soll der Tag
In der Jugend, wo er zu wachsen
Anfängt, es treibet ein anderer da
Hoch schon die Pracht, und Füllen gleich
In den Zaum knirscht er, und weithin hören
Das Treiben die Lüfte,
Ist der zufrieden;
Es brauchet aber Stiche der Fels
Und Furchen die Erd,
Unwirtbar wär es, ohne Weile;
Was aber jener tuet, der Strom,
Weiß niemand.

## MNEMOSYNE

[Erste Fassung]

                    aber es haben
Zu singen

      Blumen auch Wasser und fühlen,
Ob noch ist der Gott. Denn schön ist
Der Brauttag, bange sind wir aber
Der Ehre wegen. Denn furchtbar gehet
Es ungestalt, wenn eines uns
Zu gierig genommen. Zweifellos
Ist aber der Höchste. Der kann täglich
Es ändern. Kaum bedarf er
Gesetz, wie nämlich es
Bei Menschen bleiben soll. Viel Männer möchten da
Sein, wahrer Sache. Nicht vermögen
Die Himmlischen alles. Nämlich es reichen
Die Sterblichen eh an den Abgrund. Also wendet es sich
Mit diesen. Lang ist
Die Zeit, es ereignet sich aber
Das Wahre.

Wie aber Liebes? Sonnenschein
Am Boden sehen wir und trockenen Staub
Und tief mit Schatten die Wälder und es blühet
An Dächern der Rauch, bei alter Krone
Der Türme, friedsam; und es girren
Verloren in der Luft die Lerchen und unter dem Tage weiden
Wohlangeführt die Schafe des Himmels.
Und Schnee, wie Maienblumen
Das Edelmütige, wo
Es seie, bedeutend, glänzet mit
Der grünen Wiese
Der Alpen, hälftig, da ging
Vom Kreuze redend, das
Gesetzt ist unterwegs einmal
Gestorbenen, auf der schroffen Straß
Ein Wandersmann mit
Dem andern, aber was ist dies?

Am Feigenbaum ist mein
Achilles mir gestorben,
Und Ajax liegt
An den Grotten, nahe der See,
An Bächen, benachbart dem Skamandros.
Vom Genius kühn ist           bei Windessausen, nach
Der heimatlichen Salamis süßer
Gewohnheit, in der Fremd
Ajax gestorben,
Patroklos aber in des Königes Harnisch. Und es starben
Noch andere viel. Mit eigener Hand
Viel traurige, wilden Muts, doch göttlich
Gezwungen, zuletzt, die anderen aber
Im Geschicke stehend, im Feld. Unwillig nämlich
Sind Himmlische, wenn einer nicht die Seele schonend sich
Zusammengenommen, aber er muß doch; dem
Gleich fehlet die Trauer.


MNEMOSYNE

[Dritte Fassung]


Reif sind, in Feuer getaucht, gekochet
Die Frücht und auf der Erde geprüfet und ein Gesetz ist,
Daß alles hineingeht, Schlangen gleich,
Prophetisch, träumend auf
Den Hügeln des Himmels. Und vieles
Wie auf den Schultern eine
Last von Scheitern ist
Zu behalten. Aber bös sind
Die Pfade. Nämlich unrecht,
Wie Rosse, gehn die gefangenen
Element und alten
Gesetze der Erd. Und immer
Ins Ungebundene gehet eine Sehnsucht. Vieles aber ist
Zu behalten. Und not die Treue.
Vorwärts aber und rückwärts wollen wir
Nicht sehn. Uns wiegen lassen, wie
Auf schwankem Kahne der See.

Wie aber Liebes? Sonnenschein
Am Boden sehen wir und trockenen Staub
Und heimatlich die Schatten der Wälder und es blühet
An Dächern der Rauch, bei alter Krone
Der Türme, friedsam; gut sind nämlich,
Hat gegenredend die Seele
Ein Himmlisches verwundet, die Tageszeichen.
Denn Schnee, wie Maienblumen
Das Edelmütige, wo
Es seie, bedeutend, glänzet auf
Der grünen Wiese
Der Alpen, hälftig, da, vom Kreuze redend, das
Gesetzt ist unterwegs einmal
Gestorbenen, auf hoher Straß
Ein Wandersmann geht zornig,
Fern ahnend mit
Dem andern, aber was ist dies?

Am Feigenbaum ist mein
Achilles mir gestorben,
Und Ajax liegt
An den Grotten der See,
An Bächen, benachbart dem Skamandros.
An Schläfen Sausen einst, nach
Der unbewegten Salamis steter
Gewohnheit, in der Fremd, ist groß
Ajax gestorben,
Patroklos aber in des Königes Harnisch. Und es starben
Noch andere viel. Am Kithäron aber lag
Eleutherä, der Mnemosyne Stadt. Der auch, als
Ablegte den Mantel Gott, das Abendliche nachher löste
Die Locken. Himmlische nämlich sind
Unwillig, wenn einer nicht die Seele schonend sich
Zusammengenommen, aber er muß doch; dem
Gleich fehlet die Trauer.

# ANHANG

# HYMNISCHE ENTWÜRFE

[WIE VÖGEL LANGSAM ZIEHN...]

Wie Vögel langsam ziehn –
Es blicket voraus
Der Fürst und kühl wehn
An die Brust ihm die Begegnisse, wenn
Es um ihn schweiget, hoch
In der Luft, reich glänzend aber hinab
Das Gut ihm liegt der Länder, und mit ihm sind
Das erstemal siegforschend die Jungen.
Er aber mäßiget mit
Der Fittiche Schlag.


[WIE MEERESKÜSTEN...]

Wie Meeresküsten, wenn zu baun
Anfangen die Himmlischen und herein
Schifft unaufhaltsam, eine Pracht, das Werk
Der Wogen, eins ums andere, und die Erde
Sich rüstet aus, darauf vom Freudigsten eines
Mit guter Stimmung, zurecht es legend, also schlägt es
Dem Gesang, mit dem Weingott, vielverheißend dem bedeutenden,
Und der Lieblingin
Des Griechenlandes,
Der meergeborenen, schicklich blickenden,
Das gewaltige Gut ans Ufer.

## HEIMAT

Und niemand weiß


Indessen laß mich wandeln
Und wilde Beeren pflücken,
Zu löschen die Liebe zu dir
An deinen Pfaden, o Erd

Hier wo – – –
        und Rosendornen
Und süße Linden duften neben
Den Buchen, des Mittags, wenn im falben Kornfeld
Das Wachstum rauscht, an geradem Halm,
Und den Nacken die Ähre seitwärts beugt
Dem Herbste gleich, jetzt aber unter hohem
Gewölbe der Eichen, da ich sinn
Und aufwärts frage, der Glockenschlag
Mir wohlbekannt
Fernher tönt, goldenklingend, um die Stunde, wenn
Der Vogel wieder wacht. So gehet es wohl.

### [WENN NÄMLICH DER REBE SAFT...]

Wenn nämlich der Rebe Saft,
Das milde Gewächs, suchet Schatten
Und die Traube wächset unter dem kühlen
Gewölbe der Blätter,
Den Männern eine Stärke,
Wohl aber duftend den Jungfraun,
Und Bienen,
Wenn sie, vom Wohlgeruche
Des Frühlings trunken, der Geist
Der Sonne rühret, irren ihr nach
Die Getriebenen, wenn aber

Ein Strahl brennt, kehren sie
Mit Gesumm, vielahnend
darob
die Eiche rauschet,

## [AUF FALBEM LAUBE...]

Auf falbem Laube ruhet
Die Traube, des Weines Hoffnung, also ruhet auf der Wange
Der Schatten von dem goldenen Schmuck, der hängt
Am Ohre der Jungfrau.

Und ledig soll ich bleiben,
Leicht fanget aber sich
In der Kette, die
Es abgerissen, das Kälblein.

Fleißig

Es liebet aber der Sämann,
Zu sehen eine,
Des Tages schlafend über
Dem Strickstrumpf.

Nicht will wohllauten
Der deutsche Mund,
Aber lieblich
Am stechenden Bart rauschen
Die Küsse.

## [WAS IST DER MENSCHEN LEBEN?...]

Was ist der Menschen Leben? ein Bild der Gottheit.
Wie unter dem Himmel wandeln die Irdischen alle, sehen
Sie diesen. Lesend aber gleichsam, wie

In einer Schrift, die Unendlichkeit nachahmen und den Reichtum
Menschen. Ist der einfältige Himmel
Denn reich? Wie Blüten sind ja
Silberne Wolken. Es regnet aber von daher
Der Tau und das Feuchte. Wenn aber
Das Blau ist ausgelöschet, das Einfältige, scheint
Das Matte, das dem Marmelstein gleichet, wie Erz,
Anzeige des Reichtums.

[WAS IST GOTT?...]

Was ist Gott? unbekannt, dennoch
Voll Eigenschaften ist das Angesicht
Des Himmels von ihm. Die Blitze nämlich
Der Zorn sind eines Gottes. Je mehr ist eins
Unsichtbar,          schicket es sich in Fremdes. Aber der Donner
Der Ruhm ist Gottes. Die Liebe zur Unsterblichkeit
Das Eigentum auch, wie das unsere,
Ist eines Gottes.

[AN DIE MADONNA]

    Viel hab ich dein
    Und deines Sohnes wegen
    Gelitten, o Madonna,
    Seit ich gehöret von ihm
    In süßer Jugend;
    Denn nicht der Seher allein,
    Es stehen unter einem Schicksal
    Die Dienenden auch. Denn weil ich

    Und manchen Gesang, den ich
    Dem höchsten zu singen, dem Vater,
    Gesonnen war, den hat
    Mir weggezehret die Schwermut.

    Doch, Himmlische, doch will ich
    Dich feiern und nicht soll einer

Der Rede Schönheit mir,
Die heimatliche, vorwerfen,
Dieweil ich allein
Zum Felde gehe, wo wild
Die Lilie wächst, furchtlos,
Zum unzugänglichen,
Uralten Gewölbe
Des Waldes,
      das Abendland,

                und gewaltet über
Den Menschen hat, statt anderer Gottheit, sie,
Die allvergessende Liebe.

Denn damals sollt es beginnen
Als

Geboren dir im Schoße
Der göttliche Knabe und um ihn
Der Freundin Sohn, Johannes genannt
Vom stummen Vater, der kühne,
Dem war gegeben
Der Zunge Gewalt,
Zu deuten

Und die Furcht der Völker und
Die Donner und
Die stürzenden Wasser des Herrn.

Denn gut sind Satzungen, aber
Wie Drachenzähne, schneiden sie
Und töten das Leben, wenn im Zorne sie schärft
Ein Geringer oder ein König.
Gleichmut ist aber gegeben
Den Liebsten Gottes. So dann starben jene.
Die beiden,         so auch sahst
Du göttlichtrauernd in der starken Seele sie sterben.
Und wohnst deswegen

                        und wenn in heiliger Nacht
Der Zukunft einer gedenkt und Sorge für
Die sorglosschlafenden trägt,
Die frischaufblühenden Kinder,
Kömmst lächelnd du, und fragst, was er, wo du
Die Königin seiest, befürchte.

Denn nimmer vermagst du es,
Die keimenden Tage zu neiden,
Denn lieb ist dir's, von je,
Wenn größer die Söhne sind,
Denn ihre Mutter. Und nimmer gefällt es dir,
Wenn rückwärtsblickend
Ein Älteres spottet des Jüngern.
Wer denkt der teuern Väter
Nicht gern und erzählet
Von ihren Taten,

                        wenn aber Verwegnes geschah,
Und Undankbare haben
Das Ärgernis         gegeben,
Zu gerne blickt
Dann       zum
Und tatenscheu
Unendliche Reue und es haßt das Alte die Kinder.

Darum beschütze
Du Himmlische sie,
Die jungen Pflanzen, und wenn
Der Nord kömmt oder giftiger Tau weht oder
Zu lange dauert die Dürre
Und wenn sie üppigblühend
Versinken unter der Sense,
Der allzuscharfen, gib erneuertes Wachstum.
Und daß nur niemals nicht
Vielfältig, in schwachem Gezweige,
Die Kraft mir vielversuchend
Zerstreue das frische Geschlecht, stark aber sei,
Zu wählen aus vielem das Beste.

Nichts ist's, das Böse. Das soll
Wie der Adler den Raub
Mir eines begreifen.
Die andern dabei. Damit sie nicht
Die Amme, die
Den Tag gebieret,
Verwirren, falsch anklebend
Der Heimat und der Schwere spottend
Der Mutter ewig sitzen
Im Schoße. Denn groß ist,
Von dem sie erben den Reichtum.
Der

Vor allem, daß man schone
Der Wildnis, göttlichgebaut
Im reinen Gesetze, woher
Es haben die Kinder
Des Gotts, lustwandelnd unter
Den Felsen und Heiden purpurn blühn
Und dunkle Quellen
Dir, o Madonna, und
Dem Sohne, aber den anderen auch,
Damit nicht, als von Knechten,
Mit Gewalt das Ihre nehmen
Die Götter.

An den Grenzen aber, wo stehet
Der Knochenberg, so nennet man ihn
Heut, aber in alter Sprache heißet
Er Ossa, Teutoburg ist
Daselbst auch und voll geistigen Wassers
Umher das Land, da
Die Himmlischen all
Sich Tempel

Ein Handwerksmann.

Uns aber, die wir
Daß

Und zu sehr zu fürchten die Furcht nicht!
Denn du nicht, holde

    aber es gibt
Ein finster Geschlecht, das weder einen Halbgott
Gern hört, oder wenn mit Menschen ein Himmlisches oder
In Wogen erscheint, gestaltlos, oder das Angesicht
Des reinen ehrt, des nahen
Allgegenwärtigen Gottes.

Doch wenn unheilige schon
               in Menge
                    und frech

Was kümmern sie dich,
O Gesang, den Reinen, ich zwar,
Ich sterbe, doch du
Gehest andere Bahn, umsonst
Mag dich ein Neidisches hindern.

Wenn dann in kommender Zeit
Du einem Guten begegnest,
So grüß ihn, und er denkt,
Wie unsere Tage wohl
Voll Glücks, voll Leidens gewesen.
Von einem gehet zum andern


Noch eins ist aber
Zu sagen. Denn es wäre
Mir fast zu plötzlich
Das Glück gekommen,
Das Einsame, daß ich unverständig
Im Eigentum
Mich an die Schatten gewandt,

Denn weil du gabst
Den Sterblichen
Versuchend Göttergestalt,
Wofür ein Wort? so meint ich, denn es hasset die Rede, wer
Das Lebenslicht, das herzernährende, sparet.
Es deuteten vor alters
Die Himmlischen sich, von selbst, wie sie
Die Kraft der Götter hinweggenommen.

Wir aber zwingen
Dem Unglück ab und hängen die Fahnen
Dem Siegsgott, dem befreienden, auf, darum auch
Hast du Rätsel gesendet. Heilig sind sie,
Die Glänzenden, wenn aber alltäglich
Die Himmlischen und gemein
Das Wunder scheinen will, wenn nämlich
Wie Raub Titanenfürsten die Gaben
Der Mutter greifen, hilft ein Höherer ihr.


DIE TITANEN

Nicht ist es aber
Die Zeit. Noch sind sie
Unangebunden. Göttliches trifft Unteilnehmende nicht.
Dann mögen sie rechnen
Mit Delphi. Indessen, gib in Feierstunden
Und daß ich ruhen möge, der Toten
Zu denken. Viele sind gestorben,
Feldherrn in alter Zeit
Und schöne Frauen und Dichter
Und in neuer
Der Männer viel,
Ich aber bin allein.

      und in den Ozean schiffend
Die duftenden Inseln fragen,
Wohin sie sind.

Denn manches von ihnen ist
In treuen Schriften überblieben
Und manches in Sagen der Zeit.
Viel offenbaret der Gott.
Denn lang schon wirken
Die Wolken hinab
Und es wurzelt vielesbereitend heilige Wildnis.
Heiß ist der Reichtum. Denn es fehlet
An Gesang, der löset den Geist.
Verzehren würd er
Und wäre gegen sich selbst,
Denn nimmer duldet
Die Gefangenschaft das himmlische Feuer.

Es erfreuet aber
Das Gastmahl oder wenn am Feste
Das Auge glänzet und von Perlen
Der Jungfrau Hals.
Auch Kriegesspiel

                    und durch die Gänge
Der Gärten schmettert
Das Gedächtnis der Schlacht und besänftiget
An schlanker Brust
Die tönenden Wehre ruhn
Von Heldenvätern den Kindern.
Mich aber umsummet
Die Bien und wo der Ackersmann
Die Furchen machet, singen gegen
Dem Lichte die Vögel. Manche helfen
Dem Himmel. Dieses siehet
Der Dichter. Gut ist es, an andern sich
Zu halten. Denn keiner trägt das Leben allein.

Wenn aber ist entzündet
Der geschäftige Tag
Und an der Kette, die
Den Blitz ableitet,
Von der Stunde des Aufgangs

Himmlischer Tau glänzt,
Muß unter Sterblichen auch
Das Hohe sich fühlen.
Drum bauen sie Häuser
Und die Werkstatt gehet
Und über Strömen das Schiff.
Und es bieten tauschend die Menschen
Die Händ einander, sinnig ist es
Auf Erden und es sind nicht umsonst
Die Augen an den Boden geheftet.

Ihr fühlet aber
Auch andere Art.
Denn unter dem Maße
Des Rohen brauchet es auch,
Damit das Reine sich kenne.
Wenn aber

Und in die Tiefe greifet,
Daß es lebendig werde,
Der Allerschütterer, meinen die,
Es komme der Himmlische
Zu Toten herab und gewaltig dämmert's
Im ungebundenen Abgrund,
Im allesmerkenden, auf.
Nicht möcht ich aber sagen,
Es werden die Himmlischen schwach,
Wenn schon es aufgärt.
Wenn aber
      und es gehet


An die Scheitel dem Vater, daß

      und der Vogel des Himmels ihm
Es anzeigt. Wunderbar
Im Zorne kommet er drauf.

[EINST HAB ICH DIE MUSE GEFRAGT...]

Einst hab ich die Muse gefragt, und sie
Antwortete mir:
Am Ende wirst du es finden.
Kein Sterblicher kann es fassen.
Vom Höchsten will ich schweigen.
Verbotene Frucht, wie der Lorbeer, aber ist
Am meisten das Vaterland. Die aber kost'
Ein jeder zuletzt,


Viel täuschet Anfang
Und Ende.
Das letzte aber ist
Das Himmelszeichen, das reißt
        und           Menschen
Hinweg. Wohl hat Herkules das
Gefürchtet. Aber da wir träge
Geboren sind, bedarf es des Falken, dem
Befolgt' ein Reuter, wenn
Er jaget, den Flug.


Im               wenn
Und der Fürst

         und Feuer und Rauchdampf blüht
Auf dürrem Rasen,
Doch ungemischet darunter
Aus guter Brust, das Labsal
Der Schlacht, die Stimme quillet des Fürsten.


Gefäße machet ein Künstler.
Und es kaufet

                    wenn es aber
Zum Urteil kommt
Und keusch hat es die Lippe
Von einem Halbgott berührt

Und schenket das Liebste
Den Unfruchtbaren,
Denn nimmer, von nun an,
Taugt zum Gebrauche das Heil'ge.

[WENN ABER DIE HIMMLISCHEN...]

Wenn aber die Himmlischen haben
Gebaut, still ist es
Auf Erden, und wohlgestalt stehn
Die betroffenen Berge. Gezeichnet
Sind ihre Stirnen. Denn es traf
Sie, da den Donnerer hielt
Unzärtlich die gerade Tochter,
Des Gottes bebender Strahl
Und wohl duftet gelöscht
Von oben der Aufruhr.
Wo inne stehet, beruhiget, da
Und dort,            das Feuer.
Denn Freude schüttet
Der Donnerer aus und hätte fast
Des Himmels vergessen
Damals im Zorne, hätt ihn nicht
Das Weise gewarnet.
Jetzt aber blüht es
Am armen Ort.
Und wunderbar groß will
Es stehen.
Gebirg hänget     See,
Warme    Tiefe    es kühlen aber die Lüfte
Inseln und Halbinseln,
Grotten zu beten,

Ein glänzender Schild
Und schnell, wie Rosen,

                    oder es schafft
Auch andere Art,
Es sprosset aber

                    viel üppig neidiges
Unkraut, das blendet, schneller schießet
Es auf, das ungelenke, denn es scherzet
Der Schöpferische, sie aber
Verstehen es nicht. Zu zornig greift
Es und wächst. Und dem Brande gleich,
Der Häuser verzehret, schlägt
Empor, achtlos, und schonet
Den Raum nicht, und die Pfade bedecket,
Weitgärend, ein dampfend Gewölk
                    die unbeholfene Wildnis.
So will es göttlich scheinen. Aber
Furchtbar ungastlich windet
Sich durch den Garten die Irre,
Die augenlose, da den Ausgang
Mit reinen Händen kaum
Erfindet ein Mensch. Der gehet, gesandt,
Und suchet, dem Tier gleich, das
Notwendige. Zwar mit Armen,
Der Ahnung voll, mag einer treffen
Das Ziel. Wo nämlich
Die Himmlischen eines Zaunes oder Merkmals,
Das ihren Weg
Anzeige, oder eines Bades
Bedürfen, reget es wie Feuer
In der Brust der Männer sich.

Noch aber hat andre
Bei sich der Vater.
Denn über den Alpen,
Weil an den Adler
Sich halten müssen, damit sie nicht

Mit eigenem Sinne zornig deuten,
Die Dichter, wohnen über dem Fluge
Des Vogels, um den Thron
Des Gottes der Freude
Und decken den Abgrund
Ihm zu, die gelbem Feuer gleich, in reißender Zeit
Sind über Stirnen der Männer,
Die Prophetischen, denen möchten
Es neiden, weil die Furcht
Sie lieben, Schatten der Hölle,

Sie aber trieb,
Ein rein Schicksal
Eröffnend      von
Der Erde heiligen Tischen
Der Reiniger Herkules,
Der bleibet immer lauter, jetzt noch,
Mit dem Herrscher, und othembringend steigen
Die Dioskuren ab und auf,
An unzugänglichen Treppen, wenn von himmlischer Burg
Die Berge fernhinziehen
Bei Nacht, und hin
Die Zeiten
Pythagoras


Im Gedächtnis aber lebet Philoktetes,



Die helfen dem Vater.
Denn ruhen mögen sie. Wenn aber
Sie reizet unnütz Treiben
Der Erd und es nehmen
Den Himmlischen
               die Sinne, brennend kommen
Sie dann,

Die othemlosen


Denn es hasset
Der sinnende Gott
Unzeitiges Wachstum.


[SONST NÄMLICH, VATER ZEUS...]

Sonst nämlich, Vater Zeus

Denn

Jetzt aber hast du
Gefunden anderen Rat

Darum geht schröcklich über
Der Erde Diana
Die Jägerin und zornig erhebt
Unendlicher Deutung voll
Sein Antlitz über uns
Der Herr. Indes das Meer seufzt, wenn
Er kommt

O wär es möglich,
Zu schonen mein Vaterland



Doch allzuscheu nicht,


Es würde                    lieber sei
Unschicklich und gehe, mit der Erinnys, fort
Mein Leben.
Denn über der Erde wandeln
Gewaltige Mächte,

Und es ergreifet ihr Schicksal
Den, der es leidet und zusieht,
Und ergreift den Völkern das Herz.

Denn alles fassen muß
Ein Halbgott oder ein Mensch, dem Leiden nach,
Indem er höret, allein, oder selber
Verwandelt wird, fernahnend die Rosse des Herrn,

[...MEINEST DU, ES SOLLE GEHEN...]

                                      meinest du,
Es solle gehen,
Wie damals? Nämlich sie wollten stiften
Ein Reich der Kunst. Dabei ward aber
Das Vaterländische von ihnen
Versäumet und erbärmlich ging
Das Griechenland, das schönste, zu Grunde.
Wohl hat es andere
Bewandtnis jetzt.
Es sollten nämlich die Frommen

                         und alle Tage wäre
Das Fest.
                       Also darf nicht
Ein ehrlicher Meister

                               und wie mit Diamanten
In die Fenster machte, des Müßiggangs wegen
Mit meinen Fingern, hindert

                       so hat mir
Das Kloster etwas genützet,

## DER ADLER

Mein Vater ist gewandert, auf dem Gotthard,
Da wo die Flüsse, hinab,
Wohl nach Hetruria seitwärts,
Und des geraden Weges
Auch über den Schnee,
Zu dem Olympos und Hämos,
Wo den Schatten der Athos wirft,
Nach Höhlen in Lemnos.
Anfänglich aber sind
Aus Wäldern des Indus,
Starkduftenden,
Die Eltern gekommen.
Der Urahn aber
Ist geflogen über der See
Scharfsinnend, und es wunderte sich
Des Königes goldnes Haupt
Ob dem Geheimnis der Wasser,
Als rot die Wolken dampften
Über dem Schiff und die Tiere stumm
Einander schauend
Der Speise gedachten, aber
Es stehen die Berge doch still,
Wo wollen wir bleiben?


Der Fels ist zu Weide gut,
Das Trockne zu Trank.
Das Nasse aber zu Speise.
Will einer wohnen,
So sei es an Treppen,
Und wo ein Häuslein hinabhängt,
Am Wasser halte dich auf.
Und was du hast, ist
Atem zu holen.
Hat einer ihn nämlich hinauf
Am Tage gebracht,
Er findet im Schlaf ihn wieder.

Denn wo die Augen zugedeckt,
Und gebunden die Füße sind,
Da wirst du es finden.
Denn wo erkennest,


[IHR SICHERGEBAUETEN ALPEN...]

Ihr sichergebaueten Alpen!
Die

Und ihr sanftblickenden Berge,
Wo über buschigem Abhang
Der Schwarzwald saust,
Und Wohlgerüche die Locke
Der Tannen herabgießt,
Und der Neckar

          und die Donau!
Im Sommer liebend Fieber
Umherwehet der Garten
Und Linden des Dorfs, und wo
Die Pappelweide blühet
Und der Seidenbaum
Auf heiliger Weide,

Und


Ihr guten Städte!
Nicht ungestalt, mit dem Feinde
Gemischet unmächtig

Was
Auf einmal gehet es weg
Und siehet den Tod nicht.
Wann aber

Und Stuttgart, wo ich
Ein Augenblicklicher begraben
Liegen dürfte, dort,
Wo sich die Straße
Bieget, und
      um die Weinsteig,
Und der Stadt Klang wieder
Sich findet drunten auf ebenem Grün
Stilltönend unter den Apfelbäumen


Des Tübingens      wo
Und Blitze fallen
Am hellen Tage
Und Römisches tönend ausbeuget der Spitzberg
Und Wohlgeruch


Und Thills Tal, das


DAS NÄCHSTE BESTE

[Erste Fassung]

Viel tuet die gute Stunde.
Drum wie die Staren
Mit Freudengeschrei,
Wenn im Olivenland
In liebenswürdiger Fremde
Die Sonne sticht,
Und das Herz der Erde tuet
Sich auf

      und wo
Gastfreundlich die Schwellen sind,
An blütenbekränzter Straß,
Sie spüren nämlich die Heimat,
Wenn

Auf feuchter Wiese der Charente,


Und ihnen machet wacker
Scharfwehend die Augen der Nordost, fliegen sie auf,

DAS NÄCHSTE BESTE

[Zweite Fassung]

offen die Fenster des Himmels
Und freigelassen der Nachtgeist,
Der himmelstürmende, der hat unser Land
Beschwätzet, mit Sprachen viel, unbändigen, und
Den Schutt gewälzet
Bis diese Stunde.
Doch kommt das, was ich will,
Wenn
Drum wie die Staren
Mit Freudengeschrei,
Wenn im Olivenland
In liebenswürdiger Fremde
Die Sonne sticht,
Und das Herz der Erde tuet
Sich auf

und wo
Gastfreundlich die Schwellen sind,
An blütenbekränzter Straß,
Sie spüren nämlich die Heimat,
Wenn

Auf feuchter Wiese der Charente,

Und ihnen machet wacker
Scharfwehend die Augen der Nordost, fliegen sie auf,


             der Katten Land
Und des Wirtemberges
Kornebene,


Und wo berühmt wird

            ihr ewigen Besänftigungen

                 wo dich, und der Winkel,

     und wo die Knaben gespielt


Viel sind in Deutschland

Wohnsitze sind da freundlicher Geister, die
Zusammengehören, so die Keuschen
Unterscheidet ein gleiches Gesetz.

Wenn das Tagwerk aber bleibt,
Der Erde Vergessenheit,
Wahrheit schenkt aber dazu
Den Atmenden der ewige Vater.

DAS NÄCHSTE BESTE

[Dritte Fassung]

offen die Fenster des Himmels
Und freigelassen der Nachtgeist,
Der himmelstürmende, der hat unser Land
Beschwätzet, mit Sprachen viel, unbändigen, und
Den Schutt gewälzet
Bis diese Stunde.
Doch kommt das, was ich will,
Wenn
Drum wie die Staren
Mit Freudengeschrei, wenn auf Gascogne, Orten, wo viel Gärten sind,
Wenn im Olivenland, und
In liebenswürdiger Fremde,
Springbrunnen an grasbewachsnen Wegen,
Die Bäum unwissend in der Wüste
Die Sonne sticht,
Und das Herz der Erde tuet
Sich auf, wo um
Den Hügel von Eichen
Aus brennendem Lande
Die Ströme und wo
Des Sonntags unter Tänzen
Gastfreundlich die Schwellen sind,
An blütenbekränzten Straßen, stillegehend.
Sie spüren nämlich die Heimat,
Wenn grad      aus falbem Stein,
Die Wasser silbern rieseln
Und heilig Grün sich zeigt
Auf feuchter Wiese der Charente,


Die klugen Sinne pflegend.          wenn aber
Die Luft sich bahnt,
Und ihnen machet wacker
Scharfwehend die Augen der Nordost, fliegen sie auf,
Und Eck um Ecke
Das Liebere gewahrend,

Denn immer halten die sich genau an das Nächste,
Sehn sie die heiligen Wälder und die Flamme, blühendduftend,
Des Wachstums und die Wolken des Gesanges fern und atmen Othem
Der Gesänge. Menschlich ist
Das Erkenntnis. Aber die Himmlischen
Auch haben solches mit sich, und des Morgens beobachten
Die Stunden und des Abends die Vögel. Himmlischen auch
Gehöret also solches. Wohlan nun. Sonst in Zeiten
Des Geheimnisses hätt ich, als von Natur, gesagt,
Sie kommen, in Deutschland. Jetzt aber, weil, wie die See
Die Erd ist und die Länder, Männern gleich, die nicht
Vorübergehen können, einander, untereinander
Sich schelten fast, so sag ich. Abendlich wohlgeschmiedet
Vom Oberlande biegt sich das Gebirg, wo auf hoher Wiese die Wälder
    sind wohl an
Der bairischen Ebne. Nämlich Gebirg
Geht weit und strecket hinter Amberg sich und
Fränkischen Hügeln. Berühmt ist dieses. Umsonst nicht hat
Seitwärts gebogen einer von Bergen der Jugend
Das Gebirg, und gerichtet das Gebirg
Heimatlich. Wildnis nämlich sind ihm die Alpen und
Das Gebirg, das teilet die Tale und die Länge lang,
Geht über die Erd. Dort aber

Gehn mag's nun. Fast, unrein, hatt sehn lassen und das Eingeweid
Der Erde.               Bei Ilion aber
War auch das Licht der Adler. Aber in der Mitte
Der Himmel der Gesänge. Neben aber
Am Ufer zornige Greise, der Entscheidung nämlich, die alle
Drei unser sind.


## TINIAN

    Süß ist's, zu irren
    In heiliger Wildnis,
    - - - -
    Und an der Wölfin Euter, o guter Geist,
    Der Wasser, die

Durchs heimatliche Land
Mir irren,
                          , wilder sonst,
Und jetzt gewöhnt, zu trinken, Findlingen gleich;
Des Frühlings, wenn im warmen Grunde
Des Haines wiederkehrend fremde Fittiche

                              ausruhend in Einsamkeit,
Und an Palmtagsstauden
Wohlduftend
Mit Sommervögeln
Zusammenkommen die Bienen,
Und deinen Alpen



Von Gott geteilet

Der Weltteil,
                    zwar sie stehen
Gewappnet,


Und lustzuwandeln, zeitlos

                              denn es haben
Wie Wagenlauf uns falkenglänzend, oder
Dem Tierskampf gleich, als Muttermal,
Wes Geistes Kind
Die Abendländischen sei'n, die Himmlischen
Uns diese Zierde geordnet;


                       Die Blumen gibt es,
Nicht von der Erde gezeugt, von selber
Aus lockerem Boden sprossen die,

Ein Widerstrahl des Tages, nicht ist
Es ziemend, diese zu pflücken,
Denn golden stehen,
Unzubereitet,
Ja schon die unbelaubten,
Gedanken gleich,


KOLOMB

Wünscht ich der Helden einer zu sein
Und dürfte frei             es bekennen,
So wär es ein Seeheld.



                                                        und es ist not,
Den Himmel zu fragen.


Wenn du sie aber nennest
Anson und Gama



Gewaltig ist die Zahl,
Gewaltiger aber sind sie selbst
Und machen stumm

                      die Männer.
Dennoch

Und hin nach Genua will ich,
Zu erfragen Kolombos Haus,
Wo er

In süßer Jugend gewohnet.

        meinest du



      So du
Mich aber fragest

So weit das Herz
Mir reichet, wird es gehen.




Ein Murren war es, ungeduldig


Doch da hinaus, damit
Vom Platze
Wir kommen, also rief
Gewaltig richtend
Die Gesellen die Stimme des Meergotts,
Die reine, daran
Heroen erkennen, ob sie recht
Geraten oder nicht.




Sie sahn nun,

Es waren nämlich viele,
Der schönen Inseln,

                 damit
Mit Lissabon

Und Genua teilten;

Denn einsam kann
Von Himmlischen den Reichtum tragen
Nicht eins; wohl nämlich mag
Den Harnisch dehnen
               ein Halbgott, dem Höchsten aber
Ist fast zu wenig
Das Wirken      wo das Tagslicht scheinet,
Und der Mond,
          Darum auch


         so


Nämlich öfters, wenn
Den Himmlischen zu einsam
Es wird, daß sie
Allein zusammenhalten

                oder die Erde; denn allzurein ist
Entweder


          Dann aber


              die Spuren der alten Zucht.

DEM FÜRSTEN

[Erste Fassung]

Laß in der Wahrheit immerdar
Mich bleiben

Niemals im Unglück,

                aber zu singen

Ihr Wohnungen des Himmels

              wo sie den Tempel gebaut
Und Dreifuß und Altar
aber

              herab von den Gipfeln

                  zu singen den Helden

Deutsche Jugend –    Zorn der alten Staaten –

                          hat ein Bürger

DEM FÜRSTEN

[Zweite Fassung]

Laß in der Wahrheit immerdar
Mich bleiben

Niemals im Unglück, jenes wegen
Sagen etwas
                          Vatersegen aber bauet
Den Kindern Häuser, aber zu singen


Ihr Wohnungen des Himmels, deren freundlich Gespräche
Von Geheimnisse voll
Heiliger Schule, wo sie den Tempel gebaut
Und Dreifuß und Altar
aber

                  herab von den Gipfeln, denn es haben,
Wenn einer der Sonne nicht traut
                          und von der Vaterlandserde
Das Rauschen nicht liebt,
Unheimisch diesen die Todesgötter
                          zu singen den Helden.
Was kann man aber von Fürsten denken,
Wenn man vom Nachtmahl
So wenig hält,
Daß man Sünden
Fünf Jahre oder sieben
Nachträgt




                                          hat ein Bürger

                              fast hatte

Licht meines Tags tieffurchend
Der Tag von deinem Herzen,
Mein Kurfürst! mich
Hinweggeschwatzt und auch die süße Heimat, wo
Viel Blumen blühen, gesehn

Als im Gesetze deiner Gärten, in der Gestalt
Des Erdballs

       König
Zu Jerusalem
             der müde Sohn
             der Erde
             Der Meister aber
In der Weinstadt bleibet
Im hohen Stil
Viel öfter, als der Mode.
                     Tuest braun oder
                     blau,


[UND MITZUFÜHLEN DAS LEBEN...]

Und mitzufühlen das Leben
Der Halbgötter oder Patriarchen, sitzend
Zu Gericht. Nicht aber überall ist's
Ihnen gleich um diese, sondern Leben, summendheißes, auch von
    Schatten Echo
Als in einen Brennpunkt
Versammelt. Goldne Wüste. Oder wohlunterhalten dem Feuerstahl
    des lebenswarmen
Herds gleich schlägt dann die Nacht Funken, aus geschliffnem Gestein
Des Tages, und um die Dämmerung noch
Ein Saitenspiel tönt. Gegen das Meer zischt
Der Knall der Jagd. Die Ägypterin aber, offnen Busens, sitzt
Immer singend, wegen Mühe gichtisch das Gelenk,
Im Wald, am Feuer. Recht Gewissen bedeutend
Der Wolken und der Seen des Gestirns
Rauscht in Schottland wie an dem See
Lombardas dann ein Bach vorüber. Knaben spielen
Perlfrischen Lebens gewohnt so um Gestalten
Der Meister, oder der Leichen, oder es rauscht so um der Türme
    Kronen
Sanfter Schwalben Geschrei.

Nein wahrhaftig, der Tag
Bildet keine
Menschenformen. Aber erstlich
Ein alter Gedanke, Wissenschaft
Elysium.
                    und verlorne Liebe
Der Turniere             Rosse, scheu und feucht


## [VOM ABGRUND NÄMLICH...]

Vom Abgrund nämlich haben
Wir angefangen und gegangen
Dem Leuen gleich, in Zweifel und Ärgernis,
Denn sinnlicher sind Menschen
In dem Brand
Der Wüste,
Lichttrunken und der Tiergeist ruhet
Mit ihnen. Bald aber wird, wie ein Hund, umgehn
In der Hitze meine Stimme auf den Gassen der Gärten,
In denen wohnen Menschen,
In Frankreich.
Der Schöpfer.
Frankfurt aber, nach der Gestalt, die
Abdruck ist der Natur, zu reden
Des Menschen nämlich, ist der Nabel
Dieser Erde, diese Zeit auch
Ist Zeit, und deutschen Schmelzes.
Ein wilder Hügel aber stehet über dem Abhang
Meiner Gärten. Kirschenbäume. Scharfer Othem aber wehet
Um die Löcher des Felses. Allda bin ich
Alles miteinander. Wunderbar
Aber über Quellen beuget schlank
Ein Nußbaum und        sich. Beere, wie Korall,
Hängen an dem Strauche über Röhren von Holz,
Aus denen
Ursprünglich aus Korn, nun aber zu gestehen, befestigter Gesang vo
                                    Blumen als
Neue Bildung aus der Stadt, wo

Bis zu Schmerzen aber der Nase steigt
Zitronengeruch auf und das Öl, aus der Provence, und es haben diese
Dankbarkeit mir die gascognischen Lande
Gegeben. Gezähmet aber, noch zu sehen, und genährt hat mich
Die Rapierlust und des Festtags gebraten Fleisch,
Der Tisch und braune Trauben, braune
        und mich leset, o
Ihr Blüten von Deutschland, o mein Herz wird
Untrügbarer Kristall, an dem
Das Licht sich prüfet, wenn     Deutschland


[... DER VATIKAN ...]

      der Vatikan,
Hier sind wir       in der Einsamkeit
Und drunten gehet der Bruder, ein Esel auch dem braunen Schleier
  nach.
Wenn aber der Tag    , allbejahend von wegen des Spotts,
Schicksale macht, denn aus Zorn der Natur-
Göttin, wie ein Ritter gesagt von Rom, in derlei
Palästen, gehet itzt viel Irrsal, und alle Schlüssel des Geheimnisses
               wissend
Fragt bös Gewissen,
Und Julius' Geist um derweil, welcher Kalender
Gemachet, und dort drüben, in Westfalen,
Mein ehrlich Meister.
Gott rein und mit Unterscheidung
Bewahren, das ist uns vertrauet,
Damit nicht, weil an diesem
Viel hängt, über der Büßung, über einem Fehler
Des Zeichens
Gottes Gericht entstehet.
Ach! kennet ihr den nicht mehr,
Den Meister des Forsts, und den Jüngling in der Wüste, der von Honig
Und Heuschrecken sich nährt. Still Geists ist's. Fraun
       Oben wohl
Auf Monte      , wohl auch seitwärts,
Irr ich, herabgekommen

Über Tirol, Lombarda, Loreto, wo des Pilgrims Heimat
                auf dem Gotthard, gezäunt, nachlässig, unter Gletscher
Karg wohnt jener, wo der Vogel
Mit Eiderdünnen, eine Perle des Meers,
Und der Adler den Akzent rufet, vor Gott, wo das Feuer läuft der
                                                        Menschen wege
Des Wächters Horn tönt aber über den Garden,
Der Kranich hält die Gestalt aufrecht,
Die majestätische, keusche, drüben
In Patmos, Morea, in der Pestluft.
Türkisch. Und die Eule, wohlbekannt, der Schriften
Spricht, heischern Fraun gleich in zerstörten Städten. Aber
Die erhalten den Sinn. Oft aber wie ein Brand
Entstehet Sprachverwirrung. Aber wie ein Schiff,
Das lieget im Hafen, des Abends, wenn die Glocke lautet
Des Kirchturms, und es nachhallt unten
Im Eingeweid des Tempels und der Mönch
Und Schäfer Abschied nehmet, vom Spaziergang
Und Apollon, ebenfalls
Aus Roma, derlei Palästen, sagt
Ade! unreinlich bitter, darum!
Dann kommt das Brautlied des Himmels.
Vollendruhe. Goldrot. Und die Rippe tönet
Des sandigen Erdballs in Gottes Werk
Ausdrücklicher Bauart, grüner Nacht
Und Geist, der Säulenordnung, wirklich
Ganzem Verhältnis, samt der Mitt,
Und glänzenden


                GRIECHENLAND

                 [Erste Fassung]


                      Wege des Wanderers!
Denn            Schatten der Bäume
Und Hügel, sonnig, wo
Der Weg geht
Zur Kirche,

          Regen, wie Pfeilenregen,

Und Bäume stehen, schlummernd, doch
Eintreffen Schritte der Sonne,
Denn eben so, wie sie heißer
Brennt über der Städte Dampf,
So gehet über des Regens
Behangene Mauren die Sonne

Wie Efeu nämlich hänget
Astlos der Regen herunter. Schöner aber
Blühn Reisenden die Wege
     im Freien       wechselt wie Korn.
Avignon waldig, über den Gotthard
Tastet das Roß, Lorbeern
Rauschen um Virgilius und, daß
Die Sonne nicht
Unmännlich suchet, das Grab. Moosrosen
Wachsen
Auf den Alpen. Blumen fangen
Vor Toren der Stadt an, auf geebneten Wegen unbegünstiget
Gleich Kristallen in der Wüste wachsend des Meers.
Gärten wachsen um Windsor. Hoch
Ziehet, aus London,
Der Wagen des Königs.
Schöne Gärten sparen die Jahrzeit.
Am Kanal. Tief aber liegt
Das ebene Weltmeer, glühend.


GRIECHENLAND

[Zweite Fassung]

O ihr Stimmen des Geschicks, ihr Wege des Wanderers!
Denn an dem Himmel
Tönt wie der Amsel Gesang
Der Wolken sichere Stimmung, gut
Gestimmt vom Dasein Gottes, dem Gewitter.
Und Rufe, wie Hinausschauen, zur
Unsterblichkeit und Helden;
Viel sind Erinnerungen.

Und wo die Erde, von Verwüstungen her, Versuchungen der Heilige
Großen Gesetzen nachgeht, die Einigkeit
Und Zärtlichkeit und den ganzen Himmel nachher
Erscheinend singen
Gesangeswolken. Denn immer lebt
Die Natur. Wo aber allzusehr sich
Das Ungebundene zum Tode sehnet,
Himmlisches einschläft, und die Treue Gottes,
Das Verständige fehlt.
Aber wie der Reigen
Zur Hochzeit,
Zu Geringem auch kann kommen
Großer Anfang.
Alltag aber wunderbar
Gott an hat ein Gewand.
Und Erkenntnissen verberget sich sein Angesicht
Und decket die Lüfte mit Kunst.
Und Luft und Zeit deckt
Den Schröcklichen, wenn zu sehr ihn
Eins liebet mit Gebeten oder
Die Seele.


GRIECHENLAND

[Dritte Fassung]


O ihr Stimmen des Geschicks, ihr Wege des Wanderers!
Denn an der Schule Blau,
Fernher, am Tosen des Himmels
Tönt wie der Amsel Gesang
Der Wolken heitere Stimmung, gut
Gestimmt vom Dasein Gottes, dem Gewitter.
Und Rufe, wie Hinausschauen, zur
Unsterblichkeit und Helden;
Viel sind Erinnerungen. Wo darauf
Tönend, wie des Kalbs Haut,
Die Erde, von Verwüstungen her, Versuchungen der Heiligen,
Denn anfangs bildet das Werk sich,
Großen Gesetzen nachgehet, die Wissenschaft

Und **Zärtlichkeit** und den Himmel breit lauter Hülle nachher
Erscheinend singen Gesangeswolken.
Denn fest ist der Erde
Nabel. Gefangen nämlich in Ufern von Gras sind
Die Flammen und die allgemeinen
Elemente. Lauter Besinnung aber oben lebt der Äther. Aber silbern
An reinen Tagen
Ist das Licht. Als Zeichen der Liebe
Veilchenblau die Erde.
Zu Geringem auch kann kommen
Großer Anfang.
Alltag aber wunderbar zulieb den Menschen
Gott an hat ein Gewand.
Und Erkenntnissen verberget sich sein Angesicht
Und decket die Lüfte mit Kunst.
Und Luft und Zeit deckt
Den Schröcklichen, daß zu sehr nicht eins
Ihn liebet mit Gebeten oder
Die Seele. Denn lange schon steht offen
Wie Blätter, zu lernen, oder Linien und Winkel
Die Natur
Und gelber die Sonnen und die Monde,
Zu Zeiten aber,
Wenn ausgehn will die alte Bildung
Der Erde, bei Geschichten nämlich,
Gewordnen, mutig fechtenden, wie auf Höhen führet
Die Erde Gott. Ungemessene Schritte
Begrenzt er aber, aber wie Blüten golden tun
Der Seele Kräfte dann, der Seele Verwandtschaften sich zusammen,
Daß lieber auf Erden
Die Schönheit wohnt und irgend ein Geist
Gemeinschaftlicher sich zu Menschen gesellet.

Süß ist's, dann unter hohen Schatten von Bäumen
Und Hügeln zu wohnen, sonnig, wo der Weg ist
Gepflastert zur Kirche. Reisenden aber, wem,
Aus Lebensliebe, messend immerhin.
Die Füße gehorchen, blühn
Schöner die Wege, wo das Land

# SPÄTESTE GEDICHTE

### [FREUNDSCHAFT, LIEBE...]

Freundschaft, Liebe, Kirch und Heil'ge, Kreuze, Bilder,
Altar und Kanzel und Musik. Es tönet ihm die Predigt.
Die Kinderlehre scheint nach Tisch ein schlummernd müßig
Gespräch für Mann und Kind und Jungfraun, fromme Frauen;
Hernach geht er, der Herr, der Burgersmann und Künstler
Auf Feldern froh umher und heimatlichen Auen,
Die Jugend geht betrachtend auch.

### [WENN AUS DER FERNE...]

Wenn aus der Ferne, da wir geschieden sind,
   Ich dir noch kennbar bin, die Vergangenheit,
     O du Teilhaber meiner Leiden!
         Einiges Gute bezeichnen dir kann,

So sage, wie erwartet die Freundin dich?
   In jenen Gärten, da nach entsetzlicher
     Und dunkler Zeit wir uns gefunden?
         Hier an den Strömen der heil'gen Urwelt.

Das muß ich sagen, einiges Gutes war
   In deinen Blicken, als in den Fernen du
     Dich einmal fröhlich umgesehen,
         Immer verschlossener Mensch, mit finstrem

Aussehn. Wie flossen Stunden dahin, wie still
    War meine Seele über der Wahrheit, daß
        Ich so getrennt gewesen wäre?
            Ja! ich gestand es, ich war die deine.

Wahrhaftig! wie du alles Bekannte mir
    In mein Gedächtnis bringen und schreiben willst,
        Mit Briefen, so ergeht es mir auch,
            Daß ich Vergangenes alles sage.

War's Frühling? war es Sommer? die Nachtigall
    Mit süßem Liede lebte mit Vögeln, die
        Nicht ferne waren im Gebüsche
            Und mit Gerüchen umgaben Bäum uns.

Die klaren Gänge, niedres Gesträuch und Sand,
    Auf dem wir traten, machten erfreulicher
        Und lieblicher die Hyazinthe
            Oder die Tulpe, Viole, Nelke.

Um Wänd und Mauern grünte der Efeu, grünt'
    Ein selig Dunkel hoher Alleen. Oft
        Des Abends, Morgens waren dort wir,
            Redeten manches und sahn uns froh an.

In meinen Armen lebte der Jüngling auf,
    Der, noch verlassen, aus den Gefilden kam,
        Die er mir wies, mit einer Schwermut,
            Aber die Namen der seltnen Orte

Und alles Schöne hatt er behalten, das
    An seligen Gestaden, auch mir sehr wert,
        Im heimatlichen Lande blühet
            Oder verborgen, aus hoher Aussicht,

Allwo das Meer auch einer beschauen kann,
    Doch keiner sein will. Nehme vorlieb, und denk
        An die, die noch vergnügt ist, darum,
            Weil der entzückende Tag uns anschien,

Der mit Geständnis oder der Hände Druck
  Anhub, der uns vereinet. Ach! wehe mir!
    Es waren schöne Tage. Aber
      Traurige Dämmerung folgte nachher.

Du seiest so allein in der schönen Welt,
  Behauptest du mir immer, Geliebter! das
    Weißt aber du nicht,


[AUF DEN TOD EINES KINDES]

Die Schönheit ist den Kindern eigen,
Ist Gottes Ebenbild vielleicht, –
Ihr Eigentum ist Ruh und Schweigen,
Das Engeln auch zum Lob gereicht.


DER RUHM

Es knüpft an Gott der Wohllaut, der geleitet,
Ein sehr berühmtes Ohr, denn wunderbar
Ist ein berühmtes Leben groß und klar,
Es geht der Mensch zu Fuße oder reitet.

Der Erde Freuden, Freundlichkeit und Güter,
Der Garten, Baum, der Weinberg mit dem Hüter,
Sie scheinen mir ein Widerglanz des Himmels,
Gewähret von dem Geist den Söhnen des Gewimmels. –

Wenn einer ist mit Gütern reich beglücket,
Wenn Obst den Garten ihm, und Gold ausschmücket
Die Wohnung und das Haus, was mag er haben
Noch mehr in dieser Welt, sein Herz zu laben?

## AUF DIE GEBURT EINES KINDES

Wie wird des Himmels Vater schauen
Mit Freude das erwachsne Kind,
Gehend auf blumenreichen Auen,
Mit andern, welche lieb ihm sind.

Indessen freue dich des Lebens,
Aus einer guten Seele kommt
Die Schönheit herrlichen Bestrebens,
Göttlicher Grund dir mehr noch frommt.


## [DAS ANGENEHME DIESER WELT...]

Das Angenehme dieser Welt hab ich genossen,
Die Jugendstunden sind, wie lang! wie lang! verflossen,
April und Mai und Julius sind ferne,
Ich bin nichts mehr, ich lebe nicht mehr gerne!


## [AN ZIMMERN]

Die Linien des Lebens sind verschieden,
Wie Wege sind, und wie der Berge Grenzen.
Was hier wir sind, kann dort ein Gott ergänzen
Mit Harmonien und ewigem Lohn und Frieden.


## [WENN AUS DEM HIMMEL...]

Wenn aus dem Himmel hellere Wonne sich
  Herabgießt, eine Freude den Menschen kommt,
    Daß sie sich wundern über manches
      Sichtbares, Höheres, Angenehmes:

Wie tönet lieblich heil'ger Gesang dazu!
  Wie lacht das Herz in Liedern die Wahrheit an,
    Daß Freudigkeit an einem Bildnis –
      Über dem Stege beginnen Schafe

Den Zug, der fast in dämmernde Wälder geht.
  Die Wiesen aber, welche mit lautrem Grün
    Bedeckt sind, sind wie jene Heide,
      Welche gewöhnlicher Weise nah ist

Dem dunkeln Walde. Da, auf den Wiesen auch
  Verweilen diese Schafe. Die Gipfel, die
    Umher sind, nackte Höhen sind mit
      Eichen bedecket und seltnen Tannen.

Da, wo des Stromes regsame Wellen sind,
  Daß einer, der vorüber des Weges kommt,
    Froh hinschaut, da erhebt der Berge
      Sanfte Gestalt und der Weinberg hoch sich.

Zwar gehn die Treppen unter den Reben hoch
  Herunter, wo der Obstbaum blühend darüber steht
    Und Duft an wilden Hecken weilet,
      Wo die verborgenen Veilchen sprossen;

Gewässer aber rieseln herab, und sanft
  Ist hörbar dort ein Rauschen den ganzen Tag;
    Die Orte aber in der Gegend
      Ruhen und schweigen den Nachmittag durch.

### AN ZIMMERN

Von einem Menschen sag ich, wenn der ist gut
  Und weise, was bedarf er? Ist irgend eins,
    Das einer Seele gnüget? ist ein Halm, ist
      Eine gereifteste Reb auf Erden

Gewachsen, die ihn nähre? Der Sinn ist des
  Also. Ein Freund ist oft die Geliebte, viel
    Die Kunst. O Teurer, dir sag ich die Wahrheit.
      Dädalus' Geist und des Walds ist deiner.

### DER FRÜHLING

Wenn auf Gefilden neues Entzücken keimt
Und sich die Ansicht wieder verschönt und sich
   An Bergen, wo die Bäume grünen,
     Hellere Lüfte, Gewölke zeigen,

Oh! welche Freude haben die Menschen! froh
Gehn an Gestaden Einsame, Ruh und Lust
   Und Wonne der Gesundheit blühet,
     Freundliches Lachen ist auch nicht ferne.


### DER MENSCH

Wer Gutes ehrt, er macht sich keinen Schaden,
Er hält sich hoch, er lebt den Menschen nicht vergebens,
Er kennt den Wert, den Nutzen solchen Lebens,
Er traut dem Bessern sich, er geht auf Segenspfaden.
                                  Hölderlin.


### DAS GUTE

Wenn Inneres sich bewährt, ist Gutes zu erkennen,
Es ist zu würdigen, von Menschen zu benennen,
Ist anwendbar, wie sehr die Menschen widerstreben,
Es ist zu achten, nützt und ist nötig in dem Leben.
                                  Hölderlin


### DAS FRÖHLICHE LEBEN

Wenn ich auf die Wiese komme,
Wenn ich auf dem Felde jetzt,
Bin ich noch der Zahme, Fromme,
Wie von Dornen unverletzt.
Mein Gewand in Winden wehet,
Wie der Geist mir lustig fragt,
Worin Inneres bestehet,
Bis Auflösung diesem tagt.

O vor diesem sanften Bilde,
Wo die grünen Bäume stehn,
Wie vor einer Schenke Schilde
Kann ich kaum vorübergehn.
Denn die Ruh an stillen Tagen
Dünkt entschieden trefflich mir,
Dieses mußt du gar nicht fragen,
Wenn ich soll antworten dir.

Aber zu dem schönen Bache
Such ich einen Lustweg wohl,
Der, als wie in dem Gemache,
Schleicht durchs Ufer wild und hohl,
Wo der Steg darüber gehet,
Geht's den schönen Wald hinauf,
Wo der Wind den Steg umwehet,
Sieht das Auge fröhlich auf.

Droben auf des Hügels Gipfel
Sitz ich manchen Nachmittag,
Wenn der Wind umsaust die Wipfel,
Bei des Turmes Glockenschlag,
Und Betrachtung gibt dem Herzen
Frieden, wie das Bild auch ist,
Und Beruhigung den Schmerzen,
Welche reimt Verstand und List.

Holde Landschaft! wo die Straße
Mitten durch sehr eben geht,
Wo der Mond aufsteigt, der blasse,
Wenn der Abendwind entsteht,
Wo die Natur sehr einfältig,
Wo die Berg erhaben stehn,
Geh ich heim zuletzt, haushältig,
Dort nach goldnem Wein zu sehn.

## DER SPAZIERGANG

Ihr Wälder schön an der Seite,
Am grünen Abhang gemalt,
Wo ich umher mich leite,
Durch süße Ruhe bezahlt
Für jeden Stachel im Herzen,
Wenn dunkel mir ist der Sinn,
Den Kunst und Sinnen hat Schmerzen
Gekostet von Anbeginn.
Ihr lieblichen Bilder im Tale,
Zum Beispiel Gärten und Baum,
Und dann der Steg, der schmale,
Der Bach zu sehen kaum,
Wie schön aus heiterer Ferne
Glänzt einem das herrliche Bild
Der Landschaft, die ich gerne
Besuch in Witterung mild.
Die Gottheit freundlich geleitet
Uns erstlich mit Blau,
Hernach mit Wolken bereitet,
Gebildet wölbig und grau,
Mit sengenden Blitzen und Rollen
Des Donners, mit Reiz des Gefilds,
Mit Schönheit, die gequollen
Vom Quell ursprünglichen Bilds.


## DER KIRCHHOF

Du stiller Ort, der grünt mit jungem Grase,
Da liegen Mann und Frau, und Kreuze stehn,
Wohin hinaus geleitet Freunde gehn,
Wo Fenster sind glänzend mit hellem Glase.

Wenn glänzt an dir des Himmels hohe Leuchte
Des Mittags, wann der Frühling dort oft weilt,
Wenn geistige Wolke dort, die graue, feuchte,
Wenn sanft der Tag vorbei mit Schönheit eilt!

Wie still ist's nicht an jener grauen Mauer,
Wo drüber her ein Baum mit Früchten hängt;
Mit schwarzen tauigen, und Laub voll Trauer,
Die Früchte aber sind sehr schön gedrängt.

Dort in der Kirch ist eine dunkle Stille
Und der Altar ist auch in dieser Nacht geringe,
Noch sind darin einige schöne Dinge,
Im Sommer aber singt auf Feldern manche Grille.

Wenn einer dort Reden des Pfarrherrn hört,
Indes die Schar der Freunde steht daneben,
Die mit dem Toten sind, welch eignes Leben
Und welcher Geist, und fromm sein ungestört.

### DIE ZUFRIEDENHEIT

Wenn aus dem Leben kann ein Mensch sich finden,
Und das begreifen, wie das Leben sich empfindet,
So ist es gut; wer aus Gefahr sich windet,
Ist wie ein Mensch, der kommt aus Sturm und Winden.

Doch besser ist's, die Schönheit auch zu kennen,
Einrichtung, die Erhabenheit des ganzen Lebens,
Wenn Freude kommt aus Mühe des Bestrebens,
Und wie die Güter all in dieser Zeit sich nennen.

Der Baum, der grünt, die Gipfel von Gezweigen,
Die Blumen, die des Stammes Rind' umgeben,
Sind aus der göttlichen Natur, sie sind ein Leben,
Weil über dieses sich des Himmels Lüfte neigen.

Wenn aber mich neugier'ge Menschen fragen,
Was dieses sei, sich für Empfindung wagen,
Was die Bestimmung sei, das Höchste, das Gewinnen,
So sag ich, das ist es, das Leben, wie das Sinnen.

Wen die Natur gewöhnlich, ruhig machet,
Er mahnet mich, den Menschen froh zu leben,
Warum? die Klarheit ist's, vor der auch Weise beben,
Die Freudigkeit ist schön, wenn alles scherzt und lachet.

Der Männer Ernst, der Sieg und die Gefahren,
Sie kommen aus Gebildetheit, und aus Gewahren,
Es geb ein Ziel; das Hohe von den Besten
Erkennt sich an dem Sein, und schönen Überresten.

Sie selber aber sind, wie Auserwählte,
Von ihnen ist das Neue, das Erzählte,
Die Wirklichkeit der Taten geht nicht unter,
Wie Sterne glänzen, gibt's ein Leben groß und munter.

Das Leben ist aus Taten und verwegen,
Ein hohes Ziel, gehalteners Bewegen,
Der Gang und Schritt, doch Seligkeit aus Tugend
Und großer Ernst, und dennoch lautre Jugend.

Die Reu, und die Vergangenheit in diesem Leben
Sind ein verschiednes Sein, die eine glücket
Zu Ruhm und Ruh, und allem, was entrücket,
Zu hohen Regionen, die gegeben;

Die andre führt zu Qual, und bittern Schmerzen,
Wenn Menschen untergehn, die mit dem Leben scherzen,
Und das Gebild und Antlitz sich verwandelt
Von einem, der nicht gut und schön gehandelt.

Die Sichtbarkeit lebendiger Gestalt, das Währen
In dieser Zeit, wie Menschen sich ernähren,
Ist fast ein Zwist, der lebet der Empfindung,
Der andre strebt nach Mühen und Erfindung.

[NICHT ALLE TAGE...]

Nicht alle Tage nennet die schönsten der,
 Der sich zurücksehnt unter die Freuden, wo
  Ihn Freunde liebten, wo die Menschen
   Über dem Jüngling mit Gunst verweilten.


AUSSICHT

Wenn Menschen fröhlich sind, ist dieses vom Gemüte,
Und aus dem Wohlergehn, doch aus dem Felde kommet,
Zu schaun der Bäume Wuchs, die angenehme Blüte,
Da Frucht der Ernte noch den Menschen wächst und frommet.

Gebirg umgibt das Feld, vom Himmel hoch entstehet
Die Dämmerung und Luft, der Ebnen sanfte Wege
Sind in den Feldern fern, und über Wasser gehet
Der Mensch zu Örtern dort die kühn erhöhten Stege.

Erinnerung ist auch dem Menschen in den Worten,
Und der Zusammenhang der Menschen gilt die Tage
Des Lebens durch zum Guten in den Orten,
Doch zu sich selber macht der Mensch des Wissens Frage.

Die Aussicht scheint Ermunterung, der Mensch erfreuet
Am Nutzen sich, mit Tagen dann erneuet
Sich sein Geschäft, und um das Gute waltet
Die Vorsicht gut, zu Dank, der nicht veraltet.


DEM GNÄDIGSTEN HERRN VON LEBRET

Sie, Edler! sind der Mensch, von dem das Beste sagen
Nicht fälschlich ist, da jeder Mensch es kennet,
Doch die Vollkommenheit enthält verschiedne Fragen,
Wenn schon der Mensch es leicht bezeuget nennet.

Sie aber haben dies in recht gewohntem Leben,
In der Gewogenheit, von der sich Menschen ehren,
Das ist den Würdigern als wie ein Gut gegeben,
Da viele sich in Not und Gram verzehren.

So unverlierbar dies, so geht es, hoch zu gelten,
Aus der Gewogenheit; die Menschen leben nimmer
Allein und schlechterdings von ihrem Schein und Schimmer,
Der Mensch bezeuget dies und Weisheit geht in Welten.


### DER FRÜHLING

Wie selig ist's, zu sehn, wenn Stunden wieder tagen,
Wo sich vergnügt der Mensch umsieht in den Gefilden,
Wenn Menschen sich um das Befinden fragen,
Wenn Menschen sich zum frohen Leben bilden.

Wie sich der Himmel wölbt, und auseinander dehnet,
So ist die Freude dann an Ebnen und im Freien,
Wenn sich das Herz nach neuem Leben sehnet,
Die Vögel singen, zum Gesange schreien.

Der Mensch, der oft sein Inneres gefraget,
Spricht von dem Leben dann, aus dem die Rede gehet,
Wenn nicht der Gram an einer Seele naget,
Und froh der Mann vor seinen Gütern stehet.

Wenn eine Wohnung prangt, in hoher Luft gebauet,
So hat der Mensch das Feld geräumiger und Wege
Sind weit hinaus, daß einer um sich schauet,
Und über einen Bach gehen wohlgebaute Stege.


### DER HERBST

Die Sagen, die der Erde sich entfernen,
Vom Geiste, der gewesen ist und wiederkehret,
Sie kehren zu der Menschheit sich, und vieles lernen
Wir aus der Zeit, die eilends sich verzehret.

Die Bilder der Vergangenheit sind nicht verlassen
Von der Natur, als wie die Tag verblassen
Im hohen Sommer, kehrt der Herbst zur Erde nieder,
Der Geist der Schauer findet sich am Himmel wieder.

In kurzer Zeit hat vieles sich geendet,
Der Landmann, der am Pfluge sich gezeiget,
Er siehet, wie das Jahr sich frohem Ende neiget,
In solchen Bildern ist des Menschen Tag vollendet.

Der Erde Rund mit Felsen ausgezieret
Ist wie die Wolke nicht, die abends sich verlieret,
Es zeiget sich mit einem goldnen Tage,
Und die Vollkommenheit ist ohne Klage.


### DER SOMMER

Das Erntefeld erscheint, auf Höhen schimmert
Der hellen Wolke Pracht, indes am weiten Himmel
In stiller Nacht die Zahl der Sterne flimmert,
Groß ist und weit von Wolken das Gewimmel.

Die Pfade gehn entfernter hin, der Menschen Leben,
Es zeiget sich auf Meeren unverborgen,
Der Sonne Tag ist zu der Menschen Streben
Ein hohes Bild, und golden glänzt der Morgen.

Mit neuen Farben ist geschmückt der Gärten Breite,
Der Mensch verwundert sich, daß sein Bemühn gelinget,
Was er mit Tugend schafft, und was er hoch vollbringet,
Es steht mit der Vergangenheit in prächtigem Geleite.


### DER FRÜHLING

Es kommt der neue Tag aus fernen Höhn herunter,
Der Morgen, der erwacht ist aus den Dämmerungen,
Er lacht die Menschheit an, geschmückt und munter,
Von Freuden ist die Menschheit sanft durchdrungen.

Ein neues Leben will der Zukunft sich enthüllen,
Mit Blüten scheint, dem Zeichen froher Tage,
Das große Tal, die Erde sich zu füllen,
Entfernt dagegen ist zur Frühlingszeit die Klage.

       Mit Untertänigkeit
d: 3$\underline{\text{ten}}$ März 1648.   Scardanelli.


AUSSICHT

Der offne Tag ist Menschen hell mit Bildern,
Wenn sich das Grün aus ebner Ferne zeiget,
Noch eh des Abends Licht zur Dämmerung sich neiget,
Und Schimmer sanft den Klang des Tages mildern.
Oft scheint die Innerheit der Welt umwölkt, verschlossen,
Des Menschen Sinn von Zweifeln voll, verdrossen,
Die prächtige Natur erheitert seine Tage
Und ferne steht des Zweifels dunkle Frage.

       Mit Untertänigkeit
Den 24. März 1671   Scardanelli.


DER FRÜHLING

Die Sonne glänzt, es blühen die Gefilde,
Die Tage kommen blütenreich und milde,
Der Abend blüht hinzu, und helle Tage gehen
Vom Himmel abwärts, wo die Tag entstehen.

Das Jahr erscheint mit seinen Zeiten
Wie eine Pracht, wo Feste sich verbreiten,
Der Menschen Tätigkeit beginnt mit neuem Ziele,
So sind die Zeichen in der Welt, der Wunder viele.

       Mit Untertänigkeit
d. 24 April 1839.   Scardanelli.

## HÖHERES LEBEN

Der Mensch erwählt sein Leben, sein Beschließen,
Von Irrtum frei kennt Weisheit er, Gedanken,
Erinnrungen, die in der Welt versanken,
Und nichts kann ihm der innern Wert verdrießen.

Die prächtige Natur verschönet seine Tage,
Der Geist in ihm gewährt ihm neues Trachten
In seinem Innern oft, und das, die Wahrheit achten,
Und höhern Sinn, und manche seltne Frage.

Dann kann der Mensch des Lebens Sinn auch kennen,
Das Höchste seinem Zweck, das Herrlichste benennen,
Gemäß der Menschheit so des Lebens Welt betrachten,
Und hohen Sinn als höhres Leben achten.

       Scardanelli.


## HÖHERE MENSCHHEIT

Den Menschen ist der Sinn ins Innere gegeben,
Daß sie als anerkannt das Beßre wählen,
Es gilt als Ziel, es ist das wahre Leben,
Von dem sich geistiger des Lebens Jahre zählen.

       Scardanelli.


## [DES GEISTES WERDEN...]

Des Geistes Werden ist den Menschen nicht verborgen,
Und wie das Leben ist, das Menschen sich gefunden,
Es ist des Lebens Tag, es ist des Lebens Morgen,
Wie Reichtum sind des Geistes hohe Stunden.

Wie die Natur sich dazu herrlich findet,
Ist, daß der Mensch nach solcher Freude schauet,
Wie er dem Tage sich, dem Leben sich vertrauet,
Wie er mit sich den Bund des Geistes bindet.

### DER FRÜHLING

Der Mensch vergißt die Sorgen aus dem Geiste,
Der Frühling aber blüht, und prächtig ist das meiste,
Das grüne Feld ist herrlich ausgebreitet,
Da glänzend schön der Bach hinuntergleitet.

Die Berge stehn bedecket mit den Bäumen,
Und herrlich ist die Luft in offnen Räumen,
Das weite Tal ist in der Welt gedehnet
Und Turm und Haus an Hügeln angelehnet.

                              Mit Untertänigkeit
                              Scardanelli

### DER SOMMER

Wenn dann vorbei des Frühlings Blüte schwindet,
So ist der Sommer da, der um das Jahr sich windet.
Und wie der Bach das Tal hinuntergleitet,
So ist der Berge Pracht darum verbreitet.
Daß sich das Feld mit Pracht am meisten zeiget,
Ist, wie der Tag, der sich zum Abend neiget;
Wie so das Jahr verweilt, so sind des Sommers Stunden
Und Bilder der Natur dem Menschen oft verschwunden.

d. 24 Mai 1778.                             Scardanelli.

### DER WINTER

Wenn bleicher Schnee verschönert die Gefilde,
Und hoher Glanz auf weiter Ebne blinkt,
So reizt der Sommer fern, und milde
Naht sich der Frühling oft, indes die Stunde sinkt.

Die prächtige Erscheinung ist, die Luft ist feiner,
Der Wald ist hell, es geht der Menschen keiner
Auf Straßen, die zu sehr entlegen sind, die Stille machet
Erhabenheit, wie dennoch alles lachet.

Der Frühling scheint nicht mit der Blüten Schimmer
Dem Menschen so gefallend, aber Sterne
Sind an dem Himmel hell, man siehet gerne
Den Himmel fern, der ändert fast sich nimmer.

Die Ströme sind, wie Ebnen, die Gebilde
Sind, auch zerstreut, erscheinender, die Milde
Des Lebens dauert fort, der Städte Breite
Erscheint besonders gut auf ungemeßner Weite.


### WINTER

Wenn sich das Laub auf Ebnen weit verloren,
So fällt das Weiß herunter auf die Tale,
Doch glänzend ist der Tag vom hohen Sonnenstrahle,
Es glänzt das Fest den Städten aus den Toren.

Es ist die Ruhe der Natur, des Feldes Schweigen
Ist wie des Menschen Geistigkeit, und höher zeigen
Die Unterschiede sich, daß sich zu hohem Bilde
Sich zeiget die Natur, statt mit des Frühlings Milde.

|  |  |
|---|---|
|  | Dero untertänigster |
| d. 25 Dezember 1841. | Scardanelli. |


### DER WINTER

Das Feld ist kahl, auf ferner Höhe glänzet
Der blaue Himmel nur, und wie die Pfade gehen,
Erscheinet die Natur, als Einerlei, das Wehen
Ist frisch, und die Natur von Helle nur umkränzet.

Der Erde Stund ist sichtbar von dem Himmel
Den ganzen Tag, in heller Nacht umgeben,
Wenn hoch erscheint von Sternen das Gewimmel,
Und geistiger das weit gedehnte Leben.


DER SOMMER

Noch ist die Zeit des Jahrs zu sehn, und die Gefilde
Des Sommers stehn in ihrem Glanz, in ihrer Milde;
Des Feldes Grün ist prächtig ausgebreitet,
Allwo der Bach hinab mit Wellen gleitet.

So zieht der Tag hinaus durch Berg und Tale,
Mit seiner Unaufhaltsamkeit und seinem Strahle,
Und Wolken ziehn in Ruh, in hohen Räumen,
Es scheint das Jahr mit Herrlichkeit zu säumen.

                                      Mit Untertänigkeit
d. 9ten März 1940.                    Scardanelli


DER FRÜHLING

Wenn neu das Licht der Erde sich gezeiget,
Von Frühlingsregen glänzt das grüne Tal und munter
Der Blüten Weiß am hellen Strom hinunter,
Nachdem ein heitrer Tag zu Menschen sich geneiget.

Die Sichtbarkeit gewinnt von hellen Unterschieden,
Der Frühlingshimmel weilt mit seinem Frieden,
Daß ungestört der Mensch des Jahres Reiz betrachtet,
Und auf Vollkommenheit des Lebens achtet.

                                      Mit Untertänigkeit
d. 15 März 1842                     Scardanelli.

### DER HERBST

Das Glänzen der Natur ist höheres Erscheinen,
Wo sich der Tag mit vielen Freuden endet,
Es ist das Jahr, das sich mit Pracht vollendet,
Wo Früchte sich mit frohem Glanz vereinen.

Das Erdenrund ist so geschmückt, und selten lärmet
Der Schall durchs offne Feld, die Sonne wärmet
Den Tag des Herbstes mild, die Felder stehen
Als eine Aussicht weit, die Lüfte wehen

Die Zweig und Äste durch mit frohem Rauschen,
Wenn schon mit Leere sich die Felder dann vertauschen,
Der ganze Sinn des hellen Bildes lebet
Als wie ein Bild, das goldne Pracht umschwebet.

d. 15$^{\underline{ten}}$ Nov. 1759.

### DER SOMMER

Im Tale rinnt der Bach, die Berg an hoher Seite,
Sie grünen weit umher an dieses Tales Breite,
Und Bäume mit dem Laube stehn gebreitet,
Daß fast verborgen dort der Bach hinunter gleitet.

So glänzt darob des schönen Sommers Sonne,
Daß fast zu eilen scheint des hellen Tages Wonne,
Der Abend mit der Frische kommt zu Ende,
Und trachtet, wie er das dem Menschen noch vollende.

|  |  |
|---|---|
|  | mit Untertänigkeit |
| d. 24 Mai 1758. | Scardanelli. |

### DER SOMMER

Die Tage gehn vorbei mit sanfter Lüfte Rauschen,
Wenn mit der Wolke sie der Felder Pracht vertauschen,
Des Tales Ende trifft der Berge Dämmerungen,
Dort, wo des Stromes Wellen sich hinabgeschlungen.

Der Wälder Schatten sieht umhergebreitet,
Wo auch der Bach entfernt hinuntergleitet,
Und sichtbar ist der Ferne Bild in Stunden,
Wenn sich der Mensch zu diesem Sinn gefunden.

d. 24 Mai 1758.                          Scardanelli.


## DER MENSCH

Wenn aus sich lebt der Mensch und wenn sein Rest sich zeiget,
So ist's, als wenn ein Tag sich Tagen unterscheidet,
Daß ausgezeichnet sich der Mensch zum Reste neiget,
Von der Natur getrennt und unbeneidet.

Als wie allein ist er im andern weiten Leben,
Wo rings der Frühling grünt, der Sommer freundlich weilet,
Bis daß das Jahr im Herbst hinunter eilet,
Und immerdar die Wolken uns umschweben.

                                               mit Untertänigkeit
d. 28ten Juli 1842.                     Scardanelli.


## DER WINTER

Wenn ungesehn und nun vorüber sind die Bilder
Der Jahreszeit, so kommt des Winters Dauer,
Das Feld ist leer, die Ansicht scheinet milder,
Und Stürme wehn umher und Regenschauer.

Als wie ein Ruhetag, so ist des Jahres Ende,
Wie einer Frage Ton, daß dieser sich vollende,
Alsdann erscheint des Frühlings neues Werden,
So glänzet die Natur mit ihrer Pracht auf Erden.

                                             Mit Untertänigkeit
d. 24 April 1849                       Scardanelli.

### DER WINTER

Wenn sich das Jahr geändert, und der Schimmer
Der prächtigen Natur vorüber, blühet nimmer
Der Glanz der Jahreszeit, und schneller eilen
Die Tage dann vorbei, die langsam auch verweilen.

Der Geist des Lebens ist verschieden in den Zeiten
Der lebenden Natur, verschiedne Tage breiten
Das Glänzen aus, und immerneues Wesen
Erscheint den Menschen recht, vorzüglich und erlesen.

                           Mit Untertänigkeit
d. 24 Januar 1676.                Scardanelli.

### DER WINTER

Wenn sich der Tag des Jahrs hinabgeneiget
Und rings das Feld mit den Gebirgen schweiget,
So glänzt das Blau des Himmels an den Tagen,
Die wie Gestirn in heitrer Höhe ragen.

Der Wechsel und die Pracht ist minder umgebreitet,
Dort, wo ein Strom hinab mit Eile gleitet,
Der Ruhe Geist ist aber in den Stunden
Der prächtigen Natur mit Tiefigkeit verbunden.

                           Mit Untertänigkeit
d. 24 Januar 1743.                Scardanelli.

### GRIECHENLAND

Wie Menschen sind, so ist das Leben prächtig,
Die Menschen sind der Natur öfters mächtig,
Das prächt'ge Land ist Menschen nicht verborgen,
Mit Reiz erscheint der Abend und der Morgen.

Die offnen Felder sind als in der Ernte Tage,
Mit Geistigkeit ist weit umher die alte Sage,
Und neues Leben kommt aus Menschheit wieder,
So sinkt das Jahr mit einer Stille nieder.

                                        Mit Untertänigkeit
Den 24t. Mai 1748                      Scardanelli.


### DER FRÜHLING

Der Tag erwacht, und prächtig ist der Himmel,
Entschwunden ist von Sternen das Gewimmel,
Der Mensch empfindet sich, wie er betrachtet,
Der Anbeginn des Jahrs wird hoch geachtet.

Erhaben sind die Berge, wo die Ströme glänzen,
Die Blütenbäume sind, als wie mit Kränzen,
Das junge Jahr beginnt, als wie mit Festen,
Die Menschen bilden mit Höchsten sich und Besten.

                                        mit Untertänigkeit
d. 24 Mai 1748.                         Scardanelli.


### DER FRÜHLING

Die Sonne kehrt zu neuen Freuden wieder,
Der Tag erscheint mit Strahlen, wie die Blüte,
Die Zierde der Natur erscheint sich dem Gemüte,
Als wie entstanden sind Gesang und Lieder.

Die neue Welt ist aus der Tale Grunde,
Und heiter ist des Frühlings Morgenstunde,
Aus Höhen glänzt der Tag, des Abends Leben
Ist der Betrachtung auch des innern Sinns gegeben.

                                        Mit Untertänigkeit
d. 20 Jan. 1758.                        Scardanelli.

## DER FRÜHLING

Wenn aus der Tiefe kommt der Frühling in das Leben,
Es wundert sich der Mensch, und neue Worte streben
Aus Geistigkeit, die Freude kehret wieder
Und festlich machen sich Gesang und Lieder.

Das Leben findet sich aus Harmonie der Zeiten,
Daß immerdar den Sinn Natur und Geist geleiten,
Und die Vollkommenheit ist eines in dem Geiste,
So findet vieles sich, und aus Natur das meiste.

                                         Mit Untertänigkeit
d. 24 Mai 1758.                           Scardanelli.

## DER ZEITGEIST

Die Menschen finden sich in dieser Welt zum Leben,
Wie Jahre sind, wie Zeiten höher streben,
So wie der Wechsel ist, ist übrig vieles Wahre,
Daß Dauer kommt in die verschiednen Jahre;
Vollkommenheit vereint sich so in diesem Leben,
Daß diesem sich bequemt der Menschen edles Streben.

                                           Mit Untertänigkeit
24. Mai 1748.                            Scardanelli.

## FREUNDSCHAFT

Wenn Menschen sich aus innrem Werte kennen,
So können sie sich freudig Freunde nennen,
Das Leben ist den Menschen so bekannter,
Sie finden es im Geist interessanter.

Der hohe Geist ist nicht der Freundschaft ferne,
Die Menschen sind den Harmonien gerne
Und der Vertrautheit hold, daß sie der Bildung leben,
Auch dieses ist der Menschheit so gegeben.

                                        Mit Untertänigkeit
d. 20 Mai 1758.                          Scardanelli.

## DIE AUSSICHT

Wenn in die Ferne geht der Menschen wohnend Leben,
Wo in die Ferne sich erglänzt die Zeit der Reben,
Ist auch dabei des Sommers leer Gefilde,
Der Wald erscheint mit seinem dunklen Bilde.

Daß die Natur ergänzt das Bild der Zeiten,
Daß die verweilt, sie schnell vorübergleiten,
Ist aus Vollkommenheit, des Himmels Höhe glänzet
Den Menschen dann, wie Bäume Blüt umkränzet.

                                        Mit Untertänigkeit
d. 24 Mai 1748.                          Scardanelli.

# PLÄNE UND BRUCHSTÜCKE

1               DER WINKEL VON HARDT

2   Der Empfindsame – der grausame Stoiker, – die Vorzüge
des Knaben, Jünglings, Mannes und hohen Alters.

3   Allmacht des Schaffenden
Sohn der Nacht

4                LIED DES SCHWEDEN

        Aber ich will nimmer leben

                Schlafenden

                              brüllen
                              spielen

    Mord und Tod!

5                   KOLOMB

6                  SHAKESPEARE

7   An der . . . stehn,
Wildharrend in der furchtbaren Rüstung, Jahrtausende.

8  Wandelt ewig freigegeben
   Frei in stiller Selbstgewalt
   Unter euch ein


9              DIOTIMA

   Die Helden könnt ich nennen
      Und schweigen von der schönsten der Heldinnen,


10           DIE VERJÜNGUNG

   Das Sonnenlicht weckt vergangne Freuden mir auf,


11              SCHILLER

   Götter zogen dich auf, Jüngling,


12           PALINGENESIE

   Mit der Sonne sehn ich mich oft vom Aufgang bis zum Niedergang
   den weiten Bogen schnell hineilend zu wandeln, oft, mit Gesang zu
   folgen dem großen, dem Vollendungsgange der alten Natur,
   Und, wie der Feldherr auf dem Helme den Adler trägt in Kampf
   und Triumph, so möcht ich, daß sie mich trüge
   Mächtig das Sehnen der Sterblichen.
   Aber es wohnet auch ein Gott in dem Menschen, daß er Vergangenes
   und Zukünftiges sieht und wie vom Strom ins Gebirg hinauf an die
   Quelle lustwandelt er durch Zeiten
   Aus ihrer Taten stillem Buch ist Vergangenem bekannt er durch – –
   die goldenes beut


13   Geist der Natur.


14   Aber nun ruhet er eine Weile,

15   GESANG DER MUSEN AM MITTAG

Katastrophe Phaëthon.

16            ZU SOKRATES' ZEITEN

Vormals richtete Gott.

        Könige.

     Weise.

         wer richtet denn itzt?

Richtet das einige
 Volk? die heil'ge Gemeinde?
 Nein! o nein! wer richtet denn itzt?
       ein Natterngeschlecht!      feig und falsch
          das edlere Wort nicht mehr
    Über die Lippe
O im Namen
                  ruf ich,
   Alter Dämon! dich herab

Oder   sende
  Einen Helden

Oder
    die Weisheit.

17            EMPEDOKLES AUF DEM ÄTNA

18                        AN

Elysium

  Dort find ich ja

Zu euch, ihr Todesgötter

Dort Diotima        Heroen.

Singen möcht ich von dir

Aber nur Tränen.

Und in der Nacht, in der ich wandle, erlöscht mir dein

Klares Auge!
             himmlischer Geist.

19                 AN MEINE SCHWESTER

Übernacht ich im Dorf

Albluft

Straße hinunter

Haus    Wiedersehn.    Sonne der Heimat

Kahnfahrt,
Freunde    Männer und Mutter.
Schlummer.

20                 DER CYPRIER

21                 OVIDS RÜCKKEHR NACH ROM

Klima                                       id. n. her. id. n. h. id.
Heimat
Skythen
Rom
Tiber Völker
Heroen
Götter

**22**

Alles ist innig

   Das scheidet

So birgt der Dichter

Verwegner! möchtest von Angesicht zu Angesicht
  Die Seele sehn
      Du gehest in Flammen unter.

**23**
## SYBILLE

Der Sturm
      Aber sie schmähn
          Schütteln gewaltig den Baum doch auch die törigen Kinder
                        werfen mit Steinen
   die Äste beugt
    Und der Rabe singt
So wandert das Wetter Gottes über

    Aber du heil'ger Gesang.

Und suchst armer Schiffer den gewohnten

Zu den Sternen siehe.

**24**
## DER BAUM

Da ich ein Kind, zag pflanzt ich dich

  Schöne Pflanze! wie sehn wir nun verändert uns
Herrlich stehest         und

        wie ein Kind vor.

25   Ode an Buonaparte

26   Aber die Sprache —
Im Gewitter spricht der
Gott.
Öfters hab ich die Sprache
sie sagte, der Zorn sei genug und gelte für den Apollo —
Hast du Liebe genug, so zürn aus Liebe nur immer,
Öfters hab ich Gesang versucht, aber sie hörten dich nicht. Denn so
wollte die heilige Natur. Du sangest, du für sie in deiner Jugend
nicht singend
Du sprachest zur Gottheit,
aber dies habt ihr all vergessen, daß immer die Erstlinge Sterblichen
nicht, daß sie den Göttern gehören.
gemeiner muß, alltäglicher muß
die Frucht erst werden, dann wird
sie den Sterblichen eigen.

27                    am stürzenden Strom,

   Die Städte.


28                  DER GOTTHARD


29          Und wenig Wissen, aber der Freude viel
            Ist Sterblichen gegeben,


         Warum, o schöne Sonne, genügst du mir,
            Du Blüte meiner Blüten! am Maitag nicht?
         Was weiß ich Höhers denn?


         O daß ich lieber wäre, wie Kinder sind!
            Daß ich, wie Nachtigallen, ein sorglos Lied
            Von meiner Wonne sänge!

30                 FRÜHLINGSANFANG

    Schon
        Und anders will es werden, wo ich es nicht
        Gedacht',
                      versagte.

    Ach! immer immer ziehest du doch uns nach
        An deinem Siegeswagen, du freundlich Jahr!
        Es hilft die Weisheit nicht, und
            Ruhig und liebend und wirkend wandeln

    Von einer Zeit zu anderen wir mit dir,
        Doch wenn es gält und einer das Herz uns schmäht,
        Nicht Ruh und Lieb und Ehr ihm
           Gönnet, dann ruhet, dann liebt's auch nimmer!

31                 TASSO AN LEONOREN

                    Abschied von ihr.

32                 AN SIEGFRIED SCHMID

33                 WILLKOMM NACH DEM KRIEGE

34                 KLEISTS TOD

35                 VOMERS LANDGUT

36                 Ozeaniden.

37        IM WALDE

Du edles Wild.
Aber in Hütten wohnet der Mensch, und hüllet sich ein ins verschämte
Gewand, denn inniger ist, achtsamer auch und daß er bewahre den
Geist, wie die Priesterin die himmlische Flamme, dies ist sein Verstand. Und darum ist die Willkür ihm und höhere Macht zu fehlen
und zu vollbringen, dem Götterähnlichen, der Güter Gefährlichstes,
die Sprache, dem Menschen gegeben, damit er schaffend, zerstörend,
und untergehend, und wiederkehrend zur ewiglebenden, zur Meisterin und Mutter, damit er zeuge, was er sei, geerbet zu haben, gelernt von ihr, ihr Göttlichstes, die allerhaltende Liebe.


38        Denn nirgend bleibt er.
          Es fesselt
          Kein Zeichen.
          Nicht immer

          Ein Gefäß ihn zu fassen.


39        Von Gott aus gehet mein Werk.


40                    LUTHER


41        Denn gute Dinge sind drei.

          Nicht will ich
          Die Bilder dir stürmen.


              und das Sakrament
          Heilig behalten, das hält unsre Seele
          Zusammen, die uns gönnet Gott, das Lebenslicht,
          Das gesellige,
          Bis an unser End

42 CÄCILIA

43 DIE ENTSCHEIDUNG

44 Ein anderes freilich ist's,

        Unterschiedenes ist
gut. Ein jeder
                und es hat
Ein jeder das Seine.

45 Die Instinkte der Menschen zur Musenzeit.

46                 wir aber singen
Den Schicksalshügel, nämlich


            die Berge
Des Frankenlandes,

            und die Wartburg
Schon blühen    daselbst

           heiligen Namen, o Gesang, aber
Den Bußort
Von Deutschland nennest du ihn;

47               dem dunklen Blatte,
        Und es war
Das Wachstum vernehmlich
        und          der syrische Boden,
    zerschmettert, und Flammen gleich unter den Sohlen

Es stach
Und der Ekel mich
Ankömmt vom wütenden Hunger
Friedrich mit der gebißnen Wange
Eisenach
Die ruhmvollen

Barbarossa
Der Konradin

Ugolino –

Eugen
Himmelsleiter


        Der Abschied der Zeit
           und es scheiden im Frieden voneinander


48    So Mahomed[1], Rinald,
      Barbarossa, als freier Geist,


Kaiser Heinrich.
Wir bringen aber die Zeiten
untereinander
          Demetrius Poliorcetes
Peter der Große
        Heinrichs
Alpenübergang und daß
die Leute mit eigner Hand er gespeiset
und getränket und sein Sohn Konrad an Gift starb
Muster eines Zeitveränderers
Reformators
Konradin usw.

alle, als Verhältnisse
bezeichnend.

[1] Höret das Horn des Wächters bei Nacht
   Nach Mitternacht ist's um die fünfte Stunde.

49 Ursprung der Loyauté
*Ευνομια, κασιγνηται τε, βαθρον πολιων, ασφαλης δικα και ομοτροπος ειρανα, ταμιαι ανδρασι πλουτου, χρυσεαι παιδες ευβουλου Θεμιτος.*

50 Wenn über dem Weinberg es flammt
Und schwarz wie Kohlen
Aussiehet um die Zeit
Des Herbstes der Weinberg, weil
Die Röhren des Lebens feuriger atmen
In den Schatten des Weinstocks. Aber
Schön ist's, die Seele
Zu entfalten und das kurze Leben

51 Bei Thebe und Tiresias!
Mir will der Boden zu kahl sein.

52 Wie aber jetzt?
Nicht ist ein Feldherr, daß, wenn einer käme, oder
Ein Mann uns vorgegeben, daß wir


Dennoch, damit uns nicht,
Die gingen, haben, die Todesgötter



                das Saitenspiel
Das hochgestimmte, silbertönende zwar,


53 Und der Himmel wird wie eines Malers Haus,
Wenn seine Gemälde sind aufgestellet.

54 Süß ist's,
           und genährt zu sein vom Schönen
   Der Welt,
   Denn


                              Gotts Lohn


   So schlägt die Leier Apoll.


   Und zu schauen
   Die Länder


   Ist dir gegeben.


55         Joseph
       Weltlauf und Gelehrtensentimentalität
       Im Vorurteil des Moralisten gegen Friedrich
       Im Gegenteil Rabener


56 Viel Unbefangenheit
   Der großen Zeit, und Bündnisse, durch
   Kleinigkeiten bewerkstelliget,
   Gott in Anmut aber nicht
   Nachdenklich oder gereizt, empfindlich gemacht, in einer Geschichte,
   Oder zweifelhaft.


57         Ähnlich dem Manne, der Menschen frisset
           Ist einer, der lebt ohne
           (Liebe)


                    und Schatten beschreibend hätt er
           Der Augen Zorn

DER TOTENGRÄBER

Es hat aber

Klopstock gestorben am
Jahrtausend. Also heißet um die Alten
Die Trauer.
Furchtbar scheint mir das und als ein

Oft hab ich

Denn den hat göttlichbüßend der Eltern Sonne getötet
Mit den Genossen
Er hätte Flammen vom Altare

    wär er auch Prometheus
Ob aber mannigfaltig kommet das Licht,
    aber ist es das unschuldigste.
Nicht ist vorauszusagen.
    wie Gott hinwegnimmt auf dem Wagen
In der Erde Gesetzen einen Heiligen oder Seher. Aber es sind
Im Griechenland auch solche gewesen, sieben Weise.
Jetzt aber geschiehet

        Schlechthin
         diesesmal, oft aber
Geschiehet etwas um die Schläfe, nicht ist
Es zu verstehen, wenn aber eines Weges
Ein Freier herausgeht, findet
Daselbst es bereitet.


Zu Rossen, ewige Lust
Zu Leben, wie wenn Nachtigallen
Süßen Ton der Heimat oder die Schneegans
Den Ton anstimmet über
Dem Erdkreis, sehnend,

62        Seines jedem und ein Ende der Wanderschaft,
          Einen Orden oder
          Feierlichkeit geben oder Gesetze
          Die Geister des Gemeingeists,
          Die Geister Jesu
          Christi


63                             und wie der Ratsherr
          Sacktuch


64        Immer, Liebes! gehet
          Die Erd und der Himmel hält.


65                             Streifen blauer Lilien
          Kennest du,   der Arbeit
          Von Künstlern allein oder gleich
          Dem Hirsch, der schweifet in der Hitze. Nicht
          Ohn Einschränkung.


66        Eine beständige Vision ist aber
          nach der Himmelsleiter
          das Elysium


67        Narzissen, Ranunklen und
          Syringen aus Persien,
          Blumen, Nelken, gezogen perlenfarb
          Und schwarz und Hyazinthen,
          Wie wenn es riechet, statt Musik
          Des Eingangs, dort, wo böse Gedanken,
          Liebende, mein Sohn, vergessen sollen einzugehen
          Verhältnisse und dies Leben
          Christophori          der Drache vergleicht der Natur
          Gang und Geist und Gestalt.

68  Da soll er alles
Hinausführen
Außer den Langen
An eine reine Stätte,
Da man die Asche
Hinschüttet, und soll's
Verbrennen auf dem Holz mit Feuer.

69  Bauen möcht

und neu errichten
des Theseus Tempel und die Stadien
und wo Perikles gewohnet

Es fehlet aber das Geld, denn zu viel
ist ausgegeben heute. Zu Gaste nämlich hatt
ich geladen      und wir saßen beieinander

70  Carrieres de greve
Sagen für Künstler

Krone auf dem Capitol

Tasso
politisch Sorgen herzungewisse

71  Heidnisches
Jo Bacche, daß sie lernen der Hände Geschick
Samt selbigem,
Gerächet oder vorwärts. Die Rache gehe

Nämlich zurück. Und daß uns nicht,
Dieweil wir roh sind,
Mit Wasserwellen Gott
              schlage. Nämlich
Gottlosen auch
Wir aber sind
Gemeinen gleich,
Die, gleich
Edeln Gott versuchet, ein Verbot
Ist aber, des sich rühmen. Ein Herz sieht aber
Helden. Mein ist
Die Rede vom Vaterland. Das neide
Mir keiner. Auch so machet
Das Recht des Zimmermannes
Das Kreuz.

72        Arm und Bein

    denn schlank steht
mit getreuem Rücken


    der Deutschen Geschlecht.


73                    Und gehet
beim Hochzeit-
reigen und Wan-
derstrauß


74        Schwert
und heimlich Messer, wenn einer
    geschliffen
        mittelmäßig Gut,
Daß aber uns das Vaterland nicht werde
Zum kleinen Raum. Schwer ist der
Zu liegen, mit Füßen, den Händen auch.
Nur Luft.

75  Es will uns aber geschehen, um
    Die warme Scheue
    Abzulegen, an der Leber
    Ein linkisches.

76  Wohl muß
    Umsonst nicht ehren der Geist
    Das Schicksal. Das will heißen
    Der Sonne Peitsch und Zügel.
    Des Menschen Herz betrüblich.

77              DIE SCHLANGE

                und an der
    Den Besten ziehen die Vögel

78  spitzbübisch schnakisch
        Lächeln, wenn dem Menschen
    seine kühnsten Hoffnungen
        erfüllt werden

79                  und kehr in Hahnenschrei
                der Augenblick des Triumphs
        Werber!

80                  keine Polacken sind wir
    Der Gelehrten halb

81  Die Apriorität des Individuellen
    über das Ganze

82  Jaunerloch gebildeter Herren zu reden.

83   Zwei Bretter und zwei
     Brettchen apoll envers terre


84   doch am meisten dem Pöbel exponiert,


85   Tende    Strömfeld    Simonetta.
     Teufen     Amyklä     Aveiro am Flusse
     Vouga     die Familie  Alencastro den
     Namen davon     Amalasuntha Antegon
     Anathem Ardinghellus Sorbonne Cölestin
     und Innozentius haben die Rede unter-
     brochen und sie genannt den Pflanz-
     garten der französischen Bischöfe –
     Aloisia Sigea differentia vitae
     urbanae et rusticae Thermodon
     ein Fluß in Cappadocien Val-
     telino Schönberg Scotus Schönberg Teneriffa

     Sulaco         Venafro
                    Gegend
     des Olympos.    Weißbrunn in Nieder-
     ungarn. Zamora  Jacca   Baccho
     Imperiali.   Genua    Larissa in Syrien


86   Nun versteh ich den Menschen erst, da ich fern von ihm
     und in der Einsamkeit lebe!


87                    DER FRÜHLING

88                    DER HERBST

89                  BLEIBENDER WERT

| 90 | DAS LEBEN |
| 91 | HÖHE DES MENSCHEN |
| 92 | wie Wolken um die Zeiten legt |

# ANMERKUNGEN

ERLÄUTERUNGEN

1784-1789

(1784-1785)

Hölderlin hat offensichtlich schon vor seinem Eintritt in die niedere Klosterschule in Denkendorf (Mitte Oktober 1784) seine ersten Gedichte geschrieben, jedoch ist aus dieser Zeit nichts überliefert. Christoph Theodor Schwab berichtet in der seiner Hölderlin-Ausgabe von 1846 beigefügten Lebensbeschreibung (Band 2, S. 267): „... dem ‚Winkel von Hardt‘ war auch eines seiner ersten Gedichte gewidmet, das jedoch mit vielen andern durch die Nachlässigkeit eines Freundes verlorengegangen sein soll." Schon in Denkendorf ordnete Hölderlin Gedichte in zwei kleine Sammlungen. Die erste (eine Reinschrift) umfaßt die Gedichte „Dankgedicht an die Lehrer", „M. G.", „Die Nacht", „An M. B." und „Der Unzufriedne"; die zweite vereinigt die Entwürfe „Der nächtliche Wanderer", „Das Erinnern" und „Adramelech". Bis auf das „Dankgedicht an die Lehrer" und „M. G." sind alle diese Gedichte – dazu noch „Alexanders Rede an seine Soldaten bei Issus" und „Das menschliche Leben" – wohl im November und Dezember 1785 entstanden. Auf das starke Anwachsen der lyrischen Produktion gegen Ende 1785 verweist auch ein Brief Hölderlins, den er kurz vor Weihnachten an seine Mutter schrieb: „... tausend Entwürfe zu Gedichten, die ich in denen Cessationen (vier Wochen, wo man bloß für sich schafft) machen will, und machen muß (NB auch lateinische) ..."

---

*Dankgedicht an die Lehrer*

Es sind dies die Schlußstrophen eines längeren, 1784 in Denkendorf entstandenen Gedichts, dessen Anfang nicht erhalten ist. Die Überschrift stammt von Berthold Litzmann (1857–1926), dem ersten Literarhistoriker, der Hölderlins „Gesammelte Dichtungen" herausgab (1896).

## M. G.

Dieses Gedicht ist am 12. November 1784 entstanden. Die Abkürzung bedeutet wohl „Meinem Gott" und lehnt sich an das lateinische D. O. M. (Deo Optimo Maximo: dem besten, höchsten Gott) an. Alle Editionen vor der Großen Stuttgarter Ausgabe brachten fälschlicherweise die Lesung „M. B."

114 *Abba* – (aramäisch) Vater. Gebetsanrede an Gott (vgl. Neues Testament, Römerbrief 8, 15).

### Die Nacht

Nach Notizen von Hölderlin (am Rande des Manuskripts) ist dieses Gedicht zusammen mit den beiden folgenden im November 1785 entstanden.

### An M. B.

Zur Überschrift, die vielleicht als „An meinen Bilfinger" zu lesen ist, vgl. die erste Anm. zu S. 129.

### Der Unzufriedne

Das Gedicht ist vielleicht nicht vollständig überliefert.

116 *Deformis aegrimonia* – (lat.) Der entstellende Kummer. Dieses Motto ist der 13. Epode (Vers 17 und 18) des Horaz entnommen: „Illic omne malum vino cantuque levato, deformis aegrimoniae dulcibus adloquiis." (Dort sollst du dir alles Übel erleichtern durch Wein und Gesang: die bedeuten für den entstellenden Kummer süßen Trost.)

### Der nächtliche Wanderer

Aller Wahrscheinlichkeit nach ist dieses Gedicht durch die Lektüre von Schillers Schauspiel „Die Räuber" angeregt worden (vgl. 4. Akt, 5. Szene).

116 *krächen* – krächzen, stöhnen, rauhe Töne ausstoßen.

### Adramelech

Dieses Bruchstück in Hexametern wurde durch Klopstocks „Messias" angeregt, wo Adramelech ein „Höllenbewohner", ein Teufel ist. Vgl. vor allem den Schluß des 2. Gesangs: Adramelech denkt darüber nach, wie er über Satan triumphieren könne, und kommt auf den Gedanken, den Geist des Messias auszulöschen, da Satan nur in der Lage ist, dessen Leib zu töten.

*Alexanders Rede an seine Soldaten bei Issus*

Hölderlin stützte sich bei diesem vermutlich im Dezember 1785 entstandenen (auf einem Doppelblatt überlieferten) Bruchstück auf das Werk des römischen Geschichtsschreibers Quintus Curtius Rufus (1. Jh. u. Z.) „Historiae Alexandri Magni Macedonis" (Geschichten Alexanders des Großen von Makedonien).

118 *Alexander* – Alexander der Große (356–323 v. u. Z.), seit 336 König von Makedonien.

*Issus* – Bei Issos besiegte Alexander 333 v. u. Z. die Perser unter Dareios III.

*ihr deren Mut Athen einst ... bezwang* – Die Makedonier siegten 338 v. u. Z. bei Chaironeia gegen das Griechenheer, an dessen Spitze die Athener standen, und errangen damit die Hegemonie in Griechenland.

*Philipp* – Philipp II. (383–336 v. u. Z.), seit 356 König von Makedonien, Begründer des machtvollen makedonischen Reiches; Vater Alexanders.

*die stärkste Stadt* – Theben in Böotien (Mittelgriechenland) wurde 335 v. u. Z. wegen einer Erhebung gegen die makedonische Herrschaft von Alexander zerstört.

119 *jedes Name wie einst Herkules* – Der Name eines jeden wird so berühmt sein wie einst der des Heroen Herakles (Herkules). Der makedonische König Archelaos (413–399 v. u. Z.) nahm für sich in Anspruch, ein Nachkomme des Herakles zu sein.

*Xerxes* – Xerxes I. (um 519–465 v. u. Z.), persischer König seit 486; er versuchte 480/79 Griechenland zu unterwerfen.

*Bau* – Hier: Anbau.

*der Götter Hallen ... lagen da, verheert* – Die Perser zerstörten bei ihrem Feldzug unter Xerxes u. a. die Akropolis von Athen. Alexander tarnte darum den Eroberungszug gegen Persien, den schon sein Vater Philipp II. geplant hatte, als „Rachekrieg".

*Das menschliche Leben*

Dieses wohl im Dezember 1785 entstandene Gedicht, dessen Handschrift verschollen ist, findet sich bereits in der von Christoph Theodor Schwab 1846 herausgegebenen Hölderlin-Ausgabe.

(1786–1787)

In Maulbronn entstand im Sommer 1788 die erste große Sammelhandschrift: das heutige Marbacher Quartheft (nach seinem Aufbewahrungsort im Schiller-Nationalmuseum Marbach am Neckar so genannt), in dem Hölderlin reinschriftlich die während der Klosterschulzeit in den Jahren 1786 bis 1788 entstandenen Gedichte vereinigte. Von den überlieferten Gedichten dieser Zeit sind darin nicht enthalten: „Gedicht an die Herzogin Franziska", „Klagen. An Stella" und „An Louise Nast". Als Motto stellte Hölderlin dieser Sammlung ein Denis-Zitat voran (vgl. die zweite Anm. zu S. 150). Während Hölderlin 1784/85 in Reimstrophen gedichtet hatte, verwendete er 1786/87 fast ausschließlich Odenstrophen. In diesem Wechsel spiegelt sich die immer stärker werdende Einwirkung Klopstocks wider, die ihren sichtbarsten Ausdruck in der Ode „Die Unsterblichkeit der Seele" findet.

---

*Die Meinige*

122 *Die Meinige* – Die Meinigen: hier – wie auch sonst bei Hölderlin – die zu dieser Zeit auch nach bestimmtem Artikel noch gebräuchliche starke Flexionsform.
*Meine Mutter* – Johanna Christiane Gok, verw. Hölderlin, geb. Heyn (1748–1828), Tochter eines aus Friemar bei Gotha ins Württembergische eingewanderten Pfarrers. Sie war von 1766 bis 1772 mit Heinrich Friedrich Hölderlin, von 1774 bis 1779 mit Johann Christoph Gok verheiratet.

123 *Vater* – Hölderlin verlor seinen Vater, den Klosterhofmeister Heinrich Friedrich Hölderlin (geb. 1736), schon 1772. Hier gedenkt er des Todes seines Stiefvaters, des Nürtinger Bürgermeisters Johann Christoph Gok (geb. 1745), der am 8. März 1779 starb.
*heischerschluchzend* – heischer: Nebenform von heiser.

124 *Schwester* – Heinrica (Rike) Hölderlin (1772–1850).

125 *Karl* – Hölderlins Stiefbruder Karl Gok (1776–1849).

126 *Abba* – Vgl. die Anm. zu S. 114.

127 *sie im frommen Silberhaare* – Hölderlins Großmutter mütterlicherseits, Johanna Rosina Heyn (1725–1802), die seit ihrer Verwitwung 1772 vorwiegend bei ihrer Tochter wohnte und der er um die Jahreswende 1798/99 das Gedicht „Meiner verehrungswürdigen Großmutter" (S. 333) widmete.

127 *Eloa* – In Klopstocks „Messias" der erhabenste unter allen Engeln, der „aus seiner Harfe göttliche Töne" rief, um den opfernden Gabriel „zum hohen Gebet" vorzubereiten (vgl. den 1. Gesang).

### An Stella

127 *Stella* – Diesen in der zeitgenössischen Dichtung weit verbreiteten Mädchennamen Stella (lat.: Stern) gab Hölderlin Louise Nast (1768–1839), der jüngsten Tochter des Maulbronner Klosterverwalters Johann Conrad Nast. Zur Entwicklung des Liebesverhältnisses vgl. die Briefe an Louise Nast in Band 4.

128 *die Glückliche* – Vgl. die erste Anm. zu S. 122.

### An die Nachtigall

In diesem Gedicht wird zum ersten Male ein für das gesamte Leben und Dichten Hölderlins wesentlicher Grundkonflikt poetisch erfaßt: der Widerspruch zwischen der Bescheidung im privaten Liebesglück und dem Drang nach öffentlichem Wirken, nach dichterischem Ruhm. Hölderlins Entscheidung im Frühjahr 1790, da er Louise Nast (vgl. die dritte Anm. zu S. 127) den Verlobungsring und die Briefe zurückschickte, scheint hier vorweggenommen.

### An meinen B.

In diesem Gedicht klingen Ossianische Töne an, die Hölderlin offensichtlich durch die zeitgenössische Literatur vermittelt wurden (vgl. die zweite Anm. zu S. 150). In der Handschrift finden sich nach der ersten Strophe noch folgende eingeklammerten Verse:

> Wo vom moosichten Fels stille Erhabenheit
> Auf die friedliche Flur, wo zu der Väter Zeit
> Helme klangen, und Schilde,
> Ernst und düster herunterblickt.

129 *B.* – Damit ist wohl Christian Ludwig Bilfinger (1770–1850), Hölderlins „Herzensfreund" (vgl. S. 150), gemeint. Der Ode mag eine gemeinsame Wanderung in das Uracher Tal in den Herbstferien 1786 zugrunde liegen. Vgl. auch das Gedicht „An M. B." (S. 115) und Hölderlins Brief an den Jugendfreund Immanuel Nast vom Januar 1787.

*Erms* – Rechter Nebenfluß des Neckars, der das Uracher Tal durchfließt.

129 *Amalia* – Über Hölderlins Begeisterung für Schillers „Räuber" gibt sein Brief von Anfang Januar 1787 an Immanuel Nast erstmals direkt Auskunft (vgl. auch das Gedicht „Der nächtliche Wanderer", S. 116). Statt „Amalia" stand ursprünglich „Lotte" (aus Goethes Roman „Die Leiden des jungen Werthers").

## Gedicht an die Herzogin Franziska

Hölderlin hat dieses handschriftlich überlieferte Gedicht der Herzogin überreicht, als sie mit dem Herzog Anfang November 1786 das Kloster Maulbronn besuchte.

130 *Franziska* – Franziska von Hohenheim (1748–1811) war zunächst Mätresse, seit 1785 morganatische Gattin des Herzogs. Auch Schiller hat sie in seiner ersten auf der Karlsschule gehaltenen Rede „Gehört allzuviel Güte, Leutseligkeit und große Freigebigkeit im engsten Verstand zur Tugend?" (1779) gepriesen. Derartige Huldigungen gehörten zum gesellschaftlichen Kodex (vgl. dazu auch die Anm. zu S. 163).

*deutscheren* – Der Klopstock nachgeahmte absolute Gebrauch des Komparativs.

131 *Karl* – Karl Eugen von Württemberg (1728–1793).

## Klagen

Nach Hölderlins eigenem Vermerk auf dem Manuskript im Sommer 1787 entstanden. Zunächst stand statt „Stella" der von Klopstock entlehnte Name „Fanny". In der Handschrift findet sich unter der Überschrift das folgende – wohl von Hölderlin selbst erfundene – metrische Schema, das allerdings noch nicht durchgängig eingehalten ist:

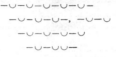

## Mein Vorsatz

Dieses Gedicht nimmt unter den in Maulbronn entstandenen eine Sonderstellung ein: Es ist in zwei Handschriften überliefert (im Marbacher Quartheft und auf einem Einzelblatt in unmittelbarem Anschluß an die Schlußstrophen des Gedichts „Männerjubel"). Nach dem handschriftlichen Zusammenhang ist folglich die endgültige Fassung dieser

Ode wohl erst in Tübingen 1788 entstanden. Wahrscheinlich beabsichtigte Hölderlin, die Oden „Mein Vorsatz" und „Männerjubel" in einen Almanach zu geben. Dann wäre „Mein Vorsatz" das früheste von Hölderlin zur Veröffentlichung vorgesehene Gedicht. Es drückt programmatisch Hölderlins Streben aus, den „weltenumeilenden Flug der Großen" zu erreichen. Vgl. dazu auch „An die Nachtigall" (S. 128) und die einführende Bemerkung zu dem Gedicht (S. 589).

133 *Hekatombenlohn* – Hier soviel wie: große, öffentliche Ehrung, wie sie im alten Griechenland den Göttern mit einer Hekatombe, einem Opfer von hundert Stieren, zuteil wurde.

*Pindar* – Der griechische Lyriker Pindar (um 518 bis um 446 v. u. Z.), den Hölderlin an dieser Stelle zum erstenmal erwähnt, gehörte zur Lektüre in den württembergischen Klosterschulen. Er wirkte entscheidend auf Hölderlins späte Hymnen ein. Vgl. Hölderlins Übersetzungen der Pindarischen Siegeslieder (Band 3) sowie seine Charakteristik dieses Dichters in dem Magisterspezimen „Geschichte der schönen Künste unter den Griechen" (Band 2, S. 346f.).

## Auf einer Heide geschrieben

Dieses Hexametergedicht ist das früheste Zeugnis für Hölderlins betont antifeudale Gesinnung. Mit Recht ist hinter der auffälligen Stileigentümlichkeit, einzelne Wörter und Wendungen zu wiederholen, neben dem Vorbild Klopstocks auch das des Grafen Friedrich Leopold zu Stolberg vermutet worden.

134 *dann also / Heischet die ländliche Sage* – denn das fordert die ländliche Sage.

*des echten germanischen Mannsinns* – Die Anrufung der germanischen Vorzeit als Antithese zur Gegenwart konnte Hölderlin bei Klopstock und den Dichtern des Göttinger Hains finden.

## (1788)

Im letzten Maulbronner Jahr war Hölderlin sehr produktiv. An Louise Nast schrieb er gegen Ende April 1788: „Ich mache wirklich über Hals und Kopf Verse – ich soll dem braven Schubart ein Paket schicken" (was er wahrscheinlich auch getan hat). Neben Schubart, den Hölderlin persönlich allerdings erst im Frühjahr 1789 kennenlernte, vermittelten ihm Schiller und Friedrich Leopold Graf zu Stolberg Anregungen für die moralisch-politische Thematik und die Form (Reimstrophen, freie Rhythmen) seiner Lyrik. Nicht erhalten ist aus dieser Zeit ein Gedicht, mit dem der Schüler bei der Geburtstagsfeier des Herzogs auftrat (vgl. die Anm. zu S. 163), und ein „Lied des Schweden", das Hölderlin mit anderen Gedichten seinem Freunde Magenau zur Beurteilung übersandt hatte, was dessen Brief vom 10. Juli 1788 an Hölderlin bezeugt.

---

*Die Größe der Seele / Die Unsterblichkeit der Seele*

Von dieser Ode sind zwei Fassungen überliefert. Während die erste Fassung als ursprüngliche Reinschrift (im Marbacher Quartheft) existiert, ergibt sich die zweite aus den im Manuskript später angebrachten Varianten. Außerdem läßt sich aus einem Brief Rudolf Magenaus vom 10. Juli 1788 auf eine nicht erhaltene Urfassung (wohl mit der Überschrift „Die Seele") schließen: „Ich habe in *der Seele* die Beobachtung gemacht, daß Ihnen die minder gewöhnliche Wörter hie und da ein bißchen zu Undeutlichkeiten Anlaß gegeben haben, z. B. Regen – gestäubt, ja wenn nicht erquickend dabeistünde. Und jagt der Strom ist niedrig, lieber tobt – stürzt. Der Gedanke von a bis b ist schön und gut, aber lesen Sie einmal mit unparteiischer Seele, als wär's eines andern Werk, die Stelle, ob sie nicht ganz Prosa ist: 1. *hundert* Jahre ist ein sehr geringes Alter einer Eiche, 2. wipfelt ihr *Leben*; Leben? Sie schreiben der Eiche Denkkraft zu und setzen sie doch so unendlich weit herunter unter die Seele? *In seinem Grimm – packen – Splitter aussäen* scheint mir zu gemein zu solcher Hymne; die Orione, Uranus und Sirius hätte ich ganz weggewünscht, sie tragen zur Schönheit des Gedichtes nichts bei. Im ganzen aber ist das Gedicht von trefflicher Anlage, nur will ich Sie, lieber Mann! bitten, verwerfen Sie den gesunden, kernhaften Ausdruck nicht um des neuern, schallendern, und erlauben Sie sich beinahe keine Lizenz. Ich kann mir wohl vorstellen, wie es Ihnen kann gegangen sein. Sie dichteten und deklamierten zugleich, und da fanden Sie manchen Ausdruck à la Schubart schön, weil er lauter schallte ... Und hüten Sie sich ja, nachzukopieren, man vergißt den Wert des besten Gedichtes, wenn man sich auch nur im kleinen ungetreu zeigt, z. B. *Allmacht!* Allmacht des Schaffenden ist nach Klopstock, *Sohn der Nacht* ist aus Ossian. Man glaubt es kaum, wie knabenmäßig die Herrn aus Berlin solche Sächlein belachen, indes sind wir einmal von ihrer Kritik nicht frei und müssen also dem Strom folgen, es also frühzeitig ablegen."

135 *die Schlummernde* – Dieses pluralische (vgl. die erste Anm. zu S. 122) Partizip kann sich auf „Schöpfungen" beziehen oder die Menschen meinen.

*Geschlechte* – Ältere Pluralform.

*O ihr seid schön, ihr herrliche Schöpfungen!* – Diese und die folgende Strophe lassen Hölderlins „Streben nach Klopstocksgröße" (vgl. S. 133) besonders deutlich werden. Vgl. die erste Strophe von Klopstocks Ode „Der Zürchersee":

> Schön ist, Mutter Natur, deiner Schöpfung Pracht,
> Auf die Fluren verstreut, schöner ein froh Gesicht,
> Das den großen Gedanken
> Deiner Schöpfung noch einmal denkt.

136 *wandelt nicht* – wandelt sich nicht; Hölderlin gebraucht das Verb intransitiv.

*die brausende* – die brausenden (Winde).

138 *Eloa* – Vgl. die Anm. zu S. 127.

*Edens goldne Ströme* – Nach dem Alten Testament, 1. Moses 2, 10–12, umfließt der erste Arm des im Paradies entspringenden Stromes das Land Hawila, wo es köstliches Gold gibt.

141 *die stolze* – die stolzen (Sonnen und Monde).

143 *Und ist er's nicht, so mag ... Unschuld wohnen* – Der vorgebrachte Zweifel an der Unsterblichkeit der Seele findet seine sprachliche Entsprechung im Schillerschen Sturm-und-Drang-Stil der „Räuber".

### Der Lorbeer

144 *schnadern* – (mundartlich) schnattern.

145 *Young* – Edward Young (1683–1765) wirkte in Deutschland vor allem durch seine melancholisch-pessimistische Blankversdichtung „The Complaint; or Night Thoughts on Life, Death, and Immortality" (Die Klage oder Nachtgedanken über Leben, Tod und Unsterblichkeit), die in England 1742–1745 und in deutscher Sprache 1751 in der Übersetzung des mit Lessing und Klopstock befreundeten Bremer Beiträgers Johann Arnold Ebert erschienen war. Ursprünglich hat Hölderlin seine Begeisterung für Young noch emphatischer ausgedrückt. Die fünfte Strophe, die er später zugunsten des endgültigen Textes tilgte, lautete:

Laßt mich's sagen, Spötter! laßt mich's sagen –
Sterben würd ich, dieser Mann zu sein,
Martern wollt ich dulden, so zu klagen,
Höllenqualen, so zu Gott zu schrein.

### Die Ehrsucht

Das in diesem Gedicht aufgestellte Sündenregister weist auf Schillers Gedicht „Der Venuswagen" zurück, das im Winter 1778/79 entstanden und Ende 1781 als Einzeldruck erschienen war. Was an sozialen und politischen Mißständen von Hölderlin angeprangert wird, ist dort literarisch vorgeprägt. Auch in der Strophenform folgt er Schillers Gedicht.
146 *wenden* – Verwechslung mit „winden".
*des Jünglings Rechte* – Die rechte Hand, die das Saitenspiel schlägt.

### Die Demut

147 *Dominiksgesicht* – Ein verstecktes oder verstelltes Gesicht und damit ein Zeichen der Falschheit und der Heuchelei. Ursprünglich war „Dominique" der Bühnenname eines italienischen Schauspielers zu Molières Zeit in Paris und zugleich der Name der von ihm geschaffenen komischen Figur, einer der zahlreichen Abwandlungen des Harlekins.
*Schwabensöhne! / In welchem noch das Kleinod Freiheit pocht ...* – Die Orientierung auf die schwäbische Vergangenheit ergab sich aus der besonderen historischen Entwicklung des Herzogtums Württemberg: Es galt, die verbrieften Rechte der „Landschaft", der ständischen Vertretung, gegen die „Fürstenlaunen" zu verteidigen.
*Hermann* – Arminius (16 v. u. Z. – 21 u. Z.), Fürst der Cherusker (seit dem 17. Jahrhundert auch fälschlich Hermann genannt), stand an der Spitze der germanischen Befreiungsbewegung gegen die römische Fremdherrschaft zwischen Rhein und Elbe. Klopstock wählte das Leben des Cheruskerfürsten und der mit ihm verbundenen geschichtlichen Ereignisse zum Stoff von drei dramatischen Dichtungen, der Bardiete „Hermanns Schlacht" (1769), „Hermann und die Fürsten" (1784) und „Hermanns Tod" (1787). Schon bei Johann Jakob Moser (1701–1785), dem Staatsrechtslehrer und Rechtsberater der württembergischen Stände während ihrer Auseinandersetzung mit Herzog Karl Eugen, geht die Verteidigung des württembergischen Landrechts mit dem Lob altgermanischer Freiheit einher.

*Die Stille*

Zwischen der 15. und 16. Strophe steht in beiden Handschriften dieses Gedichts (H¹ und H²) noch folgende, im Marbacher Quartheft (H²) von Hölderlin eingeklammerte Strophe:

> Wann durchs dichte, einsame Gesträuche
> Kein verdächt'ger, falscher Fußtritt rauscht,
> In den Weiden an dem waldumkränzten Teiche
> Kein verhaßter loser Lacher uns belauscht –

Die 18. Strophe lautete ursprünglich so:

> Und so sparsam mir bei ihm die Worte,
> Abgebrochen von der Lippe gehn
> Und wir kehrend uns an unsers Klosters Pforte
> Uns verstehend – heitrer in die Augen sehn –

Aus Stil und Rhythmus dieses Gedichts ist geschlossen worden, daß Hölderlin bereits die Ende März 1788 in Wielands „Teutschem Merkur" erschienene Schillersche Hymne „Die Götter Griechenlands" kannte.

149 *Nach dem dreigefüßten Roß am Hochgericht* – Zu dem Wort „Roß" machte Hölderlin in der Handschrift die Anmerkung (am unteren Rande von H¹): „Ein Nürtinger Märchen". Das mag ein Hinweis sein auf den Aberglauben, daß böse Menschen, Ermordete und Selbstmörder nach dem Tode als hinkende und dreibeinige Pferde umgehen.

150 *schweigtest du ... Schmerzen* – brachtest du ... Schmerzen zum Schweigen. Noch heute wird dieses Verb in der schwäbischen Mundart kausativ gebraucht.

*Ossian* – Der schottische Dichter James Macpherson (1736–1796) veröffentlichte von 1760 bis 1765 zwanzig Heldengesänge lyrisch-epischen Charakters und gab sie als Übersetzungen aus dem Gälischen aus, deren Verfasser der greise schottische Barde Ossian (irisch: Oisin) sei. Die Wirkung dieser alte Sagenmotive mit moderner Empfindsamkeit verbindenden Lieder war weitreichend (vgl. u. a. Herders „Auszug aus einem Briefwechsel über Ossian und die Lieder alter Völker" und Goethes „Werther"). Die erste vollständige Übersetzung der Ossianischen Dichtung ins Deutsche stammte von dem Wiener Jesuiten Michael Denis und erschien (in Hexametern) 1768/69. Johann Wilhelm Petersen, ein Mitschüler Schillers auf der Karlsschule, gab 1782 eine Prosaübersetzung heraus. Hölderlin ist Ossian höchstwahrscheinlich zuerst in der Übersetzung des Michael Denis begegnet, und zwar in der Ausgabe von 1784, in der Denis (unter dem Anagramm Sined) seine eigenen Gedichte mit denen Ossians unter dem Titel „Ossians und Sineds Lieder" vereinigt hatte. Aus dem vierten Band dieser Ausgabe nämlich (S. 163) schrieb Hölderlin folgende Verse heraus:

> Tritt ein schwächerer Versucher auf
> Und bringt ein ungereiftes Lied ins Volk,
> Doch ohne Stolz, bescheiden, schone sein,
> Beschimpf ihn nicht! Er hat es gut gemeint,
> Er hat gestrebet.

Diese dem Gedicht „Der Neugeweihte und Sined" entnommenen Verse sollten offensichtlich als Motto das Marbacher Quartheft eröffnen. – Zu Hölderlins spontaner Begeisterung für „Ossian, den Barden ohne seinesgleichen, Homers großen Nebenbuhler", vgl. die beiden Briefe an den Jugendfreund Immanuel Nast in Band 4, S. 19 und S. 39.

150 *mein Mädchen* – Louise Nast.
*mein Herzensfreund* – Christian Ludwig Bilfinger.

### Schwärmerei

152 *Stella* – Vgl. die Anm. zu S. 127.
153 *Splitterrichter* – Von Luther in Anlehnung an das Neue Testament (Matthäus 7, 1–5) gebildetes Wort.
154 *gefaltnen* – Alte, noch im 18. Jahrhundert gebräuchliche Partizipform von „falten", das ursprünglich zu den starken (reduplizierenden) Verben gehörte.

### Der Kampf der Leidenschaft

Zu diesem Gedicht regte Hölderlin das 1786 im 2. Heft der „Thalia" erschienene Schiller-Gedicht „Freigeisterei der Leidenschaft" an. Der religiös-weltanschauliche Konflikt Schillers, seine Empörung gegen den christlichen Gott wurden für Hölderlin allerdings nicht wesentlich. Zum Inhalt vgl. folgenden Passus aus einem Brief Hölderlins an den Jugendfreund Immanuel Nast (Band 4, S. 19 f.): „Ich mache hier wenig Bekanntschaft – ich bin immer noch lieber allein – und da phantasiere ich mir eins im Hirn herum, und da geht's so andächtig her, daß ich zuweilen beinahe schon geweint hätte, wann ich mir gephantasiert habe, ich sei um mein Mädchen gekommen, seie, verachtet von jedermann, verstoßen worden."

155 *willt du* – Bis ins 18. Jahrhundert noch gebräuchliche ältere Form statt „willst du".

### Hero

Aus Magenaus Brief vom 10. Juli 1788 an Hölderlin ist zu schließen, daß auch zu diesem Gedicht eine Urfassung existiert hat, die Hölderlin auf des Freundes Kritik hin bearbeitete: „Die ‚Hero' ist artig, nur hie und da des Reims wegen der schönere Gedanke unterdrückt. ‚Steht' – ‚Tränen von der Wange *weht*' ist wider den Sprachgebrauch, und vermutlich hat das ‚steht' das ‚weht' veranlaßt, und so fand ich noch einige. Warum haben Sie nicht die elegische Versart gewählt, die zu sanften Ausdrücken gemacht zu sein scheint."

Dem Gedicht liegen Ovids „Heroiden" (fingierte Liebesbriefe von Personen der griechischen Heldensage) zugrunde: die Briefe 18 (Leander an Hero) und 19 (Hero an Leander). Vgl. auch die Ovid-Übersetzungen Hölderlins in Band 3 und die dazugehörigen Anmerkungen.

155 *Hero* – Der Sage nach liebte der in Abydos am Hellespont beheimatete Leander die jenseits der Meerenge in Sestos wohnende junge Priesterin Hero und schwamm Nacht für Nacht zu ihr, bis er dabei eines Nachts im stürmischen Meer ertrank. Daraufhin suchte auch Hero den Tod.

*Posidaon* – Von Hölderlin oft verwendete Namensform für Poseidon, den griechischen Gott des Meeres.

156 *gerochen* – Ursprünglich starke Flexionsform des Verbs „rächen".

### Die Teck

158 *Teck* – Steil aufragender Berg bei Nürtingen, auf dem sich die Ruine der im Bauernkrieg zerstörten Burg der Herzöge von Teck befindet. Das kleine schwäbische Herzogtum Teck, im 12. Jahrhundert zuerst bezeugt, gehört seit dem 14. Jahrhundert zu Württemberg.

159 *Riesengebirge* – Die Schwäbische Alb.

160 *Suevia* – (lat.) Schwaben.

### Am Tage der Freundschaftsfeier

Diese wohl noch in Maulbronn entstandene Hymne, welche das Marbacher Quartheft beschließt, ist das erste Gedicht Hölderlins in freien Rhythmen.

162 *Suezia* – (lat.) Schweden.

*Pultawa* – In der Nähe dieses ukrainischen Ortes siegte Peter I. (der Große) im Nordischen Krieg 1709 über den Schwedenkönig Karl XII.

*Gustav* – Gustav Adolf von Schweden (1594–1632). Vgl. die Gedichte auf ihn vom folgenden Jahre (S. 179 ff.).

*Eugenius* – Prinz Eugen von Savoyen (1663–1736), österreichischer Heerführer und Staatsmann.

*Laren* – Römische Schutzgötter der Familie, deren Bild in einem Schrein am Herde oder in einer kleinen Kapelle stand.

*Schatten* – Schattenriß.

*Stella* – Louise Nast.

*Wieland* – Vgl. im Gegensatz zur Hochschätzung Wielands in diesem Gedicht den Brief Hölderlins an den Jugendfreund Immanuel Nast vom 18. Februar 1787, wo es heißt, daß Wieland ohnehin nicht sein „Steckenpferd" sei.

163 *unsers Fürsten Fest* – Der Geburtstag des Herzogs Karl Eugen von Württemberg (11. Februar). Bei dem aus diesem Anlaß veranstalteten „Festin" im Kloster (vgl. Hölderlins Briefe an seine Mutter, Band 4, S. 35 ff.) hatte Hölderlin „die Ehre", als „Dichter aufzutreten". Das Gedicht ist allerdings nicht erhalten. Vgl. auch das „Gedicht an die Herzogin Franziska" (S. 130) und die Anm. zu S. 130.

## An Louise Nast

Das Gedicht in freirhythmischen Versen, das auf einem schmalen Querstreifen ohne Überschrift überliefert ist, entstand wohl beim Abschied von Maulbronn Ende September 1788. Wie sich das Verhältnis weiter entwickelte, ist Hölderlins Tübinger Briefen an Louise Nast sowie den dazugehörigen Anmerkungen in Band 4 zu entnehmen.

## (Tübingen 1788–1789)

Im ersten Jahr seines Tübinger Aufenthalts fand Hölderlin wieder zur Odenstrophe zurück, bis er sich dann ab 1790 über Jahre hin für die Schillersche Reimstrophe entschied. Seinen zu Beginn der Hymne „Am Tage der Freundschaftsfeier" ausgesprochenen Vorsatz, „Helden zu singen", verwirklichte er mit den Gedichten auf Kepler und Gustav Adolf. Im Brief an Neuffer vom Dezember 1789 erwähnt Hölderlin außerdem eine (nicht erhaltene) „Hymne auf Kolomb" und spricht davon, er habe „Shakespearn ... auch eine gelobt".

### Männerjubel

Die Ode ist wahrscheinlich eines der ersten Gedichte, die Hölderlin zu veröffentlichen gedachte (vgl. die einführende Bemerkung zu der Ode „Mein Vorsatz", S. 590).

167 *Gerechtigkeit ... Freiheit ... Liebe des Vaterlands* – Die hier gepriesenen „Töchter Gottes" erinnern an die drei Töchter des Zeus und der Themis, die Horen, die Pindar in der ersten Strophe des 13. Olympischen Siegesliedes nennt. Die entsprechende Stelle bei Pindar, deren griechischen Wortlaut sich Hölderlin später unter der Überschrift „Ursprung der Loyauté" (franz.: Biederkeit, Redlichkeit) abschrieb, lautet in der Übertragung von Franz Dornseiff („Pindars Dichtungen", Leipzig 1965, S. 61): „Wohlgesetzlichkeit und ihre Schwestern, der Städte sicherer Grundstein, Recht und ihre Milchschwester Friede, den Männern die Walterinnen des Reichtums, die goldenen Kinder der wohlratenden Themis."
*der Göttlichen* – der drei Töchter Gottes.

### Die Bücher der Zeiten

170 *sicheren Freund* – Hier: dem sich sicher fühlenden Freund.
172 *Das bunte Zeitengewimmel* – Objekt zu „denken".
*Kaum atmend der Strom* – Gemeint ist der Strom des „Harfenklangs".
173 *Abschüttelnd im Felsen den Tod* – Nach der Bibel ist Christus aus seinem Felsengrab auferstanden (vgl. Neues Testament, Markus 15, 46, und 16, 3 f.).
*Kommet wieder...* – Vgl. Altes Testament, Psalm 90,3.
*Menschheit* – Hier, wie häufig im 18. Jahrhundert: Menschsein.
*Menschliches Riesenwerk...* – Vgl. Hölderlins Übersetzungsfragment „Chor aus der Antigone" (Band 3, S. 252).
*Leviathanserleger* – Leviathan: im Alten Testament ein Meeresungeheuer.

### An die Vollendung

Dieses ohne Überschrift auf einem Einzelblatt überlieferte Gedicht ist vermutlich wie das vorige, „Die Bücher der Zeiten", noch im Jahre

1788 entstanden. Die Form der freirhythmischen regelmäßigen Vierzeiler verwendete Hölderlin nur hier.

175 *Voll hoher Einfalt* ... – Vgl. Johann Joachim Winckelmanns Charakteristik der griechischen Bildwerke in seiner Schrift „Gedanken über die Nachahmung der griechischen Werke in der Malerei und Bildhauerkunst": „Das allgemeine vorzügliche Kennzeichen der griechischen Meisterstücke ist endlich eine edle Einfalt und eine stille Größe, sowohl in der Stellung als im Ausdruck." Ob Hölderlin schon Ende 1788 Winckelmann selbst gelesen hatte, ist fraglich.

## Die heilige Bahn

Hölderlin hat zu dieser (ebenfalls ohne Überschrift überlieferten) Ode auf dem Manuskript (einem Doppelblatt) ein metrisches Schema entworfen:
$$\cup-\cup-\cup-\cup\cup\cup$$
$$-\cup\cup-, --\cup\cup-$$
$$-\cup\cup-, -\cup-\cup-\cup$$
$$-\cup-\cup\cup-\cup-\cup$$

176 *Aristoteles* – Daß Hölderlin gerade Aristoteles mit seiner „Poetik" auf den ästhetischen Richtstuhl setzt, ist überraschend, da doch der erhaltene erste Teil dieses Werkes nur von der Tragödie und vom Epos handelt.

*jenes Gebirg / Eilt sie hinweg* – Von jenem Gebirge eilt die heilige Bahn hinweg. (Transitivierung eines intransitiven Verbs.)

*Wann's nun da ist, voll ist* ... – Hier bricht die Handschrift ab. (Die letzten beiden Strophen stehen auf S. 2 oben, während die untere Hälfte leer geblieben ist.)

## Kepler

Das metrische Schema zu dieser auf zwei Einzelblättern überlieferten Ode fand Hölderlin bei Klopstock:

Hölderlin ist zu diesem Gedicht wahrscheinlich durch das „Schreiben über einen Versuch in Grabmälern nebst Proben" von Johann Jakob Azel im „Wirtembergischen Repertorium der Literatur" (1782, 2. Stück) angeregt worden, wo es über Keplers Grabmal heißt: „Die Urne, mit mathematischen Instrumenten umgeben, stehet auf einem vollkommenen Würfel, wo in einem Basrelief Kepler vorgestellt ist, welchem die in die Sphären deutende Astronomie Flügel gibt. Newton folgt der Fackel nach, die ihm Kepler darhält. Im Vorgrund sitzet das Glück, das Kepler den Rücken kehrt. Auf der entgegengesetzten Seite weinet die Nachwelt, und auf den zwo andern Seiten sind seine Werke mit Lorbeern umwunden.

> IOANNES KEPPLERVS
> FORTVNA MAIOR
> NEVTONI
> PER SIDERA
> DVCTOR

Der Platz ist in einer einsamen melancholischen Gegend." – Die lateinische Inschrift, die Schiller verfaßte, lautet auf deutsch: „Johannes Kepler, größer als das Schicksal, dem Newton ein Führer durch die Sternenwelt."

176 *Kepler* – Johannes Kepler (1571-1630), der Entdecker der Gesetze der Planetenbewegung und Erfinder des astronomischen Fernrohrs, war „Suevias [Schwabens] Sohn": Er wurde zu Weil der Stadt geboren und besuchte wie Hölderlin das Maulbronner Seminar und das Tübinger Stift.

177 *Denker in Albion* – Isaac Newton (1643-1727), der englische Physiker, „der erhabenen Themse Stolz". (Albion ist der ursprüngliche Name für Britannien.)
*Walhalla* – Walhall: in der nordischen Mythologie Aufenthaltsort der in der Schlacht Gefallenen.
*Vaterland* – Württemberg, „Suevia".
*Hekla* – Vulkan auf Island.

### An Thills Grab

In der handschriftlichen Überlieferung schließt sich dieses Gedicht unmittelbar an die Ode „Kepler" an.

178 *Thill* – Johann Jakob Thill (1747-1772), ehemals – wie später Hölderlin – Tübinger Stipendiat, war ein in der Tradition Klopstocks stehender Dichter, von dem allerdings erst nach seinem Tode einige Gedichte veröffentlicht wurden. Rudolf Magenau berichtet in seiner Lebensskizze, daß sie „hinschwärmten in süßer wehmütiger Stimmung in Thills Tälchen am Ufer des Murmel-

bächleins, an dem er, der frühverstorbene Jüngling, seine Lieder dichtete". Thills Grab, an dem Hölderlin anscheinend 1789 mit Neuffer weilte, befindet sich in Großheppach im Remstal.

178 *Leichenreihen* – Leichenreigen.
*Vater! lieber Seliger* – Hölderlins Vater starb wie Thill 1772.
*Suevia* – (lat.) Schwaben.
*Greisen* – Hier noch in der ursprünglich schwachen Flexion.

179 *Neuffer* – Christian Ludwig Neuffer (1769–1839) besuchte von 1786 bis 1791 das Tübinger Stift und war im Anschluß daran, bald in ein philisterhaftes Leben versinkend, bis 1803 Vikar am Stuttgarter Waisenhaus. 1805 erschien erstmals eine Sammlung seiner Gedichte. In den letzten zwanzig Jahren seines Lebens war er zweiter Stadtpfarrer in Ulm. Neuffer vermittelte im Frühjahr 1789 Hölderlins Bekanntschaft mit Schubart und Gotthold Friedrich Stäudlin, dessen Schwester Rosine 1793 seine Braut wurde. Über die Entwicklung der Freundschaft, die nach der Jahrhundertwende verkümmerte, vgl. Hölderlins Briefe an ihn mit den dazugehörigen Anm. sowie die Gedichte „Hymne an die Freundschaft" (S. 248), „An Neuffer" (S. 273) und „Einladung" (S. 257 und S. 315). Zum Dichterbund Magenau–Neuffer–Hölderlin vgl. die einführende Bemerkung zu den 1790 entstandenen Gedichten, S. 608.

## *Gustav Adolf*

Die Gedichte auf Gustav Adolf, die handschriftlich überliefert sind, entstanden in den Herbstferien 1789. Hölderlin hat über sie das Urteil Gotthold Friedrich Stäudlins gehört, wie seinem Brief an Neuffer vom Dezember 1789 zu entnehmen ist. Die darin angekündigte Umarbeitung hat er wohl nicht ausgeführt.

179 *Gustav Adolf* – Gustav (II.) Adolf (1594–1632), seit 1611 schwedischer König, unter dessen Regentschaft Schweden zur europäischen Großmacht wurde, griff 1630 in den Dreißigjährigen Krieg ein, besiegte die kaiserlich-ligistischen Truppen (Schlacht bei Breitenfeld), fiel jedoch in der Schlacht bei Lützen. Er galt als Verteidiger des Protestantismus.

*Teut* – Name eines im 18. Jahrhundert erfundenen, nach dem westgermanischen Stamm der Teutonen benannten germanischen Gottes. Er wurde Tuisto (Thuiskon) gleichgesetzt, der nach Tacitus bei den Germanen als Ahnherr des Menschengeschlechts galt.

179 *Tal der Schlacht* – Das Schlachtfeld von Lützen, wo „der große Gustav Adolf fiel" (16. November 1632), sah Hölderlin 1795 bei einer Fußreise von Jena nach Halle, Dessau und Leipzig. Vgl. den Brief vom 20. April 1795 an seine Schwester.
*Lusitania* – (lat.) Portugal.
180 *Verräter* – Gustav Adolf fiel nach alter (durch die Forschung korrigierter) Überlieferung durch einen Verräter.
181 *Lipsia* – (lat.) Leipzig. Die Schlacht bei Breitenfeld, in der das kaiserlich-ligistische Heer unter Tilly am 17. September 1631 geschlagen wurde.
*Lechus* – Bei Rain am Lech wurde Tilly besiegt und tödlich verwundet (15. April 1632).

*Ende einer Gedichtfolge auf Gustav Adolf*

Dieser Text findet sich reinschriftlich mit wenigen späteren Änderungen auf den ersten drei Seiten eines Doppelblattes.

182 *förder* – fürder: weiter, künftig.
183 *Umdonnert, Meereswogen...* – Diese Strophe übernahm Hölderlin später mit geringfügigen Änderungen in das Gedicht „An die Ehre" (S. 187).

*Schwabens Mägdelein*

Dieses Lied, das ohne Überschrift auf einem Einzelblatt überliefert ist, entstand gegen Ende Oktober 1789. Es mag auf ein geselliges Zusammensein mit der Schwester und ihren Freundinnen in den Ferien zurückgehen. Hölderlin legte das „Liedchen" dem Brief an die Mutter bei, den er kurz vor dem 25. November 1789 schrieb: „Hier der lieben Rike das versprochene Liedchen." Vgl. auch seinen Brief an Neuffer vom Dezember 1789. Anregungen zu diesem Gedicht konnte Hölderlin bei Schubart, den er seit dem Frühjahr 1789 persönlich kannte (vgl. dazu den Brief an seine Mutter um Ende April 1789), und bei Karl Philipp Conz (1762–1827; Repetent im Stift von 1789 bis 1791) finden.

(Ende 1789)

Die Gedichte „Zornige Sehnsucht", „An die Ruhe", „An die Ehre", „Einst und Jetzt", „Die Weisheit des Traurers" und „Selbstquälerei" entwarf Hölderlin im November 1789, nachdem Herzog Karl Eugen den Druck im Stift durch persönliche Eingriffe verstärkt hatte und Hölderlin davon unmittelbar betroffen worden war. (Vgl. die Briefe an die Mutter von November und Dezember 1789 sowie die dazugehörigen Anm.) Auf diese Gedichte bezieht sich offenbar folgende Bemerkung Hölderlins im Brief an Neuffer vom Dezember 1789: „Auch sieht es ziemlich unpoetisch in meinem Kopfe aus. Was ich aufs Papier hervorzwang, waren kurze Ausgießungen meiner Laune, die ich nach etlich Tagen nimmer ansehen mochte."

---

### Zornige Sehnsucht

Die letzten beiden Strophen dieses ohne Überschrift überlieferten Gedichts sind etwas später als die eilige Niederschrift der Strophen 1–5 entstanden. Nach der letzten Strophe findet sich in der Handschrift der Ansatz zu einer nicht ausgeführten oder verlorengegangenen Fortsetzung („Dann lohnt –").

185 *Mich reizt der Lorbeer* – Ursprünglich stand dafür: „Ich will verfolgt sein."

*Mana* – Mannus: nach Tacitus der sagenhafte Stammvater der germanischen Hauptstämme Ingwäonen, Istwäonen und Herminonen und Sohn des Tuisto (vgl. die zweite Anm. zu S. 179). Die Form „Mana" wurde von Klopstock geprägt.

### An die Ruhe

Dieses Gedicht ist nur in der durch Christoph Theodor Schwab veranstalteten Ausgabe von Hölderlins Werken (1846) überliefert.

186 *Dominiksgesichter* – Vgl. die Anm. zu S. 147.

187 *des Weisen Grab* – Das Grab Jean-Jacques Rousseaus, dessen Gebeine erst 1794 in das Pantheon überführt wurden und der bis dahin auf einer Insel im Park zu Ermenonville (nordöstlich von Paris) bestattet war. Hölderlin hatte 1789 noch keine Werke dieses französischen Aufklärers gelesen. Erst zwei Jahre später, am 28. November 1791, berichtete er Neuffer, er habe sich „vom großen *Jean-Jacques* ein wenig über Menschenrecht belehren lassen". Zum Rousseau-Bild in dieser Ode vgl. das Rousseau-Gedicht Schillers in der „Anthologie auf das Jahr 1782".

### An die Ehre

187 *Stella* – Vgl. die Anm. zu S. 127.
*wo sie den Lieblingen ...* – wo die Ehre den Lieblingen ...

187 *die Eich und die Palme* – Die erste als Siegeszeichen des vaterländischen Dichters, die zweite als das des religiösen Dichters.
*Umdonnert, Meereswogen...* – Diese Strophe übernahm Hölderlin mit geringfügigen Änderungen aus dem „Ende einer Gedichtfolge auf Gustav Adolf" (S. 183).
*Mana* – Vgl. die Anm. zu S. 185.

### Einst und Jetzt

Diese Ode ist zusammen mit den Gedichten „An die Ehre", „Die Weisheit des Traurers" (H[1]) und „Selbstquälerei" in einer Handschrift überliefert. Der erste Entwurf ist nach der Ode „An die Ehre" entstanden, darauf „Die Weisheit des Traurers" (oder doch deren erster Entwurf) und dann die endgültige Fassung von „Einst und Jetzt". Im ersten Entwurf lauteten die Verse 30–32:

> Zurück zur schwarzen Stätte, wo Menschendruck,
> Wo Schurkenblick den deutschen Jüngling
> Nieder zur mönchischen Schlange drücken.

Und die beiden Schlußverse:

> Und ihr – des frohen Knaben Freunde –
> Weint um den Jüngling – er ist ein Sklave.

188 *Einst in des Vaters Schoße...* – Vgl. die 4. und 5. Strophe des Gedichts „Die Meinige" (S. 123) und die erste Anm. dazu.
*Herbstgewimmel* – Hier: das festliche Treiben der Weinlese.
*Schwärmer* – Feuerwerkskörper (hier zum Verscheuchen der Vögel).

### Die Weisheit des Traurers

Zur Entstehung vgl. die einführende Bemerkung zu dem vorhergehenden Gedicht. „Die Weisheit des Traurers" liegt noch in einer Einzelhandschrift (H[2]) vor. In der ersten Niederschrift (H[1]) lauten die Verse 9–11:

> Da reißest du die glänzende Larve weg
> Tyrannenfesten, wo sich das Fürstlein krümmt,
> Dem Stolz der Könige zu gleichen,

Zwischen der 5. und 6. Strophe von H[2] findet sich in H[1] noch folgende:

> Wie da der große Geist um den Thron sich krümmt,
> Mit heulendem Gewinsel Erbarmung fleht!

> Hinweg! Tyrannen keine Gnade,
> Ewige Rache den Völkerschändern!

Die 8. Strophe hat in H¹ folgende Gestalt:

> Wie in den Schlaf die Mutter den Säugling singt
> Vom Wiedersehn, vom seligen Einst ins Herz,
> Bis ihr gestärktes Herz geneset,
> Dreimal geläutert ihr Geist hervorgeht.

Die Verse 30 f. lauteten in H² zuerst:

> O Dank, du Gute! weinender heißer Dank!
> Genesen ist Elisas Seele!

Die letzten vier Strophen sind nur in H² enthalten. H¹ endet mit folgenden Versen:

> O selig, wer geprüft in des Lebens Sturm,
> In deinem Schoße ruhend, hinüberschaut
> Nach euch Gefilden, wo dem Wandrer
> Ruhe, Vollendung dem Kämpfer winken.

189 *Quäler des Unverstands* – Unverständige Quäler.
*Greis am Grabe Cecilias* – Anspielung auf Young (vgl. die Anm. zu S. 145), der in seinen „Nachtgedanken" den Tod seiner Stieftochter Narzissa beklagt und sich wünscht, aus der tödlichen Wunde möge Weisheit hervorblühen. (In beiden Handschriften stand zunächst der Name Narzissa.)
*des geschändeten Römers Kehle* – Die Ersetzung des Namens Narzissa durch Cecilia läßt die Anspielung auf den römischen Diktator Sulla (138–78 v. u. Z.) vermuten, den Plutarch als Prototyp eines Despoten charakterisiert und dessen vierte Frau Cäcilia Metella war. Rücksichtslos, ausschweifend und verschwenderisch, verschaffte er sich die Gelder durch maßlose Besteuerung und aus eingezogenen Landgütern. Am Anfang von dessen Biographie erzählt Plutarch, wie sich bereits ein Vorfahre Sullas auf ungesetzliche Weise eine Riesenmenge von Silbergefäßen angeeignet habe (vgl. Vers 15 f.). Während eines der Gastgelage, die Sulla unter ungeheuerster Verschwendung abhielt, sei Cäcilia gestorben. Durch diese Anspielung gewinnt die Ode den „Charakter eines Schmähgedichts gegen den Herzog Karl Eugen von Württemberg" (Momme

Mommsen, „Traditionsbezüge als Geheimschicht in Hölderlins Lyrik"; in: Neophilologus, Jg. 51 (1967), S. 32–42).

189 *die Jammernde / Am Grabe des Erwählten* – Anspielung auf Heloise (vgl. die obige Lesart zu den Versen 30 f.) am Grabe Abälards (1079–1142). Die Einzelheiten der Strophen 7–10 lehnen sich an Ereignisse aus der Lebensgeschichte dieses französischen Philosophen und Theologen an, der als einer der ersten Repräsentanten städtischer Kultur antifeudale Anschauungen vertrat und deshalb von der Kirche vielfach verurteilt wurde.

190 *So lang ... mein Herz ihr huldigt* – Adversativer Nebensatz: So lang auch ... mein Herz ihr huldigt.

## Selbstquälerei

Die Überschrift stammt von Berthold Litzmann. Die Niederschrift des umfangreicher geplanten Gedichts bricht mitten im Vers ab.

190 *Tobias' Hündlein* – Vgl. Altes Testament, (apokryphes) Buch Tobias 11, 9.

## Burg Tübingen

Dieses Ende 1789 oder Anfang 1790 entstandene Gedicht, das auf einem Doppelblatt überliefert ist, hat zum Vorbild Friedrich Matthissons „Elegie, in den Ruinen eines alten Bergschlosses geschrieben", aber auch die Gedichte „Stauffen" von Johann Jakob Thill (vgl. die Anm. zu S. 178) und „Schloß Württemberg" von Karl Philipp Conz (1762 bis 1827; Repetent im Stift von 1789 bis 1791).

191 *Burg Tübingen* – Das Schloß Hohentübingen ist urkundlich im 12. Jahrhundert erstmals als Pfalzgrafenburg erwähnt. In seiner jetzigen Form stammt es aus dem 16. Jahrhundert.
*Gemache* – Ältere Pluralform.
*Mana* – Vgl. die Anm. zu S. 185.
*Hiefhorn* – Hifthorn.

192 *Bardenehre* – Mit Barden sind hier nicht die im Mittelalter bei den Kelten wirkenden Sänger und Dichter gemeint, sondern altgermanische Sänger, auf die im 18. Jahrhundert Klopstock und seine Anhänger den Begriff fälschlicherweise übertrugen.
*Adeltaten* – Würdige, edle Taten.
*Thuiskon* – Vgl. die zweite Anm. zu S. 179.
*Walhalla* – Vgl. die Anm. zu S. 177.

1790–1796

(1790)

Das Jahr 1790 brachte für einige Jahre den entschiedenen Anschluß Hölderlins an die Tradition der Schillerschen Lyrik. Die drei Stiftler Rudolf Magenau, Christian Ludwig Neuffer und Friedrich Hölderlin, obgleich schon über ein Jahr miteinander freundschaftlich verbunden, gründeten im März 1790 einen Dichterbund, dessen Form durch Klopstocks „Gelehrtenrepublik" (1774) und durch den Göttinger Hain angeregt worden war. Über den Geist dieses Bundes berichtet Magenau in seinem Lebensabriß: „Ein niedliches Gartenhäuschen nahm uns da auf, und an Rheinwein gebrach es nicht. Wir sangen alle Lieder der Freude nach der Reihe durch. Auf die Bowle Punsch hatten wir Schillers Lied ‚An die Freude' aufgespart. Ich ging, sie zu holen. Neuffer war eingeschlafen, da ich zurückkam, und Hölderlin stand in einer Ecke und rauchte. Dampfend stand die Bowle auf dem Tische. Und nun sollte das Lied beginnen, aber Hölderlin begehrte, daß wir erst an der kastalischen Quelle uns von allen unsern Sünden reinigen sollten. Nächst dem Garten floß der sogenannte Philosophenbrunnen, das war Hölderlins kastalischer Quell; wir gingen hin durch den Garten und wuschen das Gesicht und die Hände; feierlich trat Neuffer einher; dies Lied von Schiller, sagte Hölderlin, darf kein Unreiner singen! Nun sangen wir; bei der Strophe ‚dieses Glas dem guten Geist' traten helle, klare Tränen in Hölderlins Auge, voll Glut hob er den Becher zum Fenster hinaus gen Himmel und brüllte ‚dieses Glas dem guten Geist' ins Freie, daß das ganze Neckartal widerscholl. Wie waren wir so selig!"

Ihre Gedichte trugen die Freunde in ein eigens dafür angelegtes Bundesbuch ein, das sich im Besitz der Württembergischen Landesbibliothek Stuttgart befindet. Von Hölderlin stehen darin das „Lied der Freundschaft", das „Lied der Liebe" und „An die Stille".

---

*Lied der Freundschaft*

Die erste Fassung dieses Liedes schrieb Hölderlin am „Tage der Einweihung", wie er selbst vermerkte – wohl am 9. März 1790 –, in das Bundesbuch ein. Die zweite Fassung, die vielleicht zur Veröffentlichung bestimmt war, ist in einer Einzelhandschrift überliefert.

195 *Chronos* – Griechischer Gott der Zeit.
*Elysen* – Elysium.
196 *Lyäus* – Lyaios (griech.: Löser): Beiname von Dionysos (Bacchus), dem Gott des Weines, der die Menschen von Sorgen erlöst.
197 *des Todes Flügel* – Der Tod ist hier als Todesengel vorgestellt.
199 *Weste* – Westwinde.

## Lied der Liebe

Die erste Fassung trug Hölderlin am „zwoten Aldermannstage", das ist am 20. April 1790, in das Bundesbuch ein. In der zweiten Fassung ist das „Lied der Liebe" das früheste Gedicht Hölderlins, das er selbst veröffentlicht hat. Es erschien allerdings erst 1794, nachdem mehrere später entstandene Gedichte schon gedruckt vorlagen, in dem von Marianne Ehrmann in Zürich herausgegebenen Taschenbuch „Die Einsiedlerin aus den Alpen". Eine dritte Fassung schuf Hölderlin mit der wohl im Frühjahr 1792 entstandenen „Hymne an die Liebe" (S. 251).

Die Strophenform des Gedichts entspricht genau der von Schillers Lied „An die Freude".

200 *Von dem hohen Wesenband* – Vgl. das Motto zur „Hymne an die Göttin der Harmonie" (S. 219), wo Urania mit ihrem „Zaubergürtel" das Weltall zusammenhält.
201 *Steigt hinab ins Totenland* – Anspielung auf Orpheus, der in die Unterwelt hinabstieg, um seine gestorbene Gattin Eurydike wiederzugewinnen.
*Adeltaten* – Würdige, edle Taten.
203 *des Würgers Flügel* – Die Flügel des Todesengels.

## An die Stille

Dieses Gedicht trug Hölderlin „am dritten Aldermannstage", das ist am 1. Juni 1790, in das Bundesbuch ein.

204 *Stieg ich ...* – Vgl. Altes Testament, Psalm 139, 8: „Führe ich gen Himmel, so bist du da. Bettete ich mir in die Hölle, siehe, so bist du auch da."

## Meine Genesung

Dieses wohl gegen Ende 1790 entstandene Gedicht erschien mit der „Hymne an die Göttin der Harmonie", der „Hymne an die Muse" und der „Hymne an die Freiheit" („Wie den Aar ...") in dem von Gotthold Friedrich Stäudlin herausgegebenen „Musenalmanach fürs Jahr 1792".

205 *Lyda* – Hinter dem poetischen Namen Lyda verbirgt sich Marie Elisabethe (Elise) Lebret (1774–1839), Tochter des Tübinger Universitätskanzlers und ersten Theologieprofessors Johann Friedrich Lebret. Hölderlin berichtete am 8. November 1790 Neuffer von der ersten Begegnung mit ihr. Rückblickend urteilte er über sein Verhältnis zu Elise: „Guter Gott! es waren selige Tage, da ich, ohne sie zu kennen, mein Ideal in sie übertrug und über meine Unwürdigkeit trauerte." (An Neuffer am 19. Januar 1795.)

## Melodie

Dieses Gedicht, wohl bald nach dem vorigen entstanden, ist nur in der durch Christoph Theodor Schwab veranstalteten Ausgabe von Hölderlins Werken (1846) überliefert.

207 *Haucht der Frühling...* – Dieser und der folgende Vers sind temporale Nebensätze: Wenn der Frühling... haucht.
208 *Rührt der Töne...* – Ebenfalls temporaler Nebensatz.

## An Lyda

Obgleich dieses Gedicht nach dem handschriftlichen Befund (es steht auf S. 4 eines Doppelblattes) später als die wohl Ende 1790 entstandene „Hymne an den Genius Griechenlands" (S. 1–3 dieses Doppelblattes) niedergeschrieben wurde, wird es vor ihr abgedruckt, um die Funktion des Liebeserlebnisses und der davon angeregten Lyrik für die Tübinger Hymnik anzudeuten.

209 *Trunken...* – Die ersten vier Verse wiederholt Hölderlin nur geringfügig variiert in der ersten Strophe der „Hymne an die Freiheit" („Wonne säng ich..."; S. 244).
*Elysen* – Elysium.
210 *Scheidestunde* – Diese Verse sind nicht autobiographisch so zu deuten, als ob die Trennung von Elise Lebret schon erfolgt wäre. Vgl. die einführenden Bemerkungen zu den Gedichten „An die Nachtigall" (S. 589) und „Der Kampf der Leidenschaft" (S. 596 f.).

## Hymne an die Unsterblichkeit

Am 8. November 1790 schrieb Hölderlin an Neuffer: „Hältst Du es der Mühe wert, so will ich den Gesang an die Unsterblichkeit umarbeiten." Ob Neuffer 1832 dem Erstdruck in der „Zeitung für die elegante Welt" eine Umarbeitung oder nur den Entwurf zugrunde gelegt hat, ist nicht eindeutig zu ermitteln. Im zweiten Falle hätte Neuffer jedoch eine Reihe von Änderungen an dem Gedicht vorgenommen, wie die Abweichungen zwischen dem Druck und den handschriftlich überlieferten fünf letzten Strophen des Entwurfs zeigen.

> Wann die Starken vor Despoten treten,
> Sie zu mahnen an der Menschheit Recht,
> Hinzuschmettern die Tyrannenketten,
> Fluch zu donnern jedem Fürstenknecht,
> Wenn in todesvollen Schlachtgewittern,
> Wo die Vaterlandesfahne weht,
> Mutig, bis die Heldenarme splittern,
> Tausenden die kleine Reihe steht.
>
> Allgewaltig ist im Gräbertale,
> Schon die Fülle großer Ahndungen.
> Aus der Zukunft mildem Segensstrahle
> Trinken Heldenkraft die Endlichen,
> Aber ha! wie schwindet Erdeleben,
> Geistesmutter! wenn an deiner Hand
> Siegestrunken wir hinüberschweben
> In der Geister hohes Vaterland.
>
> Wo der Tugend königliche Blume,
> Unbetastet von dem Wurme, blüht,
> Wo der Denker nun im Heiligtume
> Hell und offen all die Tiefen sieht,
> Wo der Menschheit kein Tyranne höhnet,
> Keine Kette mehr die Seele bannt,
> Wo den Heldentod die Palme lohnet,
> Gottes Lob den Tod fürs Vaterland.
>
> Harret eine Weile, Orione!
> Schweige, Donner der Plejadenbahn!
> Hülle, Phöbos, deine Strahlenkrone,
> Atmet leise! Sturm und Ozean!
> Eilt zu feierlichen Huldigungen,
> All ihr großen Schöpfungen der Zeit,
> Denn, verloren in Begeisterungen,
> Denkt der Seher die Unsterblichkeit!

> Siehe! da verstummen Menschenlieder,
> Wo der Seele Lust unnennbar ist,
> Schüchtern sinkt des Hochgesangs Gefieder,
> Wo der Endlichkeit der Geist vergißt.
>
> Wenn vor Gott sich einst die Geister sammeln,
> Aufzujauchzen ob der Seele Sieg,
> Mag Entzückungen der Seraph stammeln,
> Wo die trunkne Menschenlippe schwieg.

210 *Froh, als könnt ich ...* – Mit dieser Strophe, die nur wenig abgewandelt wird, beginnt Hölderlin auch die „Hymne an die Göttin der Harmonie" (S. 219).
*Stolz ertönet der Plejaden Gang* – Die Plejaden gehören zu den schon von Homer erwähnten Sternbildern. Die Lehre von den tönenden Himmelskörpern, von einer Sphärenharmonie, stammt von der griechischen Philosophenschule der Pythagoreer (5. und 4. Jh. v. u. Z.), bei denen sich auch die Lehre von der Unsterblichkeit der Seele findet.
*Helios* – Der griechische Sonnengott Helios fährt am Tage auf einem von vier feuerschnaubenden Flügelrossen gezogenen Wagen über den Himmel.

211 *Gräberland* – Die Erde.
*schmettern* – Hier intransitiv gebraucht: zerschmettert werden.
*Müßte nicht der Mensch ...* – Zu den in dieser und in der folgenden Strophe ausgesprochenen Gedanken vgl. Hölderlins Brief an seine Mutter (Band 4, S. 78), in dem er ihr über den „Gang seiner Erkenntnisse von der Gottheit" berichtete. Vgl. auch Schillers Gedicht „Resignation", das 1786 in der „Thalia" erschienen war.

212 *Sparter Phalanx* – Der Zusammenschluß der Linien in der Schlacht und damit der Übergang vom Einzelkampf zur festgefügten Phalanx (Schlachtreihe) erfolgte zuerst in Sparta um 600 v. u. Z.

## Hymne an den Genius Griechenlands

Über die Entstehung der Hymne vgl. die einführende Bemerkung zu dem Gedicht „An Lyda" (S. 610). Die freien Rhythmen dieser Hymne waren ursprünglich nur als Entwurf für gereimte Strophen gedacht. Ein solcher Versuch, die (Stolbergschen) freien Rhythmen in (Schillersche) Reimstrophen umzuformen, liegt für die ersten beiden Strophen vor:

> Jubel! aus Kronions Hallen
> Schwebst auf Aganippens Flur
> Du im strahlenden Gefieder
> Hold und majestätisch nieder,
> Erstgeborner der Natur,
> Schönster von den Brüdern allen!
>
> Bei Olympos güldnen Thronen!
> Bei der Göttlichen, die dich gebar,
> Was auch Hohes ist und war
> In der Menschheit weiten Regionen,
> Was auch je erstarkt und siegesreich,
> Angebetet von der Völker Zungen
> Deiner Brüder, sich emporgeschwungen,
> Keiner, keiner ist dir gleich.

Hölderlin gab jedoch dieses Bemühen bald wieder auf und setzte die Arbeit an der freirhythmischen Fassung der Hymne fort. Nach der vierten Strophe findet sich in der Handschrift noch folgender gestrichener Text:

> Nun fleugst du herab
> Zu himmlischen Wundern,
> Hold und majestätisch herab! –
> Schon mildert den tötenden Blick
> Der Heroe.
> Schon staunt er die Mädchen am Feste
> Trunkener an.
> Ihn spornt in Schlachten die Liebe,
> Ihn zieht zum lockichten Nacken
> Die zaubrische Liebe zurück.
> Mit dem Schwerte gräbt der Heroe
> Das goldne Gelock in den Schild.
> Sein Siegeslohn ist Lächeln der Holdin
> Und seiner Stimme Donner Gesang.

Die „Hymne an den Genius Griechenlands" ist ein erstes, eindrucksvolles Bekenntnis Hölderlins zur griechischen Antike. Vgl. auch das im gleichen Jahre entstandene Magisterspezimen „Geschichte der schönen Künste unter den Griechen bis zu Ende des Perikleischen Zeitalters" (Band 2, S. 332).

213 *Kronos* – Titan; Vater des Zeus und vor ihm oberster Gott.
214 *der Donnerer* – Zeus.
*Orpheus' Liebe* ... – Nach einer Version der griechischen Sage war der Sänger Orpheus der Sohn Apollons, der auch als Sonnengott („Auge der Welt") verehrt wurde und der als Gott der Künste Orpheus im Lyraspiel unterwies. Zum Acheron in die Unterwelt begab sich Orpheus, um seine gestorbene Gattin Eurydike wiederzugewinnen.
*Aphrodites Gürtel* – Im 14. Gesang der „Ilias" beschreibt Homer, der „Mäonide" (der Sohn Mäons), begeistert den Zaubergürtel der Liebesgöttin Aphrodite, dessen Reiz alle Götter und Menschen zu betören vermag. Vgl. das Motto zur „Hymne an die Göttin der Harmonie" (S. 219).
215 *die Bien auf der Blume* – Anspielung auf eine Stelle des 2. Gesangs der „Ilias", den Hölderlin zum Teil schon in Maulbronn übersetzt hatte (vgl. Band 3, S. 188).
*Gesang* ... – Die Hymne wurde nach dem handschriftlichen Befund nicht fortgesetzt.

(Ende 1790 bis Frühjahr 1791)

Im Jahre 1791 trat Hölderlin das erstemal mit seinen Dichtungen an die Öffentlichkeit. In dem von Gotthold Friedrich Stäudlin herausgegebenen „Musenalmanach fürs Jahr 1792", der bereits im September 1791 vorlag, erschienen die Gedichte „Meine Genesung", „Hymne an die Göttin der Harmonie", „Hymne an die Muse" und „Hymne an die Freiheit" („Wie den Aar ..."). Ein Exemplar widmete er seiner Mutter mit folgenden Worten: „Lassen Sie mich, liebste Mutter! das Wenige, das Sie hier von mir finden werden, Ihnen weihen. Es sind Jünglingsversuche. Sie würden, wenn auch die Art von Gedichten unserm Zeitalter angemessener wäre, wenig Glück machen bei unsern Lesern und Leserinnen. Aber vielleicht einmal etwas Besseres! Dann werd ich stolz und dankbar sagen: dies dank ich meiner Mutter – Ihrer Erziehung, Ihrer fortdaurenden Mutterliebe, Ihrer Freundschaft zu mir."

Schubart rezensierte den Almanach in seiner „Chronik" vom 20. September 1791 und schrieb über Hölderlin: „Hölderlins Muse ist eine ernste Muse; sie wählt edle Gegenstände; nur fast immer in gereimten zehenfüßigen Jamben, wodurch seine Gedichte sehr eintönig werden." Und in den „Tübingischen gelehrten Anzeigen auf das Jahr 1791" heißt es unter dem 26. Dezember: „Hölderlins Muse hat viele Kraft – des Gedankens und Ausdrucks. Wir empfehlen vornehmlich die beiden Hymnen S. 1 [an die Muse] und S. 112 [an die Freiheit]. Weniger hat uns die an die Harmonie, die von zu unbestimmten Begriffen sichtbar ausging, und auch das Liedchen S. 163 [Meine Genesung] gefallen."

Daß Hölderlin mit den Hymnen einer ästhetischen Forderung seines Förderers und Freundes Stäudlin nachkam, belegen dessen Ausführungen in der von ihm fortgesetzten Schubartschen „Chronik" am 15. November 1791: „Wie kömmt es doch, ... daß unsre besten poetischen Köpfe so selten den kühnen Sonnenflug des Adlers wählen; daß die höhere lyrische Poesie, die philosophische Ode in Uzens Geiste, das didaktische Gedicht, dieses weite und fruchtbare Feld für den Dichter, und besonders die ernste Satire, so sehr vernachlässigt werden. Man liest immer ein Dutzend tändelnder, empfindsamer und erotischer Liedchen, bis man ein einziges erhabnes lyrisches Stück zu Gesichte bekommt, das eines Klopstocks, Uzens und Ramlers würdig wäre! – Möchten doch unsre Dichter Klopstocks großes Wort beherzigen: ‚Die Dichter, die nur spielen, / Verstehen nicht, was sie und was die Leser sind. / Der rechte Leser ist kein Kind; / Er mag sein männlich Herz viel lieber fühlen, / Als spielen.' Wie außerordentlich reichen Stoff zu kühnen, auf alle Welt wirkenden Dichterwerken gibt nicht seit mehrern Jahren der Geist der Zeiten! und wie wenig wird er benützt!" (Zu dem Klopstock-Zitat vgl. Hölderlins Brief an den Bruder vom 2. November 1797.) ──

*Hymne an die Wahrheit / Hymne an die Göttin der Harmonie*

Am 8. November 1790 schrieb Hölderlin an Neuffer: „Leibniz und mein Hymnus auf die Wahrheit hausen seit einigen Tagen ganz in meinem Capitolium. Jener hat Einfluß auf diesen." Der Einfluß von Leibniz zeigt sich deutlich in der endgültigen (Druck-) Fassung der Hymne, während sich die handschriftlich überlieferte Vorstufe stärker an Schiller anlehnt (vgl. dessen Gedicht „Die Künstler"). Wegen der – schon aus der Überschrift erkennbaren – unterschiedlichen Konzeption der beiden Fassungen erscheint in dieser Ausgabe die „Hymne an die Wahrheit", obschon sie nicht vollständig überliefert ist, zusammenhängend abgedruckt. Die von Hölderlin in der Handschrift angebrachten späteren Änderungen sind dabei unberücksichtigt geblieben.

Das Motto der „Hymne an die Göttin der Harmonie" ist dem Roman „Ardinghello und die glückseligen Inseln" (1787) von Wilhelm Heinse entnommen und lautet dort vollständig: „Und die Liebe ward geboren, der süße Genuß aller Naturen füreinander, der schönste, älteste und jüngste der Götter, von Uranien, der glänzenden Jungfrau, deren Zaubergürtel das Weltall in tobendem Entzücken zusammenhält."

219 *Urania* – In der griechischen Mythologie Beiname der Aphrodite als Göttin der edlen Liebe im Unterschied zu Aphrodite Pandemos als Göttin gemeiner Sinnlichkeit. Aus der Verbindung Aphrodites mit Ares geht Eros, der Gott der Liebe, hervor. Für Hölderlin ist Urania die Göttin der Harmonie, die Schönheit und Wahrheit in sich vereinigt.

*Froh, als könnt ich ...* – Geringfügig variiert, eröffnet diese Strophe auch die von Hölderlin nicht publizierte „Hymne an die Unsterblichkeit" (S. 210).

220 *sint* – Noch vereinzelt im 18. Jahrhundert vorkommende Nebenform von „seit".

221 *der Göttin Sohn* – Hier ist nicht Eros, sondern der Mensch gemeint.

*Drüben wirst du meine Klarheit sehen* – Vgl. in Schillers Gedicht „Die Künstler" die Verse 64/65: „Was wir als Schönheit hier empfunden, / wird einst als *Wahrheit* uns entgegengehn."

## Hymne an die Muse

Nach Neuffers Datierung entstand das Gedicht noch im Jahre 1790.

223 *Pieride* – Nach dem griechischen Epiker Hesiod (um 700 v. u. Z.) gebar die Titanide Mnemosyne dem Zeus die Musen in Pierien (Pieria), der Küstenlandschaft am Fuße des Olymps.

224 *die geflügelten Äonen* – Der Begriff Äon, zunächst vorwiegend in zeitlicher Bedeutung gebraucht (Lebenszeit, Zeitalter, Ewigkeit), wird in der Spätantike auch auf den Raum bezogen und bezeichnet die Sphären, in denen Sterne und Gottheiten kreisen, die den Verlauf der Welt bestimmen. In der Gnostik, den religiös-philosophischen Strömungen im frühen Christentum, sprach man von Äonen als von Gott ausgeflossenen Geistern, als Urbildern alles geistigen Lebens, als Mittlern zwischen der Gottheit und den Menschen.

*Lethe* – Ein Fluß der Unterwelt, aus dem die Seelen der Verstorbenen Vergessenheit tranken.

*Ware* – In der schwäbischen Mundart der scherzhaft-verächtliche Ausdruck für Kinder und Jugendliche. Als eitle Ware verdecken also die Enkel die Verdienste der Väter.

225 *In der Pieride Mutterschoße* ... – Zu dieser Strophe vgl. Schillers Gedicht „Die Künstler", vor allem Vers 179 ff.
226 *Ägide* – In der griechischen Mythologie tragen die Musen keinen Schild, wohl aber Zeus und Athene, die als Göttin der Weisheit die Philosophen, Dichter und Redner schützt.
*Mietling* – Vgl. Neues Testament, Johannes-Evangelium 10, 11–15.
227 *Spanne* – Maß der ausgespannten Hand. „Spanne" ist Subjekt des Satzes.

## Hymne an die Freiheit

Auch diese Hymne ist nach Neuffers Datierung noch im Jahre 1790 geschrieben. In dem erhalten gebliebenen Hölderlinschen Handexemplar des „Musenalmanachs" (vgl. die einführende Bemerkung zu den von Ende 1790 bis Frühjahr 1791 entstandenen Gedichten, S. 614) werden die ersten dreißig Verse dieser Hymne von dem Prosa-Entwurf zu dem Gedicht „Palingenesie" (vgl. S. 564) umrahmt. Zu diesem Entwurf, den Hölderlin Ende 1796 niederschrieb, als er daranging, die Hymnen noch einmal „durchzufeilen" (vgl. den Brief an den Bruder vom November 1796, Band 4, S. 256), entnahm er Anregungen der ersten Strophe dieser Hymne.

227 *Sint* – Noch vereinzelt im 18. Jahrhundert vorkommende Nebenform von „seit".
*Schlägt das Herz ... ihr* – Schlägt das Herz für sie.
228 *Herzen schlugen / An der Götter Busen göttlicher* – Vgl. dazu Schillers Gedicht „Die Götter Griechenlands", das 1788 im Märzheft von Wielands „Teutschem Merkur" erschienen war: „Da die Götter menschlicher noch waren, / Waren Menschen göttlicher" Vers 191 f. der ersten Fassung).

## Kanton Schweiz

Diesem Hexametergedicht liegt eine Reise Hölderlins mit seinem Studienfreund Christian Friedrich Hiller und dem Medizinstudenten Friedrich August Memminger (geb. 1770) während der Osterferien 1791 in die Schweiz zugrunde. Vgl. Hölderlins Brief an die Mutter von Anfang April 1791 (Band 4, S. 83).

Gustav Schlesier (geb. 1810), dem noch eine Reihe von Gedichten und Briefen vorlag, die – ohne gedruckt worden zu sein – später verlorengegangen sind, notierte zu den ersten Versen folgende Variante:

> Hier, im einsamen Schoß der stillen, dämmernden Halle,
> Wo in ermüdender Ruhe der Geist erkrankt, wo die Freude
> Ach! so karg mit Labung beträuft die lechzende Seele,
> Reichet doch Erinnerung mir den zaubrischen Becher.

Das Gedicht erschien mit den folgenden sechs Hymnen in Stäudlins „Poetischer Blumenlese fürs Jahr 1793", die wiederum bereits im September des Vorjahres vorlag.

231 *Hiller* – Christian Friedrich Hiller (1769-1817), den Hölderlin schon von Maulbronn her kannte, war in Tübingen Mitglied eines revolutionär gesinnten Studentenkreises. 1793 wollte er nach Amerika auswandern. Vgl. Hölderlins im Sommer 1793 entstandenes Gedicht „An Hiller" (S. 258).
*Rheinsturz* – Der Rheinfall bei Schaffhausen.
*am Quelle der Freiheit* – Das Ziel der Reise, das Tal des Vierwaldstätter Sees. Die an diesem See gelegenen drei Urkantone Schwyz (vgl. die Gedichtüberschrift), Uri und Unterwalden schlossen 1291 ein Bündnis zur Behauptung ihrer Rechte und Freiheiten, das nach der Schlacht bei Morgarten (1315) zur Gründung der von Habsburg unabhängigen Eidgenossenschaft führte.
*Haken* – Der Haggenpaß.

232 *Lego* – Ein See, der bei Ossian (vgl. die Anm. zu S. 150) häufig vorkommt.
*Väter der Freien* – Die Eidgenossen vom Rütli.
*was süße Begeistrung / Einst mich lehrt'* ... – Zu dem Hauptsatz „es kehrt so warm in die Brust" gehörig.
*des hohen / Hirten* – Abraham, der Ahnherr der Israeliten. Vgl. Altes Testament, 1. Mose 13, 18.
*Tochter von Laban* – Rahel, eine der beiden Frauen Jakobs. Vgl. Altes Testament, 1. Mose 29, 17.
*Arkadien* – Die einzige, auf dem Peloponnes liegende griechische Landschaft, die nicht ans Meer grenzt. Sie wurde seit der Antike in der idealisierenden Hirtendichtung zu einem Land der Idylle und des Glücks erhoben, das den Wunschträumen des Städters entsprach. Im 18. Jahrhundert wurde die Schweiz oft mit Arkadien verglichen.
*die Schrecken / Seiner Arme* – Damit sind wohl die Klippen gemeint.
*erfrischender Ampfer* – Plural.

(Ende 1791 bis Frühjahr 1792)

Die hier vereinigten sechs Hymnen – etwa ein Jahr nach der ersten Hymnengruppe entstanden – veröffentlichte Stäudlin in seiner „Poetischen Blumenlese fürs Jahr 1793".

---

### Hymne an die Menschheit

Am 28. November 1791 schrieb Hölderlin an Neuffer: „Mit dem Hymnus an die Menschheit bin ich bald zu Ende. Aber er ist eben ein Werk der hellen Intervalle, und die sind noch lange nicht klarer Himmel! Sonst hab ich noch wenig getan; vom großen *Jean-Jacques* mich ein wenig über Menschenrecht belehren lassen und in hellen Nächten mich an Orion und Sirius und dem Götterpaar Kastor und Pollux geweidet, das ist's all!"

In der handschriftlichen Fassung der Hymne steht zwischen der ersten und zweiten Strophe noch folgender Text:

> O du der königlichen Stunden
> Entschlafnes Heer! heran im Siegspanier!
> Vom öden Schoß der Nächte losgewunden
> Verjünge sich die Zeit, und zeuge mir!
> Sie zeuget mir; die Schöne der Kolossen,
> Der herrlichen Heroen Lieb und Macht.
> Des Götterstammes Blüten all entsprossen
> In stiller Heiligkeit des Grabes Nacht.
>
> Wie sich im ungeheuren Kriege
> Mit der Natur der kühne Riese mißt!
> Der Löwe fällt! sie fühlt im wilden Siege,
> Des Helden Seele, daß sie göttlich ist;
> Doch göttlicher entrief dem Rosenstrauche
> Der Muse Zauberspruch den Rosenhain,
> Den Felsen blies mit sanftem Liebeshauche
> Der holde Thrazier Entzücken ein.
>
> Orion lacht in Liebe nieder,
> Es wallt der Erde Sohn am Ozean,
> Wie tönt in ihm der Schöpfung Hymne wider,
> Wie staunt er sich im neuen Taumel an.

> Der Ahndung Heiligstes, der Kräfte Fülle,
> Die leisgefühlte Seele der Natur,
> Er kleidet sie in brüderliche Hülle,
> Denn Göttern gleicht der Götter Sprosse nur.

Die zweite Strophe der Hymne schrieb Hölderlin im September 1792 in das Stammbuch des Jurastudenten Leo von Seckendorf (1775-1809), dem er in einem revolutionären Klub begegnet war.

234 *Les bornes du possible...* – Das Motto der Hymne ist Rousseaus „Gesellschaftsvertrag" entnommen. Es steht dort im 12. Kapitel des 3. Buches und lautet zu deutsch: „In der geistigen Welt sind die Grenzen des Möglichen weniger eng, als wir glauben; erst unsere Schwächen, unsere Laster und unsere Vorurteile verengen sie. Gemeine Seelen glauben nicht an große Männer; erbärmliche Sklaven lachen spöttisch bei dem Worte Freiheit." Rousseaus Einfluß auf Hölderlin ist in der Hymne allenthalben spürbar.

*Hesperidenwonne* – Die Hesperiden, die vier Töchter des Titanen Atlas und der Hesperie oder der Nyx (griech.: Nacht), hüten im fernen Westen der griechischen Welt die goldenen Äpfel, die einst Gaia, die Urmutter Erde, dem Zeus und der Hera als Hochzeitsgeschenk gebracht hatte. Herakles war es aufgegeben, drei dieser Äpfel, Symbole ewiger Jugend und Fruchtbarkeit, vom Lebensbaum zu holen.

235 *Elysen* – Elysium.

*Orellana* – Der Amazonenstrom (nach seinem Entdecker so genannt). In der Handschrift stand zunächst „Niagara", wonach vermutet werden kann, daß sich Hölderlin unter dem Orellana einen Wasserfall vorstellte.

236 *lesbische Gebilde* – Lieder (nach der griechischen Insel Lesbos, der Heimat von Alkaios, Arion und Sappho).

*Tyndariden* – Die Zwillingssöhne des sagenhaften spartanischen Königs Tyndareos bzw. des Zeus und der Leda, Kastor und Polydeukes (lat.: Pollux), wollte man als Symbol unzertrennlicher Freundschaft im Tierkreiszeichen der Zwillinge am Himmel erkennen. (Vgl. auch die zweite Anm. zu S. 249.)

## *Hymne an die Schönheit*

Die erste, handschriftlich überlieferte Fassung der Hymne entstand schon – nach einem Vermerk Hölderlins unter der Überschrift – im

Juni 1791, die zweite (Druck-) Fassung – nach Neuffers Datierung – noch im Jahre 1791.

237 *Muse* – Aphrodite Urania. Vgl. die Anm. zu S. 219.
*Wo der Sterne Klang verhallt* – Vgl. die dritte Anm. zu S. 210.
*Schönheit in der Urgestalt* – Vgl. dazu die Verse 54-65 von Schillers Gedicht „Die Künstler".

239 *Die Natur in ihren schönen Formen...* – In der „Kritik der Urteilskraft" (§ 42) lautet der entsprechende Satz: „Man wird sagen: diese Deutung ästhetischer Urteile auf Verwandtschaft mit dem moralischen Gefühl sehe gar zu studiert aus, um sie für die wahre Auslegung der Chiffernschrift zu halten, wodurch die Natur in ihren schönen Formen figürlich zu uns spricht." Trotz einer strikten Absonderung des Gefühls für das Schöne vom moralischen Gefühl sucht Kant nach einer Vermittlung dieser beiden menschlichen Vermögen. Unmittelbares Interesse an der Schönheit der Natur ist für Kant im Gegensatz zum Interesse am Kunstschönen mit dem moralischen Gefühl durch Affinität vereinbar. Ein tiefer, innerer Zusammenhang zwischen Kants Auffassungen und der Aussage der Hymne besteht nicht. Gründlich studierte Hölderlin die 1790 erschienene „Kritik der Urteilskraft" erst in Waltershausen. Näher als die „Kritik der Urteilskraft" stand den Tübinger Stiftlern Hölderlin, Hegel und Schelling die „Kritik der praktischen Vernunft" (vgl. die „Hymne an die Freiheit", S. 227).

241 *Jachus* – Kultname des Dionysos (Bakchos), des Gottes des Weines und der allschöpferischen Natur, dessen Anhängerinnen, die Bakchen (Mänaden), in begeistertem Rausche dem Schwarm des Gottes über die Berge und durch die Wälder folgen.

242 *Horen* – Die Horen waren zunächst Naturgottheiten: Thallo (Göttin der Blüte), Auxo (Göttin des Wachstums) und Karpo (Göttin der reifen Frucht). Erst später wurden sie – als Töchter des Zeus und der Themis – zu den Hüterinnen der menschlichen Sitte und Ordnung: Eunomia (Gesetzlichkeit), Dike (Recht) und Eirene (Friede). Zuletzt galten sie nur noch als anmutige, glückbringende Göttinnen der Jahreszeiten. Vgl. auch die erste Anm. zu S. 167.

243 *Genieß* – Noch vereinzelt im 18. Jahrhundert gebrauchte Form statt des jüngeren „Genuß".
*Hesperidenblüte* – Vgl. die Anm. zu S. 234.

*Hymne an die Freiheit*

In dem nach Mitte April 1792 geschriebenen Brief an Neuffer schreibt Hölderlin: „In meinem Hymnus an die Freiheit setzt ich aus Nachlässigkeit in eine Strophe ein Wort, das nicht hingehört, es heißt

> Um der Güter, so die Seele füllen,
> Um der angestammten Göttermacht,
> Brüder ach! um unsrer Liebe willen,
> *Brüder!* Könige der Endlichkeit! erwacht!

Das ‚Brüder' in der letzten Zeile macht 2 Silben zuviel. Sage doch dem lieben Doktor, daß er es wegstreicht. Wahrscheinlich ist der Druck des Gedichts noch nicht im reinen. Es liegt mir viel daran, eine solche gemeine poetische Sünde nicht vor die Augen des Publikums kommen zu lassen." Der „liebe Doktor", Stäudlin, konnte das Wort noch streichen.

244 *Wie nach dumpfer Nacht ...* – Zu den Versen 5–8 vgl. die Verse 1–4 des Gedichts „An Lyda" (S. 209).
*Boreas* – Der unfreundliche, rauhe Nordwind.
*Evan* – Kultname des Dionysos (Bakchos), des Gottes des Weines.
245 *Orion ... Tyndariden ... Löwe* – Die drei Sternbilder stehen hier als Zeichen des geordneten Weltalls, des Kosmos. Zu den „brüderlichen Tyndariden" vgl. die Anm. zu S. 236.
*Helios* – Griechischer Sonnengott.
246 *Urania* – Aphrodite Urania (vgl. die Anm. zu S. 219), von der es in einer Sagenversion heißt, sie sei aus dem Schaum des Meeres geboren.
*Hyperion* – In der griechischen Mythologie einer der zwölf Titanen und Vater des Helios, mit dem er jedoch schon bei Homer identifiziert wird.
247 *Minos* – Sagenhafter Herrscher von Kreta, der nach dem Tode wegen seiner Gerechtigkeit Totenrichter in der Unterwelt wurde.
*der göttlichen Catone Manen* – Die Manen – ursprünglich römische Götter der Unterwelt, später die göttlichen Seelen der Verstorbenen –, die hier in Elysium triumphieren, sind die des Marcus Porcius Cato Censorius (234–149 v. u. Z.), der die altrömischen Tugenden verteidigte und gegen Korruptheit im Staatswesen vorging, und die seines Urenkels Marcus Porcius Cato Uticensis (95 bis 46 v. u. Z.), der als Stoiker für Sittenstrenge und die alten republikanischen Traditionen eintrat.

247 *Aus der guten Götter Schoße* ... – In dieser Strophe wird die Beziehung zur Französischen Revolution besonders deutlich: Im Februar 1792 wurde in der Legislative der Antrag gestellt, alle Feudalrechte ohne Entschädigung aufzuheben.
*Ceres* – Römische Göttin des Wachstums, besonders des Ackerbaus.

### Hymne an die Freundschaft

Am 6. März 1792 schrieb Magenau an Hölderlin: „Daß Du uns eine Hymne widmen willst, ist bieder gedacht..." So ist dieses Gedicht fast genau zwei Jahre nach dem „Lied der Freundschaft" (S. 195) entstanden, das den gleichen Freunden gewidmet war. In einem Brief Hölderlins an Neuffer vom April 1792 heißt es: „Du kannst Dir nicht vorstellen, wie ich oft die alten herrlichen Tage vermisse, die wir hier zusammen lebten." Vgl. dazu die einführende Bemerkung zu den 1790 entstandenen Gedichten (S. 608).

248 *Neuffer* – Vgl. die Anm. zu S. 179.
*Magenau* – Rudolf Magenau (1767–1846) kam – wie Hölderlin – über die Klosterschulen Denkendorf und Maulbronn ans Tübinger Stift, das er von 1786 bis 1791 besuchte. Nach seinem Studium war er zunächst Hauslehrer seiner Stiefgeschwister, dann Vikar in Vaihingen an der Enz und später Pfarrer zu Niederstotzingen (nordöstlich von Ulm). 1795 und nochmals 1805 erschien von ihm je ein bescheidenes Bändchen Gedichte. Hölderlin, dessen Briefe an ihn verschollen sind, hatte sich schon vor seiner Tübinger Zeit in Magenaus Heimatort Markgröningen (bei Ludwigsburg), wo er selbst Verwandte hatte, an ihn angeschlossen. Zum Höhepunkt ihrer Freundschaft gestaltete sich der gemeinsam mit Neuffer geschlossene Dichterbund. Als Hölderlin Ende 1793 nach Waltershausen abreiste, schwuren sie „bei den zu Marathon Gefallenen" ihrem Bunde „neue, daurende Festigkeit". Bald darauf aber verkümmerte die Freundschaft mit Magenau.
*Tyndariden* – Vgl. die Anm. zu S. 236.
*von Olympos' Heeren* – Heer: hier im umfänglichen Sinne von „große Menge" gebraucht; also: große Götterschar.
*Ares* – Griechischer Gott des blutigen, zerstörenden Krieges.
*Cytherea* – Beiname der Aphrodite nach einer ihrer Hauptkultstätten, der Insel Kythera südlich des Peloponnes, wo die Göttin nach ihrer Geburt aus dem Schaum des Meeres zuerst das Land

betreten haben soll. Die griechische Mythologie berichtet zwar von einer Verbindung zwischen Ares und Aphrodite, der Harmonia entsprungen sei, jedoch ist der hier erzählte Mythos Hölderlins eigene Erfindung.

249 *der Mutter Gürtel* – Vgl. die dritte Anm. zu S. 214.

*des Orkus Tore sprangen* – Anspielung auf die brüderliche Freundschaft der Tyndariden (vgl. die Anm. zu S. 236). Nachdem Kastor, der sterbliche Sohn des Tyndareos, im Kampfe gefallen ist, kann Polydeukes, der unsterbliche Sohn des Zeus, wählen, ob er mit den Göttern den Olymp bewohnen oder aber seine eigene Unsterblichkeit mit Kastor teilen wolle. Polydeukes entscheidet sich für das zweite, so daß die beiden Brüder gemeinsam je einen Tag im Olymp und einen Tag in der Unterwelt leben.

*Hebe* – Griechische Göttin der Jugend und Mundschenkin der Götter.

*Arkadia* – Vgl. die Anm. zu S. 232.

250 *Segensrechte* – Die Segen spendende rechte Hand.

*Minos* – Vgl. die Anm. zu S. 247.

### Hymne an die Liebe

Diese wohl im Frühjahr 1792 entstandene Hymne ist die dritte Fassung des „Liedes der Liebe" (S. 200).

### Hymne an den Genius der Jugend

Diese Hymne hat Hölderlin später als einzige aus der Tübinger Zeit überarbeitet und in der neuen Fassung unter der Überschrift „Der Gott der Jugend" (S. 275) wohl im September 1795 an Schiller gesandt, der sie im „Musenalmanach für das Jahr 1796" veröffentlichte.

254 *Tellus* – Römische Göttin der Erde und der Fruchtbarkeit.

*lesbische Gestalt* – Vgl. die Anm. zu S. 236.

255 *der alten Taten Heere* – Vgl. die vierte Anm. zu S. 248.

*Pluton* – Griechischer Gott des unterirdischen Reichtums, der später mit Hades, dem Gott der Unterwelt, gleichgesetzt wurde.

*Eos ... Tithon* – Eos (Aurora), die Göttin der Morgenröte, entführt den troischen Königssohn Tithonos und erbittet von Zeus für ihn Unsterblichkeit. Da sie jedoch vergißt, die Bitte um ewige Jugend hinzuzufügen, altert er – im Gegensatz zu ihr – wie jeder andere Sterbliche. Es ist wahrscheinlich, daß die Hymne von

Herders im Mai 1792 erschienenem Aufsatz „Tithon und Aurora", aus dem Hölderlin Mitte Juli 1794 für Neuffer eine Stelle abschrieb, beeinflußt wurde.
255 *Phöbus* – Beiname Apollons als Sonnengott. Als Todesgott führt er Bogen und Pfeil.
256 *Ares* – Vgl. die Anm. zu S. 248.
*Donnergott* – Zeus, der auch Wettergott war.

(1792–1796)

Zwischen dem 21. und 23. Juli 1793 schrieb Hölderlin an Neuffer: „Ich fand bald, daß meine Hymnen mir doch selten in dem Geschlechte, wo doch die Herzen schöner sind, ein Herz gewinnen werden, und dies bestärkte mich in meinem Entwurfe eines griechischen Romans." Die Arbeit am „Hyperion" hatte er bereits im Sommer 1792 begonnen, aber erst um die Jahreswende 1796/97 lieferte er die Druckvorlage des ersten Bandes an den Verleger ab (vgl. die Entstehungsgeschichte des Romans im 2. Band). Die Gedichte dieses Zeitraums, von denen die erste Gruppe bis einschließlich „Griechenland" noch der Tübinger Zeit angehört, entstanden folglich neben der Arbeit am „Hyperion". Charakteristisch ist die Wendung von der Reimhymne zur Reimelegie.

---

*Einladung an Neuffer*

Die erste, auf einem Einzelblatt überlieferte Fassung dieses Gedichts ist spätestens 1793 in Nürtingen entstanden. Vielleicht hat sie Hölderlins Brief an Neuffer aus der Ostervakanz 1793 (Ende März oder Anfang April) beigelegen. Nicht unwahrscheinlich ist aber auch, daß sie Hölderlin während seiner Studienzeit gar nicht an Neuffer abgesandt hat. Vgl. die unter die Gedichte der Frankfurter Zeit eingereihte zweite Fassung (S. 315).

257 *Plane* – Alte, noch im 18. Jahrhundert allein übliche Pluralform.
*aus heller Laune* – aus reiner Laune.

*An eine Rose*

Dieses spätestens im Sommer 1793 entstandene Gedicht ist vielleicht an Rosine Stäudlin (1767–1795), eine der drei Schwestern Gotthold Friedrich Stäudlins, gerichtet (vgl. das Gedicht „Freundeswunsch", S. 273, und die dazugehörige Bemerkung. Noch im gleichen Jahr lagen die Verse in der von Marianne Ehrmann in Zürich herausgegebenen „Einsiedlerin aus den Alpen" (4. Bändchen) im Druck vor.

258 *Sturm entblättern*... – Vgl. den Schluß des vorletzten Auftritts von Lessings „Emilia Galotti": „Eine Rose gebrochen, ehe der Sturm sie entblättert."

### An Hiller

Über den Empfänger dieser im Sommer 1793 entstandenen Epistel, die nur in einer Abschrift und in der von Ludwig Uhland und Gustav Schwab 1826 veranstalteten ersten Ausgabe der Gedichte Hölderlins überliefert ist, vgl. die Anm. zu S. 231.

259 *Helvetia* – (lat.) Die Schweiz. Zu den auf die gemeinsame Schweizreise sich beziehenden Versen vgl. das Gedicht „Kanton Schweiz" (S. 231) und die dazugehörigen Anmerkungen.

*Pepromene* – (griech.) Das Schicksal.

260 *Philadelphier* – Die Amerikaner. In Philadelphia hatte 1774 der erste und 1775/76 der zweite Kontinentalkongreß stattgefunden, auf dem am 4. Juli 1776 die Unabhängigkeitserklärung angenommen und damit die Loslösung der nordamerikanischen Kolonien von England beschlossen worden war. 1787 tagte dort der Verfassungskonvent, und von 1790 bis 1800 war Philadelphia Bundeshauptstadt.

### Dem Genius der Kühnheit

Den Plan zu diesem Gedicht erwähnte Hölderlin zuerst in einem Brief an Neuffer, den er bald nach dem 14. September 1792 schrieb: „Du wirst lachen, daß *mir* in diesem meinem Pflanzenleben neulich der Gedanke kam, einen Hymnus an die *Kühnheit* zu machen. In der Tat, ein psychologisch Rätsel!" Am 27. Juni 1793 las Hölderlin die erste Fassung dieser Hymne Matthisson, Neuffer und Stäudlin, die in Tübingen zu Besuch weilten, vor. (Vermutlich war auch Hegel dabei.) Magenau berichtet darüber in seinem Lebensabriß: „Matthisson, wohl der liebenswürdigste von unsern Dichtern, knüpfte zwischen sich und Hölderlin ein enges Band. Hölderlin hatte ihm zu Tübingen im Beisein Neuffers und Stäudlins eine Hymne an die Kühnheit, die viele glückliche Züge hat, vorgelesen, Matthisson entglühte von sympathetischem Feuer, warf sich in Hölderlins Arme, und der Bund der Freundschaft ward geschlossen."

Am 20. Juli 1793 bat Neuffer Hölderlin um den Hymnus: „Ich will ihn einigen Freunden und Freundinnen lesen lassen, die ein großes Verlangen darnach tragen. Besonders ist *eine,* die ich nicht nenne [vermutlich Lotte Stäudlin, eine Schwester Gotthold Friedrich Stäudlins], darum begierig, weil Dich Matthisson deswegen umarmte, ob er gleich zu seiner Empfehlung keiner solchen Folie bedarf."

Hölderlin antwortete einige Tage später darauf: „Ich schickte meinen Hymnus unsrem Stäudlin. Das zaubrische Licht, in dem ich ihn ansah, da ich mit ihm zu Ende war, und noch mehr, da ich ihn Euch mitgeteilt hatte an dem unvergeßlichen Nachmittage, ist nun so ganz verschwunden, daß ich mich nur mit der Hoffnung eines baldigen bessern Gesangs über seine Mängel trösten kann." Hölderlin hatte unmittelbar vor diesem Brief die Hymne und ein nicht erhaltenes Fragment von „Hyperion" an Stäudlin gesandt; die Hymne sollte wohl in ein von Stäudlin als Fortsetzung des Musenalmanachs geplantes Journal aufgenommen werden. Da das Journal nicht zustande kam, schickte Stäudlin die Hymne an den Herausgeber der „Urania", Johann Ludwig Ewald, der sie allerdings nicht veröffentlichte. (Das Manuskript ist nicht erhalten.) Hölderlin konnte deshalb die Hymne Ende 1794 oder Anfang 1795 nach einer Aufforderung, ihm etwas für die „Thalia" zu überlassen, an Schiller schicken. Er übergab ihm nicht die erste Fassung, sondern eine Umarbeitung, die dann im letzten Heft der „Neuen Thalia" (6. Stück des Jahrganges 1793) Anfang Februar 1795 erschien.

260 *Pluton* – Vgl. die Anm. zu S. 255. Aus Plutons „dunklem Haus", der Unterwelt, muß Herakles – als eine seiner zwölf übermenschlichen Aufgaben – den Höllenhund Kerberos heraufholen.

*Ortygias Gestade* – Die Insel Delos wurde in der Antike auch Ortygia genannt.

*Rebengott* – Dionysos. Vgl. die Anm. zu S. 241.

261 *Löwenhaut* – Als erste seiner zwölf Taten gelang es Herakles, den Nemeischen Löwen zu bezwingen, dessen Fell er fortan als Gewand trug.

*Wie nun in jugendlichem Kriege* ... – Vgl. die zweite Strophe des Paralipomenons zur „Hymne an die Menschheit" (S. 619). Die gedankliche Verwandtschaft dieser beiden Hymnen findet ihren Ausdruck im gleichen Strophenbau.

*Laren* – Vgl. die Anm. zu S. 162.

*Mäons Sohn* – Homer.

262 *Hesperiden* – Vgl. die Anm. zu S. 234.

262 *der Donnerer* – Vgl. die Anm. zu S. 256.
*Sardanapal* – Assurbanipal: letzter bedeutender König von Assyrien (669–626 v. u. Z.); er galt den Griechen als das Urbild eines genußsüchtigen Herrschers.
*Nemesis* – Griechische Göttin der ausgleichenden und strafenden Gerechtigkeit, die für die richtige Verteilung von Glück und Recht sorgt und menschliche Überheblichkeit (Hybris) straft.

*Griechenland*

Die erste Fassung dieses Gedichts sandte Hölderlin vermutlich mit der Hymne „Dem Genius der Kühnheit" im Juli 1793 an Stäudlin, dem das Gedicht auch gewidmet ist. Von der Sehnsucht, aus der es erwuchs, spricht er in einem Brief an Neuffer zwischen dem 21. und 23. Juli 1793 (vgl. Band 4, S. 203). Stäudlin hat die Hymne wohl eigenmächtig an die „Urania" Johann Ludwig Ewalds weitergegeben, wo sie ohne Wissen des Verfassers im April-Stück des Jahrganges 1795 erschien, nachdem bereits im letzten Heft von Schillers „Neuer Thalia" (6. Stück des Jahrganges 1793) eine dritte Fassung des Gedichts seit Anfang Februar 1795 vorlag.

Zwischen die „Urania"- und die „Thalia"-Fassung schiebt sich noch eine (abschriftlich überlieferte) zweite Fassung, die Hölderlin für eine geplante und wohl nicht zustande gekommene Anthologie des Reutlinger Buchhändlers Mäcken bestimmt hatte. In Anlehnung an die von Friedrich Beißner herausgegebene Ausgabe des Insel-Verlages erscheinen im Textteil alle drei Fassungen.

263 *Stäudlin* – Der zur Generation Schillers (mit dem er um 1781 einen literarischen Streit hatte) gehörende Gotthold Friedrich Stäudlin (1758–1796), Advokat und Schriftsteller in Stuttgart, war seit 1789 mit Hölderlin freundschaftlich verbunden. Er veröffentlichte in seinen Almanachen Hölderlins Tübinger Hymnen und vermittelte im Sommer 1793 dessen Bekanntschaft mit Schiller. Nach Schubarts Tod im Jahre 1791 setzte er die „Chronik" fort, bis sie 1793 wegen allzu starker Parteinahme für die Französische Revolution vom Reichshofrat in Wien verboten und er selbst als „enragé" der Revolution von der Regierung zum Verlassen des Landes aufgefordert wurde. 1796 fand er bei Straßburg den Tod im Rhein.
*Ilissus* – Südlich von Athen fließender Bach, der in den Cephissus mündet.

263 *Aspasia* – Geistvolle, emanzipierte Frau im alten Athen, die zunächst die Geliebte und später die (zweite) Frau des Perikles war.
*Agora* – Volksversammlung und zugleich Bezeichnung für den Platz, auf dem sie tagte (Marktplatz).
*mein Plato* – Vgl. den oben erwähnten Brief an Neuffer.
*Von Minervens heil'gem Berge* – Die Akropolis von Athen. Athene (lat. Minerva) war die Schirmherrin der wahrscheinlich nach ihr benannten Stadt.
*Marathons Heroen* – Bei Marathon, an der Ostküste Attikas, schlugen 490 v. u. Z. die Athener das Perserheer. Die Toten wurden auf dem Schlachtfeld in einem noch heute erhaltenen Massengrabe beigesetzt.
264 *Vesta* – Römischer Name für Hestia, die griechische Göttin des Herdfeuers, des häuslichen und staatlichen Friedens.
*Hesperiden* – Vgl. die Anm. zu S. 234.
*Chiertraube* – Weintraube von der Insel Chios (vor der Westküste Kleinasiens).
*floß* – geflossen wäre.
*Attika* – Griechische Landschaft mit der Hauptstadt Athen.
*Alcäus* – Der griechische Lyriker Alkaios (um 600 v. u. Z.) war ein Zeitgenosse der Sappho und wurde wie sie auf Lesbos geboren.
*Anakreon* – Griechischer Lyriker (um 500 v. u. Z.), der vor allem als Sänger der Liebe und des Weines beliebt war. Die wenigen erhaltenen Reste seiner Trink- und Liebeslieder unterscheiden sich in ihrer kraftvollen und lebendigen Art von den graziösen, tändelnden Anakreonteen des späten Altertums, an die sich die Anakreontik des 18. Jahrhunderts anlehnte.
265 *Parzen* – Römische Schicksalsgöttinnen, die den griechischen Moiren gleichgesetzt wurden. Die eine (Klotho) spinnt den Lebensfaden, die andere (Lachesis) erhält und bewahrt ihn, und die dritte (Atropos) durchschneidet ihn.

*Das Schicksal*

Um den 20. Oktober 1793 schrieb Hölderlin an Neuffer: „In meinem Kopf ist's bälder Winter geworden als draußen. Der Tag ist sehr kurz. Um so länger die kalten Nächte. Doch hab ich ein Gedicht an
,die Gespielin der Heroen,
*Die eherne Notwendigkeit*',

angefangen." Etwa einen Monat später, am 23. November, berichtete Magenau an Neuffer über Hölderlin: „Er hat manche Plane, doch keinen unausführbaren, das freut mich. Ein Hymnus an das Schicksal soll seine nächste Arbeit werden, darin ihn der Kampf der Menschennatur mit der Notwendigkeit am meisten beschäftigen wird." Aus Waltershausen konnte Hölderlin am 30. Dezember 1793 dann an Stäudlin und Neuffer melden: „Das Gedicht an das Schicksal hab ich beinahe zu Ende gebracht während der Reise." Um den 20. März 1794 legte er das Gedicht seinem ersten Brief an Schiller bei: „Ich nehme mir die Freiheit, ein Blatt beizulegen, dessen Unwert in meinen Augen nicht so sehr entschieden ist, daß ich es mir zur offenbaren Insolenz anrechnen könnte, Sie damit zu belästigen, dessen Schätzung aber ebensowenig hinreicht, mich aus der etwas bangen Stimmung zu setzen, womit ich dieses niederschreibe. Sollten Sie das Blatt würdigen, in Ihrer „Thalia" zu erscheinen, so würde dieser Reliquie meiner Jugend mehr Ehre widerfahren, als ich hoffte." Gegen Mitte April 1794 schrieb Hölderlin an Neuffer: „Mein Gedicht an das Schicksal wird wahrscheinlich diesen Sommer in der ‚Thalia' erscheinen. Ich kann es jetzt schon nimmer leiden. Überhaupt hab ich jetzt nur noch meinen Roman im Auge." Und in seinem Briefe vom 10. Oktober 1794 an ihn heißt es: „Lyrisches hab ich seit dem Frühling noch wenig gedichtet. Das Gedicht an das Schicksal, das ich noch zu Hause anfing, vorigen Winter beinahe ganz umänderte und um Ostern in einem Briefe an Schiller einschloß, scheint dieser sehr gut aufgenommen zu haben, nach dem, was er mir sagte in der Antwort auf meinen letzten Brief, wo ich ihm das ‚Fragment von Hyperion' schickte." (Sowohl der „letzte Brief" Hölderlins an Schiller als auch dessen „Antwort" sind nicht erhalten.) Schiller nahm das Gedicht in das vorletzte Stück seiner „Neuen Thalia" auf (5. Stück des Jahrganges 1793), das im November 1794 vorlag. Vgl. auch Hölderlins Brief an Neuffer, den er wohl Mitte November 1794 schrieb und in dem er schilderte, wie ihm Schiller in Jena dieses „Thalia"-Heft in Anwesenheit Goethes überreichte.

Das Motto der Hymne ist frei gestaltet nach dem Vers 936 aus dem „Gefesselten Prometheus" des Aischylos und lautet zu deutsch: Die das Schicksal fußfällig verehren, sind weise.

269 *Des goldnen Alters Zauber* – Nach antiken Vorstellungen war der Beginn der Menschheitsgeschichte ein Goldenes Zeitalter, eine Ära des Glückes, ohne Krieg und Privateigentum.

269 *Da sprang er aus der Mutter Wiege* – Vgl. dazu „Hyperion": „Wie mutig, selige Natur! entsprang der Jüngling deiner Wiege!" (Band 2, S. 117.)
*Löwenkraft* – Vgl. die erste Anm. zu S. 261 und das Paralipomenon zur „Hymne an die Menschheit" (S. 619).
270 *Cypria* – Beiname der Aphrodite nach einer ihrer Hauptkultstätten, der Insel Kypros (Zypern). Nach der griechischen Sage ist Aphrodite aus dem Schaum des Meeres geboren.
*Dioskuren* – Vgl. die zweite Anm. zu S. 236.
*Schwert und Lanze ward getauscht* – Vgl. Homers „Ilias", 6. Gesang, Vers 230–236, wo Glaukos und Diomedes zum Zeichen der Freundschaft ihre Waffen tauschen.
271 *Arkadien* – Vgl. die Anm. zu S. 232.
*Pepromene* – (griech.) Das Schicksal.
*Im heiligsten der Stürme falle...* – Die erste Hälfte der letzten Strophe wählte Hölderlins Stiefbruder Karl Gok (1776–1849) als Inschrift für den Gedenkstein auf dem Grabe des Dichters in Tübingen.

## An den Frühling

Dieser auf einem Einzelblatt überlieferte Hexameter-Entwurf ist – nach den orthographischen Eigentümlichkeiten zu urteilen – spätestens 1794, vielleicht sogar schon 1793 entstanden. Die lange geltende Annahme, Hölderlin gebrauche den Hexameter erst nach fünfjähriger Pause 1796 in dem Gedicht „Die Eichbäume" wieder, ist deshalb zu korrigieren.

272 *Wangen sah ich verblühn...* – Im Manuskript steht vor diesem Vers „pp." (usw.) als Zeichen dafür, daß diesem Bilde noch weitere Züge hinzugefügt werden sollten.
*Luna* – Luna (Selene), die Mondgöttin, liebt den schönen Hirten Endymion und besucht ihn nachts in seiner Höhle.
*die Fessel* – Das Eis.
*und tönt dir Feiergesänge... der Strom* – Konditionaler Nebensatz: Und wenn dir der Strom Feiergesänge tönt, so...
*vom Siege der Schatten* – vom Siege über die Schatten.
*Schlummre, schlummre nun...* – Vor diesem Vers hat Hölderlin eine ganze Seite der Handschrift leer gelassen.
*Helios* – Vgl. die Anm. zu S. 210.
*Perseus... Herkules* – Hier: die Sternbilder.

*An Neuffer*

Wahrscheinlich Anfang April 1794 teilte Hölderlin dieses Gedicht Neuffer in einem Brief mit und leitete es mit folgenden Sätzen ein: „Hier inzwischen eine Kleinigkeit für Dich. Sie ist das Produkt einer fröhlichen Stunde, wo ich an Dich dachte. Du sollst einmal etwas Besseres haben. Du kannst das kleine Ding ja mir halb zur Strafe, halb zum Lohn in die ‚Einsiedlerin' transportieren, oder wohin du willst."

Das Gedicht erschien noch 1794 in der von Marianne Ehrmann in Zürich herausgegebenen „Einsiedlerin aus den Alpen". Es verrät den Einfluß von Höltys Lied „Aufmunterung zur Freude", dessen erste Strophe wahrscheinlich Hölderlin als Schulknabe gelegentlich eines Besuches in Lauffen in eine Fensterscheibe seines Geburtshauses eingeritzt hatte:

> Wer wollte sich mit
> Grillen plagen,
> Solange Lenz
> und Jugend blühn;
> Wer wollt in seinen
> Blütentagen
> Die Stirn in düstre Falten ziehn.
> C. F.
> den 21. Nov. 1779

*Freundeswunsch*

Wahrscheinlich Anfang April 1794 schrieb Hölderlin an Neuffer: „Das Gedicht für Deine Selma schick ich wahrscheinlich über 8 Tage. Der Botentag überraschte mich, ehe ich eine kleine Verbesserung damit vornehmen konnte. Ich muß Dich zum voraus um Deine Nachsicht bitten, lieber Bruder! Es wird Dir unbegreiflich scheinen, daß man Deine Selma so schlecht besingen könne, oder doch so mittelmäßig." Gegen Mitte April 1794 übersandte er das Gedicht: „Hier, lieber Bruder, hast Du das Kind des Frühlings und der Freundschaft, das Liedchen an Deine Selma. Freilich sollte ein solcher Vater und eine solche Mutter eher einen Adon, wie Bürgers hohes Lied [„Das hohe Lied von der Einzigen, im Geist und Herzen empfangen am Altare der Vermählung"], als einen solchen armen Schelm erzeugen. Übrigens bin ich zufrieden, wenn nur eine ganz kleine Spur seines Vaters und seiner Mutter merkbar ist in ihm." Und am Schluß des Briefes heißt es: „Introduziere mein Liedchen so gut als möglich bei Deiner Selma, daß sie nicht zürnt."

Das Gedicht ist Rosine Stäudlin (1767-1795), einer der drei Schwestern Gotthold Friedrich Stäudlins, gewidmet. Neuffer gab seiner Braut den poetischen Namen Selma, den er wohl Klopstocks Gedicht „Selmar und Selma" entnommen hatte. Das „Liedchen" erschien 1797 in dem von Carl Lang in Heilbronn herausgegebenen „Taschenbuch für häusliche und gesellschaftliche Freuden". (An gleicher Stelle findet sich ein zweiter Druck des Gedichts „An Neuffer. Im März 1794".)

*Der Gott der Jugend*

Dieses Gedicht ist eine Umarbeitung der „Hymne an den Genius der Jugend" (S. 253). Im Unterschied zur Großen Stuttgarter Ausgabe wird hier auch der handschriftlich überlieferte Entwurf der Umarbeitung zusammenhängend abgedruckt. Über den Zeitpunkt der Entstehung gibt ein Brief Hölderlins an Neuffer vom 10. Oktober 1794 Auskunft: „Jetzt bin ich an einer Umarbeitung meines Gedichts an den Genius der Jugend." Den endgültigen Text schickte Hölderlin wohl am 4. September 1795 an Schiller: „Sie verzeihen, verehrungswürdiger Herr Hofrat! daß ich den Beitrag, wozu Sie mir die Erlaubnis gaben, so spät und so ärmlich gebe." Schiller nahm das Gedicht in seinen „Musenalmanach für das Jahr 1796" auf, der Mitte Dezember 1795 erschien. Das von Wilhelm von Humboldt in seinem Brief an Schiller vom 28. September 1795 als „sehr angenehm" hervorgehobene Silbenmaß des Gedichts hat Hölderlin Matthisson nachgeahmt, dessen Gedichte Schiller 1794 in der Jenaischen „Allgemeinen Literatur-Zeitung" rezensiert hatte.

276 *Cypria* – Vgl. die Anm. zu S. 270.
277 *Wie unter Tiburs Bäumen...* Tibur (heute: Tivoli) am Anio (heute: Aniene oder Teverone), einem linken Nebenfluß des Tiber, ist ein von Horaz (65-8 v. u. Z.) in seinen Oden vielfach gepriesener Ort.
278 *Cephissus* – Der Fluß, den Hölderlin meint, fließt nördlich und westlich von Athen. Daneben gab es noch zwei andere Flüsse gleichen Namens: einen in Attika und einen in Böotien. Wilhelm von Humboldt irrte folglich, als er am 28. September 1795 an Schiller schrieb: „Es heißt, daß der Cephissus um *Platons* Hallen und durch *Oliven* floß; beides kann er nicht, da er ein *böotischer* Fluß war. Ich habe ‚Ilissus' gesetzt, doch warte ich vor dem Abdruck erst Ihre Antwort ab, ob Sie etwas dagegen haben." Schiller hatte

das Gedicht wahrscheinlich am 21. September 1795 an Humboldt zur Begutachtung und zur Weiterleitung an den Verleger gesandt.

## An die Natur

Dieses im Sommer 1795 entstandene Gedicht, das nur in einer Abschrift und in der von Christoph Theodor Schwab 1846 veranstalteten Ausgabe von Hölderlins Werken überliefert ist, schickte Hölderlin wohl am 4. September 1795 mit dem „Gott der Jugend" an Schiller, der es an Humboldt weiterreichte. Humboldt fand, daß es ihm, „ob es gleich gewiß nicht ohne poetisches Verdienst ist, doch im ganzen matt scheint und so sehr an die ‚Götter Griechenlands' erinnert, eine Erinnerung, die ihm sehr nachteilig ist" (an Schiller am 2. Oktober 1795). Schiller, der es ursprünglich für das X. Stück der „Horen" (1795) vorgesehen hatte, veröffentlichte es dann doch nicht. Hölderlin äußerte sich über diese Entscheidung in seinem März-Brief 1796 an Neuffer: „... daß er aber das Gedicht an die Natur nicht aufnahm, daran hat er, meines Bedünkens, nicht recht getan. Übrigens ist es ziemlich unbedeutend, ob ein Gedicht mehr oder weniger von uns in Schillers Almanache steht."

280 *Arkadien* – Vgl. die Anm. zu S. 232.

## An die Unerkannte

Dieses nur im handschriftlichen Entwurf überlieferte Gedicht ist wohl zu Anfang der Frankfurter Zeit entstanden. Hölderlin sandte es vermutlich mit den Gedichten „An Herkules", „Diotima" (Mittlere Fassung) und „An die klugen Ratgeber" am 24. Juli 1796 an Schiller zur Aufnahme in den „Musenalmanach für das Jahr 1797". Sie kamen jedoch zu spät, da der Almanach bereits im Druck war. Hölderlin erbat deshalb die „unglücklichen Verse" am 20. November 1796 von Schiller wieder „zur Durchsicht" zurück und wünschte, dieser möchte es „nicht für verlorne Mühe halten", sein „Urteil beizusetzen". Schiller antwortete Hölderlin am 24. November 1796: „Ihre neuesten Gedichte kamen für den Almanach um mehrere Wochen zu spät, sonst würde ich von dem einen oder dem andern gewiß Gebrauch gemacht haben. Dafür, hoffe ich, sollen Sie an dem künftigen desto größern Anteil haben. Da es mir heute an Muße fehlt, diese letzt übersandten Stücke durchzugehen, so behalte ich sie vor der Hand noch da, um meine Bemerkungen beizuschreiben."

281 *Mittler* – Dieses Wort steht am rechten Rand der Handschrift und sollte wohl das Wort „Götterboten" (wodurch der Vers zu lang geworden wäre) ersetzen.

*den Dulder* – Das Floß, mit dem Odysseus von der einsamen Insel der Nymphe Kalypso aus die Heimfahrt antritt, wird von einem Sturm zertrümmert, er selbst jedoch von der Meeresgöttin Leukothea gerettet und auf die Phaiaken-Insel Scheria verschlagen, wo er durch Alkinoos gastliche Aufnahme erfährt.

## An Herkules

Dieses nur als Entwurf und ohne Überschrift überlieferte Gedicht ist wohl Anfang 1796 entstanden. Vgl. die einführenden Bemerkungen zu den Gedichten „Die Eichbäume" (S. 643) und „An die Unerkannte" (S. 634). Der Entwurf schloß zunächst mit folgenden Versen, die sich an die ersten beiden Strophen anfügten:

> Höre, was ich nun beginne!
> Wie der Pfeil im Köcher liegt
> Mir ein stolzer Rat im Sinne,
> Der mich tötet oder siegt,
> Was du, glücklicher geschaffen,
> Als der Göttersohn vollbracht,
> Führ ich aus mit eignen Waffen,
> Mit des Herzens Lust und Macht.

> Bin ich gleich, wie du, in Freude
> Nicht von Jupiter erzeugt,
> Dennoch krönt ein Sinn uns beide,
> Den kein Atlas niederbeugt.

282 *Herkules* – Herakles (lat.: Herkules), ein Sohn des Zeus und der berühmteste Held der griechischen Sagenwelt, wurde in der Poesie als das Ideal eines Helden gefeiert, der durch unablässiges Mühen und Kämpfen das Höchste erreicht. In Hölderlins Gedichten wird der mutige und tugendhafte Halbgott des öfteren mit Nachdruck erwähnt.

*Kronion* – Zeus, der Sohn des Kronos, der auch Wettergott war.

*Wie der Adler seine Jungen ...* – Zu diesem Bilde vgl. Ovid, „Metamorphosen" 8, 212 ff.

*klimmen* – Vereinzelt statt „glimmen" gebraucht.

282 *Kämpferwagen* – Vgl. Schillers (im Oktober 1795 in den „Horen" veröffentlichtes) Gedicht „Das Reich der Schatten", Vers 81 ff.
*Schmerzlich brannten, stolzes Licht* ... – Anspielung auf die in Ovids „Metamorphosen" erzählten Mythen von Phaëthon (2. Gesang) und Ikarus (8. Gesang). Ikarus kommt mit seinen künstlichen Schwingen aus Feder und Wachs der Sonne zu nahe, so daß die Flügel schmelzen und er ins Meer stürzt. Phaëthon erbittet von seinem Vater Helios für einen Tag den Sonnenwagen, weiß ihn jedoch nicht zu lenken, so daß ein Weltenbrand entsteht. Von Zeus mit einem Blitz getötet, stürzt Phaëthon in den Eridanos (Po). Vgl. Hölderlins in Schillers Auftrag angefertigte Übersetzung der Phaëthon-Episode aus den „Metamorphosen" (Band 3, S. 225).
283 *Kühner Schwimmer* – Vgl. Sophokles, „Die Trachinierinnen", erstes Chorlied, wo das Ringen des Herkules mit der Not durch den Kampf eines Schwimmers mit den Meereswogen versinnbildlicht wird.

## Diotima

Von diesem Gedicht haben vier Fassungen existiert, aber nur zwei sind vollständig überliefert. Die früheste Fassung, wohl in den ersten Monaten des Jahres 1796 entstanden, trug die Überschrift „Athenäa". Von ihr ist nur der Umfang (acht Strophen von je acht Zeilen) und der erste Vers („Da ich noch in Kinderträumen") bekannt. Von einer älteren zweiten Fassung (die sechzehn achtzeilige Strophen umfaßte) haben sich zwei Bruchstücke in Abschriften erhalten: die Verse 1–77 von der Hand Susette Gontards und die Verse 97–120 von der Hand Gustav Schlesiers.

Die mittlere (dritte) Fassung sandte Hölderlin vermutlich mit anderen Gedichten am 24. Juli 1796 an Schiller (vgl. die einführende Bemerkung zu dem Gedicht „An die Unerkannte", S. 634). Schiller bemerkte zu dieser Fassung in seinem Brief vom 24. November 1796 kritisch: „Auch vor einem Erbfehler deutscher Dichter möchte ich Sie noch warnen, der Weitschweifigkeit nämlich, die in einer endlosen Ausführung und unter einer Flut von Strophen oft den glücklichsten Gedanken erdrückt. Dieses tut Ihrem Gedicht an Diotima nicht wenig Schaden. Wenige bedeutende Züge in ein einfaches Ganzes verbunden, würden es zu einem schönen Gedichte gemacht haben. Daher empfehle ich Ihnen vor allem eine weise Sparsamkeit, eine sorgfältige Wahl des Bedeutenden und einen klaren einfachen Ausdruck desselben." In der Handschrift dieser Fassung, dem einzigen von diesem Gedicht erhaltenen Manuskript, steht zwischen der 12. und 13. Strophe noch folgender eingeklammerter Text:

> Schöners, denn in jeder Zone
> Unsers Himmels Licht erzeugt,
> Größers, denn wovor die Krone
> Willig ein Jahrhundert beugt,
> Freude, die kein Aug ergründet,
> Die in Lethes frommem Hain
> Nur die freie Seele findet,
> Ist, du Teure! dein und mein.

Durch Umarbeitung einer späteren Stufe der mittleren Fassung (mit der Anfangszeile: „Lange still und tiefverschlossen") entstand Anfang 1797 die jüngere (vierte) Fassung. Sie umfaßt nur noch sieben Strophen von je zwölf Zeilen, während die mittlere Fassung aus fünfzehn achtzeiligen Strophen besteht. Die Strophenform war Schillers im „Musenalmanach für das Jahr 1797" erschienenen Gedicht „Klage der Ceres" nachgebildet. Diese letzte Fassung legte Hölderlin seinem Brief an Schiller bei, den er wohl zwischen dem 15. und 20. August 1797 schrieb. Die Hoffnung indessen, daß es in dieser Gestalt einen Platz in Schillers Almanach finde, erfüllte sich nicht. (Auch die gleichzeitig eingereichte zweite Fassung des Gedichts „An die klugen Ratgeber" veröffentlichte Schiller nicht.) Hölderlin gab deshalb zwei Jahre später (in der zweiten Hälfte des Juli 1799) das Gedicht mit anderen an Neuffer, der es in seinem „Taschenbuch für Frauenzimmer von Bildung, auf das Jahr 1800" veröffentlichte.

283 *Diotima* – Hinter dem aus Platons „Symposion" entlehnten Namen, der auf der vorletzten Silbe zu betonen ist, verbirgt sich Susette Gontard (1769–1802), die Frau des Frankfurter Bankiers Jakob Friedrich Gontard (1764–1843). Vgl. die Einleitung, Band 1, S. 57 f.

284 *Unergründlich sich verwandt*... – Nach Platons Lehre von der Anamnesis (griech.: Erinnerung, Wiedererinnerung) ist die Erkenntnis Wiedererinnerung an Ideen, die die Seele im Zustande der Präexistenz geschaut hat.

288 *Urania* – Vgl. die Anm. zu S. 219.

290 *Tyndariden* – Vgl. die Anm. zu S. 236.
    *Hore* – Vgl. die Anm. zu S. 242.

293 *dein Vater und der meine* – Der Sonnengott.

*An die klugen Ratgeber / Der Jüngling an die klugen Ratgeber*

Die erste Fassung dieses Gedichts (H[1]) sandte Hölderlin vermutlich am 24. Juli 1796 mit anderen Gedichten an Schiller (vgl. die einführende Bemerkung zu dem Gedicht „An die Unerkannte", S. 634). Schiller sah dieses Gedicht durch, ohne jedoch die korrigierte Handschrift an Hölderlin zurückzugeben (sie fand sich in Schillers Redaktionsnachlaß). Der Text der korrigierten Fassung lautet (die Stellen in Kursivdruck hat Schiller nur angemerkt, aber nicht geändert):

> Ich sollte nicht mit allen Kräften ringen,
> Solang mein Herz das höchste Schöne liebt,
> Ich soll mein Schwanenlied am Grabe singen,
> Wo ihr so gern lebendig uns begrübt?
> Oh! schonet mein und laßt das rege Streben,
> Bis seine Flut ins fernste Meer sich stürzt,
> Laßt immerhin, ihr Ärzte, laßt mich leben,
> Solang die Parze nicht die Bahn verkürzt.
>
> Des Weins Gewächs verschmäht die kühlen Tale,
> Hesperiens beglückter Garten bringt
> Die goldnen Früchte nur im heißen Strahle,
> Der, wie ein Pfeil, ins Herz der Erde dringt;
> Was warnt ihr dann, wenn stolz und *ungeschändet*
> Das Herz von kühner [Leidenschaft] entbrennt,
> Was nimmt ihr ihm, der nur im Kampf *vollendet*,
> Ihr Weichlinge, sein glühend Element?
>
> Er hat das Schwert zum Spiele nicht genommen,
> Der *Richter*, der die alte Nacht verdammt,
> Er ist zum Schlafe nicht herabgekommen,
> Der reine Geist, der aus dem Äther stammt;
> [Vers 21–24 gestrichen.]
>
> Und ihr, ihr wollt des Schöpfers Arme lähmen,
> Dem Geiste, der mit Götterrecht zerstreut,
> Bedeutet ihr, sich knechtisch zu bequemen,
> Nach eures Pöbels Dürftigkeit?
> Das Irrhaus wählt ihr euch zum Tribunale,
> Dem soll der Herrliche sich unterziehn,

Den Gott in uns, den macht ihr zum Skandale,
Und setzt den Wurm zum König über ihn. –

[Eine Strophe gestrichen.]

Ihr lehrt die neue Kunst, das Herz zu morden,
Zum *Todesdolch in meuchlerischer Hand*
Ist nun der *Rat des klugen Manns* geworden,
Und mit Vernunft entzweit sich der Verstand;
[Vers 45–48 gestrichen.]

Umsonst, wenn auch der Geister Erste fallen,
Die starken Tugenden, wie Wachs, vergehn,
Das Schöne muß aus diesen Kämpfen allen,
Aus dieser Nacht der Tage Tag entstehn;
Begräbt sie nur, ihr Toten, eure Toten!
Indes ihr noch die Leichenfackel schwingt,
Geschiehet schon, wie unser Herz geboten,
Wird schon die neue beßre Welt verjüngt.

Die zweite Fassung des Gedichts (H²) legte Hölderlin – mit der jüngeren Fassung des Gedichts „Diotima" – seinem August-Brief 1797 an Schiller bei: „Ihrer Erlaubnis gemäß schick ich Ihnen das Gedicht ‚An die klugen Ratgeber'. Ich hab es gemildert und gefeilt, so gut ich konnte. Ich habe einen bestimmteren Ton hineinzubringen gesucht, soviel es der Charakter des Gedichts leiden wollte." Aber auch in dieser Form nahm Schiller das Gedicht nicht in seinen Almanach auf.

293 *Parze* – Vgl. die Anm. zu S. 265.
   *Hesperiens beglückter Garten* – Vgl. die Anm. zu S. 234.
294 *das kühne Recht* – Subjekt des Satzes.
295 *Begräbt sie nur ...* – Vgl. Neues Testament, Matthäus 8, 22, und Lukas 9, 60.
296 *Najade* – Quell- oder Flußnymphe. Der Name wird dichterisch auch für das Wasser überhaupt gebraucht. Hier: „des Jahrhunderts Strom".
   *Scherben* – (süddeutsch) Blumentöpfe.

## 1796–1799

### (1796–1797)

Antike Versmaße und Strophenformen (Hexameter, elegisches Distichon, Ode) in der Nachfolge Klopstocks (statt der Schillerschen Reimstrophen) kennzeichnen im Formalen am sichtbarsten den Neueinsatz in der Lyrik Hölderlins. Im Unterschied zu Klopstock beschränkte er sich (mit einer Ausnahme) auf zwei Odenstrophen: die alkäische und die asklepiadeische.

Ehmals und jetzt *(alkäisch)*

∪ − ∪ − ∪ | − ∪ ∪ − ∪ −
In jüngern Tagen war ich des Morgens froh,
∪ − ∪ − ∪ | − ∪ ∪ − ∪ −
Des Abends weint ich; jetzt, da ich älter bin,
∪ − ∪ − ∪ − ∪ − ∪
Beginn ich zweifelnd meinen Tag, doch
− ∪ ∪ − ∪ ∪ − ∪ − ∪
Heilig und heiter ist mir sein Ende.

Die Liebenden *(asklepiadeisch)*

− ∪ − ∪ ∪ − | − ∪ ∪ − ∪ −
Trennen wollten wir uns, wähnten es gut und klug;
− ∪ − ∪ ∪ − | − ∪ ∪ − ∪ −
Da wir's taten, warum schröckt' uns, wie Mord, die Tat?
− ∪ − ∪ ∪ − ∪
Ach! wir kennen uns wenig,
− ∪ − ∪ ∪ − ∪ −
Denn es waltet ein Gott in uns.

Friedrich Beißner charakterisiert die alkäische Strophenform als „hellrasch, stürmend" und die asklepiadeische als „dunkel-nachdenklich, stockend" (vgl. seinen Aufsatz „Hölderlins Gedicht. Eine Einführung"; in: „Hölderlin. Reden und Aufsätze", Weimar 1961, S. 3–14).

Die wichtigste erhaltene Handschrift aus dieser Zeit ist das Homburger Quartheft mit folgendem Inhalt: „Der Wanderer" (erste Fassung; H[1]), Bruchstück Nr. 8 (vielleicht der erste Ansatz zu „Hyperions Schicksalslied"), „An Diotima" („Schönes Leben! Du lebst..."), „Diotima" („Komm und besänftige..."), „An Neuffer" („Brüderlich

Herz!..."), „An den Äther" (H¹ und H²), „Gebet für die Unheilbaren", „Die Eichbäume" (H²), „Die Muße", „Die Völker schwiegen, schlummerten...", „Hyperion", Vorstufe der endgültigen Fassung (H⁴IV).

### Guter Rat

Die folgenden Epigramme (bis einschließlich „Falsche Popularität") sind an den Rändern eines Einzelblattes überliefert, auf dem die Übersetzung des Chorlieds aus dem „Ödipus auf Kolonos" des Sophokles und der erste Entwurf zur Ode „Der Tod fürs Vaterland" stehen. Sie mögen deshalb nicht lange nach diesen Texten, vielleicht noch im Jahr 1796 entstanden sein. Vielleicht schrieb Hölderlin sie aus Enttäuschung nach dem Erscheinen von Schillers „Musenalmanach für das Jahr 1797", der Ende September 1796 vorlag und die von ihm eingereichten Gedichte (vgl. die einführende Bemerkung zu dem Gedicht „An die Unerkannte", S. 634) nicht enthielt. Außerdem dürften Schillers Ratschläge in seinem Brief vom 24. November 1796 Hölderlin mißmutig gestimmt haben: „Fliehen Sie, wo möglich, die philosophischen Stoffe, sie sind die undankbarsten, und in fruchtlosem Ringen mit denselben verzehrt sich oft die beste Kraft, bleiben Sie der Sinnenwelt näher, so werden Sie weniger in Gefahr sein, die Nüchternheit in der Begeisterung zu verlieren oder in einen gekünstelten Ausdruck zu verirren."

### Advocatus diaboli

299 *Advocatus diaboli* – (lat.) Anwalt des Teufels; volkstümlicher Ausdruck für den bei einer Heiligsprechung auftretenden Promotor fidei, der als eine Art kirchlicher Staatsanwalt die Bedenken und Gegengründe gegen die Kanonisation vorzubringen hat, im Gegensatz zu deren Befürworter, dem Advocatus Dei (Anwalt Gottes). Hölderlin wendet sich also gegen die „Heiligsprechung" der durch das Epigramm näher charakterisierten Genies. Das Epigramm sollte fortgesetzt werden, wie der Anfang einer dritten Verszeile – „Wohl sind Monarchien auch gut" – zeigt.

### Die beschreibende Poesie

Mit diesem Epigramm polemisiert Hölderlin gegen Schiller, der ihm in seinem Brief vom 24. November 1796 geraten hatte, „der Sinnenwelt näher" zu bleiben. Vgl. auch die Kurzode „An die jungen Dichter" mit der Aufforderung: „... lehrt und beschreibet nicht!" Hölderlin weiß sich hier in Übereinstimmung mit Klopstocks Auffassung von der Darstellung als der „innersten Kraft der Dichtkunst" im Unterschied zur bloßen Beschreibung, die bereits in der 1774 erschienenen „Deutschen Gelehrtenrepublik" und auch in dem (allerdings erst 1804 gedruckten) Epigramm „Der Unterscheidende" ausgesprochen wird:

> Poesie, welche den Namen der deskriptiven verdienet,
> Hätten für Poesie niemals die Alten erkannt.
> Deutscher, ward dir der Blick, Darstellung von der Beschreibung
> Rein zu sondern: so stehn weisere Dichter dir auf,
> Stände, wofern du hinab zu den Schatten Elysiens walltest
> Und dort redetest, *selbst* Ilions Sänger dir auf.

Die ursprüngliche, etwas kürzere, aber erst 1816 gedruckte Fassung dieses Epigramms trug die Überschrift „An Fr. Schiller".

*Falsche Popularität*

In Hölderlins Brief an den Bruder vom 2. November 1797 heißt es: „Ich bin mit dem gegenwärtig herrschenden Geschmack so ziemlich in Opposition, aber ich lasse auch künftig wenig von meinem Eigensinne nach und hoffe mich durchzukämpfen. Ich denke wie Klopstock:

> Die Dichter, die nur spielen,
> Die wissen nicht, was sie und was die Leser sind,
> Der rechte Leser ist kein Kind,
> Er will sein männlich Herz viel lieber fühlen,
>                    als spielen."

*Sömmerrings Seelenorgan*

Die beiden Epigramme stehen auf einem in Sömmerrings Handexemplar seines Buches „Über das Organ der Seele" eingeklebten Blatt.

300 *Sömmerring* – Samuel Thomas Sömmerring (1755–1830), berühmter Anatom, schrieb u. a. „Vom Bau des menschlichen Körpers" (1791 bis 1796) und „Über das Organ der Seele" (1796). Von 1784 bis zur Besetzung der Stadt durch die Franzosen 1792 wirkte er an der Universität Mainz, wo er mit Georg Forster und Wilhelm Heinse befreundet war. Im Anschluß daran (bis 1805) war er praktischer Arzt in Frankfurt am Main und verkehrte im Hause Gontard. Hölderlin hat ihn im Mai 1796 konsultiert.

## Die Eichbäume

Der wohl Anfang 1796 entstandene erste Entwurf zu diesem Gedicht (H[1]), der nur die Verse 1-12 umfaßt, ist in einem Heft zusammen mit folgenden Texten überliefert: den Übersetzungen „Dejanira an Herkules" (aus Ovids „Heroiden"), „Nisus und Euryalus" (aus Vergils „Äneis") und aus der „Hekuba" des Euripides sowie dem Gedicht „An Herkules". Momme Mommsen hat versucht, den Zusammenhang zwischen den Gedichten und den Übersetzungen nachzuweisen und zu zeigen, wie sich in ihnen Hölderlins Abwendung von Schiller ausdrückt („Hölderlins Lösung von Schiller"; in: Jahrbuch der Deutschen Schillergesellschaft, Band 9, 1965, S. 203-244). Der erste Entwurf endete so:

> Untereinander herauf, und des Gärtners Linie scheidet
> Und gesellet euch nicht in [den] allzufriedlichen Reihen.
> Eine Welt ist jeder von euch, [...]

Die erst im Jahre darauf entstandene zweite Niederschrift des Gedichts (H[2]) steht im Homburger Quartheft (vgl. dessen Inhaltsangabe, S. 640 f.). Die Verse 14 ff. hatten darin zunächst folgende Gestalt:

> Enger vereint ist unten im Tal das gesellige Leben,
> Fester bestehet es hier und sorgenfreier und stolzer,
> Denn so will es der ewige Geist, [...]

Vielleicht hat Hölderlin dieses Gedicht zusammen mit den Gedichten „An den Äther" und „Der Wanderer" am 20. Juni 1797 an Schiller gesandt, der es in das 10. Stück der „Horen" des Jahrganges 1797, das Anfang Februar 1798 erschien, aufnahm.

Wohl im Jahre 1799, spätestens aber 1800 schrieb Hölderlin das Gedicht mit der Elegie „Der Wanderer" aus den „Horen" zum Zweck der Erweiterung ab (H[3] im Stuttgarter Foliobuch). Unter der Überschrift vermerkte er: „als Proömium zu gebrauchen", und unter den letzten Vers schrieb er als Neufassung der zweiten Vershälfte: „wie gerne würd ich zum Eichbaum". Am Schluß der Abschrift steht ein Entwurf in Prosa, der vielleicht die eingeklammerten Verse 14-17 ersetzen sollte: „O daß mir nie nicht altere, daß der Freuden, daß der Gedanken unter den Menschen, der Lebenszeichen keins mir unwert werde, daß ich seiner mich schämte, denn alle brauchet das Herz, damit es Unaussprechliches nenne."

300 *Titanen* – Ursprünglich die sechs Söhne und sechs Töchter des Uranos (Himmel) und der Gaia (Erde), die unter Führung des

jüngsten von ihnen, Kronos, Uranos stürzen. Nachdem Kronos das gleiche Schicksal durch seine Kinder, die Kroniden, erlitten hat, kommt es zur Titanomachie: dem Kampf der Titanen (unter Kronos) gegen die Kroniden (unter Zeus), der mit dem Sturze der Titanen in den Tartaros endet. Jedoch verstand man schon im Altertum (in Anlehnung an den „Gefesselten Prometheus" des Aischylos) unter Titanen verallgemeinert Kämpfer gegen Unterordnung und Unterdrückung.

*An den Äther*

Neben der Druckfassung dieser Hexameter-Hymne sind noch drei Niederschriften überliefert, davon H¹ und H² vollständig im Homburger Quartheft (vgl. die Inhaltsangabe des Heftes, S. 640 f.). Wegen der bedeutenden Abweichungen dieser wohl 1796 entstandenen Niederschriften von der endgültigen Fassung werden auch sie in unserer Ausgabe im Textteil abgedruckt. Als Grundlage dienen jeweils die Frühformen der Handschriften.

Die Reinschrift des Gedichts schickte Hölderlin mit der Elegie „Der Wanderer" und dem ersten Band des „Hyperion" am 20. Juni 1797 an Schiller: „Möchten die Gedichte, die ich beilege, doch einer Stelle in Ihrem Musenalmanache gewürdigt werden können! – Ich gestehe Ihnen, daß ich zu sehr dabei interessiert bin, als daß ich ohne Unruhe mein Schicksal bis zur öffentlichen Erscheinung des Musenalmanachs abwarten könnte, und bitte Sie deswegen, etwas übriges zu tun und mir mit ein paar Linien zu sagen, was Sie der Aufnahme wert gefunden haben." Schiller gab die Gedichte am 27. Juni 1797 zur Beurteilung an Goethe weiter: „Ich lege hier 2 Gedichte bei, die gestern für den Almanach eingeschickt worden sind. Sehen Sie sie doch an und sagen mir in ein paar Worten, wie Ihnen die Arbeit vorkommt und was Sie sich von dem Verfasser versprechen. Über Produkte in dieser Manier habe ich kein reines Urteil, und ich wünschte gerade in diesem Fall recht klar zu sehen, weil mein Rat und Wink auf den Verfasser Einfluß haben wird." Goethe antwortete am 28. Juni 1797: „Denen beiden mir überschickten Gedichten, die hier zurückkommen, bin ich nicht ganz ungünstig, und sie werden im Publiko gewiß Freunde finden. Freilich ist die afrikanische Wüste und der Nordpol weder durch sinnliches noch durch inneres Anschauen gemalt, vielmehr sind sie beide durch Negationen dargestellt, da sie denn nicht, wie die Absicht doch ist, mit dem hinteren deutsch-lieblichen Bilde genugsam kontrastieren. So sieht auch das andere Gedicht mehr naturhistorisch als poetisch aus und erinnert einen an die Gemälde, wo sich die Tiere alle um Adam im Paradiese versammeln. Beide Gedichte drücken ein sanftes, in Genügsamkeit sich auflösendes Streben aus. Der Dichter hat einen heitern Blick über die Natur, mit der er doch nur durch Überlieferung bekannt zu sein scheint. Einige lebhafte Bilder überraschen, ob ich gleich den quellenden Wald, als negierendes Bild gegen die Wüste, nicht gern stehen sehe. In einzelnen Ausdrücken wie im Versmaß wäre noch hie und da einiges zu tun. – Ehe man mehreres von dem Verfasser gesehen hätte, daß man wüßte, ob er noch andere Moyens und Talent in andern Versarten hat, wüßte ich nicht, was ihm zu raten wäre. Ich möchte sagen, in beiden Gedichten sind gute Ingredienzien zu einem Dichter, die aber allein keinen Dichter machen. Vielleicht täte er am besten, wenn er einmal ein ganz einfaches idyllisches Faktum wählte und es darstellte, so könnte man eher sehen, wie es ihm mit der Menschenmalerei gelänge, worauf doch am Ende alles ankommt. Ich sollte denken, der ‚Äther' würde nicht übel im ‚Almanach' und der ‚Wanderer' gelegentlich ganz gut in den ‚Horen' stehen." Schiller schrieb darauf am 30. Juni 1797: „Es freut mich, daß Sie meinem Freunde und Schutzbefohlenen nicht ganz ungünstig sind. Das Tadelnswürdige an seiner Arbeit ist mir sehr lebhaft aufgefallen, aber ich wußte nicht recht, ob das Gute auch Stich halten würde, das ich darin zu bemerken glaubte. Aufrichtig, ich fand in diesen Gedichten viel von meiner eigenen sonstigen Gestalt, und es ist nicht das erstemal, daß mich der Verfasser an mich mahnte. Er hat eine heftige Subjektivität und verbindet damit einen gewissen philosophischen Geist und Tiefsinn. Sein Zustand ist gefährlich, da solchen Naturen so gar schwer beizukommen ist. Indessen finde ich in diesen neuren Stücken doch den Anfang einer gewissen Verbesserung, wenn ich sie gegen seine vormaligen Arbeiten halte; denn kurz, es ist Hölderlin, den Sie vor etlichen Jahren bei mir gesehen haben. Ich würde ihn nicht aufgeben, wenn ich nur eine Möglichkeit wüßte, ihn aus seiner eignen Gesellschaft zu bringen und einem wohltätigen und fortdauernden Einfluß von außen zu öffnen. Er lebt jetzt als Hofmeister in einem Kaufmannshause zu Frankfurt und ist also in Sachen des Geschmacks und der Poesie bloß auf sich selber eingeschränkt und wird in dieser Lage immer mehr in sich selbst hineingetrieben."

Auf Goethes Ratschlag hin nahm Schiller die Hymne „An den Äther" in den „Musenalmanach für das Jahr 1798" auf, der Anfang Oktober 1797 erschien. Christian Gottfried Körner schrieb in seiner

Beurteilung des Almanachs: „In dem Gedicht ‚An den Äther' finde ich eine Behandlung, wie ich sie bei einem solchen Stoffe besonders liebe. Der Dichter und sein Objekt bilden ein wohlorganisiertes Ganzes. Jedes von beiden empfängt und gibt. Das Objekt wird mit Liebe von dem Dichter aufgefaßt, nicht seiner Sinnlichkeit entkleidet, aber aus der unbedeutenden Masse ausgehoben. Der Dichter beseelt seinen Stoff, aber geht nicht über ihn hinaus." (Brief an Schiller vom 25. Dezember 1797.)

301 *den seligen Knaben* – Ganymed, den Zeus wegen seiner außerordentlichen Schönheit raubt und zum Mundschenken der olympischen Göttertafel macht.

302 *die unendliche Wettergewölke* – Die starke Form des pluralischen Adjektivs war im 18. Jahrhundert auch nach bestimmtem Artikel noch gebräuchlich.

*es dringt sich* – Diese reflexive Form ist auch in sinnlicher Bedeutung noch im 18. Jahrhundert üblich. In der endgültigen Fassung ersetzte Hölderlin diese Form durch „drängt".

305 *Dennoch genügt ihm nicht* – Noch im 18. Jahrhundert anzutreffende Konstruktion ohne grammatisches Subjekt „es".

## Der Wanderer

Die erste Fassung dieser Elegie ist in drei Gestaltungen überliefert: in einem Entwurf (H$^1$), in einer Vorfassung (H$^2$) und in der Druckfassung, während die Druckvorlage nicht erhalten ist. Da aber vermutlich Schiller in die Druckfassung eingegriffen hat (vgl. die Anm. zu den Versen 5, 7 f. und 16), werden in unserer Ausgabe auch die handschriftlich überlieferten Vorstufen abgedruckt. Der Entwurf (H$^1$) erscheint dabei in der Frühform.

Es ist nicht sehr wahrscheinlich, daß die Ankündigung am Schluß des Briefes, den Hölderlin Anfang Dezember 1795 an Neuffer schrieb, auf diese Elegie zielt: „Wo möglich, schick ich Dir die versprochne Elegie in ein paar Wochen." Sie wurde wohl erst im Jahre 1796 entworfen. Hölderlin legte die Reinschrift zusammen mit der Hymne „An den Äther" und dem ersten Band des „Hyperion" seinem Brief vom 20. Juni 1797 an Schiller bei (vgl. die einführende Bemerkung zum vorigen Gedicht). Dieser nahm die Elegie, Goethes Rat folgend, in die „Horen" auf (in das 6. Stück des Jahrganges 1797, das im August 1797 erschien). Wohl im Jahre 1799, spätestens aber 1800 schrieb Hölderlin den Erstdruck dieser Fassung zum Zwecke einer Überarbeitung noch einmal ab. Vgl. die zweite Fassung, H³ (S. 395), und die einführende Bemerkung dazu.

305 *Wasser fand ich im Bauch meiner Kamele* – Von den Türken ist überliefert, daß sie den Magen ihrer Kamele öffneten und das darin befindliche Wasser tranken, wenn sie in der Wüste zu verdursten drohten.

306 *Olymp* – Diese Metonymie für den Himmel findet sich auch in der antiken Dichtung und bei Klopstock.
*Pygmalion* – Sagenhafter Bildhauer, der sich in eine von ihm selbst geschaffene weibliche Elfenbeinstatue verliebt. Auf sein Bitten haucht Aphrodite seinem Werk Leben ein.
*Ausonien* – Dichterische Bezeichnung für Italien.
*Aurora* – Vgl. die dritte Anm. zu S. 255.

307 *Otahiti* – Tahiti.
*Tinian* – Insel im Stillen Ozean (zu den Marianen gehörig).

310 *mit erfrischendem Grün, der schattende Wald* – Die endgültige Gestalt dieses Verses hat Schiller hergestellt: Entweder stand für „der schattende Wald" ursprünglich „der quellende Wald" (vgl. Goethes Brief in der einführenden Bemerkung zum vorhergehenden Gedicht, S. 645), oder aber dieser Vers lautete auch in der Druckvorlage so oder ähnlich wie in den Vorstufen, so daß Schiller den Vergleich „wie ein sprudelnder Quell" durch die Wendung „mit erfrischendem Grün" ersetzt hätte.
*säuselnde Luft* – „Bei der Abschrift der ‚Horen'-Fassung (H³) schreibt Hölderlin in Vers 6 sogleich ... ‚tönende' über ‚säuselnde' und stellt damit, offenbar aus dem Gedächtnis, die ursprüngliche Fassung (H¹ und H²) wieder her: vielleicht hat Schiller hier geändert." (Friedrich Beißner, Große Stuttgarter Ausgabe, Band 1, S. 521 f.)
*Bäche stürzten hier nicht ...* – Vgl. diesen und den folgenden Vers mit den Vorstufen. Vielleicht hat Schiller auch hier eingegriffen.

311 *vom lieblichen Glanz heimischer Fluren* – Friedrich Beißner hält auch in diesem Vers einen Eingriff Schillers aus metrischen Gründen für nicht ausgeschlossen: Schiller könnte an der Betonung „heiligén Vaterlandsboden" Anstoß genommen haben.

*An einen Baum*

Dieses vermutlich 1797 entstandene Bruchstück, das den Schluß einer Elegie darstellt, ist nur in einer Abschrift (von der Hand Christoph Theodor Schwabs) überliefert. Die Überschrift stammt von Wilhelm Böhm (1877–1957), der 1905 die „Gesammelten Werke" Hölderlins herausgab.

*An Diotima*

Die Handschrift dieses wohl 1797 entstandenen Gedichts bricht mit dem Vers 33 ab (die vierte Seite des Doppelblatts ist leer geblieben). In der Lücke nach Vers 15 fehlen vermutlich anderthalb Verse, zwischen Vers 32 und 33 fehlt wahrscheinlich nur einer. – Hölderlin verwendet hier das einzige Mal in seiner Dichtung das archilochische Versmaß (nach dem um 650 v. u. Z. lebenden griechischen Dichter Archilochos aus Paros) mit dem regelmäßigen Wechsel zwischen einem Hexameter und einem halben Pentameter.

314 *Tropfe* – Diese feminine Form des ursprünglich schwachen Maskulinums ist wohl durch die Anlehnung an Klopstock zu erklären, bei dem dieser Gebrauch mundartlich bedingt ist.

*Einladung*

Das Gedicht ist die zweite Fassung der in den Tübinger Jahren geschriebenen „Einladung an Neuffer" (S. 257) und nur in zwei von dem Freunde beförderten Drucken überliefert. Christoph Theodor Schwab schrieb dazu: „Es scheint jedoch, daß Neuffer das ursprüngliche Gedicht Hölderlins umgearbeitet und in das Jahr 1797 versetzt und ihm nachträglich eine Beziehung auf den Tod seiner Braut Rosine Stäudlin gegeben hat. Ein noch vorhandenes Konzept Hölderlins lautet anders und ist ganz sicher aus Hölderlins Studentenjahren in der Zeit, als Neuffer bereits die Universität verlassen hatte. Hölderlin hatte wohl dieses Konzept schon etwas verbessert, wir können also nicht genau sagen, was etwa Neuffer daran gefeilt hat, aber daß ursprünglich statt des Mains der Neckar stand und er seiner Mutter Haus in Nürtingen schildert, ist sicher..." (Große Stuttgarter Ausgabe, Band 1, S. 544 f.) Indessen ist nicht unwahrscheinlich, daß Hölderlin die zweite Fassung Neuffer tatsächlich überreicht hat (vgl. Hölderlins Brief an ihn vom 10. Juli 1797). Neuffer hat Hölderlin im September 1797 besucht.

315 *im Grabe liegt,* / *Was du geliebt* – Neuffers Braut Rosine Stäudlin war bereits im April 1795 der Schwindsucht erlegen. Vgl. Hölderlins Brief an Neuffer vom 8. Mai 1795.

### An Diotima

Diese Verse stehen zusammen mit den folgenden Niederschriften (bis einschließlich „Die Völker schwiegen, schlummerten ...") im Homburger Quartheft. Sie sind wohl allesamt noch im Jahre 1797, spätestens aber 1798 entstanden.

### An Neuffer

317 *sie* – Wahrscheinlich Diotima.

### Gebet für die Unheilbaren

317 *wie verständig sie sind* – Ursprünglich lautete der zweite Vers: „Daß sie sehen, wie ganz unverständig sie sind."

### Die Muße

Werner Kirchner führt dieses Gedicht auf die Vorgänge Ostern 1797 zurück, als in Frankfurt der Vorfriede von Leoben verkündet wurde, und datiert es wegen seines besonderen dichterischen Charakters etwa auf das Frühjahr 1798. (Vgl. den in der einführenden Bemerkung zum folgenden Gedicht genannten Aufsatz.) Zu den historischen Ereignissen und Hölderlins Reaktion darauf vgl. seinen Brief an die Schwester von Ende April 1797.

317 *Auf die Wiese geh ich hinaus ...* – Zu diesem Vers und den folgenden Versen vgl. Hölderlins Schilderung des Gontardischen Landhauses im obengenannten Brief.
*die rötliche Blüte* – Die Blüte der im Brief erwähnten Kastanienbäume.
*zum Berge* – Der Große Feldberg nordwestlich von Frankfurt.
318 *von menschlichem Leben* – Ursprünglich: „von Attikas Schicksal".

### Die Völker schwiegen, schlummerten ...

Diesen Entwurf nennt Werner Kirchner mit Recht eine „verherrlichende Deutung des Revolutionskrieges", die in Hölderlins Schaffen einzig, in seiner Zeit unerhört sei. (Werner Kirchner, „Hölderlins Entwurf ‚Die Völker schwiegen, schlummerten' und die Ode ‚Der Frieden'"; in: „Hölderlin. Aufsätze zu seiner Homburger Zeit", Göttingen 1967,

S. 7.) Während Friedrich Beißner als Entstehungszeit des Entwurfs den Herbst 1797 annimmt, datiert ihn Werner Kirchner in die Zeit nach Hölderlins Aufenthalt in Rastatt (Ende 1798). Kirchner hat als Anlaß zu diesem Entwurf eine „Ode an den Kongreß zu Rastatt" nachgewiesen, die in dem im Dezember 1798 erschienenen „Rastatter Kongreß-Taschenbuch für 1799" veröffentlicht wurde und von dem mit Isaak von Sinclair befreundeten Aloys Schreiber stammt.

319 *wie die kochende See* – Mit der Vorstellung des tobenden Meeres als eines Sinnbildes der Revolutionskriege griff Hölderlin auf eine „Hyperion"-Stelle (vgl. Band 2, S. 147) zurück: „Oder les ich auch auf meiner Höhe droben vom alten herrlichen Seekrieg, der an Salamis einst im wilden klugbeherrschten Getümmel vertobte, und freue des Geistes mich, der das wütende Chaos von Freunden und Feinden lenken konnte und zähmen, wie ein Reuter das Roß, und schäme mich innigst meiner eigenen Kriegsgeschichte." (In der Seeschlacht bei Salamis besiegten 480 v. u. Z. die Griechen die Perser.)
*Manch großer Geist* – Die Revolutionsgenerale, etwa Bonaparte.
*Getümmel* – Danach stehen im Entwurf die beiden eingeklammerten Verse: Fünf Sommer leuchtete das große Leben
Ein unaufhörlich Wetter unter uns.

Diese Verse sind „der einfachste, zugleich stärkste und glanzvollste dichterische Ausdruck für Hölderlins Bejahung des revolutionären Kriegsgeschehens 1792 bis 1797" (Kirchner).
*Schicksal* – Danach bleibt eine ganze Seite der Handschrift frei.
*dir* – Bonaparte. Vgl. den folgenden Entwurf.

### Buonaparte

Der Entwurf einer Ode auf den französischen Revolutionsgeneral, der 1796/97 die Niederwerfung der österreichischen Armeen in Italien leitete und Österreich im Frieden von Campo Formio 1797 zum Austritt aus der antifranzösischen Koalition zwang, ist wohl noch im Jahre 1797, vielleicht aber auch erst 1798 entstanden. Er ist handschriftlich zusammen mit folgenden Texten überliefert: „An den Äther", Vers 23 bis 52 (H³), „Der Wanderer" (H²) und der Ode „Empedokles" (H¹). Hölderlin hat den Entwurf nicht weiter ausgeführt; nur ein Vermerk „Ode an Buonaparte" (im Stuttgarter Foliokonvolut) – wohl eine Erinnerungsstütze – ist nachweisbar.

Hölderlins Verehrung für Bonaparte (vgl. auch den folgenden hymnischen Entwurf „Dem Allbekannten" und vor allem das spätere Bruchstück Nr. 38, S. 570, das sich inhaltlich mit dem Odenentwurf berührt) stimmt zusammen mit seinen Hoffnungen auf eine Umwälzung der Verhältnisse in Deutschland durch einen Sieg der französischen Truppen. Vgl. auch den Brief des zum Homburger Freundeskreis gehörenden Franz Wilhelm Jung (1757–1833) vom 29. Dezember 1797 an Cotta, in dem er einerseits die Umwälzung auf dem linken Rheinufer begrüßt und hofft, daran werde sich eine Umwälzung Germaniens und des ganzen Nordens anschließen, und andererseits Bonaparte als einen Mann preist, der wie aus den schönsten Zeiten des Altertums in unsern jungen Tagen der Freiheit erwacht sei, um der Erde zu zeigen, die wahrste, erhabenste Größe sei auch die stillste, die gehaltenste, die sich selbst beherrschendste.

## *Dem Allbekannten*

Dieser hymnische Entwurf in Hexametern, zu dem Hölderlin als Überschrift auch „Buonaparte" und „Dem Allgenannten" erwog, entstand frühestens Ende 1797. Die erste Fassung des Entwurfs (wie die zweite Fassung im Stuttgarter Foliobuch überliefert) lautet:

Gerne weil [ich] um die

Aber wie Schwalben, ist frei der Gesang,
Sie wandern von Land zu Land,
Und suchen den Sommer
Und wo die Lüfte
Da wohnen sie
Und nun sing ich
    den fremden Mann
Er selber gönnt mir's wohl.

Korsika.

Kindheit
Aber es folgt wie der Helmbusch ihm der Gesang

Lodi     Arcole

Ha! umsonst nicht hatt er geweissagt,
Da er über den Alpen stand,

Hinschauend nach Italien und Griechenland
Mit dem Heer um ihn,
Wie die Gewitterwolke,
Wenn sie fernhin
Dem Orient entgegenzieht,
Und von den Strahlen des begegnenden
Morgenlichts die Wolke freudig errötet und glüht,
Indes verkündende Blitze schon

(1797–1798)

Im Juni und August 1798 sandte Hölderlin in zwei Sammelhandschriften achtzehn Kurzoden (bis einschließlich „Sonnenuntergang"), von denen einige vielleicht schon früh im Jahre 1797 entstanden sein mögen, an Neuffer für dessen „Taschenbuch für Frauenzimmer von Bildung, auf das Jahr 1799". Vier dieser „kleinen Gedichtchen", wie sie Hölderlin nannte (Beißner: epigrammatische Oden), brachte Neuffer darin nicht mehr unter („Stimme des Volks", „Menschenbeifall", „Die scheinheiligen Dichter" und „Sonnenuntergang") und nahm sie deshalb in das Taschenbuch des folgenden Jahres auf.

Aus den beiden Sammelhandschriften haben sich nur zwei Blätter erhalten: die Druckvorlage für die Kurzoden „Ehmals und jetzt", „Lebenslauf" und „Die Kürze" sowie für die Oden „An die Deutschen" und „Die scheinheiligen Dichter".

Neuffers Taschenbuch auf das Jahr 1799 rezensierte August Wilhelm Schlegel in der Jenaischen „Allgemeinen Literatur-Zeitung" (Nr. 71 vom 2. März 1799) und schrieb über Hölderlin: „Den sonstigen Inhalt des Almanachs möchten wir fast nur auf die Beiträge von Hölderlin einschränken... Von den übrigen zeichnen sich die Kleinigkeiten von Hillmar und Siegmar vorteilhaft aus, sowie die innigen elegischen Zeilen von Reinhard (dem französischen Gesandten) an seine Gattin über den Abschied von Deutschland. Die prosaischen Aufsätze sind ganz unbedeutend. Hölderlins wenige Beiträge aber sind voll Geist und Seele, und wir setzen gern zum Belege ein paar davon hieher." Nach dem Abdruck der Oden „An die Deutschen" und „An die Parzen" fährt Schlegel fort: „Diese Zeilen lassen schließen, daß der Verfasser ein Gedicht von größerem Umfange mit sich umherträgt, wozu wir ihm von Herzen jede äußere Begünstigung wünschen, da die bisherigen Proben seiner Dichteranlagen und selbst das hier ausgesprochene erhebende Gefühl ein schönes Gelingen hoffen lassen." (Die mit „Hillmar" unterzeichneten Gedichte waren ebenfalls von Hölderlin: „An ihren Genius", „Abbitte", „Die Liebenden", „Die Heimat", „Der gute Glaube", „Ihre Genesung" und „Das Unverzeihliche".)

Aus der Besprechung Schlegels zitierte Hölderlin die eben wiedergegebenen Stellen in einem Brief an die Mutter von Ende März 1799. Das erste zuständige öffentliche Urteil über seine Lyrik in einer bedeutenden Literaturzeitung mußte ihm sehr wertvoll sein.

Acht von den achtzehn Kurzoden erweiterte Hölderlin im Jahre 1800: „Diotima", „Stimme des Volks", „Lebenslauf", „Die Liebenden" (unter der Überschrift „Der Abschied"), „Die Heimat", „Ihre Genesung", „Das Unverzeihliche" (unter der Überschrift „Die Liebe") und „An die Deutschen". Diese Oden wurden entsprechend ihrer Entstehungszeit eingereiht.

———

### An die Parzen

Der Entwurf dieser Ode (H¹) ist handschriftlich (Stuttgart I 12) zusammen mit folgenden Texten überliefert: den Horaz-Übersetzungen, den Entwürfen zu den Oden „Der Mensch" (H¹; unter der Überschrift „Der Geburtstag des Menschen"), „An unsre großen Dichter", „Heidelberg" (nur die beiden Schlußstrophen) und „Dem Sonnengott".

In dem oben genannten Brief an seine Mutter schreibt Hölderlin über das Gedicht „An die Parzen", er habe darin auf die Arbeit angespielt, die er jetzt unter den Händen habe, womit er offensichtlich das Trauerspiel „Empedokles" meint. In dem Brief vom 8. Juli 1799 an die Mutter ging er noch einmal auf die Ode ein und sagte beschwichtigend: „Das Gedichtchen hätte Sie nicht beunruhigen sollen, teuerste Mutter! Es sollte nichts weiter heißen, als wie sehr ich wünsche, einmal eine ruhige Zeit zu haben, um das zu erfüllen, wozu mich die Natur bestimmt zu haben schien."

Im Jahre 1800 nahm Hölderlin eine Abschrift dieser Ode aus Neuffers Taschenbuch (H²) in eine Sammelreinschrift auf.

321 *Parzen* – Vgl. die Anm. zu S. 265.

### An ihren Genius

322 *Phidias* – Pheidias: athenischer Bildhauer (5. Jh. v. u. Z.); Schöpfer der Goldelfenbeinstatuen des Zeus in Olympia und der Athene im Parthenon (Jungfrauentempel) auf der Akropolis.

### Menschenbeifall

Zu dieser Ode vgl. Hölderlins Brief an Neuffer vom August 1798.

### Der gute Glaube

Auch von dieser Ode nahm Hölderlin eine Abschrift in die oben erwähnte Sammelreinschrift auf (vgl. die einführende Bemerkung zu dem Gedicht „An die Parzen", S. 653).

### An die jungen Dichter

325 *Stille der Schönheit* – Vgl. die Anm. zu S. 175.
*lehrt und beschreibet nicht!* – Vgl. das Epigramm „Die beschreibende Poesie" (S. 299) und die einführende Bemerkung dazu. Beide Verben meinen vielleicht zu vermeidende Extreme: das zu Abstrakte („lehren") und das zu Konkrete („beschreiben"). Vgl. auch die Vorrede zum ersten Bande des „Hyperion" (Band 2, S. 103).
*Wenn der Meister euch ängstigt* – Vgl. Hölderlins Briefe an Schiller vom 20. Juni 1797 und vom 30. Juni 1798.

### Sonnenuntergang

In der Druckvorlage für Neuffers Taschenbuch stand diese Kurzode an sechster Stelle (hinter „Stimme des Volks"). Da ihrer Entstehung jedoch die umfänglichere Ode „Dem Sonnengott", die Hölderlin an Schiller sandte und deren Kürzung und Straffung sie darstellt, vorausgegangen ist, wird sie zur Verdeutlichung dieses Zusammenhangs hier eingereiht.

### Dem Sonnengott

Diese Ode, zu der noch ein handschriftlicher Entwurf überliefert ist (vgl. die einführende Bemerkung zur Ode „An die Parzen", S. 653), sandte Hölderlin am 30. Juni 1798 zusammen mit den Gedichten „Der Mensch", „Sokrates und Alcibiades", „Vanini" und „An unsre großen Dichter" an Schiller: „Halten Sie es nicht für Unbescheidenheit, daß ich Ihnen wieder einige Gedichte zuschicke; wenn ich schon mich zu der Hoffnung Ihres Beifalls nicht berechtiget finde." Schiller nahm davon (wahrscheinlich wegen des späten Einsendetermins) aus Raumgründen nur „Sokrates und Alcibiades" und „An unsre großen Dichter" in den „Musenalmanach für das Jahr 1799" auf, der Mitte Oktober 1798 erschien. Die Anordnung der Oden folgt der erhaltenen Reinschrift.

*Der Mensch*

Zur Entstehung und Überlieferung des Gedichts vgl. die einführenden Bemerkungen zu den Oden „An die Parzen" und „Dem Sonnengott". Zwischen dem ersten Entwurf (H¹) und der an Schiller gesandten Reinschrift (H⁴) entstanden noch zwei andere Handschriften (H² und H³). Die letzte Gestalt des ersten Entwurfs (H¹) lautet:

>     Hervorgeblüht aus den Wassern, o Erde!
>       Waren deiner Berge Gipfel noch kaum,
>         Und dufteten, neugeborener Wälder voll
>           Lustatmend über dem Ozean,
>
>     Die ersten seligen Inseln!
>       Und es sahe der Sonnengott
>         Mit Liebesblick
>           Die holden Erstlinge,
>             Blumen und Bäume, lächelnde Kinder
>           Seines Geistes und deines Glücks,
>
>     Da auf der schönsten der Inseln,
>
>                 unter den Trauben
>         Lag einst (nach         Nacht)
>           In dämmernder Morgenstunde geboren,
>
>     Deines Schoßes üppigste Frucht;
>       Und schon blickt wohlbekannt
>         Zum Vater Helios auf
>           Der Knab und wählt, die süßen
>             Beere versuchend,
>               Zur Amme die heilige Rebe.
>
>     Aufwächst er, und ihn scheuen die Tiere,
>       Denn ein andrer ist er, wie sie,
>         Auch gleicht er dem Vater und dir nicht,
>           Denn kühn und einzig ist [Helios Geist] mit deiner Freude,
>             Mutter Erde! vereint in ihm.
>
>     Ach! darum folgt er auch dir nicht
>       Und nicht dem Vater, umsonst führst du

An zarten Banden den Flüchtling gefangen;
Es halten nimmer deine Gaben ihn auf,
Forteilend sucht er ein Besseres sich.

Und die herdenreichen Wiesen des Ufers gefallen ihm nicht,
Ins nackte Gewässer, ins blütenlose, muß er hinaus,
Den Berg durchwühlt er, und spähet im Schacht,
ob schon

Und sein Friede währet nicht lange.

Denn sterben muß [die] Wonne [des] Mais, und

Doch schneller zerreißt, und schröcklicher
Deine großen Harmonien, o Menschennatur,
Das unerbittliche Schicksal.

### Sokrates und Alcibiades

Zur Entstehung und Überlieferung des Gedichts vgl. die einführende Bemerkung zur Ode „Dem Sonnengott", S. 654. Der Entwurf des Gedichts (H¹) ist zusammen mit der ersten Fassung der Ode „Der Tod fürs Vaterland" (H², unter der Überschrift „Die Schlacht") auf einem Einzelblatt erhalten. (Dieses Blatt gehörte ursprünglich zur Handschrift Stuttgart I 12; vgl. die einführende Bemerkung zur Ode „An die Parzen", S. 653.)

329 *Alcibiades* – Alkibiades (450–404 v. u. Z.), der athenische Staatsmann und Feldherr, wurde im Hause des Perikles erzogen und war zeitweilig Schüler von Sokrates, der großen Einfluß auf ihn gewann. Vgl. die Lobrede des Alkibiades auf Sokrates am Schluß von Platons „Symposion" (Gastmahl), das Hölderlin seit seiner Studienzeit kannte.

### Vanini

Zur Entstehung und Überlieferung des Gedichts vgl. die einführende Bemerkung zur Ode „Dem Sonnengott", S. 654.

329 *Vanini* – Der italienische Philosoph Lucilio Vanini (um 1585–1619), der in seinem Hauptwerk „Amphitheatrum aeternae providentiae divino-magicum christiano-physicum" (Göttlich-wunderbarer und

christlich-natürlicher Schauplatz der ewigen Vorsehung; Lyon 1615) Gott und Natur gleichsetzt, wurde wegen seiner pantheistischen Auffassungen als Ketzer in Toulouse verbrannt. Anlaß dazu war die Schrift „De admirandis naturae arcanis" (Über die wunderbaren Geheimnisse der Natur; Paris 1616). Herder zitierte in seiner Schrift „Gott. Einige Gespräche" (1787) aus Vaninis Hauptwerk die Ode „Deo" (Gott). – Friedrich Beißner verweist mit Recht (Große Stuttgarter Ausgabe, Band 1, S. 577) auf die Stelle in Hölderlins „Hyperion" (Band 2, S. 110), die sich am entschiedensten gegen den Glauben an einen extramundanen Gott wendet: „O du, zu dem ich rief, als wärst du über den Sternen, den ich Schöpfer des Himmels nannte und der Erde, freundlich Idol meiner Kindheit, du wirst nicht zürnen, daß ich deiner vergaß! – Warum ist die Welt nicht dürftig genug, um außer ihr noch Einen zu suchen? / O wenn sie eines Vaters Tochter ist, die herrliche Natur, ist das Herz der Tochter nicht sein Herz? Ihr Innerstes, ist's nicht Er?"

## *An unsre großen Dichter*

Zur Entstehung und Überlieferung des Gedichts vgl. die einführende Bemerkung zur Ode „Dem Sonnengott". Der Entwurf des Gedichts ist in der Handschrift Stuttgart I 12 (vgl. die einführende Bemerkung zur Ode „An die Parzen") überliefert. Als Schiller die Ode zum Druck gab, eliminierte er in der Überschrift das Adjektiv „großen". Hölderlin erweiterte das Gedicht später zu der Ode „Dichterberuf" (S. 434).

330 *Bacchus* – Vgl. die Anm. zu S. 241. Hölderlin schließt sich hier einer hellenistischen Sagenversion an, wie sie vor allem Nonnos in seinem Epos „Dionysiaka" (Dionysosgeschichte) aus dem 5. Jahrhundert u. Z. gestaltet hat: Dionysos erobert, ähnlich wie Alexander der Große, Indien und führt dort Gesetze und Gerichte ein.

## (1798–1799)

## *Hyperions Schicksalslied*

Dieses Gedicht, das nur im zweiten Band des Romans, der 1799 erschien, überliefert ist, entstand wohl noch in Frankfurt, vielleicht schon Ende 1797. Es hat im Roman eine ähnliche Stellung und Funktion wie das Parzenlied in Goethes „Iphigenie auf Tauris". Als allererster Ansatz zu dem Gedicht ist vielleicht das folgende reimstrophische Bruch-

stück – wohl von 1796 – im Homburger Quartheft (unter dem Entwurf
der Elegie „Der Wanderer", H¹) anzusehen:

> Wandelt ewig freigegeben
> Frei in stiller Selbstgewalt
> Unter euch ein

---

*Da ich ein Knabe war ...*

Dieser ohne Überschrift überlieferte Entwurf ist vermutlich 1797
oder 1798 in Frankfurt entstanden.

332 *Endymion* – Vgl. die zweite Anm. zu S. 272.

*Meiner verehrungswürdigen Großmutter*

Zu diesem Gedicht vgl. Hölderlins Brief vom 1. Januar 1799 an seinen Bruder und den vom gleichen Monat an die Mutter. In Hölderlins Handschrift sind nur die Verse 21–34 erhalten.

333 *Großmutter* – Vgl. die Anm. zu S. 127. Die Großmutter feierte
am 30. Dezember 1798 nicht ihren 72., sondern ihren 73. Geburtstag.
*Langes Leben* – Subjekt des Satzes.
*in Leiden* – in leidensvollen Zeiten.
*der Hohe* – Jesus Christus.
*genährt* – „Nähren" ist hier gebraucht in der weiteren (ursprünglichen) Bedeutung von „heilen, am Leben erhalten, gesund machen, retten".

*Achill*

Zu dem vielleicht bald nach der Trennung von Susette Gontard,
wahrscheinlich aber erst im Frühling 1799 entstandenen Gedicht ist ein
Prosa-Entwurf (H¹) in folgender Gestalt überliefert:

> Achill
> Herrlicher Göttersohn, da sie die Geliebte dir nahmen, gingst du hinaus
> ans Gestad,
> Und es rollten vom Heldenauge
> die Tränen in die heiligen
> Wogen hinab, in die stille Tiefe
> sich sehnend, wo unter den Wassern
>         in friedlicher Grotte

die Göttin des Meers
wohnt, seine Mutter, die
bläuliche Thetis.
Lieb war ihr der Jüngling, an
den Ufern seiner heimatlichen
Inseln hatte sie ihn großgezogen,
den kühnen Sinn mit dem Liede
der Welle genährt und die Arme
des Knaben im Bade gestärkt.
Und sie hörte die Weheklage des
Sohns, dem seine Geliebte die Frechen
Genommen, kam zärtlich herauf
und stillte mit tröstender Rede
die Schmerzen des Sohns.
Wär ich dir gleich, herrlicher
Jüngling, daß ich, vertraulich wie du
der Götter einem
es klagen könnte, denn – –
Aber ihr hört jegliches Flehn,
ihr Guten! und seit ich
lebe, hab ich fromm dich geliebt,
                du heiliges Licht,
und deine Quellen, Mutter
Erd! und deine schweigenden
Wälder, doch zu wenig ließ in Liebe, o Vater
Äther! die Seele von dir.
O lindert mir, ihr heil'gen
Götter der Natur, mein Leiden
und stärkt mir das Herz, damit
ich nicht ganz verstumme, daß [ich]
lebe und eine kurze Zeit
mit frommem Gesang euch Himmlischen danke, für Freuden
vergangener Jugend, und
dann nimmt gütig zu
euch den Einsamen auf.

In demselben Manuskript wie dieser Prosa-Entwurf steht das Fragment „Über Achill (2)" (vgl. Band 2, S. 371), das Bruchstück Nr. 10 „Die

Verjüngung" (vgl. S. 564) und das Konzept eines Briefanfangs an Susette Gontard vom März oder April 1799 (vgl. Band 4, S. 352).

Die zweite Niederschrift (H²), die aber nur die Verse 1–24 umfaßt, ist auf einem Doppelblatt zusammen mit einem Teil des theoretischen Versuchs „Reflexion" (vgl. Band 2, S. 380 ff.) überliefert. Die Verse 25 bis 28 finden sich nur in der Ausgabe von Christoph Theodor Schwab vom Jahre 1846.

Zum mythologischen Stoff des Gedichts vgl. Homers „Ilias", 1. Gesang, besonders die Verse 348–430: Im zehnten Jahr der Belagerung Troias fordert Agamemnon von Achill dessen Lieblingssklavin Briseis, worauf dieser sich zürnend vom Kampfe zurückzieht. Er setzt sich weinend ans Meer und klagt Thetis sein Leid. Vgl. auch Hölderlins Prosa-Übersetzung des ersten Gesangs der „Ilias" (Band 3, S. 167) sowie die Anspielung auf die im Gedicht gestaltete Szene am Schluß der metrischen Fassung des „Hyperion" (Band 2, S. 42). Gleichzeitig mit der Elegie entstanden die beiden Fragmente über Achill (Band 2, S. 370 ff.).

### Götter wandelten einst ...

Dieses Bruchstück einer Elegie (der Schluß ihres dritten und der Anfang ihres vierten Absatzes) entstand im März 1799. Es ist auf einem Einzelblatt überliefert und wird von dem Auszug aus Schlegels Rezenzion (vgl. die einführende Bemerkung zu den 1797–1798 entstandenen Gedichten, S. 652) unterbrochen.

335 *du* – Diotima.
*Heldin* – Vgl. das Bruchstück Nr. 9 „Diotima" (S. 564): „Die Helden könnt ich nennen / Und schweigen von der schönsten der Heldinnen."
*Laß uns leben* ... – Über diesen Versen steht im Manuskript die Nummer 4 (vierter Absatz).

### Hört ich die Warnenden itzt ...

Der Entwurf steht mitten in der Niederschrift der ersten Fassung des „Empedokles" (H²) und ist wahrscheinlich im ersten Drittel des Jahres 1799 entstanden.

### Die Launischen

Diese Ode schickte Hölderlin mit den beiden folgenden und mit der jüngeren Fassung des Gedichts „Diotima" (S. 290) in der zweiten Hälfte des Juli 1799 an Neuffer: „Ich schicke Dir hier einige Gedichte, lieber Neuffer! Ich wünsche, daß sie Dir nicht unangenehm sein mögen. Da ich die Arbeit, die ich gegenwärtig unter den Händen habe [„Empedokles"], nicht wohl auf lange unterbrechen kann, so gab ich Dir eben, was ich da liegen hatte und für das Taschenbuch nicht ganz unbrauchbar schätzte. Wenn einige derselben vielleicht zu wenig populär sind, so taugen sie vielleicht für ernstere Leser und versöhnen diese, die leider! oft ebenso aufgelegt sind, unsere gefälligere Produkte zu verdammen, als der entgegengesetzte Geschmack es sich zum Geschäfte macht, alles wegzuwerfen, was nicht pur amüsant ist." Neuffer nahm diese Gedichte (und die Idylle „Emilie vor ihrem Brauttag", die sich in Band 2 dieser Ausgabe findet, in sein „Taschenbuch für Frauenzimmer von Bildung, auf das Jahr 1800" auf.

### *Die Schlacht / Der Tod fürs Vaterland*

Der erste Entwurf dieser Ode (H¹) wurde wohl schon im Jahre 1796 niedergeschrieben (vgl. die einführende Bemerkung zu dem Epigramm „Guter Rat"; S. 641). Er lautet:

> O Schlacht fürs Vaterland,
> Flammendes, blutendes Morgenrot
> Des Deutschen, der, wie die Sonn, erwacht
>
> Der nun nimmer zögert, der nun
> Länger das Kind nicht ist,
> Denn die sich Väter ihm nannten,
> Diebe sind sie,
> Die den Deutschen das Kind
> Aus der Wiege gestohlen
> Und das fromme Herz des Kinds betrogen
>
> Wie ein zahmes Tier, zum Dienste gebraucht.

Die politische Aussage des Entwurfs unterstreicht eine Äußerung Hölderlins im Brief an den Bruder vom 6. August 1796: „Dir, mein Karl, kann die Nähe eines so ungeheuern Schauspiels, wie die Riesenschritte der Republikaner gewähren, die Seele innigst stärken." Ludwig von Pigenot, der gemeinsam mit Friedrich Seebaß die von Norbert von Hellingrath begonnene historisch-kritische Ausgabe fortführte, bezeichnete sehr treffend (in den Anmerkungen zu Band 3, S. 489) „diese von heftigster Gemütswallung getragnen, durch kein deutliches Metrum gebändigten Verse als Ansatz zu einer deutschen Marseillaise".

Im Unterschied zur Großen Stuttgarter Ausgabe erscheint hier die erste Fassung der Ode (H²) zusammenhängend im Textteil, und zwar in der frühesten Gestalt. In Vers 9 wurde „Jünglinge" später durch „Neulinge" und in Vers 10 „Knaben" durch „Freien" ersetzt. Die handschriftliche Überlieferung dieser Fassung (vgl. die einführende Bemerkung zur Ode „Sokrates und Alcibiades", S. 656) weist auf das Jahr 1797 hin. Wann die endgültige Fassung entstanden ist, läßt sich nicht genau ermitteln (vgl. das Brief-Zitat in der einführenden Bemerkung zur Ode „Die Launischen", S. 660 f.).

### Der Zeitgeist

Zur Entstehung und Überlieferung vgl. die einführende Bemerkung zur Ode „Die Launischen" (S. 660).

### Abendphantasie

Diese und die folgende Ode sind gleichzeitig spätestens im Juli 1799 entstanden. Die Entwürfe dazu stehen auf einem Einzelblatt: auf der Vorderseite die „Abendphantasie" und auf der Rückseite die „Morgenphantasie" (H¹ der Ode „Des Morgens"). Hölderlin übergab beide Gedichte sowie die Ode „Der Main" Johann Leonhard Hadermann für dessen in Frankfurt am Main herausgegebenen „Britischen Damenkalender und Taschenbuch für das Jahr 1800".

### Des Morgens

Zur Entstehung und Überlieferung vgl. die einführende Bemerkung zum vorigen Gedicht. Die Überschrift des Entwurfs („Morgenphantasie") kennzeichnet diese Ode deutlich als Gegenstück zur „Abendphantasie". Der erste Ansatz der Verse 15–20 lautete (H¹):

> Du möchtest immer eilen, Lieber!
> Könnt ich empor, wie die Morgenwinde,
>
> Mit dir, mit dir! doch lächelst des Sängers du,
> Des Übermüt'gen, daß er dir gleichen möcht,
> Und wandelst schweigend mir, indes ich
> Sinne nach Namen für dich, vorüber!

Eine weitere erhaltene Niederschrift (H²) ist als Reinschrift begonnen, dann aber wegen Schreibversehen verworfen worden.

## Der Main

Zur Entstehung vgl. die einführende Bemerkung zu dem Gedicht „Abendphantasie", S. 662. Der erhaltene Entwurf dieser Ode trug zunächst die Überschrift „Der Neckar", die jedoch dann erst eine Umarbeitung des Gedichts „Der Main" erhielt (vgl. S. 384).

341 *Sunium* – Die Südspitze von Attika mit der Ruine des dorischen Poseidontempels aus dem 5. Jahrhundert v. u. Z.
*Olympion* – Das Heiligtum des olympischen Zeus in Athen.

## Epigramme

Die folgenden fünf Epigramme waren vielleicht für die Zeitschrift „Iduna" bestimmt, deren Herausgabe Hölderlin im Sommer 1799 plante. Indessen macht der handschriftliche Zusammenhang (das erste Epigramm ist im Stuttgarter Foliokonvolut, die übrigen sind im Stuttgarter Foliobuch überliefert) eine spätere Entstehungszeit nicht unwahrscheinlich.

342 πρὸς ἑαυτόν – (griech.) an sich selbst; Selbstbeherzigung.

## Der zürnende Dichter

Die Überschrift stammt von Ludwig Uhland und Gustav Schwab, den Herausgebern der ersten Ausgabe von Hölderlins Gedichten (1826). – Zu diesem Epigramm vgl. Neues Testament, 2. Korinther 3, 6: „Denn der Buchstabe tötet, aber der Geist macht lebendig."

## Die Scherzhaften

Auch diese Überschrift stammt von Ludwig Uhland und Gustav Schwab.

## Wurzel alles Übels

Zu diesem Epigramm vgl. Neues Testament, 1. Timotheus 6, 10: „Denn Geiz ist eine Wurzel alles Übels." Vor allem aber vgl. Hölderlins (philosophische) Kritik an Fichtes absolutem Ich (Brief an Hegel vom 26. Januar 1795) und an Schellings Identitätsphilosophie (in dem philosophischen Fragment „Die Weisen aber..."; Band 2, S. 422), seine (politische) Kritik am Wesen der Monarchie (Brief an Sinclair vom 24. Dezember 1798) und seine (moralische) Kritik am Egoismus (Brief an den Bruder vom 4. Juni 1799).

1799–1803

(Herbst 1799 – Frühjahr 1800)

Die folgenden Gedichte sind – mit Ausnahme von „Menons Klagen um Diotima" und „Archipelagus" – von Hölderlin nur handschriftlich hinterlassen, davon wiederum nur der „Gesang des Deutschen", die Ode „Der Prinzessin Auguste von Homburg" und die „Elegie" in Reinschriften. Das Stuttgarter Foliokonvolut (I 39) enthält die Entwürfe der Oden „Mein Eigentum", „Palinodie" (H¹ und H²), „Gesang des Deutschen" (H¹ und H²), „Der Prinzessin Auguste von Homburg" (H¹), „Der Frieden". Außerdem sind in dieser Handschrift die Entwürfe zu den Oden „Vulkan" (H¹ unter der Überschrift „Der Winter") und „Dichtermut" (H¹) überliefert. Dazu kommen noch neben einer Anzahl von Bruchstücken Teile der theoretischen Versuche „Über Religion" und „Wechsel der Töne" sowie das Epigramm „πρὸς ἑαυτόν".

---

## Mein Eigentum

Dieses im Herbst 1799 entstandene Gedicht, das Hölderlin zunächst „Der Herbsttag" und „Am Herbsttag" nannte, ist nur als Entwurf (im Stuttgarter Foliokonvolut; vgl. die vorstehende Inhaltsangabe dieser Handschrift) überliefert. Der Anlaß zu diesem Gedicht war wohl die schmerzliche Erinnerung an den Abschied von Susette Gontard vor einem Jahr. (Im Entwurf stand der Satz: „So war's am Scheidetage.")

348 *mit dem Tageslichte nur* – Ursprünglich: „mit den großen Göttern nur".

*ein Armer* – Statt des getilgten: „ein Fremder".

*Parze* – Vgl. die Anm. zu S. 265.

## Palinodie

Da diese Ode, als deren Überschrift Hölderlin auch „Götterrecht" erwogen hat, den ursprünglichen Anfang des Gedichts „Mein Eigentum" übernimmt, ist sie wohl unmittelbar danach entstanden. Von ihr sind zwei Entwürfe erhalten (beide im Stuttgarter Foliokonvolut).

349 *Palinodie* – Widerruf eines Gedichts.

*Versöhnung* – Hier setzt der Widerruf ein: Die oben an die Götter gerichtete Bitte, seiner zu schonen, wird zurückgenommen.

*Gesang des Deutschen*

Entwurf (H¹) und Ausführung (H²) dieser Ode stehen im Stuttgarter Foliokonvolut. Die Reinschrift (H³) überreichte Hölderlin vielleicht gleichzeitig mit dem Gedicht „Der Prinzessin Auguste von Homburg" der Prinzessin zu ihrem Geburtstag am 28. November 1799.

Ursprünglich erwog Hölderlin folgendes Motto:

> Vis consili expers mole ruit sua;
> Vim temperatam Di quoque provehunt
> In majus.
>                    Horat.

(Gewalt ohne geistige Lenkung bricht durch ihr eigenes Gewicht in sich zusammen; gezügelte Gewalt wird von den Göttern gar zu Höherem geleitet. Horaz, „Oden" 3, 4.)

Der erste Ansatz des Entwurfs (H¹) lautet:

> Erloschen sind im sterblichen Auge bald
>   Die Hoffnung, der Jugend Wünsche, die törigen,
>     Doch denk ich dein

Darunter (in der rechten Hälfte der Seite) die Variante:

> Verstummt war zum Gesange die Seele mir
>   und sann
>     was           auf diesem
> Sterne mir heitern noch möcht, und du bist's!

Zum Inhalt dieser Ode vgl. Schillers (allerdings erst 1871 gedruckten) Gedichtentwurf „Deutsche Größe" aus dem Jahre 1797.

350 *blöde* – Hier: schüchtern, ängstlich, zaghaft.

*wo der Fleiß in der Werkstatt schweigt* – wo mit stummem Fleiß in der Werkstatt gearbeitet wird.

*Minervas Kinder* – Athene (lat.: Minerva) ist die Stadtgöttin Athens; unter ihrem besonderen Schutz stand der Ölbaum, den sie einst im Götterstreit um die Vorherrschaft in Attika den Menschen schenkte.

*Platons frommer Garten* – Platons Garten, die Akademie, lag nordwestlich von Athen beim Hain des Heros Akademos am Kephisos.

*Vogel der Nacht* – Die Eule, das heilige Tier der Athene.

351 *Er* – Im Manuskript stand ursprünglich „der Gott"; hier also: der Gott des Schicksals.

*Urania* – Die Muse der Himmelskunde wird hier in eins gesehen mit Aphrodite (vgl. die Anm. zu S. 219).

*Delos* – Die ägäische Insel Delos war neben Delphi die bedeutendste Stätte des Apollonkults. Die Verehrung des Gottes und der festliche Besuch der Orakelstätten bildeten ein einigendes Band für die zersplitterten Stadtstaaten. Vgl. Hyperions Schilderung von Delos (Band 2, S. 114).

*Olympia* – Kultstätte des Zeus und der Hera und zugleich Schauplatz der Olympischen Spiele, die wie die anderen panhellenischen Feste das Zusammengehörigkeitsgefühl der Griechen stärkten.

## Der Prinzessin Auguste von Homburg

Diese Ode, deren Entwurf (H¹ im Stuttgarter Foliokonvolut) unmittelbar nach dem „Gesang des Deutschen" niedergeschrieben wurde, ist sicher kurz vor dem 28. November 1799, dem 23. Geburtstag der Prinzessin Auguste von Hessen-Homburg (1776–1871), entstanden. Die Reinschrift (H²) überreichte Hölderlin wohl gemeinsam mit dem „Gesang des Deutschen" und vielleicht auch mit dem „Hyperion" der Prinzessin, die für Hölderlins Werke besonders reges Interesse zeigte und eine umfangreiche Sammlung seiner Gedichte in Abschriften anfertigte. Sie dankte dem Dichter mit folgenden Zeilen: „Die Empfindungen der Dankbarkeit bei Erhaltung Ihrer Geschenke nötigen mich, Ihnen diese Zeilen zu senden, auch der Wunsch begleitet sie, Ihres schmeichelhaften Lieds nicht unwürdig zu sein: doch das bin ich nicht. – Ihre Laufbahn ist begonnen, so schön und sicher begonnen, daß sie keiner Ermunterung bedarf; nur meine wahre Freude an Ihre Siege und Fortschritte wird sie immer begleiten. Auguste." Vgl. die auf diesen Brief Bezug nehmende Widmung der Sophokles-Übersetzung vom Jahre 1804 (Band 3, S. 324).

352 *hesperische Milde* – Vgl. die zweite Anm. zu S. 234.

*es hallt hinab / Am Berge das Gewitter* – Vgl. das Zitat aus Hölderlins Brief an seine Mutter vom 4. September 1799 in der einführenden Bemerkung zur folgenden Ode.

## Der Frieden

Erst Werner Kirchner, dem der in unserer Ausgabe abgedruckte Text folgt, ist es gelungen, aus dem Manuskript dieser nicht zu Ende gediehenen Ode (im Stuttgarter Foliokonvolut) eine überzeugende Anordnung der einzelnen Strophen herauszuarbeiten (vgl. seinen in der einführenden Bemerkung zu dem Entwurf „Die Völker schwiegen, schlummerten...", S. 649, genannten Aufsatz). In der von ihm hergestellten Gestalt gliedert sich diese Ode wie der „Gesang des Deutschen" streng symmetrisch in die Strophen 1–6, 7–9, 10–15.

In der Handschrift streute Hölderlin zunächst über eine ganze Seite folgende Gedankensplitter:

> Helden
> Die unerhörte Schlacht
> O die du
> Der Menschen jähes Treiben
> Und unerbittlich.                    sein Stamm erzittert.
>                                       heilige Nemesis
> triffst du die Toten auch, es ruhten
> Unter Italiens Lorbeergärten
> so sanft die alten Eroberer
> Noch standen ihre Götter pp.
> Doch
>                                       aber nicht dort allein
> Schweiz          Rhein
> Komm endlich goldner Friede pp. – Didaktischer Ausgang.

Die Ode hat Hölderlin im Spätherbst 1799, etwa gleichzeitig mit den Oden „Gesang des Deutschen" und „Der Prinzessin Auguste von Homburg", begonnen. Er sehnte den Frieden zu einer Zeit herbei, da er über den Verlauf des zweiten Koalitionskrieges und das unwürdige Verhalten der französischen Truppen enttäuscht sein mußte. (Die Stichworte „Italien", „Schweiz", „Rhein" im ersten Entwurf deuten auf die Niederlagen des französischen Heeres.) Vgl. Hölderlins Brief an die Mutter vom 4. September 1799: „Ich hoffe den Frieden von Herzen und halte ihn auch aus den allgemeinsten Gründen für nötig und heilsam und von unabsehlicher Wichtigkeit. Vielleicht ist er auch so entfernt nicht, als es scheint." Frieden wurde allerdings erst im Februar 1801 zu Lunéville geschlossen. Vgl. dazu die Hymne „Friedensfeier".

353 *die alten Wasser* – In den Lesarten ist noch „Deukalions" hinzugefügt: Anspielung auf die Deukalionische Flut, durch die Zeus das Menschengeschlecht vernichten wollte, die Deukalion, der

Sohn des Prometheus, und seine Frau Pyrrha aber überstehen. Vgl. Ovid, „Metamorphosen" 1, 262–415. Die Lücke füllt Friedrich Beißner (Große Stuttgarter Ausgabe, Band 2, S. 394) so aus: „einst der Welt / Schamlosen Frevel deckten".

353 *gählen* – Wohl soviel wie „geilen", was im Schwäbischen „übermütig spielen, ungestüm fluten" bedeutet.
*Nemesis* – Vgl. die Anm. zu S. 262.

354 *zanken um Herrschaft sich* – Vgl. im Unterschied dazu die Ode „Der Tod fürs Vaterland".
*Wo glühend sich die Kämpfer und die* – Im Manuskript steht: „Wo glühend die Kämpfend und die", was Friedrich Beißner so verbessert: „Wo glühender die Kämpfenden die".

### An eine Fürstin von Dessau

Diese nur als Entwurf und ohne Überschrift (im Stuttgarter Foliobuch) überlieferte Ode ist nach Friedrich Beißner wohl im November 1799 entstanden und der Fürstin Luise von Anhalt-Dessau, der Gönnerin Matthissons, gewidmet, die sich 1796 längere Zeit in Homburg aufhielt. Werner Kirchner hält dagegen als Adressatin nur die Schwiegertochter der Fürstin, die Erbprinzessin Amalie (1774–1846), die dritte Tochter des Landgrafen von Hessen-Homburg, für möglich (die von Anfang März bis zum 20. Mai 1800 in ihrer Heimat weilte) und datiert die Ode in die Zeit gegen Ende von Hölderlins erstem Homburger Aufenthalt (vgl. Werner Kirchner, „Prinzessin Amalie von Anhalt-Dessau und Hölderlin"; in: Hölderlin-Jahrbuch, Band 11, 1958 bis 1960, S. 55–71).

355 *Luisium* – Schloß und Park bei Dessau, das Hölderlin auf einer Fußreise von Jena aus kennengelernt hatte (vgl. seinen Brief an die Schwester vom 20. April 1795).
*ein göttlich Ungewitter* – Die Koalitionskriege.
*Der schöne Bogen* – Ursprünglich: „Der Friedensbogen".

### Wie wenn am Feiertage ...

Von dieser in den letzten Monaten vor der Jahrhundertwende entstandenen, unvollendeten Hymne existieren zwei (im Stuttgarter Foliobuch überlieferte) Niederschriften: der Vorentwurf in Prosa ($H^1$) und der durch Pindars Siegesgesänge beeinflußte metrische Entwurf ($H^2$ und $H^3$). Jeweils drei metrisch unterschiedlich gebaute Strophen bilden einander entsprechende Triaden (Strophenresponsion). Vgl. Friedrich Beißner, „Hölderlins Übersetzungen aus dem Griechischen", 2. Aufl., Stuttgart 1961, S. 99–103.

356 *So stehn sie* ... – Gemeint sind die Dichter.
*über die Götter* ... *ist* – die Götter übertrifft.
*Allerschaffende* – Attribut zu „Begeisterung".
*Taten der Welt* – Die Französische Revolution und die Koalitionskriege.
*doch kaum gefühlt* – Der Prosa-Entwurf (H¹) fährt im Anschluß an diese Worte fort: „uns Schlafenden, was täglich noch geschiehet, in göttlicher Bedeutung ist es offenbar geworden, und eine neue Sonne scheinet über uns, es blühet anders denn zuvor der Frühling, wie Waldes Rauschen, von göttlichem Othem bewegt."
*den Acker gebauet,* / *In Knechtsgestalt* – Apollon muß zur Strafe für die Ermordung der Kyklopen ein Jahr lang als Hirte bei Admetos dienen. Vgl. aber auch Neues Testament, Philipper 2, 7: „Sondern entäußerte sich selbst und nahm Knechtsgestalt an."
357 *Daß schnellbetroffen sie* – Die „Seele des Dichters".
*wie Dichter sagen* – Von Semele erzählen u. a. Homer, Hesiod, Pindar, Euripides und Ovid. Hölderlin übernahm den Semele-Mythos von Euripides: Den Anfang der „Bakchen", der den Mythos beinhaltet, hatte er kurz vor der Niederschrift des Prosa-Entwurfs übersetzt; der Entwurf schließt in der Handschrift unmittelbar an die Übersetzung an.
*Semele* – Die Tochter des sagenhaften thebanischen Königs Kadmos, der ihr Geliebter, Zeus, auf ihr Bitten hin einmal in seiner wahren Gestalt unter Donner und Blitz erscheint. Sie verbrennt unter dem göttlichen Strahl; nur die sechsmonatige Leibesfrucht, aus der Dionysos (Bacchus) hervorgeht, wird gerettet, weil Zeus sie sich in seinen Schenkel einnäht.
*Erdensöhne* – Im Prosa-Entwurf: „alle".
*ins Lied* / *Gehüllt* – Im Prosa-Entwurf folgt noch: „und gemildert".
*versengt es nicht* – Das Herz.
*tieferschüttert* – Im Prosa-Entwurf heißt es danach weiter: „bleibt das innere Herz doch fest, mitleidend die Leiden des Lebens, den göttlichen Zorn der Natur, und ihre Wonnen, die der Gedanke nicht kennt". In der metrischen Ausführung steht neben der ersten Hälfte der vorletzten Strophe am Rand der (für das Verständnis

von Hölderlins Weltanschauung wesentliche) Satz: „Die Sphäre, die höher ist als die des Menschen, diese ist die der Gott."

357 *Doch weh mir! wenn von* – Die Lücke kann gedanklich durch die Fortsetzung des Prosa-Entwurfs ausgefüllt werden: „Aber wenn von selbstgeschlagener Wunde das Herz mir blutet, und tiefverloren der Frieden ist, und freibescheidenes Genügen, und die Unruh, und der Mangel mich treibt zum Überflusse des Göttertisches, wenn rings um mich". Vgl. dazu die Anm. zu S. 370.

## *An die Deutschen*

Dieses Gedicht – eine Erweiterung der gleichnamigen zweistrophigen Ode – ist wohl um die Jahrhundertwende entstanden. Es ist in einem Entwurf (H[1] im Stuttgarter Foliobuch) und in einer weiteren Niederschrift (H[2], Einzelblatt) überliefert. Der Entwurf enthält die Gedanken für den in der durchgeformten Bearbeitung nicht ausgeführten Schluß:

>     Helle Morgen und ihr Stunden der Nacht! wie oft,
> O wie                            Richterin.
> Wenn er ihn sah,
>     Den Wagen deines Triumphs
> und die Beute gesehn,
> Und die Wilden in goldenen Ketten,
> Und es sangen die Priester des Friedens
>     dem liebenden Volk und seinem
>         Genius Wonnegesang! in den Hainen
>             des Frühlings!

358 *albern* – Hier: einfältig.

359 *Der das stetige Werk ...* – Die Lesart im Entwurf (H[1]) erhellt den Sinn dieser Strophe: „Aber stetig indes reifet das Werk / und lächelnd führt, / Wo ich zage, der Meister, / Seiner Sache gewiß, es aus."

*Pindos ... Helikon ... Parnassos* – Den Musen geheiligte Berge in Griechenland: Der Pindos trennt die nordgriechischen Landschaften Epirus und Thessalien; der Helikon liegt in Böotien; am Fuß des zweigipfligen Parnassos (in Phokis) liegt Delphi.

## *Rousseau*

Diese unvollendete Ode, die handschriftlich teilweise auf einem Einzelblatt (auf dessen Rückseite die Verse 10–27 des Entwurfs „Wie wenn am Feiertage...", H², stehen) und teilweise im Stuttgarter Foliobuch überliefert ist, muß kurz nach der Ode „An die Deutschen" entstanden sein, deren letzte vier Strophen als Vorlage für ihre ersten vier gedient haben.

360 *Rousseau* – Der französische demokratische Aufklärer Jean-Jacques Rousseau (1712–1778), der schon während der Tübinger Studienzeit zu den verehrten „Weisen" gehörte (vgl. die Gedichte „An die Ruhe" und „Hymne an die Menschheit"), hat wesentlichen Anteil an Hölderlins Weltanschauung und an dessen Auffassung von der gesellschaftlichen Rolle des Dichters. Vgl. die Rousseau gewidmeten Verse in der „Rhein"-Hymne und die Einleitung, S. 23 f.

361 *Und wunderbar...* – Zu den beiden Schlußstrophen vgl. das Bruchstück Nr. 12, „Palingenesie" (S. 564).

### Wohl geh ich täglich...

Dieser vielleicht erst im Frühjahr 1800 entstandene Entwurf ist in einer Handschrift zusammen mit einem Bruchstück des Aufsatzes „Über Religion", den ersten Entwürfen zu den Oden „An Eduard" (H¹) und „An die Hoffnung" (H¹) sowie dem Beginn des Aufsatzes „Grund zum Empedokles" überliefert.

361 *Wohl geh ich täglich...* – Vgl. dazu den Anfang der „Elegie" (S. 364).

### Geh unter, schöne Sonne...

Diese nur als Entwurf (auf einem Einzelblatt) überlieferte Ode ist noch in Homburg entstanden.

### Abschied

Die Entstehungszeit dieses Entwurfs wird von Friedrich Beißner („wohl schon im Sommer 1799"; Große Stuttgarter Ausgabe, Band 1, S. 598) wahrscheinlich zu früh angegeben: Er steht auf der *Rückseite* eines Einzelblatts (Stuttgart II, Beilage 3), während das reinschriftliche Bruchstück des „Empedokles" (Vers 308–330) die *Vorderseite* füllt. Da dieses Bruchstück zur dritten Fassung des Trauerspiels gehört, folglich frühestens im Herbst 1799 niedergeschrieben worden sein kann, muß die Entstehungszeit des Entwurfs „Abschied" danach liegen.

*Elegie / Menons Klagen um Diotima*

Die erste Fassung („Elegie") ist wahrscheinlich schon im Herbst 1799 entstanden. Sie ist reinschriftlich mit späteren Änderungen zur zweiten Fassung überliefert. Die zweite Fassung („Menons Klagen um Diotima") entstand spätestens im Sommer 1800. Hölderlin gab sie zusammen mit der Ode „Unter den Alpen gesungen" im Frühjahr 1801 an den Jenaer Dozenten Bernhard Vermehren (1774–1803), der in seinem „Musenalmanach für das Jahr 1802" die Verse 1–56 und im „Musenalmanach für das Jahr 1803" die Verse 57–130 veröffentlichte.

365 *der Nord* – Vgl. die zweite Anm. zu S. 244.

*die Tropfe* – Von Hölderlin (wohl in Anlehnung an Klopstock) vereinzelt gebrauchte feminine Form.

366 *Parzen* – Vgl. die Anm. zu S. 265.

*die Athenerin* – Gemeint ist Diotima, deren Name in der ersten Fassung des Gedichts nicht vorkommt.

367 *auf seligen Inseln* – Die Inseln der Seligen, wohin die Helden und Halbgötter, ohne den Tod zu erleiden, versetzt werden, um dort ein kummerfreies Leben zu führen. Vgl. auch das Bruchstück Nr. 12, „Palingenesie" (S. 564).

*Menon* – Griechischer Name, der soviel wie „der Wartende, Ausharrende" bedeutet. Vgl. Platons Dialog „Menon", in dem er seine Erkenntnistheorie, die Lehre von der Anamnesis (vgl. die Anm. zu S. 284), entwickelt.

368 *Zephir* – Der milde Westwind (Bote des Frühlings) im Gegensatz zu Boreas, dem rauhen Nordwind.

370 *wie den Götterlosen* – Der Sage nach saßen die alten Griechen (z. B. Tantalos), ehe sie durch Hybris „götterlos" wurden, mit ihren Göttern an „seligem Tisch". Vgl. das „Lied der Parzen" aus Goethes „Iphigenie auf Tauris" (IV, 5), das sie „grausend sangen, / Als Tantalus vom goldnen Stuhle fiel". Auf die Tantalus-Sage spielt auch Hölderlins Brief vom 4. Dezember 1801 an Böhlendorff an: „... jetzt fürcht ich, daß es mir nicht geh am Ende wie dem alten Tantalus, dem mehr von Göttern ward, als er verdauen konnte." Vgl. auch den Schluß der Hymne „Wie wenn am Feiertage..." (S. 358).

371 *von silbernen Bergen Apollons* – Die beiden beschneiten Gipfel des Parnassos, des dem Apollon und den Musen geweihten Gebirgszuges in Mittelgriechenland.

## Der Archipelagus

Diesen wohl im Frühjahr 1800 entstandenen hexametrischen Hymnus wollte Hölderlin in Ludwig Tiecks "Poetischem Journal" veröffentlichen. Da die Zeitschrift jedoch ihr Erscheinen einstellte, wurde er dann in den von Ludwig Ferdinand Huber herausgegebenen "Vierteljährlichen Unterhaltungen" (3. Stück des Jahrganges 1804) erstmals gedruckt. – Von den vier überlieferten Handschriften ist die letzte (H⁴) die wichtigste, da sie gegenüber dem Druck Abweichungen enthält. Die beiden wesentlichsten davon sind:

1. die Änderungen der Verse 231–244:

> Also sagt ich: es hatt in Lüften des Abends
> Eine Wehmut selig und süß den Sinn mir ergriffen,
> Und ich träumete fort die Nacht hindurch. Da weckte der Hahnschrei
> Plötzlich mich auf, und die Locken ergriff, von Sternen gesendet,
> Wunderbar ein kühlender Hauch, die Donner des Höchsten
> Hatten zuvor im Ohre getönt, fernher,
>                     denn noch glüht der Sommer noch itzt nicht.
> Aber hört, das Wort ist gewiß, und haltet mit Zweifeln
> Mir's, ihr Alten, nicht auf, damit         die Gewalt nicht
> Hoch her stürz und zertretend auf Trümmer falle der Segen.
> Drüben sind der Trümmer genug im Griechenland, und die hohe
> Roma liegt, sie machten zu sehr zu Menschen die Götter,
> Aber gewaltiger kommt,

2. die Änderungen der Verse 261–268:

> Aber weil so nahe sie sind, die gegenwärtigen Götter,
> Muß ich sein, als wären sie fern, und dunkel in Wolken
> Muß ihr Name mir sein, nur ehe der Morgen
> Aufglänzt, ehe das Leben im Mittag glühet,
> Nenn ich stille sie mir, damit der Dichter das Seine
> Habe, wenn aber hinab das himmlische Licht geht,
> Denk ich des vergangenen gern, und sage – blühet indes

372 *Archipelagus* – Der nicht antike Name, dessen Herkunft umstritten ist, bezeichnet eigentlich eine Inselgruppe, besonders die des Ägäischen Meeres. Hölderlin überträgt ihn jedoch auf das von ihm mythisierte Meer selbst.

373 *Mäander ... Kayster* – Flüsse in Kleinasien. (Die Krümmungen und Windungen des Mäander sind sprichwörtlich geworden.)

373 *der Erstgeborne ... Nil* – In Hesiods „Theogonie" wird als erster der Flüsse, die Tethys dem Okeanos, dem Vater aller Gewässer der Erde, gebiert, der Nil genannt.
*Der zu lange sich barg* – Anspielung auf die in Ovids „Metamorphosen" überlieferte Sage von Phaëthon (vgl. die sechste Anm. zu S. 282), dessen Sturz die Welt in Flammen setzte und alle Flüsse austrocknen ließ. Vom Nil heißt es dort: „Bis zu der Erde fernstem Saum entfloh / Der Vater Nil und barg sein Haupt erschrocken: / Noch heute birgt er's, niemand meldet: wo? / Doch seine sieben Arme lagen trocken / Gleich Dünentälern."
374 *die geflügelte Woge* – Die Wolke.
*Burg* – Die Akropolis.
*Agora* – Vgl. die Anm. zu S. 263.
*Herkules Säulen* – Die Meerenge von Gibraltar. Mit dem Namen Herkulessäulen bezeichneten die Griechen Randpunkte des Erdkreises, die Grenzen griechischer Kultur, da sie die Taten des Herakles (vgl. die Anm. zu S. 282) mit der Überwindung feindlicher Mächte verbanden.
*selige Inseln* – Vgl. die Anm. zu S. 367.
375 *der vielgebietende Perse* – Das Streben der persischen Könige, andere Völker zu unterwerfen und auszubeuten, führte in der ersten Hälfte des 5. Jahrhunderts v. u. Z. zu den griechisch-persischen Kriegen. Der Sieg der Griechen schuf günstige Voraussetzungen für den Aufschwung ihrer Wirtschaft und Kultur.
*Ekbatana* – Sommerresidenz der Perserkönige; südlich des Kaspischen Meeres (heute: Hamadan).
*Athene ... fällt* – Xerxes gelang bei seinem Feldzug im Jahre 480 v. u. Z. die Besetzung ganz Böotiens und Attikas. Er plünderte die Tempel Athens und ließ die Stadt in Flammen aufgehen.
*o Tag an Salamis' Ufern* – Der Sieg der griechischen Flotte über die persische in der Meerenge zwischen der Insel Salamis und dem Festlande (480 v. u. Z.) bedeutete eine entscheidende Wende des Krieges. Vgl. „Hyperion" (Band 2, S. 147): „Oder les ich auch auf meiner Höhe droben vom alten herrlichen Seekrieg, der an Salamis einst im wilden klugbeherrschten Getümmel vertobte, und freue des Geistes mich, der das wütende Chaos von Freunden und Feinden lenken konnte und zähmen, wie ein Reuter das Roß ..."
376 *Geschmeid* – Hier in der älteren Bedeutung: Waffen und Rüstung.
*Strom* – Der südlich von Athen fließende Bach Ilissus.

377 *Portikus* – Säulenhalle, -gang.
*die Fürsten des Forsts* – „Fürst" bedeutete ursprünglich: der Vorderste, der Erste. „Fürsten des Forsts" sind also die ersten Siedler, die den Forst rodeten.
378 *Kolonos* – Durch Pferdezucht berühmter Demos (Gemeinde) in der Nähe Athens.
*Blühet die Stadt itzt auf* – Athen wurde nach den griechisch-persischen Kriegen unter Perikles durch den vom Staat geleiteten Aufbau eine der schönsten Städte Griechenlands. Die Akropolis, der „herrliche Hügel", wurde wieder aufgebaut und die Burgfläche als Festplatz zu Ehren der Götter umgestaltet. Es entstanden der Parthenon, die Propyläen, der Niketempel und das Erechtheion.
*Pentele* – Wegen seines Marmors berühmter Berg nordöstlich Athens.
*Der Prytanen Gemach* – Das Prytaneion, das Rathaus, in dem die Prytanen, der geschäftsführende Ausschuß des Rates der Fünfhundert, speisten und auch auswärtige Gesandte und Ehrenbürger (z. B. die Olympiasieger) bewirtet wurden.
*Gymnasien* – Stätten, wo Knaben und Männer nackt turnten; später auch Sammelplätze für das geistige Leben.
*Olympion* – Der Bau dieses Heiligtums des olympischen Zeus in Athens Unterstadt wurde bereits im 6. Jahrhundert (unter Peisistratos) begonnen, aber erst im 2. Jahrhundert u. Z. beendet.
*Gott der Wogen und dir* – Poseidon war neben Athene der in Athen am meisten verehrte Gott. Der Sage nach hatte er mit ihr um den Besitz Attikas gekämpft und dabei seinen Dreizack in einen Felsen gestoßen, wodurch eine Quelle entsprang. Die entsprechende Stelle (höchstwahrscheinlich ein Blitzmal) zeigte man unter einer Vorhalle nördlich des Erechtheions.
*am Vorgebirge* – Vgl. die erste Anm. zu S. 341.
*Lethestrom* – Vgl. die Anm. zu S. 224.
379 *Parnassos* – Am Fuße des Parnassos (in Phokis) entspringt bei Delphi die Apollon und den Musen geheiligte Quelle Kastalia.
*Tempe* – Vom Peneios tief eingegrabenes Tal in Thessalien (Nordgriechenland), dessen Wände bis zu 500 m Höhe steil ansteigen.
*die prophetischen Haine Dodonas* – Älteste, dem Zeus geweihte griechische Orakelstätte in Epirus (Nordgriechenland), wo sich der Gott im Rauschen einer heiligen Eiche den Priestern kundgab.

379 *der delphische Gott* – Apollon, der in Delphi, der wichtigsten Orakelstätte Griechenlands, durch die Seherin Pythia weissagte.
*Stadt des redlichen Sehers* – Theben, der Wohnort des blinden Propheten Teiresias.
*des großen Donnerers Stimme* – Zeus, der auch Wettergott war und Donner und Blitz in seinen Händen hielt.
381 *Marathon* – Vgl. die sechste Anm. zu S. 263.
*Chäronea* – Bei Chaironeia (in Böotien) siegte 338 v. u. Z. Philipp II. von Makedonien über das griechische Heer, an dessen Spitze die Athener standen. Dieser Sieg beendete die griechische Freiheit und Unabhängigkeit; mit ihm begann die langdauernde makedonische Hegemonie in Griechenland. Bis heute schmückt ein marmorner Löwe das Grab der Gefallenen.
*Klagt ins Schlachttal...* – Anspielung auf die Schlacht bei den Thermopylen, dem Engpaß zwischen dem Malischen Meerbusen und dem steilen Ota-Gebirge, im Jahre 480 v. u. Z., bei der dreihundert Spartaner mit ihrem König Leonidas im Kampf gegen die Perser fielen. Damit war für die Perser der Weg nach Mittelgriechenland frei.
*in deiner Tiefe* – Attribut zu „Stille".

(Oden Sommer 1800)

Vom Sommer 1800 sind zwei Sammelhandschriften überliefert:
1. Homburg H 21–22 mit den vorläufigen Reinschriften der Oden, die Hölderlin in einem von N. P. Stampeel in Frankfurt herausgegebenen Jahrbuch („Aglaia. Jahrbuch für Frauenzimmer auf 1801") veröffentlichte: „Empedokles" ($H^2$), „Heidelberg" ($H^2$), „Die Götter" und „Der Neckar".
2. Homburg H 15–18 mit den Reinschriften der Oden: „Die Heimat" ($H^3$), „Die Liebe" ($H^3$), „Lebenslauf" ($H^3$), „Der Abschied" ($H^3$), „Diotima" („Du schweigst und duldest..."; $H^{2.2a}$), „An die Parzen" ($H^2$), „Der gute Glaube" ($H^2$) und „Rückkehr in die Heimat" (Vers 1–16). Die ersten fünf Oden dieser Sammelreinschrift sind Erweiterungen von Kurzoden, die 1797/98 entstanden waren; „An die Parzen" und „Der gute Glaube" sind Abschriften des Erstdruckes dieser Kurzoden.

Von den erweiterten Oden einschließlich der Ode „Ihre Genesung", deren Erweiterung nicht zu Ende gediehen war und die demzufolge nicht in die Sammelreinschrift aufgenommen wurde, existieren frühere Niederschriften im Stuttgarter Foliobuch: „Diotima" („Du schweigst und duldest..." (H[1]), „Die Heimat" (H[1] und H[2]), „Die Liebe" (H[1] und H[2]), „Lebenslauf" (H[1] und H[2]), „Ihre Genesung", „Der Abschied" (H[1] und H[2]).

Von den im Stuttgarter Foliobuch und in der Homburger Handschrift H 15–18 überlieferten Oden gab Hölderlin (ausgenommen natürlich „An die Parzen" und „Der gute Glaube") nur „Rückkehr in die Heimat" selbst zum Druck („Für Herz und Geist. Ein Taschenbuch auf das Jahr 1801". Herausgegeben von Hg. Ludwigsburg), vielleicht noch „Die Heimat" („Württembergisches Taschenbuch auf das Jahr 1806 für Freunde und Freundinnen des Vaterlandes").

———

*Empedokles*

Den ersten Entwurf zu dieser Ode (H[1]) schrieb Hölderlin wohl noch im Jahre 1797 nieder (sogleich nach „Buonaparte"; vgl. die einführende Bemerkung zu dieser Ode). Er lautet:

> In den Flammen suchst du das
>   Leben, dein Herz gebietet und pocht und
>     Du folgst und wirfst dich in den
>       Bodenlosen Ätna hinab.
>
> Perlen zerschmelzt' im Weine die Königin,
>   Die Verschwenderin! Mochte sie doch,
>     Hättest nur du nicht deine Perlen,
>       Die schönen Kräfte deines Lebens,
>         Dem alten gärenden Becher geopfert.
>
> Kühn war, wie das Element, das ihn hinwegnahm,
>   Der Getötete, kühn und gut,
>     Und ich möchte ihm folgen, dem heiligen Manne,
>       Hielte die zarte Liebe mich nicht.

Zur historischen Gestalt des Empedokles vgl. die einführende Bemerkung zu Hölderlins Trauerspiel (Band 3, S. 475 f.), an dem er seit dem Sommer 1797 arbeitete. Im Jahre 1800 scheint Hölderlin eine weitere Ode unter der Überschrift „Empedokles auf dem Ätna" geplant zu haben.

382 *in schauderndem Verlangen* – Vgl. „Der Tod des Empedokles", 1. Fassung (Band 3, S. 78): „Schauderndes / Verlangen! Was? am Tod entzündet mir / Das Leben sich zuletzt?"
*So schmelzt' im Weine Perlen...* – Anspielung auf die von Plinius („Naturgeschichte") berichtete Episode aus dem Leben der ägyptischen Königin Kleopatra (1. Jh. v. u. Z.), wonach sie Perlen in Weinessig auflöste, um eine Wette (sie wollte bei einer Mahlzeit zehn Millionen Sesterzen verzehren) zu gewinnen.

## Heidelberg

Als Zeitpunkt, zu dem Hölderlin dieser Ode ihre endgültige Gestalt gab, ist der Frühsommer 1800 anzusetzen (Rückkehr aus Homburg in seine Heimat). Der Entwurf ($H^1$) entstand wesentlich früher (vgl. die einführende Bemerkung zur Ode „An die Parzen", S. 653). Wichtige Varianten des Entwurfs sind:

1. Zwischen der ersten und zweiten Strophe standen im Entwurf zunächst die Verse:

> Zwar dein Neckar umschlingt auch das verborgene
> Städtchen, wo mich der Wald freierem Sinn erzog,
> > Wo mit Strahlen des Maitags
> > Mich Apollo zuerst beseelt.

> Doch gereifter und schon stolzer umschmeichelt dir
> Deine Wiesen der Strom, und dem geschäftigern
> > Wellenspiele vertrauen
> > Schon die ernsteren Schiffe sich.

2. Die Verse 9–12 lauteten zuerst:

> Wie von Göttern gesandt, hielt mich ein Zauber fest,
> Da ich müßig und still über die Brücke ging,
> > Ein vertriebener Wandrer,
> > Der vor Menschen und Büchern floh.

Eine spätere Variante der Verse 13–16 in der Reinschrift ($H^2$) lautet:

> Aber ferne vom Ort, wo er geboren ward,
> Zog die dunkle, die Lust, welche den Halbgott treibt,
> > Liebend unterzugehen,
> > Dir den deinen, den Strom hinab.

Ursprünglich sollte die Ode noch weitergeführt werden: H¹ setzt mit dem Wort „Wo" zu einer neuen Strophe an.

382 *Lange lieb ich dich schon* – Hölderlin hat vor dem Sommer 1800 Heidelberg dreimal besucht: im Juni 1788 auf der Reise nach Speyer (vgl. den Reisebericht vom Juni 1788 an die Mutter; Band 4, S. 45 f.), im Juni 1795 auf seiner Rückreise von Jena und Ende 1795 auf seiner Fahrt nach Frankfurt.
*die Gipfel* – Hier: Wipfel. (H¹: „über die wehenden / Eichengipfel".)
*die Brücke* – Die Alte oder Karl-Theodor-Brücke, 1786–1788 erbaut; eines der Wahrzeichen Heidelbergs.

383 *fesselt' ein Zauber einst* – Wohl zu beziehen auf den Juni 1795; vgl. die Variante zu dieser Strophe und dazu wiederum Hölderlins Brief an Hegel vom 20. November 1796: „Es ist recht gut, daß mich die Höllengeister, die ich aus Franken mitnahm, und die Luftgeister mit den metaphysischen Flügeln, die mich aus Jena geleiteten, seitdem ich in Frankfurt bin, verlassen haben."
*Schicksalskundige Burg* – Das Heidelberger Schloß wurde 1689 durch den französischen General Mélac zerstört. Nach dem Wiederaufbau wurde es 1764 von einem Blitzschlag getroffen. „Von den Wettern zerrissen" umgreift also das historische wie das Naturgeschehen.

### Der Neckar

Die Ode ist eine Umarbeitung des Gedichts „Der Main" (S. 341).

384 *Paktol* – Im Altertum durch seinen Goldreichtum bekannter Fluß in Lydien (Kleinasien).
*Smyrna* – Heute: Izmir; Hafenstadt an der Westküste Kleinasiens.
*Ilions Wald* – Die Wälder des im Altertum Ida genannten Gebirgszuges im südlichen Teil der Landschaft Troas (Kleinasien), die sich auch um Troia (auch Ilion genannt) erstrecken.
*Sunium* – Vgl. die Anm. zu S. 341.
*Olympion* – Vgl. die Anm. zu S. 341.

385 *Mastixbaum* – Immergrünes, hauptsächlich im Mittelmeergebiet vorkommendes Strauchgewächs, dessen Harz gekaut wurde.

### Die Heimat

Die Ode ist eine Erweiterung des gleichnamigen zweistrophigen Gedichts (S. 324).

### Die Liebe

Dieses Gedicht ist eine Erweiterung der Kurzode „Das Unverzeihliche" (S. 325).

386 *O ihr Dankbaren* – Ironisch gemeint.

### Lebenslauf

Die Ode ist eine Erweiterung des gleichnamigen einstrophigen Gedichts (S. 323).

387 *Bogen* – Das Bild vom Leben als Bogen geht auf den griechischen Materialisten und Dialektiker Heraklit von Ephesos (um 550 bis 475 v. u. Z.) zurück. Das „Aufwärts oder hinab!" geht wörtlich auf diesen Philosophen zurück. Im „Hyperion" zitiert Hölderlin das „große Wort" des Heraklit: „das Eine in sich selber unterschiedne" (vgl. Band 2, S. 184).
*Alles prüfe der Mensch* – Vgl. Neues Testament, 1. Thessalonicher 5, 21: „Prüfet aber alles, und das Gute behaltet."

### Ihre Genesung

Die Erweiterung der gleichnamigen Kurzode (S. 325) ist nach dem handschriftlichen Befund nicht zu Ende geführt. Da Hölderlin sie nicht in die Sammelhandschrift (Homburg H 15–18) aufnahm, ist es möglich, daß er sie verworfen hat. In der Handschrift schließt sich noch der Entwurf einer weiteren Strophe an, in der die genesene Geliebte angeredet wird und die vielleicht als Schlußstrophe statt der beiden bisherigen gedacht war:

> Neugeborene, sei unter den Hoffenden,
> Sei nun, freudiges Licht, unserer dämmernden
>   Kranken Erde willkommen
>     Bei den Weinenden, Götterkind!

### Der Abschied

Dieses Gedicht, eine Erweiterung der Kurzode „Die Liebenden", ist in drei Handschriften überliefert: dem Entwurf (H$^1$, Stuttgarter Foliobuch), der vorläufigen Reinschrift (H$^2$, ebenfalls Stuttgarter Foliobuch) und der endgültigen Reinschrift (H$^3$, Homburg H 15–18) mit Varianten zu einer weiteren Fassung. Friedrich Beißner unterscheidet in der Großen Stuttgarter Ausgabe nur zwei Fassungen, denen er die endgültige Reinschrift (erste Fassung) und die Varianten in der endgültigen Reinschrift (zweite Fassung) zugrunde legt. Die vorliegende Ausgabe folgt Norbert von Hellingrath (1888–1916) und bringt drei Fassungen. Die erste Fassung entspricht der vorläufigen Reinschrift (H²), die zweite Fassung der endgültigen Reinschrift (H³) und die dritte Fassung der sich aus den Varianten in der endgültigen Reinschrift ergebenden Gestalt.

389 *Lethetrank* – Vgl. die Anm. zu S. 224.
391 *die Vergessenen* – Diejenigen, die vergessen haben.

### Diotima

Die Ode ist eine Erweiterung des gleichnamigen zweistrophigen Gedichts (S. 321). Im Entwurf (H¹) setzt Hölderlin zweimal zur dritten Strophe an, ehe sie (in H²) ihre endgültige Gestalt gewinnt:

1. Ansatz: Die Götterkinder, welche des Ursprungs noch
    Wie du gedenk, voll Güte, du Liebliche,
    Von ihr, der mütterlichen Sonne,
    zeugten, die Schönen, die Göttermenschen.

2. Ansatz: Des Ursprungs noch in tönender Brust gedenk;
    An Lust und Tat den himmlischen Mächten gleich,
    Von ihr, noch von der Muttersonne
    Zeugten, die Freien, die Göttermenschen.

Die Reinschrift (H²) wird gleichzeitig mit der Ode „Der Abschied" von Hölderlin noch einmal durchgesehen. Die wichtigste Umgestaltung erfährt dabei die zweite Strophe:

    Die Freigebornen, die des Alpheus sich
    Noch jetzt, und jenes Lands und Olympias
    Und des Gesanges sich und ihres
    Immerumfangenden Himmels freuen,

393 *nimmer* – Hier: nicht mehr.
*von den vor'gen Sternen* – Auch die Sterne sind Zeugen einer früheren („vorigen"), besseren Zeit.

### Rückkehr in die Heimat

Auch die Reinschrift dieser Ode sah Hölderlin (nach dem Druck) noch einmal durch und gestaltete dabei die Verse 7–10 um:

> Und du, mein Haus, wo Felder mich und
> Heilige Schriften noch auferzogen!
>
> Wie lang ist's her, wie lange! Die Alten sind
> Dahin und draußen starben die Völker auch.

394 *Vaterland* – Vgl. die Anm. zu S. 177.

*(Herbst 1800 – Frühjahr 1801)*

*Der Wanderer*

Zur ersten Fassung des Gedichts (S. 305) vgl. die einführende Bemerkung S. 646. Mit dieser frühestens im Spätsommer 1800 entstandenen zweiten Fassung, die Hölderlin 1801 in der „Flora. Teutschlands Töchtern geweiht. Eine Quartalschrift von Freunden und Freundinnen des schönen Geschlechts" veröffentlichte, setzt die Reihe der strophisch gegliederten Elegien ein. Von ihr sind außerdem zwei Handschriften überliefert: eine Abschrift der ersten Fassung mit Änderungen und Ergänzungen zur zweiten Fassung (H$^3$, Stuttgarter Foliobuch) und eine Niederschrift der Verse 83–108 (H$^4$, im Anschluß an den Entwurf der dritten Strophe der Elegie „Der Gang aufs Land").

395 *Olymp* – Vgl. die Anm. zu S. 306.
*Wasser bewahrte mir treulich das fromme Kamel* – Vgl. die Anm. zu S. 305.
*vom wandernden Vogel der Heimat* – Der Storch.
*auch hier sind Götter* – Aristoteles erzählt in seinem Werk „De partibus animalium" (Über die Teile der Tiere) von Heraklit, dieser habe einmal zu Fremden, die ihn besuchen wollten und die stehenblieben, als sie sahen, daß er sich am Kamine wärmte, gesagt, sie möchten getrost eintreten, denn auch hier gebe es Götter. Lessing zitiert als Motto des „Nathan" – irrtümlich unter der Quellenangabe „Apud Gellium" (Bei Gellius; Aulus Gellius, 2. Jh. u. Z.) diesen Ausspruch: „Introite, nam et heic Dii sunt!" (Tretet ein, denn auch hier sind Götter!)
*es mißt gern mit der Spanne der Mensch* – Vgl. die Anm. zu S. 227 und Altes Testament, Jesaja 40, 12: „Wer misset die Wasser mit der Faust und fasset den Himmel mit der Spanne ...?"
*Rede* – Hier: das Gerücht.

395 *Pygmalion* – Vgl. die Anm. zu S. 306.
396 *die entbundene Welt* – Subjekt des Satzes.
397 *indes mich ... gesucht* – Zu verbinden mit: „Wo ich lag..."

## Der Gang aufs Land

Zu dieser im Herbst 1800 entstandenen, jedoch unvollendet gebliebenen Elegie erwog Hölderlin als Überschrift wohl auch „Das Gasthaus". Der vor der vorläufigen Reinschrift (H³), die bis Vers 34 vorliegt, niedergeschriebene erste Entwurf der dritten Strophe (H⁴) lautet:

> friedlich die Arme des Neckars
> Die Insel
> indessen oben
> und der volle Saal.
> Da, da
> Ein Strom
> weder hören noch sehen
> daß nicht zu Wasser die Freude
> Werde, kommt,
> ihr himmlischen Grazien
> und der Namenstag
> der hohen,
> der himmlischen Kinder sei dieser!

Die Fortsetzung, die sich an die Verse 35–40 anschließen sollte, ist in einem weiteren Entwurf (H³) angedeutet:

> Schöner freilich muß es werden,
> Liebende in den
> entgegentönt
>
> sie sind's, sie haben die Masken
> Abgeworfen
>
> Kommen will ich

Der Entwurf der 4. Strophe ist H² zu entnehmen (die im übrigen nur den allerersten, bis zum Schluß der zweiten Strophe reichenden Entwurf der Elegie enthält):

Aber fraget mich eins: was sollen Götter im Gasthaus?

Dem antwortet, sie sind, wie Liebende, feierlich selig,
Wohnen bräutlich sie erst nur in den Tempeln allein.
Aber solang ein Kleineres noch nach jenen genannt ist,
Werden sie nimmer und nimmer die Himmlischen uns.
Denn entweder es herrscht ihr Höchstes, blinde gehorcht dann Anderes
Oder sie leben in Streit, der bleibt nicht, oder es schwindet,
Wie beim trunkenen Mahl, alles
Dies auch verbeut sich selbst, auch Götter bindet ein Schicksal,
Denn die Lebenden all bindet des Lebens Gesetz.

Quer am linken Rand dieses Entwurfs steht folgendes Distichon:

Singen wollt ich leichten Gesang, doch nimmer gelingt mir's,
Denn es machet mein Glück nimmer die Rede mir leicht.

Zur Interpretation dieses elegischen Bruchstücks, vor allem zur Aufhellung der Partien, die nur im Entwurf überliefert sind, vgl. Friedrich Beißner, „Hölderlin. Reden und Aufsätze", Weimar 1961, S. 126–143.

398 *Landauer* – Die Elegie sollte dem Stuttgarter Kaufmann (Tuchhändler) Christian Landauer (1769–1845) gewidmet werden, den Hölderlin durch Neuffer spätestens 1795 kennengelernt hatte und in dessen Hause, das ein Anziehungspunkt für die Stuttgarter Dichter und Künstler war, er die zweite Hälfte des Jahres 1800 verbrachte. Anlaß zu dem Gedicht war die Grundsteinlegung oder das Richtfest für ein Gasthaus, vielleicht sogar in Landauers Baum- und Weingarten vor der Stadt, wo Hölderlin manche gastliche Stunde verbracht haben mag. Landauer war demokratisch gesinnt und hatte wohl Beziehungen zu politisch oppositionellen Kreisen. Der Freundschaft mit ihm verdanken wir neben der Elegie auch die Gedichte „Die Entschlafenen", „An Landauer" und „Das Ahnenbild". Vgl. auch die beiden Briefe an ihn vom Jahre 1801.
*Weder die Berge...* – Die Berge wie die Gipfel (Wipfel) des Waldes sind noch von dichten Wolken verhüllt.

399 *von selbst bildsamen Gästen erklärt* – Der wortlose Segen des Mailichts über dem Gasthaus wird sich den bildsamen Gästen von selbst erklären.

## Die Entschlafenen

Dieses Epitaph, das Hölderlin Christian Landauer in den Mund legt und das in ein Basrelief eingegraben war, entstand im Herbst 1800 in dessen Stuttgarter Hause. Am 6. Juni 1800 war Christian Landauers Bruder, Christoph Friedrich, und am 21. August 1800 sein Vater verstorben. Das Gedicht ist nur in einer Abschrift (von fremder Hand) und in der von Christoph Theodor Schwab veranstalteten ersten Ausgabe von Hölderlins Werken (1846) überliefert.

### Das Ahnenbild

Von diesem im Herbst 1800 in Landauers Haus entstandenen Gedicht ist neben einem ersten Entwurf und einer zweiten Niederschrift ($H^1$ und $H^2$ im Stuttgarter Foliobuch) die Reinschrift ($H^3$) zusammen mit den Reinschriften folgender Gedichte in einer Handschrift (Stuttgart I 30) überliefert: „Der gefesselte Strom" ($H^2$), „Der blinde Sänger" ($H^3$), „Bitte" (handschriftliche Vorform, $H^3$, der Ode „An die Hoffnung"), „Dichtermut" (zweite Fassung, $H^5$), „Natur und Kunst" ($H^2$), „An Eduard" (zweite Fassung, $H^4$).

Im ersten Entwurf des Gedichts steht zu Beginn, gleichsam als Thema: „Häuslich Leben".

400 *Ne virtus ulla pereat!* – (lat.) Daß keine Ahnentugend, keine Tüchtigkeit verloren werde! Das Motto ist in der lateinischen Literatur bis etwa 150 u. Z. nicht nachweisbar.
*Alter Vater* – Georg Friedrich Landauer (1734–1800), der Vater Christian Landauers.
*das Söhnlein* – Der einzige Sohn Christian Landauers, Gustav Landauer (geb. 1796).

### An Landauer

Obgleich dieses Lied, das als Entwurf (im Stuttgarter Foliobuch) und in einer Abschrift von der Hand Gustav Schlesiers überliefert ist, erst Ende des Jahres 1800 (kurz vor dem 11. Dezember, Landauers 31. Geburtstag) entstand, wird es aus inhaltlichen Gründen hier eingereiht.

402 *Der kluge Gott* – Der durch Schlauheit ausgezeichnete Hermes (Merkur) als Gott der Kaufleute.
403 *Wolk und Winde* – Hinweis auf das kriegerische Zeitgeschehen.
*und jedes gehet morgen...* – Anspielung auf Hölderlins Weggang nach Hauptwil in der Schweiz (Mitte Januar 1801).

### An eine Verlobte

Die Überschrift dieser wohl im Herbst 1800 entstandenen Ode stammt von Eduard Mörike, der sie auch zum erstenmal (1853) veröffentlichte und von dessen Hand eine Abschrift überliefert ist. Vielleicht war die Notiz „Willkomm nach dem Kriege" (auf H³ der Elegie „Der Gang aufs Land") als Überschrift zu dieser Ode gedacht.

### Der Mutter Erde

Als Vorbild für diesen vermutlich schon im Herbst 1800 entstandenen, jedoch nicht vollendeten Wechselgesang, der handschriftlich überliefert ist, sind zwei Oden Klopstocks zu nennen: „Der Hügel und der Hain" und „Hermann". Der erhaltene Prosa-Entwurf des Schlusses lautet:

O Mutter Erde! du allversöhnende, allesduldende!
hüllest du nicht so     und erzählest
und wie um jenen Erstgebornen
daß ich
Gemildert ist seine Macht, verhüllt in den Strahlen
    und die Erde birgt vor ihm die Kinder
ihres Schoßes in den Mantel, aber, wir erfahren ihn doch.
    und kommende Tage verkünde, da
Viel Zeiten sind vorübergangen, und oft hat einer von
dir ein Herz im Busen gefühlt. Geahndet haben
die Alten, die frommen Patriarchen, da sie wachten bis
    jetzt, und im Verborgnen
haben, sich selbst geheim, in tiefverschloßner Halle dir
auch verschwiegne Männer gedienet, die Helden aber,
    die haben dich geliebet, am meisten, und dich
    die Liebe genannt,
oder sie haben dunklere Namen dir, Erde, gegeben, denn es
schämet, sein Liebstes zu nennen, sich von Anfang der Mensch, doch
wenn er Größerem sich genaht, und der Hohe hat es gesegnet, dann
nennt er, was ihm eigner ist, beim eigenen Namen.
Und siehe, mir ist, als hört ich den großen Vater sagen,
dir sei von nun die Ehre vertraut, und
Gesänge sollest du empfangen in seinem Namen,
und sollest, indes er fern ist und alte Ewigkeit
verborgener und verborgener wird,
statt seiner sein den sterblichen Menschen, wie
du Kinder gebarest und erzogst für ihn, so will er, wenn
die erkannt ist, wieder senden sie und neigen
zu die Seele der Menschen.

404 *Gemeine* – Gemeinde.
   *Noch aber* – Friedrich Beißner vermutet als Ergänzung: „... ist die Zeit nicht gekommen, daß der Chor des Volks den heiligen Vater preist." (Große Stuttgarter Ausgabe, Band 2, S. 685.)
405 *Der einsam singt* – Der Dichter.
   *Wie ein Gott sinken die Arme...* – Friedrich Beißner vermutet folgenden Sinn: „Wie (= sobald als) ein Gott sich von der Erde abkehrt, sinken die Arme der [betenden] Menschen." (Große Stuttgarter Ausgabe, Band 2, S. 685.)
406 *Begraben dem Feind* – Vergraben vor dem Feind.
   *Ni* – Friedrich Beißner hält als Ergänzung für möglich: „Nicht ziemet es sich." (Große Stuttgarter Ausgabe, Band 2, S. 686.)

## *Stuttgart*

Es sind hier, wiederum von der Chronologie etwas abweichend, die drei letzten, vom Herbst 1800 bis zum Frühjahr 1801 entstandenen Elegien zusammengestellt, die in zwei Handschriften (Reinschriften, teilweise mit Änderungen) gemeinsam überliefert sind: in zwei ineinandergelegten Doppelblättern „Heimkunft" (H²), „Stuttgart" (H¹, allerdings nur die Verse 104–108, da ein Doppelblatt verschollen ist) und „Brot und Wein" (H²); im Homburger Folioheft „Heimkunft" (H³), „Brot und Wein" (H³) und „Stuttgart" (H³). Zwischen H¹ und H³ der Elegie „Stuttgart" liegt noch eine weitere Reinschrift (H²), das Widmungsexemplar.

Das Gedicht „Stuttgart" entstand vermutlich im Herbst und Winter 1800. In der Reinschrift H³ gibt es allerdings noch späte Änderungen des Dichters (H³ᵃ), vor allem werden die Verse 41–59 und 66–68 umgestaltet:

> Seligen lieb ist der Ort, an beiden Ufern, der Fels auch,
>   Der mit Garten und Haus grün aus den Wellen sich hebt.
> Dort begegnen wir uns; o gütiges Licht! wo zuerst mich
>   Deiner gestaltenden Strahlen mich einer betraf.
> Dort begann und beginnt das liebe Leben. Was ist es
>   Aber? des Vaters Grab seh ich. Und weine dir schon?
> Wein und halt und habe den Freund und höre das Wort, das
>   Einst mir in himmlischer Kunst Leiden der Liebe geheilt.
> Andres erwacht. Ich muß des Landes Blüten ihm nennen,
>   Barbarossa. Dich auch, gütiger Christoph, und dich,

Konradin. So arm ist des Volks Mund. Aber der Efeu
   Grünt am Fels und die Burg deckt das bacchantische Laub,
Und Vergangenes ist, und Künftiges fürstlich den Sängern,
   Reich in Tagen des Herbsts sühnen die Schatten wir uns.

4

So der Gewalt'gen gedenk und des ernsten mündigen Schicksals,
   Schlank auch selber, und jung, aber vom lauteren Gott
Auch geschaut und dahin, wie die Alten, die göttlicherzognen
   Dichter, heimischen Lichts, ziehen das Land wir hinauf.
Wirtemberg ist's. Dort von den uralt deutsamen Bergen
   Stammen der Jünglinge viel, steigen die Hügel herab.

*(Vers 41–60)*

Und es kommen mit ihm Italiens Lüfte, die See schickt
   Ungeheures, sie schickt krankende Sonnen mit ihm.
Darum wächset uns auch fast über das Haupt die Gewalt mit
   Güterfülle, denn hier ward in die Ebne das Gut
Reicher den Lieben gebracht...

*(Vers 65–69)*

Wesentliche Einzeländerungen sind außerdem:
Vers 20 Geister für: Götter; Vers 30 das Eigene für: sein Eigenes; Vers 62 biegen für: bauen; Vers 84 Auch der Garten erfreut gütig des Fürsten das Herz; Vers 85 Tapfersten für: Größeren; Vers 90 ein gemütliches Volk für: der besonnene Mensch.

Leo von Seckendorf (1775–1809), den Hölderlin schon seit 1792 kannte (vgl. die einführende Bemerkung zur „Hymne an die Menschheit", S. 620, sowie Hölderlins Brief an ihn vom 12. März 1804), veröffentlichte die Elegie (zusammen mit der ersten Strophe von „Brot und Wein" und der Hymne „Die Wanderung") in dem von ihm herausgegebenen „Musenalmanach für das Jahr 1807" unter der Überschrift „Herbstfeier". (Im Jahr darauf publizierte er die Gedichte: „Der Rhein", „Patmos" und „Andenken".)

Vielleicht plante Hölderlin diese Elegie schon im Frühjahr 1800: H³ der Elegie „Der Gang aufs Land" enthält die Notiz „An Siegfried Schmid" und darunter „Willkomm nach dem Kriege", was vielleicht als inhaltliche Kennzeichnung des geplanten Gedichts aufzufassen ist (vgl. aber auch die einführende Bemerkung zur Ode „An eine Verlobte", S. 685).

407 *Schmid* – Siegfried Schmid (1774–1859), der von 1792 bis 1795 in Jena studiert hatte, dem Hölderlin jedoch erst 1797 in Frankfurt begegnet war, gehörte zum Homburger Freundeskreis. Schiller veröffentlichte von ihm Gedichte in seinem „Musenalmanach für das Jahr 1798" (vgl. im Goethe-Schiller-Briefwechsel: Schiller an Goethe am 25. Juli 1797, Goethe an Schiller am 26. Juli 1797, Goethe an Schiller am 9. August 1797, Schiller an Goethe am 17. August 1797). Von Juni 1799 bis April 1800 war Schmid Kadett im kaiserlichen Heer in der Schweiz. Hölderlin rezensierte im Jahre 1801 dessen Schauspiel „Die Heroine" (vgl. Band 2, S. 433). 1806 wurde Schmid als ein „überstudierter, törichte Handlungen begehender Mensch" in das Irrenhaus eingeliefert, jedoch nach einem halben Jahr wieder entlassen. In den fünfzehn erhaltenen Briefen an Hölderlin aus den Jahren 1797–1801 finden sich bedeutsame Nachklänge Hölderlinscher Gedanken und Empfindungen.
*den heiligen Stab* ... – Die aus den schönsten Trauben zusammengefügte Riesentraube, die bei der Herbstfeier vorangetragen wird. Gleichzeitig Anspielung auf den Thyrsos, den mit Efeu und Weinlaub umwundenen Stab der Mänaden (vgl. die Anm. zu S. 241). Die Anspielung setzt sich in den folgenden Versen fort: „jauchzt"; „Wagen, bespannt mit freiem Wilde" (Dionysos führt manchmal den Zug mit einem Tigergespann an).
*träget* – ist träge.

408 *der gemeinsame Gott* – Dionysos. Vgl. „Der Einzige", dritte Fassung (H$^6$), S. 733: „Wie Fürsten ist Herkules. Gemeingeist Bacchus. Christus aber ist / Das Ende." Zu den Versen 29–35 vgl. Hölderlins Brief, den er um Neujahr 1801 an den Bruder schrieb: „Aber daß der Egoismus in allen seinen Gestalten sich beugen wird unter die heilige Herrschaft der Liebe und Güte, daß Gemeingeist über alles in allem gehen und daß das deutsche Herz in solchem Klima, unter dem Segen *dieses neuen* Friedens erst recht aufgehn und geräuschlos, wie die wachsende Natur, seine geheimen, weitreichenden Kräfte entfalten wird ..." Das gesellschaftliche Ideal des „Gemeingeists" beherrschte das politische Denken des 1794 in Jena gegründeten Bundes der Freien Männer, dem Hölderlin und Siegfried Schmid nahestanden. 1795 war dort ein Vortrag „Über den Gemeingeist überhaupt und den Mangel desselben in unserer Gesellschaft" gehalten worden.
*schmelzet, wie Perlen* – Vgl. die zweite Anm. zu S. 382.

408 *Geburtsort* – Lauffen lag bis zum Jahre 1803 an der nördlichen Grenze des Herzogtums Württemberg. Der Ort wird durch den Neckar in zwei Hälften geteilt. Auf einer felsigen Insel erhebt sich die Burg, zu Hölderlins Zeit Sitz der Oberamtsbehörde; Hölderlins Vater erlitt dort 1772 den tödlichen Schlaganfall.
*Leiden der Liebe geheilt* – Siegfried Schmid war Mitwisser von Hölderlins Liebe zu Susette Gontard.
*Barbarossa* – Der Staufer Friedrich I. (um 1125–1190) war von 1147 bis 1152 Herzog von Schwaben.
*gütiger Christoph* – Christoph (1515–1568), von 1550 bis 1568 Herzog von Württemberg, war der Schöpfer des württembergischen Landrechts und der Organisator des Schulwesens (Gründung der Klosterschulen und der Lateinschulen, Erweiterung des Tübinger Stifts). Unter Hölderlins Papieren ist das letzte Drittel einer „Hymne auf Christoph Herzog zu Württemberg", deren Verfasser höchstwahrscheinlich Neuffer ist, mit zwei Korrekturen von Hölderlins Hand überliefert. Neuffer mag sie Hölderlin kurz vor der Gründung ihres Freundschaftsbundes (vgl. die einführende Bemerkung zu den 1790 entstandenen Gedichten, S. 608) überreicht haben. Darin heißt es:

> Mit Lykurgus Griffel zeichnet' er itzt
> Dem schlichten Volke die lichtere Bahn.
> Das Gesetz bot lächelnd die Hand der grauen Sitte.
> Der Saaten Fülle teilte sein Vatersinn
> Mit den Kindern darbender Folgezeit;
> Jahrhunderten baut' er Vorratskammern.
> Aus den Vätern des Volks berief er sie,
> Die gerecht wie Tell ergrimmten über den Feind
> Des Vaterlands: Auf euch gestützt sei Suevias Recht!
> Und eisern Gebiß, so sprach er, sei dies Band
> Dem Enkel Christophs, welcher Menschenrecht entweiht.
> Und wehe! wehe, wenn sein Zahn es malmt.

*Konradin* – Konrad (1252–1268), Herzog von Schwaben, der letzte Staufer, wurde in Italien beim Kampf um sein Erbe geschlagen und sechzehnjährig hingerichtet. Die Italiener nannten ihn Conradino (kleiner Konrad).

409 *Keiner an Bergen dort* – In der Druckfassung heißt es: „Keiner im Oberland".

409 *Fremdling* – Siegfried Schmid stammte aus Friedberg in der Wetterau.
410 *Engel des Vaterlands* – Die „Genien des Landes" (H²), die „Landesheroen" (Vers 49), „des Landes Blüten" (H³ᵃ, Vers 49), die „Gewalt'gen" (Vers 55), die „Größeren", „Frohen" (Vers 85), die „Tapfersten" (H³ᵃ, Vers 85), die „Väter droben" (Vers 89). Die Widmung der „Trauerspiele des Sophokles" (1804) schließt mit dem Satz: „Sonst will ich, wenn es die Zeit gibt, die Eltern unsrer Fürsten und ihre Sitze und die Engel des heiligen Vaterlands singen."
*Dank für den* – Dank für den Freund Siegfried Schmid.

### Brot und Wein

Von dieser Elegie, die im Winter 1800/01 vollendet wurde, sind drei Handschriften überliefert: der Entwurf (H¹) unter der Überschrift „Der Weingott. An Heinse"; die erste Reinschrift (H²ᵃ) mit Änderungen (H²ᵇ; vgl. die einführende Bemerkung zur Elegie „Stuttgart"); und die zweite Reinschrift (H³ᵃ) mit späten Änderungen (H³ᵇ). Die Verse 1–18 veröffentlichte Leo von Seckendorf in seinem „Musenalmanach für das Jahr 1807" unter der Überschrift „Die Nacht".

Statt der Verse 31–36 stand im Entwurf (H¹):

> Darum rief ich dich her, denn deine Toten, du edler
> Alter! wie lange schon ruhn sie in göttlicher Nacht,
>    noch trauert der Himmel
>     und trauern wird, bis
>      und das Wort
>       und die Tat
>        der Geist

Die Verse 37–46 lauteten zunächst im Entwurf (H¹):

> Komm! wir bergen umsonst das Herz im Busen, umsonst nur
> Fesseln die Seele wir, Männer und Schüler, noch jetzt.
> Wer mag's hindern, und wer mag uns die Freude verbieten?
> Treiben die Himmlischen doch alle bei Tag und bei Nacht
> Aufzubrechen, so komm! daß wir das Unsrige schauen,
> Daß wir heiligen, was heilig den Unsrigen ist.
> Ist's noch immer die      und die Stunde der Zeit nicht?
> Wer kann's wissen und wo fehlt das Gemessene nicht?

> Vor der Zeit! ist Beruf der heiligen Sänger und also
> Dienen und wandeln sie großem Geschicke voran.

Außerordentlich tiefgreifend sind die – wohl im Herbst 1803 angebrachten – Änderungen (H³ᵇ) im Homburger Folioheft. Sie gestalten die Verse 59–160 fast völlig um, so daß hier von einem Ansatz zu einer Spätfassung gesprochen werden muß:

> Aber die Thronen, wo? Gesetze der Erd, und die Schritte,
> Wo mit Nektar gefüllt, Göttern zu Dank der Gesang?
> Wo, wo bedeuten sie denn, die bäurisch sinnigen Sprüche?
> Schale ist Delphi, begreift's besser, erfüllet es sich,
> Daß es wahr wird. Denn wo bricht's, allgegenwärtigen Glücks voll,
> Donnernd aus heiterer Luft über die Augen herein?
>               verzehrt und strebt, wie Flammen, zur Erde,
> Kommet der Gott. Unten liegt, wie Rosen, der Grund,
> Himmlischen ungeschickt, vergänglich, aber wie Flammen
> Wirket von oben, und prüft, Leben verzehrend, uns aus.
> Die aber deuten dort und da und heben die Häupter,
> Menschen aber, gesellt, teilen das blühende Gut,
> Das verzehrende. So kommt Himmlisches
> Aus den Schatten herab unter die Menschen sein Tag.

5

> Unempfunden kommt es zuerst, es streben entgegen
> Diesem die Kinder. Fast triffet den Rücken das Glück,
> Denn es scheut sie der Mensch. Darum siehet mit Augen
> Kaum ein Halbgott; und ist Feuer um diesen und Schlaf.
> Ihnen aber ist groß der Mut, voll füllen das Herz ihm
> Diese mit Freuden, aber er sieht, aus Feuer in den Gluten,
> Aber es steht in       Grenze die Erde,
> Aber zu ruhn, reißt hin ewig in Nacht das Geschick.
> Selbst befestigen das die Himmlischen, aber woanders,
> Die nichts irrt. Und gewohnt werden die Menschen des Glücks
> Und des Tags und zu schaun die Offenbaren, das Antlitz
> Derer, welche, schon längst Eines und Alles genannt,
> Tief die verschwiegene Brust mit freier Genüge gefüllet,
> Und zuerst und allein alles Verlangen beglückt;
> Lang und schwer ist das Wort von dieser Ankunft, aber
> Weiß ist der Augenblick. Diener der Himmlischen sind

Aber, kundig der Erd, ihr Schritt ist gegen den Abgrund,
  Jugendlich menschlicher, doch das in den Tiefen ist alt.

6

Nun behalten sie sie, die Seligen und die Geister,
  Alles wahrhaft muß kündigen deren ihr Lob.
Nichts darf schauen das Licht, was nicht den Hohen gefället,
  Vor den Äther gebührt Müßigversuchendes nicht.
Drum in der Gegenwart des eine Weile zu stehen,
  Richten in tuskischen Ordnungen Völker sich auf
Untereinander und baun die schönen Tempel und Städte
  Je nach Gegenden, sie gehn über den Küsten empor –
Aber wo sind sie? wo blühn die Bekannten, die Kronen des Festes?
  Thebe welkt und Athen; rauschen die Waffen nicht mehr
In Olympia, nicht die goldnen Wagen des Kampfspiels,
  Und bekränzen sich denn nimmer die Schiffe Korinths?
Warum schweigen auch sie, die heil'gen Handlungen, damals,
  Warum freuet sich denn nicht der geweihete Tanz?
Warum zeichnet, wie sonst, die Stirne des Mannes ein Gott nicht,
  Drückt den Stempel, wie sonst, nicht dem Getroffenen auf?
Aber er kam dann selbst und nahm des Menschen Gestalt an,
    ein Ärgernis aber ist Tempel und Bild,
Narben gleichbar,    zu Ephesus. Auch Geistiges leidet,
  Himmlischer Gegenwart zündet, wie Feuer, zuletzt.
Eine Versuchung ist es. Versuch, wenn Himmlische da sind,
  Sich sein Grab sinnt, doch klug mit den Geistern, der Geist.
Auch die Geister, denn immer hält den Gott ein Gebet auf,
  Die auch leiden, sooft diesen die Erde berührt.
Nimmer    eigenen Schatten und die süßen Pfade der Heimat
  Regeln; Gebäuden gleich stehen die Bäum und Gebüsch
Nimmer, und goldnes Obst, und eingerichtet die Wälder,
  Aber    auf weißer Heide    Blümlein,
Da es dürr ist; das Grün aber ernähret das Roß
Und den Wolf, in der Wildnis, der Geheimnisse denkt man
  Schwer, und der Jugend Haus fassen die Seher nicht mehr.
Aber doch etwas gilt, für sich, allein auch die Regel, die Erde.
  Eine Klarheit, die Nacht, das und das Ruhige kennt
Ein Verständiger wohl, ein Fürstlicherer, und zeiget
  Göttliches, ihrs auch sei lang, wie der Himmel, und tief.

8

Nämlich, als vor einiger Zeit, uns dünket sie lange,
　　Aufwärts stiegen sie all, welche das Leben beglückt,
Als der Vater gewandt sein Angesicht von den Menschen,
　　Und das Trauern mit Recht über der Erde begann,
Und erschienen zuletzt ein stiller Genius, himmlisch
　　Tröstend, welcher des Tags Ende verkündet' und schwand,
Ließ zum Zeichen, daß einst er dagewesen und wieder
　　Käme, der himmlische Chor einige Gaben zurück,
Derer menschlich, wie sonst, wir uns zu freuen vermöchten,
　　Aber, wie Wagen, bricht, fast, eh es kommet, das Schicksal
Auseinander beinah, und Unteilbares zu deuten
　　Vor Erkenntnis, auch lebt, aber es sieget der Dank.
Brot ist der Erde Frucht, doch ist's vom Lichte gesegnet,
　　Und vom donnernden Gott kommet die Freude des Weins.
Darum denken wir auch dabei der Himmlischen, die sonst
　　Dagewesen und die kehren in richtiger Zeit,
Darum singen sie auch mit Ernst, die Sänger, des Weins Geist,
　　Und nicht eitel erdacht tönet dem Alten das Lob.

9

Ja! sie sagen mit Recht, er söhne den Tag mit der Nacht aus,
　　Führe des Himmels Gestirn ewig hinunter, hinauf,
Allzeit froh, wie das Laub der immergrünenden Fichte,
　　Das er liebt, und der Kranz, den er von Efeu gewählt,
Weil er bleibet. Vergnügt ist nämlich der in der Wildnis
　　Auch. Und süßer Schlaf bleibet und Bienen und Mahl.
Was der Alten Gesang von Kindern Gottes geweissagt,
　　Siehe! wir sind es, wir; Frucht von Hesperien ist's!
Wunderbar und genau ist's als an Menschen erfüllet,
　　Glaube, wer es geprüft! Nämlich zu Haus ist der Geist
Nicht im Anfang, nicht an der Quell. Ihn zehrt die Heimat,
　　Kolonie liebt, und tapfer Vergessen der Geist.
Unsere Blumen erfreun und die Schatten unserer Wälder
　　Den Verschmachteten. Fast wär der Beseeler verbrannt.
Selige Weise sehn's; ein Lächeln aus der gefangnen
　　Seele leuchtet, dem Licht tauet ihr Auge noch auf.
So lang währt' es. Aber es ruhn die Augen der Erde.
　　Die allwissenden auch schlafen, die Hunde der Nacht.

Eine Interpretation dieser späten Überarbeitung findet sich bei Jochen Schmidt, „Hölderlins Elegie ‚Brot und Wein'. Die Entwicklung des hymnischen Stils in der elegischen Dichtung", Berlin 1968.

411 *Heinse* – Hölderlin kannte Wilhelm Heinse (1749–1803) persönlich seit dem Sommer 1796 (vgl. die Briefe an den Bruder vom 6. August 1796 und vom 13. Oktober 1796). Am 16. Februar 1797 schrieb er über ihn an Neuffer: „Er ist ein herrlicher alter Mann. Ich habe noch nie so eine grenzenlose Geistesbildung bei so viel Kindereinfalt gefunden." Heinses Roman „Ardinghello und die glückseligen Inseln" (1787), dem Hölderlin das Motto für seine „Hymne an die Göttin der Harmonie" entnahm, hat auf den „Hyperion" stark eingewirkt. Noch die Hymne „Der Rhein" sollte ursprünglich „Vater Heinse" gewidmet werden.

*sinnig* – Hier: besonnen, verständig.

*die Erstaunende* – Hier: die Erstaunliche. (Der transitive Gebrauch dieses Partizips ist im 18. Jahrhundert üblich.)

*dich* – Anrede an Heinse.

412 *daß in der zaudernden Weile ...* – In der Reinschrift H²ᵃ stand: „daß in dem Dunkel ein Tagen, / Daß in der finsteren Zeit einiges Menschliche sei".

*Schlummerlos* – Auf das im vorhergehenden Vers stehende Relativpronomen „das" zu beziehen.

*Gedächtnis* – Hier: Andenken.

*Mut* – Hier: Verlangen, Streben.

*frohlockender Wahnsinn ...* – Die nach Platon („Phaidros") bei allem künstlerischen Schaffen unerläßliche Mania (die göttliche Begeisterung, der Enthusiasmus); sie galt als Gabe des Dionysos, dessen orgiastische Verehrung meist nachts stattfand (vgl. die Anm. zu S. 241).

*Isthmos* – Landenge (von Korinth).

*Parnaß* – Der nur wenig landeinwärts am Nordufer des Golfs von Korinth gelegene Parnassos war nicht nur Apollon und den Musen, sondern auch Dionysos heilig. Am Südabhang seiner beiden Gipfel lag Delphi mit der heiligen Quelle Kastalia.

*Kithäron* – Gebirge an der Südgrenze Böotiens.

*Thebe* – Eine Nymphe, die Geliebte des böotischen Flußgottes Asopos.

*Ismenos* – Fluß in Böotien bei Theben.

412 *Kadmos* – Der sagenhafte Gründer und erste König von Theben, dem Geburtsort des Dionysos (vgl. die dritte Anm. zu S. 357), von wo die bacchischen Orgien ausgingen (vgl. die „Bacchantinnen" des Euripides, deren erste 24 Verse Hölderlin übersetzte; Band 3, S. 251).

*der kommende Gott* – Vielleicht eine Anspielung auf die großen Züge des Dionysos als des Freudenbringers und Gottes der allschöpferischen Natur.

413 *mit Nektar gefüllt ... der Gesang* – Bei Pindar ist der „flüssige Nektar", der Göttertrank, Metapher für „der Musen Gabe", den Gesang.

*die fernhintreffenden Sprüche* – Vgl. die vierte Anm. zu S. 379. „Fernhintreffend" ist bei Homer eines der stehenden Beiwörter Apollons, womit sowohl auf die Pfeile seines silbernen Bogens als auch auf den weithin klingenden Gesang verwiesen wird.

*Vater Äther* – In Heinses „Ardinghello" heißt es: „Vater Äther, aller Lebengeber!"

*Vater! heiter!* – Die Verse 69 f. lauteten in der Reinschrift $H^{2a}$: „Vater Äther und hallt, so tief, so ewig die Nacht ist, / So vermessen die Not, siegend und schaffend hinab."

*das uralt / Zeichen* – Apposition zu dem wachsenden „Wort" („Vater Äther").

*Unempfunden* – Vgl. zu diesem Vers den ersten Ansatz dieser Strophe im Entwurf ($H^1$): „damit nicht sie erdrücke der Segen von ihnen" (den „Himmlischen").

*der Mut von ihnen* – der von ihnen ausgehende Mut.

414 *Eines und Alles* – Die Menschen haben die Himmlischen, die Götter, „schon längst Eines und Alles genannt", d. h. das „Eine" (Gott) mit „Allem" (dem All, der Natur, der Welt) identifiziert. Zu der pantheistischen Formel vgl. Hölderlins Konspekt „Zu Jacobis Briefen über die Lehre des Spinoza" (Band 2, S. 350).

*die Bekannten, die Kronen des Festes* – die bekannten, festlichen Kronen.

*er ... nahm des Menschen Gestalt an* – Anspielung auf Jesus Christus, der (vgl. den folgenden Vers) die Reihe der antiken Götter abschließt. Vgl. die erste Anm. zu S. 408.

415 *Freund* – Anrede an Heinse, wie auch „sagst du" (Vers 123).

*sie sind ... wie des Weingotts heilige Priester* – Vgl. die Ode „An unsre großen Dichter".

415 *ein stiller Genius* – Jesus Christus.
*einige Gaben* – Brot und Wein, die von Christus an „des [griechischen Götter-]Tags Ende" gespendeten Gaben des Abendmahls. Die Verse 137 f. zeigen, wie weit Hölderlin von einer christlichen Dogmatik entfernt ist: Brot und Wein sind vor allem auch „Zeichen" des Dionysos. (In Vers 131 meint „er" nicht nur Jesus Christus, sondern den ganzen antiken „himmlischen Chor".)
*vom donnernden Gott* – Dionysos ist der Sohn des Zeus (vgl. die dritte Anm. zu S. 357).

416 *singen... mit Ernst, die Sänger, den Weingott* – Vgl. Ovid, „Tristia" (Gedichte der Trauer), 5, 3, Vers 1 ff.
*sie sagen..., er söhne den Tag mit der Nacht aus...* – Vgl. in Hölderlins Übersetzung der „Antigone" des Sophokles Vers 1196 (Band 3, S. 441), wo Dionysos „Chorführer der Gestirn'" heißt; „sie" bezieht sich also auf die Griechen.
*Fichte... Efeu* – Attribute des Dionysos als Vegetationsgott: Der mit Weinlaub umwundene Thyrsosstab (vgl. die zweite Anm. zu S. 407) endete in einem Pinienzapfen, und die Teilnehmer an den dionysischen Festen sowie Dionysos selbst schmückten sich mit einem Kranz aus immergrünem Efeu.
*Was der Alten Gesang...* – Die biblischen Prophezeiungen vom Reiche Gottes und die Verheißungen der antiken Dichter von der Wiederkehr des Goldenen Zeitalters werden an uns sich erfüllen. Dieser Vers und der nächste lauteten in der Reinschrift H²ᵃ: „Was der Alten Gesang von künftigem Leben geweissagt, / Siehe! wir sind es, wir; Orkus, Elysium ist's." Alles Große der Antike ist also nicht für immer im „Orkus" begraben (so noch Vers 241 f. des „Archipelagus"; S. 380: „Aber weh! es wandelt in Nacht, es wohnt, wie im Orkus, / Ohne Göttliches unser Geschlecht"), sondern uns ist verheißen, „auf Gräbern hier Elysium zu stiften" (vgl. Vers 47 der „Hymne an die Menschheit"; S. 235).
*Hesperien* – Das Abendland, das außergriechische, westliche Europa.
*genau* – Hier wohl: sehr nahe.
*Fackelschwinger des Höchsten / Sohn, der Syrier* – In der Reinschrift H²ᵃ wurde an dieser Stelle Dionysos genannt: „Freudenbote, des Weines / Göttlichgesandter Geist". Die Beinamen „Fackelschwinger" und „Syrier" deuten gleichermaßen auf Dionysos und auf Christus. Auch Dionysos ist ein Sohn des Höchsten,

nämlich Zeus; er tanzte den Kulthandlungen, die nachts auf dem Parnassos und dem Kithäron stattfanden, fackelschwingend voran. Zur abermaligen Änderung vgl. H³ᵇ, S. 694.

416 *in Armen der Erde der Titan* – Vgl. dazu die von Hölderlin übersetzte erste Pythische Ode Pindars, Vers 27 ff. (Band 3, S. 270), wo geschildert wird, wie der hundertköpfige Titan Typhon vom Vesuv bis zum Ätna unter der Erde ausgestreckt liegt. Er bewirkt die Tätigkeit der Vulkane und erregt Erdbeben.

*der neidische . . . Cerberus* – Kerberos, der Wachhund der Unterwelt, der zwar die Kommenden eintreten, aber keinen wieder zurückkehren läßt, wurde von Dionysos, der durch den Wein auch Spender des Schlafs ist, bezähmt, als er seine Mutter Semele aus dem Hades holte. Zum Attribut „neidisch" vgl. Hölderlins Brief vom Februar 1801 an Christian Landauer: „Ich denke, mit Krieg und Revolution hört auch jener moralische Boreas, der Geist des Neides auf . . ."

## Heimkunft

Diese wohl letzte Elegie Hölderlins entstand höchstwahrscheinlich bald nach der Heimkehr aus der Schweiz im Frühjahr 1801, also nach dem entscheidenden Erlebnis des Friedensschlusses von Lunéville. Außer dem Entwurf der Verse 105–108 (H¹) sind zwei Handschriften überliefert: eine Reinschrift mit Änderungen (H²; vgl. die einführende Bemerkung zur Elegie „Stuttgart") und die Reinschrift der endgültigen Fassung (H³), die ebenfalls (wie „Stuttgart" und „Brot und Wein") späte Änderungen (H³ᵃ) enthält. Gedruckt wurde diese Elegie (zusammen mit den Oden „Dichterberuf", „Stimme des Volks" und der Hymne „Die Wanderung") in der „Flora. Teutschlands Töchtern geweiht. Eine Quartalschrift von Freunden und Freundinnen des schönen Geschlechts" (1802, 4. Vierteljahr).

416 *dichtend* – Hier etwa: sinnend, schaffend.

417 *der Gewittervogel* – Der Adler, das heilige Tier des Zeus.

*den Stürzenden* – Verselbständigtes Attribut zu „Wasserquellen".

*Rosen* – Der Widerschein der Morgenröte.

*der reine / Selige Gott* – Der „Vater Äther".

*Atmenden* – Menschen.

*brütende Wolken* – Vgl. Vers 2 und die Anm. dazu.

*mit langsamer Hand* – Hier: „zögernd und schonend" (Vers 26).

*Anmut blühet* – Wenn Anmut blüht.

418 *sprach ich zu ihm* – Zu dem ätherischen Gott, dem „Vater Äther".
*den Engeln* – Vgl. Vers 90 f.: „Engel des Jahres", „Engel des Hauses".
*der heilige Dank* – Vgl. Hölderlins Brief an die Mutter vom Juli 1800 (Band 4, S. 436): „... so fühle ich eine Zufriedenheit und Ruhe, die ich lang entbehrte, und ich hoffe, es soll so bleiben und dieser Zustand werde einen festen und frohen Dank gegen die teuern Meinigen und gegen meine Freunde in mir erhalten."
*Landesleute* – In H² stand zunächst: „Teure Verwandte" (vgl. die Widmung).
*der See* – Der Bodensee.
*die Stadt* – Lindau.
*reizend* – Hier: lockend, ermunternd.
*das göttliche Wild* – Der Rhein.
*Como* – Lindau und das norditalienische Como waren Durchgangsstationen auf der mittelalterlichen Handelsstraße von Augsburg nach Mailand.

419 *Aber das Beste, der Fund ...* – Dieser Vers erfuhr eine der wesentlichsten späten Änderungen (H³ᵃ): „Aber das Beste, der Fund" wird ersetzt durch: „Aber der Schatz, das Deutsche".
*des heiligen Friedens / Bogen* – Der Regenbogen.
*gespart* – Hier (in der Grundbedeutung): unverletzt erhalten, rein erhalten.
*vom großen Vater* – „Vater Äther".
*Engel des Jahres! ... / Engel des Hauses* – In H² stand zunächst: „Götter des Jahres! ... Götter des Hauses". Auch hieß es in Vers 94 „die Götter" statt „die Frohen". Überhaupt fällt das Suchen nach entsprechenden Bezeichnungen für die „Engel" auf: Statt „Erhaltenden" stand in H² zunächst: „Freundlichen", und in H³ᵃ wurde daraus: „Bescheidenen". Statt „Engel des Jahres! ... Engel des Hauses" heißt es in H³ᵃ: „Engel des Alters! ... Engel des Jünglings" und statt „Frohen": „Wachen".
*in die Adern alle des Lebens* – Zu verbinden mit: „teile das Himmlische sich!"
*Adle! verjünge!* – Konjunktive.

420 *Das bereitet* – Machet das Saitenspiel bereit!

(Oden Ende 1800 – Sommer 1801)

Maßgebend für die Zusammenstellung der Oden (bis einschließlich „Der blinde Sänger"), nicht aber für deren Reihenfolge, ist eine frühestens im Sommer 1801 angefertigte Sammelreinschrift (Stuttgart I 30). Die darin enthaltenen Oden (in der handschriftlichen Anordnung) „Der gefesselte Strom" ($H^2$), „Das Ahnenbild" ($H^3$), „Der blinde Sänger" ($H^3$), „Bitte" ($H^3$ der Ode „An die Hoffnung"), „Dichtermut" (zweite Fassung; $H^5$), „Natur und Kunst" ($H^2$), „An Eduard" (zweite Fassung, $H^4$) sind wohl vom September 1800 („Das Ahnenbild") bis Sommer 1801 („Der blinde Sänger") entstanden, in ihrer Mehrzahl wohl am Jahresanfang und im Frühjahr 1801. Weiter vorn eingeordnet ist aus thematischen und entstehungszeitlichen Gründen nur „Das Ahnenbild". Aufgenommen wurde das chronologisch in diesen Abschnitt gehörende Gedicht „Ermunterung". Dadurch schließen die hier zusammengefaßten Oden zeitlich an die im Sommer 1800 entstandenen an (vgl. S. 382 ff.).

Alle in der Sammelreinschrift (Stuttgart I 30) vereinigten Gedichte stehen auch (als Entwürfe oder Niederschriften) im Stuttgarter Foliobuch (Stuttgart I 6): „Bitte" ($H^2$), „An Eduard" (erste Fassung, $H^2$, und zweite Fassung, $H^3$), „Natur und Kunst" ($H^1$), „Dichtermut" (erste Fassung, $H^2$, und zweite Fassung, $H^4$), „Der gefesselte Strom", ($H^1$), „Der blinde Sänger" ($H^1$ und $H^2$), „Das Ahnenbild" ($H^1$ und $H^2$).

Drei von den in der Sammelreinschrift überlieferten Gedichten sind schon um die Jahrhundertwende in Homburg entworfen worden (wie auch die Oden „Tränen" und „Vulkan"): $H^1$ der Oden „Bitte" und „An Eduard" stehen im Manuskript Stuttgart I 11 (vgl. die einführende Bemerkung zur Ode „Wohl geh ich täglich..."), $H^1$ der Ode „Dichtermut" im Stuttgarter Foliokonvolut (Stuttgart I 39; vgl. die Inhaltsangabe dieser Sammelhandschrift S. 664).

Die zu den „Nachtgesängen" gehörenden, jeweils auch umbenannten späten Fassungen der Oden „Bitte" („An die Hoffnung"), „Dichtermut" („Blödigkeit"), „Der gefesselte Strom" („Ganymed") und „Der blinde Sänger" („Chiron") wurden nicht den früheren Fassungen angeschlossen, sondern mit den anderen „Nachtgesängen" gesondert zusammengestellt (vgl. die einführende Bemerkung zu dieser Gruppe von Gedichten S. 712 f.).

### *Ermunterung*

Diese wohl noch vor der Jahrhundertwende begonnene, vielleicht aber erst zu Beginn des Jahres 1801 vollendete Ode ist in zwei Reinschriften überliefert: H⁴ (erste Fassung) und H⁶ (zweite Fassung). Außer dem Entwurf liegt noch eine weitere Reinschrift mit Änderungen zur zweiten Fassung vor (H⁵).

### *Bitte*

Norbert von Hellingrath folgend, wird hier die reinschriftlich überlieferte Vorform der Ode „An die Hoffnung" (H³) im Textteil abgedruckt.

Zu den Versen 5–8 setzte Hölderlin in dem um die Jahrhundertwende entstandenen Entwurf (H¹) zweimal an:

1. Wo bist du? Himmelsbotin! umsonst, umsonst
   Erwacht zu oft mein Auge des Morgens mir,
   Gesanglos ist, und öde, wie dem
   Knechte, mein Leben, und ach vergebens
   Schreckt manches Helden Name das Ohr, er rauscht
   Vorbei,

2. Wo bist du? Himmelsbotin! umsonst erwacht
   Mein Auge mir des Morgens, nur mich weht kalt
   Die Zukunft an, und ach! gesanglos
   Birgt sich das schaudernde Herz im Busen.

424 *mit anderem* – mit „Unsterblichem" (H¹).

### *An Eduard*

Der erste Entwurf (H¹) enthält folgende Partien, die auf die Ode „Der Tod fürs Vaterland" hinweisen:

Doch so du mir's gebötest, ich glaube, noch,
   Ich stürzte mit Gesang in die Schlacht,
Wenn ich fiele         du rächtest         mich, mein Achilles,
   Doch leben wir noch ruhig in der Halle

Ha! Regen und Tau, ihr Götter, gebt ihr,
   Aber es tränkt der alles opfernde Mensch
   Die Erde mit Lebens Blut, im Zorne der Schlacht,

> Kühlt sich die Liebe, die droben und drunten
> Nichts findet, das liebte, wie sie.
>
> Aber Treue hielt er den Seinen bis zuletzt

Wohl im Jahre 1802 überarbeitete Hölderlin dieses Gedicht und einige andere Oden, wie aus der Handschrift, die sie vereinigt (Homburg H 19 und 20), hervorgeht. Sie enthält: „An die Hoffnung" (H[4]), „Der Winter" (H[2] der Ode „Vulkan"), „Der gefesselte Strom" (H[3], „Ganymed") und „Die Dioskuren" (H[5]). Die dritte Fassung der Ode „An Eduard" unter der Überschrift „Die Dioskuren" ist allerdings nicht vollständig überliefert, da das an die Handschrift ursprünglich anschließende Blatt verlorengegangen ist. Die erhaltenen Strophen lauten:

> Ihr edeln Brüder droben, unsterbliches
>    Gestirn, euch frag ich, Helden, woher es ist,
>      Daß ich so untertan ihm bin und
>        So der Gewaltige sein mich nennet.
>
> Denn wenig, aber *eines* hab ich daheim, das ich,
>    Da niemand mag, soll tauschen, ein gutes Glück,
>      Ein lichtes, reines, zum Gedächtnis
>        Lebender Tage zurückgeblieben.
>
> So aber er gebietet, dies *eine* doch,
>    Wohin er's wollte, wagt ich mein Saitenspiel,
>      Samt dem Gesange folgt ich, selbst ins
>        Dunkel der Tapferen, ihm hinunter.
>
> „Mit Wolken", säng ich, „tränkt das Gewitter dich,
>    Du spöttischer Boden, aber mit Blut der Mensch,
>      So schweigt, so heiligt, der sein Gleiches
>        Droben und drunten umsonst erfragte."

An wen die Ode gerichtet ist, geht aus der Überschrift des ersten Entwurfs (H[1]) hervor: „Bundestreue. An Sinclair". Im zweiten Entwurf (H[2]) wurde als Überschrift zunächst erwogen: „An Bellarmin", „An Arminius", „An Philokles".

Isaak von Sinclair (1775–1815), Jurist und Dichter, studierte 1792 bis 1794 in Tübingen Rechtswissenschaft und hatte während dieser Zeit Kontakt mit Mainzer Klubisten. Am 11. November 1793 schrieb er an Franz Wilhelm Jung, der auch mit Hölderlin befreundet war: „Die Fortschritte der Franzosen haben mir unendlich viel Freude gemacht;

wenn sie fortdauern, so könnte es auch für Deutschland sehr wichtig werden, und dann könnte ja vielleicht in unserer Gegend Wahrheit und Freiheit über Irrtum und Sklaverei siegen. Ich glaube, daß, wenn die Franzosen nur einen recht wichtigen Vorteil über ihre Feinde erhalten, die Deutschen vielleicht aufstehen werden. Man muß alles anwenden, das Volk in Gärung zu bringen und aus seinem Schlummer zu erwecken." Sinclair war „Republikaner mit Leib und Leben" (Böhlendorff an Fellenberg am 10. Mai 1799), ein revolutionärer Demokrat, der die Jakobinerdiktatur für notwendig hielt. 1794/95 studierte er in Jena und hatte dort Beziehung zur Gesellschaft der Freien Männer. Im Oktober 1795 wurde er wegen der Teilnahme an Studentenunruhen von der Universität verwiesen. Seit 1796 war er in hessen-homburgischen Staatsdiensten. 1798/99 nahm er – zeitweilig von Hölderlin begleitet – als Gesandter am Rastatter Kongreß teil, wo er mit dem demokratisch gesinnten württembergischen Landschaftsassessor Christian Friedrich Baz zusammentraf. 1805 wurde gegen ihn ein Hochverratsprozeß geführt, in den auch Hölderlin verwickelt war. – Die Freundschaft zwischen Sinclair und Hölderlin reicht bis in die Jenaer Zeit zurück: Am 26. März 1795 nannte Sinclair in einem Brief an Franz Wilhelm Jung Hölderlin seinen „Herzensfreund instar omnium" (lat.: anstelle alles, statt aller). Hölderlin hob an Sinclair dessen „frühe Reife des Verstandes" und die „unbestechliche Reinigkeit des Gemüts" hervor (Brief an Johann Gottfried Ebel vom 9. November 1795) und bezeichnete ihn als seinen Freund „im gründlichsten Sinne des Worts" (an die Schwester Ende April 1797). „Es wird auch wirklich wenig Freunde geben, die sich gegenseitig so beherrschen und so untertan sind", schrieb er am 12. November 1798 an seine Mutter (vgl. dazu Vers 3 f. der Ode). Nach dem geistigen Zusammenbruch Hölderlins holte ihn Sinclair 1804 nach Homburg und setzte sich bis zu seinem eigenen Tode für ihn ein.

424 *Gestirn* – Die Dioskuren, die „Helden" Kastor und Polydeukes. Vgl. die zweite Anm. zu S. 236.
425 *mein Achill* – Direkte Anrede an Sinclair. Zur Freundschaft zwischen Achill und Patroklos vgl. Homers „Ilias": Nachdem Hektor Patroklos getötet hat, rächt diesen Achill, indem er Hektor im Zweikampf erschlägt, die Leiche an seinen Wagen bindet und ins griechische Lager schleift.
*das ernste Wort* – Ein „ernster Urteil" ($H^2$).

*Natur und Kunst*

Der erste Entwurf (H¹) dieser spätestens zu Beginn des Jahres 1801 vollendeten Ode lautet:

Natur und Kunst

    göttliche Herrscherkünste

Aber in den Abgrund
    den alten heiligen Vater
 Goldene Zeit

    töricht, wie aus dem
schweigenden Gewölke dein Blitz

Kommt aus göttlicher Nacht

  Hab ich am Herzen den Geist, das Leben erst, das
  Leben der Liebe erfahren, und dämmern und
  schwinden in Wonne die Gestalten,
    als kehrte die Zeit in ihre
      Wiege zurück
herab, herab von
    oder willst du bleiben,
Diene dem älteren.

  Dann weiß ich erst von ihm und versteh ihn gern,
  Den weisen gewaltigen Meister Kronion,
   Der selber ein Sohn der Zeit, gleich mir
   Gesetze gibt und

427 *Saturn* – Der römische Gott der Saaten, Saturnus (mit dem griechischen Kronos gleichgesetzt), wurde auch als ein milder König angesehen, unter dessen Herrschaft das Goldene Zeitalter währte, in dem es keinen Krieg (Vers 19 f.: „Saturnus' Frieden"), keinen Zwang (Vers 11: „kein Gebot") und keine soziale Unterdrückung (Vers 4: „Herrscherkünste") gab: ein gesellschaftlicher Urzustand ohne Privateigentum und Klassen. (Vgl. die Schilderung dieses Weltalters im 1. Gesang von Ovids „Metamorphosen".) Bei den römischen Saturnalien, die in Erinnerung an dieses glückliche Zeitalter gefeiert wurden, waren die sozialen Unterschiede zwischen Sklaven und Herren aufgehoben.

427 *Jupiter* – Der höchste römische Gott war ursprünglich ein Himmelsgott, auf den später alle Eigenschaften des griechischen Zeus übertragen wurden. Als Gatte der Themis, der Göttin der Gerechtigkeit und Gesetzlichkeit, und Vater der Horen (vgl. die Anm. zu S. 242) war Zeus der Inbegriff von Gesetz, Recht und Ordnung.
*du hältst die Waage* – In Homers „Ilias" (22. Gesang, Vers 200 ff.) läßt Zeus die goldene Waage, worauf er die Lose der beiden Helden Hektor und Achill legt, über deren Schicksal entscheiden.
*Saturnus' Sohn* – Wie Zeus der Sohn des Kronos, ist Jupiter hier der Sohn des Saturnus.
*in den Abgrund ... verwiesen* – Vgl. die zweite Anm. zu S. 300.
*die Wilden vor dir* – Die vor Zeus herrschenden Titanen.
*Gott der goldenen Zeit* – Chronos, der Gott der Zeit, wurde oft mit Kronos, dem Herrscher der Titanen, gleichgesetzt. So auch hier, weshalb Hölderlin Zeus (Jupiter) in Vers 25 richtig Kronion (Sohn des Kronos), in Vers 26 aber den „Sohn der Zeit" nennt.
*Meister* – Im Entwurf stand zuerst: „Dann kenn ich erst und dank ihm gern, / Dem weisen gewaltigen Künstler Kronion".

*Dichtermut*

Die letzte Gestalt des um die Jahrhundertwende entstandenen Entwurfs zu dieser Ode (H[1]) lautet:

Mut des Dichters

Nährt zum Dienste denn nicht selber die Parze dich,
   Drum so wandle nur wehrlos
     Fort durchs Leben und sorge nicht!

Was geschiehet, es sei alles gesegnet dir,
   Sei zum Besten gewandt! oder was könnte denn
     Dich beleidigen, Herz! was
       Da dich stören, wohin du sollst?

Ist doch nahe vertrauet allen den Himmlischen
   Längst der ahndende Geist, und der erfreuende
     Bacchus tränkt nicht allein ihn,
       Denn es nähret, damit sie nicht

> Des Gesanges entbehr, selber die furchtbare
>> Schicksalsgöttin zum Dienst weise den Dichter sich,
>> Reicht die heilsame Schale
>> Voll von Tränen dem Genius.
>
> Denn wie drunten im Tal, oder den steigenden
>> Pfad an schäumender Kluft, oder in schweigender
>> Wolke droben ein mut'ger
>> Alpenwanderer, gehn auch wir,
>
> Wir, die Dichter des Volks, jeglichen Lebenspfad,
>> Böses kennen wir nicht, nimmer siehet den Tod
>> Unser Auge, wie sängen
>> Sonst wir jedem den eignen Gott?

Zu den bereits S. 700 erwähnten Handschriften ist noch das vor H², wohl wie der Entwurf H¹ um die Jahrhundertwende anzusetzende Manuskript H³ (auf einem Doppelblatt im Anschluß an den Anfang des Aufsatzes „Über Religion") hinzuzufügen. Es enthält den Schluß der Ode (Vers 17–28), der zunächst folgendermaßen versucht wurde:

> Wenn denn einer auch wohl liebend des feindlichen
>> Augenblicks nicht gewahrt, der in das furchtbare
>> Wilde Leben ihn fort [. . .]
>> Der Mänadische Reigentanz
>
> Den Verlornen ergreift,
>> und der Strom das Haupt des Zerrissenen
>> Und sein Saitenspiel wälzt,
>> Arglos fiel er und edel,
>> Starb in edlem Beruf er doch.

Vgl. auch die unter die „Nachtgesänge" eingereihte dritte Fassung dieser Ode („Blödigkeit").

428 *Und die Stimme des Sängers / Nun in blauender Halle schweigt* – In H² lauteten die Verse: „Fröhlich stirbt er und unser / Orpheus endet' auch sanfter nicht!" Das ist die Brücke vor allem zum Verständnis des in H³ entworfenen Schlusses: Orpheus wurde von den Mänaden zerrissen, und das Meer spülte seinen Kopf und seine Lyra nach Lesbos.

429 *so ist ja* – ebenso ist auch.

429 *Unser Ahne, der Sonnengott* – Apollon, der u. a. Sonnengott und Gott der Künste ist. (Er galt als Vater des Orpheus.)
*Gleichgesinnet* – gleichmütig (wörtliche Übersetzung des lateinischen „aequam mentem" bei Horaz, „Oden" 2, 3).

## Der gefesselte Strom

Diese wahrscheinlich im Frühjahr 1801 entstandene Ode war im ersten Entwurf (H¹) zunächst „Der Eisgang" überschrieben. Vgl. auch die unter die „Nachtgesänge" eingereihte zweite Fassung („Ganymed").

430 *des / Ozeans Sohn, des Titanenfreundes* – Okeanos, der Vater aller Ströme und Gewässer, ist eigentlich (nach Hesiod) einer der zwölf Titanen (vgl. die zweite Anm. zu S. 300), der jedoch an deren Kampf gegen Zeus nicht teilnimmt. Im „Gefesselten Prometheus" des Aischylos erscheint er indessen nur als „Freund" des Titanen (eigentlich Titanensohns) Prometheus.
*der wachende Gott* – Wohl der Sonnengott (vgl. die zweite Anm. zu S. 413).
*die Zerbrochenen* – Attribut zu „Fesseln", also die Eisschollen (vgl. die ursprüngliche Überschrift).
*der Vater* – Okeanos.

## Der blinde Sänger

Für diese schon im Jahre 1800 geplante, jedoch wohl erst im Sommer 1801 ausgeführte Ode erwog Hölderlin als Überschrift auch „Täglich Gebet". Vgl. die unter die „Nachtgesänge" eingereihte zweite Fassung („Chiron").

Das Motto ist dem „Aias" des Sophokles (Vers 706) entnommen und lautet in Hölderlins Übersetzung: „Gelöst hat den grausamen Kummer von den Augen Ares."

431 *Jugendliches* – Attribut zu „Licht".
*die Fittiche / Des Himmels* – Die Vögel.
432 *Donnerer* – Zeus, der als Wettergott Blitz und Donner in den Händen hielt.

## Unter den Alpen gesungen

Zu dieser wohl in Hauptwil im Frühjahr 1801 entstandenen Ode erwog Hölderlin zunächst im Entwurf (H¹), der zusammen mit einer flüchtigen Reinschrift (H²) auf einem Einzelblatt überliefert ist, die

Überschrift „Am Fuße der Alpen". Er sandte das Gedicht zusammen mit der Elegie „Menons Klagen um Diotima" an Bernhard Vermehren, der sie in den von ihm herausgegebenen „Musenalmanach für das Jahr 1802" aufnahm. Zum Inhalt der Ode, in der Hölderlin das einzige Mal die (allerdings von ihm abgewandelte) sapphische Strophe verwandte, vgl. den Brief an seine Schwester vom 23. Februar 1801 und den an Christian Landauer von Mitte bis Ende Februar 1801.

433 *Heilige Unschuld* – Wohl in der zweiten Hälfte des März 1801 schrieb Hölderlin an seinen Bruder: „Hier in dieser Unschuld des Lebens, hier unter den silbernen Alpen, soll mir es auch endlich leichter von der Brust gehen."
*der Mann* – „der Sterbliche" (H²).
*Ort* – Hier: Ende.
*vor ihnen* – vor den „Himmlischen".

### Dichterberuf

Diese Ode, eine Erweiterung des zweistrophigen Gedichts „An unsre großen Dichter" (S. 330), begann Hölderlin wohl schon im Sommer 1800 in Stuttgart, vollendete sie aber erst ein Jahr später. Der erste Entwurf (H¹, Stuttgarter Foliobuch) schloß zunächst mit folgenden beiden Strophen:

> Anbetungswürdig, ewiger Freude voll,
>   Natur! bist du, und edel und einig sind
>     Im Abglanz deines Lichts, in deinem
>       Geiste die Sterblichen, die dich lieben.

> Doch die mit frechen Händen und heimlichen
>   Verschloßnen Herzens rauben, und Göttliches
>     Zu wenig achten, weh! gewaltsam
>       Sieget in ihnen der Gott, denn immer siegt er.

Im zweiten Entwurf (H², Doppelblatt), der wohl auch noch in Stuttgart entstand, erhielten die beiden Schlußstrophen schließlich die folgende Gestalt:

> Anbetungswürdig aber und ewigfroh,
>   Lebst du, Natur, den Deinen und einig sind
>     Im Glanze deines Lichts, in deinem
>       Geiste die Sterblichen, die dich lieben;

> Wohin sie gehn, die goldene Wolke folgt,
> Erheiternd, und befruchtend, beschirmend auch
> Und keiner Würden braucht's, und keiner
> Waffen, solange der Gott uns nah bleibt.

Die Ode erschien (zusammen mit der Ode „Stimme des Volks", der Elegie „Heimkunft" und der Hymne „Die Wanderung") in der im Cotta-Verlag herausgegebenen Zeitschrift „Flora. Teutschlands Töchtern geweiht. Eine Quartalschrift von Freunden und Freundinnen des schönen Geschlechts" (1802, 4. Vierteljahr). Friedrich Beißner hat dieses Gedicht interpretiert und versucht, an ihm das Wesen der Ode zu erläutern („Hölderlin. Reden und Aufsätze", Weimar 1961, S. 110–125).

434 *Des Ganges Ufer...* – Zu den ersten beiden Strophen vgl. die Kurzode „An unsre großen Dichter" (S. 330).
*sich / Wehret* – Hier (entsprechend dem schwäbischen Gebrauch): arbeitet, im Hauswesen vorwärtskommt.
*Und dennoch* – Zu verbinden mit Vers 25 f. und Vers 29: „Und dennoch..., ihr ruhelosen Taten in weiter Welt! ihr Schicksalstag', ihr reißenden, ... euch sollten wir verschweigen?" Zu diesem Gedanken vgl. „Wie wenn am Feiertage...", Vers 29 ff. und 36 ff. (S. 356 f.).
*als du die / Locken ergriffen* – Die Anrede bezieht sich auf einen der in Vers 17 genannten „Himmlischen". Vgl. Altes Testament, Hesekiel 8, 1–3: „...daselbst fiel die Hand des Herrn auf mich... Und reckte aus gleich wie eine Hand und ergriff mich bei dem Haare meines Haupts."

435 *und wenn in uns...* – Zu den Versen 29–33 vgl. im Prosa-Entwurf zur Hymne „Wie wenn am Feiertage..." folgende Stelle: „...und wann der Wohllaut einer Welt in uns wiedertönte, so sollt es klingen, als hätte der Finger eines Kindes, mutwillig spielend, das Saitenspiel des Meisters berührt?" Im zweiten Entwurf der Ode ($H^2$) steht statt: „vom stetigstillen Jahre der Wohllaut tönt" der Vers: „des Lebens großgeordneter Wohllaut tönt". Vgl. auch die einführende Bemerkung zu dem Epigramm „Falsche Popularität" (S. 642).
*die Donner* – Die „ruhelosen Taten in weiter Welt", die „Schicksalstage", die Zeitereignisse: die Französische Revolution und die sich ihr anschließenden Revolutionskriege. Vgl. Hölderlins Brief an seinen Bruder vom 6. August 1796: „Es ist doch was ganz

Leichters, von den griechischen Donnerkeulen zu hören, welche vor Jahrtausenden die Perser aus Attika schleuderten über den Hellespont hinweg bis hinunter in das barbarische Susa, als so ein unerbittlich Donnerwetter über das eigne Haus hinziehen zu sehen." Vgl. weiter auch die zweite Anm. zu S. 383.
435 *Des Guten, ... den Albernen* – Atttribute zu „Geist". „Albern" hier im Sinne von „aufrichtig, einfältig, ohne Vorsicht und Berechnung".

*Feil* – Im ersten Entwurf (H$^1$) steht: „damit die Knaben auf uns wiesen und die Unverständigen uns die Hände füllten mit schnödem Gold?"
436 *Ihn kennt / Der Dank* – Dem „Himmel" (Vers 56) ist der „Dank" gemäß, nicht die Gewalt oder nur großes Wissen.

## Stimme des Volks

Die Erweiterung der gleichnamigen Kurzode fällt wohl noch in das Jahr 1800, die zweite Fassung (wie die Ode „Dichterberuf") ist 1801 entstanden. Die erste Fassung ist handschriftlich in zwei Entwürfen überliefert (H$^1$ und H$^2$, Stuttgarter Foliobuch), während die zweite Fassung im Manuskript nur bruchstückhaft erhalten ist (H$^3$ mit den Versen 19–22 und H$^4$ mit den Versen 41–72). Über den Erstdruck der zweiten Fassung vgl. die einführende Bemerkung zur vorhergehenden Ode „Dichterberuf".

436 *aus / Purpurner Höhe* – aus „leuchtender", „goldener" Höhe (H$^2$).
437 *Todeslust* – Vgl. Hölderlins Brief an den Bruder vom 2. Juni 1796: „Freilich sehnen wir uns oft auch, aus diesem Mittelzustand von Leben und Tod überzugehn ins unendliche Sein der schönen Welt, in die Arme der ewigjugendlichen Natur, wovon wir ausgegangen. Aber es geht ja alles seine stete Bahn, warum sollten wir uns zu früh dahin stürzen, wohin wir verlangen."

*Geopfert gleich den Erstlingen der / Ernte* – Vgl. Altes Testament, 5. Moses 18, 4: „... daß man dem Priester gebe ... das Erstling deines Korns, deines Mosts und deines Öls und das Erstling von der Schur deiner Schafe." Vgl. auch Bruchstück Nr. 26 (S. 568): „... aber dies habt ihr all vergessen, daß immer die Erstlinge Sterblichen nicht, daß sie den Göttern gehören."
439 *Am Xanthos ... die Stadt* – Das Schicksal der lykischen Stadt Xanthos am gleichnamigen Fluß schildern Herodot und Plutarch.

Zweimal ging die Stadt in Flammen auf, und mit ihr verbrannten die Bewohner: das erstemal, als die Perser unter Harpagos im Jahre 545 v. u. Z. Lykien unterwarfen, das zweitemal im Jahre 42 v. u. Z., als die Römer unter Brutus die Stadt belagerten. Beide Ereignisse setzt Plutarch miteinander in Beziehung: „Die Xanthier erneuerten nach langer Zeit, wie wenn sie nur das Verhängnis einer regelmäßig wiederkehrenden Vernichtung vollzogen, durch ihre Raserei das Schicksal ihrer Vorfahren. Denn auch jene entzündeten zur Zeit der Perserkriege auf gleiche Weise die Stadt und vernichteten sich selbst." („Parallele Lebensbeschreibungen", Brutus.) – Über die erste Zerstörung der Stadt (durch die „Väter", Vers 62) berichtet Herodot: „Als Harpagos sein Heer in die xanthische Ebene geführt hatte, zogen die Lykier ihm entgegen und bewährten im Kampf gegen die Übermacht hohen Mannesmut. Sie wurden aber geschlagen und in der Stadt eingeschlossen. Da brachten sie auf die Burg Weiber und Kinder, Habe und Gesinde und zündeten die Burg an und ließen sie gänzlich verbrennen. Als sie das vollbracht und sich mit fürchterlichen Eiden verschworen hatten, fielen sie aus und starben, alle Xanthier, in der Schlacht." („Histories apodexis", Darlegung der Erkundung, 1. Buch.) – Über die zweite Zerstörung (durch die „Kinder", Vers 69) schreibt Plutarch: „Auf einige Belagerungsmaschinen dicht an der Mauer unternahmen die Xanthier bei Nacht einen Angriff und warfen Feuer hinein, um sie unbrauchbar zu machen. Das bemerkten die Römer. Doch ein heftiger Wind fachte die Flamme wieder an und trieb sie über die Zinnen, so daß sie die nächsten Häuser ergriff. Da geriet Brutus wegen der Stadt in Sorge und befahl zu löschen und zu helfen. Die Lykier aber packte plötzlich eine unbeschreiblich stürmische Raserei, die man am ehesten mit einem Todesverlangen vergleichen könnte. Mit Kindern und Weibern nämlich warfen alle, Freie und Sklaven, alt und jung, die Feinde, die löschen wollten, von den Mauern, schleppten dann Rohr und Holz und alles Brennbare herbei und zogen das Feuer noch mehr in die Stadt, indem sie ihm alle Nahrung gaben, es auf jede Weise noch schürten und anfachten. Wie nun die ungehemmte Flamme, von überallher die Stadt umzingelnd, hoch herüberleuchtete, ritt Brutus, aufs heftigste bewegt von dem Geschehen, von außen heran, zu helfen bereit, und streckte den Xanthiern die Hände entgegen und bat sie, ihre Stadt zu schonen und zu erhalten; aber niemand hatte acht auf ihn. Sondern alle brachten sich auf jede Weise um, nicht nur Männer und Weiber, nein auch kleine Kinder sprangen mit Geschrei und Jauchzen in das Feuer, andre stürzten sich kopfüber hoch von den Mauern hinunter, andre wieder warfen sich vor die Schwerter ihrer Väter, entblößten die Brust und verlangten den Todesstreich." („Parallele Lebensbeschreibungen", Brutus.)

440 *des Stromes Rohr* – Schilfrohr.

("Nachtgesänge" 1802–1803)

Die von Hölderlin als „Nachtgesänge" bezeichneten und als letzte von ihm selbst zum Druck beförderten Gedichte werden in dieser Ausgabe als geschlossene Gruppe wiedergegeben. Offenbar auf die Bitte des Frankfurter Verlegers Friedrich Wilmans (1764–1830), ihm Beiträge für sein „Taschenbuch" zu überlassen, antwortete Hölderlin am 8. Dezember 1803: „Kleine Gedichte in einen Almanach will ich Ihnen unmittelbar nach Absendung dieses Manuskripts [der Übersetzung der Trauerspiele des Sophokles] aus meinen Papieren aussuchen. Ich habe einiges, was Ihnen vielleicht gefallen wird." Noch im Dezember ging er an die „Durchsicht einiger Nachtgesänge", wie er dem Verleger um Weihnachten schrieb. Sie erschienen in dem „Taschenbuch für das Jahr 1805. Der Liebe und Freundschaft gewidmet". Dort bilden die neun Gedichte Hölderlins eine Abteilung für sich mit besonderem Titelblatt: „Gedichte. Von Fr. Hölderlin". Die dortige Anordnung entspricht wahrscheinlich der in der nicht erhaltenen Druckvorlage, weshalb sie auch in dieser Ausgabe beibehalten wird.

Die neun „Nachtgesänge" schließen sich in zwei Gruppen zusammen: in die Oden und in die aus hymnischen Paralipomena entstandenen kleinen lyrischen Gedichte. Vier von den sechs Oden sind Umgestaltungen früherer Gedichte: „Chiron" (vorher: „Der blinde Sänger"), „An die Hoffnung" (vorher: „Bitte"), „Blödigkeit" (vorher: „Dichtermut") und „Ganymed" (vorher: „Der gefesselte Strom"). Aber auch die anderen beiden Oden („Tränen" und „Vulkan") sind bereits um die Jahrhundertwende in Homburg konzipiert worden: $H^1$ und $H^2$ der Ode „Tränen" finden sich im Stuttgarter Foliobuch, und $H^1$ der Ode „Vulkan" steht im Stuttgarter Foliokonvolut.

Die „Nachtgesänge" wurden frühestens im Sommer 1802 nach Hölderlins Rückkehr aus Frankreich entworfen: Die wichtigste Handschrift

(Homburg H 19-20) ist wohl in der zweiten Hälfte des Jahres 1802 angefertigt worden. Sie enthält die flüchtigen Reinschriften der Oden „An die Hoffnung" (H[4]) und „Vulkan" (H[2], noch unter der Überschrift „Der Winter") sowie die Niederschriften der Oden „Ganymed" (H[3], noch unter der Überschrift „Der gefesselte Strom") und - soweit überliefert - „Die Dioskuren" (H[5]; vgl. die einführende Bemerkung zur Ode „An Eduard", S. 702).

Der Begriff „Nachtgesänge" schließt sich an den mythischen Gebrauch des Wortes „Nacht" an, worunter Hölderlin eine Zeit versteht, die vor allem durch die Entfremdung des Menschen von der Natur und die menschliche Selbstentfremdung charakterisiert ist: durch die Abwesenheit des „Geistes der Natur" und des „Gemeingeists" (vgl. dazu etwa die Verse 241 ff. des „Archipelagus"). Die „Nachtgesänge" aber halten die Erinnerung an eine Zeit wach, da der „Genius" galt; sie sind ein „Gedächtnis lebender Tage" („Die Dioskuren", Vers 7 f.). Der Begriff „Nachtgesang" taucht bei Hölderlin nur noch einmal auf: in Vers 34 des „Archipelagus".

---

*Chiron*

Die erste Fassung der Ode unter dem Titel „Der blinde Sänger" vgl. S. 431.

441 *Chiron* – Der bekannteste der Kentauren, wilder Fabelwesen mit menschlichem Oberkörper und Pferdeleib (vgl. Vers 9: „Füllen"). Jedoch im Gegensatz zu den anderen ist er weise, freundlich und edel, so daß er zum Erzieher berühmter Helden wird, z. B. des Achill, den er auch das Saitenspiel lehrte (vgl. Vers 50: „Knabe"). Nach einer weniger bekannten mythologischen Version stammt er wie die übrigen Kentauren von Ixion und Nephele (griech.: Wolke) ab (vgl. Vers 48: „Wolken des Wilds"). Als die anderen Kentauren vor Herakles zu Chiron flüchten, trifft ihn ein Pfeil von Herakles, wodurch er unheilbar verwundet wird, da der Pfeil in das Gift der Lernäischen Hydra getaucht ist (vgl. Vers 22: „Gift"). Weil er unsterblich ist, kann ihn der ersehnte Tod (vgl. Vers 24: „Retter"; Vers 29 f.: „ich hör ihn tötend, den Befreier") nicht von seinem Schmerz erlösen. Eine Hoffnung indessen gibt es für ihn: Er kann auf seine Unsterblichkeit zugunsten des Prometheus verzichten. Das ist aber erst möglich, wenn Herakles den Adler erlegt und Prometheus von den Fesseln befreit hat (vgl. Vers 50: „Wahr-

sagung"; außerdem Aischylos, „Der gefesselte Prometheus", Vers 1026 ff.). Chiron erwartet Herakles mit dieser Nachricht (vgl. Vers 52: „Herakles Rückkehr").

441 *Nachdenkliches* – Attribut zu „Licht": zum Nachdenken anregendes Licht.

*die erstaunende Nacht* – Hier: die erstaunliche, die Erstaunen hervorrufende Nacht.

*Der Halbgott, Zeus' Knecht* – Herakles.

442 *Einheimisch* – Hier: altgewohnt.

*Irrstern des Tages* – Die Sonne, der „Herrscher, mit Sporen".

*unstädtisch* – Hier: ordnungslos, ungesellig.

*Wolken des Wilds* – Vgl. zu dem obigen Hinweis noch Vers 46 der „Friedensfeier": „die lieben Freunde, das treue Gewölk".

*Die Wahrsagung . . .* – In H² lautete der Schluß der Ode:

<pre>
                       Die Wahrsagung
        Reißt nicht    und in gewisser
        Zeit      ist      Herakles Rückkehr.
</pre>

### Tränen

Für diese Ode, die in H² die Überschrift „Sapphos Schwanengesang" trägt, erwog Hölderlin anfänglich die sapphische Strophe.

443 *ihr geschicklichen* – ihr vom Geschick, vom Schicksal betroffenen.

*Inseln* – Die griechischen Inseln.

*die abgöttische* – Attribut zu „Liebe".

*die Heiligen* – Die Griechen.

*Albern* – Vgl. die dritte Anm. zu S. 435.

### An die Hoffnung

Die Vorform der Ode mit der Überschrift „Bitte" vgl. S. 423.

444 *mit anderem* – „mit Unsterblichem" (H¹).

### Vulkan

Im Unterschied zum Erstdruck findet sich in den erhaltenen Manuskripten (H¹, H²) die Überschrift „Der Winter".

444 *Vulkan* – Der Gott des Feuers und der Schmiedekunst (griech.: Hephaistos) erscheint hier als der „freundliche Feuergeist" (Vers 1)

des häuslichen Herdes. In den Handschriften steht statt „freundlicher Feuergeist": „zaubrischer Phantasus" (Traumgott).
444 *Boreas* – Vgl. die Anm. zu S. 244 und folgende Verse aus Homers „Odyssee" (14. Gesang, Vers 475–477): „Eine stürmische Nacht brach an; der erstarrende Nordwind / Stürzte daher, und stöbernder Schnee, gleich duftigem Reife, / Fiel anfrierend herab und umzog die Schilde mit Glatteis."

## Blödigkeit

Die erste Fassung der Ode mit dem Titel „Dichtermut" vgl. S. 428.

445 *Blödigkeit* – Hier: verlegene Schüchternheit, Zaghaftigkeit. „Die scheinbar in ihr Gegenteil verkehrte Überschrift ist aus andrer Blickrichtung zu verstehen: dem in ‚Blödigkeit' (ängstlicher Zurückhaltung) befangenen Dichter soll durch die Ode Mut zugesprochen werden." (Große Stuttgarter Ausgabe, Band 2, S. 539.)
*Denn, seit Himmlischen gleich Menschen, ein einsam Wild ...* – Denn seit die Menschen gleich den Himmlischen ein einsam Wild waren ...
*nach Arten* – Jeder („Gesang" und „Fürsten") auf seine Weise.
446 *geschickt einem zu etwas* – Etwa so zu ergänzen: geschickt, einem Menschen (den Menschen) etwas zu nützen.
*von den Himmlischen / Einen bringen* – Vgl. Vers 10 f.: „Und die Himmlischen selbst führet, der Einkehr zu, / Der Gesang..."
*schicklich* – Hier: rein, schuldlos.

## Ganymed

Die erste Fassung der Ode unter dem Titel „Der gefesselte Strom" vgl. S. 430.

446 *Ganymed* – Der Sohn des troischen Königs Tros und der Nymphe Kallirrhoe, der Enkel des auf dem Ida entspringenden Flusses Skamander (heute: Menderes) und der Urenkel des Titanenpaares Okeanos (vgl. die erste Anm. zu S. 430) und Tethys. Wegen seiner außergewöhnlichen Schönheit raubt ihn Zeus in der Gestalt des Adlers vom Gipfel des Ida-Gebirges („Bergsohn", Vers 1) und macht ihn zum Mundschenken der Göttertafel (Vers 3 f.). Die antike Literatur kennt aber auch einen Strom-Dämon gleichen Namens an den Quellen des Nils.
447 *Nabel der Erde* – Hier: Mittelpunkt der Erde.

## Hälfte des Lebens

Dieses Gedicht entstand aus dem zufälligen handschriftlichen Nebeneinander von zwei Entwürfen (im Stuttgarter Foliobuch). Der erste Entwurf unter der Überschrift „Die Rose" (darunter: „holde Schwester") ist um die Wendung „Weh mir!", die sich gegen Ende des Entwurfs „Wie wenn am Feiertage..." findet, herum geordnet und von diesem Entwurf auch motivisch angeregt:

> Wo nehm ich, wenn es Winter ist,
> die Blumen, daß ich Kränze den Himmlischen
> winde?
> Dann wird es sein, als wüßt ich nimmer von Göttlichen,
> Denn von mir sei gewichen des Lebens Geist;
> Wenn ich den Himmlischen die Liebeszeichen,
> Die Blumen im kahlen Felde suche
> und dich nicht finde.

Der zweite Entwurf steht unter der Überschrift „Die Schwäne" und lautet:

> und trunken von
> Küssen taucht ihr
> das Haupt ins heilignüchterne kühle
> Gewässer.

Die gemeinsame Überschrift beider Entwürfe lautet in der Handschrift „Die letzte Stunde", während der endgültige Titel „Hälfte des Lebens" nur im Erstdruck überliefert ist.

Zum Inhalt des Gedichts vgl. folgende Sätze aus Hölderlins Brief an seine Schwester vom 11. Dezember 1800: „Ich kann den Gedanken nicht ertragen, daß auch ich, wie mancher andere, in der kritischen Lebenszeit, wo um unser Inneres her, mehr noch als in der Jugend, eine betäubende Unruhe sich häuft, daß ich, um auszukommen, so kalt und allzunüchtern und verschlossen werden soll. Und in der Tat, ich fühle mich oft wie Eis, und fühle es notwendig, solange ich keine stillere Ruhestätte habe, wo alles, was mich angeht, mich weniger nah und eben deswegen weniger erschütternd bewegt."

447 *Fahnen* – Wetterfahnen.

*Lebensalter*

448 *Palmyra* – Prächtige antike Stadt in einer Oase der syrischen Steppe, die 273 von den Römern völlig zerstört wurde und an deren einstige Blüte nur noch gewaltige Ruinen (darunter die Säulenstraße) erinnern. Den „Säulenwäldern" (Vers 3) fehlen, wie Baumstämmen die „Kronen" (Vers 5), die Kapitelle und die Dächer.

*der Othmenden* – der Menschen.

*der Rauchdampf und / ... das Feuer* – Vgl. Neues Testament, Apostelgeschichte 2, 19: „Und ich will Wunder tun oben im Himmel und Zeichen unten auf Erden, Blut und Feuer und Rauchdampf."

*(deren / Ein jedes eine Ruh hat eigen)* – Friedrich Beißner vermutet Textverderbnis und schlägt als Besserungen vor: „deren / Ein jedes eine [zur] Ruh hat eigen" oder „[darin] / Ein jedes eine Ruh hat eigen". „Beide Textherstellungen ergäben denselben Sinn: alles Vergangene ist in die ‚Wolken' gerettet, es ruht dort verborgen, und der ‚Gedanke' des unter den Wolken Sitzenden ‚schafft' in schwermütig heiligem Angedenken sich die ‚Gestalten' der aufgehobenen Vergangenheit neu – wie Chiron (Vers 19–22)." (Große Stuttgarter Ausgabe, Band 2, S. 661.)

*Der Winkel von Hardt*

448 *Winkel* – Dieser sich im Walde bei Hardt (zwischen Nürtingen und Denkendorf) befindliche (Schlupf-)Winkel ist der aus zwei riesigen gegeneinandergelehnten Sandsteinplatten bestehende Ulrichstein am Steilhang der Filder über dem Aichtal. Hier hat der Sage nach „Ulrich" (Vers 6) von Württemberg (1487–1550) auf der Flucht Unterschlupf gefunden, als er 1519 vom Schwäbischen Bund vertrieben wurde.

*Grund, / Nicht gar unmündig* – Der Grund des Aichtals, durch das der Herzog floh, weiß von dem Schicksal zu sagen. („Mündig" wurde zuweilen gegen die Etymologie an „Mund" angelehnt.)

*an übrigem Orte* – an dem übriggebliebenen, zurückgelassenen Orte.

(„Vaterländische Gesänge" 1801–1803)

Von den zwischen 1801 und 1803 entstandenen Hymnen hat Hölderlin selbst nur „Die Wanderung" zum Druck gegeben. Aus Briefen an den Frankfurter Verleger Wilmans, bei dem seine Sophokles-Übersetzung erschien, geht aber hervor, daß er sich anschickte, auch die anderen „Gesänge" für die Veröffentlichung vorzubereiten. Am 8. Dezember 1803 schrieb er an ihn: „Einzelne lyrische größere Gedichte, 3 oder 4 Bogen, so daß jedes besonders gedruckt wird, weil der Inhalt unmittelbar das Vaterland angehn soll oder die Zeit, will ich Ihnen auch noch diesen Winter zuschicken." Und um Weihnachten 1803 heißt es in einem Brief an den gleichen Empfänger: „Übrigens sind Liebeslieder immer müder Flug, ... ein anders ist das hohe und reine Frohlocken vaterländischer Gesänge... Ich bin sehr begierig, wie Sie die Probe einiger größern lyrischen Gedichte aufnehmen werden. Ich hoffe, sie Ihnen auf den Januar zu schicken; und wenn Sie diesen Versuch wie ich beurteilen, werden sie wohl noch bis auf die Jubilatemesse erscheinen können." Wilmans erwiderte darauf am 28. Januar 1804, daß er vor der Messe schwerlich noch die größern Gedichte in seiner Druckerei unterbringen werde, aber gleich nach der Messe wolle er den Druck befördern. Die im Jahre 1954 aufgefundene Reinschrift der „Friedensfeier" ist die Druckvorlage für eine der geplanten Einzelveröffentlichungen, wie aus dem der Vorbemerkung mit dunklerer Tinte angefügten Satz hervorgeht: „Der Verfasser gedenkt dem Publikum eine ganze Sammlung von dergleichen Blättern vorzulegen, und dieses soll irgend eine Probe sein davon."

---

## Deutscher Gesang

Dieser Entwurf ist zusammen mit dem Entwurf ($H^1$) der Hymne „Am Quell der Donau" in einer Handschrift überliefert und noch vor ihm niedergeschrieben, vielleicht schon im Jahre 1800.

449 *und rascher hinab / Die rauhe Bahn geht* – Zugehöriges Subjekt: der Strom.

## Am Quell der Donau

Bei dieser im Jahre 1801 vollendeten, jedoch nur fragmentarisch überlieferten Hymne fehlen in der Reinschrift ($H^2$), die spätere und späte Änderungen enthält, die ersten beiden Strophen sowie die dem Entwurf

(H¹) entnommene Überschrift. Die Grundgedanken zu den fehlenden
Strophen lassen sich dem dritten Ansatz des Entwurfs entnehmen:

Dich, Mutter Asia! grüß ich, [...]
    und fern im Schatten der alten Wälder ruhest, und deiner Taten
       denkst,
        der Kräfte, da du, tausendjahralt voll himmlischer Feuer,
                    und trunken ein unendlich
      Frohlocken erhubst, daß uns nach jener Stimme das Ohr noch
                  jetzt, o Tausendjährige, tönet,
Nun aber ruhest du, und wartest, ob vielleicht dir aus
                            lebendiger Brust
ein Widerklang der Liebe dir begegne, [...]
    mit der Donau, wenn herab
vom Haupte sie dem
Orient entgegengeht
und die Welt sucht und gerne
die Schiffe trägt, auf kräftiger
Woge komm ich zu dir.

Der erste Ansatz des Entwurfs läßt in der zweiten Hälfte noch nicht
die Gestalt der endgültigen Fassung erkennen. Nachdem der auch in
die Reinschrift eingegangene Vergleich zwischen dem von Göttlichem
niedergeschlagenen „Starken" und dem „Wild" ausgeführt ist, heißt es:

                                ...so
ruheten wir, und es erlosch das Licht der Augen allen, die da
sahen in den heiligen Abgrund, aber die Wildesten ruhten zuletzt,
als über uns die Macht der Zeiten erfüllt war.
Jüngst
und zu sehen übten die Augen sich und zu lesen die Silbe der Schriften,
Manche sind von Menschen geschrieben. Die andern schrieb
      Die Natur. Aber die Dichter
      Und deine Propheten, o Mutter Asia,
sie, die Helden, welche furchtlos standen auf einsamem Berge vor
    den Zeichen des Weltgeists,
die in froher Seele die geheimnisvolle Sprache vernehmend
    der Starken, welche
des reinen Verstandes gewiß.
        Doch anders kömmt        schon übt in ihrer

Wiege, schon ringt mit sterblichen Kräften die Begeisterung
edler und edler sich
In Wolken des Gesangs thront, herrschet über die
Völker, über die Fürsten ein Gott, doch keiner wird den
Donnerer nennen.
Denn wie zu Frühlingsanfang

450 *Parnassos* – Vgl. die Anm. zu S. 379.
*Kithäron* – Vgl. die Anm. zu S. 412.
*Kapitol* – Burgberg Roms und (in engerem Sinne) der Tempel des Jupiter Capitolinus, der sich in der Antike auf dem südlichen Teil des Hügels befand.

451 *ihr Bürger schöner Städte, / Beim Kampfspiel* – Daran schließt in der Reinschrift (H²) folgende spätere Änderung an: „an des Alpheus Bäumen, / Wo beschattet die glühenden Wagen des Mittags / Und die Sieger glänzten und lächelnd die Augen des Richters". (Alpheus: Fluß bei Olympia.)
*Isthmos* – Die Landenge von Korinth, der Austragungsort der Isthmischen Spiele.
*Cephiß* – Cephissos: kleiner Fluß bei Athen.
*Taygetos* – Gebirge in Südgriechenland, an dessen Fuß Sparta lag.

452 *Taglang auf Bergen gewurzelt* – Vgl. Altes Testament, 2. Moses 24, 16–18: „Und die Herrlichkeit des Herrn wohnete auf dem Berge Sinai und deckte ihn mit der Wolke sechs Tage und rief Mose am siebenten Tage aus der Wolke. Und das Ansehen der Herrlichkeit des Herrn war wie ein verzehrendes Feuer, auf der Spitze des Berges, vor den Kindern Israel. Und Mose ging mitten in die Wolke und stieg auf den Berg und blieb auf dem Berge vierzig Tage und vierzig Nächte." Vgl. auch die Kapitel 19 und 34, die ebenfalls die Gottesoffenbarung am Sinai schildern.
*wenn einen dann die heilige Wolk umschwebt* – Nach „dann" fügte Hölderlin später in die Reinschrift „mein Conz" ein. – Karl Philipp Conz (1762–1827), von 1789 bis 1791 Repetent im Tübinger Stift, hat Hölderlins Begeisterung für die griechische Antike vornehmlich geweckt.

### Die Wanderung

Von dieser vermutlich im Frühjahr 1801 entstandenen Hymne ist außer dem von Hölderlin besorgten Erstdruck (in der „Flora. Teutschlands Töchtern geweiht. Eine Quartalschrift von Freunden und Freundinnen des schönen Geschlechts"; 1802, 4. Vierteljahr) die mit späteren und späten Änderungen versehene Reinschrift (an die sich unmittelbar H³ der Hymne „Der Rhein" anschließt) überliefert.

453 *Suevien* – (lat.) Schwaben.
*Auch du* – Zu verbinden mit: „Von hundert Bächen durchflossen".
*Lombarda* – Die oberitalienische Lombardei.
*Benachbartes* – Attribut zu „Alpengebirg". Ursprünglich hieß es: „Uraltes".
*leichtanregend* – Hier (entsprechend der schwäbischen Wortbedeutung von „anregen"): leichtberührend.
*die Treue* – Spät fügte Hölderlin in der Handschrift noch an: „der Schweiz noch".
*nahe dem Ursprung wohnet* – Spät von Hölderlin geändert in: „nahe dem Ursprung wohnt solch ehrlichem".
*Städte* – Späte Hinzufügung: „Heidenheim, Neckarsulm".
*See* – Der Bodensee.
*An Neckars Weiden* – Danach späte Einfügung: „Thills Dorf", womit wohl ein Dorf in der Umgebung Tübingens gemeint ist. (Vgl. die Anm. zu S. 178.)
*das deutsche Geschlecht* – Zu verbinden mit: „zusammen mit Kindern..."
*fortgezogen* – Passives Partizip des Perfekts: fortgezogen worden.
454 *da diese / Sich Schatten suchten* – Nämlich die „Kinder der Sonn", des Ostens, Asiens.
*Das gastfreundliche genennet* – Nachdem die Küsten des Schwarzen Meeres von den Griechen besiedelt worden waren, nannten sie es das gastfreundliche Meer.
*satzten* – Die ursprüngliche Form des Präteritums (da sich bei diesem Verb der sogenannte Rückumlaut lange hielt).
*Gewande* – Ältere Pluralform.
*Die eigene Rede des andern* – Die fremde, darum seltsame eigentümliche Rede (Sprache) des andern.
*denn alles* – Danach späte Einfügung: „staatsklüger auch / Denn alles".
*Von Menschen sich nannt* – Auch daran anschließend eine späte Einfügung: „und Wilden".
*Kayster* – Fluß in Ionien (Kleinasien), dessen Name dreisilbig zu sprechen ist; Hölderlin betonte ihn auf der zweiten Silbe.

455 *ihr Schönsten* – Die Griechen.
*Tayget* – Vgl. die Anm. zu S. 451.
*Hymettos* – Gebirgszug in Attika (südöstlich Athens), der wegen seines Honigs und des blaugrauen Marmors „vielgepriesen" war.
*Parnassos' Quell* – Vgl. die Anm. zu S. 379.
*des Tmolos / Goldglänzenden Bächen* – Auf dem Tmolos in Lydien entsprang der Paktol, der wegen seines Goldreichtums bekannt war.
*Land des Homer* – Ionien.
*Pfirsich* – Der Pfirsich ist aus Kleinasien nach Europa gekommen, was durch den Namen bezeugt wird (lat. malum persicum: persischer Apfel).
*Thetis* – Eine schöne Meeresnymphe, Tochter des Meergottes Nereus und Mutter des Achill. Hölderlin meint jedoch Tethys, die Schwester und Gattin des Okeanos.
*Ida* – Vgl. die dritte Anm. zu S. 384.
*Von ihren Söhnen einer, der Rhein* – Hier wird besonders deutlich, daß Hölderlin zunächst das alte Herzogtum Schwaben vor Augen hatte, das in der Stauferzeit (12. und 13. Jh.) die deutsche Schweiz mit dem gesamten Quellgebiet des Rheins, das Elsaß, das südliche Baden, Württemberg und das bayrische Schwaben bis zum Lech umfaßte. Vgl. die ursprüngliche Fassung der Verse 7 („der Schweiz" wurde später eingefügt) und 8, aber auch die endgültige Fassung des Verses 22.
*Mit Gewalt wollt er ans Herz ihr stürzen* – Der Rhein fließt zunächst in östlicher Richtung, ehe er bei Chur sich nach Norden wendet.

456 *Grazien ... Charitinnen* – Die Chariten (die Holden, Freundlichen; lat.: Grazien), drei zusammengehörige weibliche griechische Gottheiten: Euphrosyne (Frohsinn), Aglaia (Glanz) und Thaleia (Blüte), die Pindar in dem von Hölderlin übersetzten 14. Olympischen Siegeslied (vgl. Band 3, S. 268) anruft und aus dem die Wendung „Dienerinnen des Himmels" entlehnt ist.
*Und liebende Pfeile* – Isaak von Sinclair pries in einem Brief an Hölderlin vom 7. November 1802 ein „Gedicht von pindarischem Schwung" und hob besonders die „goldnen Pfeile der Liebe" hervor. Vielleicht meinte er damit die „Wanderung", die in dem wohl gerade vorliegenden Heft der „Flora" veröffentlicht worden war.

456 *Dann werden wir sagen* – Danach fügte Hölderlin spät die Widmung ein: „mein Storr". (Zunächst erwog er: „mein Freund".) Gemeint ist entweder Hölderlins Tübinger Lehrer Gottlob Christian Storr oder der Nürtinger Oberamtmann Wilhelm Ludwig Storr.

## Der Rhein

Von dieser noch im Frühjahr 1801 in Hauptwil entworfenen, aber wohl erst im Sommer des gleichen Jahres vollendeten Hymne existieren drei Handschriften: H¹ (Entwurf zu den Versen 1-31 und 105-122), H² (Entwurf zu den Versen 46-95 und 180-221) und H³ (mit Varianten versehene Reinschrift, die sich unmittelbar an die Reinschrift der Hymne „Die Wanderung" anschließt).

Die Verse 105-114, deren endgültige Gestalt zwischen den Zeilen entworfen wurde, lehnen sich in der Reinschrift (H³) zunächst sehr eng an den Entwurf (H¹) an und lauten:

> Denn irrlos gehn, geradeblickend die
> Vom Anfang an zum vorbestimmten End,
> Und immer siegerisch und immerhin ist gleich
> Die Tat und der Wille bei diesen.
> Drum fühlen es die Seligen selbst nicht,
> Doch ihre Freude ist
> Die Sag und die Rede der Menschen.
> Unruhig geboren, sänftigen die
> Fernahnend das Herz am Glücke der Hohen;
> Dies lieben die Götter;

In H² ging die Hymne mit folgender Schlußstrophe gänzlich anders aus:

> Und du sprichst ferne zu mir,
> Aus ewigheiterer Seele,
> Was nennest du Glück,
> Was Unglück? wohl versteh ich die Frage,
> Mein Vater! aber noch tost
> Die Welle, die mich untergetaucht,
> Im Ohr mir, und mir träumt
> Von des Meergrunds köstlicher Perle.
> Du aber, kundig der See,
> Wie des festen Landes, schauest die Erde
> Und das Licht an, ungleich scheinet das Paar, denkst du,

Doch göttlich beide, denn immer
Ist dir, vom Äther gesendet,
Ein Genius um die Stirne.

Über den Anfang des Gedichts schrieb Hölderlin in H¹ später folgende Bemerkung: „Das Gesetz dieses Gesanges ist, daß die zwei ersten Partien der Form nach durch Progreß und Regreß entgegengesetzt, aber dem Stoff nach gleich, die zwei folgenden der Form nach gleich, dem Stoff nach entgegengesetzt sind, die letzte aber mit durchgängiger Metapher alles ausgleicht."

Die Hymne „Der Rhein" veröffentlichte zuerst Leo von Seckendorf in dem von ihm herausgegebenen „Musenalmanach für das Jahr 1808". – Im Unterschied zur Druckfassung lautet die Widmung in H³ „An Vater Heinse" (vgl. auch die Anrede „Mein Vater" in der oben angeführten ursprünglichen Schlußstrophe und die erste Anm. zu S. 411). Erst später, vielleicht auf Grund der Nachricht von Heinses Tod am 22. Juni 1803, wurden Widmung und Anrede geändert. Über Sinclair vgl. die einführende Bemerkung zur Ode „An Eduard" (S. 702).

457 *Morea* – Seit dem Mittelalter im Volksmund gebräuchlicher Name für die südgriechische Halbinsel Peloponnes.
*Tessin* – Aus metrischen und mundartlichen Gründen auf der ersten Silbe zu betonen.
*Rhodanus* – Der lateinische Name der Rhone wird ebenfalls auf der ersten Silbe betont.
*Nach Asia* – Nach Osten; vgl. die elfte Anm. zu S. 455.
*Die Blindesten* – Prädikatsnomen.

458 *Wo aber ist einer...* – Zu verbinden mit: „Glücklich geboren, wie jener?"
*Zahn* – „Schlund" (Lesart).
*Zerreißt er die Schlangen* – Anspielung auf Herakles, der schon als Säugling die beiden von der rachsüchtigen Hera geschickten Schlangen tötete.
*wie der Blitz* – Eine Lesart in H² macht den syntaktischen Zusammenhang deutlich: „er muß wie der Blitz die Erde spalten".

459 *des eigenen Rechts* – Von „gewiß" abhängig.

460 *der* – Wie „einer" (Vers 119) identisch mit „Schwärmer" (Vers 120).
*Rousseau* – Vgl. die Anm. zu S. 360.

461 *Die Achtungslosen* – Attribut zu „Knechte".

461 *Bielersee* – Auf der Petersinsel dieses im Schweizer Kanton Bern gelegenen Sees hielt sich Rousseau 1765 auf.
*Auch ruht* – H³ fuhr zunächst fort: „und vor der Schülerin jetzt / Der Bildner, vor der Braut / Der herrliche Pygmalion, / Der Tagsgott vor der Erde sich neiget".
462 *Ein Weiser* – Sokrates. Vgl. die Schilderung dieses „Gastmahls" in dem so überschriebenen Dialog Platons (griech.: Symposion). Während alle andern Teilnehmer nach und nach entschlummern (unter ihnen Agathon und Aristophanes), bleibt Sokrates bis zum anderen Morgen wach. Vgl. auch Hölderlins Brief an Neuffer vom Juli 1793 (Band 4, S. 103).

## Germanien

Von dieser noch im Jahre 1801 entstandenen Hymne ist eine vollständige Reinschrift (H¹) und eine weitere Reinschrift (H²), die allerdings mit Vers 97 abbricht, überliefert.

464 *Vorspiel rauherer Zeit* – Vgl. „Brot und Wein", Vers 115–118.
*prophetische Berge* – Berge, von denen Bedeutsames ausgeht, wie etwa der Sinai (vgl. „Am Quell der Donau", Vers 83 und die Anm. dazu).
*es tönt im innersten Haine* – Anspielung auf die „prophetischen Haine Dodonas". Vgl. die Anm. zu S. 379.
*Parnassos* – Vgl. die Anm. zu S. 379.
*und frohe Beute sucht / Dem Vater, nicht wie sonst* – Nicht wie sonst sucht der Adler, das heilige Tier des Zeus, frohe Beute dem Vater. Vgl. die vierte Anm. zu S. 446.
*Priesterin* – Germania.
465 *ein Sturm* – Die Revolutionskriege, die der am 9. Februar 1801 abgeschlossene Frieden von Lunéville beendete. Vgl. die Hymne „Friedensfeier".
*eines* – Das „Kind" (Vers 54), die spätere „Priesterin Germania".
*sandten sie* – Nämlich die Götter, „sie selbst" (Vers 56).
*Der Jugendliche* – Der Adler, der sich verjüngt hat.
*Blume des Mundes* – Die Sprache.
*Die Mutter ist von allem* – Die Erde.
466 *Und so zu reden die meiste Zeit, / Ist weise auch, von Göttern* – Und so, nämlich schamvoll, die meiste Zeit von Göttern zu reden, ist weise.

466 *Einsmals* – Mundartlich für „einmal" (aus „eines Males").
*Mitte der Zeit* – Die Gegenwart.
*Die Unbedürftigen* – Die griechischen Götter; „Vergangengöttliches" (Vers 100), „Vergangene" (Vers 13).
*Den Königen und den Völkern* – Alte Rechtsformel.

### Friedensfeier

Diese Hymne geht auf den Frieden von Lunéville zurück, der am 9. Februar 1801 die Revolutionskriege beendete und an den Hölderlin überschwengliche Hoffnungen knüpfte. (Vgl. folgende Briefe: an den Bruder um Neujahr 1801, an die Schwester am 23. Februar 1801 und an Christian Landauer Mitte bis Ende Februar 1801.) Von dem wohl bald nach dem Friedensschluß entworfenen und vermutlich im Herbst 1802 vollendeten Gedicht existieren handschriftlich der Entwurfskomplex (H¹) und die Druckvorlage für die geplante Einzelveröffentlichung (H²), die höchstwahrscheinlich dem Verleger Friedrich Wilmans in Frankfurt am Main vorgelegen hat (vgl. die einführende Bemerkung zu den „Vaterländischen Gesängen", S. 718). Diese Reinschrift tauchte erst im Jahre 1954 wieder auf und führte zu einem Streit um die Interpretation der Hymne, der vor allem um die Frage kreiste, wer der „Fürst des Fests" sei, in dem aber auch begründete Einwände gegen die drei „Fassungen" oder „Ansätze", die Friedrich Beißner noch ohne Kenntnis der Reinschrift aus dem Entwurfskomplex herausgelöst hatte, erhoben wurden.

Der erste Entwurfsansatz lautet:

> Versöhnender, der du nimmergeglaubt
> Nun da bist,     Freundesgestalt mir
> Annimmst, Unsterblicher, aber wohl
> Erkenn ich            das Hohe,
> Das mir die Knie beugt,
> Und fast wie ein Blinder muß ich
> Dich, Himmlischer, fragen, wozu du mir,
> Woher du seiest, seliger Friede!
> Dies *eine* weiß ich, Sterbliches bist du nichts,
> Denn manches mag ein Weiser oder
> Der treuanblickenden Freunde einer erhellen, wenn aber
> Ein Gott erscheint, auf Himmel und Erd und Meer
> Kömmt allerneuende Klarheit.

Einst freueten wir uns auch,
Zur Morgenstunde, wo stille die Werkstatt war
Am Feiertag, und die Blumen in der Stille,
Wohl blühten schöner auch sie und helle quillten lebendige Brunnen.
Fern rauschte der Gemeinde schauerlicher Gesang,
Wo, heiligem Wein gleich, die geheimeren Sprüche,
Gealtert, aber gewaltiger einst, aus Gottes
Gewittern im Sommer gewachsen,
Die Sorgen doch mir stillten
Und die Zweifel, aber nimmer wußt ich, wie mir geschah,
Denn kaum geboren, warum breitetet
Ihr mir schon über die Augen eine Nacht,
Daß ich die Erde nicht sah und mühsam
Euch atmen mußt, ihr himmlischen Lüfte?

Zuvorbestimmt war's. Und es lächelt Gott,
Wenn unaufhaltsam, aber von seinen Bergen gehemmt,
Ihm zürnend in den ehernen Ufern brausen die Ströme,
Tief wo kein Tag die begrabenen nennt.
Und oh, daß immer, Allerhaltender, du auch mich
So haltest, und leichtentfliehende Seele mir sparest,
Drum hab ich heute das Fest, und abendlich in der Stille
Blüht rings der Geist und wär auch silbergrau mir die Locke,
Doch würd ich raten, daß wir sorgten, ihr Freunde,
Für Gastmahl und Gesang, und Kränze genug und Töne,
Bei solcher Zeit unsterblichen Jünglingen gleich.

Sei gegenwärtig, Jüngling, jetzt erst, denn noch ehe du ausgeredet,
Rief es herab, und schnell verhüllt war jenes Freudige, das
Du reichtest, und weit umschattend breitete sich über dir
Und furchtbar ein Verhängnis,
So ist schnellvergänglich alles Himmlische, aber umsonst nicht.
Des Maßes allzeit kundig rührt mit schonender Hand
Die Wohnungen der Menschen
Ein Gott an, einen Augenblick nur,
Und sie wissen es nicht, doch lange
Gedenken sie des, und fragen, wer es gewesen.
Wenn aber eine Zeit vorbei ist, kennen sie es.

Und menschlicher Wohltat folget der Dank,
Auf göttliche Gabe aber jahrlang
Die Mühn erst und das Irrsal,
Daß milder auf die folgende Zeit
Der hohe Strahl
Durch heilige Wildnis scheine.
Darum, o Göttlicher! sei gegenwärtig,
Und schöner, wie sonst, o sei,
Versöhnender, nun versöhnt, daß wir des Abends
Mit den Freunden dich nennen, und singen
Von den Hohen, und neben dir noch andere sei'n.

Denn versiegt fast, all in Opferflammen
War ausgeatmet das heilige Feuer,
Da schickte schnellentzündend der Vater
Das liebendste, was er hatte, herab,
Damit entbrennend,
Und wenn fortzehrend von Geschlecht zu Geschlecht,
Die Menschen wären des Segens zu voll,
Daß jeder sich genügt' und übermütig vergäße des Himmels,
Dann, sprach er, soll ein neues beginnen,
Und siehe! was du verschwiegest,
Der Zeiten Vollendung hat es gebracht.
Wohl wußtest du es, aber nicht zu leben, zu sterben warst du gesandt,
Und immer größer, denn sein Feld, wie der Götter Gott
Er selbst, muß einer der anderen auch sein.

Wenn aber die Stunde schlägt,
Wie der Meister tritt er, aus der Werkstatt,
Und ander Gewand nicht, denn
Ein festliches, ziehet er an
Zum Zeichen, daß noch anderes auch
Im Werk ihm übrig gewesen.
Geringer und größer erscheint er.
Und so auch du
Und gönnest uns, den Söhnen der liebenden Erde,
Daß wir, so viel herangewachsen
Der Feste sind, sie alle feiern und nicht
Die Götter zählen, *einer* ist immer für alle.

Mir gleich dem Sonnenlichte! Göttlicher, sei
Am Abend deiner Tage gegrüßet.
Und mögen bleiben wir nun.

Ein Strophenansatz, der nach der dritten Strophe dieses ersten Entwurfs steht, bildet den Keim zu den Strophen vier und fünf der endgültigen Fassung:

Und manchen möcht ich laden
         aber o du,
                im goldnen bekannt,
                   am Brunnen,
Es leuchtet zugetan den Menschen freundlich ernst
unter den syrischen Palmen, und die lieben Freund' umhüllten
dich, das treue Gewölk

Von diesen beiden Strophen sind außerdem der Vorentwurf und eine ausführende Niederschrift, die von der endgültigen Gestalt kaum abweicht, erhalten.

Die Umgestaltung der fünften Strophe des ersten Entwurfsansatzes lautet:

Und menschlicher Wohltat folget der Dank,
Auf göttliche Gabe aber jahrlang
Die Mühn erst und das Irrsal,
Bis Eigentum geworden ist und verdient
Und sein sie darf der Mensch dann auch
Die menschlich göttliche nennen.
So gewann erst empfangend
Ein rätselhaft Geschenk,
Und ringend dann, als er das Gefährliche des
Siegs, das trunkenübermütige mit göttlichem Verstand
überwunden der Mensch, gewann er die Flamme und die Woge
des Meeres und den Boden der Erd und ihren Wald und das heiße
    Gebirg,
und den finstern Teich gewann
        das unscheinbare aber, das nächste gewann er zuletzt,
                die liebste

Die letzte Strophe des ersten Entwurfsansatzes wurde folgendermaßen umgestaltet:

Zur Herrschaft war der immer zu groß
Und geringer denn er, so weit es auch gereichet, sein Feld.
Es mag ein Gott auch, Sterblichen gleich,
Erwählen ein Tagewerk und teilen alles das Schicksal,
Daß alle sich einander erfahren, und wenn
Die Stille wiederkehret, eine Sprache unter Lebenden
sei. Wie der Meister tritt er dann, aus der
Werkstatt, geringer und größer, und andres Gewand nicht denn ein fest-
liches ziehet er an. Und alle die wandelnden Menschen

Denn siehe es ist der Abend der Zeit

Die Gesetze aber, die unter Liebenden gelten,
Die schönausgleichenden, sie sind dann allgeltend
Von der Erde bis hoch in den Himmel.
Und der Vater thront nun nimmer oben allein.
Und andere sind noch bei ihm.
Viel hat erfahren der Mensch. Der Himmlischen viele genannt,
Seit ein Gespräch wir sind
Und hören können voneinander.

Dieser Text schließt an den Entwurf der sechsten Strophe der endgültigen Fassung an. (Der Entwurf dieser Strophe weicht von der Reinschrift nur an einer Stelle erheblich ab; vgl. die zweite Anm. zu S. 469.)

Neben dem strophischen Entwurf ist noch ein Prosa-Entwurf überliefert, der den gesamten Entwurfskomplex gedanklich abschließt:

Ein Chor nun sind wir. Drum soll alles
Himmlische, was genannt war, eine Zahl
geschlossen, heilig, ausgehen rein aus unserem Munde.

Denn sieh! es ist der Abend der Zeit, die Stunde
wo die Wanderer lenken zu der Ruhstatt. Es kehrt bald
Ein Gott um den anderen ein, daß aber
ihr Geliebtestes auch, an dem sie alle hängen, nicht
fehle, und *eines* all in dir sie all, sein,
und alle Sterblichen seien, die wir kennen bis hieher.

Darum sei gegenwärtig, Jüngling. Keiner, wie
du, gilt statt der übrigen alle. Darum haben

die, denen du es gegeben, die Sprache alle geredet, und du
selber hast es gesagt, daß in Wahrheit wir auf
Höhen und geistig auch anbeten werden in Tempeln. Selig warst du damals, aber seliger
jetzt, wenn wir des Abends mit den Freunden
dich nennen und singen von den Hohen und rings
um dich die Deinigen all sind. Abgelegt
nun ist die Hülle. Bald wird auch noch anderes klar
sein, und wir fürchten es nicht.

467 *Vom ernsten Tagwerk lächelnd* – Auf den „Fürsten des Fests" zu beziehen.
*vergessen* – Aktive Bedeutung.

468 *bei Geistern und Menschen* – Bei Göttern und Menschen. (Vgl. die späte Änderung in der Elegie „Stuttgart", Vers 20: „Geister" für „Götter".)
*ewige Jünglinge* – Die „Himmlischen".
*aber o du* – Der später (Vers 48) mit „Jüngling" angeredete Christus, der „Syrier" („Brot und Wein", Vers 156). Zu den folgenden Versen vgl. Neues Testament, Johannes-Evangelium 4, 4–42: Christi Gespräch mit der Samariterin am Brunnen in der Nähe der Stadt Sichar.
*die lieben Freunde* – Die Jünger.

469 *Und kommen muß zum heil'gen Ort das Wilde* – Das Wilde muß einen Ort, ein Ziel finden.
*Viel mehr, denn menschlicher Weise* – Im Entwurf lautet dieser Vers: „Denn nur auf menschliche Weise, nimmermehr".
*Vom Allebendigen aber ... / Ist einer ein Sohn* – Der „Allebendige" ist der „Vater" (Vers 75), der „hohe, der Geist" (Vers 77), und sein „Sohn" ist Christus.

471 *O Mutter* – Zu verbinden mit „Natur".

472 *Satyren* – Die an der Grenze zwischen Tier und Mensch stehenden lüsternen Begleiter des Dionysos. Hölderlin, der diese Naturdämonen an keiner anderen Stelle nennt, deutet mit ihnen vielleicht auf die wilde, ungebundene Seite des menschlichen Wesens: auf das Titanische. (Die Titanen hatten das Aussehen von Satyrn.) Der „Feind", der die „Kinder", nämlich die Menschen, der „Mutter Natur" gestohlen hat, ist der „Geist der Unruh"; vgl. die Gedichte „Die Muße" (S. 318) und „Die Völker schwiegen, schlummerten ..." (S. 318).

*Der Einzige*

Von dieser wohl im Herbst 1801 entworfenen Hymne wurde die erste Fassung, von der nur eine – wahrscheinlich im Herbst 1802 entstandene – flüchtige Reinschrift (H¹) überliefert ist, nicht vollendet. In den für die nicht ausgeführte siebente Strophe frei gelassenen Raum dieses Manuskripts fügte Hölderlin später folgende Erweiterung ein, ohne dabei die strophische Gliederung zu berücksichtigen:

>  Und weiß nicht alles. Immer stehet irgend
>  Eins zwischen Menschen und ihm.
>  Und treppenweise steiget
>  Der Himmlische nieder.
>
>  Es hänget aber an *einem*
>  Die Liebe. Ohnedies ist
>  Gewaltig immer und versuchet
>  Zu sterben eine Wüste voll
>  Von Gesichten, daß zu bleiben in unschuldiger
>  Wahrheit              ein Leiden ist. So aber
>  Lebt die. Aus und ein geht Himmlisches.
>  Ein anders rüstet sich anders. Nämlich es fängt an alt
>  Zu werden ein Auge, das geschauet den Himmel thronend
>            und die Nacht
>  Vom Griechenlande. Jener aber bleibet. Diesmal

Die zweite und dritte Fassung, die bis Vers 52 nur in einzelnen Wendungen von der ersten Fassung abweichen, entstanden wahrscheinlich im Sommer und Herbst 1803. Von der zweiten Fassung existieren neben späteren Änderungen in H¹ (H²) nur eine vorläufige Reinschrift der Verse 53–97 (H³) und der – die sechs Schlußverse umfassende – Rest einer endgültigen Reinschrift (H⁴), an die sich „Patmos" (H⁷) unmittelbar anschließt. Vielleicht fehlt in der Überlieferung dieser Fassung eine Strophe (zwischen den Strophen vier und fünf), da angenommen werden kann, daß auch diese Fassung aus drei Strophentriaden bestand.

Von der dritten, entweder nicht ganz vollendeten oder ohne die letzte Strophe überlieferten Fassung liegt bis Vers 74 eine endgültige Reinschrift (H⁶) vor, die von Vers 75 an Grundlage für eine weitere Umgestaltung (H⁷) war. Die beiden umgeformten Schlußstrophen lauten in H⁶:

Die Wüste. So sind jene sich gleich. Erfreulich. Herrlich grünet
Ein Kleeblatt. Schade wär es, dürfte von solchen
Nicht sagen unser einer, daß es
Heroen sind. Viel ist die Ansicht. Himmlische sind
Und Lebende beieinander, die ganze Zeit. Ein großer Mann,
Im Himmel auch, begehrt zu einem, auf Erden. Immerdar
Gilt dies, daß, alltag, ganz ist die Welt. Oft aber scheint
Ein Großer nicht zusammenzutaugen
Zu Großen. Die stehn allzeit, als an einem Abgrund, einer neben
Dem andern. Jene drei sind aber
Das, daß sie unter der Sonne
Wie Jäger der Jagd sind, oder

Ein Ackersmann, der atmend von der Arbeit
Sein Haupt entblößet, oder Bettler.
Nicht so sind andere Helden. Der Streit ist aber, der mich
Versuchet, dieser, daß aus Not als Söhne Gottes
Die Zeichen jene an sich haben. Denn es hat noch anders, rätlich,
Gesorget der Donnerer. Christus aber bescheidet sich selbst.
Wie Fürsten ist Herkules. Gemeingeist Bacchus. Christus aber ist
Das Ende. Wohl ist der noch andrer Natur; erfüllet aber,
Was noch an Gegenwart
Den Himmlischen gefehlet, an den andern. Diesesmal

Da die Umformung den Zweck verfolgte, diese beiden Strophen in drei zu verwandeln, kann der Inhalt der fehlenden Schlußstrophe den letzten acht Versen dieser Niederschrift entnommen werden.

472 *Königsgestalt* – Bei den griechischen Dichtern trägt Apollon öfters den Beinamen „Herrscher", „König", „Fürst"; aber auch an die äußere Erscheinung des Gottes wäre zu denken.
*Elis* – Landschaft im Westen des Peloponnes, in der Olympia liegt.
*Parnaß* – Vgl. die Anm. zu S. 412.
473 *Isthmus* – Die Landenge von Korinth.
*Smyrna ... Ephesos* – Städte in Ionien, im westlichen Kleinasien.
*den letzten eures Geschlechts* – Christus erscheint hier als letzter der antiken Götter; vgl. auch „Brot und Wein", Vers 129 f.
*Mein Meister und Herr* – Vgl. Neues Testament, Johannes-Evangelium 13, 13: „Ihr heißet mich Meister und Herr und sagt recht daran, denn ich bin es auch."

473 *eifern* – Hier: eifersüchtig sein.
*Herakles* – Vgl. das Gedicht „An Herkules" (S. 282). Hölderlin betont den Namen Herakles auf der zweiten Silbe.
*Euier* – Aus dem bacchischen Kultruf entstandener Eigenname des Dionysos. Zu den folgenden Versen vgl. die Anm. zu S. 330.

474 *Die weltlichen Männer* – Dionysos und Herakles im Unterschied zu Christus, dem geistlichen Mann. Mit dem Namen „Männer" bezeichnet Hölderlin die Halbgötter, die Söhne eines Gottes und einer menschlichen Mutter.
*Denn nimmer herrscht er allein* – Mit dieser auf den höchsten Gott bezogenen Aussage sollte die siebente Strophe eröffnet werden. Vgl. das obige Paralipomenon.
*Meister* – Christus.
*Dieweil sein Äußerstes tat / Der Vater* – Anspielung auf die biblischen Wunder Christi.
*sehr betrübt war auch / Der Sohn* – Vgl. Neues Testament, Matthäus 26, 38, und Markus 14, 34: „Meine Seele ist betrübt bis an den Tod."
*Helden* – Dionysos und Herakles.

476 *Fallstrick* – Eigentlich ein Strick, der über etwas fällt, eine Schlinge zum Tierfang. Hier Anspielung auf Dionysos, der dem „Fallstrick", mit dem er auf Befehl des thebanischen Königs Pentheus gefesselt werden sollte, entkam (vgl. Euripides, „Die Bakchen").
*Des Wegs* – Zuerst erwog Hölderlin: „Zu weit".

477 *die Blüte der Jahre* – Zu verbinden mit „Tag": Den zürnenden Gott hält der künftige Tag, der „Tag aller Tage" (vgl. Hölderlins Brief an Ebel vom 9. November 1795), von der Zeit der Ungebundenheit, des Unmaßes (vgl. die vorangehenden Verse) fern.
*Gärten der Büßenden* – Die mittelalterlichen Klöster.
*Der Pilgrime Wandern und der Völker* – Wohl Anspielung auf die Kreuzzüge und die Völkerwanderung. Vgl. H²: „Und Kriegsgetön, die Fahne des Kreuzes / Und Pilgrime gehn."
*die Schrift / Des Barden oder Afrikaners* – Zu denken wäre an Klopstock oder Ossian (vgl. die Anm. zu S. 150) und an den lateinischen Kirchenlehrer Augustinus (354–430), der in Thagaste (Numidien) geboren wurde und in Hippo Regius (Nordafrika) von 395 bis zu seinem Tode als Bischof wirkte. Dessen bekann-

teste Schriften sind: „Confessiones" (Bekenntnisse) und „De civitate Dei" (Über den Gottesstaat).
477 *Ruhmloser auch / Geschick* – Auch Geschick Ruhmloser. („Ruhmloser" ist Genitiv des Plurals.)
*Auf schönen Inseln* – Vgl. die erste Anm. zu S. 367.
479 *gerichtet* – Hier: geordnet, ausgerichtet.
*Orte* – Hier: Ziele.
*dein Vater ist / Derselbe* – Wie der Vater der „weltlichen Männer" Herakles und Dionysos.
480 *wenn Beständiges das Geschäftige überwächst* – wenn das Geschäftige Beständiges überwächst. (Subjekt ist „das Geschäftige".)
*Der Ort war aber / Die Wüste* – Vgl. Neues Testament, Matthäus 4, 1–4: Christus, der vom Geist in die Wüste geführt und dort vom Teufel versucht wird, antwortet diesem: „Es steht geschrieben: ‚Der Mensch lebt nicht vom Brot allein, sondern von einem jeglichen Wort, das durch den Mund Gottes geht.'"
*So sind jene sich gleich* – Die drei ein „Kleeblatt" bildenden Halbgötter Christus, Herakles und Dionysos.
*Ungestalt wär ... Heroen sind* – Vgl. dazu die oben angeführte Textstelle aus H[6].
*Des dürfen die Sterblichen* – Dessen bedürfen die Sterblichen.
*stehn die* – „Jene drei" (Vers 92), die drei Halbgötter.

## Patmos

Diese Hymne ist wohl – wie vermutlich auch „Der Einzige" – im Herbst 1801 entworfen und ein Jahr danach, im Herbst 1802, vollendet worden. Von der ersten Fassung sind folgende wichtige Handschriften erhalten: ein Teil des ersten Entwurfs (H[1]), eine frühe Niederschrift (H[2]), eine Reinschrift mit späten Änderungen (H[4]) und das Widmungsexemplar (H[5]).

Der vom ersten Entwurf erhaltene Teil (H[1]), dem in der endgültigen Gestalt die Verse 122–226 entsprechen, lautet:

>     Unendlich hier oder dorthin
>     Zerstreuet die Liebenden Gott.
>     Denn schon das Angesicht
>             zu lassen,
>     Und fernhin über die Berge zu gehn,
>     [Zwischenraum für 2 Zeilen]

Wenn aber stirbt,
[Zwischenraum für 4 Zeilen]
Und wenn sie die
Zusammenlebten im Gedächtnis,
Und nicht den Staub nur, oder
Und die Tempel
              wenn die Ehre
Des Halbgotts und der Seinen
Verweht, und selber sein Angesicht
Der Himmlische wendet, daß nirgend ein
Unsterbliches mehr
              was ist dies?
Es ist, der Wurf
wenn er faßt mit der Schaufel den Weizen
und             ans Ende der Tenne
die Spreu fällt, ihm zu Füßen,
Denn göttliches Werk auch gleichet dem unsern.
Zwar so lange
[Zwischenraum für 2 Zeilen]
Wenn aber einmal sich Unheiliges
und die Edeln         nachahmet ein Knecht,
Dann kommen, im Zorne sichtbar die Götter,
denn gütig sind sie, ihr Verhaßtestes aber
ist, solange sie herrschen, das Falsche.
Es gilt dann Menschliches unter Menschen nicht
mehr, und unverständlich wird und gesetzlos vor Augen
der Sterblichen ihr eigenes Leben, denn sie walteten nicht
mehr, es waltet über dem Fernhinzielenden und mit der
allversöhnenden Erde der alldurchdringende unerschöpfliche Gott,
die halten treu endlos. So schreitet fort
der Götter Schicksal wundervoll und voll des Todes und Lebens,
dann weichen und es wandelt ihr Werk von
selbst, und eilend geht es zu Ende. Nicht alles, was
geheiliget war, das ihre Hand ergriffen, und
                      da sie ruhig
in ihren Taten erkannt, wieder die Himmlischen
beim rechten Namen genannt sind, siehe!
                      dann ist

Dann ist

[Zwischenraum für 2 Zeilen]
Dann ist die Zeit des Gesangs.
Sie kommen aber zusammen zum
Gesange wie jetzt,
[Zwischenraum für 6 Zeilen]
Und wenn die Himmlischen itzt,
Wie ich es meine, mich lieben,
Wie vielmehr dich?
Denn *eines* weiß ich von dir,
Daß nämlich
[Zwischenraum für etwa 11 Zeilen]
Zu lang, zu lang schon ist
Die Ehre der Himmlischen unsichtbar,
Denn fast die Finger müssen sie
Uns führen, und schmählich
Entreißt das Herz uns eine Gewalt.
Denn Opfer will der Himmlischen jedes,
Wenn aber eines versäumt ward,
Nie hat es Gutes gebracht.
Wir haben gedienet der Mutter Erd
Und haben jüngst dem Tagesgotte [zuerst: Sonnenlichte] gedient,
Unwissend, so war's, der Vater liebt,
Der über allen waltet,
Am meisten, daß gepfleget werde
Der feste Buchstab und Bestehendes wohl
Gedeutet. Dem folgt deutscher Gesang.

Zuerst schloß der Entwurf: „Der Vater aber liebt / Am meisten bejahenden Dank."

Da die Änderungen in H⁴ noch keine neue Fassung ergeben (die Überarbeitung reicht nur bis Vers 167), erscheinen sie im Unterschied zur Großen Stuttgarter Ausgabe nicht im Textteil, sondern werden hier in Auswahl zusammengestellt.

*Vers 72–81:*
Sie hören ihn, und lieblich widertönt
Es von den Klagen des Manns. Eins Tages diente
Patmos, tiergleich, dem Seher, denn dem war es ein Übel,
Dem menschenliebenden, der im Sausen des Rohrs, war, in der
Jugend,

Gegangen mit
Dem Sohne des Höchsten, unzertrennlich, denn
Nicht gar allein sein mochte, des Geistes wegen,
Der Sohn des Höchsten, doch sahe der Jünger
Wohl, wer er wäre,
Damals da, beim Geheimnisse des Weinstocks, sie

*Vers 119–120:*

Abgründe der Weisheit. Manchem ward
Sein Vaterland ein kleiner Raum,

*Vers 127–130:*

Besorget, übereins
War himmlischer Geist. Bei jenen aber war's
Ein Zerfall, und das Heiligtum das Spiel des Moria
Und der Zornhügel zerbrach, damals, wenn ihnen plötzlich

*Vers 143–156:*

Im Gedächtnis, nicht das nur und wenn es den Sand
Wegnimmt und die Weiden und die Tempel
Ergreift, wenn aber die Ehre
Des Halbgotts und der Seinen
Verweht und unerkenntlich, bei ihm selber,
Im Himmel der genannt war,
Ergrimmt, weil nirgend ein
Unsterbliches mehr am Himmel ist zu sehen oder
Auf grüner Erde, was ist dies?

Es ist der Wurf das eines Sinns, der mit
Der Schaufel fasset den Weizen,
Und wirft schwingend dem Klaren zu ihn über die Tenne.
Ein furchtbar Ding, Staub fällt.
Korn aber kommet ans Ende.

In einer weiteren Reinschrift mit späteren Änderungen (H[7]), die sich an die sechs Schlußverse der Hymne „Der Einzige" (H[4]) anschließt, liegen Bruchstücke einer späteren Fassung vor, deren Rest verschollen ist. Die reinschriftlichen Bruchstücke sind im Textteil abgedruckt, allerdings ohne die (am Rande von H[4]) entworfene fünfte Strophe, die hier folgt:

O Insel des Lichts!
Denn wenn erloschen ist der Ruhm, die Augenlust, und gehalten nicht mehr
Von Menschen, schattenlos, die Pfade zweifeln und die Bäume,
Und Reiche, das Jugendland der Augen, sind vergangen
Athletischer,
Im Ruin, und Unschuld, angeborne,
Zerrissen ist. Von Gott aus nämlich kommt gediegen
Und gehet das Gewissen, Offenbarung, die Hand des Herrn
Reich winkt aus richtendem Himmel, dann und eine Zeit ist
Unteilbar Gesetz, und Amt, und die Hände
Zu erheben, das, und das Niederfallen
Böser Gedanken, los, zu ordnen. Grausam nämlich hasset
Allwissende Stirnen Gott. Rein aber bestand
Auf ungebundnem Boden Johannes. Wenn einer
Für irdisches prophetisches Wort erklärt

Die späteren Änderungen in H[7] (H[8]) werden der Lesbarkeit wegen in dieser Ausgabe zusammen mit den nicht geänderten reinschriftlichen Partien von H[7] abgedruckt, so daß hier geschlossen der Text folgt, der in der Großen Stuttgarter Ausgabe als „Ansätze zur letzten Fassung" bezeichnet ist:

Voll Güt ist; keiner aber fasset
Allein Gott.
Wo aber Gefahr ist, wächst
Das Rettende auch.
Im Finstern wohnen
Die Adler, und furchtlos gehn
Im Tagewerk die Söhne der Alpen über den Abgrund weg
Auf leichtgebaueten Brücken.
Drum, da gehäuft sind rings, um Klarheit,
Die Gipfel der Zeit,
Und die Liebsten nahe wohnen sehnsuchtsvoll, ermattend auf
Getrenntesten Bergen,
So gib unschuldig Wasser,
O Fittiche gib uns, treuesten Sinns
Hinüberzugehn und wiederzukehren.

So sprach ich, da entführte
Mich künstlicher, denn ich vermutet,
Und weit, wohin ich nimmer
Zu kommen gedacht, ein Genius mich
Vom eigenen Haus. Es kleideten sich
Im Zwielicht, Menschen ähnlich, da ich ging,
Der schattige Wald
Und die sehnsüchtigen Bäche
Der Heimat; nimmer kannt ich die Länder.
Viel aber mitgelitten erfahren haben wir, Merkzeichen viel. So
In frischem Glanze, geheimnisvoll,
In goldenem Rauche blühte
Schnellaufgewachsen,
Herzlich erkannt, mit Schritten der Sonne,
Von tausend Tischen duftend, jetzt,

Mir Asia auf und geblendet ganz
Sucht eins ich, das ich kennete, denn nie gewöhnt hatt
Ich mich solch breiter Gassen, wo herab
Vom Tmolus aus fährt,
Ein unzerbrechlich Zeug, der goldgeschmückte Paktol
Und Taurus stehet und Messogis, und von Gewürzen
Fast schläfrig der Garten,

Vom Jordan fern und Nazareth
Und fern vom See, an Capernaum, wo sie ihn
Gesucht, und Galiläa die Lüfte, und von Cana.
Eine Weile bleib ich, sprach er. Also wie mit Tropfen, heiligen,
Stillte er das Seufzen des Lichts, das durstigem Tier war oder
Dem Schreien des Huhns ähnlich, jenes Tages, als um Syrien,
    verblüht,
Gewimmert der getöteten Kindlein heimatliche

Anmut wohlredend im Verschwinden, und des Täufers
Sein Haupt stürzt und, das goldene, lag uneßbarer und
   unverwelklicher Schrift gleich
Sichtbar auf trockener Schüssel. Wie Feuer, in Städten,
   tödlichliebend
Sind Gottes Stimmen. Brennend ist aber, gewißlich
Das gleich behalten, im Großen das Große.
Nie eine Weide. Daß einer
Bleibet im Anfang. Jetzt aber
Geht dieses wieder, wie sonst.

Johannes. Christus. Diesen, ein
Lastträger, möcht ich singen, gleich dem Herkules, oder
Der Insel, welche gebannet, und angeblümt, sinnreich, erfrischend,
Die benachbarte mit kalten Meereswassern aus der Wüste
Der Flut, der weiten, Peleus. Aber nicht
Genug. Anders ist es ein Schicksal. Wundervoller.
Reicher, zu singen. Unabsehlich
Seit dem die Fabel. Und auch möcht
Ich die Fahrt der Edelleute nach
Jerusalem, und wie Schwanen der Schiffe Gang und das Leiden
   irrend in Canossa, brennendheiß,
Und den Heinrich singen. Aber daß uranfangs
Der Mut nicht selber mich aussetze. Schauen, müssen wir mit
   Schlüssen,
Der Erfindung, vorher. Denn teuer ist's,
Das Angesicht des Teuersten. Nämlich Leiden färbt
Die Reinheit dieses, die rein

Ist wie ein Schwert. Damals sah aber
Der achtsame Mann
Das Angesicht des Gottes,
Da, beim Geheimnisse des Weinstocks, sie
Zusammensaßen, zu der Stunde des Gastmahls,
Als in der großen Seele, wohlauswählend, den Tod
Aussprach der Herr, und die letzte Liebe, denn nie genug
Hatt er, von Güte, zu sagen
Der Worte, damals, und zu bejahn schneeweiß. Aber nachher
Sein Licht war Tod. Denn begrifflos ist das Zürnen der Welt,
   namlos.

Das aber erkannt er. Alles ist gut. Drauf starb er.
Es sahen aber, gebückt, desuneractet, vor Gott die Gestalt
Des Verleugnenden, wie wenn
Ein Jahrhundert sich biegt, nachdenklich, in der Freude der
    Wahrheit
Noch zuletzt die Freunde,

Doch aber mußten sie trauern, nun, da
Es Abend worden. Nämlich meistens ist rein
Zu sein ein Geschick, ein Leben, das ein Herz hat,
Vor solchem Angesicht, und dauert über die Hälfte.
Zu meiden aber ist viel. Zu viel aber
Der Liebe, wo Anbetung ist,
Ist gefahrreich, triffet am meisten. Aber jene nicht
Von Tränen und Schläfen des Herrn wollten
Lassen und der Heimat. Eingeboren, glühend
Wie Feuer rot war im Eisen das. Und schadend das Angesicht des
    Gottes wirklich
Wie eine Seuche ging zur Seite, der Schatte des Lieben.
Drum sandt er ihnen
Den Geist, und freilich bebte
Das Haus und die Wetter Gottes rollten
Ferndonnernd, Männer schaffend, zornige, wie wenn Drachenzähne,
    prächtigen Schicksals,

Gedruckt wurde diese Hymne zuerst in dem von Leo Freiherrn von Seckendorf herausgegebenen „Musenalmanach für das Jahr 1808". 1828 veröffentlichte Achim von Arnim eine verkürzte und entstellte Umdichtung dieser Hymne im „Berliner Konversationsblatt für Poesie, Literatur und Kritik". Vielleicht war er es auch, der schon 1808 in der „Zeitung für Einsiedler", dem Organ der Heidelberger Romantiker, zunächst die letzte Strophe dieser Hymne unter der Überschrift „Entstehung der deutschen Poesie" und kurz darauf die Verse 1 und 2 sowie – unmittelbar anschließend – die Verse 197–211 publiziert hatte.

481 *Patmos* – Zu den Sporaden gehörige Insel im Ägäischen Meer, wo der Apostel Johannes seine Offenbarung geschrieben haben soll. Vgl. Neues Testament, Offenbarung des Johannes 1, 9 f.
*Landgraf von Homburg* – Friedrich V. von Hessen-Homburg (1748–1820), dem Hölderlin zum 55. Geburtstag am 30. Januar 1803

die Hymne durch Sinclair überreichen ließ, verteidigte die Religion gegen das aufklärerische Gedankengut und leitete die meisten sozialen und moralischen Übel aus der gesunkenen Religiosität ab. Er war ein Gegner der Französischen Revolution und der von ihr ausgehenden Ideen. In den 1794 verfaßten „Vorschlägen, dem Untergange zu entgehen", forderte er, die „Ausbreitung gefährlicher Bücher, die den Samen der Irreligiosität, der falschen Freiheit und des Jakobinismus führen", zu verbieten und die „Buchhändler, die nach vorheriger Warnung solche verkaufen, aus dem Lande [zu] jagen" (Karl Schwartz, „Landgraf Friedrich V. von Hessen-Homburg und seine Familie", Rudolstadt 1878, 2. Band: Literarischer Nachlaß, S. 170 f.). Weiterhin schlug er vor, die Untertanen „in keinem Falle [zu] drücken", unnötige Ausgaben einzuschränken, „streng auf Ordnung, Gesetze und einmal eingeführte Rechte [zu] sehen" und das „Beispiel der Religiosität und der Sittlichkeit selbst zu geben" (a. a. O., S. 171). In seiner 1797/98 verfaßten Schrift „Gedanken über Aufklärung, Freiheit, Revolution, insbesondere die französische, mit aphoristischen Bemerkungen über die neueste Zeitgeschichte" führte er aus, daß es nichts Verabscheuungswürdigeres gebe als die Gesinnung der „Aufwiegler", der „geheimen und offenen Franzosenfreunde", gegen die er radikale Maßnahmen forderte. Entschieden wies er in der Abhandlung einen Vergleich des französischen Heeres mit den Griechen von Marathon und Thermopylä zurück.

482 *Paktol* – Vgl. die fünfte Anm. zu S. 455.

*Taurus ... Messogis* – Gebirge in Kleinasien.

*Cypros* – Zypern.

483 *ihre Kinder* – Die „Stimmen des heißen Hains", einer öden, baumlosen Gegend, und die „Laute", die vernehmbar sind, wenn „der Sand fällt und sich spaltet des Feldes Fläche". Im „Fragment von Hyperion" heißt es: „Ein leises Ächzen der Erde, wenn der brennende Strahl den Boden spaltet, hör ich zuweilen."

*Des Sehers* – Johannes. Für Hölderlin ist der nach der Bibel auf Patmos verbannte Verfasser der „Offenbarung" identisch mit dem im Johannes-Evangelium genannten Jünger, „welchen Jesus lieb hatte".

*Stunde des Gastmahls* – Das in den Evangelien geschilderte Abendmahl Christi (vgl. Matthäus 26, 20 ff.; Markus 14, 17 ff.; Lukas 22, 14 ff.; Johannes 13, 21 ff.). – Sinclair schreibt in seinem

Brief vom 6. Februar 1803, in dem er Hölderlin mitteilt, er habe dem Landgrafen die Hymne „Patmos" gebracht und dieser habe sie mit viel Dank und Freude aufgenommen: „Die Stelle vom Nachtmahl und den Jüngern hat mich gerührt; das Ende aber hat mich an unsere Verschiedenheit der Meinung erinnert."

484 *ihnen ging / Zur Seite der Schatte des Lieben* – Der auferstandene Christus, der den beiden Jüngern auf ihrem Wege nach Emmaus erscheint und sie begleitet. Vgl. Neues Testament, Lukas-Evangelium 24, 13 ff.

*sandt er ihnen / Den Geist* – Zur Ausgießung des Heiligen Geistes über die Jünger Jesu am fünfzigsten Tag nach der Auferstehung Christi vgl. Neues Testament, Apostelgeschichte 2, 1 ff.: „Und als der Tag der Pfingsten erfüllt war, waren sie alle einmütig beieinander. Und es geschah schnell ein Brausen vom Himmel wie eines gewaltigen Windes und erfüllte das ganze Haus, da sie saßen."

*Zepter* – $H^2$ fuhr zunächst danach fort: „womit / Er hatte geherrscht, von Asia her, / Seit unerforschlichen Zeiten".

*Zu rechter Zeit* – Zu verbinden mit Vers 108: „erlosch der Sonne Tag".

485 *Die Locken ergriff es* – Vgl. die vierte Anm. zu S. 434.

*sie die Hände sich reichten* – Zu verbinden mit „schwörend" (Vers 132).

*An dem am meisten / Die Schönheit hing* – Vgl. Altes Testament, Psalm 45: „Du bist der Schönste unter den Menschenkindern."

*Es ist der Wurf des Säemanns...* – Vgl. Neues Testament, Matthäus 3, 12: „Und er hat seine Worfschaufel in seiner Hand; er wird seine Tenne fegen und den Weizen in seine Scheune sammeln, aber die Spreu wird er verbrennen mit ewigem Feuer."

486 *Ein Bild* – Ein ehernes Standbild.

*Das Bild nachahmen möcht ein Knecht* – „Und den Freiesten nachahmen möchte der Knecht" ($H^2$). Der „Knecht" ist identisch mit dem in Vers 167 genannten „einen".

*Gütig sind sie* – Die „Unsterblichen".

*Unsterblicher Schicksal* – Das Schicksal der Unsterblichen.

*Der Sonne gleich* – Auch am Schluß des ersten Entwurfsansatzes zur „Friedensfeier" wird Christus mit dem Sonnenlicht verglichen.

*wird genennet... / Ein Losungszeichen* – wird als ein Losungszeichen genannt.

487 *sein Zeichen* – Der Blitz.
*Einer* – Christus.
*seine Söhne* – Die Söhne des „ewigen Vaters" (Vers 202).
*Denn seine Werke sind / Ihm alle bewußt von jeher* – Vgl. Neues Testament, Apostelgeschichte 15, 18: „Gott sind alle seine Werke bewußt von der Welt her."
*das Herz* – Objekt.

489 *Vom Jordan...* – Vgl. die im Neuen Testament geschilderte Wirksamkeit Christi: Matthäus 4, 23–25, und Johannes-Evangelium 4, 43–54.
*Eine Weile bleib ich* – Vgl. Neues Testament, Johannes-Evangelium 13, 33: „Liebe Kindlein, ich bin noch eine kleine Weile bei euch."
*der getöteten Kindlein* – Der bethlehemitische Kindermord, über den im Neuen Testament, Matthäus 2, 16–18, berichtet wird.
*das Haupt / Des Täufers...* – Zur Enthauptung Johannes des Täufers vgl. Neues Testament, Matthäus 14, 8–11, und Markus 6, 25–28. In der Krypta der Denkendorfer Klosterkirche steht noch heute ein frühgotisches Schnitzwerk, das die Schüssel mit dem Haupt Johannes des Täufers darstellt, und an den Wänden finden sich Spuren von Fresken mit dem gleichen Stoff.
*Weide* – Viehweide.
*Herkules* – Wie in der vorangehenden Hymne „Der Einzige" wird auch hier der weltliche Halbgott Herakles Christus (dem geistlichen „Manne") zur Seite gestellt.
*Peleus* – Der Vater Achills; er rettete sich nach einem Schiffbruch auf die Insel Kos im Ägäischen Meer (zu den Sporaden gehörig) und blieb dort bis zu seinem Tode.
*Seit jenem* – Seit Christus.
*die Fahrt der Edelleute...* – Die Kreuzzüge des Mittelalters.
*Canossa* – Heinrich IV. (1050–1106), seit 1056 deutscher König, erreichte durch eine dreitägige Buße im Januar 1077 vor der Felsenburg Canossa in den Apenninen (südwestlich von Reggio nell'Emilia), wo sich Papst Gregor VII. zu Gast aufhielt, die Lösung vom Kirchenbann, der über ihn im Verlauf des Investiturstreits verhängt worden war.

490 *die Gestalt / Des Verleugnenden* – Zu dieser Charakterisierung Christi vgl. Neues Testament, Philipper 2, 6 f.: „Welcher, ob er wohl in göttlicher Gestalt war, hielt er es nicht für einen Raub,

Gott gleich sein; sondern entäußerte sich selbst und nahm Knechtsgestalt an."

490 *Drachenzähne* – Nachdem Kadmos, der sagenhafte Gründer Thebens, einen von Ares abstammenden Drachen getötet hat, bricht er auf Befehl der Pallas Athene dem Ungeheuer die Zähne aus und sät sie in die Erde. Aus dieser Drachensaat wachsen bewaffnete Männer hervor, die einander überfallen und töten, bis auf fünf, welche dem Kadmos Theben erbauen helfen.

### Andenken

Diese wohl im Frühjahr 1803 entstandene Hymne, von der handschriftlich nur die letzte Strophe im Entwurf überliefert ist, veröffentlichte Leo Freiherr von Seckendorf in dem von ihm herausgegebenen „Musenalmanach für das Jahr 1808".

491 *Geh aber nun* – Angeredet ist der „Nordost".
*Noch denket das mir wohl* – Noch erinnere ich mich wohl.
*Es reiche aber ...* – Zum besseren Verständnis dieser Strophe vgl. das Gedicht „An Landauer", Vers 15 f. und Vers 19–24 (S. 403).

492 *Bellarmin* – Vielleicht ist bei diesem Namen an Isaak von Sinclair zu denken.
*dem Gefährten* – Vielleicht Druckfehler statt „den Gefährten".
*an der luftigen Spitz* – Wohl die schmale Landspitze am Zusammenfluß der Garonne und der Dordogne.

### Der Ister

Die vermutlich im Sommer 1803 entstandene, jedoch unvollendete Hymne ist nur handschriftlich und ohne Überschrift überliefert: in einem Entwurf ($H^1$, Vers 1–49), dem die Schlußstrophe des Gedichts „Andenken" vorausgeht, und in einer Niederschrift, die teilweise reinschriftlichen Charakter hat ($H^2$).

493 *Ister* – Griechischer Name für die Donau.
*Waldgeschrei* – Hier wohl: Vogelgesang.
*Alpheus* – Der größte Fluß der Halbinsel Peloponnes, an dem Olympia liegt.
*Herkules zu Gaste geladen* – Als Herakles die kerynitische Hirschkuh verfolgt, gelangt er zu dem im Norden an den „schattigen Quellen" des Ister wohnenden sagenhaften Volk der Hyperboreer

und bringt von dort ein „schattiges Gewächs" mit, die Olive, um damit den bisher schattenlosen Festplatz der Olympischen Kampfspiele zu bepflanzen. Den Zweig des Ölbaums aber stiftet er als Siegespreis. Vgl. Pindars dritte Olympische Ode, die Hölderlin teilweise übersetzt hat (Band 3, S. 260).

494 *Der Rhein ist seitwärts / Hinweggegangen* – Der Lauf des Rheins vom Bodensee nach Basel.
*Hertha* – Die Mutter Erde. (Hertha, eigentlich „Nerthus", ist ein in der „Germania" des Tacitus überlieferter Name einer germanischen Göttin des Wachstums und der Fruchtbarkeit.)
*ein anderer* – Der Rhein.
*Ist der zufrieden* – Der Ister.
*Stiche* – Im Alten Testament taucht häufig die Wendung vom Felsen auf, an den geschlagen wird und dem Wasser entströmt.
*Furchen* – Wie sie der Strom zieht. Vgl. Hölderlins Deutung des Pindar-Fragments „Das Belebende" (Band 3, S. 321): „Der Begriff von den Centauren ist wohl der vom Geiste eines Stromes, sofern der Bahn und Grenze macht, mit Gewalt, auf der ursprünglich pfadlosen aufwärtswachsenden Erde."

*Mnemosyne*

Von dieser vermutlich im Herbst 1803 entstandenen Hymne sind folgende Handschriften überliefert: ein Entwurf unter der Überschrift „Das Zeichen" (H¹), eine vorläufige Reinschrift mit Änderungen, zunächst unter der Überschrift „Die Nymphe", sowie Entwurf und Reinschrift der letzten Fassung der ersten Strophe (H²; Schlußseiten des Homburger Foliohefts).

Die neugestaltete erste Strophe der zweiten Fassung lautet:

> Ein Zeichen sind wir, deutungslos,
> Schmerzlos sind wir und haben fast
> Die Sprache in der Fremde verloren.
> Wenn nämlich über Menschen
> Ein Streit ist an dem Himmel und gewaltig
> Die Monde gehn, so redet
> Das Meer auch und Ströme müssen
> Den P[fad sich suchen.] Zweifellos
> Ist aber *einer*. Der
> Kann täglich es ändern. Kaum bedarf er

Gesetz. Und es tönet das Blatt und Eichbäume wehn dann neben
Den Firnen. Denn nicht vermögen
Die Himmlischen alles. Nämlich es reichen
Die Sterblichen eh an den Abgrund. Also wendet es sich, das Echo,
Mit diesen. Lang ist
Die Zeit, es ereignet sich aber
Das Wahre.

Statt der Verse 4–8 der neugefaßten ersten Strophe war zunächst folgender Text erwogen worden:

> Wenn nämlich ein Streit ist über Menschen
> Am Himmel, und gewaltige
> Gestirne gehn, blind ist die Treue dann, wenn aber sich
> Zur Erde neiget der Beste, wird
> Lebendiges, denn wo eines kehret zu sich
>          und es findet eine Heimat
> Der Geist.

Zur Entstehungsgeschichte vgl. Friedrich Beißner, „Hölderlin. Reden und Aufsätze", Weimar 1961, S. 211–246.

495 *Mnemosyne* – (griech.: Gedächtnis, Erinnerung) In der griechischen Mythologie eine Titanide und Mutter der neun Musen: „Diese gebar Mnemosyne einst dem Vater Kronion / In Pierien, wo sie Eleuthers Hänge betreute." (Hesiod, „Theogonie", Vers 53 f.) Hölderlin nennt deshalb „Eleutherä der Mnemosyne Stadt" (Vers 46 der Endfassung), denkt dabei allerdings allein an die unter diesem Namen bekannte Stadt im Grenzgebiet zwischen Attika und Böotien (am Südabhang des Kithäron), während Hesiod offenbar eine andere Örtlichkeit meint.

*aber es haben / Zu singen* – Friedrich Beißner hat versucht, durch umschreibende Worte den Gedanken, der dem Dichter als Ausgangspunkt seiner Hymne vorschwebte, anzudeuten: „Ich erhebe meine Stimme zum Ruhm der Helden; ,aber es haben zu singen' – es haben, um singen zu können, die Dichter die lebendigen Geniuskräfte, das beseelende Gefühl des Zusammenhangs mit der Gottheit, nötig – (dann eine Parenthese:) brauchen doch, um blühen zu können, ,Blumen auch Wasser' – ,und' so ,fühlen' die Dichter am Gelingen ihres Gesangs, ,ob noch ist der Gott'." (A. a. O., S. 231.)

495 *Brauttag* – Vgl. „Der Rhein", Vers 180: „Dann feiern das Brautfest Menschen und Götter."
*wahrer Sache* – Wörtliche Wiedergabe der lateinischen Formel „re vera".

496 *Am Feigenbaum ist mein / Achilles mir gestorben* – Diese beiden Verse hat Hölderlin als erste des Entwurfs zu Papier gebracht. Richard Chandler schreibt in seinem Werk „Travels in Asia Minor and Greece" (Oxford 1775/76), das unmittelbar darauf in einer anonymen deutschen Übersetzung vorlag („Reisen in Kleinasien", Leipzig 1776, und „Reisen in Griechenland", Leipzig 1777) und eine der Hauptquellen für den „Hyperion" war, nach einer Beschreibung der Grabhügel des Achill und des Patroklos wie auch andrer um Troia gefallener Helden: „Von dort ging der Weg zwischen Weingärten, Baumwollfeldern, Granat- und Feigenbäumen hindurch." Auch in Homers „Ilias" wird der wilde Feigenbaum dreimal genannt.
*Ajax* – Den Tod dieses Griechen, der als Führer der Salaminier in den Troischen Krieg zieht, gestaltete Sophokles in der Tragödie „Aias", aus der Hölderlin drei Stücke übersetzte. Vgl. die zweite Hälfte des ersten Stückes (Band 3, S. 459) und die darauf bezügliche Stelle in der vorletzten Fassung des „Hyperion" (Band 2, S. 86): „Der ‚Ajax' des Sophokles lag vor mir aufgeschlagen. Zufällig sah ich hinein, traf auf die Stelle, wo der Heroe Abschied nimmt von den Strömen und Grotten und Hainen am Meere... ‚Ihr nachbarlichen Wasser des Skamanders, die ihr so freundlich die Argiver empfingt, ihr werdet nimmer mich sehen!' – Der Skamander ist bei Homer der Hauptfluß in der Ebene von Troia.
*Patroklos* – Er fällt in der Rüstung seines Freundes Achill. Vgl. Homers „Ilias", 16. Gesang.
*aber er muß doch* – Vgl. Neues Testament, Matthäus 18, 7: „Es muß ja Ärgernis kommen; doch weh dem Menschen, durch welchen Ärgernis kommt."
*dem / Gleich fehlet die Trauer* – „Die Trauer" (der Trauernde) begeht denselben Fehler wie der, der „nicht, die Seele schonend, sich zusammengenommen".
*gekochet* – Hier: gereift.
*und ein Gesetz ist... / Prophetisch* – Der syntaktische Zusammenhang geht aus dem Entwurf hervor: „Und ein Gesetz, daß

alles hineingeht, / Schlangen gleich, ist / Prophetisch, träumend auf / Den Hügeln des Himmels."
496 *hineingeht* – Hier: stirbt.
*Schlangen* – In der Antike sah man in ihnen Verkörperungen von Göttern der Erdtiefe, Heroen und einfachen Toten.
*Scheiter* – Scheite.
*unrecht, / Wie Rosse...* – Der Entwurf erhellt den Sinn: „Nämlich / Wie Rosse, durchgehn die gefangenen / Element."
497 *Ein Himmlisches* – Subjekt.
*Tageszeichen* – Zuerst erwog Hölderlin „Lebenszeichen".
*löste / Die Locken* – In der Antike glaubte man, der göttliche Todesbote trenne eine Locke vom Stirnhaar des Todgeweihten.

# VERZEICHNIS DER GEDICHTE
## NACH ÜBERSCHRIFTEN UND ANFÄNGEN

Abbitte 322
Abendphantasie 339
... aber es haben 495
Abschied 362
Achill 334
Adramelech 117
Adramelechs Grimm erwachte 117
Advocatus diaboli 299
Ah! so hab ich noch 158
Alexanders Rede an seine Soldaten bei Issus 118
Als von des Friedens heil'gen Talen 269
Alter Vater! Du blickst 400
Am Quell der Donau 450
Am Tage der Freundschaftsfeier 161
An den Äther
  Entwurf 301
  Vorfassung 302
  Endgültige Fassung 303
An den Frühling 272
An die Deutschen
  Spottet ja nicht des Kinds 326
  Spottet nimmer des Kinds 358
An die Ehre 187
An die Hoffnung 443
An die jungen Dichter 325
An die klugen Ratgeber 293
An die Madonna 504
An die Nachtigall 128
An die Natur 279
An die Parzen 321
An die Ruhe 186
An die Stille 204
An die Unerkannte 281
An die Vollendung 174
An Diotima
  Komm und siehe 314
  Schönes Leben! 316
An Eduard
  Erste Fassung 424
  Zweite Fassung 425
An eine Fürstin von Dessau 355
An eine Rose 258
An eine Verlobte 403
An einen Baum 313
An Herkules 282
An Hiller 258
An ihren Genius 322
An Landauer 402
An Louise Nast 166
An Lyda 209
An M. B. 115
An meine Freundinnen 132
An meinen B. 129

An Neuffer
  Brüderlich Herz! 316
  Noch kehrt in mich 273
An Stella 127
An Thills Grab 178
An unsre großen Dichter 330
An Zimmern
  Die Linien des Lebens 542
  Von einem Menschen 543
Andenken 491
Auf dem Gebirge steh ich 135
Auf den Tod eines Kindes 541
Auf die Geburt eines Kindes 542
Auf einer Heide geschrieben 133
Auf falbem Laube 503
Aus den Gärten komm ich 300
Aus stillem Hause 355
Aussicht
  Der offne Tag 552
  Wenn Menschen 549

Bitte 423
Blödigkeit 445
Brot und Wein 411
Brüderlich Herz! ich komme 316
Buonaparte 319
Burg Tübingen 191

Chiron 441

Da ich ein Knabe war 332
Da ich noch um deinen Schleier 279
Da steh ich auf dem Hügel 140
Dank dir! aus dem schnadernden Gedränge 144
Dankgedicht an die Lehrer 113
Das Ahnenbild 400
Das Angenehme dieser Welt 542
Das Erinnern 117

Das Erntefeld erscheint 551
Das Feld ist kahl 555
Das fröhliche Leben 544
Das Glänzen der Natur 557
Das Gute 544
Das Leben suchst du 382
Das menschliche Leben 120
Das nächste Beste
  Erste Fassung 520
  Zweite Fassung 521
  Dritte Fassung 523
Das Schicksal 269
Das Unverzeihliche 325
Dein Morgen, Bruder 257, 315
Deine Freundin, Natur! 325
Dem Allbekannten 320
Dem Fürsten
  Erste Fassung 529
  Zweite Fassung 529
Dem Genius der Kühnheit 260
Dem gnädigsten Herrn von Lebret 549
Dem Sonnengott 327
Den Gottverächter schalten sie 329
Den Menschen ist der Sinn 553
Denn, wie wenn hoch 450
Der Abschied
  Erste Fassung 388
  Zweite Fassung 390
  Dritte Fassung 391
Der Adler 518
Der Archipelagus 372
Der blinde Sänger 431
Der du mich auferzogst 301
Der Einzige
  Erste Fassung 472
  Zweite Fassung 475
  Dritte Fassung 478

Der Frieden 353
Der Frühling
  Der Mensch vergißt 554
  Der Tag erwacht 560
  Die Sonne glänzt 552
  Die Sonne kehrt 560
  Es kommt der neue Tag 551
  Wenn auf Gefilden 544
  Wenn aus der Tiefe 561
  Wenn neu das Licht 556
  Wie selig ist's 550
Der Gang aufs Land 398
Der gefesselte Strom 430
Der Gott der Jugend
  Entwurf 275
  Endgültige Fassung 277
Der gute Glaube 324
Der Herbst
  Das Glänzen der Natur 557
  Die Sagen, die der Erde 550
Der himmlischen, still widerklingenden 467
Der Ister 493
Der Jüngling an die klugen Ratgeber 295
Der Kampf der Leidenschaft 154
Der Kirchhof 546
Der Leichenreihen wandelte 178
Der Lorbeer 144
Der Main 341
Der Mensch
  Kaum sproßten 327
  Wenn aus sich lebt 558
  Wer Gutes ehrt 544
Der Mensch erwählt 553
Der Mensch vergißt 554
Der Mutter Erde 404
Der nächtliche Wanderer 116
Der Neckar 384

Der Nordost wehet 491
Der offne Tag 552
Der Prinzessin Auguste von Homburg 352
Der Rhein 456
Der Ruhm 541
Der Sommer
  Das Erntefeld erscheint 551
  Die Tage gehn vorbei 557
  Im Tale rinnt 557
  Noch ist die Zeit 556
  Wenn dann vorbei 554
Der Spaziergang 546
Der Tag erwacht 560
Der Tod fürs Vaterland 337
Der Unzufriedne 116
... der Vatikan 533
Der Wanderer
  Entwurf 305
  Vorfassung 308
  Erste Fassung 310
  Zweite Fassung 395
Der Winkel von Hardt 448
Der Winter
  Das Feld ist kahl 555
  Wenn bleicher Schnee 554
  Wenn sich das Jahr 559
  Wenn sich der Tag 559
  Wenn ungesehn 558
Der Zeitgeist
  Die Menschen finden sich 561
  Zu lang schon 338
Der zürnende Dichter 343
Des Ganges Ufer 330, 434
Des Geistes Werden 553
Des Morgens 340
Des Wiedersehens Tränen 403
Deutscher Gesang 449
Dichterberuf 434

Dichtermut
 Erste Fassung 428
 Zweite Fassung 429
Die Aussicht 562
Die beschreibende Poesie 299
Die Bücher der Zeiten 169
Die Demut 147
Die du schon mein Knabenherz 148
Die Ehrsucht 146
Die Eichbäume 300
Die Entschlafenen 400
Die ernste Stunde hat geschlagen 234
Die Götter 383
Die Größe der Seele 135
Die heilige Bahn 175
Die Heimat 324, 385
Die Kürze 323
Die Launischen 335
Die Liebe 386
Die Liebenden 323
Die Linien des Lebens 542
Die Meinige 122
Die Menschen finden sich 561
Die Muße 317
Die Nacht 114
Die Sagen, die der Erde 550
Die scheinheiligen Dichter 326
Die Scherzhaften 343
Die Schlacht 336
Die Schönheit ist den Kindern 541
Die Sonne glänzt 552
Die Sonne kehrt 560
Die Stille 148
Die Tage gehn vorbei 557
Die Teck 158
Die Titanen 509

Die Unsterblichkeit der Seele 140
Die Völker schwiegen, schlummerten 318
Die Vortrefflichen 299
Die Wanderung 453
Die Weisheit des Traurers 189
Die Zufriedenheit 547
Diotima
 Du schweigst und duldest 321, 392
 Komm und besänftige 316
 Lange tot und tiefverschlossen
  Ältere Fassung 283
  Mittlere Fassung 287
  Jüngere Fassung (Leuchtest du) 290
Dir flüstert's leise 128
Dort im waldumkränzten Schattentale 204
Drin in den Alpen 416
Du gute Stella 127
Du kömmst, o Schlacht! 337
Du lebtest, Freund! 258
Du schweigst und duldest 321, 392
Du seiest Gottes Stimme, so ahndet ich 322
Du seiest Gottes Stimme, so glaubt ich 436, 438
Du stiller Äther! 383
Du stiller Ort 546
Du waltest hoch am Tag 427

Echo des Himmels! 421, 422
Ehmals und jetzt 323
Eil, o zaudernde Zeit 317
Einen vergänglichen Tag 400
Einig zu sein 343

Einladung 315
Einladung an Neuffer 257
Einsam stand ich 308, 310, 395
Einst hab ich die Muse 512
Einst, tränend Auge! 187
Einst und jetzt 187
Einst war ich ruhig 187
Elegie 364
Empedokles 382
Ende einer Gedichtfolge auf Gustav Adolf 181
Endlich, endlich mag die Saite 216
Engelfreuden ahndend wallen 200, 202
Erhaben glänzend sieht 118
Erhabne Tochter Gottes 167
Ermunterung
  Erste Fassung 421
  Zweite Fassung 422
Erscholl von jeder Heide 181
Es knüpft an Gott 541
Es kommt der neue Tag 551
Euch alten Freunde droben 424, 425
Ewig trägt im Mutterschoße 258

Falsche Popularität 299
Frei, wie die Schwalben 320
Frei, wie Götter 195
Freund, wo über das Tal 129
Freunde! Freunde! wenn er heute käme 151
Freundeswunsch 273
Freundschaft 561
Freundschaft, Liebe 539
Friedensfeier 467
Froh, als könnt ich 210, 219
Froh der süßen Augenweide 251

Froh kehrt der Schiffer 324, 385
Fürchtet den Dichter nicht 343

Ganymed 446
Gebet für die Unheilbaren 317
Gedicht an die Herzogin Franziska 130
Geh unter, schöne Sonne 362
Gehn dir im Dämmerlichte 277
Germanien 463
Gerne durchschaun sie 300
Gesang des Deutschen 349
Glückselig Suevien 453
Götter wandelten einst 335
Griechenland
  Hätt ich dich
    Erste Fassung 263
    Zweite Fassung 265
    Dritte Fassung 267
  O ihr Stimmen
    Erste Fassung (Wege des Wanderers!) 534
    Zweite Fassung 535
    Dritte Fassung 536
  Wie Menschen sind 559
Größers wolltest auch du 387
Großer Name! 146
Gustav Adolf 179
Guter Rat 299

Hab ich vor der Götter Ohren 237
Hälfte des Lebens 447
Hätt ich dich im Schatten 263, 265, 267
Hast du Verstand 299
Hat vor aller Götter Ohren 239
Heidelberg 382

Heil! das schlummernde Gefieder 253
Heilig Wesen 322
Heilige Gefäße 319
Heilige Unschuld 433
Heimat 502
Heimkunft 416
Hero 155
Herr der Welten! 122
Herr! Herr! Unterwunden 169
Herrlicher Göttersohn! 334
Herr! was bist du 114
Hier, in ermüdender Ruh 231
Himmlische Liebe 443
Hinunter sinket der Wald 448
Hinweg, ihr Wünsche! 189
Hoch auf strebte mein Geist 323
Höhere Menschheit 553
Höheres Leben 553
Hör ich ferne nur 335
Hört, größre, edlere 147
Hört ich die Warnenden 335
Hu! der Kauz! 116
Hymne an den Genius der Jugend 253
Hymne an den Genius Griechenlands 213
Hymne an die Freiheit
 Wie den Aar 227
 Wonne säng ich 244
Hymne an die Freundschaft 248
Hymne an die Göttin der Harmonie 219
Hymne an die Liebe 251
Hymne an die Menschheit 234
Hymne an die Muse 223
Hymne an die Schönheit
 Erste Fassung 237
 Zweite Fassung 239

Hymne an die Unsterblichkeit 210
Hymne an die Wahrheit 216
Hyperions Schicksalslied 331

Ich duld es nimmer! 185
Ich hasse mich! 190
Ich sollte nicht 293
Ich sollte ruhn? 295
Ihr Freunde! mein Wunsch 161
Ihr kalten Heuchler 326
Ihr milden Lüfte! 393
Ihr sichergebaueten Alpen 519
Ihr Städte des Euphrats 448
Ihr Wälder schön 546
Ihr wandelt droben 331
Ihre Genesung
 Deine Freundin, Natur! 325
 Sieh! dein Liebstes, Natur 388
Im dunkeln Efeu 456
Im Tale rinnt der Bach 557
Immer spielt ihr 343
In deinen Tälern wachte 384
In der Kindheit Schlaf 282
In jüngern Tagen 323
In seiner Fülle ruhet 347
Ist also dies die heilige Bahn? 175
Ist dir in goldnen Stunden 275
Ist nicht heilig mein Herz 324

Jede Blüte war gefallen 205
Jetzt komm und hülle 444
Jetzt komme, Feuer! 493
Jubel! Jubel 213

Kanton Schweiz 231
Kaum sproßten 327
Kehren die Kraniche wieder 372
Kennst du sie 281

Kepler 176
Klagen 131
Kolomb 526
Komm! ins Offene, Freund! 398
Komm und besänftige 316
Komm und siehe 314
Kommt, ihr Kinder 179

Lang war's der heiße 130
Lange lieb ich dich schon 382
Lange schlummern ruhig 155
Lange tot und tiefverschlossen 283, 287
Laß in der Wahrheit 529
Laß sie drohen 166
Lebensalter 448
Lebenslauf
  Größers wolltest auch du 387
  Hoch auf strebte 323
Lern im Leben die Kunst 342
Leuchtest du wie vormals 290
Lieben Brüder! es reift 325
Lieben Brüder! versucht es 299
Lied der Freundschaft
  Erste Fassung 195
  Zweite Fassung 197
Lied der Liebe
  Erste Fassung 200
  Zweite Fassung 202
Lyda, siehe! zauberisch 207

Mädchen! die ihr mein Herz 132
Männerjubel 167
Mein Eigentum 347
Mein Vater ist gewandert 518
Mein Vorsatz 133
Meine Genesung 205
Meiner verehrungswürdigen Großmutter 333

... meinest du, es solle gehen 517
Melodie 207
Menons Klagen um Diotima 367
Menschenbeifall 324
Menschen, Menschen! was ist 120
M. G. 114
Mit gelben Birnen 447
Mnemosyne
  Erste Fassung 495
  Dritte Fassung 496

Nah ist und schwer zu fassen 481
Natur und Kunst oder Saturn und Jupiter 427
Nicht alle Tage 549
Nicht ist es aber 509
Nicht sie, die Seligen 463
Noch freundlichzögernd 352
Noch ist die Zeit 556
Noch kehrt in mich 273
Nur einen Sommer gönnt 321

O der Menschenkenner! 299
O Freunde! Freunde! 133
O heilig Herz der Völker 349
O Hoffnung! holde! 423, 443
O ihr Stimmen des Geschicks 535, 536
O lächle fröhlich 115
O Morgenrot der Deutschen 336
... offen die Fenster 521, 523

Palinodie 349
Patmos 481
  Bruchstücke der späteren Fassung 488
Προς εαυτον 342

Ras ich ewig? 154
Reif sind, in Feuer getaucht 496
Rings in schwesterlicher Stille 248
Ringsum ruhet die Stadt 411
Rousseau 360
Rückkehr in die Heimat 393

Schicksal! unglücksvolle Leiden 116
Schönes Leben! du lebst 316
Schönes Leben! du liegst krank 324
Schwabens Mägdelein 183
Schwach zu königlichem Feierliede 223
Schwärmerei 151
Sei froh! Du hast 402
Seid gegrüßt 114
Selbstquälerei 190
Send ihr Blumen 322
Sie, Edler! sind der Mensch 549
Sieh! dein Liebstes, Natur 388
Sind denn dir nicht bekannt 445
Sind denn dir nicht verwandt 428, 429
So lieb wie Schwabens Mägdelein 183
Sokrates und Alcibiades 329
Sömmerrings Seelenorgan und das Publikum 300
Sömmerrings Seelenorgan und die Deutschen 300
Sonnenuntergang 326
Sonst nämlich, Vater Zeus 516
Sophokles 343
Sorglos schlummert die Brust 317
Spottet ja nicht des Kinds 326
Spottet nimmer des Kinds 358
Statt offner Gemeine 404

Stella! ach! wir leiden 131
Still und öde steht 191
Stimme des Volks
  Du seiest Gottes Stimme, so ahndet ich 322
  Du seiest Gottes Stimme, so glaubt ich
  Erste Fassung 436
  Zweite Fassung 438
Stuttgart 407
Süd und Nord ist in mir 305
Süß ist's, zu irren 524

Täglich geh ich heraus 364, 367
Tief im Herzen haß ich 299
Tinian 524
Tränen 443
Trennen wollten wir uns 323, 388, 390, 391
Treu und freundlich 303
Trunken, wie im hellen Morgenstrahle 209

... und die ewigen Bahnen 313
Und mitzufühlen das Leben 531
Und niemand weiß 502
Uns würdigte einst 113
Unter den Alpen gesungen 433
Unter den Sternen ergehet sich 176

Vanini 329
Viel hab ich dein 504
Viel tuet die gute Stunde 520
Viel, viel sind meiner Tage 117
Viele gesellten sich ihm 300
Viele versuchten umsonst 343
Vieles hast du erlebt 333
Voll Güt ist 488

Vollendung! Vollendung! 174
Vom Abgrund nämlich 532
Vom Gruß des Hahns 186
Vom Taue glänzt der Rasen 340
Von einem Menschen sag ich 543
Vor seiner Hütte ruhig 339
Vulkan 444

Wangen sah ich verblühn 272
Warum bist du so kurz 323
Warum huldigest du 329
Was dämmert um mich 349
Was ist der Menschen Leben? 503
Was ist es, das an die alten 472, 475, 478
Was ist Gott? 504
Was schläfst du, Bergsohn 446
Was schläfst und träumst du 430
... Wege des Wanderers 534
Wenn aber die Himmlischen 513
Wenn auf Gefilden 544
Wenn aus dem Himmel 542
Wenn aus dem Leben 547
Wenn aus der Ferne 539
Wenn aus der Tiefe 561
Wenn aus sich lebt 558
Wenn bleicher Schnee 554
Wenn dann vorbei 554
Wenn der Morgen trunken 449
Wenn ich auf die Wiese komme 544
Wenn ich sterbe 362
Wenn ihr Freunde vergeßt 325, 386
Wenn in die Ferne geht 562
Wenn Inneres sich bewährt 544

Wenn Menschen fröhlich sind 549
Wenn Menschen sich 561
Wenn nämlich der Rebe Saft 502
Wenn neu das Licht 556
Wenn sich das Jahr 559
Wenn sich das Laub 555
Wenn sich der Tag 559
Wenn ungesehn 558
Wenn vom Frühling 273
Wer bist du? 260
Wer Gutes ehrt 544
Wie den Aar 227
Wie der Held 197
Wie eng begrenzt 360
Wie Meeresküsten 501
Wie Menschen sind 559
Wie selig ist's 550
Wie Vögel langsam ziehn 501
Wie wenn am Feiertage 356
Wie wenn die alten Wasser 353
Wie wird des Himmels Vater 542
Wieder ein Glück 407
Winter 555
Wißt! Apoll ist der Gott 299
Wo bist du, Jugendliches! 431
Wo bist du, Nachdenkliches! 441
Wo bist du? trunken 326, 327
Wohl geh ich täglich 361
Wohl manches Land 341
Wohl mir! daß ich 133
Wonne säng ich 244
Wünscht ich der Helden 526
Wurzel alles Übels 343

Zärtlichpflegend erzogst 302
Zornige Sehnsucht 185
Zu lang schon waltest 338

## INHALTSVERZEICHNIS

Titel, die nicht von Hölderlin stammen,
stehen in eckigen Klammern [ ].

Einleitung . . . . . . . . . . . . . . . . . . 5

### GEDICHTE

#### 1784–1789

[Dankgedicht an die Lehrer] . . . . . . . . . . . 113
M. G. . . . . . . . . . . . . . . . . . . . . . 114
Die Nacht . . . . . . . . . . . . . . . . . . . 114
An M. B. . . . . . . . . . . . . . . . . . . . 115
Der Unzufriedne . . . . . . . . . . . . . . . . 116
Der nächtliche Wanderer . . . . . . . . . . . . 116
Das Erinnern . . . . . . . . . . . . . . . . . . 117
[Adramelech] . . . . . . . . . . . . . . . . . . 117
Alexanders Rede an seine Soldaten bei Issus . . . . . 118
Das menschliche Leben . . . . . . . . . . . . . 120

Die Meinige . . . . . . . . . . . . . . . . . . 122
An Stella . . . . . . . . . . . . . . . . . . . . 127
An die Nachtigall . . . . . . . . . . . . . . . . 128
An meinen B. . . . . . . . . . . . . . . . . . . 129
Gedicht an die Herzogin Franziska . . . . . . . . 130
Klagen. An Stella . . . . . . . . . . . . . . . . 131
An meine Freundinnen . . . . . . . . . . . . . 132
Mein Vorsatz . . . . . . . . . . . . . . . . . . 133
Auf einer Heide geschrieben . . . . . . . . . . . 133

Die Größe der Seele . . . . . . . . . . . . . . . 135
Die Unsterblichkeit der Seele . . . . . . . . . . . 140

| | |
|---|---|
| Der Lorbeer | 144 |
| Die Ehrsucht | 146 |
| Die Demut | 147 |
| Die Stille | 148 |
| Schwärmerei | 151 |
| Der Kampf der Leidenschaft | 154 |
| Hero | 155 |
| Die Teck | 158 |
| Am Tage der Freundschaftsfeier | 161 |
| [An Louise Nast] | 166 |
| Männerjubel | 167 |
| Die Bücher der Zeiten | 169 |
| [An die Vollendung] | 174 |
| [Die heilige Bahn] | 175 |
| Kepler | 176 |
| An Thills Grab | 178 |
| Gustav Adolf | 179 |
| [Ende einer Gedichtfolge auf Gustav Adolf] | 181 |
| [Schwabens Mägdelein] | 183 |
| [Zornige Sehnsucht] | 185 |
| An die Ruhe | 186 |
| An die Ehre | 187 |
| Einst und jetzt | 187 |
| Die Weisheit des Traurers | 189 |
| [Selbstquälerei] | 190 |
| Burg Tübingen | 191 |

## 1790–1796

| | |
|---|---|
| Lied der Freundschaft. [Erste Fassung] | 195 |
| Lied der Freundschaft. [Zweite Fassung] | 197 |
| Lied der Liebe. [Erste Fassung] | 200 |
| Lied der Liebe. [Zweite Fassung] | 202 |
| An die Stille | 204 |
| Meine Genesung. An Lyda | 205 |
| Melodie. An Lyda | 207 |
| [An Lyda] | 209 |

| | |
|---|---:|
| Hymne an die Unsterblichkeit | 210 |
| Hymne an den Genius Griechenlands | 213 |
| Hymne an die Wahrheit | 216 |
| Hymne an die Göttin der Harmonie | 219 |
| Hymne an die Muse | 223 |
| Hymne an die Freiheit | 227 |
| Kanton Schweiz | 231 |
| Hymne an die Menschheit | 234 |
| Hymne an die Schönheit. [Erste Fassung] | 237 |
| Hymne an die Schönheit. [Zweite Fassung] | 239 |
| Hymne an die Freiheit | 244 |
| Hymne an die Freundschaft | 248 |
| Hymne an die Liebe | 251 |
| Hymne an den Genius der Jugend | 253 |
| [Einladung an Neuffer] | 257 |
| An eine Rose | 258 |
| An Hiller | 258 |
| Dem Genius der Kühnheit | 260 |
| Griechenland. [Erste Fassung] | 263 |
| Griechenland. [Zweite Fassung] | 265 |
| Griechenland. [Dritte Fassung] | 267 |
| Das Schicksal | 269 |
| An den Frühling | 272 |
| An Neuffer. Im März 1794 | 273 |
| Freundeswunsch | 273 |
| Der Gott der Jugend. [Entwurf] | 275 |
| Der Gott der Jugend. [Endgültige Fassung] | 277 |
| An die Natur | 279 |
| An die Unerkannte | 281 |
| [An Herkules] | 282 |
| Diotima. [Bruchstücke einer älteren Fassung] | 283 |
| Diotima. [Mittlere Fassung] | 287 |
| Diotima. [Jüngere Fassung] | 290 |
| An die klugen Ratgeber | 293 |
| Der Jüngling an die klugen Ratgeber | 295 |

## 1796–1799

| | |
|---|---|
| Guter Rat | 299 |
| Advocatus diaboli | 299 |
| [Die Vortrefflichen] | 299 |
| Die beschreibende Poesie | 299 |
| Falsche Popularität | 299 |
| Sömmerrings Seelenorgan und das Publikum | 300 |
| Sömmerrings Seelenorgan und die Deutschen | 300 |
| Die Eichbäume | 300 |
| An den Äther. [Entwurf] | 301 |
| An den Äther. [Vorfassung] | 302 |
| An den Äther. [Endgültige Fassung] | 303 |
| Der Wanderer. [Entwurf] | 305 |
| Der Wanderer. [Vorfassung] | 308 |
| Der Wanderer. [Erste Fassung] | 310 |
| [An einen Baum] | 313 |
| An Diotima (Komm und siehe die Freude...) | 314 |
| Einladung. Seinem Freund Neuffer | 315 |
| An Diotima (Schönes Leben! du lebst...) | 316 |
| Diotima (Komm und besänftige...) | 316 |
| An Neuffer | 316 |
| Gebet für die Unheilbaren | 317 |
| Die Muße | 317 |
| [Die Völker schwiegen, schlummerten...] | 318 |
| Buonaparte | 319 |
| Dem Allbekannten | 320 |
| An die Parzen | 321 |
| Diotima (Du schweigst und duldest...) | 321 |
| An ihren Genius | 322 |
| Abbitte | 322 |
| Stimme des Volks | 322 |
| Ehmals und jetzt | 323 |
| Lebenslauf | 323 |
| Die Kürze | 323 |
| Die Liebenden | 323 |
| Menschenbeifall | 324 |
| Die Heimat | 324 |
| Der gute Glaube | 324 |

Ihre Genesung . . . . . . . . . . . . . . . . . 325
Das Unverzeihliche . . . . . . . . . . . . . . . 325
An die jungen Dichter . . . . . . . . . . . . . . 325
An die Deutschen . . . . . . . . . . . . . . . . 326
Die scheinheiligen Dichter . . . . . . . . . . . . 326
Sonnenuntergang . . . . . . . . . . . . . . . . 326
Dem Sonnengott . . . . . . . . . . . . . . . . 327
Der Mensch . . . . . . . . . . . . . . . . . . 327
Sokrates und Alcibiades . . . . . . . . . . . . . 329
Vanini . . . . . . . . . . . . . . . . . . . . . 329
An unsre großen Dichter . . . . . . . . . . . . 330

[Hyperions Schicksalslied] . . . . . . . . . . . . 331
[Da ich ein Knabe war . . .] . . . . . . . . . . . 332
Meiner verehrungswürdigen Großmutter zu ihrem 72. Geburtstag . . . . . . . . . . . . . . . . . . . 333
Achill . . . . . . . . . . . . . . . . . . . . . 334
[Götter wandelten einst . . .] . . . . . . . . . . 335
[Hört ich die Warnenden itzt . . .] . . . . . . . . 335
Die Launischen . . . . . . . . . . . . . . . . . 335
Die Schlacht . . . . . . . . . . . . . . . . . . 336
Der Tod fürs Vaterland . . . . . . . . . . . . . 337
Der Zeitgeist . . . . . . . . . . . . . . . . . . 338
Abendphantasie . . . . . . . . . . . . . . . . 339
Des Morgens . . . . . . . . . . . . . . . . . . 340
Der Main . . . . . . . . . . . . . . . . . . . 341
Προς εαυτον . . . . . . . . . . . . . . . . . . 342
Sophokles . . . . . . . . . . . . . . . . . . . 343
[Der zürnende Dichter] . . . . . . . . . . . . . 343
[Die Scherzhaften] . . . . . . . . . . . . . . . 343
Wurzel alles Übels . . . . . . . . . . . . . . . 343

1799–1803

Mein Eigentum . . . . . . . . . . . . . . . . . 347
Palinodie . . . . . . . . . . . . . . . . . . . . 349
Gesang des Deutschen . . . . . . . . . . . . . . 349
Der Prinzessin Auguste von Homburg . . . . . . . 352
Der Frieden . . . . . . . . . . . . . . . . . . 353

| | |
|---|---|
| [An eine Fürstin von Dessau] | 355 |
| [Wie wenn am Feiertage...] | 356 |
| An die Deutschen | 358 |
| Rousseau | 360 |
| [Wohl geh ich täglich...] | 361 |
| [Geh unter, schöne Sonne...] | 362 |
| Abschied | 362 |
| Elegie | 364 |
| Menons Klagen um Diotima | 367 |
| Der Archipelagus | 372 |
| Empedokles | 382 |
| Heidelberg | 382 |
| Die Götter | 383 |
| Der Neckar | 384 |
| Die Heimat | 385 |
| Die Liebe | 386 |
| Lebenslauf | 387 |
| Ihre Genesung | 388 |
| Der Abschied. [Erste Fassung] | 388 |
| Der Abschied. [Zweite Fassung] | 390 |
| Der Abschied. [Dritte Fassung] | 391 |
| Diotima (Du schweigst und duldest...) | 392 |
| Rückkehr in die Heimat | 393 |
| Der Wanderer. [Zweite Fassung] | 395 |
| Der Gang aufs Land. An Landauer | 398 |
| Die Entschlafenen | 400 |
| Das Ahnenbild | 400 |
| [An Landauer] | 402 |
| [An eine Verlobte] | 403 |
| Der Mutter Erde | 404 |
| Stuttgart. An Siegfried Schmid | 407 |
| Brot und Wein. An Heinse | 411 |
| Heimkunft. An die Verwandten | 416 |
| Ermunterung. [Erste Fassung] | 421 |
| Ermunterung. [Zweite Fassung] | 422 |

Bitte . . . . . . . . . . . . . . . . . . . . . . . 423
An Eduard. [Erste Fassung] . . . . . . . . . . . 424
An Eduard. [Zweite Fassung] . . . . . . . . . . 425
Natur und Kunst oder Saturn und Jupiter . . . . . . . 427
Dichtermut. [Erste Fassung] . . . . . . . . . . . 428
Dichtermut. [Zweite Fassung] . . . . . . . . . . 429
Der gefesselte Strom . . . . . . . . . . . . . . . 430
Der blinde Sänger . . . . . . . . . . . . . . . . 431
Unter den Alpen gesungen . . . . . . . . . . . . 433
Dichterberuf . . . . . . . . . . . . . . . . . . . 434
Stimme des Volks. [Erste Fassung] . . . . . . . . 436
Stimme des Volks. [Zweite Fassung] . . . . . . . . 438

Chiron . . . . . . . . . . . . . . . . . . . . . . 441
Tränen . . . . . . . . . . . . . . . . . . . . . . 443
An die Hoffnung . . . . . . . . . . . . . . . . . 443
Vulkan . . . . . . . . . . . . . . . . . . . . . . 444
Blödigkeit . . . . . . . . . . . . . . . . . . . . 445
Ganymed . . . . . . . . . . . . . . . . . . . . . 446
Hälfte des Lebens . . . . . . . . . . . . . . . . 447
Lebensalter . . . . . . . . . . . . . . . . . . . . 448
Der Winkel von Hardt . . . . . . . . . . . . . . 448

Deutscher Gesang . . . . . . . . . . . . . . . . 449
Am Quell der Donau . . . . . . . . . . . . . . . 450
Die Wanderung . . . . . . . . . . . . . . . . . 453
Der Rhein. An Isaak von Sinclair . . . . . . . . . 456
Germanien . . . . . . . . . . . . . . . . . . . . 463
Friedensfeier . . . . . . . . . . . . . . . . . . . 467
Der Einzige. [Erste Fassung] . . . . . . . . . . . 472
Der Einzige. [Zweite Fassung] . . . . . . . . . . 475
Der Einzige. [Dritte Fassung] . . . . . . . . . . 478
Patmos. Dem Landgrafen von Homburg . . . . . . 481
Patmos. [Bruchstücke der späteren Fassung] . . . . 488
Andenken . . . . . . . . . . . . . . . . . . . . 491
[Der Ister] . . . . . . . . . . . . . . . . . . . . 493
Mnemosyne. [Erste Fassung] . . . . . . . . . . . 495
Mnemosyne. [Dritte Fassung] . . . . . . . . . . 496

## Anhang

Hymnische Entwürfe . . . . . . . . . . . . . . . . 501
Späteste Gedichte . . . . . . . . . . . . . . . . . 539
Pläne und Bruchstücke . . . . . . . . . . . . . . 563

### ANMERKUNGEN

Erläuterungen . . . . . . . . . . . . . . . . . . . . 585
Verzeichnis der Gedichte nach Überschriften und Anfängen 751